Bibliografische Information der Deutschen Nationalbibliothek

Die Deutsche Nationalbibliothek verzeichnet diese Publikation in der Deutschen Nationalbibliografie; detaillierte bibliografische Daten sind im Internet über *http://dnb.d-nb.de* abrufbar.

Copyright: ©2013 Martin Uhrig

Druck und Verlag: Create Space, North Charleston (USA)

ISBN-10: 1490909958

ISBN-13: 978-1490909950

Alle Rechte, auch das des auszugsweisen Nachdruckes, der auszugsweisen oder vollständigen Wiedergabe der Speicherung in Datenverarbeitungsanlagen und der Übersetzung, vorbehalten.

Apple, Mac, Mac OS, Safari, iOS, iPhone und iPad sind eingetragene Markenzeichen der Apple Inc. Microsoft, Windows, Word, PowerPoint, Internet Explorer sind eingetragene Markenzeichen der Microsoft Corporation. Adobe, Acrobat, Audition, Captivate, Flash, Fireworks, Illustrator, Photoshop, Premiere und Presenter sind eingetragene Markenzeichen der Adobe Systems Inc.

## Vorwort

Dieses Buch richtet sich sowohl an Neueinsteiger in Adobe Captivate als auch an alle, die Captivate aus einer früheren Version kennen. Grundvoraussetzung ist nur, dass Sie bereits Erfahrung in der Bedienung von Microsoft Windows oder Mac OS mitbringen.

Ziel dieses Buches ist es, Ihnen einen zügigen und umfassenden Einstieg in Adobe Captivate 7 zu ermöglichen. Hierbei können Sie das Buch genau nach Ihren persönlichen Zielen bearbeiten. Im ständigen Wechsel zwischen theoretischen und praktischen Teilen werden Sie innerhalb weniger Stunden die Kernfunktionen des Programms beherrschen. Am Ende werden Sie in der Lage sein, selbstständig abgeschlossene Projekte zu erstellen.

Dieses Buch möchte darüber hinaus Ihre Entdeckerlust wecken und Sie anhand zielgruppenorientierter Bearbeitungswege dahin führen, mit Captivate professionell umgehen zu können. Wenn Sie nur einen schnellen Überblick über die Möglichkeiten mit Captivate erhalten möchten, dann empfehle ich Ihnen, die mit einem Stern markierten Schnellstart-Übungen zu bearbeiten. Ganz gleich, wie Sie mit diesem Buch arbeiten möchten - in jedem Fall sollten Sie unbedingt vorab das Kapitel 0 („Wichtige Bearbeitungshinweise") lesen, um optimal von diesem Buch zu profitieren.

Ich wünsche Ihnen dabei viel Spaß und Erfolg.

Ihr Autor
Martin Uhrig

# Inhaltsverzeichnis

**0 Wichtige Bearbeitungshinweise** ........................................................... **19**
    Übungsdateien ........................................................................................... 19
    Weblinks, Buchaktualisierungen, Zusatzmaterialien ............................ 20
    Wie ist dieses Buch aufgebaut? ................................................................ 20
    Wie sind die einzelnen Kapitel aufgebaut? ............................................. 20
    Wie bearbeiten Sie dieses Buch am effektivsten? .................................. 21
    Welche Konventionen werden verwendet? ............................................ 21
    Welche Abkürzungen werden verwendet? ............................................. 22
    Was bedeuten die einzelnen Symbole? .................................................. 22

**1 Projekte konzipieren** ............................................................................... **23**
    Einordnung ................................................................................................. 24
    Projektteam & Werkzeuge ........................................................................ 24
    Die Projektauflösung ................................................................................. 25
    Displayauflösung & Zielgeräte .................................................................. 25
    Zielplattform & Publikationsformat ......................................................... 25
    Auflösungsberechnung: Beispiele ............................................................ 27
    Lösungshilfen für „Platzprobleme" .......................................................... 28
    Weiterführende Literatur .......................................................................... 29

**2 Captivate erkunden** ................................................................................. **31**
    Einsatzgebiete ............................................................................................ 32
    Oberfläche & Arbeitsumgebung .............................................................. 33
    Captivate unter Mac OS ............................................................................ 37
★   Übung: Oberfläche anpassen ................................................................... 39

Zeitleiste & Timing ........................................................................................... 41

Objektgruppierung ........................................................................................... 43

Objektausrichtung ............................................................................................ 44

★ Übung: Zeitleiste und Objektausrichtung kennenlernen ........................... 47

## 3 Grundlagen der Bildschirmaufnahme .................................................. 51

Videobasierte vs. folienbasierte Bildschirmaufnahmen ............................. 52

Aufzeichnung ..................................................................................................... 54

Aufzeichnungseinstellungen .......................................................................... 55

Qualitätseinstellungen ..................................................................................... 56

Aufnahmevorbereitung ................................................................................... 57

Aufzeichnungstastenkürzel ............................................................................ 61

Allgemeine Aufnahmetipps ............................................................................ 62

## 4 Videobasiert aufnehmen .......................................................................... 63

Der Modus Videodemo .................................................................................... 64

Aufnahmetipps für Videodemos .................................................................... 64

★ Übung: Videodemo aufzeichnen ............................................................... 65

Videodemoprojekt & Videoaufzeichnung .................................................... 69

Zeitleiste videobasierter Projekte .................................................................. 70

Übergänge .......................................................................................................... 71

★ Übung: Videodemo optimieren ................................................................. 72

Übung: Mausobjekte nachbearbeiten .......................................................... 77

Schwenken und Zoomen ................................................................................. 82

★ Übung: Schwenken und Zoomen .............................................................. 83

PIP-Video ............................................................................................................. 87

Videodemo vertonen ....................................................................................... 88

Übung: Videodemo vertonen ................................................................. 89
Videodemo veröffentlichen .................................................................. 94
★ Übung: Videodemo veröffentlichen ................................................... 95

## 5 Folienbasiert aufnehmen ........................................................... 97
Aufnahmetypen & -logik ....................................................................... 98
Aufnahmetipps für folienbasierte Aufnahmen ................................... 99
Aufzeichnungsmodi ............................................................................... 99
Demonstrationen ................................................................................. 101
★ Übung: Demonstration aufzeichnen ............................................... 102
Simulationen ......................................................................................... 105
Übung: Simulationen aufzeichnen ...................................................... 106
Übung: Benutzerdefiniert Aufzeichnen .............................................. 109
Schwenken ............................................................................................. 113
Übung: Mit manuellem Schwenk aufzeichnen .................................. 114
★ Übung: Aufnahme bereinigen und überflüssige Folien entfernen ...... 117
★ Übung: FMR, Texteingaben und Hintergründe bearbeiten ............ 120
★ Übung: Mausobjekte und Markierungsfelder bearbeiten ............... 125
Videodemos in folienbasierten Projekten .......................................... 128

## 6 Rapid-E-Learning out of the box ............................................. 131
eLearning Assets installieren .............................................................. 132
Interaktionen ........................................................................................ 136
★ Übung: Interaktion einfügen ............................................................ 141
Übung: Buchstabenrätsel erstellen ..................................................... 146
★ Übung: Designs anwenden ............................................................... 149
Smartformen ......................................................................................... 157

Übung: Objekte zeichnen und editieren .................................................................. 157

Farben und Verläufe ................................................................................................ 161

Schatten und Spiegelungen .................................................................................... 164

Übung: Verlauf, Schattierung und Spiegelung ........................................................ 164

Personen (Darsteller) ............................................................................................... 170

Übung: Virtuellen Lernbegleiter einsetzen .............................................................. 171

# 7 Projekte standardisieren .................................................................................... 173

Projektvorlagen ........................................................................................................ 174

Voreinstellungen ...................................................................................................... 175

Folien ....................................................................................................................... 176

Designs (Themes) .................................................................................................... 178

Folienmaster ............................................................................................................ 180

★ Übung: Das Folienmasterkonzept ........................................................................ 182

★ Übung: Hintergründe ............................................................................................ 187

Platzhalter ................................................................................................................ 190

★ Übung: Platzhalter ................................................................................................ 191

Objektstile ................................................................................................................ 197

★ Übung: Objektstile einsetzen ............................................................................... 200

Vererbung: Auf alle anwenden ................................................................................ 204

Bibliothek ................................................................................................................. 205

# 8 Multimedia & Effekte einbringen ......................................................................... 207

Objektsymbolleiste & -eigenschaften ...................................................................... 208

Mausobjekte ............................................................................................................ 210

Textbeschriftungen .................................................................................................. 211

Markierungsfelder .................................................................................................... 213

Textanimationen .................................................................................................213

Übung: Simulation in Demonstration wandeln ..........................................215

Bilder ......................................................................................................................221

Zoombereiche ....................................................................................................223

Animationen ......................................................................................................224

★ Übung: Zoombereich mit Animation erstellen .........................................225

Gleichungen .......................................................................................................229

Videos ...................................................................................................................229

Übung: Ereignisvideo einfügen .....................................................................234

Effekte ...................................................................................................................236

Übung: Effekte einbringen .............................................................................237

## 9  Interaktionen ermöglichen .................................................................. 241

Aktionen, Objektsichtbarkeit und Beschriftungen ................................242

Klickfelder ............................................................................................................245

Texteingabefelder .............................................................................................246

Übung: Demonstration in Simulation wandeln .......................................248

Übung: Texteingabefelder ..............................................................................254

Schaltflächen .....................................................................................................256

Hyperlinks ...........................................................................................................257

Rollover-Beschriftungen & -Bilder ...............................................................258

Rollover-Minifolien ...........................................................................................259

Übung: Rollover-Minifolie einfügen ............................................................261

Smartformen interaktiv ..................................................................................267

Übung: Folienmaster mit Navigation .........................................................269

Drag-&-Drop-Interaktionen ..........................................................................274

Übung: Drag-&-Drop-Interaktion mit Assistenten erstellen ...............280

Übung: Drag-&-Drop-Interaktion über Bedienfeld erstellen ..................284

Übung: Drag-&-Drop-Interaktion anpassen und erweitern ...................288

Praxistipps ..................................................................................................292

Transferübung: Glossar erstellen ............................................................293

## 10 Projekte vertonen .................................................................................. **297**

Audioformen ..............................................................................................298

Objektaudio ................................................................................................300

Hintergrundaudio .....................................................................................301

Folienaudio .................................................................................................302

Audiobearbeitung ....................................................................................304

Übung: Demonstration vertonen ..........................................................306

Übung: Bild-Diashow mit Hintergrundmusik .....................................311

Text-to-Speech – Text-zu-Sprache .........................................................312

★ Übung: Demonstration mit Text-to-Speech anreichern ...................317

## 11 Projekte kommentieren und finalisieren .......................................... **321**

Folienqualität .............................................................................................322

Barrierefreiheit ..........................................................................................323

Rechtschreibprüfung ...............................................................................328

Suchen und Ersetzen ...............................................................................329

Adobe Captivate Reviewer .....................................................................331

Skalierung der Projektgröße ..................................................................337

Übung: Projekt skalieren .........................................................................339

## 12 Projekte veröffentlichen ....................................................................... **343**

Allgemeine Einstellungen .......................................................................344

Veröffentlichung als SWF oder PDF ................................................................. 346

Veröffentlichung als EXE / APP ........................................................................ 348

Veröffentlichung als MP4 .................................................................................. 350

Veröffentlichung als Word-Handout ................................................................ 352

★ Übung: Projekt veröffentlichen ..................................................................... 353

Veröffentlichung als HTML5 ............................................................................. 357

Transferübung: Interaktive Lerneinheit als HTML5 veröffentlichen ....... 359

Adobe Captivate App Packager ....................................................................... 364

YouTube-Schnittstelle ....................................................................................... 368

Praxistipps: Dateigröße reduzieren ................................................................. 370

## 13 Projekte strukturieren .................................................................. 373

Foliengruppen .................................................................................................... 374

Verzweigungen ................................................................................................... 374

Übung: Projekt über Menüfolie verzweigen ................................................. 375

Projektstart & -ende .......................................................................................... 380

Wiedergabeleiste & Rahmen ............................................................................ 381

Inhaltsverzeichnisse .......................................................................................... 383

Übung: Skin formatieren und Inhaltsverzeichnis erstellen ....................... 386

Menüs (Aggregatorprojekte) ............................................................................ 390

Übung: Menü erstellen ..................................................................................... 391

## 14 Schnittstellen nutzen ..................................................................... 395

PowerPoint-Schnittstelle .................................................................................. 396

★ Übung: PowerPoints importieren und bearbeiten ................................... 399

Photoshop-Schnittstelle ................................................................................... 404

Übung: Photoshop-Datei importieren ........................................................... 406

Flash-Schnittstelle .................................................................................................409

Das Programmverzeichnis von Captivate .............................................................410

Übung: Eigene Textbeschriftungsstile verwenden ..................................................412

## 15 Projekte übersetzen ............................................................................415

Übersicht ..................................................................................................416

Übersetzung einer Bildschirmaufnahme .............................................................416

Übersetzung von Textinhalten ........................................................................416

Übung: Bildschirmaufnahme übersetzen ............................................................417

Eigene Standardbeschriftungen verwenden ........................................................420

Übung: Wiedergabeleistentooltips übersetzen .....................................................422

Übung: Inhaltsverzeichnisbeschriftungen übersetzen ............................................423

## 16 Quizanwendungen erstellen ...............................................................427

Quizvoreinstellungen .................................................................................428

Fragenfolien ............................................................................................433

Multiple-Choice-Fragen ..............................................................................436

Wahr/Falsch-Fragen ...................................................................................438

Lückentext-Fragen .....................................................................................439

Kurzantwort-Fragen ...................................................................................440

Zuordnungs-Fragen ....................................................................................441

Hotspot-Fragen .........................................................................................442

Reihenfolge-Fragen ...................................................................................443

Beurteilungsskalen (Likert) ..........................................................................444

★ Übung: Quiz erstellen ...........................................................................445

Transferübung: Weitere Fragenfolien erstellen ....................................................451

Fragen im GIFT-Format ...............................................................................452

Fragenpools & Zufallsfragen ..................................................................453

Übung: Quiz mit Zufallsfragen erstellen ..............................................453

Übung: Quiz mit Hilfestellung ...............................................................455

## 17 Variablen & Erweiterte Aktionen .......................................................... **457**

Systemvariablen .....................................................................................458

Übung: Mit Systemvariablen einen Folienzähler erstellen ..................458

Benutzerdefinierte Variablen ................................................................460

Übung: Texte mehrfach verwenden .....................................................461

Erweiterte Aktionen ..............................................................................463

Übung: Zähler erstellen .........................................................................467

Übung: Erweiterte Aktionen einsetzen ................................................472

Übung: Individuelles Feedback definieren ...........................................476

Transferübung: Tabstruktur entwickeln ...............................................480

Transferübung: Vortest erstellen ..........................................................483

## 18 Widgets nutzen ........................................................................................ **487**

Übersicht ................................................................................................488

Übung: Wiedergabeleistenwidget einfügen ........................................489

Übung: Fragenwidget einfügen ............................................................491

Transferübung: Quiz mit Zeitbeschränkung ........................................493

## 19 Über Plattformen lernen und zusammenarbeiten ........................ **495**

Learning-Management-Systeme ...........................................................496

Übung: Lernpaket erstellen ...................................................................498

Übung: Lernpaket in der SCORM Cloud testen ...................................501

Übung: Mit SCORM Cloud lernen .........................................................503

Adobe Multi SCO Packager ..................................................................506

Adobe Captivate Quiz Results Analyzer .............................................509

Übung: Auswertbares Quiz erzeugen ................................................510

Adobe Captivate Course Companion ................................................513

Übung: Lernfortschritte ohne LMS erfassen und auswerten ...................513

## Schlusswort und Weiterführendes .................................................519

Schlusswort .......................................................................................519

Über den Autor .................................................................................520

Unser Schulungsangebot ..................................................................521

## Anhang ..........................................................................................522

Drehbuch (Windows 7) ....................................................................522

Drehbuch (Mac) ...............................................................................523

## Stichwortverzeichnis .....................................................................525

## Übungsverzeichnis

Übung: Oberfläche anpassen ............................................................. 39
Übung: Zeitleiste und Objektausrichtung kennenlernen ........................ 47
Übung: Videodemo aufzeichnen ....................................................... 65
Übung: Videodemo optimieren ......................................................... 72
Übung: Mausobjekte nachbearbeiten ................................................ 77
Übung: Schwenken und Zoomen ...................................................... 83
Übung: Videodemo vertonen ........................................................... 89
Übung: Videodemo veröffentlichen ................................................... 95
Übung: Demonstration aufzeichnen ..................................................102
Übung: Simulationen aufzeichnen ....................................................106
Übung: Benutzerdefiniert Aufzeichnen ..............................................109
Übung: Mit manuellem Schwenk aufzeichnen ....................................114
Übung: Aufnahme bereinigen und überflüssige Folien entfernen .........117
Übung: FMR, Texteingaben und Hintergründe bearbeiten ...................120
Übung: Mausobjekte und Markierungsfelder bearbeiten .....................125
Übung: Interaktion einfügen ............................................................141
Übung: Designs anwenden ..............................................................149
Übung: Objekte zeichnen und editieren ............................................157
Übung: Verlauf, Schattierung und Spiegelung ...................................164
Übung: Virtuellen Lernbegleiter einsetzen ........................................171
Übung: Das Folienmasterkonzept ....................................................182
Übung: Hintergründe .....................................................................187
Übung: Platzhalter .........................................................................191
Übung: Objektstile einsetzen ..........................................................200
Übung: Simulation in Demonstration wandeln ..................................215
Übung: Zoombereich mit Animation erstellen ...................................225

Übung: Ereignisvideo einfügen ..................................................................................234

Übung: Effekte einbringen ........................................................................................237

Übung: Demonstration in Simulation wandeln ..............................................248

Übung: Rollover-Minifolie einfügen .....................................................................261

Übung: Folienmaster mit Navigation ..................................................................269

Übung: Drag-&-Drop-Interaktion mit Assistenten erstellen ....................280

Übung: Drag-&-Drop-Interaktion über Bedienfeld erstellen ...................284

Übung: Drag-&-Drop-Interaktion anpassen und erweitern.....................288

Transferübung: Glossar erstellen .........................................................................293

Übung: Demonstration vertonen ..........................................................................306

Übung: Bild-Diashow mit Hintergrundmusik..................................................311

Übung: Demonstration mit Text-to-Speech anreichern............................317

Übung: Projekt skalieren ...........................................................................................339

Übung: Projekt veröffentlichen ..............................................................................353

Transferübung: Interaktive Lerneinheit als HTML5 veröffentlichen......359

Übung: Projekt über Menüfolie verzweigen ....................................................375

Übung: Skin formatieren und Inhaltsverzeichnis erstellen .....................386

Übung: Menü erstellen...............................................................................................391

Übung: PowerPoints importieren und bearbeiten .......................................399

Übung: Photoshop-Datei importieren ................................................................406

Übung: Eigene Textbeschriftungsstile verwenden .......................................412

Übung: Bildschirmaufnahme übersetzen..........................................................417

Übung: Wiedergabeleistentooltips übersetzen ..............................................422

Übung: Inhaltsverzeichnisbeschriftungen übersetzen ...............................423

Übung: Quiz erstellen .................................................................................................445

Transferübung: Weitere Fragenfolien erstellen ..............................................451

Übung: Quiz mit Zufallsfragen erstellen ............................................................453

Übung: Quiz mit Hilfestellung .................................................................. 455

Übung: Mit Systemvariablen einen Folienzähler erstellen ...................... 458

Übung: Texte mehrfach verwenden ........................................................ 461

Übung: Zähler erstellen ............................................................................ 467

Übung: Erweiterte Aktionen einsetzen .................................................... 472

Übung: Individuelles Feedback definieren ............................................... 476

Transferübung: Tabstruktur entwickeln .................................................. 480

Transferübung: Vortest erstellen ............................................................. 483

Übung: Wiedergabeleistenwidget einfügen ............................................ 489

Übung: Fragenwidget einfügen ............................................................... 491

Transferübung: Quiz mit Zeitbeschränkung ............................................ 493

Übung: Lernpaket erstellen ..................................................................... 498

Übung: Lernpaket in der SCORM Cloud testen ....................................... 501

Übung: Mit SCORM Cloud lernen ............................................................ 503

Übung: Auswertbares Quiz erzeugen ...................................................... 510

Übung: Lernfortschritte ohne LMS erfassen und auswerten .................. 513

# Wichtige Bearbeitungshinweise

Um möglichst effizient zu arbeiten und das Maximale aus diesem Buch heraus zu ziehen, empfehle ich Ihnen vorab die folgenden Bearbeitungshinweise und -empfehlungen zu beachten.

## Übungsdateien

Zur Bearbeitung dieses Buches habe ich ein Paket mit Übungsdateien, den passenden Lösungen und einigen darüber hinaus gehenden Beispielen für Sie zusammengestellt.

  **So laden Sie die Übungsdateien herunter**

1  Öffnen Sie Ihren Webbrowser und rufen Sie die Adresse *www.tecwriter.de/cp7uebung.zip* auf.

2  Speichern Sie die Datei (ZIP) auf Ihren Desktop.

3  Entpacken Sie die ZIP-Datei an einen Ort auf Ihrem System, auf dem Sie volle Schreib- und Leserechte besitzen.

 Dies sollte kein Speicherort auf einem anderen Rechner / Server im Netzwerk sein.

4  Das Passwort lautet „cp7dnb2013".

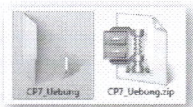

 Zur Bearbeitung dieses Buches liefere ich Ihnen außerdem ein paar Assets mit, z. B. Schaltflächen sowie Schriften. Diese Assets finden Sie im Übungspaket im Ordner *00_Projekte/Assets*. Installieren Sie die mitgelieferten Schriften auf Ihrem System, da die Projekte andernfalls nicht optimal dargestellt und Texte u. U. abgeschnitten werden. Doppelklicken Sie hierfür auf die jeweilige TTF-Datei.

Die Übungsdateien sowie alle weiteren Kursmaterialien (jeglicher Form) sind nur für die persönliche Verwendung im Rahmen des Erlernens von Captivate bestimmt. Der Einsatz in Projekten, jedes auszugsweise oder vollständige Kopieren sowie die Verwendung und Vorführung in Seminaren etc. ist ausdrücklich untersagt. Alle Ausnahmen bedürfen einer schriftlichen Genehmigung.

---

**Programmaktualisierungen von Captivate**

Adobe stellt immer wieder Programmaktualisierungen zur Verfügung. Ich empfehle Ihnen diese Updates (jetzt) durchzuführen, da dadurch auch ggf. bestehende Programmfehler behoben werden. Wählen Sie dazu in der Menüleiste **Hilfe > Aktualisierungen**. Der *Adobe Application Manager* zeigt Ihnen dann automatisch an, ob aktuelle Updates für Captivate zur Verfügung stehen.

**Captivate-Testversion**

Eine Demo-Version von Captivate können Sie kostenlos von der Adobe-Webseite herunterladen (▶ *Weblink 00.1, Seite 20*). Die Testversion kann 30 Tage genutzt werden und ist voll funktionsfähig. Jedoch laufen mit der Demo-Version veröffentlichte Projekte nach 30 Tagen ab und können anschließend nicht mehr geöffnet werden.

**Virtueller Trainer**

Im Rahmen der Übungsdateien kommt eine Trainerfigur zum Einsatz. Diese wurde von Pixeden.com freundlicherweise zur Verfügung gestellt und von uns modifiziert. Sie können die Grundversion im Rohformat kostenfrei bei *www.pixeden.com* herunterladen und auch für Ihre Projekte verwenden.

> **Newsletter**
>
> Wenn Sie stets top informiert sein möchten, empfehle ich Ihnen, unseren Newsletter zu abonnieren (▶ *Weblink 00.2, Seite 20*). Sie werden dann automatisch informiert, sobald neue Zusatzmaterialien zur Verfügung stehen.

## Weblinks, Buchaktualisierungen, Zusatzmaterialien

Damit Sie als Leser stets am Puls der Zeit sind, werde ich Ihnen im Laufe der Zeit Aktualisierungen zu Programmänderungen aufgrund von Patches oder Updates von Captivate auf der Webseite zu diesem Buch bereitstellen. Dies können auch zusätzliche, dieses Buch ergänzende Kapitel sein. Außerdem werde ich zur Vertiefung weiterführende Weblinks benennen. Diese sind ebenfalls auf der Webseite zu diesem Buch gesammelt:

▶ *www.tecwriter.de/adobe-captivate-7.html* (alternativ über *www.tecwriter.de* > Hauptnavigation *Bücher & Videos* > Buch zu Captivate 7).

## Wie ist dieses Buch aufgebaut?

Zu Beginn erfahren Sie Grundlegendes zur Konzeption von Captivate-Projekten und wie die Oberfläche des Autorenwerkzeuges aufgebaut ist. Anschließend lernen Sie eine der Hauptkomponenten kennen: die Bildschirmaufnahme. Ich zeige Ihnen die grundlegenden Unterschiede zwischen video- und folienbasierten Bildschirmaufnahmen sowie die jeweiligen Vorzüge beider Modi.

Im Anschluss an die Bildschirmaufnahme erfahren Sie, wie Sie ansprechende (interaktive) Captivate-Projekte schnell „out of the box" erstellen können. Außerdem lernen Sie die Standardisierungsmöglichkeiten kennen, um effektiv mit Captivate zu arbeiten und hochwertige Ergebnisse zu erzielen.

Danach führe ich Sie in die Bereiche Multimedia & Interaktivität ein, die ebenfalls eine zentrale Rolle in Ihren theoretischen E-Learning-Einheiten oder Marketing-Projekten spielen können. Anschließend betrachten wir die Themen Vertonung, Finalisierung sowie Veröffentlichung.

Dies macht den Weg frei für weitere Vertiefungen. Hier geht es nicht nur darum, wie Sie Ihre Projekte verzweigen, sondern auch, wie Sie Menüs und Inhaltsverzeichnisse erstellen. Die verschiedenen Schnittstellen von Captivate sowie Möglichkeiten zur Übersetzung möchte ich Ihnen hier natürlich nicht vorenthalten.

Auf der Zielgeraden wird es dann richtig interessant: Hier lüften wir die Geheimnisse zu den Themen Quiz, Variablen, erweiterte Aktionen, Widgets, Learning-Management-Systeme und vielen mehr.

> **Tipp für die erste Bearbeitung dieses Buches**
>
> Je nach Geschmack, empfehle ich Ihnen, bei der ersten Bearbeitung den ersten Teil eines Kapitels grob zu überfliegen und sich zügig an die jeweilige Übung heran zu wagen. Sobald Sie eine Funktion in der Praxis kennen, fällt das Vertiefen ein gutes Stück leichter.

## Wie sind die einzelnen Kapitel aufgebaut?

Jedes Kapitel beginnt mit einer kurzen Einführung. Anschließend folgen wichtige Informationen und Fensterbeschreibungen zum jeweiligen Thema, welche Ihnen v. a. das spätere Nachschlagen und Vertiefen erleichtern sollen.

Abschließend können Sie anhand einer oder mehrerer Übungen die wichtigsten Inhalte eines Kapitels praktisch anwenden. Im Rahmen dieser Übungen werden die einzelnen Schritte zuerst textuell beschrieben und anschließend mit Abbildungen verdeutlicht.

## Wie bearbeiten Sie dieses Buch am effektivsten?

Lassen Sie sich vom Umfang dieses Buches nicht abschrecken. Beim Aufbau habe ich gezielt darauf geachtet, dass Sie als Leser je nach Projektziel auch nur für Sie relevante Inhalte bearbeiten können. Außerdem gibt es durchgängig eine Abkürzung für die Schnellstarter unter Ihnen, die Captivate innerhalb eines Tages kennen lernen möchten. Falls es Ihr Terminplan also nicht zulassen sollte, das Buch im Ganzen zu bearbeiten, habe ich die folgenden Empfehlungen für Sie. Sie können im Anschluss jederzeit noch einmal zurückkommen und die einzelnen Themen vertiefen.

▶ Captivate intensiv: Bearbeiten Sie alle Übungen des Buches. Übung für Übung fügt sich alles wie ein Puzzle zusammen. Dabei ergeben mehrere kleine Übungen jeweils ein umfassendes Projekt. Die vollständigen Projekte finden Sie natürlich auch in den Übungsdateien, im Ordner *00_Projekte*.

▶ Captivate für Schnellstarter: Lernen Sie die Grundlagen von Captivate im Schnellstart kennen. Bearbeiten Sie hierfür die Übungen, die mit dem entsprechenden Schnellstartsymbol, einem Stern rechts außen an der Übung, versehen sind (▶ *Welche Konventionen werden verwendet?*). Diese Übungen sind auch im Inhaltsverzeichnis mit einem Stern gesondert markiert.

▶ Captivate auf Ihre Projektziele zugeschnitten: Bearbeiten Sie zumindest die für Ihr Projektziel relevanten Basisinhalte, wie in der folgenden Tabelle beschrieben:

| Projektziel | Kapitel |
|---|---|
| Bildschirmvideos „Quick-&-Dirty" erstellen | ▶ *Grundlagen der Bildschirmaufnahme S.51* <br> ▶ *Videobasiert aufnehmen S.63* |
| Professionelle Bildschirmaufnahmen erstellen | ▶ *Grundlagen der Bildschirmaufnahme S.51* <br> ▶ *Folienbasiert aufnehmen S.97* |
| E-Learning-Einheiten erstellen, z. B. Soft-Skill-Trainings | ▶ *Rapid-E-Learning out of the box S.131* <br> ▶ *Projekte standardisieren S.173* <br> ▶ *Multimedia & Effekte einbringen S.207* <br> ▶ *Interaktionen ermöglichen S.241* <br> ▶ *Projekte vertonen S.297* <br> ▶ *Quizanwendungen erstellen S.427* |
| Bestehende PowerPoints vertonen und mit Quiz anreichern | ▶ *Projekte vertonen S.297* <br> ▶ *Schnittstellen nutzen S.395* <br> ▶ *Quizanwendungen erstellen S.427* |

## Welche Konventionen werden verwendet?

Dieses Buch verwendet die folgenden Konventionen:

▶ Die Hervorhebung *Kursiv* für Dialogtexte (z. B. *Kategorie*), Dateinamen und -pfade (z. B. *Übung.cptx*), Internetadressen (z. B. *www.tecwriter.de*), Querverweise (▶ *Seite XY*), Fensternamen (z. B. Das Fenster *Öffnen* öffnet sich), Register (z. B. *Optionen*) und Bedienfelder (z. B. *Folienmaster*).

▶ Die Hervorhebung **Fett** für Schaltflächen (z. B. **Abbrechen**), Menüpunkte (z. B. **Datei > Öffnen**), Optionen (z. B. **Softwaresimulation**) und Symbole aus der Symbolleiste (z. B. **Vorschau**).

▶ Anführungszeichen („") für Textbeispiele.

## Welche Abkürzungen werden verwendet?

Dieses Buch verwendet folgende Abkürzungen:

▶ Win = Windows
▶ Mac = Mac OS

## Was bedeuten die einzelnen Symbole?

Im Verlauf des Buches werden Ihnen die folgenden Symbole begegnen:

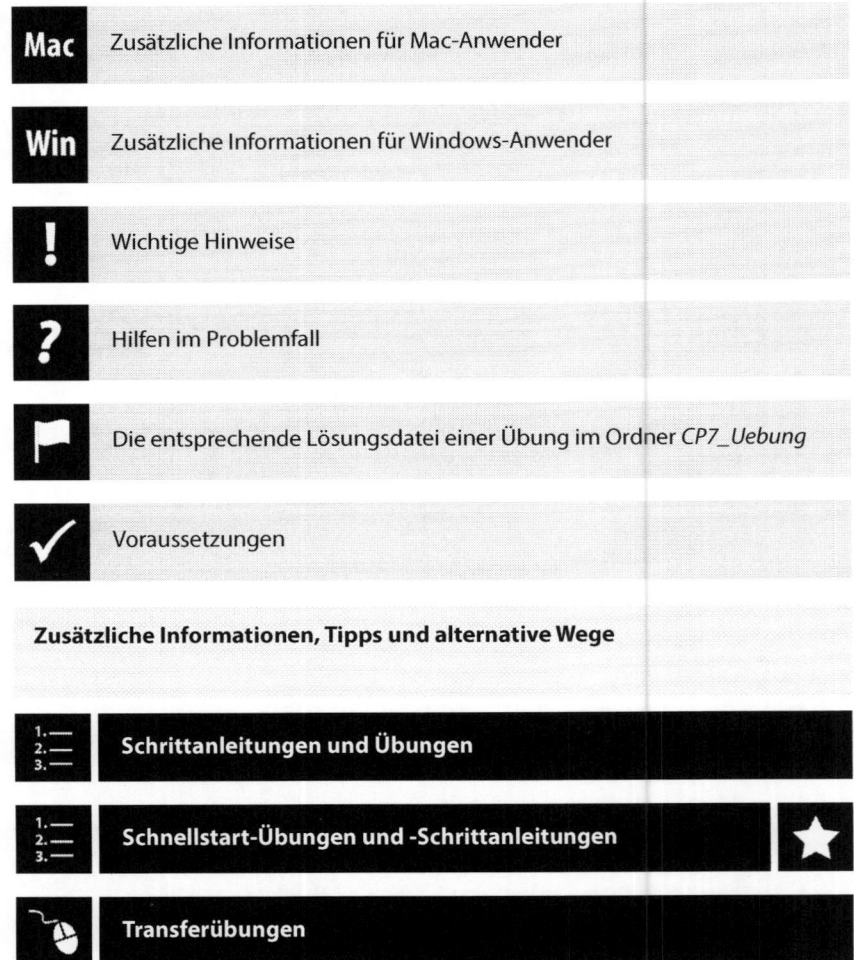

# Projekte konzipieren

Das Werkzeug sowie die aufzunehmende Software zu beherrschen, ist zwar sehr hilfreich bei der Erstellung von Captivate-Projekten, jedoch führt dies nicht automatisch zu einem optimalen Ergebnis. Am Anfang aller Überlegungen steht die angemessene Konzeption des Projektes. In diesem Kapitel erfahren Sie, wie sich ein Projektteam für die Erstellung von E-Learning-Einheiten optimal zusammensetzt und erhalten die wichtigsten Grundlagen zur Auflösungsermittlung.

**Themenübersicht**

- » Einordnung 24
- » Projektteam & Werkzeuge 24
- » Die Projektauflösung 25
- » Displayauflösung & Zielgeräte 25
- » Zielplattform & Publikationsformat 25
- » Auflösungsberechnung: Beispiele 27
- » Lösungshilfen für „Platzprobleme" 28
- » Weiterführende Literatur 29

## Einordnung

Im Rahmen dieses Buches möchte ich mich rein auf die Umsetzung von E-Learning-Konzepten mit dem Rapid-E-Learning-Werkzeug Adobe Captivate konzentrieren. Themen, wie z. B. die Planung einer E-Learning-Einheit oder die Erstellung eines Drehbuchs werden deshalb an dieser Stelle nicht behandelt, da deren thematische Erarbeitung mindestens den Umfang eines weiteren Buches bedarf. In diesem Bereich empfehle ich Ihnen, auf weitere Literatur zurückzugreifen oder eine Schulung zu besuchen. Mein Unternehmen tecwriter bietet zu Didaktik, Drehbucherstellung und Konzeption von Bildschirmvideos & E-Learning ebenfalls umfassende praxisorientierte Schulungen an.

## Projektteam & Werkzeuge

Die Erstellung von E-Learning-Einheiten ist wahrlich die Königsdisziplin in der Welt multimedialer Projekte. Keine andere Projektform verlangt diese Vielzahl an interdisziplinären Qualifikationen, möchte man professionelle Ergebnisse erzielen. Je nach Projektart und -ziel kann es daher sinnvoll sein, Zusatzqualifikationen zu erwerben oder ein Projektteam aus Spezialisten zusammenzustellen. Im Folgenden ein Überblick, der rein als Anregung gelten soll.

### E-Learning-Konzeption / Drehbucherstellung

| Teammitglied / Qualifikation | Spezialgebiet |
|---|---|
| Wissensträger (SME = Subject matter expert) | Spezialist auf dem Gebiet des zu vermittelnden Wissens |
| Pädagoge / „Storyteller" | Didaktik & Motivation |
| Grafiker | Design |
| (Technischer) Redakteur | Texterstellung / Informationsaufbereitung |

### E-Learning-Produktion

| Teammitglied | Spezialgebiet | Bsp. für Werkzeuge |
|---|---|---|
| E-Learning-Autor | Autorenwerkzeug | Captivate |
| Fotograf / Grafiker / Designer / Animator | Visuelle Gestaltung | Photoshop, Illustrator, Flash, Kamera, Fotostudio |
| Sprecher / Toningenieur / Cutter | Auditive Gestaltung | Audition, Mikrofon, Tonstudio |
| Programmierer | Entwicklung über das Autorenwerkzeug hinausgehender Funktionen | Flash |
| Administrator für Veröffentlichungsplattform | Bereitstellung der E-Learning-Module | LMS: Moodle, ILIAS |
| Usability-Experte | Bedienbarkeit | Eye-Tracker |

| Videograf / Schauspieler | Produktion von Realvideos | Videokamera, Greenscreen, Premiere |

Wir beschäftigen uns in diesem Buch ausschließlich mit den Aufgaben des E-Learning-Autors im Rahmen des Autorenwerkzeuges Adobe Captivate. Unerlässlich ist hierbei die Definition der Projektauflösung im Rahmen der Konzeption.

## Die Projektauflösung

Die Ermittlung der Auflösung ist eine der wichtigsten technischen Aufgaben vor Projektstart und sollte gut überlegt sein, denn sowohl eine zu hohe als auch eine zu niedrige Auflösung wirkt sich negativ auf die Qualität Ihrer Ergebnisse aus. Das Ziel sollte sein, die Auflösung des Projektes 1:1 und ohne Skalierung weitergeben zu können. Andernfalls kann es bei einer Skalierung, gerade bei Software-Aufnahmen, zu Problemen mit der Darstellung und Lesbarkeit von Oberflächentexten kommen; oder es werden Scrollbalken im Browser angezeigt, da der zur Verfügung stehende Platz nicht ausreicht – sehr ungünstig für die Bedienbarkeit, wenn dadurch Wiedergabeleiste oder Inhaltsverzeichnis nicht mehr direkt sichtbar sind.

### Displayauflösung & Zielgeräte

Insofern Sie sich nicht in der komfortablen Lage befinden, die genaue Displayauflösung der Zielgeräte Ihrer Projekte zu kennen, ist eine Annäherung erforderlich. Deshalb im Folgenden eine Übersicht aktuell gängiger Auflösungen.

| Zielgerät | Kleinste gängige Auflösung | Verhältnis |
|---|---|---|
| Notebook | 1366 x 768 px | 16:9 |
|  | 1280 x 800 px | 16:10 |
| Tablet-PC | 800 x 600 px | 4:3 |
|  | 800 x 480 px | 16:9 |
| Smartphone | 480 x 320 px | 3:2 |

Je nach Projektziel sollten Sie die Recherche nach der geeigneten Auflösung vertiefen: Wenn Sie z. B. im Tablet-Bereich nur iPads unterstützen möchten, beträgt hier die kleinste gängige Auflösung 1024 x 768 px.

### Zielplattform & Publikationsformat

Nicht nur das Zielgerät, sondern auch Zielplattform sowie Publikationsformat wirken sich wesentlich auf den zur Verfügung stehenden Anzeigebereich und damit die Größe der Projektauflösung aus.

Falls Sie jedoch Ihre Projekte im Format MP4 publizieren möchten, dann können Sie diesen Abschnitt überspringen und sich ganz auf die Displaygröße konzentrieren. Grund: MP4s werden i.d.R. in einem Player mit Vollbildfunktion abgespielt. Dabei wird auch die Wiedergabeleiste vom Player bereitgestellt und blendet im Vollbildmodus automatisch aus, sodass die Displaygröße 1:1 genutzt werden kann.

---

**Zielgruppenorientierung**

Konzentrieren Sie sich bei verschiedenartigen Zielsystemen möglichst auf die wichtigste Zielgruppe. So müssen Sie Ihre Projekte im Idealfall nur in einer Auflösung erstellen. Je nach Projekt beschleunigt dies den Produktionsprozess enorm. Weitere Vorteile: Sie brauchen nur eine Projektvorlage zu erstellen, Ihr Zielmedium (z. B. Lernplattform) nur für eine Auflösung zu optimieren und können problemlos Folien zwischen Projekten wiederverwenden.

Für die Hauptformate SWF und HTML5 sollten Sie hingegen die folgenden Bereiche der Zielplattform beachten (vgl. folgende Abbildung):

- ▶ Höhe der Titelleiste, der Standardleisten und der Statusleiste des Browsers (auch bei Tablet-PCs und Smartphones) (A)
- ▶ Höhe von Startleiste / Dock des Betriebssystems (B)
- ▶ Höhe einer (optionalen) Wiedergabeleiste, wenn statisch unterhalb des Projektes platziert (C)
- ▶ Breite eines (optionalen) statischen (bzw. „getrennten") Inhaltsverzeichnisses

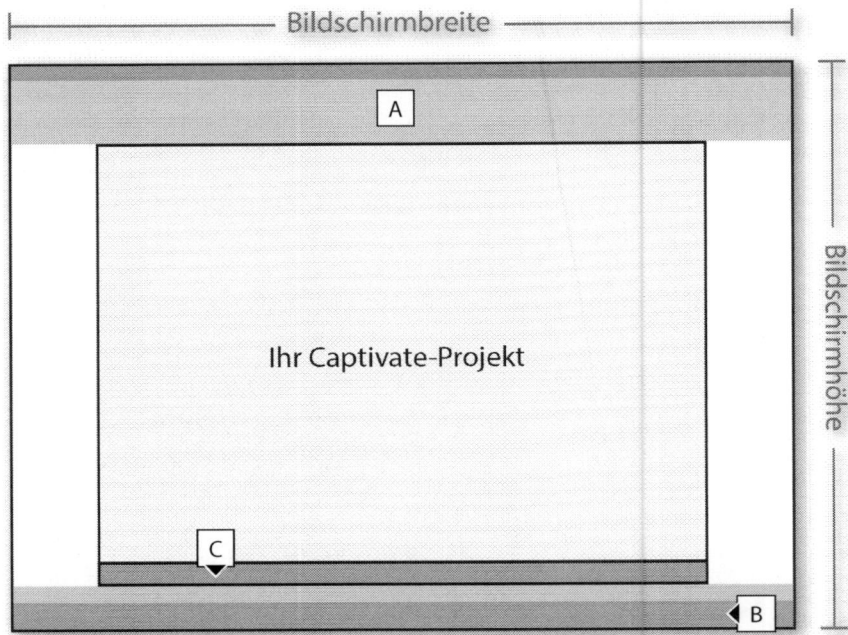

In der nachfolgenden Tabelle sehen Sie, wie viel Pixel die von Captivate mitgelieferten Wiedergabeleisten in Anspruch nehmen.

| Wiedergabeleiste | Größe (in Pixel) |
| --- | --- |
| Captivate-Standard | 31 |
| Aluminium | 31 |
| Chalkboard | 31 |
| Club | 31 |
| CoolBlue | 42 |
| cpPlaybar | 36 |
| DarkChocolate | 40 |

| default | 32 |
| --- | --- |
| Glass | 37 |
| Mojave | 31 |
| Pea Soup | 31 |
| Print | 33 |
| Sage | 31 |
| SpaceBlue | 41 |
| Steel | 37 |
| SuperSlim | 15 |

## Auflösungsberechnung: Beispiele

Im Folgenden möchte ich Ihnen anhand zweier Beispiele zeigen, wie Sie die Auflösung Ihres Projektes ermitteln können und welche Gestaltungsmöglichkeiten sich dabei ergeben.

### Beispiel 1

Sie möchten eine Software-Simulation als SWF-Version mit der Wiedergabeleiste *cpPlaybar* erstellen, welche für Notebooks und Desktop-Systeme mit einem Windows-Betriebssystem optimiert werden soll. Der Einfachheit halber gehen wir davon aus, dass die Anwender als Browser Mozilla Firefox verwenden.

1. Verwenden Sie als Ausgangsformat eine Mischung aus jeweils dem aktuell gängigsten 16:9- sowie 16:10-Format und berücksichtigen Sie hierbei nur die kleinste Breite sowie die kleinste Höhe: 1280 x 768 px.

2. Ziehen Sie die Höhe des Browserfensters ab (20 px für die Fensterleiste, 85 px für die Standardleisten, 23 px für die Statusleiste). Weiterhin sollten Sie für die Breite mind. 30 px abziehen.

3. Ziehen Sie 36 px für die Wiedergabeleiste *cpPlaybar* ab.

4. Ziehen Sie außerdem 40 px für die Startleiste von Windows 7 ab.

   Es steht Ihnen somit maximal ein Darstellungsbereich von 1250 x 564 px zur Verfügung.

5. Nun können wir noch ein harmonisches Format wählen und dabei automatisch weiteren Puffer hinzugeben, z. B. das 16:9-Format 960 x 540 px.

### Beispiel 2

Sie möchten ein Soft-Skill-Training als HTML5-Version erstellen, welches bevorzugt für die Ausgabe auf einem iPad optimiert sein soll, jedoch sollen auch aktuelle Notebooks unterstützt werden.

1. Wählen Sie die kleinste gängige Displayauflösung der iPad-Reihe: 1024 x 768 px.

2. Ziehen Sie 96 px in der Höhe für den Browser ab: Es steht Ihnen also maximal ein

---

**Auflösungswerte bei 16:9 / 16:10**

Auf der Webseite zu diesem Buch finden Sie eine Excel-Datei (▶ Weblink 01.1, Seite 20), anhand derer Sie gerundete Auflösungswerte in den Proportionen 16:9 und 16:10 ablesen können.

**Die passende Aufnahmeauflösung**

Wenn Sie sich keinerlei Gedanken um die Zielplattform, den Zielbrowser und die Form der verwendeten Wiedergabeleiste machen möchten: Verwenden Sie das 16:9-Format 960 x 540 Pixel als Aufnahmeauflösung.

Darstellungsbereich von 1024 x 672 px zur Verfügung.

3   Optional können Sie den Wert auf ein 16:9 oder 16:10-Verhältnis abrunden - in unserem Fall 1024 x 576 px (16:9) oder 1024 x 640 px (16:10).

### Lösungshilfen für „Platzprobleme"

In der Praxis reicht der zur Verfügung stehende Platz leider dann doch häufig nicht aus. Kann man Soft-Skill-Trainings noch relativ einfach nach den entsprechenden Anforderungen umsetzen, erscheint dies bei einer Software doch manchmal nicht ganz leicht. Denn einige aufzunehmende Programme setzen eine Mindestauflösung voraus, unter die sie entweder gar nicht oder nur mit starken optischen Einschränkungen skaliert werden können. Aber auch bei Soft-Skill-Trainings möchte man oft mehr Platz zur Verfügung haben als nur 960x540 Pixel.

Hier können möglicherweise bereits diese einfachen Tipps helfen:

▶ Wenn Sie vermeiden möchten, dass Ihnen die Wiedergabeleiste an Höhe „raubt": Alternativ zu den herkömmlichen Wiedergabeleisten können Sie auch Wiedergabeleisten-Widgets verwenden. Diese Widgets können frei auf der Folie platziert werden und haben somit keinerlei Auswirkungen auf die Projektauflösung (Achtung: jedoch nicht als HTML5 publizierbar). Captivate liefert im Standardumfang 4 Wiedergabeleisten-Widgets mit. Außerdem besteht die Möglichkeit, die Wiedergabeleiste in den Projektbereich zu überlagern und dynamisch ein-/ausblendbar einzustellen (ähnlich wie bei MP4s im Vollbildmodus des Players).

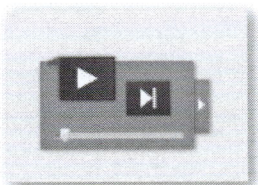

▶ Sie können bei der Veröffentlichung in Captivate einstellen, dass das Projekt per JavaScript im Vollbild-Modus des Browsers geöffnet werden soll. Dadurch ermöglichen Sie in der Höhe eine um grob 100 px größere Auflösung. (**A**)

▶ Sie können mit der Funktion *Skalierbarer HTML-Inhalt* das veröffentlichte Projekt dynamisch an den zur Verfügung stehenden Raum anpassen lassen. (**B**)

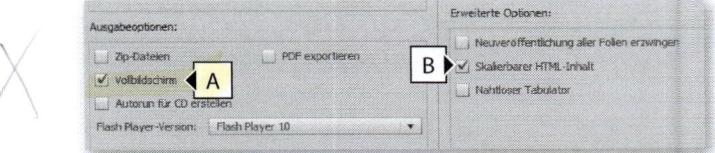

Darüber hinaus haben Sie bei Bildschirmvideos folgende Möglichkeiten:

▶ Sie zeichnen nur einen Teil des Bildschirmes auf und nutzen dabei optional die Funktion *Schwenken* (für professionelle Projekte nicht empfehlenswert) (▶ Seite 113).

- Bei videobasierten Bildschirmaufnahmen: Sie können die mitgelieferte Zoom- und Schwenkfunktion nutzen, um Ausschnitte effektvoll zu vergrößern und anschließend ein in der Auflösung reduziertes Video zu veröffentlichen (einfache Bedienung) (▶ *Seite 81*).
- Bei folienbasierten Bildschirmaufnahmen: Die Zoom- und Schwenkfunktion videobasierter Projekte steht hier leider nicht zur Verfügung. Sie können diese jedoch per Workaround nachbilden: Sie zeichnen dazu die Anwendung in einer höheren Auflösung als der Zielauflösung auf und erzeugen mit Hilfe des Bedienfelds *Effekte* eine Zoom- und Schwenkfunktion über Zoom-Effekte und Bewegungspfade (aufwendig in der initialen Erstellung & sehr fortgeschrittenes Wissen in Captivate vorausgesetzt, jedoch sehr professionelle Ergebnisse möglich).

Weitere Empfehlungen für Bildschirmvideos:
- Es kann sinnvoll sein, Bildschirmfotos von Ihren Zielsystemen zu erstellen und alle Fensterelemente pixelgenau auszumessen, um so die optimale Auflösung zu ermitteln.
- Wenn Sie die Auflösung Ihres Aufnahmesystems reduzieren, werden Anwendungen in die vorgegebene Auflösung gezwängt. Dadurch können Sie auch sehr einfach vorbeugen, dass Menüs bei der Aufnahme über den Aufnahmebereich hinaus aufklappen. Wenn Sie mit zwei Bildschirmen arbeiten: Nutzen Sie den Hauptbildschirm, um Captivate in der gewohnten Auflösung zu bedienen. Die Aufzeichnungen können Sie in der Zielauflösung im zweiten Bildschirm durchführen.

## Weiterführende Literatur

### Didaktik
- Clark, Ruth / Mayer, Richard (2011): e-Learning and the Science of Instruction: Proven Guidelines for Consumers and Designers of Multimedia Learning. San Francisco : Pfeiffer
- Niegemann, Helmut et al. (2008): Kompendium multimediales Lernen. Berlin : Springer
- Uhrig, Martin (2008): Entwicklung eines Standardkonzepts zur Erstellung interaktiver Tutorials für die Viamedici Software GmbH. E-Learning mit Author-it, Adobe Captivate & Flash. Hamburg : Diplomica
- Stoecker, Daniela (2013): eLearning - Konzept und Drehbuch: Handbuch für Medienautoren und Projektleiter. Berlin : Springer Vieweg

### Design
- McCloud Scott (2007): Comics machen: Alles über Comics, Manga und Graphic Novels. Hamburg : Carlsen
- Runk, Claudia (2010): Grundkurs Grafik und Gestaltung. Bonn : Galileo
- Wäger, Markus (2010): Grafik und Gestaltung: Das umfassende Handbuch. Bonn : Galileo

**Texterstellung**

- Bellem et al. (2010): Regelbasiertes Schreiben: Deutsch für die Technische Kommunikation. Stuttgart : tekom
- Langer, Ingehard / Schulz von Thun, Friedeman / Tausch, Reinhard (2011): Sich verständlich ausdrücken. München : Ernst Reinhardt
- Wachtel, Stefan (2009): Schreiben fürs Hören: Trainingstexte, Regeln und Methoden. Konstanz : UVK

# Captivate erkunden

In diesem Kapitel erhalten Sie einen Überblick über die Funktionen und die Oberfläche von Adobe Captivate. Dabei lernen Sie auch Grundwerkzeuge wie Gruppierung, Objektausrichtung sowie die Zeitleiste kennen.

## Themenübersicht

- » Einsatzgebiete — 32
- » Oberfläche & Arbeitsumgebung — 33
- » Captivate unter Mac OS — 37
- » Übung: Oberfläche anpassen — 39
- » Zeitleiste & Timing — 41
- » Objektgruppierung — 43
- » Objektausrichtung — 44
- » Übung: Zeitleiste und Objektausrichtung kennenlernen — 47

**Was ist neu in Captivate 7?**

Wenn Sie erfahren möchten, was Captivate 7 von seinen Vorgängerversionen unterscheidet: ▶ *Weblink 02.1, Seite 20.*

## Einsatzgebiete

Adobe Captivate ist ein sehr mächtiges Autorenwerkzeug zur Erstellung von Software-Demos, -Simulationen und E-Learning-Anwendungen. Das Besondere dabei: Von der ersten Idee eines Projektes bis zum fertigen Ergebnis vergehen oft nur wenige Stunden, weshalb es auch als „Rapid-E-Learning Tool" bezeichnet wird.

Mit diesem Werkzeug können Sie z. B. interaktive Simulationen, Einsteiger-Tutorials, Software-Demos, szenario-basierte Schulungen, E-Learning-Anwendungen, Wissensspiele und -tests entwickeln. Daneben eignet sich Captivate z. B. auch, um Softwarefehler zu dokumentieren oder Videos für Marketing und Vertrieb aufzubereiten.

> **Was ist Adobe Captivate?**
>
> Über den ▶ Weblink 02.2, Seite 20 gelangen Sie zu einem Einführungsvideo zu Adobe Captivate. Hier stelle ich Ihnen Captivate anhand der mit diesem Buch mitgelieferten Beispiele zu Bildschirmvideos und Soft-Skill-Trainings vor.

Beispiel einer Demonstration ▶

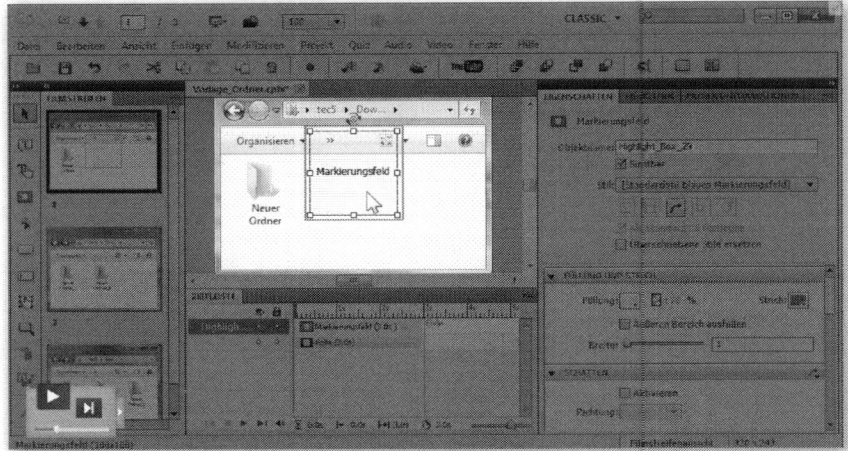

Captivate zeichnet sich vor allem durch seine einfache Bedienbarkeit, seinen sehr großen Funktionsumfang und vielerlei Weiterverarbeitungsmöglichkeiten aus. So können Sie Ihre Projekte ohne Flash- oder Programmier-Kenntnisse mit interaktiven Elementen, Beschriftungen, Multimedia- und Quiz-Elementen, Verzweigungen, erweiterten Logiken, Inhaltsverzeichnissen und Menüs versehen – und diese dann auch noch ressourcensparend veröffentlichen.

Beispiel einer Quizfrage ▶

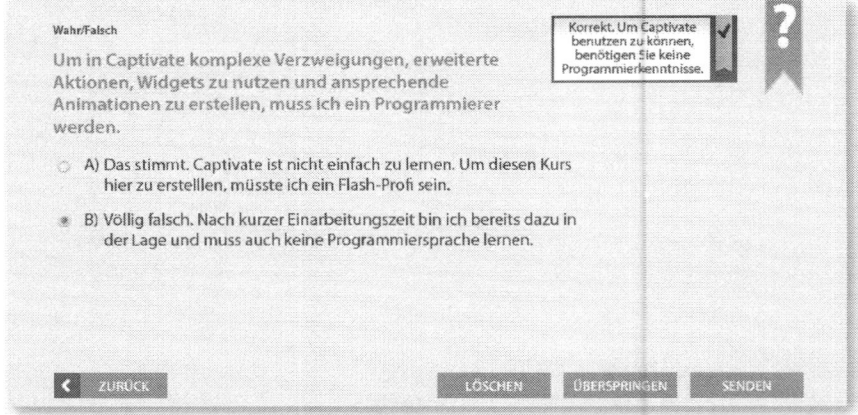

# Oberfläche & Arbeitsumgebung

In diesem Kapitel lernen Sie die verschiedenen Teile des Willkommensbildschirms sowie des Hauptprogrammfensters kennen. Außerdem erhalten Sie einen Einblick in die Vorschau, dem Werkzeug, mit dem Sie Ihre Projekte testen können.

Sie können ältere Captivate-Projekte auch mit neueren Captivate-Versionen bearbeiten. Beachten Sie jedoch: Captivate-Projekte waren bis zur Version 6 nie abwärtskompatibel. Captivate-Projekte, die Sie nun mit der Version 7 bearbeiten und speichern, sind erstmalig auch mit den Versionen 6.1 und 6 weiterhin bearbeitbar (bei eingeschränktem Funktionsumfang, da Funktionen wie z. B. Drag-&-Drop in Captivate 6 nicht verfügbar sind). Projekte, die Sie z. B. mit Captivate 7 erstellen oder öffnen und speichern, können Sie anschließend nicht mehr mit Captivate 4, 5 oder 5.5 öffnen.

## Der Willkommensbildschirm

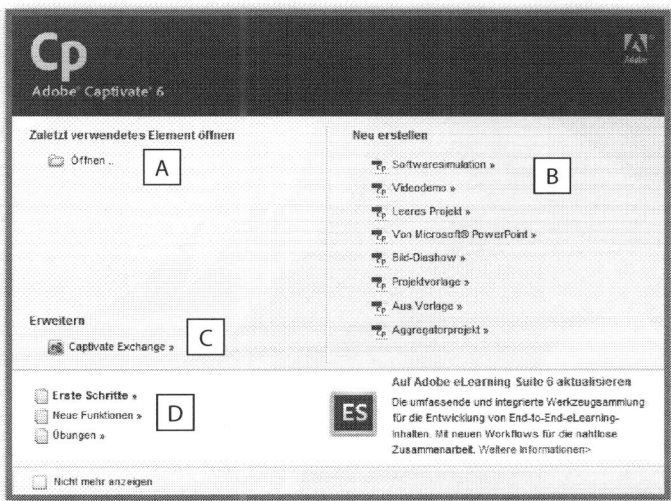

**A** Öffnen eines zuletzt bearbeiteten Projekts

**B** Erstellen eines neuen Projekts, einer Vorlage oder eines Menüs (Aggregatorprojekt)

**C** Öffnen der Plattform *Adobe Captivate Exchange*: Hier finden Sie Lösungen von Adobe und Drittanbietern, um Captivate z. B. um weitere Widgets zu erweitern

**D** Betrachten eines der Video-Tutorials für Einsteiger

---

**Theoretische E-Learning-Einheit erstellen**

Wenn Sie keine Bildschirmaufzeichnung (z. B. eine Screendemo oder Simulation), sondern eine theoretische E-Learning-Einheit (z. B. zur Vermittlung von Soft-Skills) erstellen möchten: Erstellen Sie zu Beginn ein **Leeres Projekt**. Später sollten Sie dann auf Basis einer Vorlage arbeiten (▶ *Seite 173*).

## Das Hauptfenster

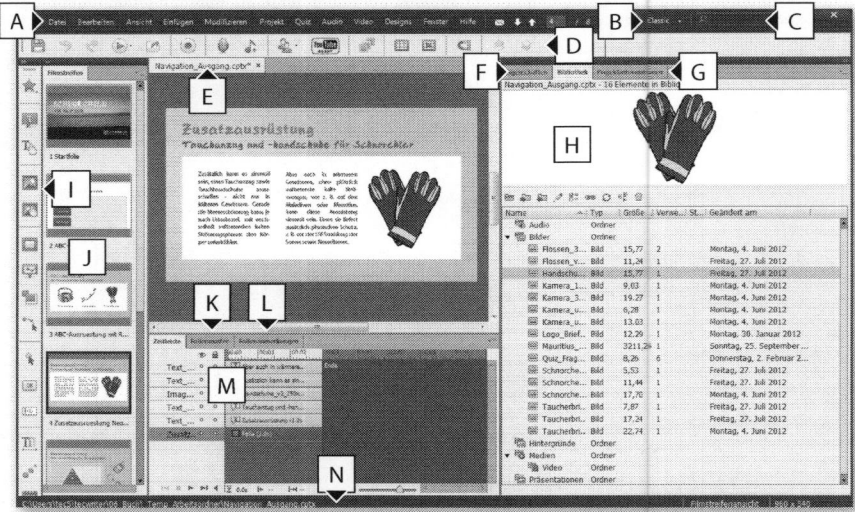

- **A** Menüleiste
- **B** Arbeitsbereich-Umschalter
- **C** Hilfe öffnen und automatisch nach dem eingegebenen Text suchen
- **D** Leiste *Hauptoptionen*
- **E** Dokumentfenster mit Registerkarte(n)
- **F** *Eigenschaften:* Zeigt Bearbeitungsmöglichkeiten zum / zur aktuell gewählten Objekt / Folie
- **G** *Projektinformationen*: Zeigt Informationen zum aktuellen Projekt an, z. B. Auflösung, Anzahl der Folien
- **H** *Bibliothek*, in der alle Audio-Elemente, Bilder, (Folien-)Hintergründe, Medien (z. B. Animationen) und (verknüpfte) Präsentationen zentral verwaltet werden
- **I** Objektsymbolleiste
- **J** *Filmstreifen*, um im Projekt zu navigieren
- **K** *Folienmaster* (▶ *Seite 174*)
- **L** *Folienanmerkungen*: Bereich für Anmerkungen, die später bei der Publikation nicht sichtbar sind
- **M** *Zeitleiste* der aktuellen Folie
- **N** Statusleiste: Zeigt den Projektpfad / die Beschreibung eines mit der Maus überfahrenen Symbols, Werkzeugs oder Objekts sowie die Auflösung des Projekts

## Bedienfelder / Symbolleisten ein- / ausblenden

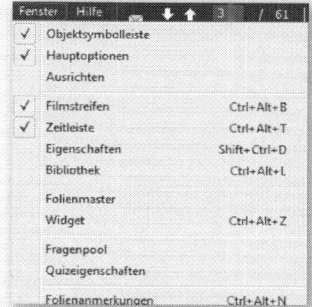

Wenn Sie einzelne Bedienfelder (z. B. *Zeitleiste, Bibliothek, Folienanmerkungen, Filmstreifen*) oder Symbolleisten (z. B. *Objektsymbolleiste, Ausrichten*) ein- oder ausblenden möchten: Wählen Sie in der Menüleiste **Fenster** und aktivieren Sie das gewünschte Bedienfeld oder die gewünschte Symbolleiste.

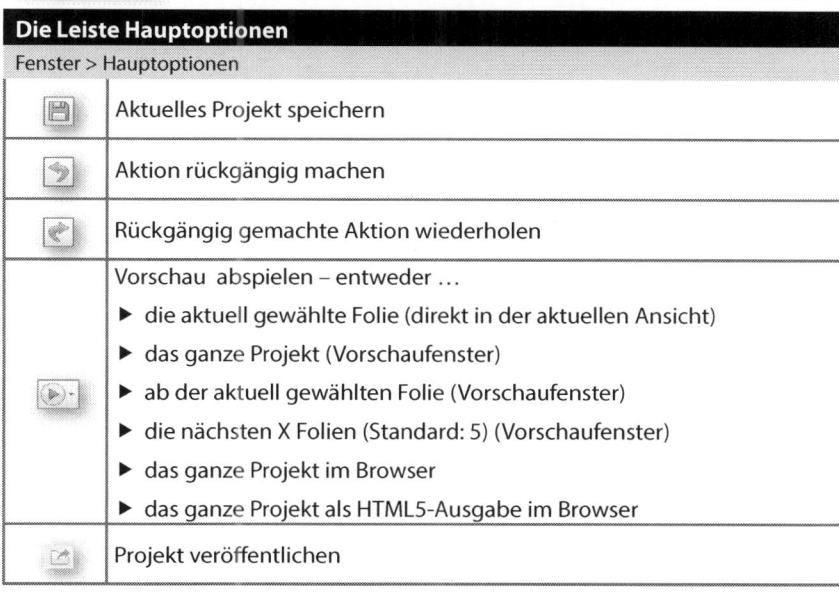

Oberfläche & Arbeitsumgebung | 35

| | | |
|---|---|---|
| ⦿ | Weitere Folien für dieses Projekt aufzeichnen (Bildschirmaufnahmen) | |
| 🖱 | Markierter/m Folie/Objekt Audio anfügen | |
| ♪ | Hintergrundaudio einfügen | |
| 👥 | Zusammenarbeit – entweder …<br>▶ die Dateien auf Acrobat.com hochladen<br>▶ die Dateien auf Acrobat.com freigeben<br>▶ zur freigegebenen Überprüfung versenden | |
| YouTube | Projekt auf YouTube veröffentlichen (MP4) | |
| 🗔 | Designs-Fenster ein- / ausblenden | |
| ▦ | Raster ein-/ausblenden | |
| ▣ | Objekte am Raster ausrichten | |
| ◁ | Neu erstelltes Smartform-Objekt an einem weiteren Objekt ausrichten | |
| ◆ ◇ | Ausgewähltes Objekt eine Ebene nach vorne / hinten stellen | |
| ◆ ◇ | Ausgewähltes Objekt in den Vordergrund / Hintergrund stellen | |

> **!** Wenn Sie nur die aktuelle Folie in der Vorschau abspielen (**Datei > Vorschau > Folie abspielen**), erhalten Sie eine stark vereinfachte Vorschau. Wenn Sie testen möchten, wie die aktuelle Folie in der Publikation wirken wird: Wählen Sie zumindest **Vorschau > Nächste 5 Folien**. So erhalten Sie eine genauere Vorstellung von Ihrem Projekt.

## Das Fenster Vorschau
Datei > Vorschau

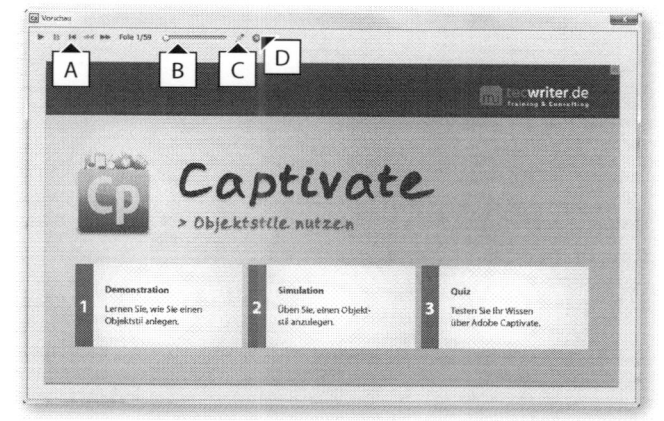

**A** Wiedergabesteuerung der Vorschau
**B** Anzeige des Folienverlaufs
**C** Aktuelle Folie zur Bearbeitung öffnen
**D** Vorschau schließen und zur zuletzt geöffneten Folie zurückkehren

### Was tun bei Anzeigefehlern?

Wenn Sie beim Betrachten der Vorschau Anzeigefehler feststellen, sollten Sie den Cache von Captivate leeren. Öffnen Sie hierzu die Voreinstellungen (**Bearbeiten > Voreinstellungen**) und klicken Sie unter der Kategorie *Allgemeine Einstellungen* auf **Cache löschen**. Was genau Cache-Dateien sind und welchen Nutzen diese haben, erfahren Sie hier:
▶ Weblink 02.3, Seite 20.

## Captivate unter Mac OS

Dieses Kapitel richtet sich an Sie, wenn Sie mit einem Mac arbeiten. Wenn Sie mit einem Windows-System arbeiten: Fahren Sie bitte mit ▶ *Seite 39* fort.

Obwohl die Unterschiede zwischen Mac- und Windows-Version nur marginal sind, spendiere ich hier ein eigenes Kapitel. Sie werden zusätzlich in den einzelnen Kapiteln im Buch immer wieder Anmerkungen zu den Tastenkürzeln unter Mac OS und den jeweiligen Unterschieden finden – insofern es welche gibt.

### So unterscheidet sich die Programmoberfläche

Den größten Unterschied zwischen Mac- und Windows-Version zeigen die Menüleiste sowie die Leiste *Hauptoptionen*. Sie finden Captivates Voreinstellungen bei Mac OS unter **Adobe Captivate > Voreinstellungen**.

Außerdem ist die Leiste *Hauptoptionen* unter Mac OS leicht reduziert und nicht alle Optionen aus der Windows-Version sind verfügbar. Die zugehörigen Funktionen finden Sie jedoch in der Menüleiste unter den Einträgen **Datei** und **Bearbeiten**.

## So unterscheidet sich die Aufnahme

Im Rahmen der Übungen zur Bildschirmaufnahme werden wir aufzeichnen, wie wir einen Ordner im Dateisystem erstellen, umbenennen, verschieben und danach suchen. Unter Windows kommt hier der *Explorer* zum Einsatz, unter Mac OS der *Finder*.

Bei der Aufnahme unterscheidet sich auch das (rote) Aufzeichnungsfenster. Unter Mac OS können Sie dieses nur in der rechten unteren Ecke in dessen Größe anpassen.

▶ Aufzeichnungsfenster unter Mac OS (links) und unter Windows (rechts)

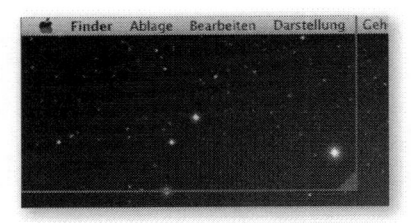

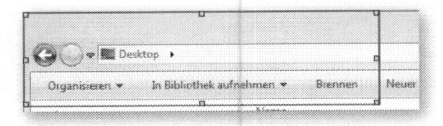

Der wichtigste Unterschied in puncto Aufzeichnung stellt wohl das Grundkonzept von Mac OS dar. Die Menüleiste eines Programms wird getrennt vom Programmfenster dargestellt. Dadurch ist die Funktionalität, das geöffnete Programmfenster am roten Aufzeichnungsrechteck einschnappen zu können, nur eingeschränkt für die Mac-Welt verwendbar. Sie werden sehen, dass wir uns im Rahmen der ersten Übungen deshalb auf die Grundfunktionalitäten des Finders beschränken und hier die Menüleiste nicht mit aufzeichnen werden. Im späteren Erstellungsprozess werden Sie jedoch bevorzugt die Menüleiste eines jeweiligen Programms mit aufzeichnen und hier die Aufnahmeoption **Bildschirmbereich** wählen.

▶ Das Konzept von Mac OS: Programmfenster und Menüleiste getrennt (links)

Windows: Menüleiste innerhalb des Programmfensters (rechts)

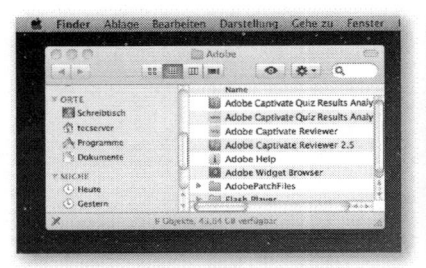

Weiterhin unterscheiden sich natürlich auch die Tastenkürzel zwischen den beiden Welten. Meist besteht hier nur ein Unterschied: Die Taste ⌘ – entweder zusätzlich zum Windowsbefehl oder statt der Taste Strg. Jedoch werden wir die Mac-Tastenkürzel auch an den jeweiligen Stellen gesondert benennen.

## So unterscheidet sich die Postproduktion

Im Bereich der Postproduktion gibt es ebenfalls leichte Abweichungen. So z. B. bei den Mausobjekten und Textschaltflächen. Hier finden Sie jeweils die Designs, die Sie auch von Mac OS gewohnt sind.

◀ Mauszeiger unter Mac OS (links) und unter Windows (rechts)

## Übung: Oberfläche anpassen

Bevor wir die Werkzeuge von Captivate in die Hand nehmen, richten wir die Arbeitsumgebung optimal auf unsere Wünsche ein.

✓ Wie Sie die Übungsdateien herunterladen: ▶ *Seite 19*

**Übung**

1   Öffnen Sie die Datei *Projekt_Bildschirmvideos.cptx* aus dem Ordner *00_Projekte/Projekt_Bildschirmvideos*.
2   Wählen Sie in der Menüleiste den **Arbeitsbereich-Umschalter** aus.
3   Wählen Sie den Arbeitsbereich **Widget**.

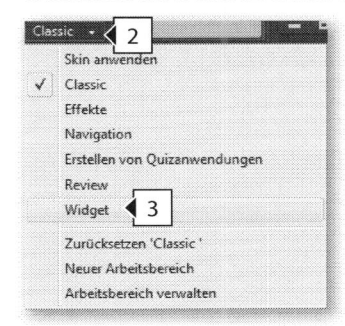

4   Stellen Sie sicher, dass dieser auf Standard eingestellt ist: Wählen Sie im Arbeitsbereich-Umschalter **Zurücksetzen 'Widget'**.

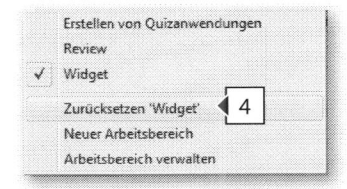

5   Verschieben Sie das Bedienfeld *Widget* per Drag & Drop in die obere Bedienfeldgruppe.

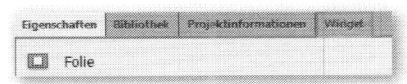

Im rechten Bildschirmbereich ist nun nur noch eine Bedienfeldgruppe sichtbar und das Bedienfeld *Widget* reiht sich neben den Bedienfeldern *Eigenschaften*, *Bibliothek* sowie *Projektinformationen* ein.

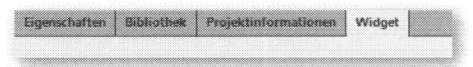

6 Blenden Sie die Folienanmerkungen ein: Wählen Sie **Fenster > Folienanmerkungen**.

Das Bedienfeld *Folienanmerkungen* wird in der unteren Bedienfeldgruppe neben dem Bedienfeld *Zeitleiste* eingeblendet.

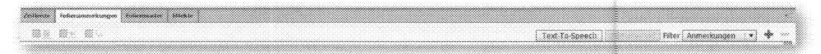

7 Vergrößern Sie das Bedienfeld *Filmstreifen*, sodass dort zwei Folien nebeneinander Platz finden:

  a  Fahren Sie mit der Maus über den rechten Rand des Bedienfeldes.

     Sie sehen, dass der Mauszeiger sich zu einem Doppelpfeil ändert.

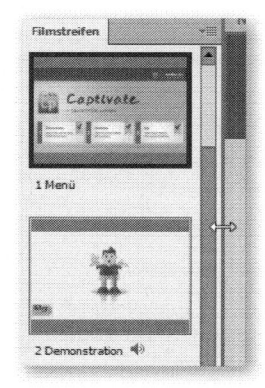

  b  Ziehen Sie das Bedienfeld auf die gewünschte Breite auf.

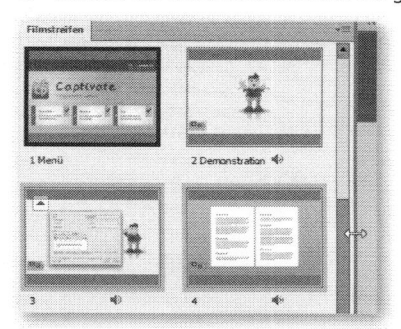

8 Speichern Sie Ihren neuen Arbeitsbereich ab: Wählen Sie im Arbeitsbereich-Umschalter **Neuer Arbeitsbereich**.

Das Fenster *Neuer Arbeitsbereich* öffnet sich.

**9** Geben Sie einen *Namen* ein, z. B. „Mein Arbeitsbereich" und klicken Sie auf **OK**.

Sie haben nun einen eigenen Arbeitsbereich erstellt, den Sie über den Arbeitsbereich-Umschalter direkt auswählen können. Probieren Sie es doch gleich aus: Wechseln Sie z. B. zum Arbeitsbereich **Classic** und dann zurück zu Ihrem gerade erstellten.

### Zeitleiste & Timing

Über die Zeitleiste können Sie Ihre Projekte bearbeiten sowie die zeitliche Abfolge von Objekten und auditiven Elementen einstellen. Zusätzlich können Sie auch die Reihenfolge der Objekte in der Ebene sehen und verändern.

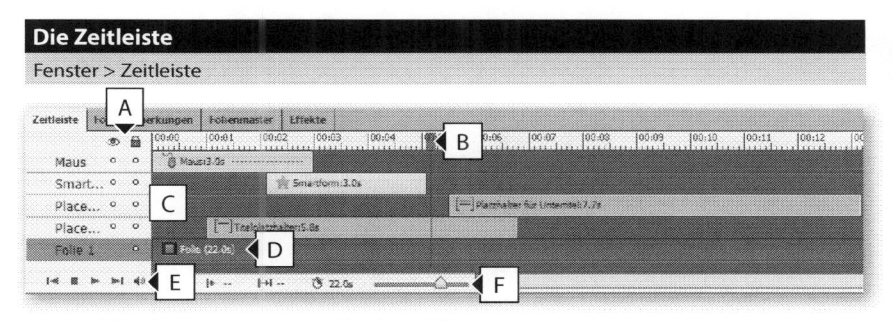

**Die Zeitleiste**
Fenster > Zeitleiste

**A** Ausblenden / Sperren von Objekten/Ebenen
**B** Abspielkopf: Das aktuelle Bild (Frame), welches Sie auf der Bühne sehen
**C** Objekte der Zeitleiste mit Angabe der Länge in Sekunden
**D** Folie mit Angabe der Länge in Sekunden
**E** Abspielleiste für die aktuelle Folie
**F** Zeitleiste zoomen

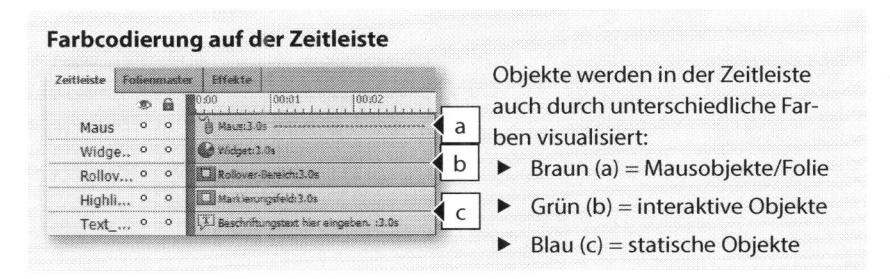

**Objekt an der Position des Abspielkopfes einfügen**

Sie können Objekte auch direkt an der aktuellen Position des Abspielkopfes einfügen: Setzen Sie den Abspielkopf in der Zeitleiste an die Position, an der das Objekt erscheinen soll, z. B. **4** Sekunden. Fügen Sie anschließend das gewünschte Objekt ein, z. B. eine Textbeschriftung (**Einfügen > Standardobjekte > Textbeschriftung**).

**Farbcodierung auf der Zeitleiste**

Objekte werden in der Zeitleiste auch durch unterschiedliche Farben visualisiert:
▶ Braun (a) = Mausobjekte/Folie
▶ Grün (b) = interaktive Objekte
▶ Blau (c) = statische Objekte

## Das Timing und die Ebenenreihenfolge in der Zeitleiste

**A** Folienende
**B** Ebenenreihenfolge
**C** Objekt für den Rest der Folie anzeigen
**D** Objekt blendet ein
**E** Objekt blendet aus
**F** Anzeigedauer des Objektes

### Objekt oben platzieren

Diese Funktion kann z. B. dann sinnvoll sein, wenn Sie einen bestimmten Teil eines Folienmasters überdecken möchten, da diese Option stets Vorrang vor der Option **Folienmaster-Objekte oben** hat.

## Der Bereich Timing im Bedienfeld Eigenschaften eines Objektes

**A** Anzeigedauer, z. B. für *bestimmte Zeit*, *restliche Folie* oder *restliches Projekt*
**B** Zeit, nach der das Objekt erscheint
**C** Bei Schaltflächen und Texteingabefeldern: Zeit, nach der ein Objekt das Projekt pausiert
**D** Wenn unter **A** die Option **restliches Projekt** aktiv ist: Sicherstellen, dass das Objekt nicht durch andere Objekte verdeckt wird

## Objektgruppierung

Sie können mehrere Objekte einer Folie zu einer Gruppe zusammenfassen. Dies schafft Überblick in der Zeitleiste, auf der Folie und die Möglichkeit, Objekte gemeinsam zu bearbeiten, z. B. auszurichten. Änderungen, die Sie an der Gruppe vornehmen, werden auf alle Objekte in der Gruppe angewandt.

### So gruppieren Sie Elemente

**Nicht gruppierbare Objekte**

Die folgenden Objekte können Sie nicht gruppieren: Minifolie, Maus sowie die Standardobjekte von Fragenfolien.

1 Markieren Sie bei gedrückter Taste ⇧ die entsprechenden Objekte.

2 Rechtsklicken Sie anschließend auf eines der Objekte und wählen Sie **Gruppieren**.

Captivate fasst nun die markierten Objekte zu einer Gruppe zusammen. Diese können Sie zusätzlich auch in der Zeitleiste sehen.

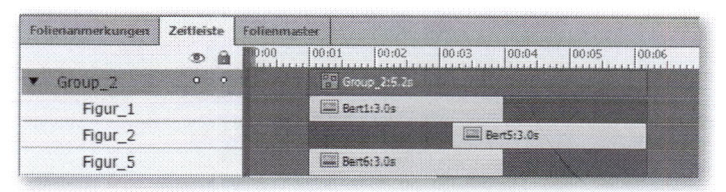

**Objektgruppen erweitern**

Auf die gleiche Weise können Sie auch bereits bestehenden Objektgruppen weitere Objekte anfügen.

### Eigenschaften einer Gruppe

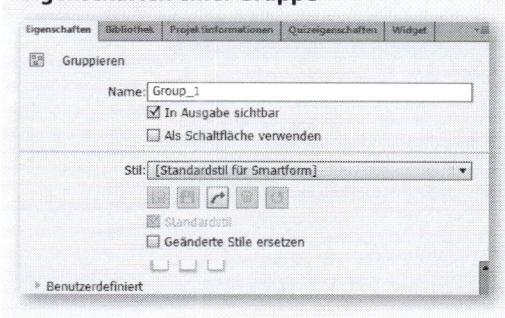

Im Bedienfeld *Eigenschaften* sehen Sie alle Bereiche, die die Gruppe gemeinsam verwendet. Außerdem können Sie hier auch einen Objektgruppennamen vergeben.

**Objektgruppen reduzieren**

Wenn Sie ein einzelnes Objekt aus der Gruppe entfernen möchten: Wählen Sie die Gruppe und anschließend das entsprechende Objekt aus. Rechtsklicken Sie nun auf das zu entfernende Objekt und wählen Sie **Aus Gruppe entfernen**.

## Objektausrichtung

Sie haben verschiedene Möglichkeiten, Objekte in Captivate sauber zu positionieren und auszurichten.

> **Mehrere Objekte ausrichten**
>
> Wenn Sie mehrere Objekte ausrichten möchten: Erstellen Sie eine Objektgruppe (▶ Seite 43) und richten Sie diese anschließend aus.

| Die Leiste Ausrichten | |
|---|---|
| Fenster > Ausrichten | |
| | Markierte Objekte (horizontal) links ausrichten |
| | Markierte Objekte (horizontal) zentriert ausrichten |
| | Markierte Objekte (horizontal) rechts ausrichten |
| | Markierte Objekte (vertikal) oben ausrichten |
| | Markierte Objekte (vertikal) mittig ausrichten |
| | Markierte Objekte (vertikal) unten ausrichten |
| | Markierte Objekte horizontal verteilen (Abstände zwischen den Objekten werden gleichmäßig verteilt) |
| | Markierte Objekte vertikal verteilen (Abstände zwischen den Objekten werden gleichmäßig verteilt) |
| | Markierte(s) Objekt(e) horizontal im Verhältnis zur Folie zentrieren |
| | Markierte(s) Objekt(e) vertikal im Verhältnis zur Folie zentrieren |
| | Markierte Objekte in der Höhe angleichen |
| | Markierte Objekte in der Breite angleichen |
| | Markierte Objekte in der Größe (Höhe und Breite) angleichen |
| | Markierte Objekte in der Größe und Ausrichtung angleichen |

## Intelligente Hilfslinien
Ansicht > Hilfslinien/Intelligente Hilfslinien anzeigen

Sie können Objekte, ähnlich wie in PowerPoint, über intelligente Hilfslinien auch in Bezug zu anderen Objekten ausrichten.

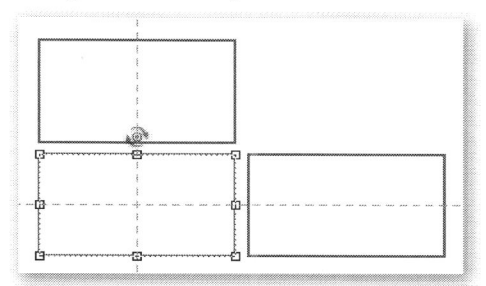

### Gestaltungsraster
In Kombination mit einem Gestaltungsraster (▶ *Weblink 02.4, Seite 20*) erhalten Sie somit einen idealen Ersatz für „herkömmliche" Hilfslinien, die Sie z. B. auch aus anderen Adobe-Werkzeugen kennen.

## Raster
Ansicht > Am Raster ausrichten

Zusätzlich können Sie ein Raster einblenden und Ihre Objekte an diesem Raster ausrichten. Die Rastergröße können Sie zudem individuell festlegen.

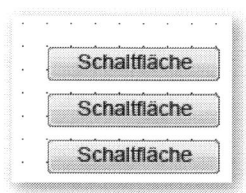

### So richten Sie Objekte am Raster aus

1. Blenden Sie das Raster ein: Klicken Sie in der Leiste *Hauptoptionen* auf das Symbol **Raster ein- / ausblenden**.
2. Klicken Sie anschließend auf **Am Raster ausrichten**.

3. Positionieren Sie die Objekte mit der Maus oder den Pfeiltasten Ihrer Tastatur entlang des Rasters.

Captivate richtet nun die Objekte, die Sie in der Nähe eines Rasterpunktes platzieren automatisch aus.

### So stellen Sie das Raster ein

1. Wählen Sie **Bearbeiten > Voreinstellungen** (Win) / **Adobe Captivate > Voreinstellungen** (Mac).
2. Wählen Sie im linken Bereich die *Kategorie* **Allgemeine Einstellungen**.
3. Tragen Sie unter *Rastergröße* die gewünschte Schrittweite in Pixel ein.

4. Klicken Sie auf **OK**.

### Der Bereich Transformieren im Bedienfeld Eigenschaften

Über den Bereich *Transformieren* im Bedienfeld *Eigenschaften* können Sie Objekte (und Objektgruppen) pixelgenau positionieren.

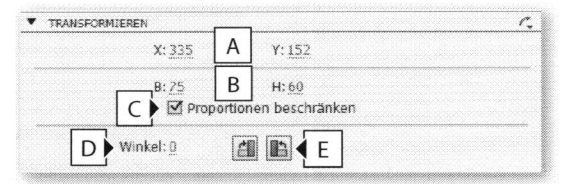

- **A** Position des Objektes von links (X) / von oben (Y) in Pixeln
- **B** Breite und Höhe
- **C** Proportionen bei Größenänderungen beibehalten
- **D** Winkel für Drehung numerisch angeben (0° bis (-)360°)
- **E** Objekt um 90° nach rechts/links drehen

#### Objekte drehen

Bis auf die Objekte Minifolie, Maus, Zoomziel und –quelle sowie die Antworten und Fragen auf Fragenfolien können Sie alle Objekte in Captivate drehen.

## Übung: Zeitleiste und Objektausrichtung kennenlernen

Im Rahmen dieser Übungen machen Sie sich mit der Zeitleiste vertraut. Außerdem lernen Sie, Objekte sauber auszurichten.

✓ Wie Sie die Übungsdateien herunterladen: ▶ *Seite 19*

### Übung im Kurzüberblick
- ▶ Sie fügen Objekte ein
- ▶ Sie arbeiten mit der Zeitleiste
- ▶ Sie richten Objekte aus und passen deren Größe an

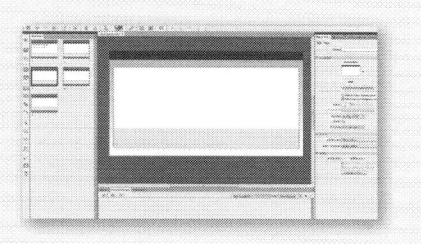

**Ebenenreihenfolge ändern**

Wenn Sie die Ebenenreihenfolge eines Objektes ändern möchten: Markieren Sie das Objekt und verschieben Sie es per Drag-&-Drop nach oben oder unten. Das oberste Objekt der Zeitleiste steht im Vordergrund.

### Übung

**1** Öffnen Sie die Datei *Zeitleiste_Ausgang.cptx* aus dem Ordner *02_Captivate_erkunden*.

Es öffnet sich ein Projekt mit einer Folie. Auf der Folie sind drei Figuren platziert (in einer jeweils anderen Haltung).

**2** Spielen Sie die Folie in der Vorschau ab: Wählen Sie **Datei > Vorschau > Projekt**.

Sie sehen, dass alle Figuren gleichzeitig angezeigt werden. Außerdem hören Sie, dass das Projekt vertont ist. Wir möchten nun das Timing an das Sprecheraudio anpassen.

**3** Beenden Sie die Vorschau.

**4** Verschieben Sie die Objekte über die Zeitleiste an die folgenden Positionen:

    **a** Lassen Sie *Figur2* nach 2 Sekunden anzeigen: Markieren Sie das Objekt in der Zeitleiste und verschieben Sie es mit gedrückter Maustaste an die Position **2 Sekunden**.

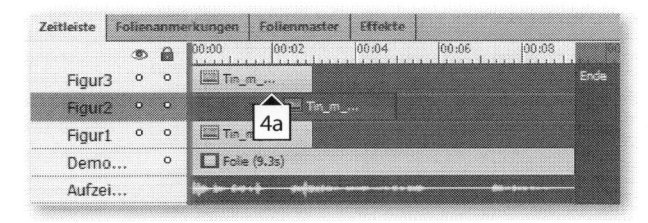

    **b** Lassen Sie *Figur3* nach **7** Sekunden anzeigen.

**Anzeigedauer definieren**

Alternativ können Sie das Timing auch in den *Eigenschaften* der einzelnen Objekte definieren: Wählen Sie hierzu das Objekt aus. Wählen Sie im Bedienfeld *Eigenschaften* unter *Timing* die Anzeigedauer und den Erscheinungszeitpunkt. Das kann z. B. sinnvoll sein, wenn Sie einen gezielten numerischen Wert für die Länge eines Objektes eintragen und ggf. auf andere Objekte vererben möchten.

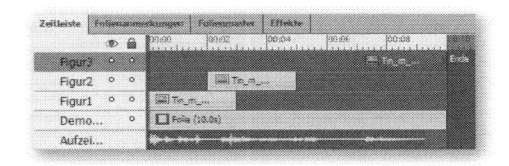

**5** Spielen Sie das Projekt erneut in der Vorschau ab.

Sie sehen, dass jeweils eine Figur genau dann eingeblendet wird, wenn der Sprecher einen neuen Satz beginnt. Nun optimieren wir noch die Anzeigedauer über die Zeitleiste.

**6** Beenden Sie die Vorschau.

**7** Optimieren Sie die Anzeigedauer der Objekte:

    **a** Markieren Sie *Figur1* am Ende.

       Es erscheint ein Pfeil, der Ihnen anzeigt, dass Sie dieses Objekt verkürzen oder verlängern können.

    **b** Ziehen Sie das Objektende auf die Position **2,8** Sekunden.

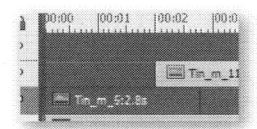

       *Figur1* wird nun genau für die Dauer des ersten Satzes des Sprechers angezeigt.

    **c** *Lassen Sie Figur2 für eine Dauer von 5,7 Sekunden anzeigen: Verlängern Sie das Objekt bis* **7,7** *Sekunden.*

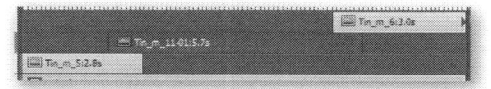

**Objekt bis zum Folienende anzeigen**

Wenn Sie ein Objekt bis zum Ende der Folie verlängern möchten: Rechtsklicken Sie auf das Objekt und wählen Sie **Für den Rest der Folie einblenden**. Sie können das Objekt alternativ auch markieren und [Strg]+[E] (Win) / [⌘]+[E] (Mac) drücken.

**8** Spielen Sie das Projekt erneut in der Vorschau ab.

Sie sehen, dass die Anzeigedauer nun optimal auf das Sprecheraudio abgestimmt ist.

**9** Gleichen Sie die Größen der Figuren 1 und 2 an die Größe von Figur 3 an:

    **a** Markieren Sie *Figur3* (das Objekt, an dem sich alle Objekte orientieren sollen).

       Das zuerst ausgewählte Objekt erhält weiße Anfasser.

**Objekt mit Abspielkopf synchronisieren**

Wenn Sie ein Objekt mit dem Abspielkopf synchronisieren möchten: Drücken Sie [Strg]+[L] (Win) / [⌘]+[L] (Mac).

    **b** Markieren Sie mit gedrückter Taste [Strg] (Win) / [⌘] (Mac) die restlichen Figuren (die Objekte, die am zuerst gewählten Objekt ausgerichtet werden sollen).

Diese Objekte erhalten schwarze Anfasser.

**c** Blenden Sie die Symbolleiste *Ausrichten* ein: Wählen Sie in der Menüleiste **Fenster > Ausrichten**.

Die Symbolleiste *Ausrichten* öffnet sich unterhalb der Menüleiste.

**d** Klicken Sie auf **Auf dieselbe Größe einstellen**.

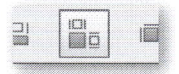

Die Figuren haben nun alle die gleiche Größe. Abschließend möchten wir die Figuren einheitlich auf der gleichen Position platzieren.

**10** Zentrieren Sie die Figuren auf der Folie:

  **a** Klicken Sie in der Symbolleiste *Ausrichten* auf **Zentral und horizontal in die Folie einfügen**.

  **b** Klicken Sie anschließend auf **Zentral und vertikal in die Folie einfügen.**

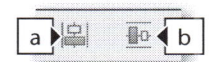

**11** Verschieben Sie die Figuren anschließend um 50 Pixel nach unten: Tragen Sie in den *Eigenschaften* im Bereich *Transformieren* unter *Y* den Wert **50** ein.

**12** Speichern Sie Ihr Ergebnis optional: Wählen Sie **Datei > Speichern unter**.

Sie haben sich mit der Zeitleiste vertraut gemacht und wissen nun, wie Sie Objekte ausrichten und in der zeitlichen sowie in der Ebenenreihenfolge ändern.

> Eine mögliche Lösung finden Sie in der Datei \02_Captivate_erkunden\ *Zeitleiste_Ziel.cptx*.

**Verschieben über die Pfeiltasten**

Alternativ können Sie zum Verschieben auch die Pfeiltasten verwenden. Die Werte ändern sich in Pixelabständen. Halten Sie gleichzeitig die Taste ⇧ gedrückt, ändern sich die Werte in größeren Abständen von 10 Pixeln.

# Grundlagen der Bildschirmaufnahme

In diesem Kapitel lernen Sie die verschiedenen Aufnahmemodi und deren Besonderheiten kennen. Außerdem erfahren Sie, wie Sie Ihre Bildschirmaufnahmen planen und optimal vorbereiten.

**Themenübersicht**

| | | |
|---|---|---|
| » | Videobasierte vs. folienbasierte Bildschirmaufnahmen | 52 |
| » | Aufzeichnung | 54 |
| » | Aufzeichnungseinstellungen | 55 |
| » | Qualitätseinstellungen | 56 |
| » | Aufnahmevorbereitung | 57 |
| » | Aufzeichnungstastenkürzel | 61 |
| » | Allgemeine Aufnahmetipps | 62 |

## Videobasierte vs. folienbasierte Bildschirmaufnahmen

In Captivate können Sie zwischen zwei Aufnahmeformen wählen. Zum einen können Sie „Videodemos" (videobasierte Bildschirmaufnahmen) und zum anderen „Softwaresimulationen" (folienbasierte Bildschirmaufnahmen) erstellen. Dabei unterscheiden sich die beiden Aufzeichnungsformen grundlegend. Während Captivate bei der Aufzeichnung einer Videodemo einen kompletten Film erstellt, d. h. alle Schritte, die Sie während der Aufnahme durchführen in Echtzeit aufzeichnet, wird bei der Aufzeichnung einer Softwaresimulation bei jeder Aktion (Klick, Texteingabe, Bildschirmereignis) ein Bildschirmfoto erzeugt. Nur in besonderen Fällen erzeugt Captivate hier standardmäßig eine Full-Motion-Aufzeichnung. In der folgenden Tabelle erhalten Sie einen Überblick über beide Aufnahmeformen.

|  | **Videodemo** | **Softwaresimulation** |
|---|---|---|
| ***Aufnahme*** | | |
| **Ansatz** | Videobasiert, nur in Echtzeit | Folienbasiert (optional in Echtzeit) |
| **Modi** | Demonstration | Mehrere Aufnahmemodi |
| **Workflow** | Qualität der Aufnahme entscheidend für die Qualität der Ergebnisse | Patzer bei der Aufnahme können leicht in der Nachbearbeitung korrigiert werden |
| ***Postproduktion*** | | |
| **Dateityp** | *.cpvc | *.cptx |
| **Arbeitsweise** | Ähnelt stark Videoschnittprogrammen (z. B. Adobe Premiere) | Ähnelt stark Präsentationsprogrammen (z. B. Microsoft PowerPoint) |
| **Projektauflösung** | Nachträgliche Änderung über Zoom und Schwenk ohne Qualitätsverluste (▶ *Seite 81*) | Nachträgliche Änderung resultiert i.d.R. in schlechteren Ergebnissen (▶ *Seite 337*) Alternativ können Sie über Effekte Zoom- und Schwenkfunktionen erstellen |
| **Übersetzung** | Neuerstellung nötig | Einfach und standardisiert möglich |
| **Nachbearbeitung der Aufnahme** | Schneiden und Teilen, Korrektur des Mausverlaufs möglich | (Fast) alle Inhalte können vollständig und sehr einfach nachbearbeitet und modifiziert werden - sogar die aufgenommenen Inhalte selbst |
| **Professionelle Vertonung** | Nachträgliche Vertonung aufwendig, Schnitte müssen manuell gesetzt werden | Nachträgliche Vertonung einfach und übersichtlich |
| **Interaktivität** | Nur in Kombination mit folienbasierten Projekten | Uneingeschränkt möglich |

\* in Kombination mit folienbasierten Projekten ist die Veröffentlichung in alle verfügbaren Formate möglich

| *Veröffentlichung* | | |
|---|---|---|
| **Formate** | MP4* | HTML5, MP4, EXE/APP, DOC, PDF, SWF |

## So unterscheidet sich die Programmoberfläche

▶ Filmstreifen sowie Objektsymbolleiste sind lediglich in folienbasierten Projekten zu finden.

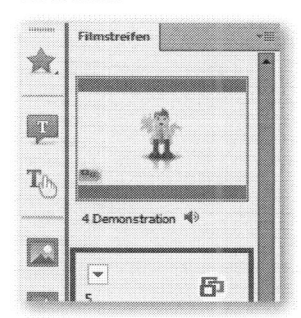

▶ In folienbasierten Projekten hat jede Folie eine eigene Zeitleiste (rechts), in videobasierten Projekten gibt es nur eine Zeitleiste (links).

▶ Arbeitsbereiche können Sie lediglich in folienbasierten Projekten einstellen.

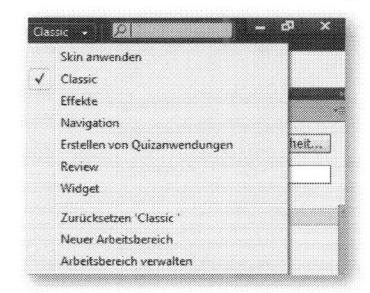

▶ Die Menüleiste videobasierter Projekte ist deutlich reduziert.

---

**Empfehlung**

Videobasierte Bildschirmaufnahmen bieten sich insbesondere dann an, wenn Sie reine Demonstrationen aufzeichnen und diese für unterschiedliche Zielauflösungen aufbereiten möchten. Möchten Sie hingegen professionelle Demonstrationen und / oder Simulationen erzeugen, so eignen sich folienbasierte Bildschirmaufnahmen.

### Kommentare & Systemaudio

Captivate unterscheidet zwischen Kommentaren (**F**) und Sytemaudio (**G**). Kommentare sind Audioaufnahmen, die Sie während der Aufnahme über ein Mikrofon aufzeichnen (Sprecher). Als Systemsounds werden die Audio-Elemente bezeichnet, die über die Lautsprecher Ihres Computers ausgegeben werden, z. B. Mausklicks, Sounds bei Benachrichtigungen oder aber auch Videotelefonate.

## Aufzeichnung

Wenn Sie eine Bildschirmaufnahme erstellen, erscheint zu Beginn das Aufzeichnungsfenster. Hier legen Sie vorab die Aufzeichnungseinstellungen für Ihre Aufnahme fest.

### Das Aufzeichnungsfenster
Datei > Neue Videodemo aufzeichnen / Neue Softwaresimulation aufzeichnen

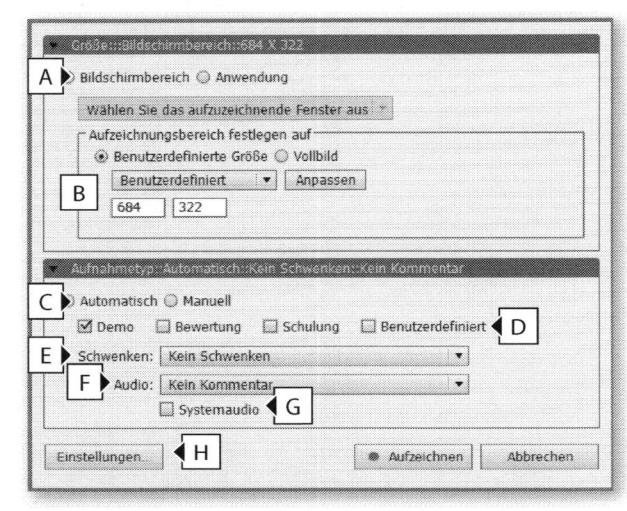

- **A** Bildschirmbereich oder eine bestimmte Anwendung aufzeichnen
- **B** Auflösung einstellen
- **C** * Aufnahmetyp wählen (automatisch oder manuell aufzeichnen)
- **D** * Aufzeichnungsmodi (▶ *Seite 99*)
- **E** Schwenk während der Aufzeichnung einsetzen (kein Schwenk, manuell oder automatisch)
- **F** Sprecher während der Aufnahme aufzeichnen
- **G** Systemaudio aufzeichnen (Auswahl nur in den Aufzeichnungseinstellungen) (▶ *Seite 303*)
- **H** Voreinstellungen der Aufnahme ändern (▶ *Seite 56*)

\* ausschließlich bei folienbasierten Bildschirmaufnahmen

## Aufzeichnungseinstellungen

Sowohl bei video-, als auch bei folienbasierten Aufnahmen gibt es einige Voreinstellungsmöglichkeiten.

### Die Kategorie Aufzeichnung > Einstellungen
Bearbeiten > Voreinstellungen (Win) / Adobe Captivate > Voreinstellungen (Mac)

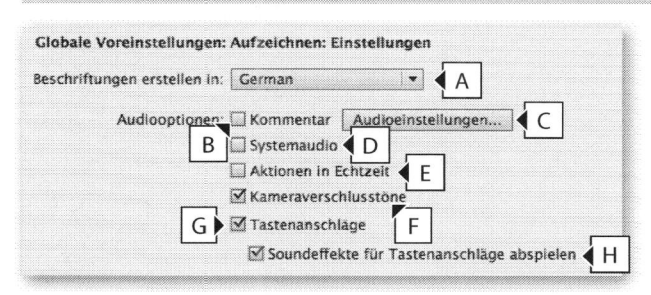

**Standardstile**

Unter der Kategorie **Aufzeichnung > Standardwerte** können Sie festlegen, welcher Standardstil auf die automatisch erstellten Objekte angewandt werden soll. Sie können auch eigene Stile definieren und hinterlegen (▶ *Seite 197*).

- **A**  * Sprache für automatische Beschriftungen
- **B**  Sprachaufnahme (Kommentar) während der Aufzeichnung durchführen
- **C**  Eingabegerät, Audioqualität und Mikrofonkalibrierung
- **D**  Systemaudio aufzeichnen
- **E**  * Alle Aktionen in tatsächlicher Geschwindigkeit aufnehmen. Andernfalls orientiert sich Captivate an den Standarddauern der Objekte des jeweiligen Aufnahmemodus
- **F**  * Mithören, wenn Captivate aufzeichnet
- **G**  * Alle Tastatureingaben aufzeichnen und in eine Animation umwandeln. Diese Animationen können Sie allerdings nur umständlich nachbearbeiten. Deshalb sollten Sie diese Funktion ggf. deaktivieren
- **H**  * Wenn **G** aktiv: Für die aufgezeichneten Tastenanschläge Töne abspielen

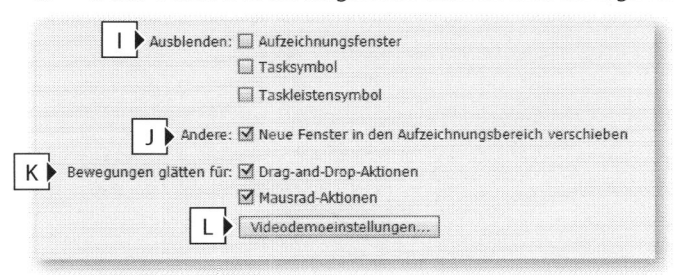

**Soundeffekt nachbearbeiten**

Wie Sie den Soundeffekt für Tastenanschläge ändern oder nachträglich deaktivieren können: ▶ *Weblink 03.1, Seite 20.*

- **I**  Aufzeichnungsfenster und/oder Tasksymbol und/oder Taskleistensymbol von Captivate ausblenden: Sinnvoll, wenn Sie Vollbild aufzeichnen
- **J**  Aufpoppende Fenster der aufzunehmenden Anwendung automatisch in den Aufzeichnungsbereich verschieben

**Kommentaraudio**

Wenn Sie Audio direkt mit aufzeichnen (**B**): Die Optionen **E**, **F** und **H** sind deaktiviert.

* ausschließlich bei folienbasierten Bildschirmaufnahmen

### Globale Aufzeichnungseinstellungen

Wenn Sie die Aufzeichnungseinstellungen global für Videodemo und Softwaresimulation festlegen möchten: Schließen Sie alle geöffneten Projekte und wählen Sie **Bearbeiten > Voreinstellungen** (Win) / **Adobe Captivate > Voreinstellungen** (Mac). In der Kategorie **Aufzeichnung > Einstellungen** können Sie anschließend die gewünschten Optionen auswählen. Diese Einstellungen sind lokal gespeichert und gelten dann für alle Projekte, die Sie neu erstellen.

**K** * Bei Mausradbewegungen und/oder Drag-&.Drop-Aktionen automatisch Full-Motion-Aufzeichnung erstellen

**L** Qualitätseinstellungen für Videodemo / Full-Motion-Aufzeichnung

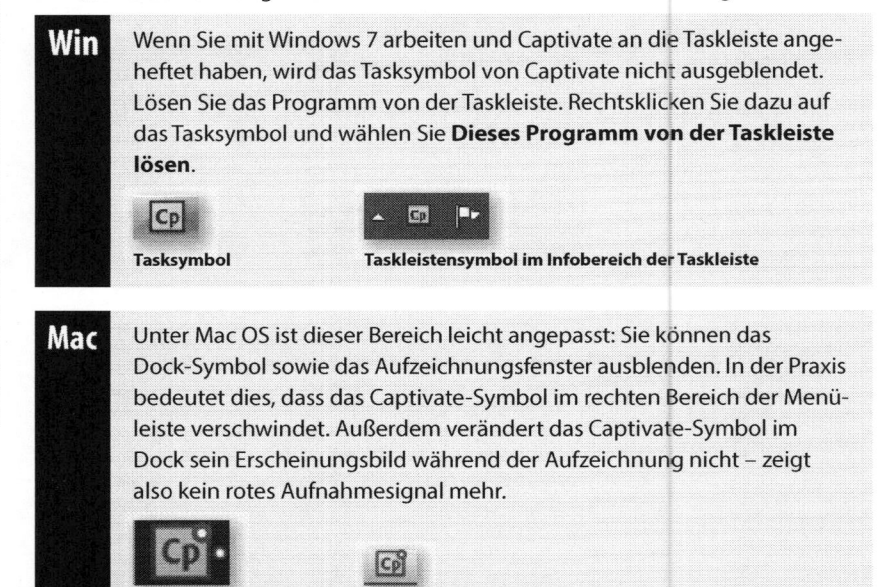

**Win** Wenn Sie mit Windows 7 arbeiten und Captivate an die Taskleiste angeheftet haben, wird das Tasksymbol von Captivate nicht ausgeblendet. Lösen Sie das Programm von der Taskleiste. Rechtsklicken Sie dazu auf das Tasksymbol und wählen Sie **Dieses Programm von der Taskleiste lösen**.

**Tasksymbol**    **Taskleistensymbol im Infobereich der Taskleiste**

**Mac** Unter Mac OS ist dieser Bereich leicht angepasst: Sie können das Dock-Symbol sowie das Aufzeichnungsfenster ausblenden. In der Praxis bedeutet dies, dass das Captivate-Symbol im rechten Bereich der Menüleiste verschwindet. Außerdem verändert das Captivate-Symbol im Dock sein Erscheinungsbild während der Aufzeichnung nicht – zeigt also kein rotes Aufnahmesignal mehr.

**Dock-Symbol mit rotem Aufnahmesignal**    **Symbol im rechten Bereich der Menüleiste**

## Qualitätseinstellungen

Hier können Sie sowohl für videobasierte als auch folienbasierte Bildschirmaufnahmen Einstellungen für die Qualität der Aufzeichnung festlegen.

**Die Kategorie Aufzeichnung > Videodemo**
Bearbeiten > Voreinstellungen (Win) / Adobe Captivate > Voreinstellungen (Mac)

Projektaufzeichnung: Videodemoaufzeichnung

**A** ☑ Maus in Videodemomodus anzeigen

**B** Arbeitsordner: C:\Users\tec5\AppData\Local\Temp\CP5976152    Durchsuchen...

Videofarbmodus:

**C** ◉ 16 Bit ◯ 32 Bit

Hinweis: Im 16-Bit-Modus werden kleinere Videos mit geringerer Qualität erzeugt.

Hinweis: Wenn Sie globale Voreinstellungen angeben möchten, schließen Sie alle Projekte und öffnen Sie dann das Dialogfeld „Voreinstellungen".

\* ausschließlich bei folienbasierten Bildschirmaufnahmen

A   Maus bei Full-Motion-Aufzeichnungen sowie im Aufnahmemodus Videodemo ein-/ausblenden
B   Speicherort für die temporär generierte(n) Videodatei(en)
C   * Videofarbmodus auswählen

> **!** Stellen Sie für ein hochwertiges Ergebnis den Farbmodus stets auf **32 Bit**. Andernfalls hat Ihr Projekt sichtbare Qualitätsunterschiede zwischen normalen Aufnahmen (Bildschirmfotos) und Full-Motion-Aufzeichnungen, die Sie später nicht mehr korrigieren können (ohne neu aufzunehmen). Sie sollten Full-Motion-Aufzeichnungen prinzipiell sehr sparsam einsetzen bzw. möglichst vermeiden, da diese speicherintensiv und schlecht nachbearbeitbar sind – den Dateigrößenunterschied zwischen 16 und 32 Bit sollten Sie jedoch in Kauf nehmen.

## Aufnahmevorbereitung

Vor der ersten Aufnahme gilt es, das System vorzubereiten und einen Testlauf durchzuführen:

- Wenn in Ihren Aufzeichnungen der Hintergrund Ihres Desktops zu sehen sein wird, sollten Sie das Hintergrundbild entfernen. Stellen Sie dann die Hintergrundfarbe auf Schwarz oder Weiß. Schwarz empfiehlt sich, wenn Sie den Anwender nicht zu stark auf den Desktop lenken möchten. Ebenso sollten Sie alle Elemente auf dem Desktop entfernen, die später nicht in den Aufzeichnungen sichtbar sein sollen.
- Je nach Konzept und Zielgruppe sollten Sie auch das Design Ihres Betriebssystems auf Standard setzen, sodass aus Ihren Bildschirmaufnahmen ein höherer Wiedererkennungswert hervorgeht.
- Das Gleiche gilt für den folgenden Fall: Wenn Sie eine browserbasierte Anwendung aufnehmen möchten, dann verwenden Sie einen gängigen Browser – den Internet Explorer oder Mozilla Firefox (bzw. den Safari).
- Bereiten Sie Beispieldateien vor, die Sie ggf. während der Aufnahme benötigen.
- Gehen Sie alle Aufnahmeschritte vor der Aufnahme durch und testen Sie so den Ablauf (▶ *nächster Abschnitt*).
- Stellen Sie sicher, dass alle Drop-Down-Menüs, die Sie während der Aufnahme öffnen, im Aufnahmebereich liegen.
- Deaktivieren Sie alle Programme (z. B. E-Mail, Messenger), die Pop-Up-Fenster erzeugen.
- * Beenden Sie (falls zutreffend) ein aktives Screencapturing-Werkzeug (z. B. Snagit) vor der Aufnahme mit Captivate, da dieses u. U. die gleichen Tastenkürzel wie Captivate verwendet. Sie können alternativ auch die Tastenkürzel von Captivate umstellen (▶ *Seite 60*).

**Bessere Aufnahmeergebnisse erzielen**

Eine gute Vorbereitung sowie ein Testdurchlauf ersparen Ihnen in jedem Fall Zeit, da Sie die Schritte, die Sie während der Aufnahme durchführen müssen bereits kennen und so Aufnahmefehler reduzieren. Auch wissen Sie durch diesen Probelauf, ob Sie für die Aufnahme eventuell Beispieldateien etc. vorbereiten müssen.

---

* ausschließlich bei folienbasierten Bildschirmaufnahmen

In den folgenden Übungen werden wir aufzeichnen, wie wir im Explorer / Finder einen neuen Ordner anlegen, diesen umbenennen, verschieben und danach suchen. Bevor Sie jedoch mit der Aufnahme beginnen: Bereiten Sie die Aufnahme vor und führen Sie zumindest einen Probelauf durch.

**Fenster, Menüs und Objekte in den Aufnahmebereich zwingen**

Wenn ein Drop-Down-Menü außerhalb des Aufnahmebereiches aufklappt: Verschieben Sie die aufzuzeichnende Software in die angrenzende Bildschirmecke. So klappt das Menü automatisch innerhalb der Anwendung auf. Alternativ können Sie die Bildschirmauflösung Ihres Betriebssystems verringern.

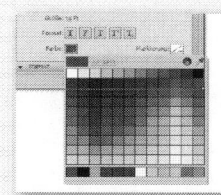

**Drop-Down-Menü außerhalb des Aufnahmebereichs**

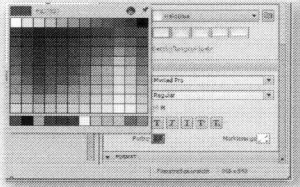

**Drop-Down-Menü innerhalb des Aufnahmebereichs**

### Aufnahmevorbereitung

✓ Drucken Sie das vorbereitete Drehbuch aus, das alle Schritte zur Aufnahmevorbereitung sowie die genauen Aufzeichnungsschritte beinhaltet und legen Sie dieses während der Aufnahme neben sich. Das Drehbuch finden Sie in den Übungsdateien im Ordner *Drehbuch* oder im Anhang (▶ *Seite 522*).

! Die folgenden Schritte gehen davon aus, dass Sie mit Windows ab Version 7 oder Mac OS ab Version 10.7 arbeiten. Wenn Sie mit einem älteren Betriebssystem (z. B. Windows XP) arbeiten, können die Schritte leicht abweichen. Die grundsätzliche Arbeitsweise mit Captivate bleibt allerdings dieselbe.

**1** Öffnen Sie den *Explorer* (Win) / *Finder* (Mac):

**Win** Drücken Sie [Win]+[E].

**Mac** Minimieren Sie alle Fenster und drücken Sie [⌘]+[N].

**2** Navigieren Sie zum *Desktop / Schreibtisch*:

**Win** Wählen Sie im linken Bereich **Favoriten > Desktop**.

**Mac** Wählen Sie **Orte > Schreibtisch** und wechseln Sie auf die Symbolansicht.

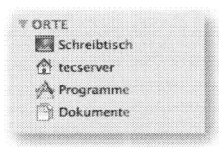

3   Blenden / Verschieben Sie alle Fensterteile / Ordner (aus), die persönliche Daten zeigen (z. B. in einen Unterordner).

> ✓ Wenn Sie bereits eine Aufnahmeübung (videobasiert oder folienbasiert) durchgeführt haben: Löschen Sie die erstellten Ordner sowie die Sucheingabe. Außerdem können Sie den Test des Drehbuches überspringen.

## Probelauf / Test des Drehbuchs

1   Erstellen Sie einen neuen Ordner:

   **Win** Rechtsklicken Sie auf den Desktop und wählen Sie **Neu > Ordner.**
   
   **Mac** Rechtsklicken Sie auf den Schreibtisch und wählen Sie **Neuer Ordner.**

2   Benennen Sie den Ordner mit „Mein Ordner".

3   Erstellen Sie einen zweiten neuen Ordner:

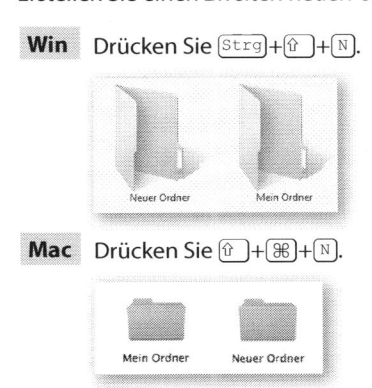

   **Win** Drücken Sie [Strg]+[⇧]+[N].

   **Mac** Drücken Sie [⇧]+[⌘]+[N].

4   Benennen Sie den Ordner mit „Mein Unterordner".

**5** Verschieben Sie den Ordner **Mein Unterordner** per Drag-&-Drop in den Ordner *Mein Ordner*.

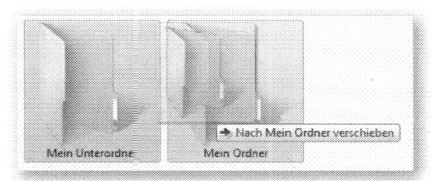

**6** Durchsuchen Sie Ihr System nach dem Ordner *Mein Unterordner*:

> **Win** Klicken Sie im rechten oberen Bereich in das Feld **integrierte Suche** und geben Sie „Mein Unterordner" ein.

> **Mac** Klicken Sie im rechten oberen Bereich in das Suchfeld und geben Sie „Mein Unterordner" ein. Wählen Sie in der sich daraufhin öffnenden Suchhilfe die Option **Dateiname enthält „Mein Unterordner"**.

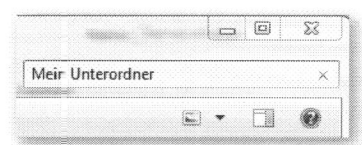

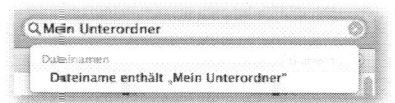

Sie haben nun die Schritte, die wir später aufzeichnen möchten, einmal „trocken" durchgetestet.

> **!** Setzen Sie im Anschluss an den Testlauf alle Einstellungen, die Sie vorgenommen haben, wieder auf den Ausgangszustand zurück. Entsprechend unseres Beispiels sollten Sie die Ordner und die Sucheingabe löschen.

## Aufzeichnungstastenkürzel

Die wichtigsten Tastenkürzel in Captivate sind die Aufzeichnungstastenkürzel, da Sie deren Funktion (bis auf *Aufnahme stoppen*) nicht über Mauseingaben erreichen können. Im Folgenden finden Sie einen Überblick über die standardmäßige Belegung der Tastenkürzel für video- als auch folienbasierte Bildschirmaufnahmen.

| Win | Mac | Funktion |
| --- | --- | --- |
| Ende | ⌘+↵ | Aufnahme beenden |
| Pause | ⌘+F2 | * Aufnahme pausieren/ fortsetzen |
| F4 | ⌘+F4 | Automatischen Schwenk starten |
| F3 | ⌘+F3 | Manuelles Schwenken |
| F7 | ⌘+F7 | Schwenk beenden |
| F11 | ⌘+F11 | Aufnahmefenster an Maus ausrichten |
| F12 | ⌘+F12 | Maus in Videodemo/FMR ein-/ausblenden |
| Druck | ⌘+F6 | * Bildschirmfoto aufzeichnen |
| F9 | ⌘+F9 | * Full-Motion-Aufzeichnung starten |
| F10 | ⌘+F10 | * Full-Motion-Aufzeichnung beenden |
| Strg+⇧+Z | ⌘+⇧+Z | * Rückgängig-Markierung einfügen |

### Globale Einstellung

Wenn Sie die Tastenkürzel ändern, werden diese Änderungen sowohl für video- als auch folienbasierte Bildschirmaufnahmen global übernommen.

### So ändern Sie die Tastenkürzel

1. Wählen Sie **Bearbeiten > Voreinstellungen** (Win) / **Adobe Captivate > Voreinstellungen** (Mac).

2. Wählen Sie die Kategorie **Aufzeichnung > Tasten – (Global)**.

   Sie sehen im rechten Bereich die Aufzeichnungstastenkürzel.

3. Klicken Sie auf das Tastenkürzel, welches Sie anpassen möchten und geben Sie das neue Tastenkürzel über die Tastatur ein.

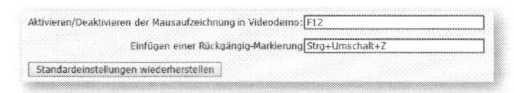

   Aktivieren/Deaktivieren der Mausaufzeichnung in Videodemo: F12
   Einfügen einer Rückgängig-Markierung: Strg+Umschalt+Z
   Standardeinstellungen wiederherstellen

   Sie sehen direkt, wie Ihre Tastatureingabe als neues Tastenkürzel hinterlegt wird.

4. Klicken Sie auf **OK**.

Ihre Einstellungen sind nun lokal gespeichert.

### Tastenkürzel zurücksetzen

Wenn Sie alle Tastenkürzel wieder auf Standard zurücksetzen möchten: Klicken Sie auf **Standardeinstellungen wiederherstellen**.

---

* ausschließlich bei folienbasierten Bildschirmaufnahmen

## Allgemeine Aufnahmetipps

Während der Aufnahme sollten Sie einige Dinge beachten, um ein optimales Ergebnis zu erzielen.

### Generelles

> **Rückgängig-Markierung**
>
> Mittels der Rückgängig-Markierung können Sie ganz einfach und gezielt bereits während der Aufnahme aufgezeichnete Schritte markieren, die Sie anschließend aus Ihrem Projekt entfernen möchten.

- Führen Sie vor der Aufnahme einen Probelauf aller aufzuzeichnenden Schritte durch. Dadurch lernen Sie den Ablauf kennen und können ggf. Einstellungen anpassen.
- Gehen Sie bei der Aufnahme langsam und bedacht vor: Führen Sie die Aktionen stets langsamer als normalerweise aus.
- Wenn Sie während der Aufnahme einen Fehler machen: Wiederholen Sie den gesamten Schritt noch einmal. Das erleichtert die Nachbearbeitung.
- Vermeiden Sie unnötige Aktionen (z. B. überflüssige Klicks oder Markierungen).
- Bereiten Sie stets den Aufnahmebereich so vor, dass später keine persönlichen Ordner oder Dokumente in der Aufnahme zu sehen sind.

### Texteingaben während der Aufnahme

- Vermeiden Sie lange Texteingaben. Kopieren Sie stattdessen lange Textpassagen aus einem vorbereiteten Dokument und fügen Sie den Text in Ihre Aufnahme ein.
- Texte sollten Sie fehlerfrei und ohne Korrekturen eingeben. Wenn Sie während der Texteingabe einen Fehler machen: Geben Sie den gesamten Text erneut ein. Dies reduziert den Nachbearbeitungsaufwand.

### Audio live während der Aufnahme aufzeichnen

> **Empfehlung für die Live-Aufzeichnung**
>
> Wenn Sie professionelle Ergebnisse erzielen möchten, empfiehlt es sich grundsätzlich, die Vertonung nachträglich einzubringen. Erfahrungsgemäß ist Live-Audio während des Screenrecordings nur dann sinnvoll, wenn Sie eine Demo schnell aufnehmen möchten und die Qualität eher zweitrangig ist. Wenn Sie dennoch live aufzeichnen möchten, sollten Sie die nebenstehenden Hinweise beachten.

- Schreiben Sie Ihre einleitenden Worte und Schlusssätze vor der Aufnahme auf und erstellen Sie eine Liste der wesentlichen Punkte, die Sie besprechen möchten.
- Geben Sie zu Beginn stets einen kurzen Überblick über den Inhalt der Aufnahme und fassen Sie die wichtigsten Punkte am Schluss noch einmal zusammen.
- Beschreiben Sie am besten zuerst, was als nächstes passiert und führen Sie erst im Anschluss den entsprechenden Schritt aus.
- Wenn Sie sich während der Aufnahme versprechen: Halten Sie einen Moment inne und sagen Sie z. B. „Nochmal". Wiederholen Sie anschließend den gesamten Satz und ggf. den dazugehörigen Schritt. Sie sollten grundsätzlich immer den gesamten Satz wiederholen und nicht nur einzelne Worte.

# Videobasiert aufnehmen

In diesem Kapitel erfahren Sie, wie Sie videobasierte Bildschirmaufnahmen aufzeichnen, optimieren und mit der Funktion „Schwenk und Zoom" arbeiten. Abschließend lernen Sie, wie Sie Ihre Videodemos nachträglich vertonen und veröffentlichen können.

**Kapitel 4 - Besonderheiten**

Dieses Kapitel ist weitgehend in sich abgeschlossen. Die meisten im Buch beschriebenen Funktionen sind in videobasierten Projekten nicht verfügbar.

## Themenübersicht

- » Der Modus Videodemo                               64
- » Aufnahmetipps für Videodemos                      64
- » Übung: Videodemo aufzeichnen                      65
- » Videodemoprojekt & Videoaufzeichnung              69
- » Zeitleiste videobasierter Projekte                70
- » Übergänge                                         71
- » Übung: Videodemo optimieren                       72
- » Übung: Mausobjekte nachbearbeiten                 77
- » Schwenken und Zoomen                              82
- » Übung: Schwenken und Zoomen                       83
- » PIP-Video                                         87
- » Videodemo vertonen                                88
- » Übung: Videodemo vertonen                         89
- » Videodemo veröffentlichen                         94
- » Übung: Videodemo veröffentlichen                  95

## Der Modus Videodemo

Im Folgenden erfahren Sie, wie Sie eine videobasierte Bildschirmaufnahme erstellen. Sie können Videodemos nicht nur direkt (unbearbeitet) veröffentlichen, sondern auch in andere (folienbasierte) Captivate-Projekte einbinden.

**Das Vorschaufenster einer videobasierten Aufnahme**
Datei > Vorschau > Vollbild

Das Vorschaufenster erscheint automatisch, nachdem Sie eine videobasierte Bildschirmaufnahme abschließen. Aus der Vorschau heraus können Sie entweder die Aufnahme direkt veröffentlichen oder in den Bearbeitungsmodus wechseln.

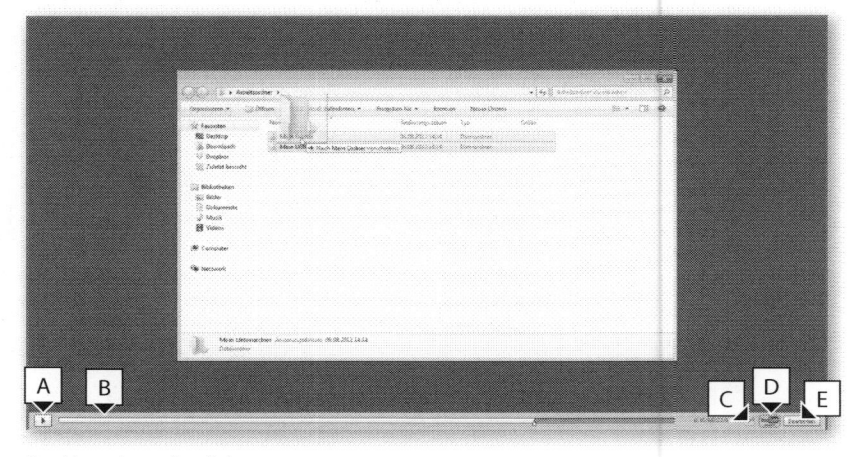

**A** Vorschau abspielen

**B** Abspielleiste

**C** Videodemo direkt veröffentlichen (▶ Seite 94)

**D** Videodemo direkt auf YouTube hochladen

**E** Vorschau beenden und in den Bearbeitungsmodus wechseln

## Aufnahmetipps für Videodemos

Im Folgenden finden Sie gesonderte Hinweise, die Sie bei videobasierten Aufnahmen beachten sollten. Weitere allgemeine Tipps zur Bildschirmaufnahme finden Sie hier: ▶ Seite 61.

- ▶ Bewegen Sie die Maus so zielsicher wie möglich.
- ▶ Kreisen Sie nicht mit der Maus. Da bei videobasierten Projekten jede Bewegung aufgezeichnet wird, ist dies (standardmäßig) im Ergebnis zu sehen. Zur Hervorhebung sollten Sie besser nachträglich Markierungsfelder oder Smartformen einfügen.
- ▶ Warten Sie zu Beginn der Aufnahme einen Augenblick bevor Sie den ersten Schritt durchführen. So kann sich der Betrachter einen Überblick verschaffen und Sie ersparen es sich, hierfür ein Standbild zu erzeugen.

## Übung: Videodemo aufzeichnen

Im Rahmen dieser Übung erstellen Sie eine videobasierte Aufzeichnung in einer Auflösung von 1280 x 720 Pixeln. Die Auflösung bietet sich für eine Veröffentlichung auf YouTube in HD-Qualität an und liefert die Basis für die folgenden Übungen zum Thema videobasierte Bildschirmaufnahmen. Wie immer können Sie auch ohne Zwischenspeichern alle folgenden Übungen bearbeiten.

**Sprechertext**

Falls Sie live vertonen möchten, finden Sie im Drehbuch auch den passenden Sprechertext.

✓ Wie Sie die Übungsdateien herunterladen: ▶ *Seite 19*

### Übung im Kurzüberblick

- ▶ Sie bereiten die Aufnahme vor
- ▶ Sie führen einen Probelauf / Test des Drehbuchs durch
- ▶ Sie legen Aufzeichnungsbereich & -einstellungen fest
- ▶ Sie zeichnen auf

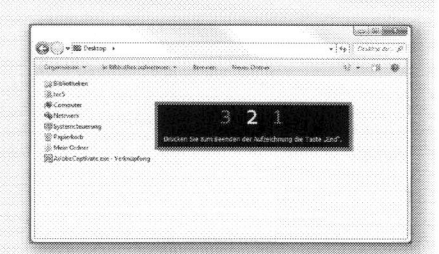

**Übung**

✓ Alle Schritte zur Aufnahmevorbereitung sowie die genauen Aufzeichnungsschritte finden Sie im Drehbuch im Ordner *Drehbuch* der Übungsdateien. Wenn Sie das Drehbuch gerade nicht ausdrucken können, finden Sie das komplette Drehbuch natürlich auch hier:
▶ *Anhang S. 522*.

**1** Legen Sie das Drehbuch bereit.

**2** Bereiten Sie die Aufnahme vor und starten Sie einen Testlauf der aufzuzeichnenden Schritte entsprechend des Drehbuches (▶ *Seite 57*).

**3** Wählen Sie in Captivate im Willkommensbildschirm unter *Neu erstellen* die Option **Videodemo**.

**Aufzeichnungseinstellung: Bildschirmbereich**

Statt einer **Anwendung** können Sie auch einen **Bildschirmbereich** aufzeichnen. Dies bietet sich z. B. an, wenn Sie unter Mac OS auch die Menüleiste einer Anwendung aufzeichnen möchten. Außerdem ist diese Einstellung sinnvoll, wenn Sie nur den Inhalt eines Browsers (z. B. eine Webseite oder Webanwendung) aufzeichnen möchten und nicht das Browserfenster selbst.

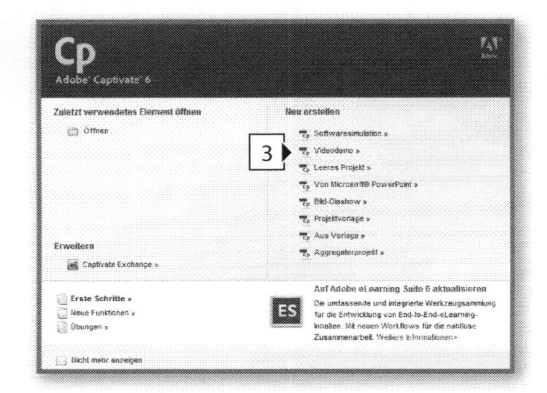

Das *Aufzeichnungsfenster* öffnet sich.

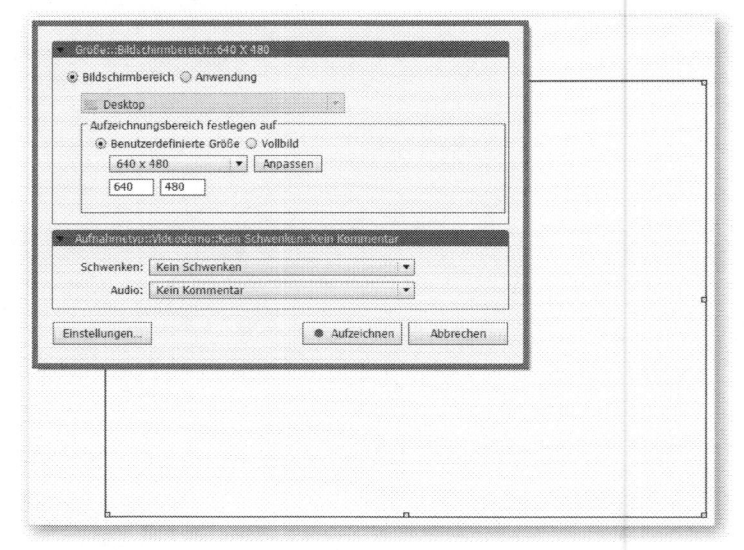

**4** Wählen Sie folgende Einstellungen für Ihre Aufzeichnung:

    **a** Die Option **Anwendung**.

    **b** Unter *Wählen Sie das aufzuzeichnende Fenster aus* die Anwendung **Desktop (Win) / Finder (Mac)**.

    **c** Unter *Ausrichten an* die Option **Benutzerdefinierte Größe** und die Option **YouTube Widescreen HD (1280 x 720)**.

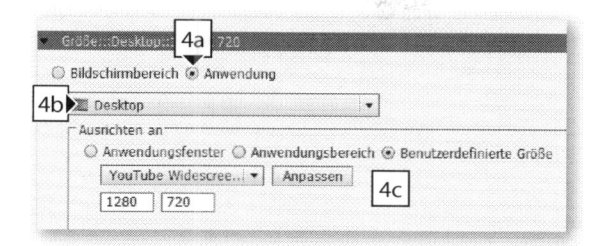

Das rote Aufzeichnungsfenster rastet nun am geöffneten Programm (Arbeitsplatz / Explorer / Finder) ein.

5  Stellen Sie sicher, dass die Option *Schwenken* auf **Kein Schwenken** steht.

6  Legen Sie die gewünschte Einstellung unter *Audio* fest:

Wenn Sie ohne Audio aufzeichnen möchten bzw. kein Mikrofon zur Verfügung haben: Wählen Sie **Kein Kommentar** und fahren Sie direkt mit **Schritt 8** fort.

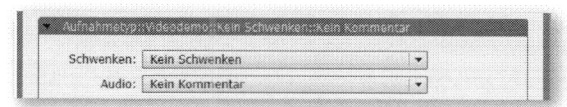

Wenn Sie Audio direkt mit aufzeichnen möchten: Wählen Sie Ihr Mikrofon aus und klicken Sie auf **Aufzeichnen**.

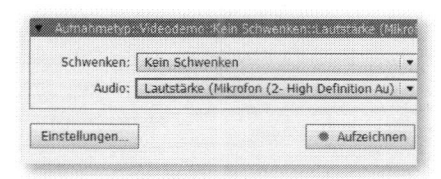

Das Fenster *Audioeingabe kalibrieren* öffnet sich.

7  Stellen Sie das Mikrofon ein:

a  Klicken Sie auf **Aufzeichnen** und sprechen Sie folgenden Satz: „Ich teste den Eingangspegel."

---

**Aufzeichnungsfenster ausrichten**

Neben einer **Benutzerdefinierten Größe** können Sie das Aufzeichnungsfenster auch am **Anwendungsfenster** oder einem **Anwendungsbereich** ausrichten. Bei der Einstellung **Anwendungsfenster** orientiert sich das rote Aufzeichnungsfenster an der aktuellen Größe, die die geöffnete Anwendung hat. Bei der Einstellung **Anwendungsbereich** rastet das Aufzeichnungsfenster an einem Teilbereich der geöffneten Anwendung ein (z. B. einem Tab in einem Browser).

**Schwenken bei videobasierten Aufnahmen**

Bei videobasierten Bildschirmaufnahmen empfiehlt sich die Funktion Schwenken grundsätzlich nicht. In der Postproduktion können Sie Schwenk- und Zoom-Effekte manuell schnell und einfach erstellen (▶ *Seite 81*) und erzielen so saubere Ergebnisse.

Aufnahmetipps für Videodemos | 67

**Vorverstärkerwert notieren**

Wenn Sie den Pegel eingestellt haben: Notieren Sie sich den Vorverstärkerwert für künftige Projekte mit diesem Mikrofon.

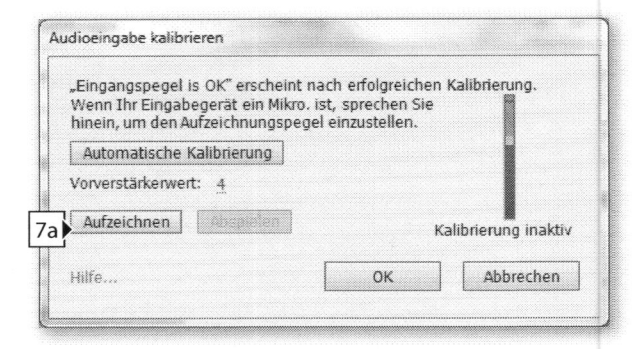

Auf der rechten Seite sehen Sie die Pegelanzeige. Diese sollte sich während des Sprechens möglichst überwiegend im grünen bis hin zum gelben Bereich befinden, jedoch nie den roten Bereich erreichen. Andernfalls übersteuert das Mikrofon, was zu schlechten Aufnahmeergebnissen führt.

**b** Klicken Sie auf **Stoppen**.

**c** Stellen Sie, wenn nötig, einen anderen *Vorverstärkerwert* ein:

Wenn die Pegelanzeige bis in den roten Bereich reicht: Tragen Sie eine niedrigere Zahl ein und wiederholen Sie die **Schritte 7a** und **b**.

Wenn die Pegelanzeige nicht bis in den gelben Bereich reicht: Tragen Sie eine höhere Zahl ein und wiederholen Sie die **Schritte 7a** und **b**.

**Vorverstärkerwert**

Ein Vorverstärkerwert von „1" entspricht einer Verstärkung von 0. Der Mindestwert beträgt „0,1". Der Maximalwert beträgt „10".

**d** Klicken Sie auf **OK** und fahren Sie mit **Schritt 9** fort.

**8** Klicken Sie auf **Aufzeichnen**.

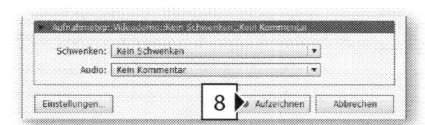

**9** Zeichnen Sie mit Captivate die Schritte aus dem Drehbuch auf.

**10** Beenden Sie die Aufzeichnung: Drücken Sie ⌧Ende (Win) / ⌘+↵ (Mac).

Sie sehen das Ergebnis Ihrer ersten Aufzeichnung nun direkt in der Vorschau.

**Zusätzliche Videosequenz aufzeichnen**

Wenn Sie zusätzlich weitere Videosequenzen aufzeichnen möchten: Wählen Sie **Einfügen > Videoaufzeichnung**. Die neue Aufnahme wird anschließend hinter dem aktuell gewählten Videoclip angefügt.

**11** Klicken Sie im rechten unteren Bereich auf **Bearbeiten**.

Ihr Projekt öffnet sich im Bearbeitungsmodus in einer neuen Registerkarte in Captivate.

**12** Speichern Sie Ihr Ergebnis optional: Wählen Sie **Datei > Speichern unter**.

Sie wissen nun, wie Sie videobasierte Bildschirmaufnahmen erstellen (und direkt vertonen). Im nächsten Kapitel erfahren Sie, wie Sie eine Videodemo nachbearbeiten können.

> Eine mögliche Lösung finden Sie in der Datei \04_Videobasiert_aufnehmen\ Videodemo_Aufnahme_Ziel.cpvc (Win) bzw. \04_Videobasiert_aufnehmen\Videodemo_Uebungsergebnis_Mac\ Videodemo_Finder.cpvc (Mac).

**Start- / Endzeit**

Standardmäßig sind die Werte für die Start- und Endzeit (**C**) auf den Anfang / das Ende aller Videoclips festgelegt.

## Videodemoprojekt & Videoaufzeichnung

Wenn Sie Ihre Aufnahme im Bearbeitungsmodus von Captivate öffnen, können Sie zum einen die Eigenschaften des gesamten Videodemoprojektes bearbeiten und zum anderen die Eigenschaften Ihres (Ihrer) aufgezeichneten Videoclips.

**Hintergrund**

Eine Hintergrundfarbe (**A**) oder ein Hintergrundbild (**B**) kann z. B. dann sinnvoll sein, wenn Sie Ihren Videoclip teilen und zwischen den Videoclips passagenweise der Projekthintergrund sichtbar wird z. B. für Zwischentitel.

### Die Eigenschaften eines Videodemoprojekts

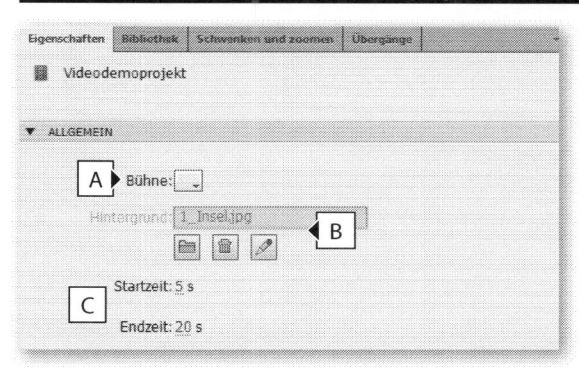

**A** Füllfarbe/Textur des Projekthintergrundes festlegen
**B** Bild als Hintergrund verwenden
**C** Einen Abschnitt des Videos veröffentlichen: angeben, ab welchem Zeitpunkt bis zu welchem Zeitpunkt das Video veröffentlicht werden soll

### Die Eigenschaften einer Videoaufzeichnung

**Bild zuschneiden / In der Größe ändern**

Wenn die Abmessungen des Bildes, welches Sie als Hintergrund verwenden möchten größer sind als die Auflösung Ihres Videodemoprojektes: Das Fenster *Bild zuschneiden/ in der Größe ändern* öffnet sich (▶ Seite 221). Hier können Sie die entsprechenden Einstellungen vornehmen, um das Bild einzupassen.

**A** Eindeutigen Namen für den Videoclip vergeben
**B** Audioeinstellungen (▶ Seite 88)

> **Audio in der Zeitleiste**
>
> Wenn Sie Audio für Ihre Videoclips aufzeichnen / importieren: Ihre Aufnahmen (Videoclips) und Audio werden auf derselben Ebene (der untersten) der Zeitleiste abgelegt.

## Zeitleiste videobasierter Projekte

✓ Vor Bearbeitung dieses Kapitels, sollten Sie sich mit den Grundlagen der Zeitleiste vertraut machen: ▶ *Seite 41*.

Über die Zeitleiste videobasierter Bildschirmaufnahmen können Sie Ihre Videodemos zusätzlich teilen, schneiden sowie mit Schwenk und Zoom versehen.

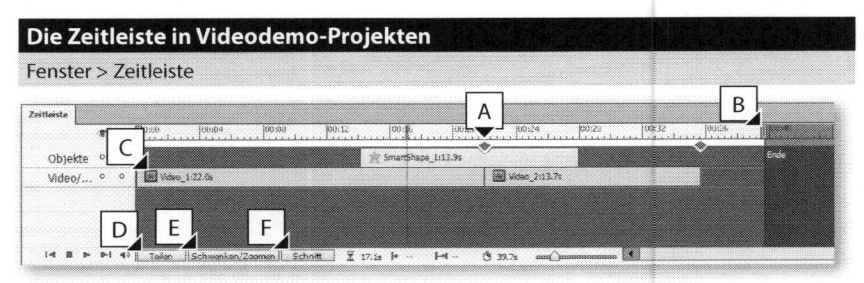

### Die Zeitleiste in Videodemo-Projekten

Fenster > Zeitleiste

**A** Anfangs- und Endpunkt eines Videoclips sowie Markierung von Übergängen
**B** Projektende (siehe Endzeit in den Eigenschaften eines Videodemoprojektes)
**C** Aufgezeichneter Videoclip (und ggf. Audio)
**D** Video an der Position des Abspielkopfes teilen
**E** Schwenk und Zoom an der Position des Abspielkopfes einfügen
**F** Ausgewählten Bereich des Videos ausschneiden

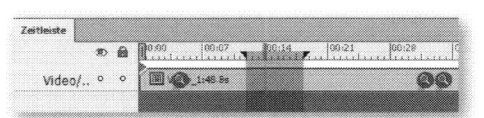

### Objekte bei videobasierten Bildschirmaufnahmen

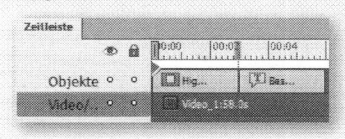

Im Gegensatz zu folienbasierten Projekten können Sie Objekte bei videobasierten Bildschirmaufnahmen nebeneinander auf einer Ebene anordnen.

## Übergänge

Mit Hilfe von Übergängen können sie effektvoll einen Videoclip beginnen, beenden oder zwischen zwei Videoclips überblenden. Diese Möglichkeit erhalten sie automatisch immer zu Beginn und am Ende eines Videoclips, also auch nach dem Teilen eines Videoclips.

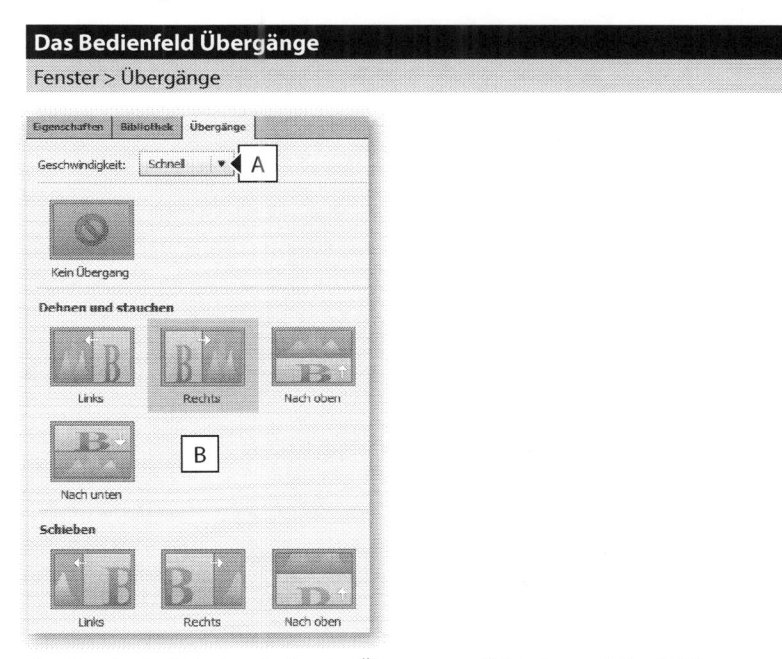

### Das Bedienfeld Übergänge
Fenster > Übergänge

**A** Geschwindigkeit, mit der der Übergangseffekt abgespielt wird (Langsam, Mittel, Schnell)

**B** Auswahl an verschiedenen Übergängen

### Videobasierte Bildschirmaufnahmen nachbearbeiten

Sie können Ihre videobasierten Bildschirmaufnahmen auch über externe Programme nachbearbeiten, wie z. B. Adobe Premiere. Außerdem können Sie videobasierte Projekte problemlos in folienbasierte Projekte einfügen und so auch um interaktive Teile, Simulationen oder Quizfragen ergänzen (▶ *Seite 128*).

## Übung: Videodemo optimieren

Auch wenn Sie sehr sorgsam bei der Aufnahme Ihrer Bildschirmvideos vorgehen, müssen Sie eine Videoaufzeichnung regelmäßig nachbearbeiten. Im Rahmen dieser Übung entfernen Sie überflüssige (fehlerhafte) Schritte aus einer Videodemo, teilen anschließend das Bildschirmvideo in zwei logische Abschnitte und wenden einen Übergang an. Außerdem fügen Sie eine Smartform ein, um einen bestimmten Teil einer Aufnahme zu retuschieren.

✓ Wie Sie die Übungsdateien herunterladen: ▶ *Seite 19*

### Übung im Kurzüberblick

- ▶ Sie betrachten das Ausgangsvideo in der Vorschau
- ▶ Sie schneiden die Aufnahme
- ▶ Sie teilen die Aufnahme
- ▶ Sie blenden zwischen zwei Videoclips über
- ▶ Sie blenden einen Teil der Aufnahme über eine Smartform aus

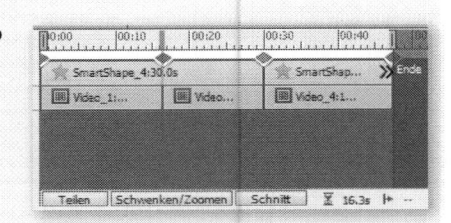

### Übung

**1** Öffnen Sie die Datei *Videodemo_optimieren_Ausgang.cpvc* aus dem Ordner *\04_Videobasiert_aufnehmen\*.

**2** Betrachten Sie die Aufnahme in der Vorschau: Drücken Sie [F4].

Sie sehen die videobasierte Bildschirmaufnahme aus der ersten Übung. Ihnen wird allerdings auffallen, dass dieser Videoclip (bei Sekunde 21) eine fehlerhafte Texteingabe enthält. Außerdem ist in der Aufnahme die Programmoberfläche eines Screencapturing-Werkzeuges zu sehen.

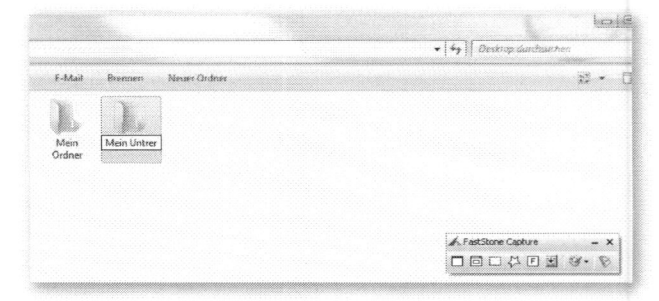

Als erstes möchten wir die fehlerhafte Texteingabe aus der Videoaufzeichnung entfernen.

3  Schließen Sie die Vorschau: Klicken Sie auf **Bearbeiten**.

4  Setzen Sie den (roten) Abspielkopf in der Zeitleiste auf **16,5s**.

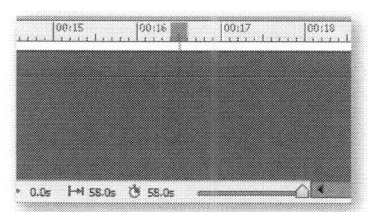

> **Einstellungen im Millisekundenbereich**
>
> Wenn Sie den exakten Dezimalwert auf der Zeitleiste wählen möchten: Vergrößern (Zoomen) Sie die Zeitleiste über den Schieberegler im unteren Bereich.

Der Abspielkopf steht nun genau an der Stelle der Aufnahme, an der der zweite Ordner eingefügt wird.

5  Klicken Sie im unteren Bereich der Zeitleiste auf **Schnitt**.

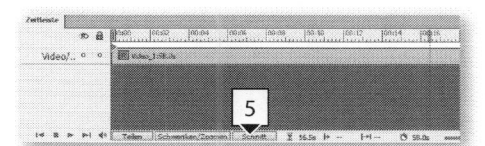

Die Schnittmarkierung erscheint, über die Sie die auszuschneidende Passage markieren können.

6  Klicken Sie im unteren Bereich der Zeitleiste auf **Schnittstartmarkierung auf Abspielkopf ausrichten**.

7  Spielen Sie den Videoclip weiter mit F3 ab und stoppen Sie nach Sekunde **27** erneut mit F3.

Der Abspielkopf steht genau an der Stelle der Aufnahme, ab der die Texteingabe fehlerfrei wiederholt wird.

8  Klicken Sie auf **Schnittendmarkierung auf Abspielkopf ausrichten**.

Der zu schneidende Bereich ist nun ausgewählt.

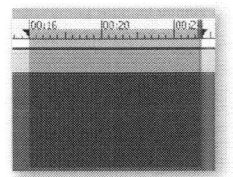

9  Klicken Sie auf **Schnitt**.

Die Passage der Aufnahme mit der fehlerhaften Texteingabe wurde entfernt. Der

Videoclip sollte nun noch etwa eine Länge von 47,5 Sekunden haben.

**10** Betrachten Sie den Zwischenstand in der Vorschau: Setzen Sie den Abspielkopf an den Anfang und wählen Sie **Datei > Vorschau > Vollbild**.

Nun möchten wir noch die Programmoberfläche des Screencapturing-Werkzeuges ausblenden.

**11** Schließen Sie die Vorschau: Klicken Sie auf **Bearbeiten**.

**12** Klicken Sie in der Zeitleiste auf **Abspielkopf an den Anfang verschieben**.

**13** Wählen Sie **Einfügen > Smartform**.

**14** Wählen Sie unter *Standard* die Smartform **Rechteck**.

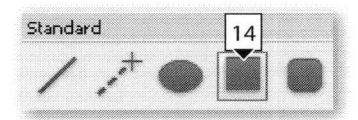

Ihr Mauszeiger verwandelt sich in ein schwarzes Pluszeichen.

**15** Klicken Sie auf die Bühne und ziehen Sie mit gedrückter Maustaste ein Rechteck auf.

**16** Formatieren und platzieren Sie die Smartform:

   **a** Tragen Sie im Bedienfeld *Eigenschaften* (auf der rechten Seite) im Bereich *Transformieren* unter *X* **980** und *Y* **270** ein.

   **b** Deaktivieren Sie die Option **Proportionen beschränken**.

   **c** Tragen Sie unter *B* **230** und *H* **65** ein.

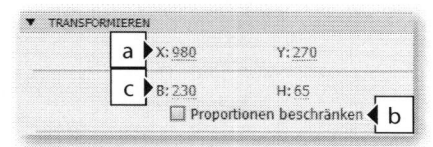

Das Rechteck liegt nun genau über dem zu retuschierenden Bereich.

**d** Wählen Sie im Bereich *Füllung und Strich* unter *Füllung* den **Farbwähler**.

**e** Wählen Sie **Volltonfarbe**.

**f** Wählen Sie die Pipette (**Pick color**) aus.

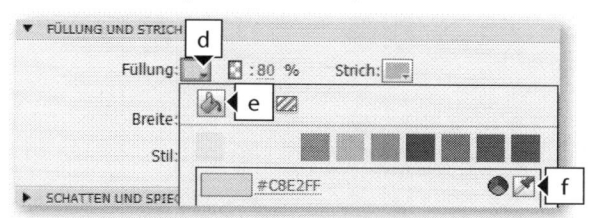

**g** Klicken Sie mit der Pipette direkt neben der Smartform auf die Bühne.

Das Rechteck verwendet nun die gleiche Farbe, wie der Hintergrund des Videoclips.

**h** Tragen Sie neben *Füllung* einen Alpha-Wert von **100%** ein.

**i** Wählen Sie unter *Strich* den Farbwähler und nehmen Sie auch für den Rahmen über die Pipette die Umgebungsfarbe auf.

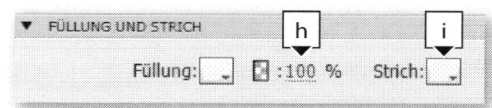

Die Smartform hebt sich nun nicht mehr vom Hintergrund ab und überdeckt die Programmoberfläche des Screencapturing-Werkzeuges.

**17** Lassen Sie die Smartform für den Rest des Projektes anzeigen: Wählen Sie im Bereich *Timing* unter *Anzeigen für* **restliches Projekt**.

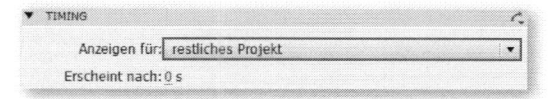

**18** Betrachten Sie den Zwischenstand in der Vorschau: Drücken Sie [F4].

Wie Sie sehen, haben wir nun ganz einfach den Bereich retuschiert.

**19** Beenden Sie die Vorschau.

Nun teilen wir die Aufnahme noch in zwei logische Abschnitte. Der erste Abschnitt soll zeigen, wie ein Ordner erstellt, umbenannt und verschoben wird und der zweite Teil, wie nach einem bestimmten Ordner gesucht wird.

**20** Setzen Sie den Abspielkopf an die Position **30** Sekunden.

Der Abspielkopf steht nun genau an der Position der Aufnahme, an der der Ordner *Mein Unterordner* in den Ordner *Mein Ordner* verschoben wurde. An dieser Stelle möchten wir den Videoclip teilen.

**21** Klicken Sie im unteren Bereich der Zeitleiste auf **Teilen**.

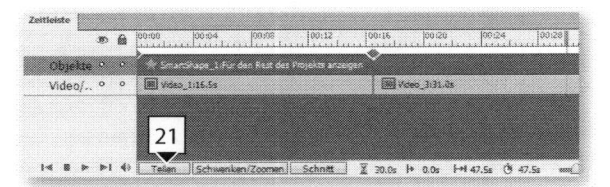

Captivate teilt den Videoclip und erstellt an dieser Position einen Übergang. Ihr Projekt sollte nun drei Videoclips umfassen.

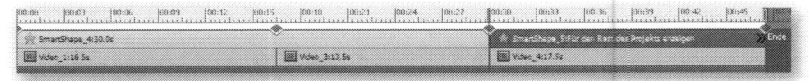

> **!** Wenn Sie Ihren Videoclip teilen: Bereits eingefügte Objekte, die sich auf der Zeitleiste an dieser Position befinden, werden zusammen mit dem Videoclip geteilt. Prüfen Sie deshalb das geteilte Videodemoprojekt in der Vorschau, um ggf. das Timing der entsprechenden Objekte anzupassen.

**Wann ist der Einsatz von Übergängen sinnvoll?**

Übergänge können z. B. bei zeitlichen Sprüngen (z. B. um eine Schrittfolge wie das Ausfüllen eines Formulars abzukürzen) oder Ortswechseln (z. B. einen anderen Dialog, ein anderes Beispiel oder ein anderes Programm) sinnvoll sein.

**22** Wenden Sie einen Übergang an:

**a** Klicken Sie in der Zeitleiste bei 30 Sekunden auf die Übergangsmarkierung.

Das Bedienfeld *Übergänge* öffnet sich im rechten Bereich der Programmoberfläche.

**b** Wählen Sie unter *Überblenden* in **Schwarz**.

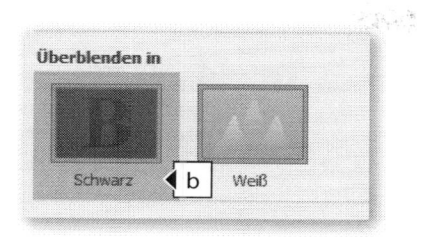

c   Wählen Sie oben unter *Geschwindigkeit* die Option **Langsam**.

Sie haben nun Ihrer Aufnahme optisch effektvoll in zwei Abschnitte unterteilt.

23  Betrachten Sie das Ergebnis in der Vorschau: Setzen Sie den Abspielkopf an den Anfang und drücken Sie [F4].

24  Beenden Sie die Vorschau und speichern Sie Ihr Ergebnis optional über **Datei > Speichern unter**.

Sie wissen nun, wie Sie Ihre videobasierten Aufnahmen nachbearbeiten können.

> Eine mögliche Lösung finden Sie in der Datei \04_Videobasiert_aufnehmen\Videodemo_optimiert_Ziel.cpvc.

## Übung: Mausobjekte nachbearbeiten

Im Rahmen dieser Übung zeige ich Ihnen, wie Sie bei videobasierten Bildschirmaufnahmen die Maus nachbearbeiten können. Dabei erfahren Sie zum einen wie sich Mausobjekte verhalten, wenn Sie Ihre Videodemo schneiden und wie Sie das Timing optimieren können.

> Wie Sie die Übungsdateien herunterladen: ▶ *Seite 19*

### Übung im Kurzüberblick

- ▶ Sie betrachten das Ausgangsvideo in der Vorschau
- ▶ Sie schneiden die Aufnahme
- ▶ Sie lernen die Option **Mauspfad glätten** kennen
- ▶ Sie passen Mauszeiger sowie Zeigerbewegungen an

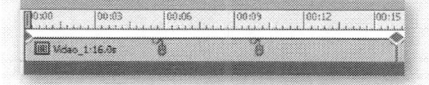

**Übung**

1. Öffnen Sie die Datei *Videodemo_Aufnahme_Ziel.cpvc* aus dem Ordner \04_Videobasiert_aufnehmen.

2. Setzen Sie einen Schnitt:

    a  Setzen Sie den Abspielkopf in der *Zeitleiste* auf **16** Sekunden.

    Sie sehen, dass die Maus sich an dieser Stelle im unteren Bereich des Videoclips befindet.

    b  Klicken Sie auf **Schnitt**.

    c  Klicken Sie auf **Schnittstartmarkierung auf Abspielkopf ausrichten**.

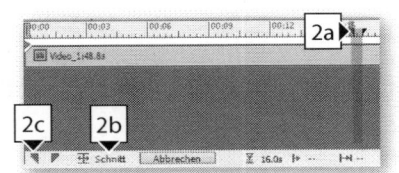

    d  Setzen Sie den Abspielkopf auf **33** Sekunden.

    Sie sehen, dass die Maus sich an dieser Stelle im oberen Bereich des Videoclips befindet.

    e  Klicken Sie auf **Schnittendmarkierung auf Abspielkopf ausrichten**.

    f  Klicken Sie erneut auf **Schnitt**.

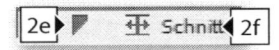

3. Betrachten Sie die Aufnahme in der Vorschau: Drücken Sie F4.

    Ihnen wird auffallen, dass die Maus an der Stelle, an der der Schnitt gesetzt wurde nicht dem erwarteten Mauspfad folgt (vom unteren Bereich in den oberen Bereich), sondern direkt von der unteren Position aus in das Suchfeld führt. Das liegt daran, dass Captivate den Mauspfad neu berechnet und glättet, sobald Sie Ihre Videodemo schneiden.

4. Beenden Sie die Vorschau: Klicken Sie auf **Bearbeiten**.

5. Wählen Sie in der Menüleiste **Bearbeiten > Mauszeiger bearbeiten**.

    Sie sehen in der Zeitleiste an jeder Stelle des Videoclips, an der während der Aufnahme geklickt wurde, ein Mausobjekt.

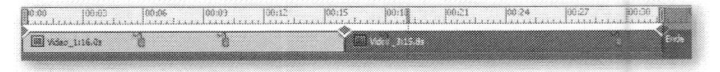

6. Markieren Sie das Mausobjekt, das nach dem Schnitt platziert ist.

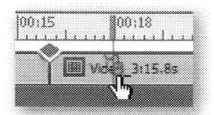

Sie sehen auf dem Videoclip den automatisch von Captivate neu berechneten sowie geglätteten Mauspfad.

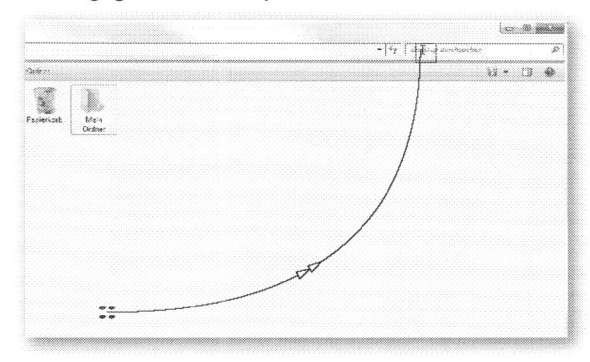

7 Deaktivieren Sie in den *Eigenschaften* der Maus die Option **Mauspfad glätten**.

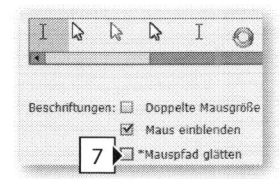

Sie sehen auf dem Videoclip, dass sich der Mauspfad ändert. Dieser führt nun von der unteren Position über die obere (überflüssige) Position, an der unser Schnitt gesetzt wurde, zum nächsten Klick (in das Suchfeld).

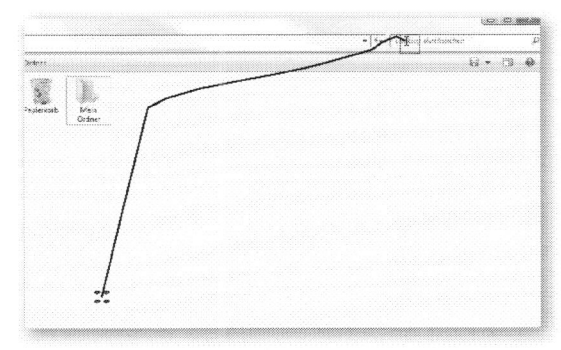

8 Betrachten Sie die Aufnahme in der Vorschau: Drücken Sie F4.

Sie sehen, dass die Maus in der Aufnahme überflüssigerweise springt. Deshalb möchten wir nun die Option **Mauspfad glätten** wieder aktivieren, um diesen Sprung wieder aus der Aufnahme zu entfernen.

9 Beenden Sie die Vorschau.

10 Markieren Sie erneut das Mausobjekt, das nach dem Schnitt platziert ist und aktivieren Sie in den *Eigenschaften* die Option **Mauspfad glätten**.

11 Betrachten Sie die Aufnahme in der Vorschau.

Sie sehen, dass der Mauspfad in der Aufnahme nun wieder geglättet ist. Ihnen wird allerdings auffallen, dass ein anderer Mauszeiger (Cursor) als für den restlichen Verlauf des Projektes verwendet wird. Dies möchten wir nun anpassen. Außerdem passen wir die Mausbewegung an.

12 Beenden Sie die Vorschau.

13 Wählen Sie in den *Eigenschaften* den zweiten Mauszeiger von links.

14 Wählen Sie die Option **Gerade**.

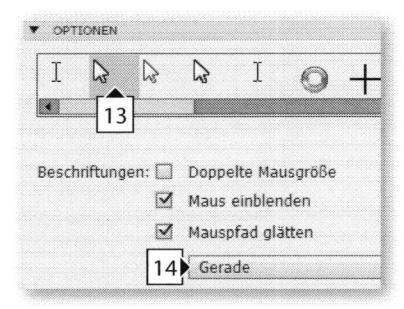

Sie sehen nun, dass ein anderer Mauszeiger verwendet wird sowie eine gerade Zeigerbewegung.

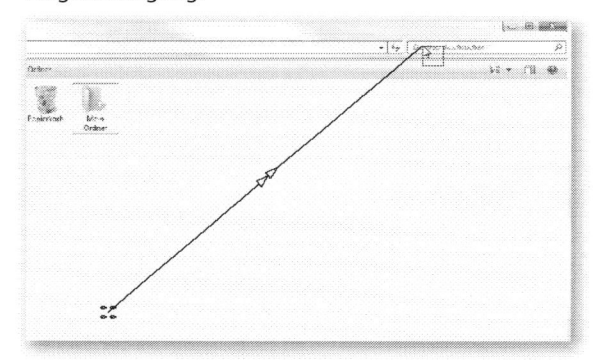

15 Markieren Sie das letzte Mausobjekt in der *Zeitleiste*.

16 Glätten Sie auch diesen Mauspfad und stellen Sie eine gerade Zeigerbewegung ein.

17 Testen Sie das Projekt erneut in der Vorschau.

Sie sehen, dass die Mausbewegung im letzten Teil des Projektes sehr langsam verläuft und bereits vor der Texteingabe einsetzt. Dies liegt daran, dass Captivate die Mausbewegung direkt nach dem letzten Mausobjekt startet. Die Mausbewegung möchten wir nun beschleunigen.

**18** Beenden Sie die Vorschau.

**19** Fügen Sie ein Mausobjekt ein und optimieren Sie das Timing:

    **a** Setzen Sie den Abspielkopf auf **26** Sekunden.

    **b** Wählen Sie in der Menüleiste **Einfügen > Maus**.

       Die Maus steht nun an der Stelle, an der die Bewegung starten soll.

    **c** Richten Sie die Maus auf der vorherigen Mausposition aus.

**20** Betrachten Sie das Projekt erneut in der Vorschau und speichern Sie Ihr Ergebnis optional.

Sie wissen nun, wie Captivate mit Mauspfaden umgeht, wenn Sie Ihre Videodemo schneiden. Außerdem wissen Sie, wie Sie Ihren Mauszeiger sowie die Zeigerbewegung an Ihre Wünsche anpassen können.

> Eine mögliche Lösung finden Sie in der Datei \*04_Videobasiert_aufnehmen\Mausobjekte_nachbearbeiten_Ziel.cpvc*.

## Schwenken und Zoomen

Nachdem Sie Ihre erste einfache Videodemo aufgezeichnet und bereits etwas optimiert haben, erfahren Sie nun, wie Sie Schwenk und Zoom einsetzen. Wenn Sie die Auflösung Ihrer Projekte verändern, können Sie mit Hilfe dieser Funktion sicherstellen, dass keine Informationen verloren gehen und der Betrachter trotzdem ein qualitativ hochwertiges Ergebnis erhält.

1280x720 px (links) vs. 960x540 (rechts)

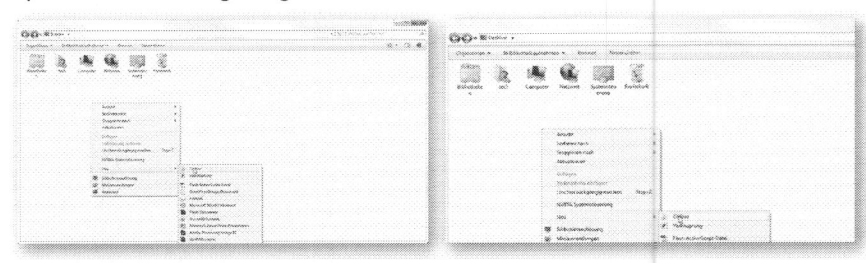

### Wann ist die Größenangabe in % sinnvoll?

Die Angabe in Prozent bietet sich als Abkürzung an, sobald sie wissen, welcher Prozentwert der von Ihnen gewünschten Pixelgröße (*B* und *H* unter *Größe und Position*) entspricht.

### Das Bedienfeld Schwenken und Zoomen
Fenster > Schwenken und Zoomen

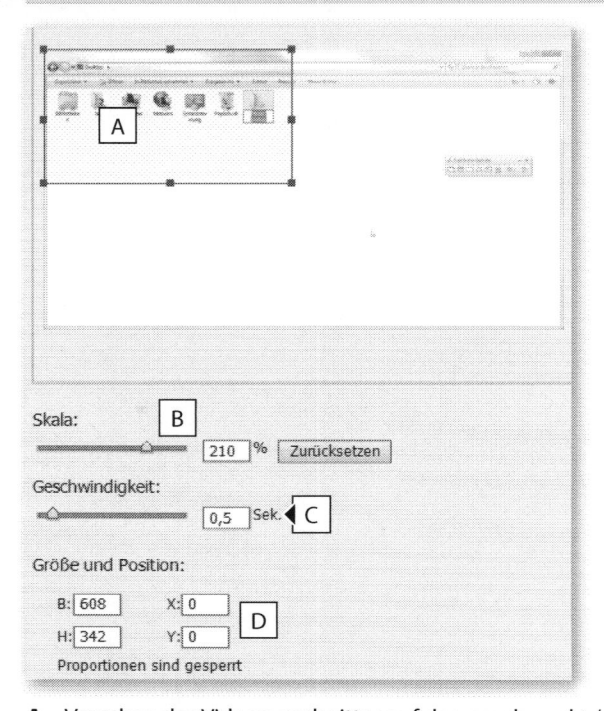

Skala: **B** 210 % Zurücksetzen

Geschwindigkeit: 0,5 Sek. **C**

Größe und Position:
B: 608  X: 0
H: 342  Y: 0  **D**
Proportionen sind gesperrt

**A**  Vorschau des Videoausschnittes auf den geschwenkt / gezoomt wird
**B**  Ausschnitt vergrößern / verkleinern (Angabe in Prozent)
**C**  Dauer des Schwenk- und Zoomeffekts
**D**  Größe und Position des Schwenk- und Zoombereiches

## Übung: Schwenken und Zoomen

In unserer ersten Übung haben wir eine Aufzeichnung erstellt, die mit einer Auflösung von 1280 x 720 Pixeln optimal für eine Bereitstellung auf YouTube in HD-Qualität geeignet ist. Nun optimieren wir diese Aufzeichnung über Schwenk- und Zoomeffekte für eine Auflösung von 960 x 540 Pixel, sodass Sie auch für die geringere Auflösung sicherstellen können, dass Ihre Endanwender ein bestmögliches Ergebnis betrachten.

> **Schwenk- und Zoom: Position nachträglich verändern**
>
> Wenn Sie den Schwenk- und Zoom-Effekt an eine andere Position Ihres Videoclips verschieben möchten: Verschieben Sie einfach die Markierung in der Zeitleiste an die gewünschte Stelle.

✓ Wie Sie die Übungsdateien herunterladen: ▶ *Seite 19*

### Übung im Kurzüberblick

▶ Sie setzen Schwenk- und Zoomeffekte ein (Nahaufnahme)

▶ Sie zoomen aus, in die Totale (Gesamtaufnahme)

▶ Sie legen die Dauer von Schwenk-und Zoomeffekten fest

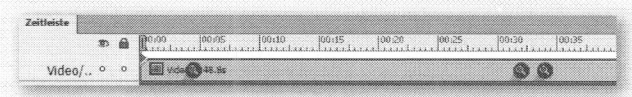

### Übung

**1** Öffnen Sie die Datei *Videodemo_Aufnahme_Ziel.cpvc* aus dem Ordner *\04_Videobasiert_aufnehmen*.

Sie sehen die videobasierte Bildschirmaufnahme aus der ersten Übung.

**2** Spielen Sie mit [F3] den aktuellen Videoclip ab und stoppen Sie nach **4,5** Sekunden erneut mit [F3].

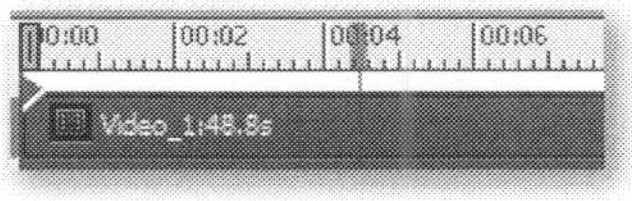

**3** Fügen Sie einen Schwenk- und Zoomeffekt ein:

**a** Klicken Sie im unteren Bereich der *Zeitleiste* auf **Schwenken und Zoomen.**

Ein Schwenk- und Zoomeffekt wird an dieser Position eingefügt.

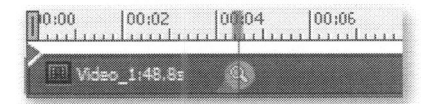

Außerdem sehen Sie das Bedienfeld *Schwenken und zoomen* im rechten Bereich der Programmoberfläche.

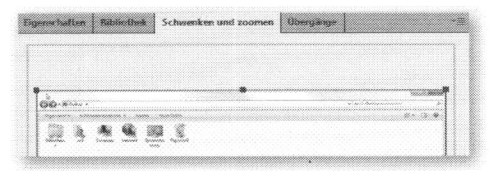

**b** Tragen Sie im Bedienfeld *Schwenken und zoomen* im Bereich *Größe und Position* unter *B* **960** ein.

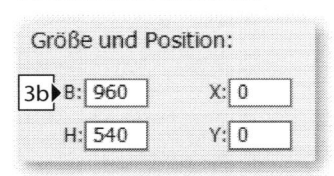

Sie sehen, dass sich der Videoausschnitt (blauer Rahmen) proportional verkleinert.

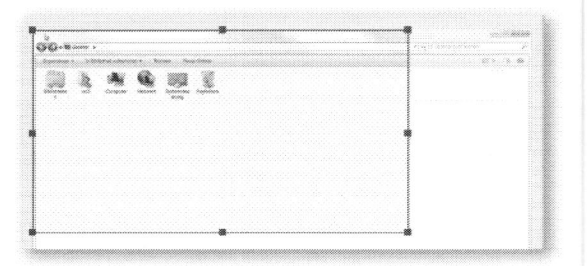

**Größe des Videoausschnitts verändern**

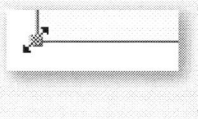

Wenn Sie die Größe des Videoausschnitts mit Hilfe Ihrer Maus verändern möchten: Fahren Sie mit der Maus über einen der Punkte des blauen Rahmens. Es erscheint ein Pfeil. Halten Sie nun die linke Maustaste gedrückt, um die Größe des Rahmens zu verändern.

Sie haben Ihren ersten Schwenk- und Zoomeffekt erstellt.

**4** Spielen Sie mit F3 den Videoclip weiter ab und stoppen Sie nach **32** Sekunden erneut mit F3.

An dieser Stelle möchten wir den Videoausschnitt wieder auf die Ausgangsauflösung zurücksetzen.

**5** Klicken Sie im Bedienfeld *Schwenken und zoomen* auf **Auszoomen**.

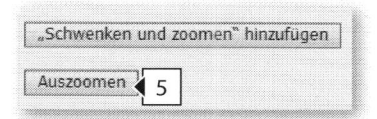

6 Fügen Sie einen weiteren Schwenk-und Zoomeffekt hinzu:

    a Spielen Sie mit [F3] den Videoclip weiter ab und stoppen Sie nach **34** Sekunden erneut mit [F3].

    b Klicken Sie erneut im unteren Bereich der Zeitleiste auf **Schwenken und zoomen**.

    c Tragen Sie im Bedienfeld *Schwenken und zoomen* unter *Skala* **133%** ein (entspricht 960x540).

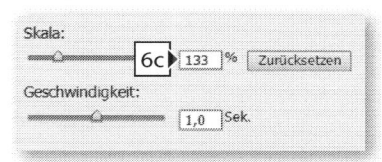

Nun möchten wir den Videoausschnitt im rechten oberen Bereich des Videoclips positionieren.

    d Ziehen Sie den Videoausschnitt mit gedrückter linker Maustaste in den rechten oberen Bereich.

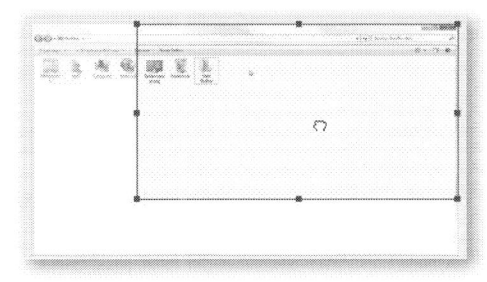

Über die Schwenk-Funktion haben Sie nun den Fokus auf die Texteingabe in der Aufnahme gelegt.

7 Spielen Sie mit [F3] den Videoclip weiter ab und stoppen Sie nach **45** Sekunden.

8 Setzen Sie den Videoclip auf die Ausgangsauflösung zurück: Klicken Sie im Bedienfeld *Schwenken und zoomen* auf **Auszoomen**.

> „Schwenken und zoomen" hinzufügen
>
> Auszoomen ◄ 8

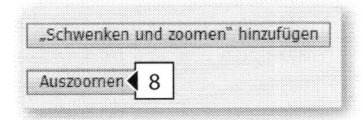

Ihr Videoclip beinhaltet nun vier Schwenk- und Zoomeffekte (zwei Einzoom- sowie zwei Auszoom-Effekte).

9   Betrachten Sie das Ergebnis in der Vorschau.

Ihnen wird auffallen, dass die Übergänge noch ein wenig unruhig wirken. Das liegt an der Geschwindigkeit, mit der die Schwenk-und Zoomeffekte abgespielt werden. Wir werden nun noch die Abspielgeschwindigkeit optimieren.

10  Schließen Sie die Vorschau.

11  Verlangsamen Sie die Abspielgeschwindigkeit der Schwenk- und Zoomeffekte:

   **a**  Klicken Sie in der *Zeitleiste* auf den ersten Schwenk-und Zoomeffekt.

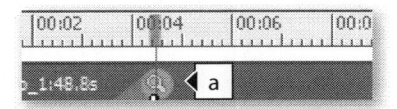

   > |00:02   |00:04   |00:06   |00:0
   > 1:48.8s      ◄ a

   **b**  Tragen Sie im Bedienfeld *Schwenken und zoomen* unter *Geschwindigkeit* den Wert „1" ein.

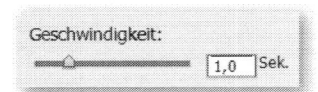

   > Geschwindigkeit:
   > ───○─────────  1,0  Sek.

12  Wiederholen Sie **Schritt 11** für die restlichen Schwenk- und Zoomeffekte.

13  Betrachten Sie das Ergebnis erneut in der Vorschau.

14  Schließen Sie die Vorschau und speichern Sie Ihr Ergebnis optional.

Sie wissen nun, wie Sie Schwenk- und Zoomeffekte einsetzen können.

> ⚑  Eine mögliche Lösung finden Sie in der Datei \*04_Videobasiert_aufnehmen*\ *Schwenken_Zoomen_Ziel.cpvc*.

## PIP-Video

Mit einem Picture-in-Picture-Video können Sie, z. B. ein Realvideo eines Sprechers erscheinen lassen.

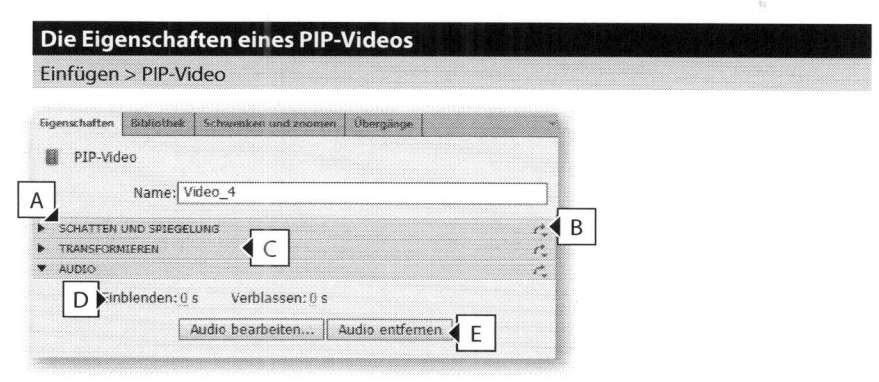

### Die Eigenschaften eines PIP-Videos
Einfügen > PIP-Video

- **A** Schatten und Spiegelung (▶ *Seite 163*)
- **B** Eigenschaften vererben (▶ *Seite 203*)
- **C** Objekt transformieren (▶ *Seite 44*)
- **D** Ein- / Ausblendeeffekt für PIP-Audio
- **E** Audio bearbeiten / entfernen (▶ *Seite 303*)

### So fügen Sie PIP-Videos in Ihre Projekte ein

1 Öffnen Sie ein Videodemo-Projekt (*.cpvc).

2 Wählen Sie **Einfügen > PIP-Video**.

3 Navigieren Sie zur gewünschten Videodatei und öffnen Sie diese.

> **Videoformat**
>
> Wenn Sie ein Video einfügen möchten, das Ihnen nicht als MP4 vorliegt: Captivate konvertiert das vorliegende Format mit Hilfe des *Adobe Media Encoders* automatisch in eine MP4-Datei. Bestätigen Sie dazu die erscheinende Meldung mit **Ja** und warten Sie einen Augenblick bis die Konvertierung abgeschlossen ist. Klicken Sie anschließend im Bedienfeld *Fortschrittsanzeige* auf **Los**.

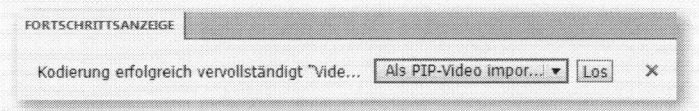

Ein PIP-Video-Objekt wird in Ihr Projekt an der aktuellen Position des Abspielkopfes eingefügt.

---

**Diese Objekte können Sie in Ihre Videodemos einfügen**

Sie können Ihre Videodemo-Projekte über den Menüleistenpunkt **Einfügen** zusätzlich mit folgenden Objekten anreichern: Textbeschriftung, Markierungsfeld, Smartform, Bild, Animation, Personen, Maus (▶ *Seite 207*).

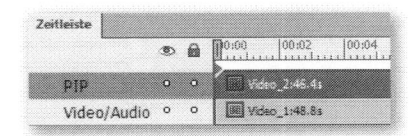

4   Passen Sie ggf. die Größe Ihres Videos in den *Eigenschaften* an und/oder platzieren Sie es in einem Teilbereich Ihres Videoclips.

Sie wissen nun, wie Sie PIP-Videos in Ihre Projekte einfügen können.

**Videodemo vertonen**

Prinzipiell haben Sie drei Möglichkeiten, Ihre videobasierten Projekte zu vertonen: Sie können Audio während der Aufnahme live mit aufzeichnen, Ihr Projekt nachträglich vertonen oder bereits aufgezeichnetes Audio importieren.

In Captivate gibt es dabei verschiedene Ebenen, in denen Audio hinterlegt sein kann. Bei videobasierten Projekten sind dies:

- Videokommentar (**Audio > Aufzeichnen in / Importieren nach > Videokommentare**): Wird für die Dauer eines einzelnen Videoclips abgespielt.
- Projektkommentar (**Audio > Aufzeichnen in > Projektkommentare**): Wird für die gesamte Projektdauer über mehrere Videoclips sowie Phasen davor / dazwischen / danach abgespielt.

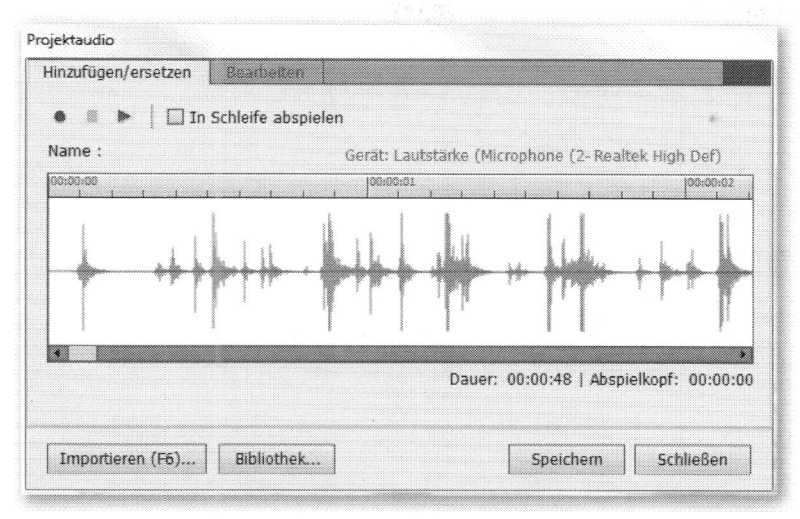

> **Bearbeitung von Kommentaren**
>
> Wenn Sie Projekt- sowie Videokommentare nachbearbeiten: Ihre Änderungen wirken sich auf die Videoclips Ihres Projektes aus. Verlängert sich das Audio so verlängert sich auch der Videoclip. Änderungen die Sie hingegen am Hintergrundaudio vornehmen, haben keinerlei Auswirkung auf Ihre Videoclips.

- Hintergrundaudio (**Audio > Aufzeichnen in / Importieren nach > Hintergrund**): Wird während der gesamten Projektdauer (unabhängig der Videoclips) abgespielt. Insbesondere für Hintergrundmusik geeignet (▶ *Seite 301*).
- PIP-Audio (**Audio > Aufzeichnen in / Importieren nach > PIP**): Ist das an das PIP-Objekt gebunden.

## Übung: Videodemo vertonen

Im Rahmen dieser Übung lernen Sie, wie Sie Ihre Videodemo-Projekte nachträglich vertonen können. Im ersten Teil der Übung zeichnen Sie nachträglich Audiokommentare auf. Im zweiten Teil fügen Sie bereits aufgenommene Audiokommentare eines Sprechers in das Projekt ein.

✓ Wie Sie die Übungsdateien herunterladen: ▶ *Seite 19*

### Übung im Kurzüberblick

- Sie teilen eine Videodemo in logische Abschnitte
- Sie erzeugen ein Standbild
- Sie zeichnen Ihre eigenen Audiokommentare auf
- Sie fügen Audio eines externen Sprechers ein

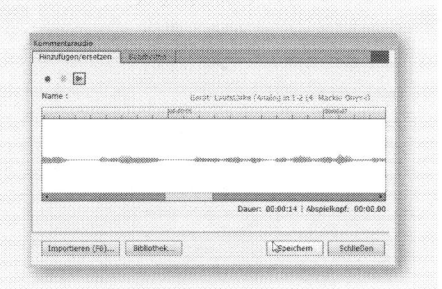

### Vorverstärkerwert notieren

Wenn Sie den Pegel eingestellt haben: Notieren Sie sich den Vorverstärkerwert für künftige Projekte mit diesem Mikrofon.

## Übung Teil 1 – Audio aufzeichnen

1   Öffnen Sie die Datei *Videodemo_Aufnahme_Ziel.cpvc* aus dem Ordner *\04_Videobasiert_aufnehmen*.

   Es öffnet sich das unvertonte Projekt aus der ersten Aufnahme.

   ✓ Die nächsten Schritte setzen voraus, dass Sie ein Mikrofon zur Verfügung haben. Falls nicht: Fahren Sie mit dem zweiten Teil der Übung auf ▶ *Seite 93* fort.

2   Stellen Sie das Mikrofon ein:

   a   Wählen Sie in der Menüleiste **Audio > Einstellungen**.

       Das Fenster *Audioeinstellungen* öffnet sich.

   b   Klicken Sie auf **Eingang kalibrieren**.

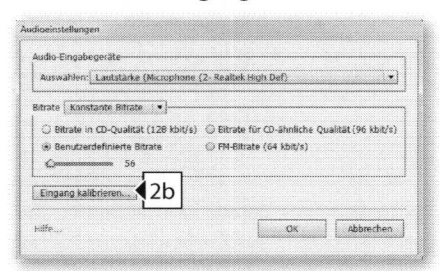

       Das Fenster *Audioeingabe kalibrieren* öffnet sich.

   c   Klicken Sie auf **Aufzeichnen** und sprechen Sie folgenden Satz: „Ich teste den Eingangspegel."

### Vorverstärkerwert

Ein Vorverstärkerwert von „1" entspricht einer Verstärkung von 0. Der Mindestwert beträgt „0,1". Der Maximalwert beträgt „10".

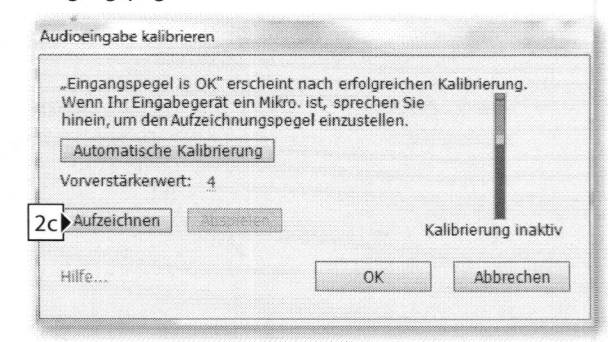

Auf der rechten Seite sehen Sie die Pegelanzeige. Diese sollte sich während des Sprechens möglichst überwiegend im grünen bis hin zum gelben Bereich befinden, jedoch nie den roten Bereich erreichen. Andernfalls übersteuert das Mikrofon, was zu schlechten Aufnahmeergebnissen führt.

**d** Klicken Sie auf **Stoppen**.

**e** Stellen Sie, wenn nötig, einen anderen Vorverstärkerwert ein:

Wenn die Pegelanzeige bis in den roten Bereich reicht: Tragen Sie eine niedrigere Zahl ein und wiederholen Sie die **Schritte 2c** und **d**.

Wenn die Pegelanzeige nicht bis in den gelben Bereich reicht: Tragen Sie eine höhere Zahl ein und wiederholen Sie die **Schritte 2c** und **d**.

**f** Klicken Sie zweimal auf **OK**.

Bei der nachträglichen Vertonung von Videodemos müssen Sie das Gesamtprojekt zuvor in kleine Videosequenzen unterteilen, sodass das Audio später auch synchron zu den einzelnen Schritten ist und längere Kommentarpassagen automatisch zu Standbildern führen.

**3** Teilen Sie das Video:

   **a** Setzen Sie den Abspielkopf auf **2s**.

   **b** Klicken Sie auf **Teilen**.

Diese erste Sequenz möchten wir nun vertonen.

   **c** Markieren Sie die erste Videosequenz in der *Zeitleiste*.

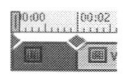

**4** Legen Sie das Drehbuch bereit. Hier finden Sie passende Sprechertexte für die Audioaufzeichnung.

**5** Sprechen Sie den Text für den ersten Videoabschnitt ein:

   **a** Klicken Sie in der Leiste *Hauptoptionen* auf **Audio aufzeichnen**.

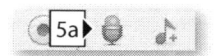

Das Fenster *Kommentaraudio* öffnet sich und zeigt die Gesamtdauer des Videoclips (2s).

   **b** Klicken Sie auf **Audio aufzeichnen** und sprechen Sie den Text aus dem Drehbuch ein.

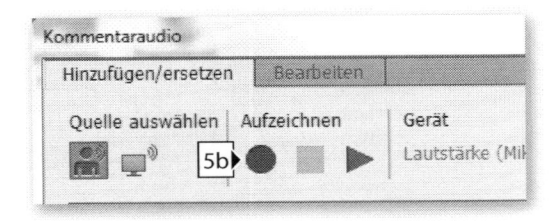

**c** Klicken Sie anschließend auf **Stoppen**.

**d** Klicken Sie auf **Speichern**.

Es erscheint eine Meldung, die anzeigt, dass das aufgenommene Audio länger ist, als die Videosequenz.

**e** Bestätigen Sie die Meldung mit **OK**.

Die Videosequenz wird auf die Dauer des Audios verlängert.

Sie haben zugleich ein Standbild erzeugt, das angezeigt wird, während das einleitende Audio abgespielt wird.

**f** Schließen Sie das Fenster: Klicken Sie auf **Schließen**.

Sie haben eine erste Videosequenz nachträglich vertont. Nun möchten wir noch den Rest der Videodemo in logische Abschnitte teilen und diese vertonen. Dazu nehmen wir die Mausklicks des Projektes als Referenz.

**6** Wählen Sie in der Menüleiste **Bearbeiten > Mauszeiger bearbeiten**.

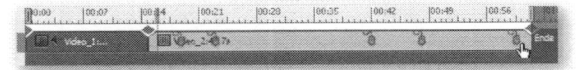

Die während der Aufnahme durchgeführten Klicks werden eingeblendet und dienen uns nun als Orientierungshilfe für die Segmentierung der Videoclips.

**7** Erstellen Sie eine weitere Videosequenz und sprechen Sie den entsprechenden Text ein:

**a** Setzen Sie den Abspielkopf hinter das zweite Mausobjekt und teilen Sie den Videoclip erneut.

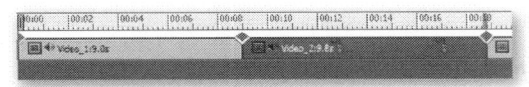

**b** Wählen Sie den zweiten Videoclip aus.

**c** Sprechen Sie den dazugehörigen Text auch für diesen Abschnitt ein (wie in **Schritt 5** beschrieben).

**8** Erstellen Sie eine dritte Videosequenz und sprechen Sie den entsprechenden

Text ein:

- a Setzen Sie den Abspielkopf an die Stelle, an der der zweite Ordner erstellt wurde und teilen Sie den Videoclip erneut.
- b Wählen Sie den Videoclip aus.
- c Sprechen Sie den dazugehörigen Text auch für diesen Abschnitt ein (wie in **Schritt 5** beschrieben).

9 Vertonen Sie nach diesem Prinzip den Rest des Videos.

10 Testen Sie das Ergebnis in der Vorschau.

Sie wissen nun, wie Sie einen Sprecher nachträglich aufzeichnen können. Im zweiten Teil der Übung möchten wir das Projekt mit einem externen Sprecheraudio synchronisieren.

## Übung Teil 2 – Audio importieren

1 Öffnen Sie die Datei *Videodemo_mit_externem_Sprecher_vertonen_Ausgang.cpvc* aus dem Ordner *\04_Videobasiert aufnehmen*.

Sie sehen die Videoaufnahme aus unserer ersten Übung. Die Videodemo ist bereits in 9 logische Abschnitte (Videoclips) geteilt, denen wir nun das entsprechende Audio hinterlegen möchten.

2 Importieren Sie eine Audiodatei:
- a Wählen Sie Videoclip 1 aus.

- b Wählen Sie in der Menüleiste **Audio > Importieren nach > Videokommentare.**
- c Fügen Sie die Audiodatei *Videosequenz_01.mp3* aus dem Ordner *\04_Videobasiert_aufnehmen* ein.

  Es erscheint eine Meldung, die anzeigt, dass das Audio länger ist als die Videosequenz.

- d Bestätigen Sie die Meldung mit **Ja**.

  Das Fenster *Kommentaraudio* öffnet sich.

- e Klicken Sie auf **Abspielen**.

  Sie hören, dass die erste Videosequenz nun mit dem entsprechenden Audiokommentar unterlegt ist.

- f Klicken Sie auf **Schließen**.

3   Wiederholen Sie **Schritt 2** für die restlichen Videoclips jeweils mit den entsprechenden Audiodateien.

4   Testen Sie Ihr Projekt in der Vorschau und speichern Sie Ihr Ergebnis optional.

**Audiodateien schneiden**

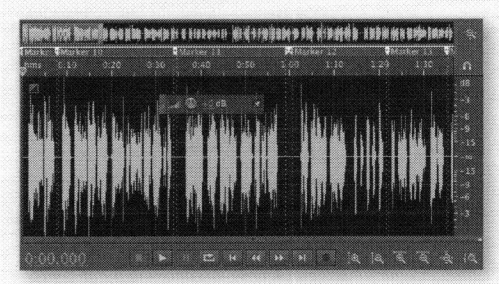

Sie können Audiodateien z. B. mit den Werkzeugen *Adobe Audition* oder *Audacity* (Freeware) schneiden. In *Audition* können Sie z. B. Marker entsprechend der Videosequenzen setzen und die Abschnitte anschließend in Einzeldateien exportieren.

Eine mögliche Lösung finden Sie in der Datei \*04_Videobasiert_aufnehmen\ Videodemo_mit_externem_Sprecher_vertont_Ziel.cpvc*.

## Videodemo veröffentlichen

Das Veröffentlichungsformat videobasierter Bildschirmaufnahmen ist MP4. Sie haben die Möglichkeit, Ihr Projekt direkt nach der Aufzeichnung zu veröffentlichen oder aber erst im Anschluss an die Postproduktion.

**Das Fenster Videodemo veröffentlichen**
Datei > Veröffentlichen

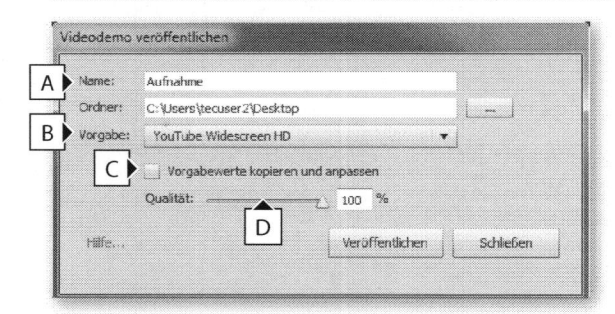

**A**   Dateiname & -speicherort
**B**   Einstellungsvorgaben für die Videoqualität
**C**   Vordefinierte Veröffentlichungseinstellungen (**B**) anpassen

**Vorgabewerte anpassen**

[Abbildung mit Einstellungen: (a) 1280, Höhe 720, Seitenverhältnis; Profil: Hoch, Pegel: 4.0; Kodierung: Bitrate, VBR, 1 Durchlauf; Zielbitrate [Mbps]: 2; Max. Bitrate [Mbps]: 4; (b) Bilder/Sekunde: 30, Schlüsselbildintervall: 5 Sek.; Zurücksetzen, Einstellungen testen]

Wenn Sie die Werte einer Vorgabe anpassen möchten: Bei aktivierter Option **Vorgabewerte kopieren und anpassen** erscheint ein Bereich mit verschiedenen Parametern.

> **Beispieldateien zur Ausgabequalität und Framerate**
>
> Vergleichsdateien zur Ausgabequalität sowie zu den Einstellungen der Framerate (Bilder pro Sekunde) finden Sie im Ordner *04_Videobasiert aufnehmen/Ausgabequalitaet_Framerate*.

Sie können hier z. B. die Auflösung (a) und die Framerate (Bilder pro Sekunde) (b) für Ihre Veröffentlichung angeben.

D   Ausgabequalität: 0 bis 100% (je kleiner der Wert desto höher die Kompression)

## Übung: Videodemo veröffentlichen

In dieser Übung veröffentlichen wir unsere Videodemo mit Schwenk- und Zoomfunktion als MP4. Dabei wählen wir eine Auflösung, die dem Zoomfaktor entspricht. Dadurch wird der Ausschnitt auch bei einer kleineren Auflösung die aufgenommene Softwareoberfläche in Realgröße zeigen.

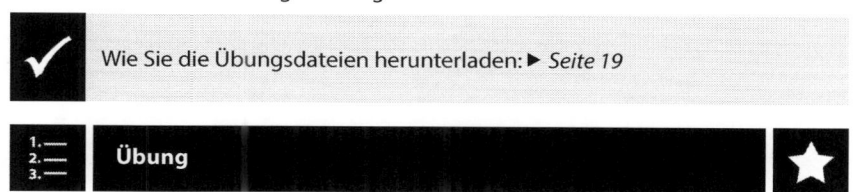

✓ Wie Sie die Übungsdateien herunterladen: ▶ *Seite 19*

**Übung**

1. Öffnen Sie die Datei *Schwenken_Zoomen_Ziel.cpvc* aus dem Ordner *04_Videobasiert_aufnehmen*.
2. Wählen Sie **Datei > Veröffentlichen**.

   Das Fenster *Videodemo veröffentlichen* öffnet sich.
3. Geben Sie einen Veröffentlichungsnamen sowie -ordner an.
4. Wählen Sie unter *Vorgabe* die Option **YouTube Widescreen HD**.
5. Aktivieren Sie die Option **Vorgabewerte kopieren und anpassen**.

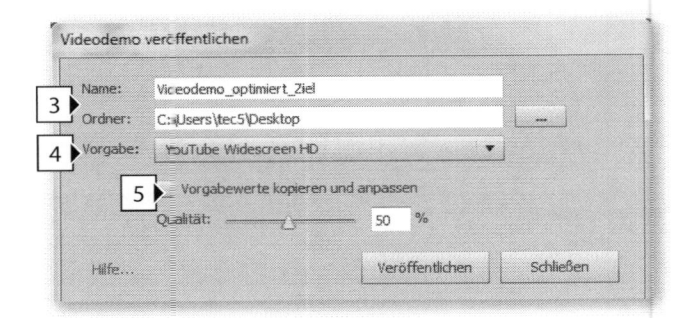

6   Ändern Sie die Auflösung auf **960x540**.

7   Tragen Sie unter *Bilder pro Sekunde* den Wert **30** ein.

    Dadurch läuft die Aufnahme absolut flüssig ab.

8   Klicken Sie auf **Veröffentlichen**.

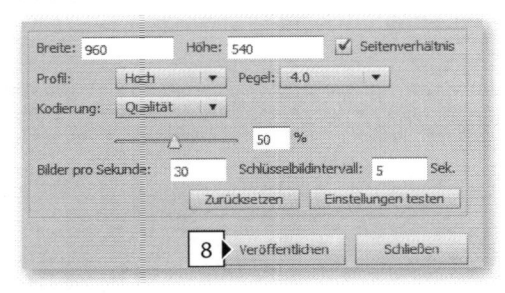

9   Klicken Sie auf **Veröffentlichtes Video öffnen**.

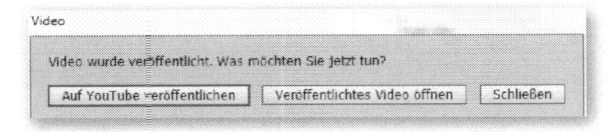

Die veröffentlichte Videodemo wird mit dem Standardvideoprogramm Ihres Systems abgespielt.

---

**Videoausschnitt veröffentlichen**

Wenn Sie nur einen Teil Ihres Videos veröffentlichen möchten: Klicken Sie auf der Bühne auf eine beliebige Stelle außerhalb des Videoclips und geben Sie in den *Eigenschaften* des Videodemoprojektes die **Start-** sowie **Endzeit** des zu veröffentlichenden Teils Ihres Videoclips an. Alternativ können Sie die Anfangs- und Endmarkierung des Videodemoprojektes in der *Zeitleiste* auf die entsprechenden Positionen ziehen.

# Folienbasiert aufnehmen

Dieses Kapitel widmet sich der folienbasierten Bildschirmaufnahme. Sie lernen die Aufnahmelogik, die verschiedenen Aufnahmetypen sowie die Nachbearbeitung von Aufnahmen kennen.

## Themenübersicht

- » Aufnahmetypen & -logik — 98
- » Aufnahmetipps für folienbasierte Aufnahmen — 99
- » Aufzeichnungsmodi — 99
- » Demonstrationen — 101
- » Übung: Demonstration aufzeichnen — 102
- » Simulationen — 105
- » Übung: Simulationen aufzeichnen — 106
- » Übung: Benutzerdefiniert Aufzeichnen — 109
- » Schwenken — 113
- » Übung: Mit manuellem Schwenk aufzeichnen — 114
- » Übung: Aufnahme bereinigen und überflüssige Folien entfernen — 117
- » Übung: FMR, Texteingaben und Hintergründe bearbeiten — 120
- » Übung: Mausobjekte und Markierungsfelder bearbeiten — 125
- » Videodemos in folienbasierten Projekten — 128

> **Meine Empfehlung**
>
> Verwenden Sie möglichst keine / wenige Full-Motion-Aufzeichnungen. Dies erspart Ihnen nicht nur Zeit im Erstellungsprozess, sondern hält Ihre Projekte klein und vermeidet Probleme bei der Anzeige. Meist lassen sich Schritte, die eigentlich Full-Motion-Aufzeichnungen bedürfen, umgehen und trotzdem sehr verständlich und anschaulich demonstrieren.

## Aufnahmetypen & -logik

In diesem Kapitel zeige ich Ihnen die Aufnahmelogik sowie die Vor- und Nachteile von Bildschirmfotos und Full-Motion-Aufzeichnungen.

Wenn Sie mit den Standardeinstellungen von Captivate eine automatische Aufzeichnung durchführen, passiert Folgendes:

- Bei jedem Mausklick, jeder Tastatureingabe und jedem Bildschirmereignis (z. B. ein sich öffnendes Fenster oder ein sich öffnender Menüpunkt) erstellt Captivate ein Bildschirmfoto. Dieses wird auf einer neuen Folie platziert. Je nach Aufnahmemodus (Demonstration/Simulation) wird ein etwaig vorhandenes Mausobjekt entlang eines Pfades animiert und jede Tastatureingabe in einer Eingabeanimation oder in einem Texteingabefeld hinterlegt.
- Bei bestimmten Mausaktionen wie Drag & Drop, Aufziehen eines Bereichs oder Drehen des Mausrades erstellt Captivate Full-Motion-Aufzeichnungen. Im Gegensatz zu Bildschirmfotos sind diese Full-Motion-Aufzeichnungen (kurz „FMR" = „Full-Motion-Recording") dann „richtige" Videos mit 30 Bildern pro Sekunde.

Diese Aufnahmelogik können Sie beliebig anpassen. Bevor Sie dies tun, möchte ich Ihnen jedoch die Vor- und Nachteile dieser Techniken erklären:

| | **Bildschirmfoto** | **Full-Motion-Aufzeichnung** |
|---|---|---|
| **PRO** | ▶ Sehr kleine Dateigrößen, da nur ein Bild pro Folie; dadurch so gut wie keine Kompression nötig <br> ▶ Sehr gute Bildqualität <br> ▶ Kein Verwackeln der Maus, da das Mausobjekt animiert wird <br> ▶ Mausanimation ist beliebig veränderbar, z. B. doppelte Mausgröße <br> ▶ Unnötige Aufnahmeteile können einfach entfernt werden | ▶ Bestimmte Mausaktionen (z. B. Drag-&-Drop) wirken klarer und realistischer |
| **KONTRA** | ▶ Wirkt nicht immer so sauber wie eine Full-Motion-Aufzeichnung <br> ▶ Bestimmte Aktionen, z. B. Drag & Drop, lassen sich nicht realitätsgemäß darstellen, da nur das erste und das letzte Bild der Aktion aufgenommen werden (Kompensation mit manuell erstellten Zwischenbildern möglich) | ▶ Benötigt viel Speicherplatz (bei einer Aufnahme von 5 Sekunden: 5 mal 30 Bilder), durch (zu hohe) Kompression wird die Bildqualität schlechter <br> ▶ Unsaubere Mausbewegungen oder zu schnelle Scrollaktionen bei der Aufnahme führen zu unschönen Ergebnissen, die nicht mehr korrigiert werden können |

## Aufnahmetipps für folienbasierte Aufnahmen

Im Folgenden finden Sie gesonderte Hinweise, die Sie bei folienbasierten Aufnahmen beachten sollten. Weitere allgemeine Tipps zur Bildschirmaufnahme finden Sie hier: ▶ Seite 61.

▶ Warten Sie bei der automatischen Aufzeichnung auf den Kameraverschlusston, bevor Sie mit weiteren Aktionen fortfahren.

▶ Wenn Sie Audio live während der Aufnahme aufzeichnen: Die Pause-Taste ist in Live-Aufzeichnungen Ihr bester Freund. Verwenden Sie sie häufig und u. U. nach jedem Satz. So können Sie Ihre Gedanken strukturieren und erzielen i. d. R. ein besseres Ergebnis.

▶ Wenn Sie Audio live während der Aufnahme aufzeichnen: Versuchen Sie möglichst nicht während Maus- und Tastatureingaben zu sprechen, sondern nur davor oder danach. Andernfalls werden Wortfragmente über mehrere Folien verteilt, was die Nachbearbeitung erschwert.

## Aufzeichnungsmodi

Es gibt standardmäßig drei automatische Aufzeichnungsmodi: Demonstration, Bewertungs- und Schulungssimulation. Sie können aber auch einen eigenen Modus definieren.

**Die Kategorie Aufzeichnung > Modi**
Bearbeiten > Voreinstellungen (Win) / Adobe Captivate > Voreinstellungen (Mac)

**Globale Voreinstellungen: Aufzeichnen: Modi**

- A ▶ Modus: Angepasst
- Beschriftungen:
- B ▶ ☑ Hinzufügen von Textbeschriftungen
- ☑ QuickInfos in Rollover-Beschriftungen konvertieren ◀ C
- D ▶ ☑ Smartformen anstelle von Beschriftungen verwenden
- E ▶ Smartformtyp: Abgerundetes Rechteck
- F ▶ Rollover-Smartformtyp: Abgerundetes Rechteck

**A** Aufzeichnungsmodus

> ❗ An dieser Stelle wählen Sie nicht den Modus für Ihre Aufnahme, sondern nur dessen Einstellungen. Den Aufnahmemodus stellen Sie stets im Aufnahmefenster ein.

**B** Bei Mausklick Textbeschriftung einfügen – eine Sprechblase, die die aktuelle Aktion / das Ereignis beschreibt

**C** Bei Objekten mit Tooltip Rollover-Beschriftung beim Überfahren mit der Maus erzeugen

**Mauszeiger bei Full-Motion-Aufzeichnungen**

Wenn Sie bei Full-Motion-Aufzeichnungen die Maus mit aufnehmen, dann wird diese direkt in die Aufzeichnung eingebettet und ist nachträglich nicht mehr veränderbar.

D  Bei Mausklick statt einer Textbeschriftung eine Smartform einfügen
E  Wenn **D** aktiv: Smartformtyp wählen (z. B. Rechteck, Ellipse)
F  Wenn **C** und **D** aktiv: Rollover-Smartformtyp auswählen

Maus:
G ▶ ☐ Mausposition und -bewegung anzeigen
   ☐ Hinzufügen von Markierungsfeldern durch Klicken ◀ H

G  Bei Mausklick Mausobjekt einfügen, dessen Pfad später beliebig veränderbar ist
H  Bei Mausklick Markierungsfeld einfügen, welches das angeklickte Objekt umrahmt

**Unsichtbares Klickfeld bei Mausklick**

Ein Klickfeld (**I**) ist unsichtbar und hält standardmäßig automatisch die Folie an. Sobald der Anwender erfolgreich auf dieses Feld klickt, springt das Projekt zur nächsten Folie (Aktion bei Erfolg).

Klickfelder:
I ▶ ☑ Hinzufügen von Klickfeldern durch Mausklicks
J ▶ ☐ Erfolgsbeschriftung ☐ Fehlerbeschriftung
   ☐ Tippbeschriftung ☑ Versuche begrenzen auf 2 ◀ K
L ▶ ☐ Handcursor einblenden, wenn sich die Maus über dem Klickfeld befindet

Texteingabefelder:
M ▶ ☑ Texteingabefelder für Textfelder automatisch hinzufügen
N ▶ ☐ Erfolgsbeschriftung ☐ Fehlerbeschriftung
   ☐ Tippbeschriftung ☑ Versuche begrenzen auf 2

[ Standardeinstellungen wiederherstellen ]

I  Bei Mausklick Klickfeld einfügen, welches direkt über das angeklickte Objekt (z. B. eine Schaltfläche oder einen Menüpunkt) gelegt wird
J  Erfolgs-, Fehler-, Tippbeschriftung (▶ Seite 242)
K  Nach einer bestimmten Anzahl an Fehlversuchen fährt das Projekt fort (diese Aktion „Weiter" können Sie nachträglich anpassen: ▶ Seite 242)
L  Befindet sich der Anwender mit der Maus über dem Klickfeld erscheint ein Handcursor

**Tipp für die Bereitstellung mehrerer Modi**

In den meisten Fällen empfiehlt es sich nicht, mehrere Modi zeitgleich aufzuzeichnen, falls Sie ein Projekt 1:1 in mehreren Modi bereitstellen möchten. Der Aufwand in der Postproduktion ist niedriger, wenn sie einen bestehenden Modus umwandeln:
▶ Seite 213
▶ Seite 247

M  Bei jeder Tastatureingabe ein Texteingabefeld einfügen, in das der Anwender anschließend den gleichen Text eingeben muss
N  Erfolgs-, Fehler-, Tippbeschriftung sowie Eingabeversuche begrenzen

Welcher Modus ist nun der richtige? Im Idealfall sollte der Anwender selbst entscheiden können, wie er die Inhalte gerne präsentiert bekommen möchte. Jedoch ist es auch mit einem höheren Entwicklungsaufwand verbunden, mehrere Formen bereitzustellen. Es gilt also, die geeignetste(n) Form(en) aus Projektziel und Zielgruppe abzuleiten. Wenn Sie also mehrere Zielgruppen ansprechen möchten, kann es didaktisch durchaus sinnvoll sein, mehrere Modi anzubieten.

### Demonstration vs. Simulation aus didaktischer Sicht

Im Grunde können Sie sich bei der Konzeption folgendermaßen orientieren:

▶ Verfügt der Endanwender über kein oder nur geringes Vorwissen in dem zu schulenden Bereich, sollten Sie neues Wissen in Form von Demonstrationen vermitteln. Dies können auch interaktive Demos sein, z. B. in Form einer Kombination aus Textbeschriftungen mit den nötigen Anweisungen, Klickfeldern und ggf. Markierungsfeldern. In diesem Fall sollten Sie jedoch unbedingt darauf achten, dass Sie alle nötigen Handlungsanweisungen so genau wie möglich formulieren.

▶ Eine Simulation setzt einen gewissen Grad an Vorwissen voraus. Der Anwender muss bei einer Schulungssimulation nicht zu 100% wissen, was er tun soll, jedoch sollte er eine Vorstellung vom Prozessablauf mitbringen, z. B. durch Erfahrung mit einer Vorversion des zu schulenden Programmes oder eine im Vorfeld gesehene Demonstration, die einen ähnlichen Prozess beschreibt. In diesem Fall kann der Anwender das erworbene Wissen aus der Demonstration auf die neue Aufgabe in der Simulation transferieren. Da Sie an dieser Stelle allerdings nicht erwarten können, dass der Benutzer diese Aufgabe zu 100% lösen kann, sollten Sie eventuell in Erwägung ziehen, die möglichen Versuche zu begrenzen und Hilfestellung zu geben.

▶ Eine reine Bewertungssimulation sollten Sie nur dann wählen, wenn Sie beim Benutzer definitiv das entsprechende Vorwissen voraussetzen können, da Bewertungssimulationen mit unbegrenzten Versuchen, Bestehensgrenzen sowie ohne Hinweise arbeiten. Diese Form eignet sich beispielsweise als Abschlusstest.

## Demonstrationen

Demonstrationen führen die nötigen Schritte in einer Software vor. Dies bedeutet, dass das Ergebnis von alleine abläuft und der Betrachter den Film verfolgen kann.

### Bestandteile einer Demonstration

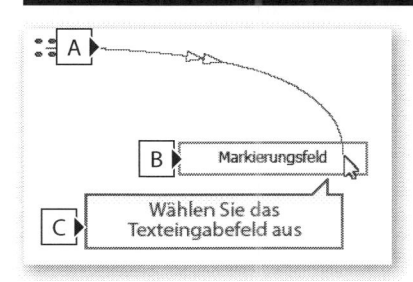

**A** Mausobjekte
**B** Markierungsfelder
**C** Textbeschriftungen/Smartformen

> **Bildschirmbereich aufzeichnen**
>
> Statt einer **Anwendung** können Sie auch einen **Bildschirmbereich** aufzeichnen. Dies bietet sich z. B. an, wenn Sie unter Mac OS auch die Menüleiste einer Anwendung aufzeichnen möchten. Außerdem ist diese Einstellung sinnvoll, wenn Sie nur den Inhalt eines Browsers aufzeichnen möchten und nicht das Browserfenster selbst.

## Übung: Demonstration aufzeichnen

Im Rahmen dieser Übung erstellen Sie eine Aufzeichnung mit dem Aufnahmemodus Demonstration.

### Übung im Kurzüberblick

- ▶ Sie bereiten die Aufnahme vor
- ▶ Sie legen die Aufzeichnungseinstellungen fest
- ▶ Sie legen die Qualitätseinstellungen für Full-Motion-Aufzeichnungen fest
- ▶ Sie zeichnen nach Drehbuch auf

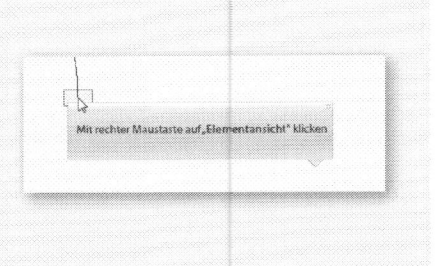

### Übung

> ✓ Alle Schritte zur Aufnahmevorbereitung sowie die genauen Aufzeichnungsschritte finden Sie im Drehbuch im Ordner *Drehbuch* der Übungsdateien. Wenn Sie das Drehbuch gerade nicht ausdrucken können, finden Sie das komplette Drehbuch natürlich auch hier:
> ▶ *Anhang S. 522.*

**1** Legen Sie das Drehbuch bereit.

**2** Bereiten Sie die Aufnahme vor und starten Sie einen Testlauf der aufzuzeichnenden Schritte (▶ *Seite 57*) entsprechend des Drehbuches.

**3** Falls Sie noch Projekte in Captivate geöffnet haben: Schließen Sie diese.

**4** Wählen Sie in Captivate im Willkommensbildschirm unter *Neu erstellen* die Option **Softwaresimulation**.

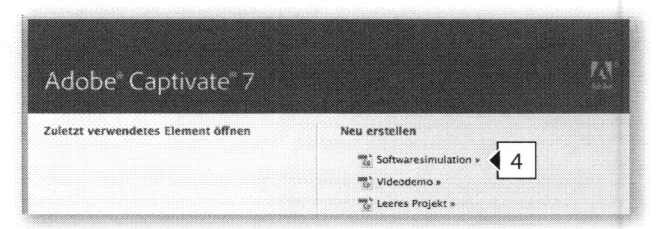

Das *Aufzeichnungsfenster* öffnet sich.

**5** Wählen Sie folgende Einstellungen für Ihre Aufzeichnung:

   **a** Die Option **Anwendung**.

   **b** Unter *Wählen Sie das aufzuzeichnende Fenster aus* die Anwendung **Desktop** (Win) / **Finder** (Mac).

**c** Unter *Ausrichten an* die Option **Benutzerdefinierte Größe** und tragen Sie **960 x 540** ein.

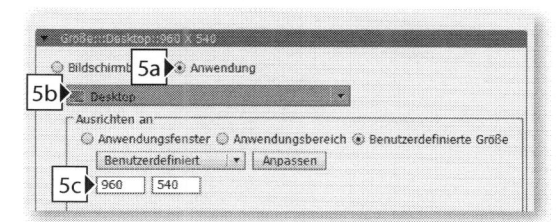

> **Aufzeichnungsfenster ausrichten**
>
> Neben einer **Benutzerdefinierten Größe** können Sie das Aufzeichnungsfenster auch am **Anwendungsfenster** oder einem **Anwendungsbereich** ausrichten. Bei der Einstellung **Anwendungsfenster** orientiert sich das rote Aufzeichnungsfenster an der aktuellen Größe der geöffneten Anwendung. Bei der Einstellung **Anwendungsbereich** rastet das Aufzeichnungsfenster an einem Teilbereich der geöffneten Anwendung ein (z. B. einem Tab in einem Browser).

Das rote Aufzeichnungsfenster rastet nun am geöffneten Programm (Arbeitsplatz / Explorer / Finder) ein.

**d** Unter *Aufnahmetyp* die Option **Automatisch** und den Aufzeichnungsmodus **Demo**.

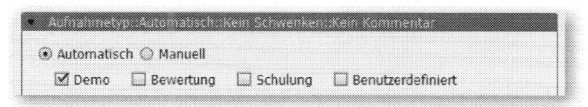

**6** Stellen Sie sicher, dass die anderen Aufzeichnungsmodi (**Bewertung, Schulung, Benutzerdefiniert**) deaktiviert sind.

**7** Stellen Sie sicher, dass die Optionen *Schwenken* auf **Kein Schwenken** und *Audio* auf **Kein Kommentar** eingestellt sind.

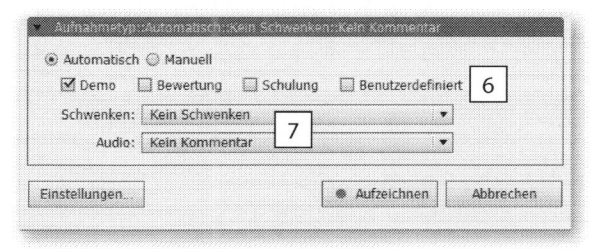

**8** Stellen Sie sicher, dass die Qualitätseinstellungen für Full-Motion-Aufzeichnungen hoch sind:

**a** Klicken Sie auf **Einstellungen.**

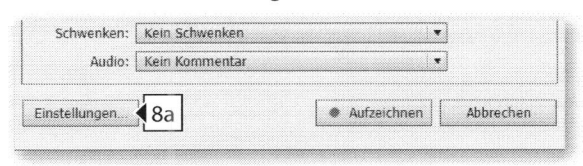

Das Fenster *Voreinstellungen* öffnet sich.

**b** Wählen Sie die *Kategorie* **Aufzeichnung > Videodemo**.

**c** Wählen Sie unter *Videofarbmodus* die Option **32 Bit**.

**Fehlerhafte Aufzeichnungsschritte markieren**

Wenn Sie während einer folienbasierten Aufzeichnung einen Fehler machen oder einen überflüssigen Schritt aufzeichnen: Sie können dies manuell über die Tastenkombination `Strg`+`⇧`+`Z` (Win) / `⌘`+`⇧`+`Z` (Mac) direkt während der Aufzeichnung markieren. Die entsprechenden Folien werden dadurch in Captivate optisch hervorgehoben. Das erleichtert die anschließende Bearbeitung.

**d** Klicken Sie auf **OK**.

**9** Klicken Sie auf **Aufzeichnen**.

**10** Zeichnen Sie mit Captivate die Schritte aus dem Drehbuch auf.

**11** Beenden Sie die Aufzeichnung: Drücken Sie `Ende` (Win) / `⌘`+`↵` (Mac).

Das Projekt wird generiert und öffnet sich in einer neuen Registerkarte in Captivate.

**12** Testen Sie das Projekt in der Vorschau: Wählen Sie **Datei > Vorschau > Projekt**.

Sie sehen nun, wie Captivate die beschriebenen Objekte automatisch erstellt, die Texteingaben über Eingabeanimationen darstellt und bei der Drag-&-Drop-Aktion eine Full-Motion-Aufzeichnung eingefügt hat.

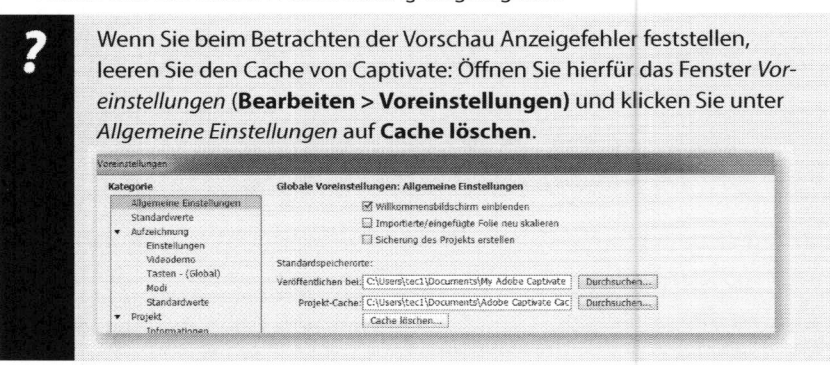

> Wenn Sie beim Betrachten der Vorschau Anzeigefehler feststellen, leeren Sie den Cache von Captivate: Öffnen Sie hierfür das Fenster *Voreinstellungen* (**Bearbeiten > Voreinstellungen**) und klicken Sie unter *Allgemeine Einstellungen* auf **Cache löschen**.

**Nachträglich aufzeichnen**

Prüfen Sie nach der Aufnahme, ob alle wichtigen Schritte enthalten sind. Sollten Schritte fehlen, nehmen Sie diese einfach nachträglich auf, bevor Sie mit der Nachbearbeitung beginnen: Klicken Sie in der Leiste *Hauptoptionen* auf **Zusätzliche Folien aufzeichnen**.

**13** Schließen Sie die Vorschau und speichern Sie Ihr Ergebnis optional.

Sie wissen nun, wie Sie Demonstrationen erstellen können.

> Eine mögliche Lösung finden Sie in der Datei
> *\05_Folienbasiert aufnehmen\ Demonstration.cptx*.

## Simulationen

Bei Simulationen läuft das Aufnahmeergebnis nicht von alleine ab, sondern der Anwender wird aufgefordert, den Projektverlauf selbst über Maus- oder Tastatureingaben zu steuern. Standardmäßig gibt es die Formen *Bewertungssimulation* und *Schulungssimulation*.

**Bestandteile einer Bewertungssimulation**

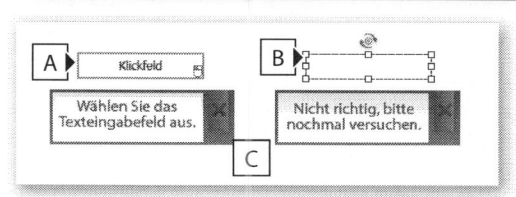

- **A** Klickfelder
- **B** Texteingabefelder
- **C** Fehlerbeschriftungen zu jedem Klick- und Texteingabefeld

> **Timing der Fehlerbeschriftung**
>
> Die Fehlerbeschriftung erscheint, sobald der Anwender in einen Bereich außerhalb eines Klickfeldes klickt oder einen falschen Text in ein Texteingabefeld eingibt.

**Bestandteile einer Schulungssimulation**

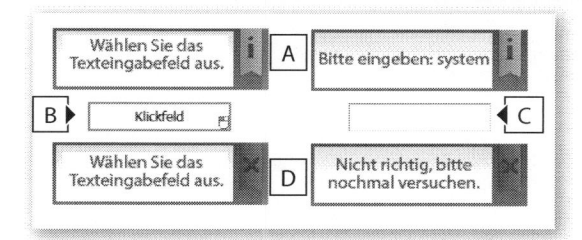

- **A** Tippbeschriftungen: Weisen den Anwender darauf hin, was er tun soll, wenn er ein Klick- oder Texteingabefeld mit der Maus überfährt
- **B** Klickfelder
- **C** Texteingabefelder
- **D** Fehlerbeschriftungen

## Übung: Simulationen aufzeichnen

Im Rahmen dieser Übung zeichnen Sie gleichzeitig sowohl eine Schulungs- als auch eine Bewertungssimulation auf.

### Tipp für die Bereitstellung mehrerer Modi

Auch, wenn wir bei dieser Übung nun zwei Modi zeitgleich aufnehmen, sollten Sie dies in der Praxis nicht tun: Der Aufwand in der Postproduktion ist niedriger, wenn sie einen bestehenden Modus umwandeln:
▶ Seite 213
▶ Seite 247

### Übung im Kurzüberblick

▶ Sie bereiten die Aufnahme vor
▶ Sie legen die Aufzeichnungseinstellungen fest
▶ Sie legen die Qualitätseinstellungen für Full-Motion-Aufzeichnungen fest
▶ Sie zeichnen nach Drehbuch auf
▶ Sie arbeiten mit Klickfeldern

### Übung

✓ Alle Schritte zur Aufnahmevorbereitung sowie die genauen Aufzeichnungsschritte finden Sie im Drehbuch im Ordner *Drehbuch* der Übungsdateien. Wenn Sie das Drehbuch gerade nicht ausdrucken können, finden Sie das komplette Drehbuch natürlich auch hier:
▶ *Anhang S. 522*.

1 Legen Sie das Drehbuch bereit.

2 Bereiten Sie die Aufnahme vor und starten Sie einen Testlauf der aufzuzeichnenden Schritte (▶ *Seite 57*) entsprechend des Drehbuches.

3 Falls Sie noch Projekte in Captivate geöffnet haben: Schließen Sie diese.

4 Wählen Sie im Willkommensbildschirm unter *Neu erstellen* die Option **Softwaresimulation**.

Das *Aufzeichnungsfenster* öffnet sich.

5 Wählen Sie folgende Einstellungen für Ihre Aufzeichnung:

  a Die Option **Anwendung**.

  b Unter *Wählen Sie das aufzuzeichnende Fenster aus* die Anwendung **Desktop** (Win) / **Finder** (Mac).

  c Unter *Ausrichten an* die Option **Benutzerdefinierte Größe** mit einer Auflösung von **960 x 540**.

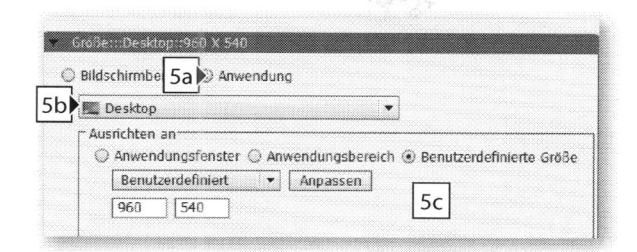

Das rote Aufzeichnungsfenster rastet nun am geöffneten Programm (Arbeitsplatz / Explorer / Finder) ein.

  d  Unter *Aufnahmetyp* die Option **Automatisch** und die Aufzeichnungsmodi **Bewertung** und **Schulung**.

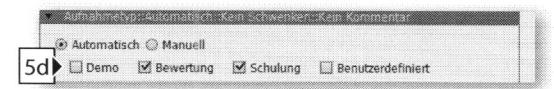

Dadurch zeichnen Sie sowohl eine Bewertungssimulation als auch eine Schulungssimulation auf (zwei Captivate-Projekte).

6 Stellen Sie sicher, dass die anderen Aufzeichnungsmodi (**Demo**, **Benutzerdefiniert**) deaktiviert sind.

7 Stellen Sie sicher, dass die Optionen *Schwenken* auf **Kein Schwenken** und *Audio* auf **Kein Kommentar** eingestellt sind.

8 Stellen Sie sicher, dass die Qualitätseinstellungen für Full-Motion-Aufzeichnungen hoch sind:

  a  Klicken Sie auf **Einstellungen**.

  Das Fenster *Voreinstellungen* öffnet sich.

  b  Wählen Sie die Kategorie **Aufzeichnung > Videodemo**.

  c  Wählen Sie unter *Videofarbmodus* die Option **32 Bit**.

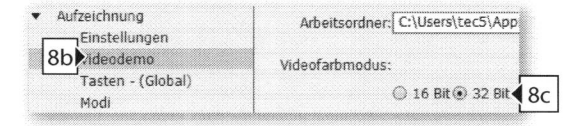

  d  Klicken Sie auf **OK**.

9 Klicken Sie auf **Aufzeichnen**.

10 Zeichnen Sie mit Captivate die Schritte aus dem Drehbuch auf.

---

**Versuche bei Simulationen begrenzen**

Bei einer unbegrenzten Anzahl an Versuchen kann es sein, dass der Endanwender schnell demotiviert und frustriert ist, wenn er keinen Lösungsweg findet. Wenn Sie die Versuche für Aktionen und Texteingaben des Benutzers im Modus *Schulungssimulation* standardmäßig begrenzen möchten: Klicken Sie auf **Einstellungen** und wählen Sie unter der Kategorie **Aufzeichnung > Modi** (▶ Seite 99) bei *Modus* **Schulungssimulation**. Aktivieren Sie in den Bereichen *Klickfelder* und *Texteingabefelder* die Option **Versuche begrenzen auf** und tragen Sie die Anzahl der Versuche ein. Ihr Projekt fährt dann nach der definierten Anzahl an Fehlversuchen automatisch fort.

**Unterschiede zwischen Schulungs- und Bewertungssimulation**

Das Projekt mit der Endung „_Bewertung" ist die Bewertungssimulation, das Projekt mit der Endung „_Schulung" die Schulungssimulation. Wenn Sie beide Projekte näher betrachten, wird Ihnen der Unterschied direkt auffallen: Die Schulungssimulation enthält zusätzlich eine Tippbeschriftung zu jedem Interaktionsobjekt.

**11** Beenden Sie die Aufzeichnung: Drücken Sie `Ende` (Win) / `⌘`+`↵` (Mac).

Die beiden Projekte werden generiert und öffnen sich jeweils in einer Registerkarte.

**12** Optimieren Sie das Ergebnis:

    **a** Wählen Sie **Folie 1** in einem der beiden Projekte.

    **b** Wählen Sie das Klickfeld aus.

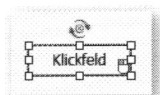

    **c** Vergrößern Sie das Klickfeld, so dass es den gesamten Desktop-Bereich umfasst.

    Dadurch kann der Benutzer überall auf den Desktop-Bereich klicken, um das Kontextmenü zu öffnen.

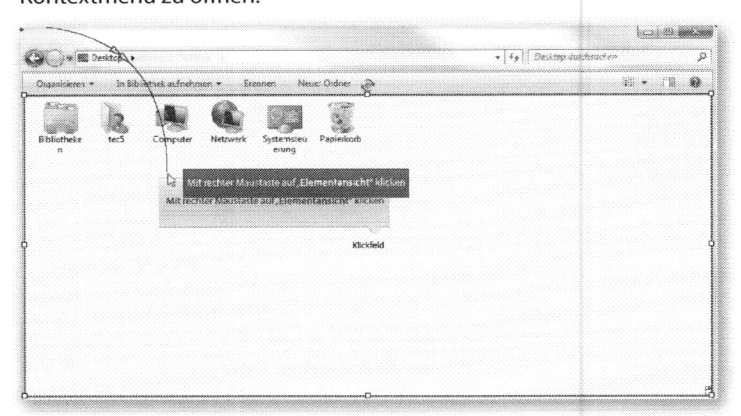

    **d** Wählen Sie **Folie 4**.

    **e** Vergrößern Sie den Texteingabebereich des Texteingabefeldes, so dass es den gesamten Ordnernamen umfasst.

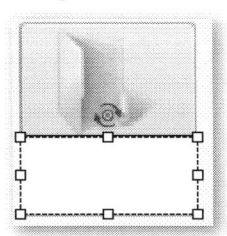

    **f** Wiederholen Sie **Schritt 12e** auch für die Texteingabefelder der Folien 6 und 10.

13 Führen Sie die Optimierung(en) auch für das zweite Projekt durch.

14 Testen Sie beide Projekte in der *Vorschau*: Wählen Sie das jeweilige Projekt aus und wählen Sie **Datei > Vorschau > Projekt**.

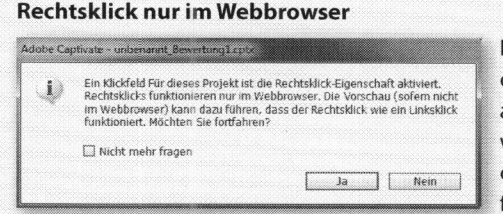

**Rechtsklick nur im Webbrowser**

Es erscheint eine Meldung, die Ihnen mitteilt, dass der aufgenommene Rechtsklick wie ein Linksklick funktioniert, wenn die Barrierefreiheit aktiviert ist (Standard) (▶ *Seite 323*) und Sie das Projekt nicht im Webbrowser betrachten. Bestätigen Sie die Abfrage mit **Ja**.

15 Testen Sie die Simulation durch Mausklicks und Tastatureingaben.

16 Schließen Sie die Vorschau und speichern Sie Ihr Ergebnis optional.

Sie wissen nun, wie Sie Simulationen erstellen können.

Eine mögliche Lösung finden Sie in der Datei \05_Folienbasiert_aufnehmen\ *Bewertungssimulation.cptx* bzw. *Schulungssimulation.cptx*.

## Übung: Benutzerdefiniert Aufzeichnen

Oft reicht der Einsatz der Standardmodi nicht aus und es ist sinnvoller, einen eigenen Modus zu definieren, der beispielsweise die Merkmale von Simulation und Demonstration vereint. Sie können frei definieren, welche Objekte Captivate bei einer Aufzeichnung einfügen soll. Ebenso ob Captivate überhaupt automatisch Full-Motion-Aufzeichnungen erstellen soll oder nicht. Nach dieser Übung wissen Sie wie.

**Übung**

Alle Schritte zur Aufnahmevorbereitung sowie die genauen Aufzeichnungsschritte finden Sie im Drehbuch im Ordner *Drehbuch* der Übungsdateien. Wenn Sie das Drehbuch gerade nicht ausdrucken können, finden Sie das komplette Drehbuch natürlich auch hier:
▶ *Anhang S. 522*.

1 Legen Sie das Drehbuch bereit.

2 Bereiten Sie die Aufnahme vor und starten Sie einen Testlauf der aufzuzeichnenden Schritte (▶ *Seite 57*) entsprechend des Drehbuches.

3 Falls Sie noch Projekte in Captivate geöffnet haben: Schließen Sie diese.

4 Wählen Sie in Captivate im Willkommensbildschirm unter *Neu erstellen* die Opti-

on **Softwaresimulation**.

Das *Aufzeichnungsfenster* öffnet sich.

5 Wählen Sie folgende Einstellungen für Ihre Aufzeichnung:

   a  Die Option **Anwendung**.

   b  Unter *Wählen Sie das aufzuzeichnende Fenster aus* die Anwendung **Desktop** (Win) / **Finder** (Mac).

   c  Unter *Ausrichten an* die Option **Benutzerdefinierte Größe** mit einer Auflösung von **960 x 540**.

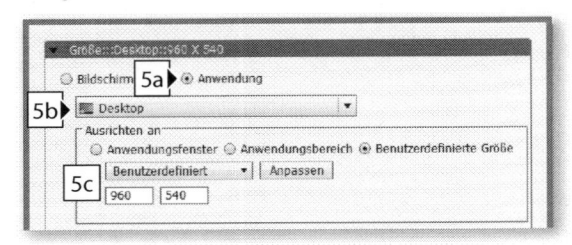

Das rote Aufzeichnungsfenster rastet nun am geöffneten Programm (Arbeitsplatz / Explorer / Finder) ein.

   d  Unter *Aufnahmetyp* die Option **Automatisch** und den Aufzeichnungsmodus **Benutzerdefiniert.**

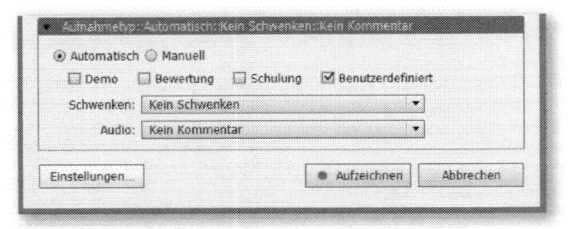

6 Stellen Sie sicher, dass die anderen Aufzeichnungsmodi (**Demo, Bewertung, Schulung**) deaktiviert sind.

7 Stellen Sie sicher, dass die Optionen *Schwenken* auf **Kein Schwenken** und *Audio* auf **Kein Kommentar** eingestellt sind.

8 Klicken Sie auf **Einstellungen**.

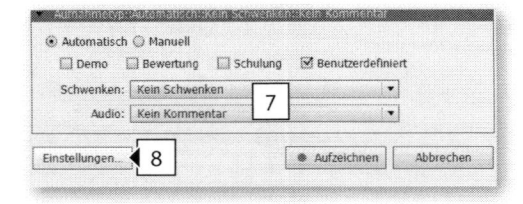

Das Fenster *Voreinstellungen* öffnet sich in der *Kategorie* **Aufzeichnung > Modi**.

**9** Wählen Sie im oberen Bereich des Fensters unter *Modus* die Option **Angepasst**.

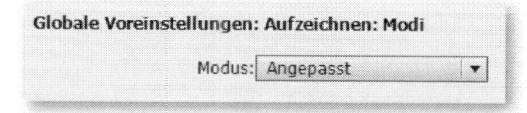

**10** Klicken Sie im unteren Bereich des Fensters auf **Standardeinstellungen wiederherstellen**.

Falls zuvor Änderungen vorgenommen wurden, sind diese nun wieder zurückgesetzt.

**11** Wählen Sie für die benutzerdefinierte Aufnahme folgende Optionen:

**a** Unter *Beschriftungen* die Option **Hinzufügen von Textbeschriftungen**.

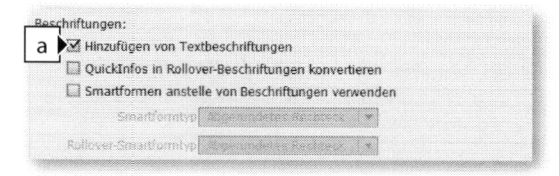

**b** Unter *Maus* die Option **Hinzufügen von Markierungsfeldern durch Klicken**.

**c** Unter *Klickfelder* die Option **Hinzufügen von Klickfeldern durch Mausklicks**.

**d** Unter *Klickfelder* zusätzlich die Option **Fehlerbeschriftung**.

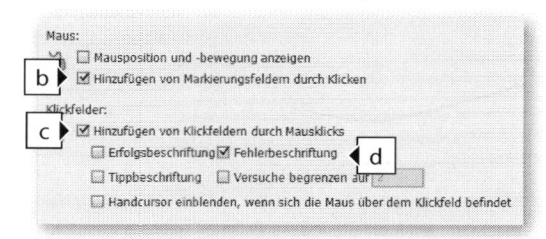

**12** Wählen Sie im linken Bereich die *Kategorie* **Aufzeichnung** > **Einstellungen**.

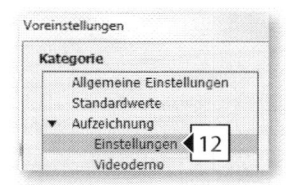

**13** Deaktivieren Sie unter *Bewegungen glätten für* die Optionen **Drag-and-Drop-Aktionen** und **Mausrad-Aktionen**.

Simulationen | 111

Full-Motion-Aufzeichnungen werden nun nicht mehr automatisch erzeugt.

14 Klicken Sie auf **OK**.

Sie kehren zum *Aufzeichnungsfenster* zurück.

> ❗ Während der Aufzeichnung werden wir für Schritt 5 im Drehbuch eine manuelle Full-Motion-Aufzeichnung erzeugen.

**Zusätzliche Bildschirmfotos erzeugen**

Sie können nicht nur manuelle Full-Motion-Aufzeichnungen erstellen, sondern zusätzlich auch Bildschirmfotos mit `Druck` (Win) / `⌘`+`F10` (Mac) erzeugen.

15 Klicken Sie auf **Aufzeichnen**.

16 Zeichnen Sie mit Captivate die Schritte 1-4 aus dem Drehbuch auf.

17 Starten Sie die Full-Motion-Aufzeichnung manuell: Drücken Sie `F9` (Win) / `⌘`+`F9` (Mac).

Das Tasksymbol (Win) / Symbol in der Menüleiste (Mac) blinkt nun.

18 Führen Sie Schritt 5 aus dem Drehbuch durch.

19 Beenden Sie anschließend die Full-Motion-Aufzeichnung: Drücken Sie `F10` (Win) / `⌘`+`F10` (Mac).

20 Führen Sie Schritt 6 entsprechend des Drehbuches durch.

21 Beenden Sie die Aufzeichnung: Drücken Sie `Ende` (Win) / `⌘`+`↵`(Mac).

Das Projekt wird nun generiert und öffnet sich in einer neuen Registerkarte in Captivate.

22 Optimieren Sie die Aufnahme:

   a  Wählen Sie Folie 1 aus.

   b  Wählen Sie das Klickfeld aus.

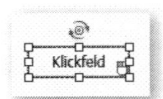

   c  Vergrößern Sie das Klickfeld, sodass es den gesamten Desktop-Bereich umfasst.

   d  Vergrößern Sie auch dass Markierungsfeld, sodass es den gesamten Desktop-Bereich umfasst.

   Dadurch kann der Benutzer überall auf den Desktop-Bereich klicken, um das Kontextmenü zu öffnen.

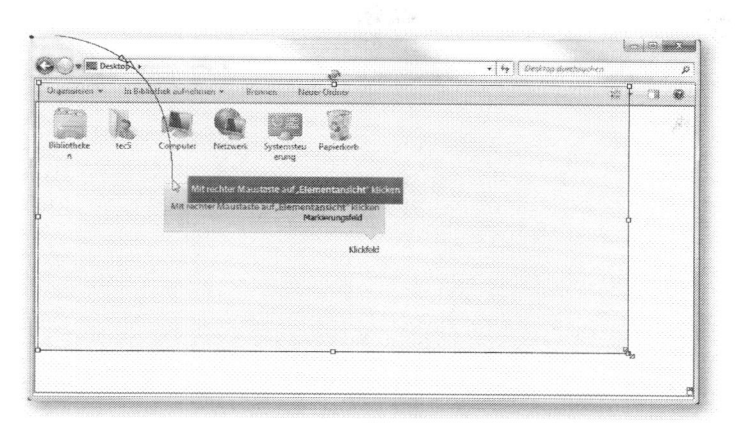

**23** Testen Sie das Projekt in der *Vorschau:* Wählen Sie **Datei > Vorschau > Projekt**.

Sie sehen nun, wie Captivate die von Ihnen definierten Objekte automatisch erstellt, die Texteingaben über Eingabeanimationen darstellt und die Drag-&-Drop-Aktion im Rahmen Ihrer manuellen Full-Motion-Aufzeichnung eingefügt hat.

**24** Schließen Sie die Vorschau und speichern Sie Ihr Ergebnis optional.

Sie wissen nun, wie Sie benutzerdefiniert aufzeichnen können.

> Eine mögliche Lösung finden Sie in der Datei
> \05_Folienbasiert_aufnehmen\ Benutzerdefiniert.cptx.

## Schwenken

Dieser Abschnitt behandelt die Funktion *Schwenken*. Über diese Funktion verfolgt das Aufzeichnungsfenster (resp. die Kamera) den Mauszeiger während der Aufnahme. Dadurch ist es möglich, Programme aufzuzeichnen, die in größerer Auflösung als der gewählte Aufzeichnungsbereich geöffnet sind. In anderen Worten: Auch mit einer niedrigeren Aufzeichnungsauflösung können Sie eine Anwendung mit hoher Auflösung aufzeichnen. Im Ergebnis wird jeweils nur ein Ausschnitt der Anwendung gezeigt.

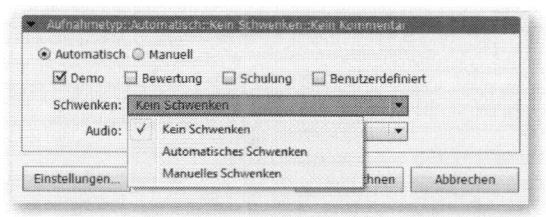

**Full-Motion**

Beim Schwenken werden Full-Motion-Aufzeichnungen für den Schwenk erzeugt, sowohl beim automatischen als auch manuellen Schwenken.

> **Schwenken aktivieren**
>
> Wenn Sie mit der Funktion Schwenken arbeiten möchten: Stellen Sie sicher, dass im Aufzeichnungsfenster die Option **Bildschirmbereich** gewählt ist (und nicht **Anwendung**).

Es gibt zwei Formen:

▶ Automatisches Schwenken: Hier verfolgt das Aufzeichnungsfenster automatisch den Mauszeiger.

▶ Manuelles Schwenken: Hier steuern Sie den Kameraschwenk mit der Maus, indem Sie das Aufzeichnungsfenster an die passende Position verschieben.

### Übung: Mit manuellem Schwenk aufzeichnen

Im Rahmen dieser Übung lernen Sie den manuellen Schwenk kennen.

**Übung**

> ✓ Alle Schritte zur Aufnahmevorbereitung sowie die genauen Aufzeichnungsschritte finden Sie im Drehbuch im Ordner *Drehbuch* der Übungsdateien. Wenn Sie das Drehbuch gerade nicht ausdrucken können, finden Sie das komplette Drehbuch natürlich auch hier:
> ▶ Anhang S. 522.

1 Legen Sie das Drehbuch bereit.

2 Öffnen Sie den *Explorer* (Win) / *Finder* (Mac) bildschirmfüllend und bereiten Sie die Aufnahme entsprechend des Drehbuches weiter vor (▶ *Seite 57*).

3 Falls Sie noch Projekte in Captivate geöffnet haben: Schließen Sie diese.

4 Wählen Sie in Captivate im Willkommensbildschirm unter *Neu erstellen* die Option **Softwaresimulation**.

Das *Aufzeichnungsfenster* öffnet sich.

5 Deaktivieren Sie die Maus für Full-Motion-Aufzeichnungen (bzw. Schwenks):

    a Klicken Sie auf **Einstellungen**.

       Das Fenster Voreinstellungen öffnet sich.

    b Wählen Sie die *Kategorie* **Aufzeichnung > Videodemo**.

    c Deaktivieren Sie die Option **Maus im Videodemomodus anzeigen**.

**d** Stellen Sie sicher, dass die Qualitätseinstellungen für Full-Motion-Aufzeichnungen hoch sind: Wählen Sie unter *Videofarbmodus* **32 Bit**.

**6** Klicken Sie auf **OK**.

**7** Wählen Sie folgende Einstellungen für Ihre Aufzeichnung:

    **a** Die Option **Bildschirmbereich**.

    **b** Unter *Aufzeichnungsbereich festlegen auf* die Option **Benutzerdefinierte Größe** und die Option **Benutzerdefiniert** mit der Auflösung **960 x 540**.

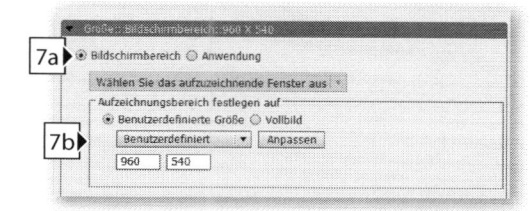

    **c** Unter *Aufnahmetyp* die Option **Automatisch** und den Aufzeichnungsmodus **Demo**.

    **d** Stellen Sie sicher, dass die anderen Aufzeichnungsmodi deaktiviert sind.

    **e** Unter *Schwenken* die Option **Manuelles Schwenken**.

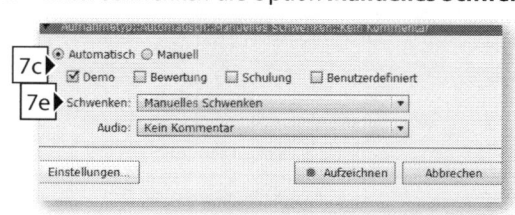

**8** Verschieben Sie das Aufzeichnungsfenster (roter Rahmen) in den linken, oberen Bereich des *Explorers* (Win) / *Finders* (Mac).

> Stellen Sie im Folgenden sicher, dass alle Ihre Aktionen im Rahmen des Aufzeichnungsfensters geschehen und verschieben Sie diesen gegebenenfalls (z. B. um eine Schaltfläche zu erreichen).

> Gehen Sie bei der Aufnahme mit Schwenks immer langsam vor – Sie beeinflussen damit die Geschwindigkeit des Schwenks im Ergebnis und beugen Anzeigefehlern vor.

9 Klicken Sie auf **Aufzeichnen**.

10 Zeichnen Sie mit Captivate die Schritte 1-5 aus dem Drehbuch auf.

11 Verschieben Sie das Aufzeichnungsfenster in den rechten oberen Bereich des *Explorers* (Win) / *Finders* (Mac).

12 Zeichnen Sie mit Captivate Schritt 6 entsprechend des Drehbuchs auf.

13 Verschieben Sie das Aufzeichnungsfenster erneut in den linken oberen Bereich des *Explorers* (Win) / *Finders* (Mac).

**14** Beenden Sie die Aufzeichnung: Drücken Sie `Ende` (Win) / `⌘`+`↵` (Mac).

Das Projekt wird generiert und öffnet sich in einer neuen Registerkarte in Captivate.

**15** Testen Sie das Projekt in der Vorschau: Wählen Sie **Datei > Vorschau > Projekt**.

**16** Bestätigen Sie die ggf. erscheinende Meldung mit **Ja**.

Sie sehen nun, dass alles aufgezeichnet wurde, was Sie innerhalb des Aufzeichnungsfensters ausgeführt haben. Bei jedem Verschieben des Aufzeichnungsfensters wurde ein Schwenk erzeugt.

**17** Schließen Sie die Vorschau und speichern Sie Ihr Ergebnis optional.

Sie wissen nun, wie Sie mit manuellem Schwenk aufzeichnen können.

> Eine mögliche Lösung finden Sie in der Datei
> \05_Folienbasiert_aufnehmen\ Manuell_Schwenken.cptx.

### Automatischer Schwenk

Neben dem manuellen Schwenk bietet Captivate auch einen automatischen Schwenk an. Das Aufzeichnungsfenster verfolgt hier automatisch die Maus – was jedoch auch dazu führt, dass Sie mehr Schwenks und somit auch mehr Full-Motion-Aufzeichnungen erzeugen. Dieser Modus ist daher nur bedingt empfehlenswert.

## Übung: Aufnahme bereinigen und überflüssige Folien entfernen

Die folgenden drei Übungen widmen sich der Nachbearbeitung Ihrer Aufzeichnungsergebnisse. Sie lernen einige elementare Nachbearbeitungsschritte kennen. In dieser Übung erfahren Sie, wie Sie Ihre Aufnahmen von überflüssigen Folien bereinigen.

> ✓ Wie Sie die Übungsdateien herunterladen: ▶ *Seite 19*

### Übung

**1** Öffnen Sie die Datei *Aufnahme_nachbereiten_01_Ausgang.cptx* aus dem Ordner *05_Folienbasiert_aufnehmen*.

**2** Betrachten Sie das Projekt in der Vorschau: Wählen Sie **Datei > Vorschau > Projekt**.

### Vorschau im Webbrowser

Für die Nachbearbeitung empfiehlt es sich, die Vorschau direkt im Webbrowser abzuspielen. So können Sie parallel Optimierungen an Ihrem Projekt vornehmen.

### Überflüssige Folien ausblenden

Es empfiehlt sich, überflüssige Folien vorerst auszublenden, wenn Sie nicht ganz sicher sind, ob Sie die Folien später doch noch benötigen. Ausgeblendete Folien werden in der Vorschau nicht abgespielt und auch später nicht veröffentlicht (beeinflussen somit auch nicht die Dateigröße der Veröffentlichung).

Sie sehen eine unbearbeitete Aufnahme. Ihnen wird u. a. auffallen, dass die Bildqualität nicht ideal ist, z. B. an den unsauberen Verläufen.

3 Schließen Sie die *Vorschau*.

4 Optimieren Sie die Folienqualität:

    **a** Wählen Sie **Bearbeiten > Voreinstellungen** (Win) / **Adobe Captivate > Voreinstellungen** (Mac).

    Das Fenster *Voreinstellungen* öffnet sich.

    **b** Deaktivieren Sie in der *Kategorie* **Projekt > SWF-Größe und –Qualität** die Option **Folienqualitätseinstellungen beibehalten**.

    **c** Tragen Sie unter *JPEG* den Wert **80** ein.

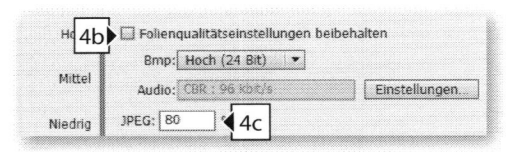

    **d** Klicken Sie auf **OK**.

5 Testen Sie das Projekt erneut in der Vorschau.

Die Qualität ist nun deutlich besser. Im nächsten Schritt möchten wir überflüssige Folien aus der Aufnahme entfernen.

6 Markieren Sie Folie 13 und wählen Sie **Datei > Vorschau > Nächste 5 Folien**.

Die Folien 14 bis 16 zeigen, wie ein bestehender Text markiert und gelöscht wird. Diese Details sind jedoch irrelevant.

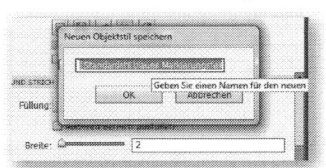

7 Schließen Sie die *Vorschau*.

8 Markieren Sie mit gedrückter Taste ⇧ Folien **14** bis **16**.

9 Rechtsklicken Sie auf eine der Folien und wählen Sie **Folie ausblenden**.

**10** Betrachten Sie das Projekt erneut ab Folie 13 in der Vorschau.

Sie sehen, dass die Aufzeichnung nun runder wirkt.

**11** Schließen Sie die Vorschau.

**12** Markieren Sie **Folie 20** und wählen Sie **Datei > Vorschau > Ab dieser Folie**.

Sie sehen, dass sich auf diesen Folien ein weiterer unnötiger Schritt befindet, bei dem ein falsches Objekt während der Aufnahme eingefügt wurde.

**13** Schließen Sie die *Vorschau*.

**14** Markieren Sie mit gedrückter Taste ⇧ die **Folien 21-23**.

**15** Entfernen Sie die Folien aus dem Projekt: Rechtsklicken Sie auf eine der markierten Folien, wählen Sie **Löschen** und bestätigen Sie die Meldung mit **OK**.

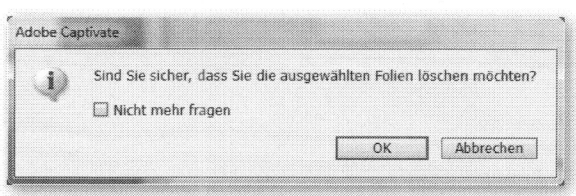

**16** Löschen Sie auf diese Weise auch die ausgeblendeten Folien 14-16 aus dem Projekt.

**17** Bereinigen Sie die *Bibliothek*:

    **a** Wechseln Sie in das Bedienfeld *Bibliothek*.

    **b** Klicken Sie auf **Unbenutzte Objekte auswählen**.

    **c** Klicken Sie auf **Löschen** und bestätigen Sie die Meldung mit **OK**.

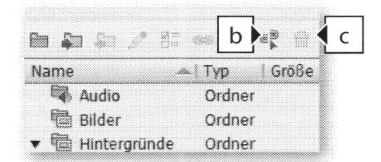

**18** Testen Sie das Projekt in der Vorschau: Wählen Sie **Datei > Vorschau > Projekt**.

---

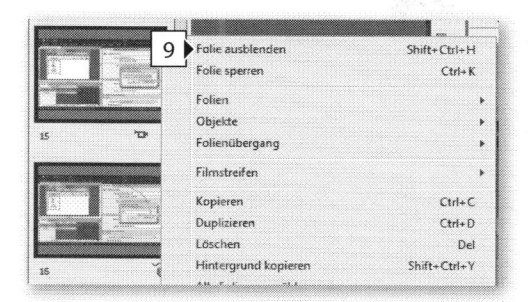

**Folien ohne Mausbewegung**

Überprüfen Sie später in Ihren Projekten insbesondere Folien, auf denen sich die Maus nicht bewegt. Oft können Sie diese löschen.

**Bestätigungsmeldungen (de-)aktivieren**

Wie Sie diese Bestätigungsmeldungen (de-)aktivieren können: ▶ *Weblink 05.1, Seite 20*.

**Unbenutzte Elemente**

Auch wenn Sie aufgezeichnete Folien aus einem Projekt entfernen, sind die eigentlichen Aufnahmen (Bildschirmfotos oder Full-Motion-Aufzeichnungen) weiterhin im Projekt vorhanden und über die Bibliothek erreichbar. Erst wenn Sie diese hier löschen, werden die Aufnahmen tatsächlich gelöscht. Gleiches gilt u.a. für Audio, welches Sie mit Captivate aufzeichnen oder importieren. Um diese „verwaisten" Objekte aufzuspüren und das Projekt zu bereinigen, hilft Ihnen die Funktion **Unbenutzte Objekte auswählen**.

Schwenken | **119**

Nun ist das Projekt bereinigt und bereit für weitere Nachbearbeitungsschritte.

> Eine mögliche Lösung finden Sie in der Datei \05_Folienbasiert_aufnehmen\ Aufnahme_nachbearbeiten_02_Bereinigt.cptx.

## Übung: FMR, Texteingaben und Hintergründe bearbeiten

In dieser Übung optimieren wir die Aufnahme weiter. Nachdem wir die Qualität und den Ablauf optimiert haben, widmen wir uns nun den Inhalten der einzelnen Folien, konkret Full-Motion-Aufzeichnungen, Texteingaben und Hintergründen.

> Wie Sie die Übungsdateien herunterladen: ▶ Seite 19

### Übung im Kurzüberblick

- ▶ Sie korrigieren Fehler in einer Full-Motion-Aufzeichnung
- ▶ Sie optimieren Texteingaben
- ▶ Sie bearbeiten Hintergründe nach

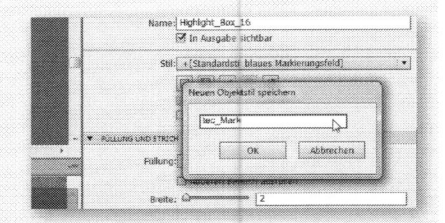

### Übung

**1** Öffnen Sie die Datei *Aufnahme_nachbearbeiten_02_Bereinigt.cptx* aus dem Ordner *05_Folienbasiert_aufnehmen*.

**2** Markieren Sie **Folie 5**.

**3** Spielen Sie die Folie ab: Drücken Sie [F3].

Die Full-Motion-Aufzeichnung wird abgespielt. Sie sehen, dass der Rahmen des Markierungsfeldes zuerst zu weit gezogen und danach korrigiert wird.

**4** Optimieren Sie die Full-Motion-Aufzeichnung:

    **a** Spielen Sie die Folie erneut mit [F3] ab und stoppen Sie nach **0,4** Sekunden mit [F3].

    **b** Wählen Sie im Bedienfeld *Eigenschaften* der Folie im Bereich *FMR-Bearbeitungsoptionen* unter *Optionen* **Schnitt.**

    **c** Klicken Sie unter *Startmarkierung* auf **Am Abspielkopf ausrichten.**

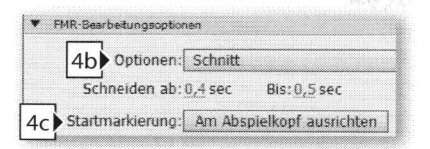

**d** Spielen Sie die Folie mit F3 weiter ab und stoppen Sie nach **4,5** Sekunden.

**e** Klicken Sie unter *Endmarkierung* auf **Am Abspielkopf ausrichten**.

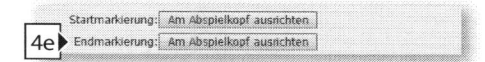

Sie haben nun den zu schneidenden Bereich markiert.

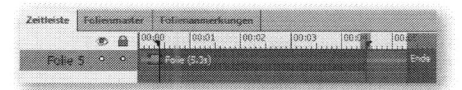

**f** Klicken Sie auf **Schnitt**.

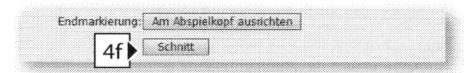

**g** Spielen Sie die Full-Motion-Aufzeichnung erneut ab.

Wie Sie sehen, wird die Größenänderung nun sauber dargestellt. Im nächsten Schritt möchten wir eine fehlerhafte Texteingabe optimieren.

**5** Markieren Sie **Folie 14** und korrigieren Sie die Texteingabe:

**a** Rechtsklicken Sie in der *Zeitleiste* auf die Texteingabe und wählen Sie **Durch Textanimation ersetzen**.

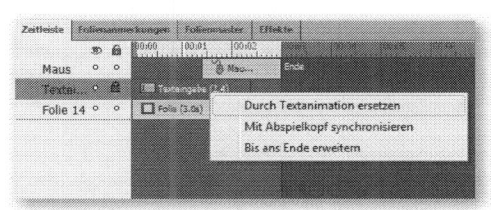

Die Texteingabe wird gelöscht und durch eine Textanimation ersetzt, die wir nun noch formatieren müssen.

**b** Klicken Sie im Bedienfeld *Eigenschaften* der Textanimation unter *Allgemein* auf **Eigenschaften**.

Das Fenster *Eigenschaften der Textanimation* öffnet sich.

**c** Wählen Sie die *Schrift* **Arial**.

**d** Tragen Sie unter *Größe* **12** pt ein.

**e** Klicken Sie auf **OK**.

> **Projektgröße verringern**
>
> Um die Projektgröße (und damit auch die Dateigröße der späteren Veröffentlichung) möglichst gering zu halten, sollten Sie Full-Motion-Aufzeichnungen grundsätzlich so kurz wie möglich halten und überflüssige Teile im Rahmen der Postproduktion entfernen.

**Die Option Verzögerung**

Über den Wert *Verzögerung* können Sie die Geschwindigkeit der Texteingabe steuern. (je höher der Wert, desto langsamer die Animation)

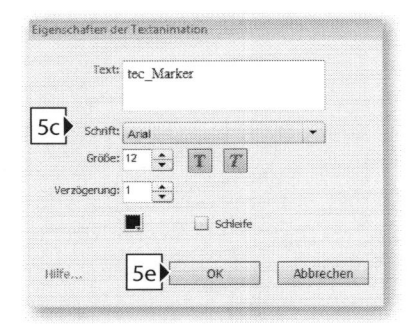

**6** Spielen Sie das Projekt in der Vorschau ab.

Sie sehen, dass die Texteingabe nun fehlerfrei abläuft.

**7** Markieren Sie Folie 7.

**8** Klicken Sie im *Filmstreifen* durch die einzelnen Folien bis zu Folie 10.

Sie sehen, dass die Folien 8 und 9 einen anderen Dateinamen (*Demo_Strichfarbe.cptx*) in der Registerkarte zeigen, als die restlichen Folien (*Vorlage_Ordner.cptx*). Hier wurde nachträglich eine Aufnahme eingefügt.

**Hintergrund bearbeiten**

Sie können den Hintergrund alternativ mit einem beliebigen Bildbearbeitungswerkzeug bearbeiten (z. B. Paint, Gimp, Photoshop oder Fireworks).

Nun möchten wir die beiden Folienhintergründe so nachbearbeiten, dass im gesamten Verlauf des Projektes der gleiche Dateiname zu sehen ist.

**9** Bearbeiten Sie den Folienhintergrund nach:

    **a** Markieren Sie **Folie 7**.

    **b** Rechtsklicken Sie auf die Folie und wählen Sie **Hintergrund in Bibliothek suchen**.

    Die *Bibliothek* öffnet sich und das entsprechende Hintergrundbild wird markiert.

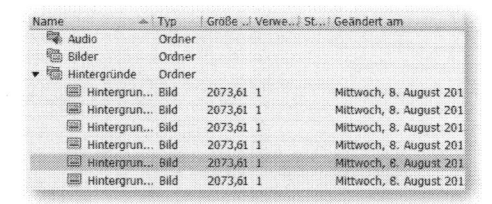

    **c** Rechtsklicken Sie auf das markierte Bild und wählen Sie **Bearbeiten mit**.

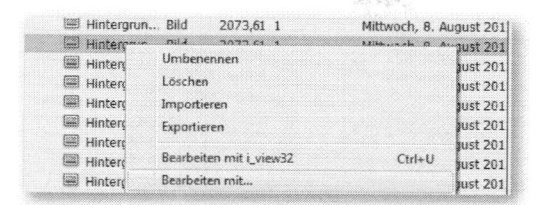

**Win** Navigieren Sie zur EXE-Datei Ihrer gewünschten Bildbearbeitungssoftware (z. B. Paint unter Windows 7: *C:\Windows\System32\mspaint.exe*) und klicken Sie auf **Öffnen**.

**Mac** Wählen Sie unter Mac OS z. B. **Bearbeiten mit Preview**. Das Bild wird temporär zur Bearbeitung in der Vorschau geöffnet. Stellen Sie das Werkzeug zuerst ein: Wählen Sie in der Menüleiste **Vorschau > Einstellungen**. Wählen Sie die Kategorie **Allgemein** und stellen Sie bei *Fenster-Hintergrund* die Farbe **Weiß** ein. Schließen Sie anschließend die Einstellungen und fahren Sie mit **Schritt 9d** fort.

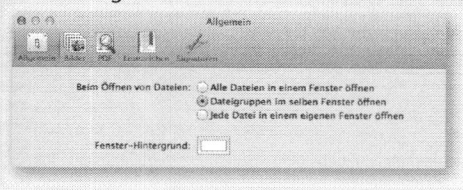

> **Änderungen automatisch übernehmen**
>
> Alternativ können Sie über diesen Weg auch direkt Bearbeitungen am Hintergrundbild vornehmen. Sobald Sie diese im Bildbearbeitungsprogramm speichern, werden die Änderungen (in den meisten Fällen) direkt nach Captivate zurückgeschrieben.

**d** Wählen Sie das Auswahlwerkzeug Ihrer Bildbearbeitungssoftware und markieren Sie den Dateinamen in der Registerkarte.

**e** Drücken Sie [Strg]+[C] (Win) / [⌘]+C (Mac).

Sie haben den Ausschnitt in die Zwischenablage kopiert.

**f** Wechseln Sie zu Captivate und drücken Sie [Strg]+[V] (Win) / [⌘]+[V] (Mac).

Sie haben den kopierten Ausschnitt aus der Zwischenablage nun auf Folie 7 eingefügt.

> **Umfassende Retuschearbeiten**
>
> Bei umfassenden Korrekturen, die sich über viele Folien erstrecken, empfehle ich Ihnen, diese mittels Folienmaster zu verteilen. Mehr dazu erfahren Sie später im entsprechenden Kapitel (▶ Seite 174).

**Objekte mit Hintergrund zusammenführen**

Wenn Sie sicherstellen möchten, dass das eingefügte Objekt nicht mehr ein- / ausblendbar ist: Rechtsklicken Sie auf das entsprechende Objekt und wählen Sie **Mit Hintergrund zusammenführen**. Dies ist vor allem dann wichtig, wenn sich unter dem eingefügten Objekt vertrauliche oder interne Informationen befinden.

**?** Wenn das Bild nicht eingefügt wird: In manchen Fällen klappt die Kommunikation zwischen Bildbearbeitungsprogramm und Captivate nicht sauber. Schneiden Sie in diesen Fällen das Bild im Bildbearbeitungsprogramm auf den markierten Bereich zu (Photoshop: Menüleiste **Bild > Freistellen**) und speichern Sie das Bild als Einzelbild ab. Ziehen Sie das Bild dann per Drag & Drop über den *Explorer* (Win) / *Finder* (Mac) auf die Bühne in Captivate.

**Mac** Falls der Ausschnitt nicht eingefügt wird: Gehen Sie zurück in die Vorschau. Wählen Sie in der Menüleiste **Ablage > Duplizieren**. Ein Duplikat des Bildes wird erzeugt. Markieren Sie in der Kopie erneut den Bereich und beschneiden Sie das Bild mit ⌘+K. Speichern Sie das Bild über ⌘+S auf dem Desktop. Ziehen Sie das Bild anschließend per Drag & Drop aus dem *Finder* auf die Folie in Captivate.

g  Platzieren Sie den eingefügten Bildbereich auf Folie 7 so, dass er exakt mit dem Hintergrund übereinstimmt.

**Position leichter überprüfen und korrigieren**

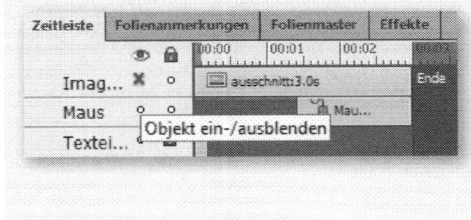

Blenden Sie das eingefügte Bildobjekt über die Zeitleiste ein und aus, um sicherzustellen, dass es auch an der richtigen Position sitzt. Über die Pfeiltasten können Sie die Bildposition pixelgenau korrigieren.

h  Drücken Sie Strg+X (Win) / ⌘+X (Mac).

i  Markieren Sie Folie 8 und 9 mit gedrückter Taste ⇧.

j  Drücken Sie Strg+V (Win) / ⌘+V (Mac).

Der Ausschnitt wird nun auf den Folien 8 und 9 an exakt der gleichen Position eingefügt und überdeckt den Dateinamen im Register.

10  Bereinigen Sie die Bibliothek.

11  Testen Sie das Projekt in der *Vorschau*: Wählen Sie **Datei > Vorschau > Projekt**.

Sie sehen, dass die Registerkarte nun einheitlich benannt, die Full-Motion-Aufzeichnung gekürzt und die fehlerhafte Texteingabe korrigiert ist.

> Eine mögliche Lösung finden Sie in der Datei \05_Folienbasiert_aufnehmen\ Aufnahme_nachbearbeiten_03_Optimiert.cptx.

### Übung: Mausobjekte und Markierungsfelder bearbeiten

In dieser letzten Übung zum Thema „Nachbearbeitung" optimieren wir nun noch weitere Objekte auf den Folien. Sie lernen, wie Sie Mauspfade anpassen und Markierungsfelder sauber ausrichten.

> Wie Sie die Übungsdateien herunterladen: ▶ Seite 19

### Übung im Kurzüberblick

- ▶ Sie ändern den Mauszeiger
- ▶ Sie passen die Eigenschaften der Mausobjekte an
- ▶ Sie optimieren die Mausbewegungen
- ▶ Sie optimieren Markierungsfelder

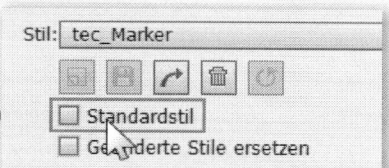

### Übung

1  Öffnen Sie die Datei *Aufnahme_nachbearbeiten_03_Optimiert.cptx* aus dem Ordner *\05_Folienbasiert_aufnehmen\*.

2  Optimieren Sie den Mauszeiger des Projektes:

   **a**  Markieren Sie auf Folie 1 das Mausobjekt.

   **b**  Wählen Sie im Bedienfeld *Eigenschaften* einen größeren Mauszeiger.

   **c**  Rechtsklicken Sie auf das Mausobjekt auf der Folie und wählen Sie **Aktuellen Mauszeiger für alle Folien verwenden.**

**Mausklickanimation testen**

Wenn Sie die Mausklickanimation vorab testen möchten: Klicken Sie rechts neben der gewählten Animation auf das Symbol **Abspielen**.

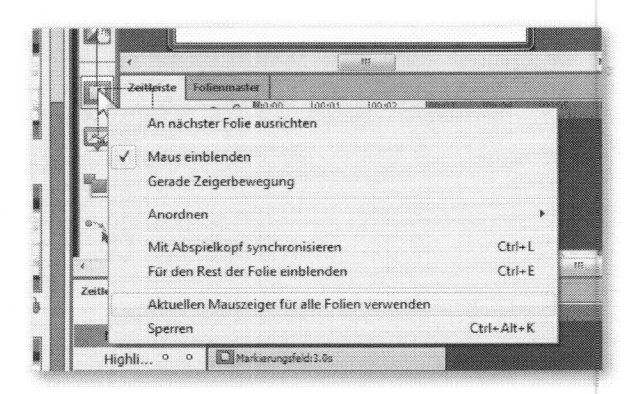

**d** Aktivieren Sie rechts in den *Eigenschaften* der Maus **Gerade Zeigerbewegung**.

**e** Wählen Sie unter *Mausklick einblenden* **Benutzerdefiniert.**

**f** Wählen Sie die Mausklickanimation **Orange Circle.**

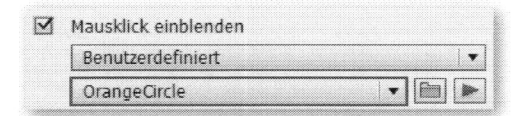

Sie haben die Eigenschaften für das aktuelle Mausobjekt definiert. Nun möchten wir diese Eigenschaften auf das gesamte Projekt vererben.

**g** Klicken Sie auf **Auf alle anwenden** und wählen Sie **Auf alle Objekte dieses Typs anwenden**.

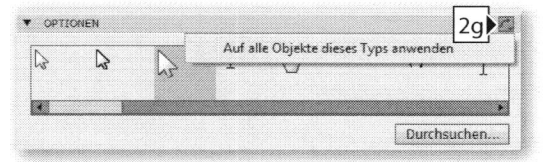

Durch die Vererbung wurden nun alle Mauszeiger mit der gleichen Einstellung überschrieben. Dadurch klicken jetzt auch Mausobjekte, die nicht klicken sollten. Dies korrigieren wir zum Ende der Übung. Im nächsten Schritt möchten wir die Mausbewegungen nach Full-Motion-Aufzeichnungen optimieren. Standardmäßig beginnt die Maus nach einer Full-Motion-Aufzeichnung im linken oberen Bereich der folgenden Folie und setzt nicht an der passenden Stelle fort.

**3** Optimieren Sie die Mausbewegung auf Folie 4:

**a** Rechtsklicken Sie auf Folie 3 (Full-Motion-Aufzeichnung) und wählen Sie **Maus > Maus einblenden**.

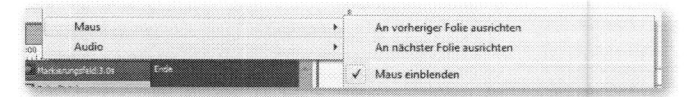

Ein Mausobjekt wird eingefügt.

**b** Positionieren Sie den Abspielkopf in der *Zeitleiste* bei **1,6** s (am Ende der Full-Motion-Aufzeichnung).

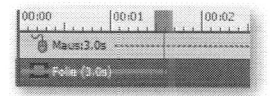

**c** Verschieben Sie das Mausobjekt an die Stelle, an der sich der aufgezeichnete Mauszeiger befindet.

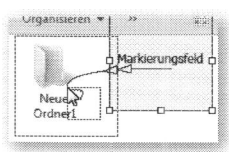

**d** Rechtsklicken Sie auf das Mausobjekt und deaktivieren Sie **Maus einblenden**.

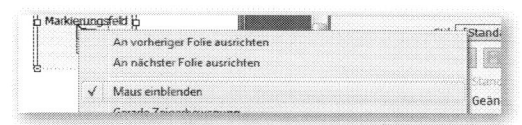

Das eingefügte Mausobjekt wird nun wieder von der Folie entfernt und der Mausverlauf ist für die folgende Folie korrigiert.

**e** Kürzen Sie die Foliendauer wieder auf **1,6** s.

**f** Betrachten Sie das Projekt erneut in der Vorschau (**Datei > Vorschau > Nächste 5 Folien**).

Die Mausbewegung setzt nun nach der Full-Motion-Aufzeichnung genau an der passenden Stelle ein.

**4** Schließen Sie die Vorschau.

**5** Wiederholen Sie **Schritt 3** für die Full-Motion-Aufzeichnung auf Folie 5.

**6** Entfernen Sie die überflüssige Mausbewegung auf Folie 14: Rechtsklicken Sie auf das Mausobjekt und wählen Sie **An vorheriger Folie ausrichten**.

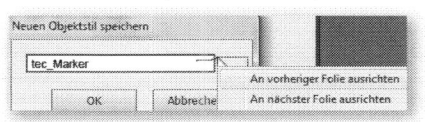

**7** Wiederholen Sie **Schritt 6** für das Mausobjekt auf Folie 19.

Sie haben nun alle unerwünschten Mausbewegungen im Projekt entfernt.

**8** Spielen Sie die Folie in der Vorschau ab: Wählen Sie **Datei > Vorschau > Ab dieser Folie**.

---

**Mauspfade**

Der Beginn eines Mauspfades orientiert sich stets an der vorangegangenen Folie. Nur auf der ersten Folie eines Projektes mit Mausobjekt können Sie die Startposition der Maus direkt beeinflussen. Auf allen weiteren Folien müssen Sie die Endposition der vorherigen Folie manipulieren, um so die Startposition der Maus zu verändern.

**Mausbewegungen bei Texteingaben**

Während einer Texteingabe sollte sich die Maus nicht zeitgleich bewegen, um den Lerner nicht zu überfordern. Außerdem sollte die Maus stets zielgerichtet agieren und sich nur bei darauf folgenden Aktionen bewegen.

| **Klickton und -animation deaktivieren** |
| --- |
| Wenn die Maus sich nicht bewegt, dann können und sollten Sie in den meisten Fällen Klickton und –animation deaktivieren. Umgekehrt gilt, dass eine sich bewegende Maus regelmäßig auch am Ende des Pfades klickt - sie hier also stets Klickton und ggf. -animation aktivieren sollten. |

Sie sehen, dass die Maus nun ruhig an der angegebenen Position steht, allerdings werden weiterhin Klickgeräusch sowie -animation abgespielt.

9 Schließen Sie die Vorschau.

10 Gehen Sie alle Folien durch und deaktivieren Sie für alle Mausobjekte die keinen Klick zeigen sollen in den *Eigenschaften* die Optionen **Mausklicksound** sowie **Mausklick einblenden**.

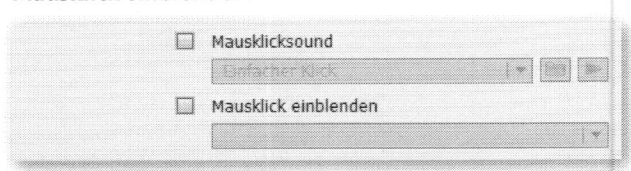

11 Optimieren Sie Größe und Ausrichtung der Markierungsfelder, da diese von Captivate ggf. nicht immer exakt positioniert werden: Verschieben Sie die Markierungsfelder jeweils an die entsprechende Position und passen Sie die Größe an den hervorzuhebenden Bereich an.

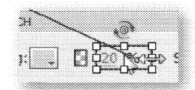

| **Bewegungsgeschwindigkeit der Maus** |
| --- |
| Auf einer Folie ist die Maus immer durchgängig sichtbar. Dementsprechend steuern Sie über die Anzeigedauer der Maus, wann die Mausbewegung starten und wie schnell sich die Maus bewegen soll. Übrigens sollte sich die Maus in fast allen Fällen am Ende der Folienzeit bewegen, da der anschließende Klick regelmäßig den Folienwechsel einläutet (um dessen Resultat zu visualisieren). |

12 Überprüfen Sie das Timing aller Mausobjekte: Markieren Sie das Mausobjekt in der Zeitleiste und verlängern bzw. verkürzen Sie ggf. die Anzeigedauer.

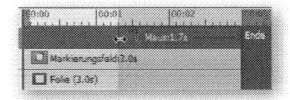

13 Testen Sie das Projekt erneut in der Vorschau und speichern Sie Ihr Ergebnis optional.

Sie haben nun alle wichtigen Nachbearbeitungsschritte folienbasierter Aufnahmen kennengelernt.

> Eine mögliche Lösung finden Sie in der Datei \05_Folienbasiert_aufnehmen\ Aufnahme_nachbearbeiten_04_Ziel.cptx.

## Videodemos in folienbasierten Projekten

| **Vorteil von CPVC-Projektdateien** |
| --- |
| Wenn Sie eine Videodemo-Projektdatei (*.cpvc) einfügen / aufzeichnen, genießen Sie den Vorteil, die Videodemo jederzeit direkt aus dem folienbasierten Projekt heraus editieren zu können. |

Grundsätzlich haben Sie die Möglichkeit, bereits finalisierte Videodemos (als MP4-Video) (▶ *Seite 94*) oder Videodemo-Projektdateien (*.cpvc) in folienbasierte Projekte einzufügen. Außerdem können Sie Videodemos (*.cpvc) innerhalb folienbasierter Projekte direkt aufzeichnen und damit nahtlos einfügen.

## So zeichnen Sie Videodemos in folienbasierten Projekten auf

1 Erstellen Sie ein **Leeres Projekt** mit einer Auflösung von **960 x 540**.

2 Zeichnen Sie ein Videodemo-Projekt auf:

   a Wählen Sie in der Leiste *Hauptoptionen* **Zusätzliche Folien aufzeichnen**.

   Das Fenster *Zusätzliche Folien aufzeichnen* öffnet sich.

   b Klicken Sie auf **OK**.

   Das Aufzeichnungsfenster öffnet sich.

3 Wählen Sie folgende Einstellungen für Ihre Aufzeichnung:

   a Unter *Wählen Sie das aufzuzeichnende Fenster aus* die gewünschte Anwendung.

   b Aktivieren Sie die Option **Am Fenster ausrichten**.

   Das rote Aufzeichnungsfenster rastet nun am geöffneten Programm ein.

   c Stellen Sie sicher, dass unter *Aufnahmetyp* die Option **Videodemo** aktiviert ist.

   d Stellen Sie sicher, dass die Optionen *Schwenken* auf **Kein Schwenken** und *Audio* auf **Kein Kommentar** stehen.

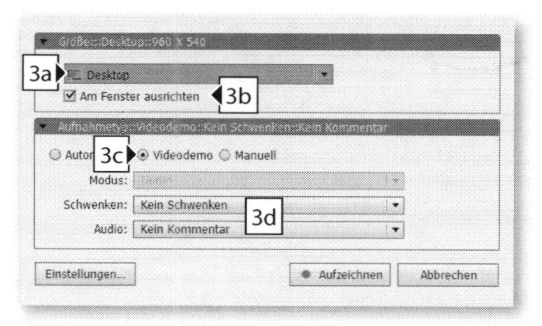

4 Klicken Sie auf **Aufzeichnen**.

5 Zeichnen Sie die gewünschten Schritte auf.

6 Beenden Sie die Aufzeichnung: Drücken Sie [Ende] (Win) / [⌘]+[↵] (Mac).

   Das Projekt wird nun generiert und in Ihr Projekt eingefügt.

---

**CPVC-Datei einfügen**

Wenn Sie bereits eine Videodemo aufgezeichnet haben und diese in ein folienbasiertes Projekt einfügen möchten: Markieren Sie die entsprechende Folie im Projekt und wählen Sie in der Menüleiste **Einfügen > CPVC-Folie**.

**CPVC-Datei früherer Captivate-Versionen einfügen**

Wenn Sie eine CPVC-Datei einfügen möchten, die mit einer früheren Captivate-Version erstellt wurde: Öffnen Sie die CPVC-Datei mit der aktuellsten Captivate-Version und speichern Sie die Datei neu ab. Anschließend können Sie die CPVC-Projektdatei problemlos in Ihr Projekt einfügen.

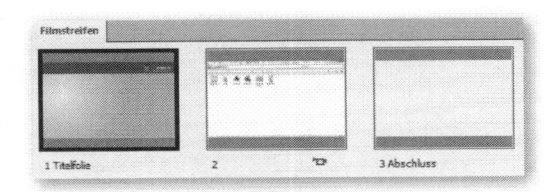

**Videodemo nachbearbeiten**

Wenn Sie die Videodemo nachbearbeiten möchten: Markieren Sie die Folie, die die Videodemo enthält und klicken Sie in den *Eigenschaften* auf **Videodemo bearbeiten**. Anschließend öffnet sich die Videodemo im Bearbeitungsmodus.

**7** Testen Sie das Projekt in der Vorschau.

Sie wissen nun, wie Sie Videodemos direkt aus folienbasierten Projekte heraus aufzeichnen können.

# Rapid-E-Learning out of the box

In diesem Kapitel erfahren Sie, wie Sie mit Hilfe der vordefinierten Interaktionsbausteine (Interaktionen) einfache interaktive E-Learning-Einheiten erstellen können. Zusätzlich liefert Captivate eine Auswahl an verschiedenen Designs (Themes) mit, wodurch Sie schnell erste E-Learning-Projekte in einem ansprechenden Erscheinungsbild erstellen können.

## Themenübersicht

- » eLearning Assets installieren — 132
- » Interaktionen — 136
- » Übung: Interaktion einfügen — 141
- » Übung: Buchstabenrätsel erstellen — 146
- » Übung: Designs anwenden — 149
- » Smartformen — 157
- » Übung: Objekte zeichnen und editieren — 157
- » Farben und Verläufe — 161
- » Schatten und Spiegelungen — 164
- » Übung: Verlauf, Schattierung und Spiegelung — 164
- » Personen (Darsteller) — 170
- » Übung: Virtuellen Lernbegleiter einsetzen — 171

## eLearning Assets installieren

✓ Um den vollen Funktionsumfang von Captivate zu nutzen, müssen Sie vorab zusätzlich die *eLearning Assets* installieren. Beachten Sie, dass die folgenden Schritte dem Stand des Buches entsprechen und heute u. U. leicht abweichend sein können.

### So laden Sie die eLearning Assets herunter

1 Öffnen Sie die Seite *http://www.adobe.com/de/downloads/*.

2 Wählen Sie im unteren Bereich der Webseite über das Aufklappmenü **Adobe Captivate 7** aus und klicken Sie auf **Go**.

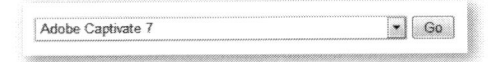

Sie gelangen zur Seite *Adobe Captivate 7 herunterladen*.

3 Melden Sie sich mit Ihren Account-Daten an oder legen Sie einen neuen Account an.

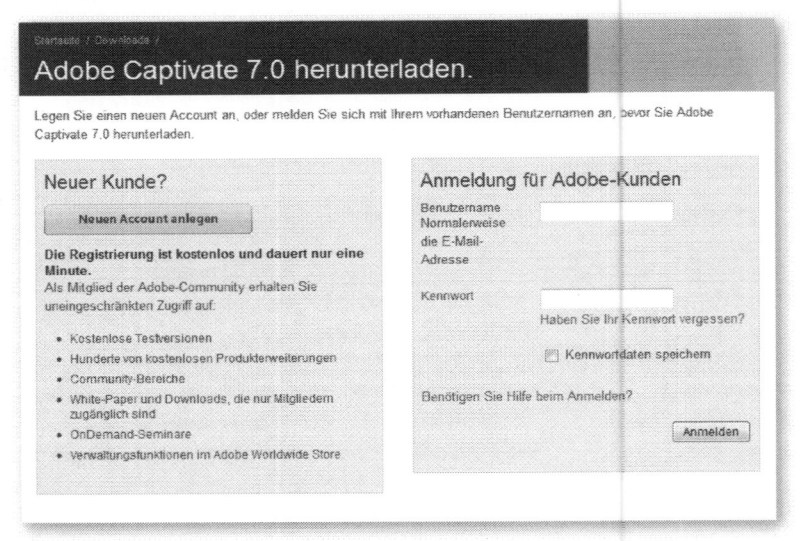

4 Unterhalb der Download-Versionen von Adobe Captivate 7 finden Sie jeweils die *eLearning-Assets-Dateien* sortiert nach Windows- und Mac-Download.

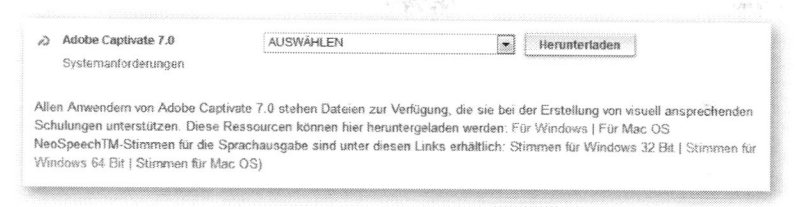

**5** Klicken Sie auf den für Sie entsprechenden Link.

**6** Speichern Sie die Datei auf Ihrem System.

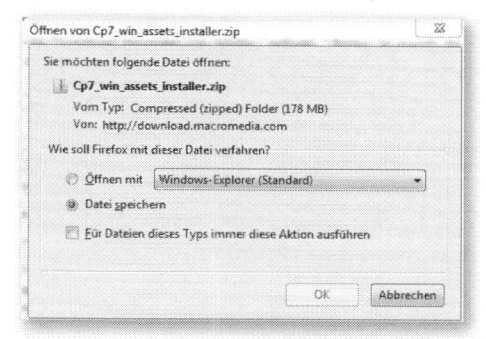

### So installieren Sie die eLearning Assets (Win)

**1** Entpacken Sie die Datei *CP7_win_assets_installer.zip*.

**2** Doppelklicken Sie auf die Datei *Set-up.exe*.

**3** Klicken Sie auf **Ausführen**.

Das Installationsprogramm wird initialisiert.

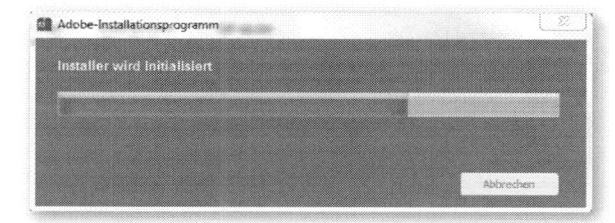

Nach einigen Sekunden öffnet sich das Fenster *Adobe eLearning Assets All 1.0*.

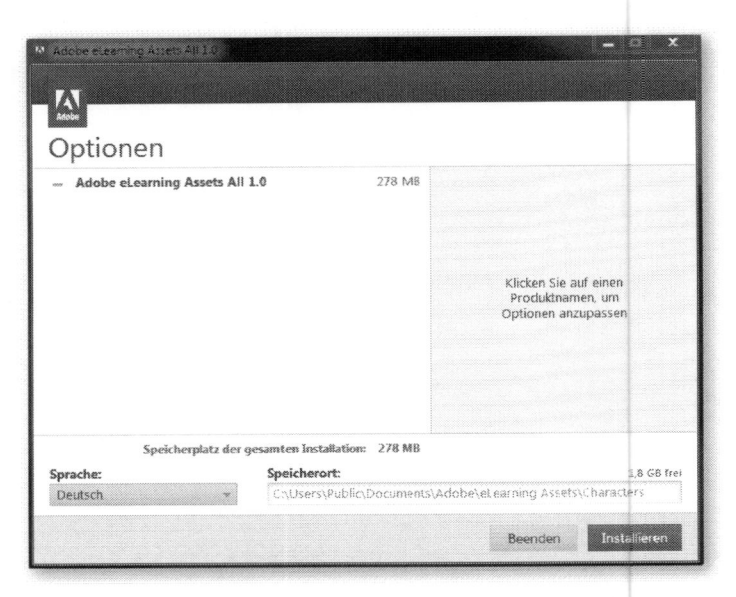

**4** Klicken Sie auf **Installieren** und bestätigen Sie die Meldung mit **Ja**.

**5** Klicken Sie nach Abschluss der Installation auf **Schließen**.

### So installieren Sie die eLearning Assets (Mac)

**1** Doppelklicken Sie auf die Datei *Adobe_eLearning_Assets_LS12.dmg*.

**2** Öffnen Sie das Verzeichnis **Adobe eLearning Assets**.

**3** Doppelklicken Sie auf die Datei **Install** und bestätigen Sie die erscheinende Meldung mit **Öffnen**.

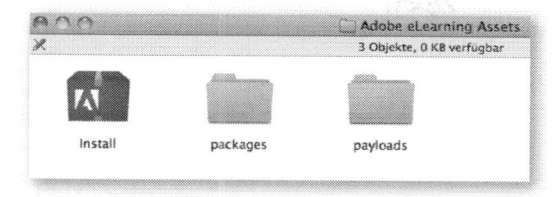

Der Installer wird initialisiert.

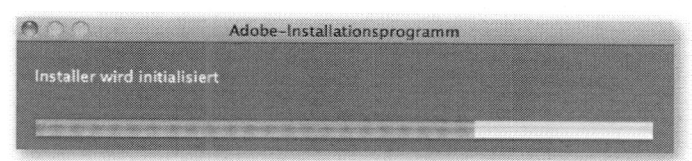

**4** Klicken Sie auf **Installieren**.

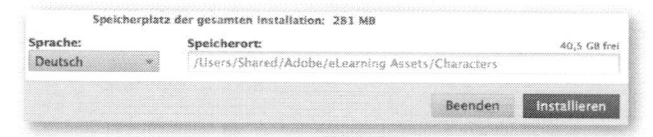

Die eLearning Assets werden nun installiert.

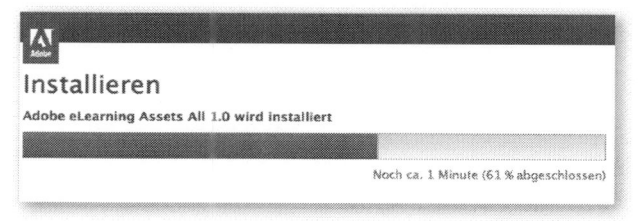

**5** Wenn die Installation abgeschlossen ist: Schließen Sie das Fenster.

Sie haben die eLearning Assets erfolgreich installiert und können nun auf die komplette Auswahl an Personen sowie Designs zurückgreifen.

> **Übersichtsdatei: Interaktionen**
>
> Die Datei *Interaktionen_Uebersicht.cptx* aus dem Ordner *06_Rapid_E-Learning* zeigt Ihnen alle vordefinierten Interaktionen, die Captivate bietet.

## Interaktionen

Interaktionen sind vordefinierte interaktive Bausteine und Aufgaben. Mit wenigen Klicks können Sie hier z. B. ein Glossar oder ein Wortsuchspiel einfügen. Auch das Design lässt sich einfach anpassen. In der folgenden Tabelle finden Sie eine Auflistung aller Interaktionen.

### Diese vordefinierten Interaktionen gibt es
Einfügen > Interaktionen

| Interaktion | Beschreibung | |
|---|---|---|
| **Accordion** | Inhalte über ein Aufklappmenü darstellen, z. B. Aufzählungen. Mögliche Inhalte: Text, Bild, Audio. | |
| **Tabs** | Inhalte entsprechend des gewählten Eintrags in einem festgelegten Bereich anzeigen. Mögliche Inhalte: Text, Bild, Audio. | |
| **Process Circle** | Teile eines Prozesses darstellen und beschreiben. Mögliche Inhalte: Text, Audio. | |
| **Pyramid Stack** | Aufeinander aufbauende Inhalte darstellen. Jeweils ein Eintrag pro Ebene. Mögliche Inhalte: Text, Audio. | |
| **Timeline** | Zeitlich aufeinanderfolgende Inhalte darstellen. Mögliche Inhalte: Text, Bild, Audio. | |

| | | |
|---|---|---|
| **Circle Matrix** | Zusammenhänge in einer Kreismatrix darstellen.<br>Mögliche Inhalte: Text, Audio. | |
| **Pyramid Matrix** | Zusammenhänge in einer Pyramide darstellen. Im Unterschied zur Interaktion „Pyramid Stack" sind mehrere Einträge auf einer Ebene möglich.<br>Mögliche Inhalte: Text, Audio. | |
| **Glossary** | Ein Glossar erstellen. Die Einträge können sowohl manuell festgelegt, sowie über eine XML-Datei importiert werden. Über ein Suchfeld kann der Benutzer gezielt nach Einträgen suchen.<br>Mögliche Inhalte: XML (nur Text), Text, Bild, Audio. | |
| **Zertifikat** | Angaben zum Benutzer und/oder Kurs auf einem Zertifikat (mit Druckfunktion) ausgeben.<br>Die Inhalte werden über Variablen ausgegeben und können frei auf dem Zertifikat platziert werden. | |
| **Word Search** | Ein Wortsuchspiel einfügen.<br>Jedem Wort wird ein Suchhinweis, wie z. B. „Die Farbe des Himmels" für das Wort „Blau" hinterlegt. Der Umfang des Suchspiels sowie die Anzahl der Versuche ist einstellbar. | |
| **Chart** | Sachverhalte und Zusammenhänge in Form von Diagrammen darstellen.<br>Typen: Balken-, Säulen- oder Kuchendiagramm. | |

| | | |
|---|---|---|
| **Checkbox** | Kontrollkästchen einfügen.<br>Die Auswahl kann in Variablen gespeichert werden. | |
| **Countdown Timer / Hourglass** | Projekte mit einem Timer versehen, der eine vorgegebene Zeitspanne herunterzählt.<br>Das Design kann nicht angepasst, die abgelaufene Zeit jedoch in einer Variablen gespeichert werden (die Zeit wird hochgezählt). *Countdown Timer* und *Hourglass* gleichen sich funktional und unterscheiden sich lediglich im Erscheinungsbild. | |
| **Drop Down** | Auswahllisten mit beliebig vielen Einträgen erstellen.<br>Die Auswahl kann in einer Variablen gespeichert werden. | |
| **Hangman** | Ein Galgenmännchenspiel einfügen.<br>Leider ist diese Interaktion im Erscheinungsbild nicht weiter anpassbar. | |
| **Jigsaw Puzzle** | Ein benutzerdefiniertes Bild als Puzzle darstellen.<br>Leider ist diese Interaktion im Erscheinungsbild nicht weiter anpassbar. | |

| | | |
|---|---|---|
| **Radio Button** | Optionsschaltflächen einfügen. Die Auswahl kann in einer Variablen gespeichert werden. | |
| **Table** | Informationen in Form von Tabellen anzeigen. CSV-Dateien können importiert werden. | |
| **Scrolling Text** | Texte in einem Textfeld mit Scrollbalken darstellen. Das Textfeld ist auf 400 Zeichen beschränkt. | |
| **Image-Zoom** | Benutzerdefiniertes Bild mit Zoomfunktion ausstatten. | |
| **Memory Game** | Memory-Spiel mit benutzerdefinierten Bildern. Leider nicht vollständig individualisierbar. | |
| **Notes** | Notizbereich, der es dem Lerner erlaubt, während des Kurses Notizen zu hinterlegen. | |

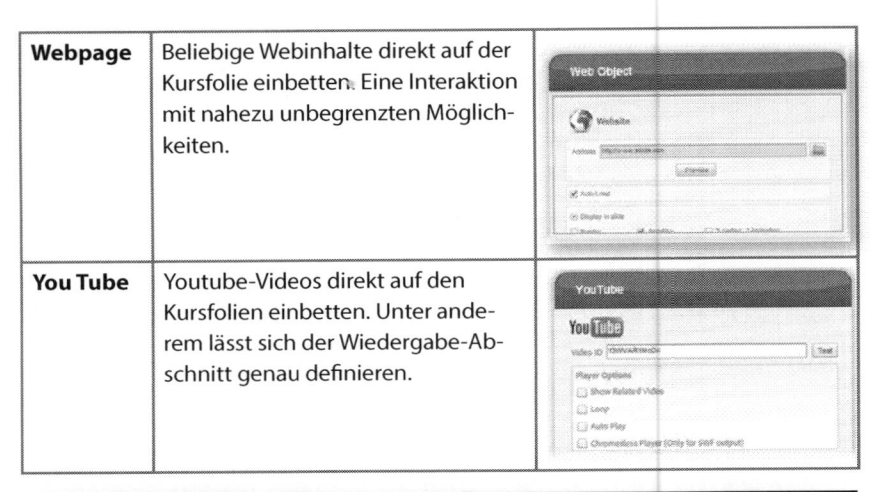

| | | |
|---|---|---|
| **Webpage** | Beliebige Webinhalte direkt auf der Kursfolie einbetten. Eine Interaktion mit nahezu unbegrenzten Möglichkeiten. | |
| **You Tube** | Youtube-Videos direkt auf den Kursfolien einbetten. Unter anderem lässt sich der Wiedergabe-Abschnitt genau definieren. | |

### Das Fenster Interaktion konfigurieren (für die Interaktion Tabs)

Das Fenster öffnet sich automatisch, nachdem Sie eine Interaktion in Ihr Projekt eingefügt haben (**Einfügen > Interaktion**). Alternativ können Sie das Fenster einer bereits eingefügten Interaktion öffnen, indem Sie im Bedienfeld *Eigenschaften* auf **Widget-Eigenschaften** klicken. In unserem Beispielbild wird die Interaktion **Tabs** näher beschrieben.

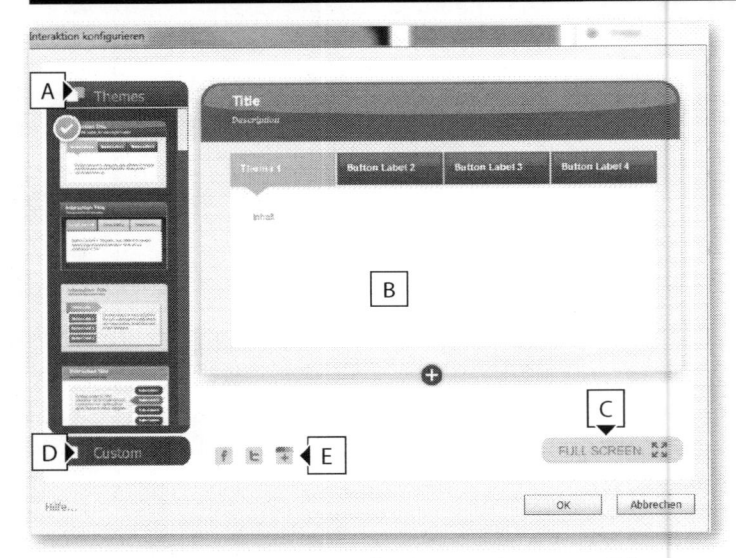

**A** Gewünschtes Theme (Design) für die Interaktion auswählen
**B** Inhalte der Interaktion erstellen / bearbeiten
**C** Bearbeitungsbereich vergrößern
**D** Theme (Design) der Interaktion anpassen
**E** Verlinkung zu sozialen Diensten

## Übung: Interaktion einfügen

Im Rahmen dieser Übung lernen Sie die Interaktion *Tabs* genauer kennen. Außerdem erfahren Sie, wie Sie diese an Ihre Wünsche anpassen können.

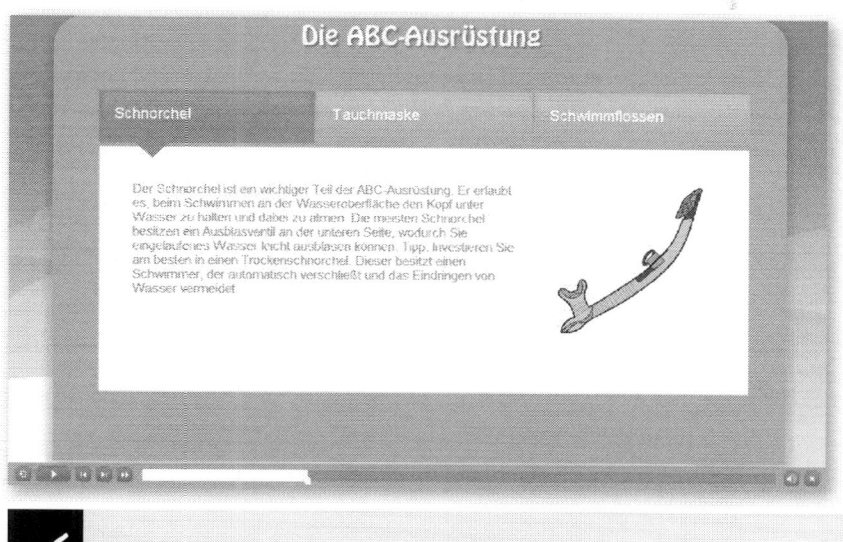

✓ Wie Sie die Übungsdateien herunterladen: ▶ *Seite 19*

### Übung

**1** Öffnen Sie die Textdatei *ABC-Ausruestung.txt* aus dem Ordner *06_Rapid_E-Learning\Design_Interaktionen*.

Diese Textdatei enthält die Inhalte, mit denen wir im späteren Verlauf dieser Übung die Interaktion befüllen möchten.

**2** Öffnen Sie die Datei *Design_Ziel.cptx* aus dem Ordner *06_Rapid_E-Learning\Design_Interaktionen*.

**3** Ersetzen Sie die Inhaltsfolie:

    **a** Markieren Sie Folie 2 und drücken Sie ⌞Entf⌟ (Win) / ⌞←⌟ (Mac).

    **b** Markieren Sie Folie 1.

    **c** Wählen Sie **Einfügen > Neue Folie**.

**4** Fügen Sie eine Interaktion auf (die neue) Folie 2 ein und passen Sie sie an:

    **a** Klicken Sie auf **Einfügen > Interaktionen.**

        Das Fenster *Interaktion auswählen* öffnet sich.

    **b** Wählen Sie die Interaktion **Tabs** und klicken Sie auf **Einfügen**.

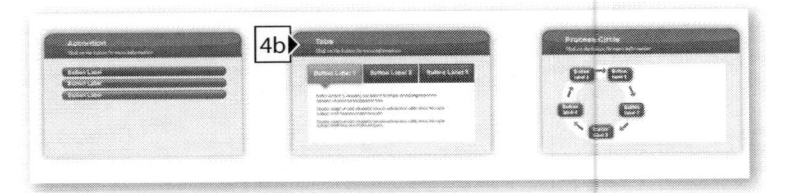

Das Fenster *Interaktion konfigurieren* öffnet sich.

**c** Wählen Sie unter *Themes* das letzte Theme 17 **(Clouds)** aus.

**d** Klicken Sie auf **Custom**.

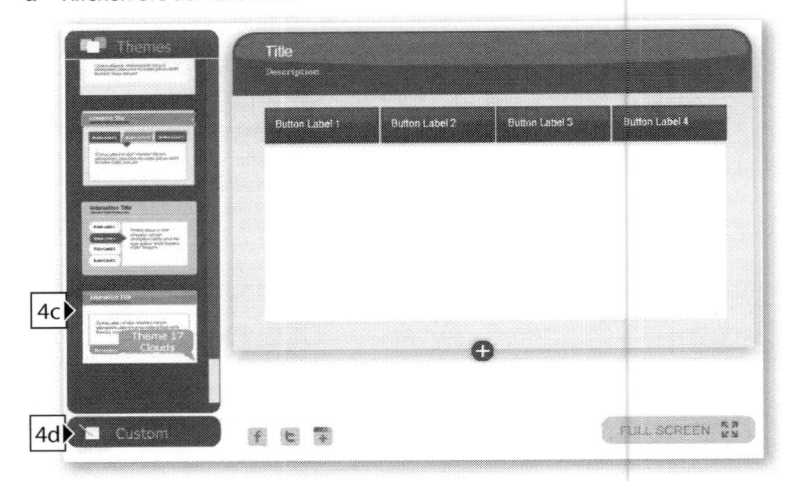

Das Aufklappmenü *Custom* öffnet sich.

**e** Klicken Sie auf **Content**.

> Wenn Sie zurück zur Übersicht des Aufklappmenüs Custom gelangen möchten: Klicken Sie auf **Custom.**

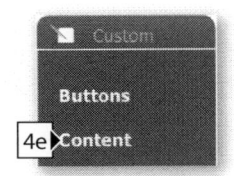

**f** Klicken Sie auf **BGColor**.

**g** Klicken Sie auf das Farbfeld.

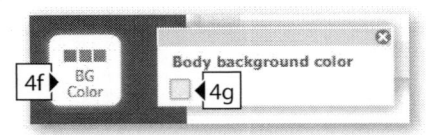

Der Farbwähler öffnet sich.

**h** Tragen Sie den Farbwert **#66ccff** ein und drücken Sie sogleich die Taste ⏎.

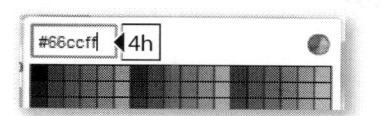

i   Wählen Sie **Custom > Header**.

j   Stellen Sie die Option *Header* auf **Off**.

Sie sehen im rechten Bereich, dass die Überschrift der Interaktion ausgeblendet wird. Nun möchten wir noch die Anzahl der Schaltflächen reduzieren.

k   Doppelklicken Sie auf **Button Label 4**.

Es erscheint ein Minuszeichen (delete).

l   Klicken Sie auf **delete**.

Sie haben die Interaktion formatiert. Nun möchten wir diese noch mit entsprechenden Inhalten befüllen.

5   Befüllen Sie die Interaktion mit Inhalt:

   a   Klicken Sie auf **Button Label 1** und doppelklicken Sie in das weiße Inhaltsfeld (**Button Content 1**).

   b   Klicken Sie auf **add image**.

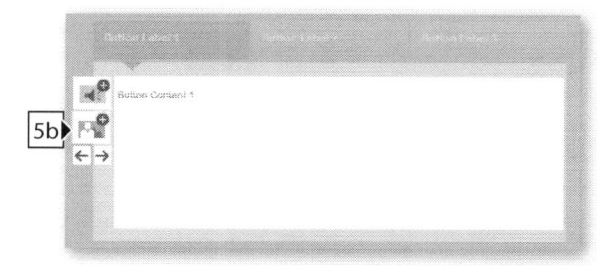

Das Fenster *Bild aus Bibliothek auswählen* öffnet sich.

   c   Klicken Sie auf **Importieren**.

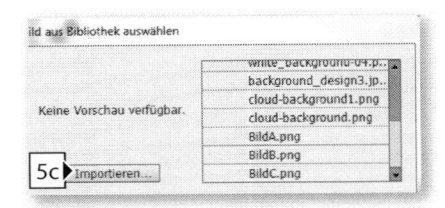

**d** Wählen Sie das Bild *BildA_quadrat.png* aus dem Ordner *06_Rapid_E-Learning\Design_Interaktionen*.

**e** Kopieren Sie zugehörige Textpassage („Der Schnorchel...") aus der Datei *ABC-Ausruestung.txt* in den Inhaltsbereich.

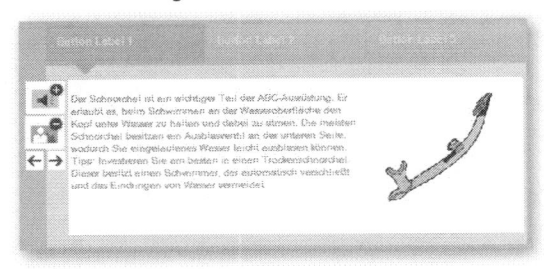

**f** Doppelklicken Sie auf Button Label 1 und benennen Sie die Schaltfläche entsprechend mit „Schnorchel".

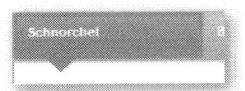

**6** Wiederholen Sie **Schritt 5** für die Bereiche „Tauchmaske" und „Tauchflossen" mit den zugehörigen Bildern *BildB_Quadrat.png* und *BildC_Quadrat.png* und den dazugehörigen Textpassagen (wie in den folgenden Bildschirmfotos gezeigt).

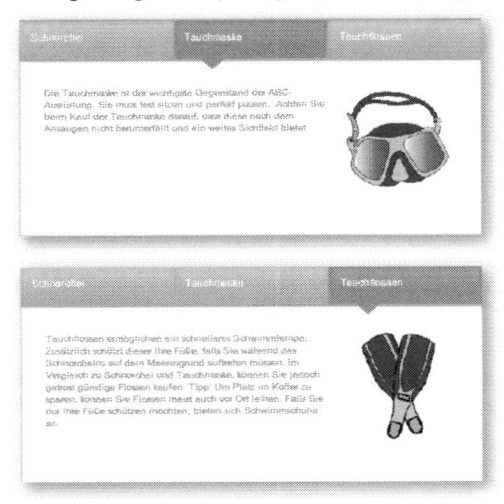

7   Klicken Sie auf **OK**.

    Sie haben nun eine Interaktion mit Inhalten befüllt und in Ihr Projekt eingefügt.

8   Platzieren Sie die Interaktion auf der Folie:
    a   Stellen Sie sicher, dass im Bedienfeld *Eigenschaften* der Interaktion (Widget) im Bereich *Transformieren* **Proportionen beschränken** aktiviert ist.
    b   Tragen Sie unter *X* **10**, *Y* **-34** und *B* **940** ein.

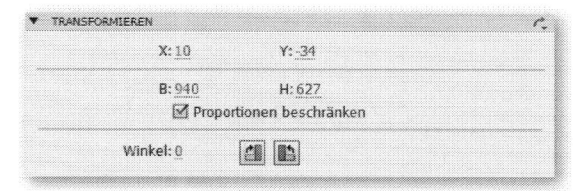

9   Erstellen Sie eine eigene Überschrift:
    a   Fügen Sie eine Textbeschriftung ein: Wählen Sie **Einfügen > Standardobjekte > Textbeschriftung**.
    b   Tragen Sie den Text „Die ABC-Ausrüstung" ein.

    c   Deaktivieren Sie in den *Eigenschaften* der Textbeschriftung im Bereich *Transformieren* die Option **Proportionen beschränken**.
    d   Tragen Sie unter *X* **36**, *Y* **8**, *B* **888** sowie *H* **51** ein.

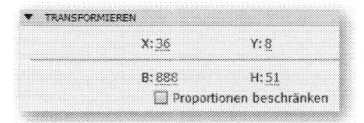

    e   Klicken Sie im Bereich *Zeichen* auf den Farbwähler und wählen Sie die *Farbe* **Weiß**.
    f   Tragen Sie im Bereich *Zeichen* unter *Größe* **30** Pt ein.
    g   Wählen Sie im Bereich *Format* unter *Ausrichten* **Zentrieren** sowie **Unten ausrichten**.

    h   Aktivieren Sie im Bereich *Schatten und Spiegelung* **Schatten.**

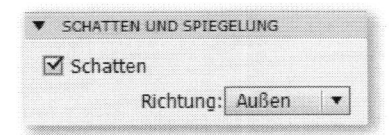

Sie haben nun eine freie Überschrift für Ihre Interaktion erstellt.

10 Testen Sie das Projekt in der Vorschau (**Datei > Vorschau > Projekt**) und speichern Sie Ihr Ergebnis optional.

Sie haben nun die Interaktion *Tabs* genauer kennengelernt.

> Eine mögliche Lösung finden Sie in der Datei *06_Rapid_E-Learning\Design_Interaktionen\Interaktionen_Ziel.cptx*.

## Übung: Buchstabenrätsel erstellen

Im Rahmen dieser Übung lernen Sie die Interaktion *Word Search* genauer kennen. Außerdem erfahren Sie, wie Sie diese an Ihre Wünsche anpassen können.

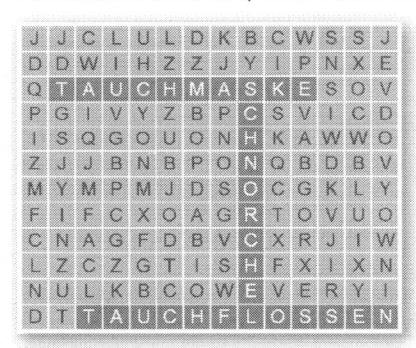

> Wie Sie die Übungsdateien herunterladen: ▶ *Seite 19*

### Übung

1 Öffnen Sie die Datei *Interaktionen_Ziel.cptx* aus dem Ordner *06_Rapid_E-Learning\Design_Interaktionen*.

2 Duplizieren Sie Folie 2:

    **a** Markieren Sie Folie 2.

    **b** Drücken Sie `Strg`+`D` (Win) / `⌘`+`D` (Mac)

3 Löschen Sie die Interaktion auf Folie 3: Markieren Sie die Interaktion und drücken Sie `Entf`.

**4** Fügen Sie eine neue Interaktion auf Folie 3 ein und passen Sie sie an:

  **a** Klicken Sie auf **Einfügen > Interaktionen.**

  Das Fenster *Interaktion auswählen* öffnet sich.

  **b** Wählen Sie die Interaktion **Word Search** und klicken Sie auf **Einfügen**.

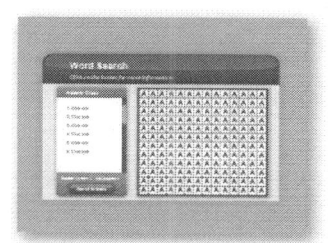

  Das Fenster *Interaktion konfigurieren* öffnet sich.

  **c** Wählen Sie unter *Themes* das Thema 17 (**Clouds**).

  **d** Wählen Sie **Custom > Grid**.

  **e** Klicken Sie auf **BGColor**.

  **f** Klicken Sie auf das Farbfeld.

  Der Farbwähler öffnet sich.

  **g** Tragen Sie den Farbwert **#66ccff** ein und drücken Sie sogleich die Taste ⏎.

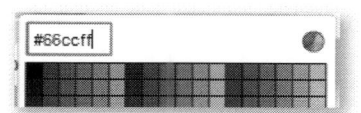

  **h** Wählen Sie **Custom > Header**.

  **i** Stellen Sie die Option *Header* auf **Off**.

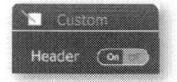

  Sie sehen im rechten Bereich, dass die Überschrift der Interaktion ausgeblendet wird. Nun legen wir noch die Inhalte für das Buchstabenrätsel fest.

  **j** Klicken Sie auf **Edit Words**.

**k** Tragen Sie unter *Answer 1 als FirstWord* „Schnorchel" *Answer 2* „Tauchmaske" sowie *Answer 3* „Tauchflossen" ein.

**l** Tragen Sie unter *Question 1 als* „Atmen" *Question 2* „Sehen" sowie *Question 3* „Schwimmen" als Lösungshinweise ein.

**m** Löschen Sie die voreingestellten Einträge unter *Answer 4* und *Question 4*.

**n** Tragen Sie außerdem entsprechende Meldungen für die Lösung des Rätsels ein (wie im folgenden Bildschirmfoto gezeigt).

**o** Klicken Sie auf **Generate**.

> Wenn Sie die Texte für das Buchstabenrätsel eintragen: Es werden keine Umlaute unterstützt.

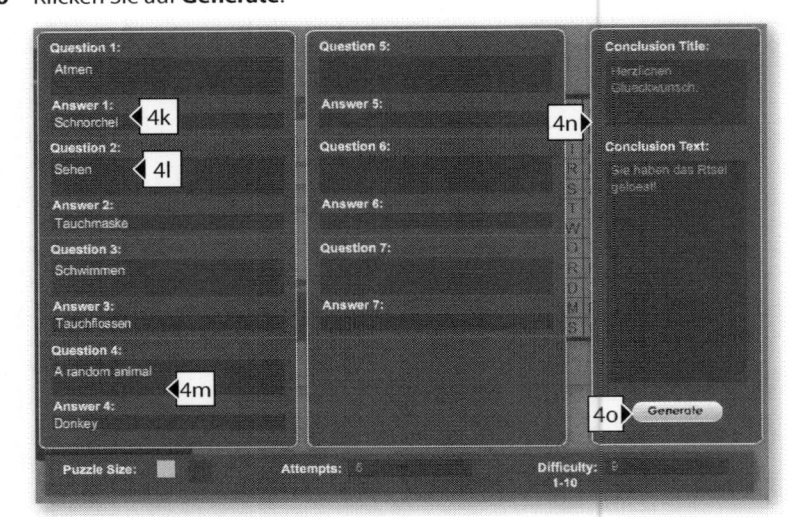

Ihre Einträge werden übernommen und das Rätsel generiert.

**p** Klicken Sie auf **OK**.

Die Interaktion wird in Ihr Projekt eingefügt.

**5** Platzieren Sie die Interaktion auf der Folie:

    **a** Stellen Sie sicher, dass im Bedienfeld *Eigenschaften* im Bereich *Transformieren* **Proportionen beschränken** aktiviert ist.

    **b** Tragen Sie unter *X* **10**, *Y* **-34** und *B* **940** ein.

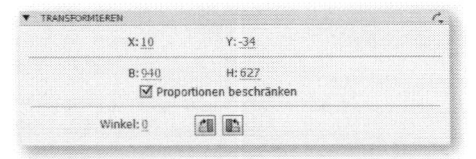

**6** Verschieben Sie die Interaktion in den Hintergrund: Rechtsklicken Sie auf die Interaktion und wählen Sie **Anordnen > In den Hintergrund**.

**7** Passen Sie die Überschrift an:

a   Doppelklicken Sie in die Textbeschriftung.

b   Markieren Sie den Text.

c   Tragen Sie den Text „Buchstabenrätsel" ein.

**Interaktionstexte anpassen**

Leider werden die voreingestellten Texte der Interaktion (z. B. „Attempts, Answer Clues") nur auf Englisch ausgegeben. Wenn Sie diese in einer anderen Sprache darstellen möchten: Überlagern Sie die entsprechenden Texte mit einer Smartform. Befüllen Sie die Smartform mit der entsprechenden Hintergrundfarbe und tragen Sie die Übersetzung ein. Ein Beispiel hierfür finden Sie in der Datei *Projekt_Schnorcheln.cptx* aus dem Ordner *00_Projekte/Projekt_Schnorcheln*.

8   Testen Sie die Interaktion in der Vorschau (**Datei > Vorschau > Nächste 5 Folien**) und speichern Sie Ihr Ergebnis optional.

Sie wissen nun, wie Sie die Interaktion *Word Search* verwenden.

> Eine mögliche Lösung finden Sie in der Datei *06_Rapid_E-Learning\Design_Interaktion\Buchstabenraetsel_Ziel.cptx*.

## Übung: Designs anwenden

Im Rahmen dieser Übung erhalten Sie eine schnelle Einführung in das Thema Designs.

> Wie Sie die Übungsdateien herunterladen: ▶ *Seite 19*

**Kapitel „Designs"**

Eine ausführliche Beschreibung zum Thema Designs finden Sie hier: ▶ *Seite 178*.

### Übung im Kurzüberblick

▶ Sie erstellen ein **Leeres Projekt**

▶ Sie wechseln das Design des Projekts

▶ Sie gestalten das Projekt über das Design

▶ Sie fügen eine Fragenfolie in Ihr Projekt ein

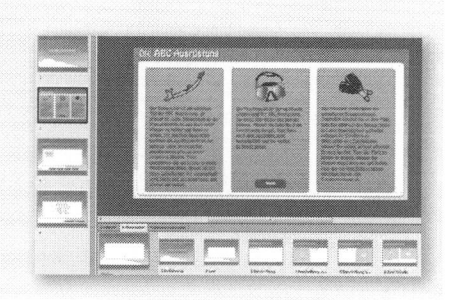

### Übung

1   Öffnen Sie die Textdatei *ABC-Ausruestung.txt* aus dem Ordner *06_Rapid_E-Learning\Design_Interaktionen*.

Es öffnet sich eine Textdatei. Diese enthält die Inhalte, mit denen wir im späteren Verlauf dieser Übung die Folie befüllen möchten.

2   Erstellen Sie ein **Leeres Projekt**:

a   Wählen Sie **Datei > Neues Projekt > Leeres Projekt**.

> **Stile und Folienmaster**
>
> Ein Design enthält Stile für Objekte und gelayoutete Folienmaster. Durch die Wahl eines Designs, werden allen Objekten und Folien die entsprechend hinterlegten Stile und Folienmaster zugewiesen. Sie können die Stile und Folienmaster jedoch individuell anpassen und abspeichern. Mehr dazu erfahren Sie im nächsten Kapitel „Projekte standardisieren" (▶ *Seite 173*).

Das Fenster *Neues leeres Projekt* öffnet sich.

**b** Tragen Sie unter *Breite* **960** und *Höhe* **540** ein.

**c** Klicken Sie auf **OK**.

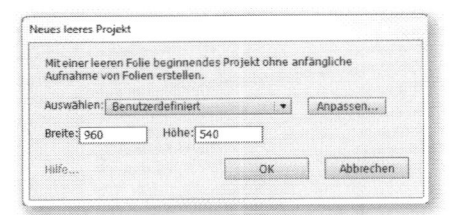

Sie sehen im oberen Bereich der Bühne das *Designs-Fenster*. Unser Projekt verwendet aktuell das Design **Weiß** (Standard).

> **?** Wenn Sie das *Designs-Fenster* ein-/ausblenden möchten: Klicken Sie in der Leiste *Hauptoptionen* auf **Designs-Fenster ein-/ausblenden (a)**.

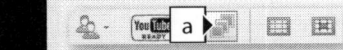

**3** Wechseln Sie das Design:

**a** Klicken Sie im *Designs-Fenster* auf **Wolken** (der letzte Eintrag).

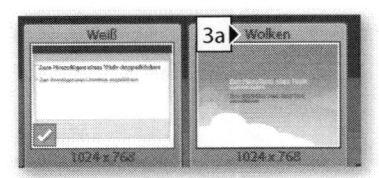

**b** Bestätigen Sie die Meldung mit **Ja**.

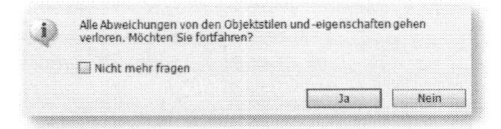

Das Projekt verwendet nun das Design *Wolken*.

**4** Stellen Sie sicher, dass in den *Eigenschaften* der Folie unter *Allgemein* der *Folienmaster* **Einführung** gewählt ist.

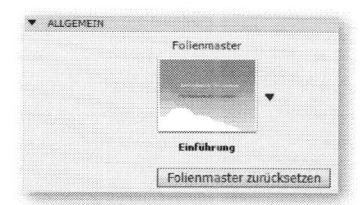

5   Doppelklicken Sie in das Objekt *Titel* und befüllen Sie den Platzhalter mit dem Text „Die ABC-Ausrüstung".

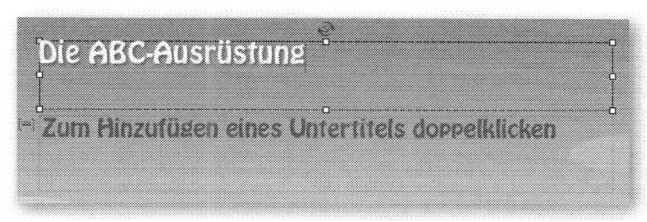

6   Doppelklicken Sie in das Objekt Untertitel und befüllen Sie den Platzhalter mit dem Text „Grundausstattung zum Schnorcheln".

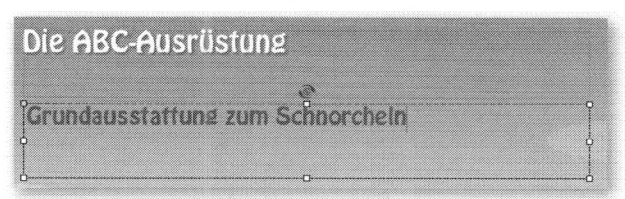

Sie haben eine Titelfolie für Ihr Projekt erstellt.

7   Fügen Sie eine Folie ein: Wählen Sie in der Menüleiste **Einfügen > Neue Folie aus > Inhalt und Beschriftung – Vertikal**.

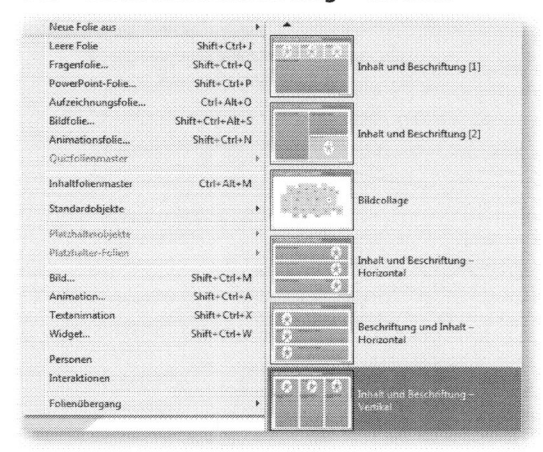

Sie haben eine Folie auf Basis eines Inhaltsfolienmasters des aktuellen Designs eingefügt.

Übung: Buchstabenrätsel erstellen | 151

8   Befüllen Sie die Folie mit Inhalten:

   a   Markieren Sie den linken *Platzhalter für Inhalt* und klicken Sie auf **Bild einfügen**.

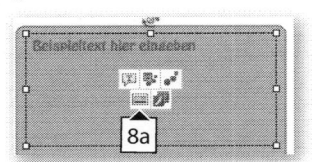

   Das Fenster *Bild aus Bibliothek auswählen* öffnet sich.

   b   Klicken Sie auf **Importieren**.

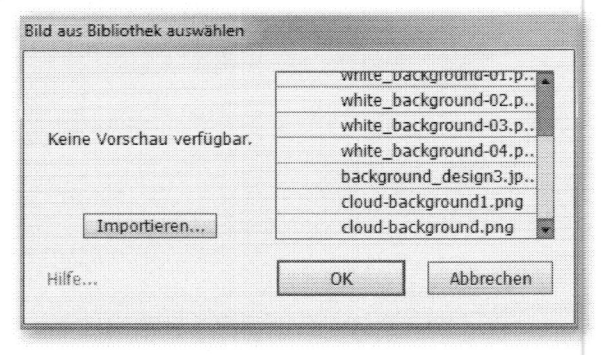

   c   Öffnen Sie das Bild *BildA.png* aus dem Ordner *06_Rapid_E-Learning\Design_Interaktionen*.

   d   Doppelklicken Sie in den *Textbeschriftungsplatzhalter* und fügen Sie die entsprechende Textpassage aus der Datei *ABC-Ausruestung.txt* ein (wie im folgenden Bildschirmfoto gezeigt).

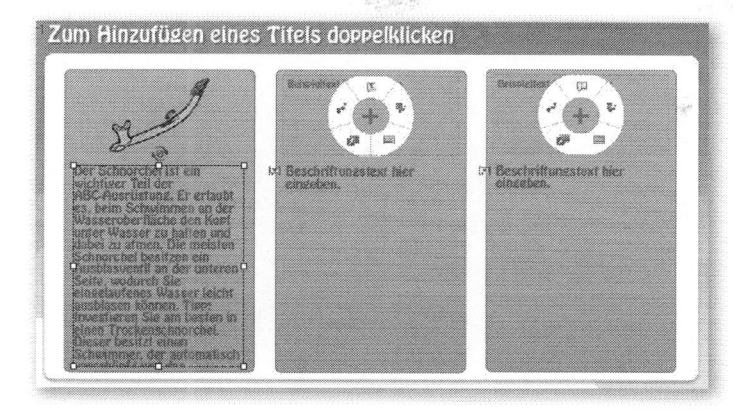

**e** Tragen Sie im Bedienfeld *Eigenschaften* im Bereich *Zeichen* unter Größe **15** Pt ein.

**f** Tragen Sie im Bereich *Format* unter Abstand **1,3** ein.

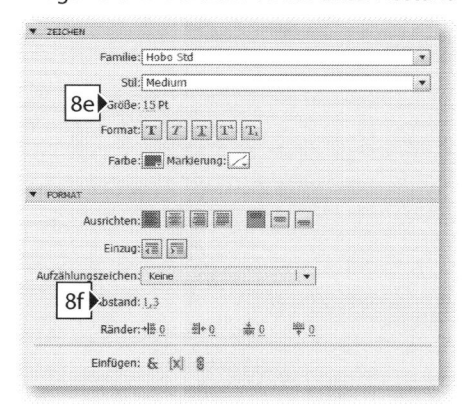

**9** Wiederholen Sie **Schritt 8** für die beiden weiteren Inhaltsbereiche und verwenden Sie dafür die Bilder *BildB.png* und *BildC.png* und die entsprechenden Texte aus der Datei *ABC-Ausruestung.txt* (wie im folgenden Bildschirmfoto gezeigt).

**10** Doppelklicken Sie in das Objekt *Titelplatzhalter* und tragen Sie den Text „Die ABC-Ausrüstung" ein.

**11** Fügen Sie ein Navigationselement ein, welches die Folie stoppt:

  **a** Wählen Sie **Einfügen > Standardobjekte > Schaltfläche**.

  **b** Tragen Sie im Bedienfeld *Eigenschaften* im Bereich *Transformieren* unter *X* **401** und *Y* **469** ein.

  **c** Deaktivieren Sie die Option **Proportionen beschränken**.

  **d** Tragen Sie unter *B* **115** und unter *H* **34** ein.

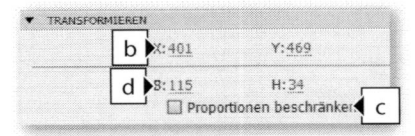

  **e** Tragen Sie im Bereich *Allgemein* unter *Beschriftung* den Text „Weiter" ein.

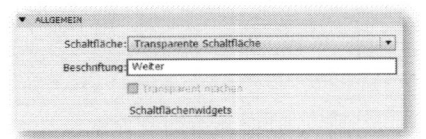

  Sie haben nun eine Schaltfläche eingefügt.

**12** Fügen Sie eine Fragenfolie ein:

  **a** Wählen Sie unter **Quiz > Fragenfolie**.

  Das Fenster *Fragen einfügen* öffnet sich.

  **b** Wählen Sie **Multiple-Choice**.

  **c** Klicken Sie auf **OK**.

Ihrem Projekt werden eine Multiple-Choice Fragenfolie sowie eine Ergebnisfolie hinzugefügt. Sie sehen, dass auch diese Folien auf dem Design *Wolken* basieren.

**13** Befüllen Sie auch die Fragenfolie mit Inhalten aus der Datei *ABC-Ausruestung.txt*:

  **a** Doppelklicken Sie in das Objekt *Frage* und ersetzen Sie den Text.

  **b** Wechseln Sie in das Bedienfeld *Quizeigenschaften*.

  **c** Tragen Sie im Bereich *Allgemein* unter *Antworten* **4** ein.

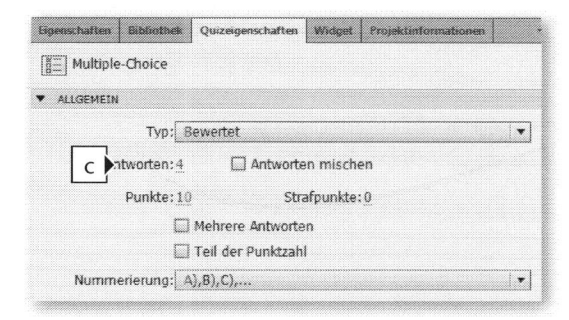

Übung: Buchstabenrätsel erstellen | 155

**d** Doppelklicken Sie jeweils in das Objekt *Antwort* und tragen Sie die folgenden Texte ein.

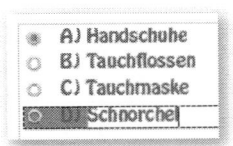

> A) Handschuhe
> B) Tauchflossen
> C) Tauchmaske
> D) Schnorchel

**e** Legen Sie die richtige Antwort fest: Klicken Sie direkt neben der Antwort „Handschuhe" auf die Optionsschaltfläche.

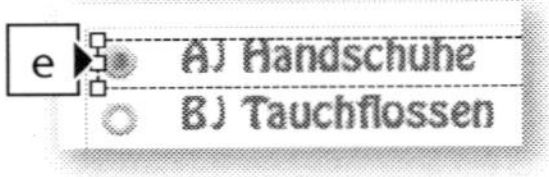

> e A) Handschuhe
> B) Tauchflossen

**14** Benennen Sie die Schaltflächen „Weiter" und „Senden" um:

  **a** Markieren Sie die Weiter-Schaltfläche.

  **b** Tragen Sie in den *Eigenschaften* im Bereich *Allgemein* unter *Beschriftung* „Überspringen" ein.

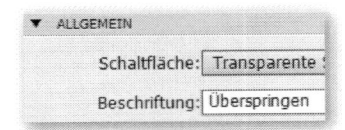

  > ▼ ALLGEMEIN
  > Schaltfläche: Transparente
  > Beschriftung: Überspringen

  **c** Wiederholen Sie die Schritte auch für die Senden-Schaltfläche und tragen Sie den Text „Weiter" ein.

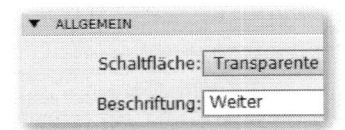

  > ▼ ALLGEMEIN
  > Schaltfläche: Transparente
  > Beschriftung: Weiter

**15** Testen Sie das Projekt in der Vorschau und speichern Sie Ihr Ergebnis optional.

Sie sehen, dass Farben, Schriften, das Navigationselement sowie die Quizfrage miteinander harmonieren. Auch die unten angezeigte Wiedergabeleiste verwendet das Design.

Sie haben nun Ihr erstes Projekt auf Basis eines Designs erstellt. In den folgenden Kapiteln werden wir dieses Grundwissen weiter vertiefen.

> 🚩 Eine mögliche Lösung finden Sie in der Datei *06_Rapid_E-Learning\Design_Interaktion\Design_Ziel.cptx*.

## Smartformen

Captivate bietet Ihnen eine vordefinierte Auswahl an Objektformen, z. B. Kreise, Rechtecke, Dreiecke, Beschriftungen / Legenden, Pfeile, Linien, Banner und Flussdiagrammsymbole. Diese vektorbasierten Formen können Sie beliebig verändern und über das Bedienfeld *Eigenschaften* an Ihre Wünsche anpassen.

> **Smartformen interaktiv**
>
> Sie können Smartformen auch in interaktive Objekte umwandeln: ▶ *Seite 267*.

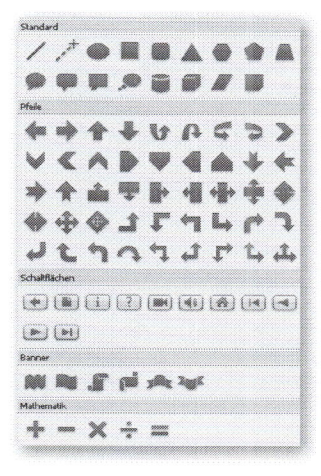

## Übung: Objekte zeichnen und editieren

Im Rahmen dieser Übung designen Sie eine Smartform.

### Übung im Kurzüberblick

- ▶ Sie fügen eine Smartform ein
- ▶ Sie gestalten die Smartform um
- ▶ Sie fügen der Smartform Text hinzu
- ▶ Sie passen die Eigenschaften des Textes an

### Übung

**1** Erstellen Sie ein **Leeres Projekt**:

    **a** Wählen Sie **Datei > Neues Projekt > Leeres Projekt**.

       Das Fenster *Neues leeres Projekt* öffnet sich.

    **b** Tragen Sie unter *Breite* **960** und *Höhe* **540** ein.

    **c** Klicken Sie auf **OK**.

> **Smartform ersetzen**
>
> Wenn Sie die Form eines Smartform-Objekts ändern möchten: Rechtsklicken Sie auf die Smartform (in unserem Beispiel die Sprechblase) und wählen Sie **Smartform ersetzen**.

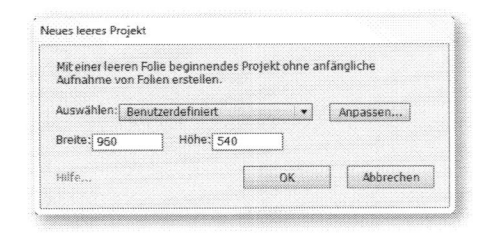

2. Wählen Sie in den *Eigenschaften* der Folie im Bereich *Allgemein* unter *Folienmaster* **Leer** und bestätigen Sie die Meldung mit **Ja**.

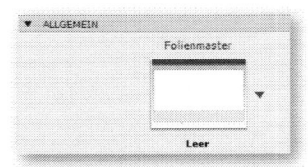

3. Öffnen Sie links in der Objektsymbolleiste das Menü **Smartformen**.

4. Wählen Sie unter *Standard* die Smartform der Art **Abgerundete rechteckige Sprechblase**.

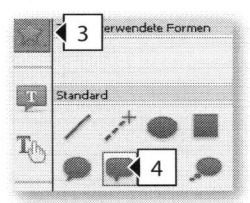

5. Ziehen Sie die Smartform mit gedrückter Maustaste auf der Folie auf.

6. Klicken Sie auf den unteren gelben Anfasser der Smartform.

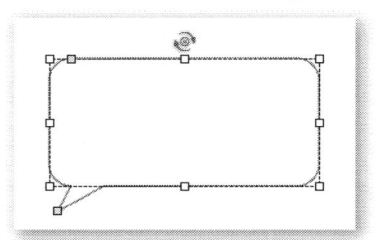

7. Ziehen Sie mit gedrückter linker Maustaste den Richtungspfeil der Sprechblase an die linke seitliche Ecke.

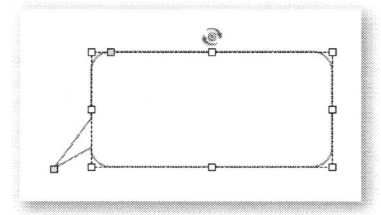

**Smartform in Freiform konvertieren**

Wenn Sie eine bestehende Smartform völlig frei umgestalten möchten: Rechtsklicken Sie auf die Smartform und wählen Sie **In Freiform konvertieren**. Die Smartform erhält dann Punkte über die Sie die Form beliebig ändern können.

**Smartform drehen**

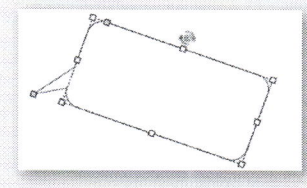

Über den Drehen-Anfasser können Sie die Smartform in einem beliebigen Winkel drehen. Klicken Sie dazu auf den Drehen-Anfasser. Halten Sie dann die Maustaste gedrückt und ziehen Sie die Maus nach links oder rechts. Wenn Sie das Objekt wieder in die Ausgangsposition drehen möchten: Doppelklicken Sie auf den Drehen-Anfasser des Objekts oder setzen Sie in den *Eigenschaften* im Bereich *Transformieren* den *Winkel* auf **0°**.

8   Befüllen Sie die Sprechblase mit Text:
   
   **a**   Rechtsklicken Sie auf die Sprechblase und wählen Sie **Text hinzufügen.**

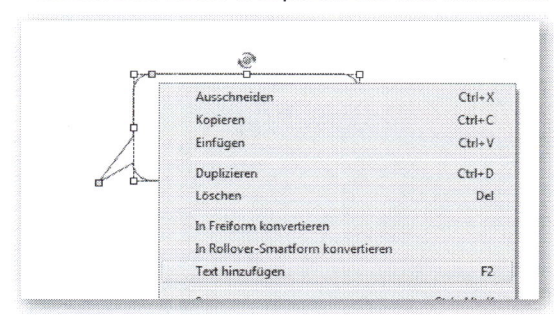

   **b**   Tragen Sie den Text „Hallo, mein Name ist Tin. Ich führe Sie durch diese Lerneinheit zum Thema Schnorcheln." ein.

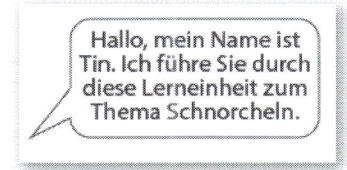

   **c**   Markieren Sie den Text.

**d** Wählen Sie im Bedienfeld *Eigenschaften* im Bereich *Zeichen* unter *Familie* **VTC Letter Pro**.

> Falls Sie die Schriftart nicht finden können: Installieren Sie die Schrift aus dem Ordner *00_Projekte/Schriften/Schrift_VTC_Letter_Pro* und starten Sie Captivate ggf. neu.

**e** Tragen Sie unter *Größe* **24** Pt ein.

**f** Klicken Sie unter *Format* auf **Fett**.

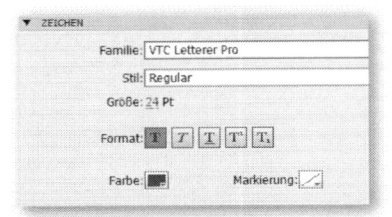

**g** Wählen Sie im Bereich *Format* unter *Ausrichten* **Links ausrichten**.

**h** Tragen Sie unter *Abstand* den Wert **1,3** ein.

**i** Tragen Sie unter *Ränder* einen Abstand zu allen Seiten ein.

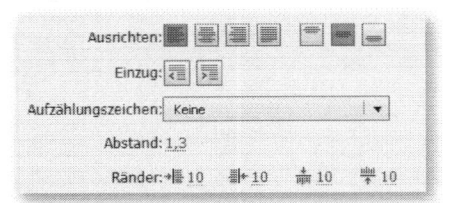

---

**Smartform kippen**

Wenn Sie eine Smartform horizontal oder vertikal kippen möchten: Klicken Sie auf einen der mittleren Ziehenpunkte und ziehen Sie die Smartform in die gewünschte Richtung.

---

> Beachten Sie, dass Texte abgeschnitten werden, wenn diese nicht in der Smartform untergebracht werden können. Passen Sie deshalb ggf. manuell die Größe der Smartform an.

Sie haben die Sprechblase nun umgestaltet, mit Text befüllt sowie über das Bedienfeld *Eigenschaften* formatiert.

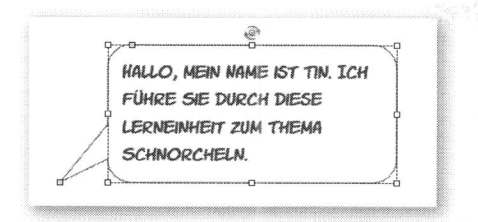

## Farben und Verläufe

Sie können (bestimmte) Objekte und Folien(master) mit Farben, Verläufen und Texturen füllen. Objekte, wie z. B. Smartformen, Markierungsfelder und Zoombereiche können Sie zusätzlich mit einer Strichfarbe versehen.

### Der Bereich Füllung und Strich im Bedienfeld Eigenschaften von Objekten

**A** Füllfarbe festlegen (▶ nächster Abschnitt)
**B** Alphawert (umgekehrt zur Transparenz: 0 % = durchsichtig, 100 % = undurchsichtig)
**C** Rahmenfarbe
**D** Rahmenbreite
**E** Rahmenstil

### Rahmen entfernen

Wenn ein Objekt keinen Rahmen haben soll, dann setzen Sie die Rahmenbreite einfach auf 0. U.u. wird der Rahmen in der Bearbeitungsansicht von Captivate weiterhin mit einer dünnen Linie angezeigt - hierbei handelt es sich jedoch nur um einen Anzeigefehler, der im veröffentlichten Projekt nicht auftaucht.

### Füllfarbe (Volltonfarbe)

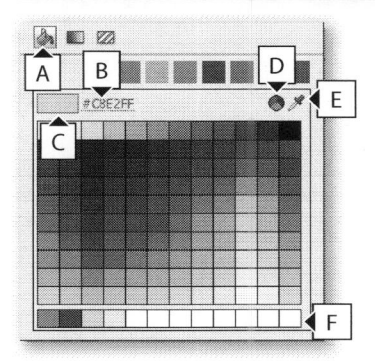

**A** Volltonfarbe als Füllung wählen
**B** Hexadezimalwert der aktuellen Farbe

Farben und Verläufe | 161

**C** Vorschau der aktuell gewählten Farbe

**D** Farbwähler: Farben aus einem Farbfeld wählen oder anhand nummerischer Werte festlegen

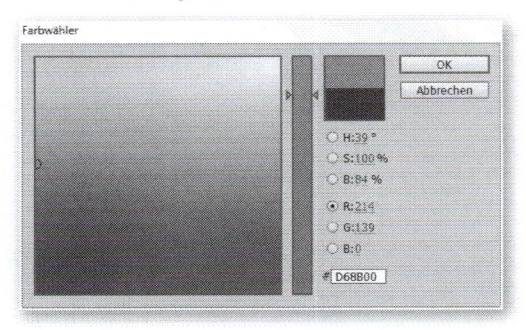

**E** Pipette: Farbe mit einem Klick auf ein beliebiges Objekt auf dem Bildschirm aufnehmen

**F** Zuletzt verwendete Farbwerte

### Verlaufsfüllung

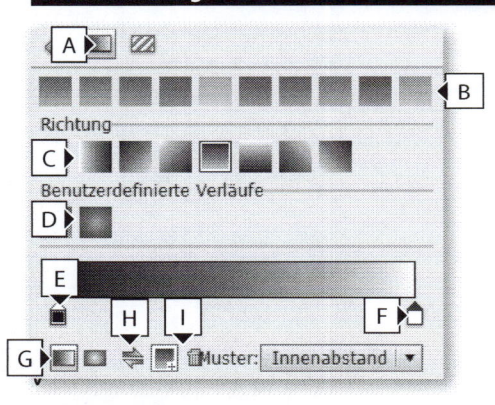

**A** Verlaufsfüllung wählen

**B** Vordefinierte Verläufe

**C** Vordefinierte Verlaufsrichtungen

**D** Gespeicherte benutzerdefinierte Verläufe

**E** Farbwähler Anfangsfarbwert

**F** Farbwähler Endfarbwert

**G** Linearer oder radialer Verlauf

**H** Anfangsfarbwert und Endfarbwert umkehren

**I** Benutzerdefinierten Verlauf speichern oder löschen

### Benutzerdefinierte Farbverläufe

Zusätzlich zu den vordefinierten Verläufen können Sie bis zu zehn benutzerdefinierte Farbverläufe speichern.

### Vorgabewerte für Farbverläufe ändern

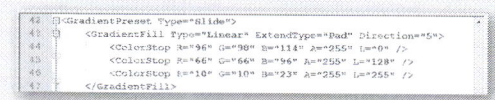

Sie können die Vorgabewerte für Farbverläufe ebenfalls ändern: Navigieren Sie dazu in das Verzeichnis *Gallery/Presets/Gradients*. In der Datei *gradient_presets_drawingObject.xml* finden Sie die Vorgaben für Farbverläufe von Objekten, in der Datei *gradient_presets_slide.xml* die für Farbverläufe von Folienhintergründen.

### Texturbild als Füllung

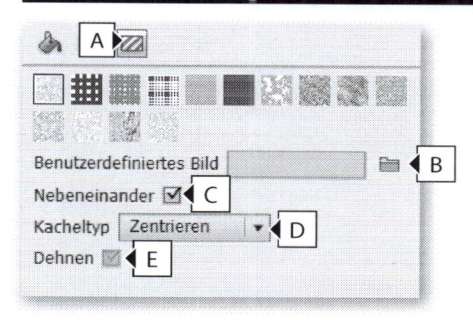

**A** Texturbild als Füllung wählen
**B** Bild importieren
**C** Bilder nebeneinander anordnen, wenn Bild kleiner als Objekt
**D** Wenn **E** aktiv: Gibt an, von welchem Punkt aus die Bilder nebeneinander angeordnet werden
**E** Folie(nmaster)/Objekt vollständig mit Bild füllen

#### Was tun, wenn das Bild verzerrt wird?

Wenn das Bild andere Proportionen hat, als die (der) Folie(nmaster)/das Objekt: Deaktivieren Sie die Option **Dehnen** (**E**). Andernfalls werden Bilder verzerrt dargestellt.

## Schatten und Spiegelungen

Mit Ausnahme von Mausobjekten, Klickfeldern und Zoombereichen können Sie alle Objekte mit einer Schattierung und Spiegelung versehen.

### Der Bereich Schatten und Spiegelung im Bedienfeld Eigenschaften

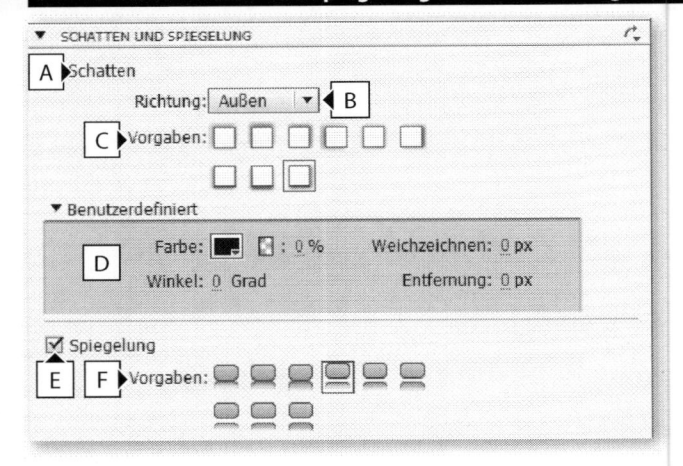

**Eigenschaften vererben**

Sie können Schatten und Spiegelungen auch vererben (▶ *Seite 203*).

- **A** Objekt mit Schatten versehen
- **B** Richtung festlegen (nach Innen oder Außen)
- **C** Voreingestellten Schatten auswählen
- **D** Eigenen Schatten definieren
- **E** Objekt mit Spiegelung versehen
- **F** Art der Spiegelung auswählen

## Übung: Verlauf, Schattierung und Spiegelung

In dieser Übung arbeiten wir weiter an unserer Sprechblase. Außerdem befüllen Sie Smartformen mit einem Farbverlauf sowie einem Bild und setzen Schattierung und Spiegelung ein.

✓ Wie Sie die Übungsdateien herunterladen: ▶ *Seite 19*

## Übung im Kurzüberblick

▶ Sie füllen Smartformen mit einer Vollton- sowie Verlaufsfarbe

▶ Sie fügen einer Smartform Schatten hinzu

▶ Sie wenden den Effekt Spiegelung an

### Übung

1  Öffnen Sie die Datei *Smartformen_Farben_Verlaeufe_Effekte_Ausgang.cptx* aus dem Ordner *06_Rapid_E-Learning*.

2  Markieren Sie die Smartform und drücken Sie [Strg]+[D] (Win) / [⌘]+[D] (Mac)

3  Verschieben Sie die neue Smartform unter die erste Smartform.

4  Markieren Sie die obere Smartform und füllen Sie das Objekt mit einer Farbe:

   a  Klicken Sie in den *Eigenschaften* im Bereich *Füllung und Strich* unter *Füllung* auf den Farbwähler.

   b  Tragen Sie den Wert **#FF6600** ein.

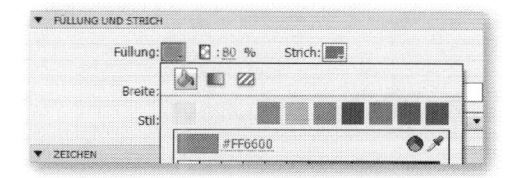

   c  Tragen Sie auch unter *Strich* den Wert **#FF6600** ein.

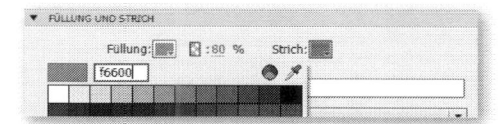

**d** Tragen Sie anschließend unter *Breite* den Wert **2** ein.

Sie haben die Smartform mit einer Volltonfarbe befüllt und die Rahmenfarbe sowie -breite angepasst. Da die Füllfarbe standardmäßig auf ein Alpha von 80% eingestellt ist, tritt die Strichfarbe stärker hervor.

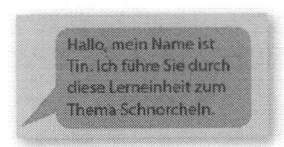

**5** Markieren Sie die untere Smartform und füllen Sie das Objekt mit einem linearen Verlauf:

    **a** Klicken Sie im Bedienfeld *Eigenschaften* unter *Füllung und Strich* bei *Füllung* auf den Farbwähler.

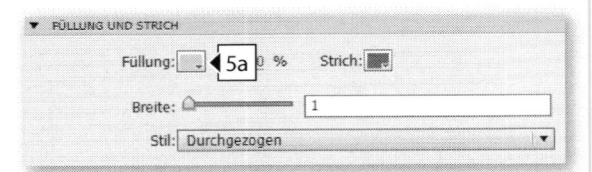

    **b** Klicken Sie auf die Schaltfläche **Verlauf**.

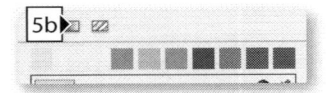

    **c** Klicken Sie auf den Farbwähler des Startwertes.

    **d** Wählen Sie die Farbe **#333333** aus.

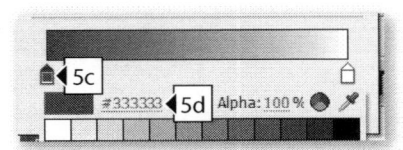

    **e** Klicken Sie auf den Farbwähler des Endwertes und wählen Sie die Farbe **#999999** aus.

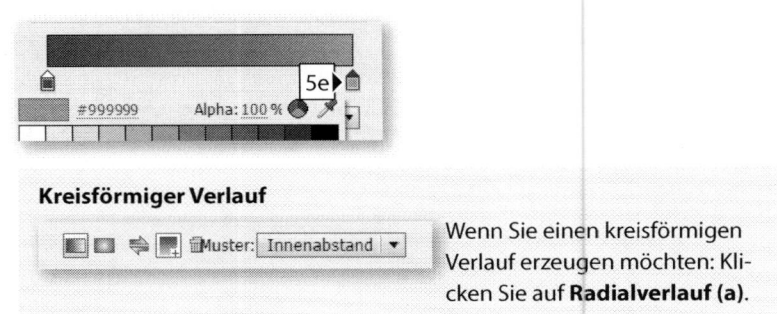

**Kreisförmiger Verlauf**

Wenn Sie einen kreisförmigen Verlauf erzeugen möchten: Klicken Sie auf **Radialverlauf (a)**.

**Verlaufspunkte einfügen**

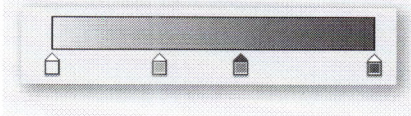

Wenn Sie weitere Verlaufspunkte einfügen möchten: Klicken Sie auf eine freie Position zwischen Anfangs- und Endfarbwert und stellen Sie jeweils die gewünschte Farbe ein.

**Verlaufsrichtung verändern**

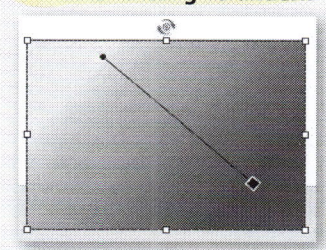

Wenn Sie die Richtung, das Zentrum oder die Länge des Verlaufes ändern möchten: Rechtsklicken Sie auf die Smartform auf der Bühne und wählen Sie **Verlauf bearbeiten**. Nun können Sie mit der Maus den Verlauf über die beiden schwarzen Anfasser verändern. Ziehen Sie dazu die Anfasser in die jeweils gewünschte Richtung. Der kreisförmige Anfasser steht für den Anfangsfarbwert (**a**), der rechteckige Anfasser für den Endfarbwert (**b**).

6 Tragen Sie im Bereich *Füllung und Strich* unter *Breite* den Wert **0** ein.

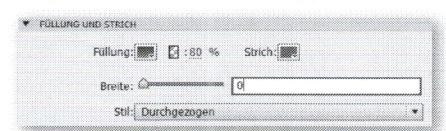

7 Passen Sie die Schriftfarbe an: Wählen Sie im Bereich *Zeichen* unter *Farbe* **Weiß**.

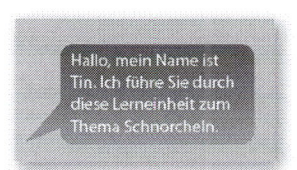

8 Ziehen Sie über die Objektsymbolleiste eine weitere Smartform der Art **Ellipse** auf der Bühne auf.

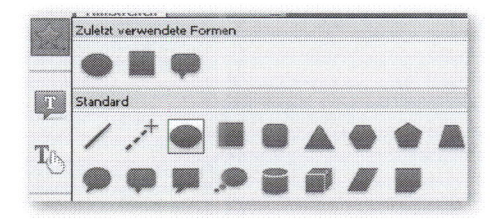

Schatten und Spiegelungen | 167

9  Passen Sie die Größe der Ellipse an:

   a  Deaktivieren Sie in den *Eigenschaften* im Bereich *Transformieren* die Option **Proportionen beschränken**.

   b  Tragen Sie unter *X* **421**, *Y* **86**, *B* **495** und *H* **317** ein.

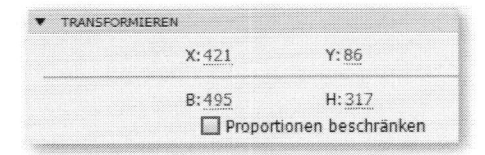

10 Füllen Sie die Smartform mit einem Bild:

   a  Klicken Sie im Bedienfeld *Eigenschaften* unter *Füllung und Strich* bei *Füllung* auf den Farbwähler.

   b  Klicken Sie auf die Schaltfläche **Textur**.

   c  Deaktivieren Sie die Option **Nebeneinander**.

   d  Deaktivieren Sie die Option **Dehnen.**

   e  Klicken Sie auf die Schaltfläche **Durchsuchen**.

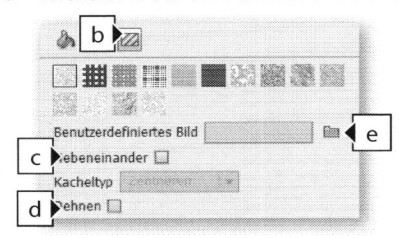

   Es öffnet sich das Fenster *Bild aus Bibliothek auswählen*.

   f  Klicken Sie auf **Importieren**.

   g  Öffnen Sie die Datei *Krabbe.png* aus dem Ordner *06_Rapid_E-Learning*.

   Sie haben die Smartform nun mit einem Hintergrundbild befüllt.

11 Ändern Sie die Strichfarbe:

   a  Klicken Sie im Bedienfeld *Eigenschaften* unter *Füllung und Strich* auf den Farbwähler.

   b  Ändern Sie die Strichfarbe in **#CCCCCC**.

**12** Versehen Sie dazu die mit einem Bild befüllte Ellipse mit Schatten und Spiegelung:

    **a** Aktivieren Sie im Bedienfeld *Eigenschaften* unter *Schatten und Spiegelung* die Option **Schatten**.

    **b** Wählen Sie unter *Vorgaben* die **8.** Vorgabe aus.

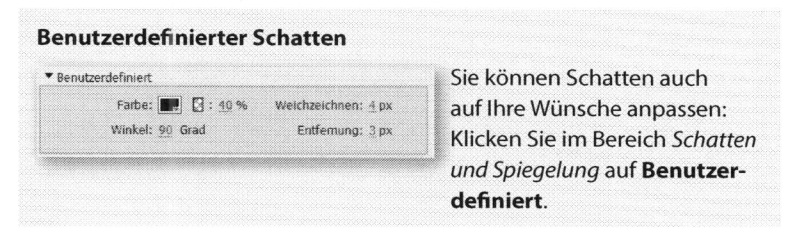

> **Benutzerdefinierter Schatten**
>
> Sie können Schatten auch auf Ihre Wünsche anpassen: Klicken Sie im Bereich *Schatten und Spiegelung* auf **Benutzerdefiniert**.

    **c** Aktivieren Sie die Option **Spiegelung**.

    **d** Wählen Sie unter *Vorgaben* die **4.** Vorgabe aus.

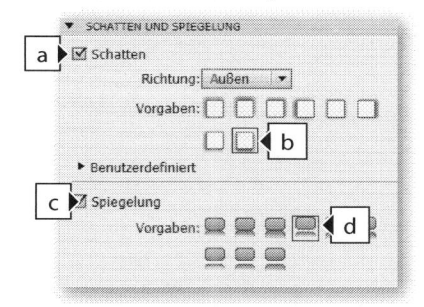

**13** Betrachten Sie das Projekt in der Vorschau und speichern Sie Ihr Ergebnis optional.

Sie wissen nun, wie Sie Smartformen befüllen und mit Schatten sowie Spiegelungen gestalten können.

> Eine mögliche Lösung finden Sie in der Datei *06_Rapid_E-Learning\Smartformen_Farben_Verlaeufe_Effekte_Ziel.cptx*.

### Tipp: Eigene Figuren einfügen

Auch wenn dies möglich ist, empfehle ich Ihnen persönlich nicht, die Figuren über die Oberfläche von Captivate einzufügen, da diese dort nur sehr klein in der Vorschau zu sehen sind. Öffnen Sie stattdessen das Verzeichnis, in dem die Grafiken der Figur liegen über den *Explorer* (Win) / *Finder* (Mac) und ziehen Sie diese per Drag & Drop direkt auf Ihre Folie. So können Sie die Figuren auch sprechend benamen, mit Schlagworten versehen und so wesentlich produktiver arbeiten.

## Personen (Darsteller)

Captivate liefert eine Auswahl an Figuren mit unterschiedlichen Gesten mit, mit Hilfe derer Sie Ihre E-Learning-Inhalte noch interessanter und motivierender gestalten können – ob als virtueller Lernbegleiter oder um eine Story zu erzählen.

### Das Fenster Personen
Einfügen > Personen

**A** Kategorie, z. B. Freizeit oder Medizin

**B** Auswahl an Personen

**C** Unterschiedliche Gesten der gewählten Person

**D** Personen erweitern und weitere (kostenpflichtige) Sets erwerben

### So können Sie die Assets um eigene Personen erweitern

1 Navigieren Sie in das Verzeichnis, in welches Sie die Assets installiert haben (*Benutzer \ Öffentlich \ Öffentliche Dokumente \ Adobe \ eLearning Assets \ Characters* (Win) / *Benutzer / Für alle Benutzer / Adobe / eLearning Assets / Characters* (Mac)).

2 Wählen Sie die Kategorie, in der die neue Figur angezeigt werden soll (z. B. *Illustrated*).

3 Erstellen Sie einen neuen Ordner mit dem Namen der Figur.

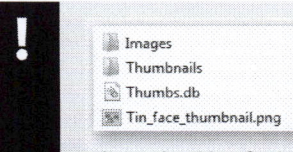

> In diesem Ordner muss Folgendes enthalten sein: Ein Ordner mit dem Namen *Images*, der die Bilder der verschiedenen Posen enthält, ein Ordner mit dem Namen *Thumbnails*, der die in der Oberfläche angezeigten Thumbnails der Größe 35 x 92 px enthält sowie ein Bild des Kopfes mit dem Namen *NameDerFigur_face_thumbnail* und der Abmessung 52x52 px.

## Übung: Virtuellen Lernbegleiter einsetzen

Im Rahmen dieser Übung fügen Sie in Ihr Projekt eine Person ein, die den Lernenden während der gesamten Lerneinheit begleiten wird.

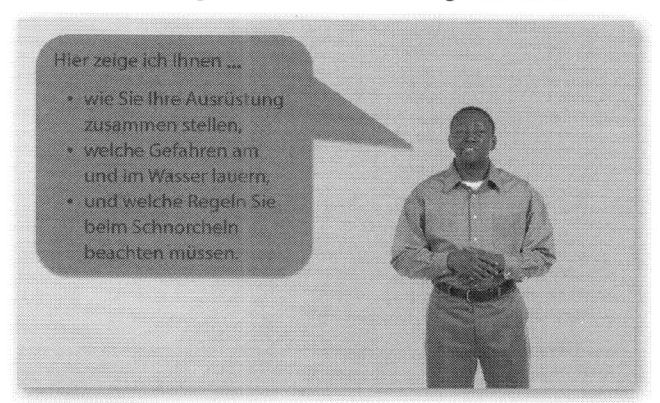

✓ Wie Sie die Übungsdateien herunterladen: ▶ *Seite 19*

### Übung

1 Öffnen Sie die Datei *Person_einfuegen_Ausgang.cptx* aus dem Ordner *06_Rapid_E-Learning*.

2 Fügen Sie eine Person auf Folie 1 ein:

   a Wählen Sie **Einfügen > Personen**.
   
   Das Fenster *Personen* öffnet sich.
   
   b Wählen Sie unter *Kategorie* **Business**.
   
   c Markieren Sie die erste Person (links). 

   d Wählen Sie folgende Geste und klicken Sie auf **OK**.

Die Person wird vollflächig auf der Folie platziert.

---

**Personen bearbeiten**

Personen sind Bildobjekte. Ihnen stehen damit dieselben Einstellungen und Bearbeitungsmöglichkeiten wie bei normalen Bildern zur Verfügung (▶ *Seite 221*).

3   Richten Sie die Person auf der Folie aus: Tragen Sie in den *Eigenschaften* im Bereich *Transformieren* unter *X* **274** und unter *Y* **184** ein.

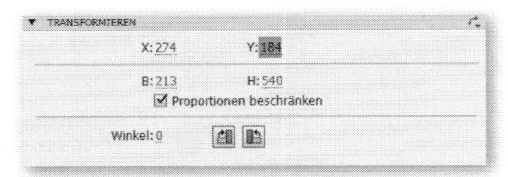

4   Fügen Sie auch auf den Folien 2 und 3 eine Person mit den entsprechenden Gesten (wie in den folgenden Bildschirmfotos gezeigt) ein.

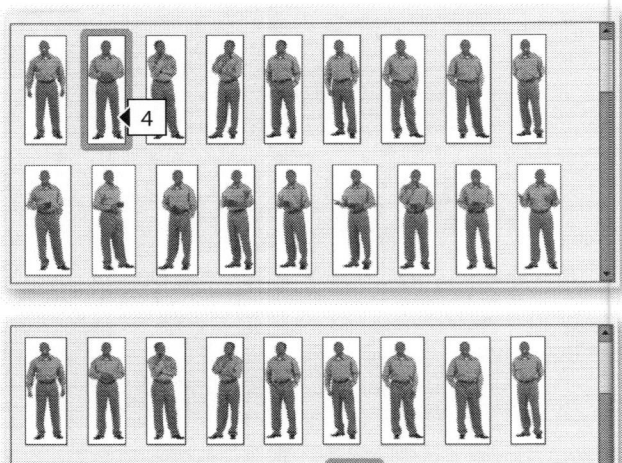

5   Richten Sie die Personen aus:

   a   Folie 2: *X* **545** und *Y* **179**.

   b   Folie 3: *X* **466** und *Y* **170**.

> Eine detaillierte Beschreibung zum Thema Timing und Ausrichtung von Objekten finden Sie hier: ▶ *Seite 46*.

6   Testen Sie das Projekt in der Vorschau (**Datei > Vorschau > Projekt**) und speichern Sie Ihr Ergebnis optional.

Nun wissen Sie, wie Sie Ihre Projekte mit Personen anreichern können.

> Eine mögliche Lösung finden Sie in der Datei *06_Rapid_E-Learning\Person_einfuegen_Ziel.cptx*.

# Projekte standardisieren

Standardisierung ist eine der wichtigsten Aufgaben bei der Produktion mit Captivate. Denn nur so können Sie Ihre Projekte konsistent und effizient realisieren.

**Themenübersicht**

- Projektvorlagen — 174
- Voreinstellungen — 175
- Folien — 176
- Designs (Themes) — 178
- Folienmaster — 180
- Übung: Das Folienmasterkonzept — 182
- Übung: Hintergründe — 187
- Platzhalter — 190
- Übung: Platzhalter — 191
- Objektstile — 197
- Übung: Objektstile einsetzen — 200
- Vererbung: Auf alle anwenden — 204
- Bibliothek — 205

## Projektvorlagen

Sobald Sie Ihr erstes Captivate-Projekt erstellt haben (Pilotprojekt), empfehle ich Ihnen, sich intensiv dem Thema Projektvorlage zu widmen. Denn nur so können Sie Ihre Projekte konsistent halten und zugleich auch viel Zeit einsparen. In diesem Abschnitt möchte ich Ihnen einen Überblick geben, welche zu standisierenden Bereiche eine Projektvorlage abdecken kann.

**Struktur des Vorlagenkonzepts** ▶

| Captivate-Projektvorlage (.cptl) ||
|---|---|
| **Design (.cptm)** | **Auflösung** |
| **Objektstile (.cps)**<br>Objektformate | **Struktureller Aufbau sowie häufig verwendete Inhalte & Funktionen**<br>z. B. Verzweigungen, Titelfolien, allgemeine Aufgabenbeschreibungen, Widgets, etc. |
| **Folienmaster**<br>Layoutvorgaben & Platzhalter | |
| **Skin**<br>Layout Wiedergabeleiste & Inhaltsverzeichnis | **Projektvoreinstellungen (.cpr)** |

**CI / CD**

Um ansprechende und CI-konforme Captivate-Projekte zu erstellen, sollten Sie mit Gestaltungsrastern und Farbkonzepten arbeiten. Dadurch erhalten Sie Struktur und Ordnung im Layout (▶ Weblink 07.1, Seite 20).

▶ Pilotprojekt: Im Idealfall sollte der Projektvorlage ein Pilotprojekt vorausgehen. Denn nur so können Sie sicherstellen, dass die Definitionen der Projektvorlage auch praxiserprobt sind. Sie können das Pilotprojekt direkt als Projektvorlage anlegen (**Datei > Neues Projekt > Projektvorlage**) oder alternativ ein Captivate-Projekt (.cptx) auch als Projektvorlage speichern (**Datei > Speichern unter > .cptl**).

▶ Captivate-Projektvorlage (.cptl): Neben einem Design fasst die Projektvorlage die Definition der Auflösung sowie Projektvoreinstellungen. Neben dem strukturellen Aufbau von Projekten sollten auch häufig verwendete Inhalte und Funktionen in der Projektvorlage gesammelt werden. Beispiele: Wiederkehrende frei definierte Menükonstruktionen, Titelfolien, allgemeine Aufgabenbeschreibungen, Widgets, etc.

▶ Designs (.cptm): Ein Design umfasst Objektstile, Folienmaster und Layouteinstellungen zu Wiedergabeleiste und Inhaltsverzeichnis (Skin). Über Objektstile können Sie das Erscheinungsbild der verschiedenen Objekte definieren. Objektstile können auch separat ex- und importiert werden (.cps). Ähnlich wie bei PowerPoint, fassen Folienmaster Layoutvorgaben für Folien sowie Platzhalter. Auch gesamte Designs können isoliert ex- und importiert werden (.cptm).

**Bestehende Projekte aktualisieren**

Nutzen Sie die Möglichkeit, Designs, Objektstile und Voreinstellungen zu im- und exportieren, um bereits bestehende Projekte zu aktualisieren.

▶ Captivate-Voreinstellungen (.cpr): Die Grundeinstellungen von Projekten, z. B. Einstellungen zur Veröffentlichung oder zur Aufnahme können ebenfalls in Projektvorlagen gesichert werden. Auch diese lokalen Einstellungen können separat ex- und importiert werden (.cpr).

## Voreinstellungen

Um Ihre Projekte zu standardisieren und einheitliche (lokale) Voreinstellungen auch auf mehreren Systemen nutzen zu können, bietet Captivate die Möglichkeit, Projektvoreinstellungen zu ex- und importieren. Projektvoreinstellungsdateien tragen die Dateiendung *.cpr.

### Die globalen Voreinstellungen in Captivate
Bearbeiten > Voreinstellungen (Win) / Adobe Captivate > Voreinstellungen (Mac)

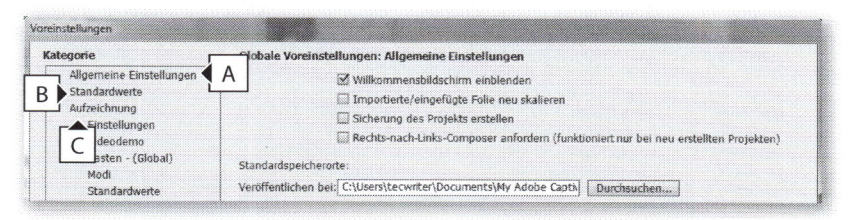

**A** *Allgemeine Einstellungen*: Beispielsweise die Standardspeicherorte von Captivate sowie die Rastergröße zur Ausrichtung von Objekten (▶ Seite 44)

**B** *Standardwerte*: Standards für Folien, Objekte und die Vorschau

**C** *Aufzeichnung*: Verschiedene Vorgaben für die Aufzeichnung, wie allgemeine Aufzeichnungseinstellungen (▶ Seite 54), Aufnahmemodi (▶ Seite 99), Standardstile für die Objekte der Aufnahmemodi (▶ Seite 197)

### Von rechts nach links geschriebene Sprachen

Captivate unterstützt seit Version 7 auch von rechts nach links geschriebene Sprachen wie z. B. Arabisch, Hebräisch und Urdu. Aktivieren Sie hierzu in den *Voreinstellungen* unter der Kategorie *Allgemeine Einstellungen* die Option **Rechts-nach-Links-Composer anfordern**.

### So speichern Sie Ihre Voreinstellungen

1 Wählen Sie in der Menüleiste **Bearbeiten > Voreinstellungen** (Win) / **Adobe Captivate > Voreinstellungen** (Mac) und legen Sie die gewünschten Voreinstellungen fest.

2 Öffnen Sie ein beliebiges Projekt.

3 Wählen Sie in der Menüleiste **Datei > Exportieren > Voreinstellungen**.

4 Definieren Sie Dateiname, Speicherort und klicken Sie auf **Speichern**.

Sie haben die Voreinstellungen nun in einer CPR-Datei gesichert.

### Aufbau einer CPR-Datei

Eine CPR-Datei ist in XML-Form aufgebaut. Wenn Sie diese mit einem Texteditor öffnen, können Sie direkt nachvollziehen, welche Voreinstellungen definiert wurden.

### So importieren Sie eine Voreinstellungsdatei

1 Öffnen Sie ein beliebiges Projekt.

2 Wählen Sie **Datei > Importieren > Voreinstellungen**.

3 Wählen Sie die CPR-Datei und klicken Sie auf **OK**.

Sie haben die Voreinstellungen nun importiert und damit die bisherigen Einstellungen auf Ihrem System überschrieben.

## Folien

Folienbasierte Captivate-Projekte (.cptx) bestehen wie PowerPoint-Projekte aus einer Vielzahl an Folien. Jede Folie hat ihre eigene Zeitleiste und auch eigene Eigenschaften.

Sie können einem Projekt verschiedene Arten von Folien hinzufügen:

- **Einfügen > Neue Folie**: Folie, die die Folienmastereinstellungen der aktuell gewählten Folie verwendet.
- **Einfügen > Neue Folie aus**: Auf Basis eines gewünschten Inhaltsfolienmasters eine neue Folie einfügen.
- **Einfügen > Leere Folie**: Folie, die keinen Folienmaster verwendet.
- **Einfügen > Fragenfolie**: Folie(n) mit Quizfunktion(en) (▶ *Seite 427*).
- **Einfügen > PowerPoint-Folie**: Folie(n) aus einer PowerPoint-Präsentation.
- **Einfügen > Aufzeichnungsfolie**: Weitere Folie(n) aufzeichnen.
- **Einfügen > Bildfolie**: Folie mit Bild als Hintergrund.
- **Einfügen > CPVC-Folie:** Videodemo-Projekt (▶ *Seite 63*) einfügen.
- **Einfügen > Animationsfolie**: Folie mit Animationsdatei als Hintergrund.

### Folien duplizieren

Sie können Folien innerhalb Ihres Projektes auch duplizieren. Dabei führen Sie die Funktionen Kopieren und Einfügen in einem Schritt aus: Rechtsklicken Sie im Filmstreifen auf die gewünschte Folie und wählen Sie **Duplizieren**. Eine zweite Folie mit allen Objekten und Folienmastereinstellungen wird direkt nach der markierten Folie eingefügt.

### Das Bedienfeld Eigenschaften einer Folie

**A** Tabulatorreihenfolge festlegen: Interaktive Objekte so anordnen, wie der Benutzer mittels Tab-Taste über die Tastatur durch das Projekt navigieren soll oder ein Bildschirmleseprogramm die Folie abarbeiten soll

**B** Barrierefreier Text für die Folie (▶ *Seite 323*)

**C** Foliennamen vergeben

**D** Folienmaster auswählen (▶ *Seite 179*)

**E** Änderungen, die Sie manuell (z. B. an Platzhaltern auf Folien) vorgenommen haben, werden zurückgesetzt und wieder mit den Einstellungen des Folienmasters verknüpft

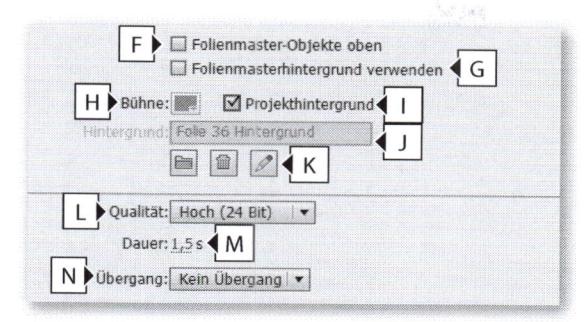

F  Folienmaster-Objekte in den Vordergrund der Folie stellen
G  Folienmasterhintergrund für die Folie übernehmen
H  Wenn **F** deaktiviert ist: Hintergrundfarbe für die Folie über die Farbpalette auswählen
I  Wenn **F** deaktiviert ist: Hintergrundfarbe aus den Projektvoreinstellungen für die Folie verwenden

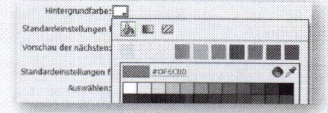

> **Farbe des Projekthintergrundes**
>
> Wenn Sie die Farbe des Projekthintergrundes festlegen möchten: Wählen Sie in der Menüleiste **Bearbeiten > Voreinstellungen** (Win) / **Adobe Captivate > Vorein**
>
> Wählen Sie die *Kategorie* **Standardwerte**. Wählen Sie im rechten Bereich unter *Hintergrundfarbe* Ihre gewünschte Farbe aus und klicken Sie auf **OK**.

J  Hintergrundbild für die Folie verwenden
K  Wenn ein Bild als *Hintergrund* für die Folie gewählt ist: Bild ändern, löschen, bearbeiten
L  Folienqualitätsstufe wählen (▶ Seite 321)
M  Anzeigedauer der Folie festlegen
N  Übergang für die Folie auswählen

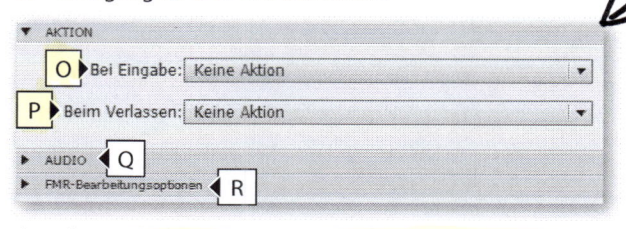

*Wiedergabe von hier aus automatisch starten!?*

O  Aktion, die beim Start einer Folie ausgelöst werden soll
P  Aktion, die beim Verlassen einer Folie ausgelöst werden soll

> **Timing von Folienübergängen**
>
> Der Übergang wird immer zu Beginn einer Folie abgespielt. Wenn Sie also z. B. einen Übergang zwischen Folie 4 und 5 einfügen möchten: Wählen Sie Folie 5 aus und stellen Sie den gewünschten Übergang ein.

> **Standarddesign für neue Projekte ändern**
>
> Standardmäßig verwendet ein neues **Leeres Projekt** automatisch das Design *Weiß*. Wenn Sie stattdessen jedoch standardmäßig immer mit einem richtig leeren Projekt - ohne irgendwelche Designvorgaben - starten möchten: Navigieren Sie in das Verzeichnis *Benutzer\Öffentlich\ Öffentliche Dokumente\Adobe\ eLearning Assets\Layouts\7_0\ de_DE (Win) /Benutzer/Ihr Benutzername/Dokumente/ My Adobe Captivate Projects/ Layouts/7_0/de_De (Mac)*. Benennen Sie das Standarddesign *Weiß.cptm* um, z. B. in „Weiß_alt". Benennen Sie nun das Design *Leer.cptm* in „Weiß" um.

! Die entsprechende Aktion wird nur dann ausgeführt, wenn die Folie bis zum Ende abgespielt wird. Verlässt der Benutzer die Folie frühzeitig (z. B. über eine Schaltfläche) wird die hinterlegte Aktion für das Verlassen der Folie nicht ausgeführt.

Q  Folienaudio (▶ *Seite 302*)

R  Wenn Folie eine Full-Motion-Aufzeichnung enthält: FMR bearbeiten (z. B. Schneiden, Teilen)

## Designs (Themes)

Über Designs können Sie Ihren Projekten ein einheitliches Erscheinungsbild geben. Sie können z. B. ein Farbkonzept anlegen, Objektstile hinterlegen und / oder das Layout für verschiedene Folientypen definieren.

Ein Design umfasst dabei Einstellungen in den folgenden Bereichen eines Projektes:

▶ **Folienmaster:** Jedes Design besteht aus einem Set mehrerer Folienmaster (▶ *Seite 179*)

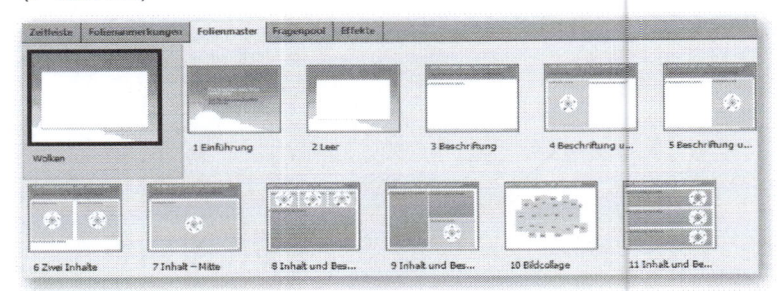

▶ Objektstile (▶ *Seite 197*)

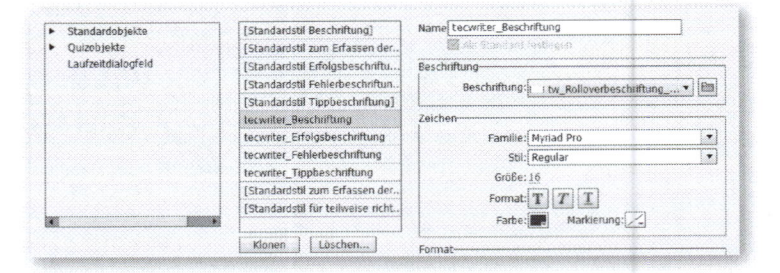

▶ Skin und Inhaltsverzeichnis (▶ *Seite 381*)

### Vorschau ausblenden

Wenn Sie das Designs-Fenster ausblenden möchten: Klicken Sie auf der Bühne auf die aktuelle Folie.

## Designleiste

Designs > Designs-Fenster ein-/ausblenden

Hier finden Sie eine Vorschau aller vordefinierten und (ggf.) auch selbsterstellten Designs.

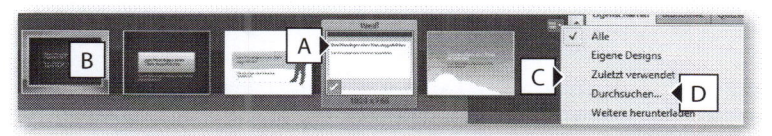

**A** Aktuell gewähltes Design
**B** Vorschau aller Designs
**C** Vorschau filtern nach: Alle, Eigene Designs, Zuletzt verwendet
**D** Design importieren

### Design ex- / importieren

Wenn Sie ein Design exportieren möchten: Wählen Sie in der Menüleiste **Designs > Design speichern unter** und legen Sie Dateinamen sowie -speicherort fest.

Wenn Sie ein Design importieren möchten: Wählen Sie **Designs > Neues Design anwenden**.

Folienmaster | **179**

## Folienmaster

Wenn Sie bestimmte Objekte auf mehreren Folien verwenden, trotzdem aber zentral verwalten und nicht kopieren möchten, können Sie dies mit Folienmastern umsetzen. Über Folienmaster können Sie Ihre Projekte einheitlich gestalten. Alle Objekte und Einstellungen eines Folienmasters werden auf die Folien angewandt, die mit dem entsprechenden Folienmaster verknüpft sind.

### Arten von Folienmastern
Fenster > Folienmaster

**Folienmaster-Vererbung differenzieren**

Wenn Sie den Hintergrund und / oder die Objekte des Hauptfolienmasters nicht auf alle Folienmaster des Designs übertragen möchten: Deaktivieren Sie im Bedienfeld *Eigenschaften* der entsprechenden Folienmaster die Option(en) **Folienmasterhintergrund verwenden** und/oder **Wichtigste Folienmasterobjekte anzeigen**.

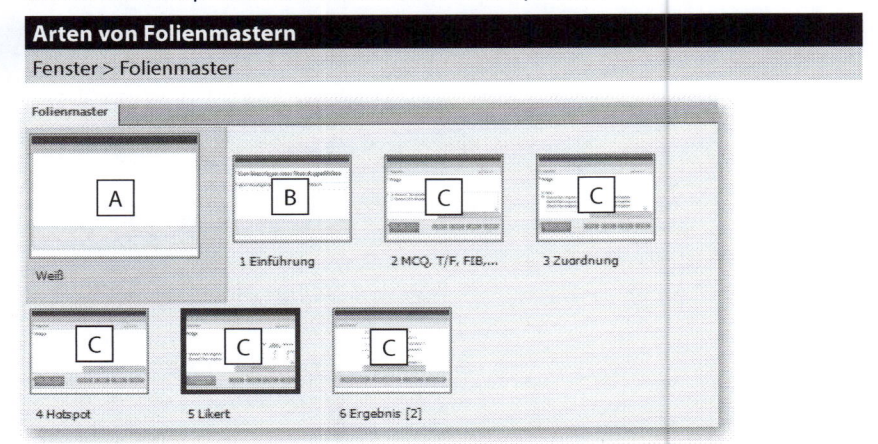

**A** **Hauptfolienmaster:** Hier können Sie Objekte einfügen und / oder einen Hintergrund definieren, die / der von verschiedenen Folienmastern eines Designs verwendet werden kann. Einstellungen (verwendete Objekte und Hintergrundfarbe), die Sie an diesem Folienmaster vornehmen, werden standardmäßig auf alle anderen Folienmaster des Designs übertragen. Jedes Design hat genau einen Hauptfolienmaster

**B** **Inhaltsfolienmaster:** Jedes Design kann beliebig viele Inhaltsfolienmaster umfassen. Sie können z. B. jeweils einen separaten Folienmaster für die Titelfolie, Kapitelübersichtsfolien, Zusammenfassungen, usw. erstellen

**C** **Quizfolienmaster:** Jedes Design beinhaltet zumindest 4 Folienmaster für die verschiedenen Arten von Fragenfolien sowie zumindest einen für die Quizergebnisfolie

Die folgenden Objekte können Sie auf Folienmastern platzieren:

| | |
|---|---|
| Textbeschriftung | Shift+Ctrl+C |
| Smartform | |
| Rollover-Beschriftung | Shift+Ctrl+R |
| Rollover-Bild... | Shift+Ctrl+O |
| Markierungsfeld | Shift+Ctrl+L |
| Bild... | Shift+Ctrl+M |
| Animation... | Shift+Ctrl+A |
| Textanimation | Shift+Ctrl+X |
| Widget... | Shift+Ctrl+W |
| Gleichung | |

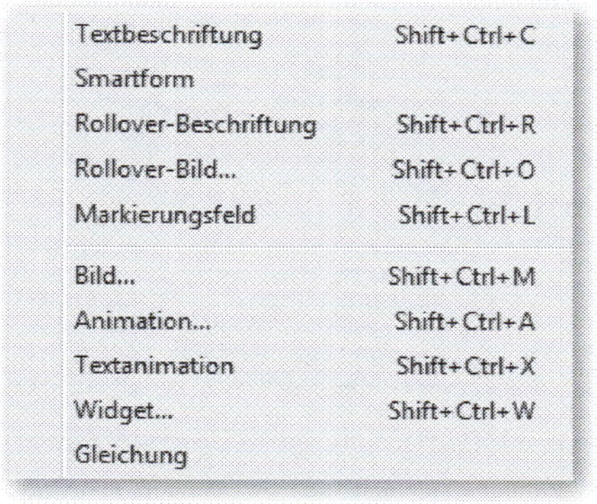

> **Weitere auf Folienmastern platzierbare Objekte**
>
> Zusätzlich zu diesen Objekten können Sie außerdem Ereignisvideos (▶ *Seite 234*), Interaktionen (▶ *Seite 136*) sowie (fast) alle Platzhalterobjekte (▶ *Seite 190*) auf Folienmastern platzieren. Platzhalterobjekte können Sie jedoch ausschließlich auf Folienmastern für Inhalts- und Fragenfolien platzieren, nicht auf dem Hauptfolienmaster. Folienmaster können übrigens kein Folien-/Objektaudio beinhalten.

## Zeitleiste bei Folienmastern

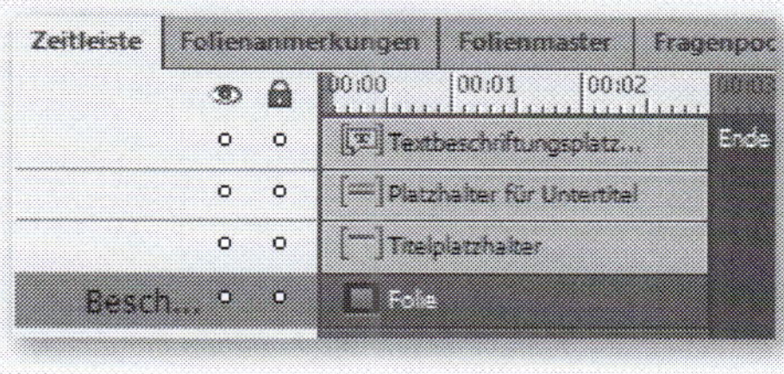

Über die Zeitleiste können Sie auch bei Folienmastern die Ebenenreihenfolge, Objektsichtbarkeit und –sperrung steuern. Jedoch sind keine Timing-Einstellungen möglich.

## Das Bedienfeld Eigenschaften eines Folienmasters

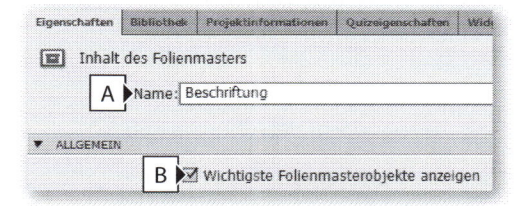

**A** Angabe eines Folienmasternamens

**B** Wichtigste Folienmasterobjekte anzeigen: Zeigt die Objekte des Hauptfolienmasters auf dem aktuell gewählten Folienmaster an

> **Folienmaster benennen**
>
> Verwenden Sie grundsätzlich Namen für Ihre Folienmaster. Diese sind direkt im Bedienfeld *Folienmaster* sowie bei der Auswahl eines Folienmasters über die Folieneigenschaften sichtbar.

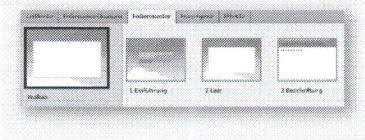

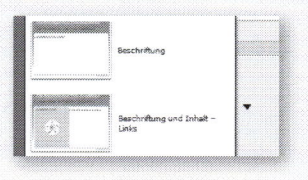

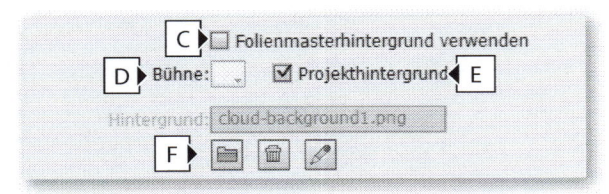

**C** Wendet den Hintergrund des Hauptfolienmasters auf den aktuell gewählten Folienmaster an

**D** Wenn **Folienmasterhintergrund verwenden** (**C**) und **Projekthintergrund** (**E**) deaktiviert sind: Hintergrundfarbe über die Farbpalette auswählen

**E** Hintergrundfarbe aus den Projektvoreinstellungen verwenden

**F** Wenn **Folienmasterhintergrund verwenden** (**C**) deaktiviert ist: Hintergrundbild auswählen, löschen, bearbeiten

### Übung: Das Folienmasterkonzept

Im Rahmen dieser Übung lernen Sie das Folienmasterkonzept kennen.

#### Übung im Kurzüberblick

- Sie erstellen ein **Leeres Projekt**
- Sie wechseln das Design
- Sie benennen Folienmaster
- Sie platzieren Objekte auf Folienmastern
- Sie vererben Objekte
- Sie weisen Folien entsprechende Folienmaster zu

#### Übung

**1** Erstellen Sie ein **Leeres Projekt**:

   **a** Wählen Sie **Datei > Neues Projekt > Leeres Projekt**.

       Das Fenster *Neues leeres Projekt* öffnet sich.

   **b** Tragen Sie unter *Breite* **960** und *Höhe* **540** ein.

   **c** Klicken Sie auf **OK**.

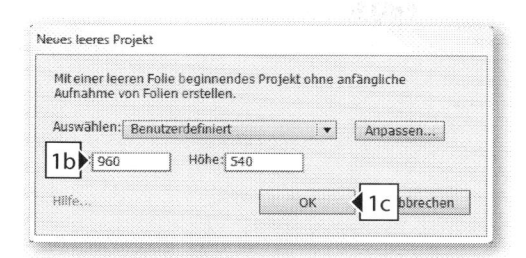

Es öffnet sich ein neues Projekt, das eine Folie umfasst. Im oberen Bereich der Bühne sehen Sie das Designs-Fenster. Außerdem sehen Sie, dass das neue Projekt standardmäßig das Design **Weiß** verwendet.

2   Wählen Sie das Design **Leer** aus und bestätigen Sie die Meldung mit **Ja**.

Das neue Design wird auf Ihr Projekt angewandt.

3   Öffnen Sie das Bedienfeld *Folienmaster*: Wählen Sie **Fenster > Folienmaster**.

Es erscheint die Meldung, dass Sie sich in der Folienmasteransicht befinden.

Sie sehen im Bedienfeld *Folienmaster* die verschiedenen Folienmaster (Haupt-, Inhalts- sowie Fragenfolienmaster), die das Design umfasst.

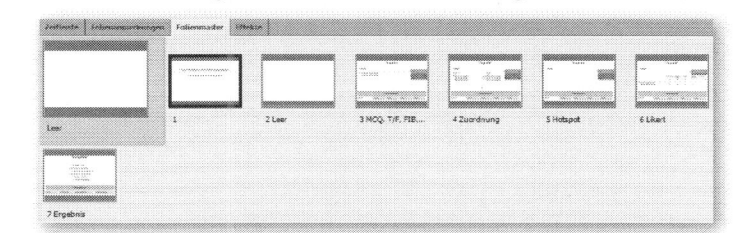

4   Markieren Sie den Inhaltsfolienmaster **7** und verschieben Sie den Inhaltsfolienmaster direkt hinter den Hauptfolienmaster.

---

**Filmstreifen- vs. Folienmasteransicht**

Die jeweilige Ansicht bedeutet, dass alle Änderungen, die Sie vornehmen, direkt die markierte Folie (Filmstreifenansicht) oder den markierten Folienmaster (Folienmasteransicht) betreffen. Wenn Sie z. B. von der Folienmasteransicht in die Filmstreifenansicht wechseln möchten: Klicken Sie in das Bedienfeld *Filmstreifen*.

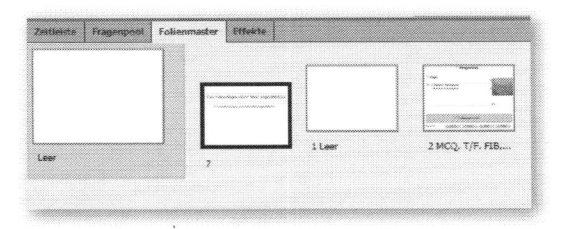

**5** Tragen Sie in den *Eigenschaften* des Inhaltsfolienmasters unter *Name* „Titelmaster" ein.

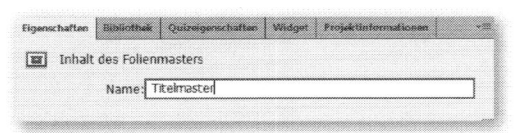

**6** Markieren Sie den Hauptfolienmaster.

**7** Wählen Sie **Einfügen > Bild** und fügen Sie das Bild *Logo_tecwriter.png* aus dem Ordner *07_Projekte_standardisieren* ein.

**8** Tragen Sie in den *Eigenschaften* im Bereich *Transformieren* unter *X* **726** und *Y* **30** ein.

Sie sehen, dass das Logo nun sowohl auf dem Hauptfolienmaster als auch auf allen Inhalts- sowie Fragenfolienmastern verwendet wird.

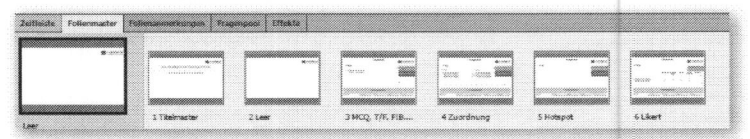

**9** Lassen Sie das Logo lediglich auf dem Inhaltsfolienmaster *2 Leer* anzeigen:

   **a** Markieren Sie im Bedienfeld *Folienmaster* mit gedrückter Taste [Strg] (Win) / [⌘] (Mac) den Titelmaster, alle Fragenfolienmaster, sowie den Ergebnisfolienmaster.

   **b** Deaktivieren Sie in den *Eigenschaften* im Bereich *Allgemein* die Option **Wichtigste Folienmasterobjekte anzeigen**.

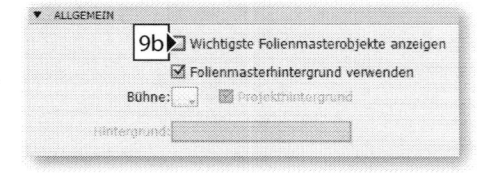

Sie sehen, dass das Logo auf den markierten Folienmastern nun nicht mehr angezeigt wird. Das Logo wird nun lediglich noch auf dem Hauptfolienmaster sowie dem Inhaltsfolienmaster *2 Leer* verwendet.

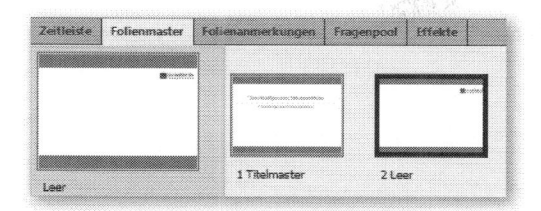

**10** Markieren Sie im Filmstreifen Folie **1**.

Sie kehren zurück zur Filmstreifenansicht. In den *Eigenschaften* der Folie können Sie sehen, dass diese Folie den Inhaltsfolienmaster *Titelmaster* verwendet, weshalb das Logo nicht angezeigt wird.

**11** Weisen Sie der Folie einen anderen Inhaltsfolienmaster zu: Wählen Sie in den *Eigenschaften* der Folie im Bereich *Allgemein* unter *Folienmaster* **Leer**.

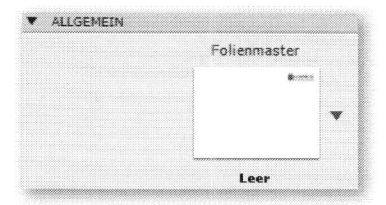

Sie sehen, dass das Logo nun auf der Folie angezeigt wird.

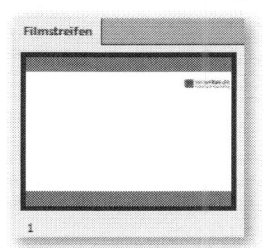

**12** Platzieren Sie ein weiteres Objekt direkt auf der Folie:

   **a** Wählen Sie **Einfügen > Standardobjekte > Smartform**.

   **b** Wählen Sie ein **Rechteck**.

   **c** Ziehen Sie das Rechteck im oberen Teil der Folie auf, sodass es auch das Logo überdeckt.

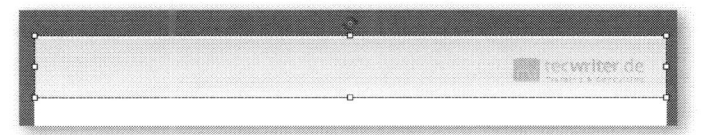

   **d** Wählen Sie in den *Eigenschaften* im Bereich *Füllung und Strich* unter *Füllung* den **5.** vorgegebenen Verlauf.

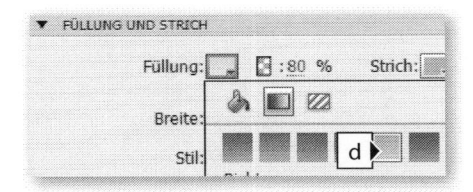

**e** Tragen Sie neben *Füllung* einen Alpha-Wert von **100%** ein.

**f** Stellen Sie unter *Breite* **0** Pt ein.

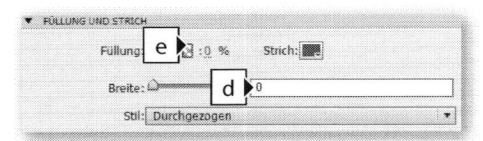

Das Rechteck überlagert das Logo nun, was wir jedoch nicht möchten.

**13** Aktivieren Sie in den *Eigenschaften* der Folie im Bereich *Allgemein* **Folienmaster-Objekte oben**.

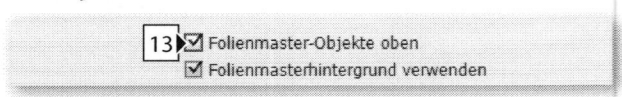

Sie sehen, dass das Logo nun im Vordergrund erscheint.

**14** Speichern Sie Ihr Ergebnis optional.

Sie haben nun das Folienmasterkonzept kennengelernt und wissen, wie Sie z. B. Objekte über Folienmaster verteilen können.

> Eine mögliche Lösung finden Sie in der Datei *07_Projekte_standardisieren / Folienmasterkonzept_Ziel.cptx*.

## Übung: Hintergründe

Im Rahmen dieser Übung vertiefen Sie das Wissen um Folienmaster und lernen die Unterschiede zwischen Projekt-, Folienmaster- sowie Folienhintergrund kennen.

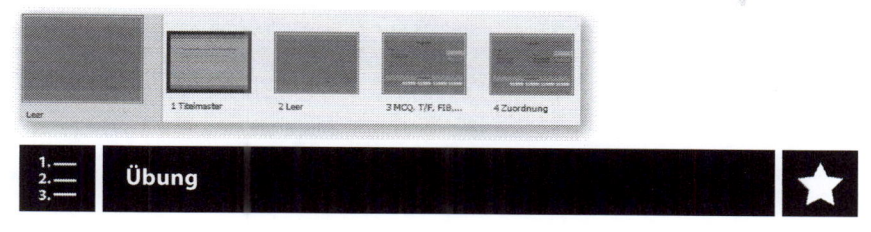

### Übung

1. Öffnen Sie die Datei *Folienmaster_Ausgang.cptx* aus dem Ordner *07_Projekte_standardisieren*.

2. Definieren Sie den Projekthintergrund:

   a. Wählen Sie **Bearbeiten > Voreinstellungen** (Win) / **Adobe Captivate > Voreinstellungen** (Mac).

      Das Fenster *Voreinstellungen* öffnet sich.

   b. Klicken Sie unter **Kategorie > Standardwerte** bei *Hintergrundfarbe* auf den Farbwähler.

   c. Wählen Sie einen **hellgrünen** Farbwert aus.

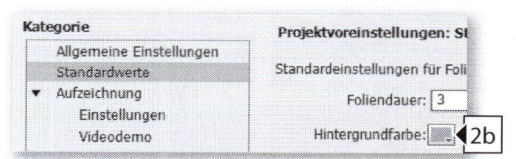

   d. Klicken Sie auf **OK**.

   Sie sehen, dass die gewählte (helle) Farbe nun im gesamten Projekt (alle Folien und Folienmaster) verwendet wird.

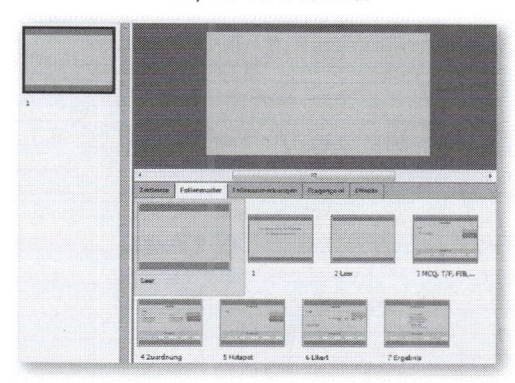

3. Verwenden Sie für den Hauptfolienmaster eine andere Farbe:

a Markieren Sie im Bedienfeld *Folienmaster* (**Fenster > Folienmaster**) den Hauptfolienmaster.

b Deaktivieren Sie in den *Eigenschaften* im Bereich *Allgemein* die Option **Projekthintergrund**.

c Klicken Sie unter *Bühne* auf den Farbwähler.

d Wählen Sie die Farbe **Rot**.

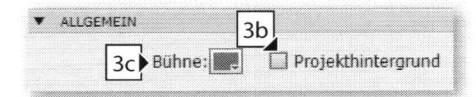

Das gesamte Projekt verwendet nun die rote (dunkle) Farbe als Hintergrund, da alle Inhalts- und Fragenfolienmaster den Hintergrund des Hauptfolienmasters verwenden.

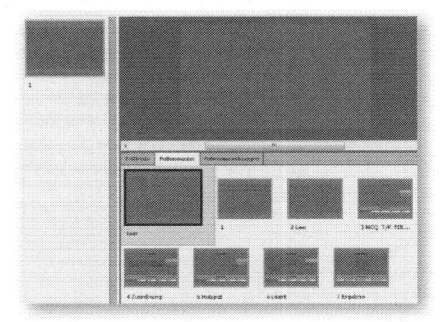

4 Verwenden Sie für einen Inhaltsfolienmaster eine andere Farbe als Hintergrund:

  a Markieren Sie den Folienmaster **1 Titelmaster**.

  b Deaktivieren Sie in den *Eigenschaften* im Bereich *Allgemein* die Option **Folienmasterhintergrund verwenden**.

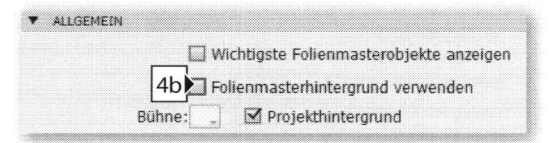

Sie sehen, dass der Inhaltsfolienmaster nicht mehr den Hintergrund des Hauptfolienmasters, sondern wieder den Projekthintergrund (Hellgrün) verwendet.

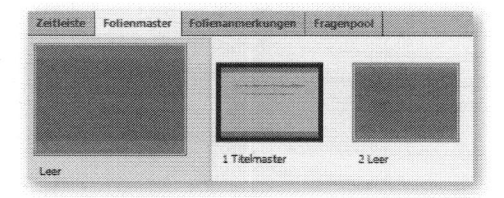

c Deaktivieren Sie die Option **Projekthintergrund** und wählen Sie unter *Bühne* die Farbe **Weiß**.

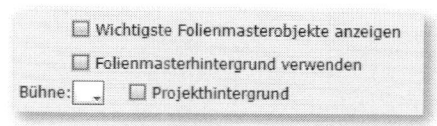

Sie sehen, dass der Inhaltsfolienmaster nun die neue Farbe (Weiß) verwendet, während der Rest des Projektes weiterhin die Hintergrundfarbe des Hauptfolienmasters (Rot) verwendet.

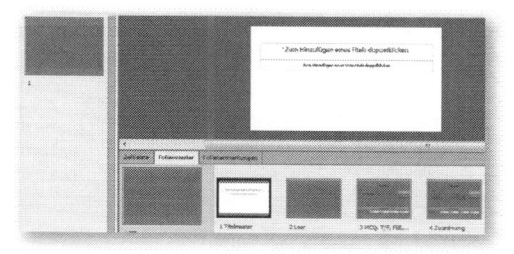

5 Verwenden Sie für die Folie im Projekt eine andere Farbe:

   a Markieren Sie die Folie im *Filmstreifen*.

   Die Folie verwendet die Hintergrundfarbe des Folienmasters **2 Leer**, welcher wiederum die Hintergrundfarbe des Hauptfolienmasters (Rot) verwendet.

   b Deaktivieren Sie die Option **Folienmasterhintergrund verwenden**.

   Sie sehen, dass auch die Folie nun den Projekthintergrund (Grün) verwendet.

   c Deaktivieren Sie die Option **Projekthintergrund** und wählen Sie unter *Bühne* die Farbe **Schwarz**.

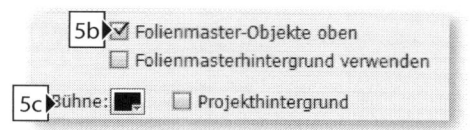

Sie sehen, dass die Folie nun die neue Farbe (Schwarz) verwendet.

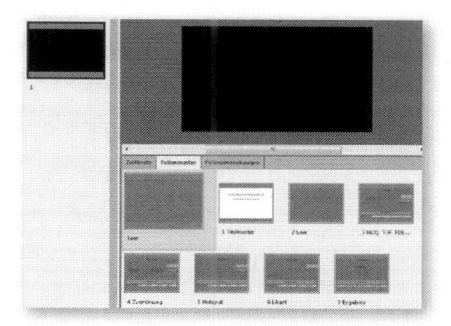

> **Hintergrundbilder vererben**
>
> Dieses Verhalten gilt nicht nur für Farben, sondern auch Hintergrundbilder, z. B. die, welche bereits in den mitgelieferten Designs verwendet oder bei folienbasierten Bildschirmaufnahmen erstellt werden.

Sie wissen nun, wie Sie die Hintergründe auf den verschiedenen Ebenen Ihres Projektes steuern.

🚩 Eine mögliche Lösung finden Sie in der Datei *07_Projekte_standardisieren / Folienmaster_Ziel.cptx*.

## Platzhalter

Mit Hilfe von Platzhalterobjekten können Sie über Folienmaster vorgeben, welche Objekte an welcher Stelle Ihres Projektes mit Inhalt befüllt werden sollen. Das Besondere dabei: Diese Inhalte bleiben mit dem Folienmaster verknüpft und können so zentral gesteuert werden.

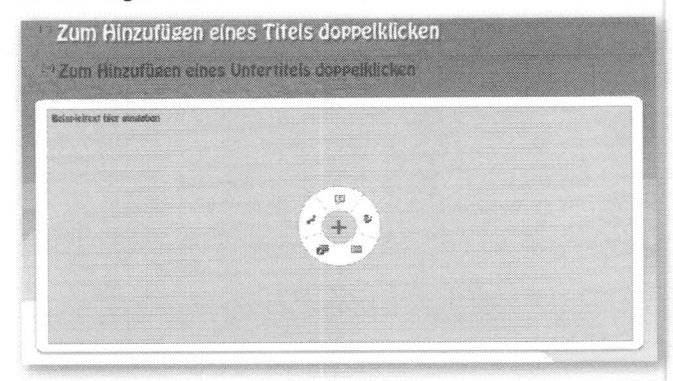

Im Folgenden ein Überblick über das Verhalten von Platzhalterobjekten:

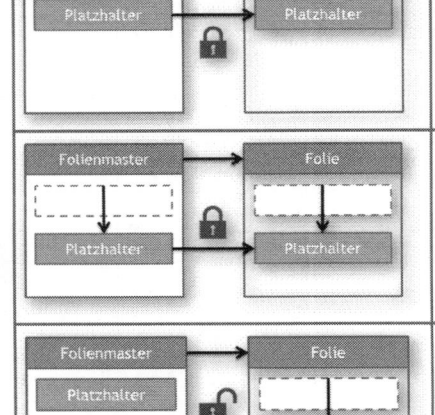

| | |
|---|---|
| (Folienmaster → Folie, Platzhalter verknüpft 🔒) | Wenn Sie einer Folie einen Folienmaster mit Platzhalter zuweisen, können Sie diesen auf der Folie mit Inhalt befüllen. |
| (Folienmaster → Folie, Layout-Änderung verknüpft 🔒) | Wenn Sie auf dem Folienmaster das Layout oder die Position des Platzhalters verändern, wird diese Änderung auf den Platzhalter auf der Folie (bzw. allen Folien, die den gleichen Folienmaster verwenden) übertragen. |
| (Folienmaster → Folie, entkoppelt 🔓) | Wenn Sie den Platzhalter jedoch auf der Folie im Layout verändern und z. B. manuell verschieben, dann wird dieser entkoppelt. Änderungen über den Folienmaster werden dann nicht mehr übernommen. |

> **Platzhalterobjekte mit dem Folienmaster verknüpfen**
>
> Über die Eigenschaften einer Folie können Sie alle Platzhalter der Folie wieder mit dem Folienmaster verbinden und so die dort hinterlegten Definitionen laden. Klicken Sie hierzu einfach auf **Folienmaster zurücksetzen**.

Folgende Objekte können Sie als Platzhalter verwenden:

| | |
|---|---|
| Textbeschriftung | Shift+C |
| Titel | |
| Untertitel | |
| Rollover-Beschriftung | Shift+R |
| Bild... | Shift+M |
| Rollover-Bild... | Shift+O |
| Animation... | Shift+A |
| Textanimation... | Shift+X |
| Videoobjekt... | Shift+F |
| Smartform... | |
| Platzhalter für Inhalt... | |

### Einfügen unterschiedlicher Objekttypen ermöglichen

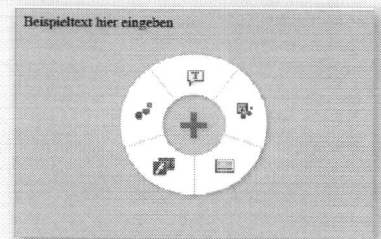

Wenn Sie dem Captivate-Autor die Möglichkeit bieten möchten, unterschiedliche Objekttypen einzufügen: Wählen Sie den Platzhalter für Inhalt. Dann kann der Autor zwischen den Objekten Textbeschriftung, Textanimation, Bild, Video oder Animation wählen.

## Übung: Platzhalter

Im Rahmen dieser Übung vertiefen wir das Wissen im Bereich Folienmaster und erfahren Grundlegendes zum Verhalten von Platzhaltern.

✓ Wie Sie die Übungsdateien herunterladen: ▶ Seite 19

**Übung**

**1** Öffnen Sie die Datei *Platzhalter_Ausgang.cptx* aus dem Ordner \07_Projekte_standardisieren.

Sie sehen ein bereits mit Inhalten befülltes Projekt.

**2** Wechseln Sie in das Bedienfeld *Folienmaster*.

Das Projekt verwendet das Design „Wolken". Sie sehen die Folienmaster, die das Design umfasst.

**3** Markieren Sie den Inhaltsfolienmaster **13 Inhalt und Beschriftung – Vertikal**.

> **Platzhalter einfügen**
>
> Wenn Sie weitere Platzhalter einfügen möchten: Wählen Sie **Einfügen > Platzhalterobjekte**.

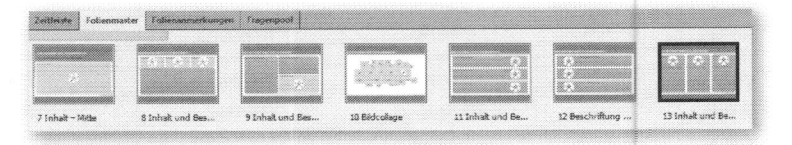

Sie sehen, dass der Inhaltsfolienmaster verschiedene Platzhalter enthält.

4  Fügen Sie eine Folie in das Projekt ein, die diesen Folienmaster verwendet:

   a  Markieren Sie Folie 2 im Filmstreifen.

   b  Wählen Sie **Einfügen > Neue Folie aus** und wählen Sie den Folienmaster **Inhalt und Beschriftung – Vertikal**.

   Es wird eine Folie in Ihr Projekt eingefügt, die diesen Folienmaster sowie dessen Platzhalter verwendet.

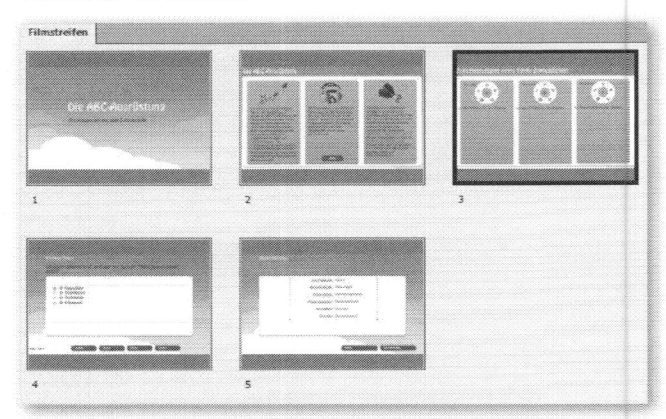

5  Wechseln Sie in das Bedienfeld *Folienmaster* und markieren Sie den Folienmaster **13 Inhalt und Beschriftung – Vertikal**.

6  Verschieben Sie den mittleren *Platzhalter für Inhalt* in den unteren Bereich des Folienmasters.

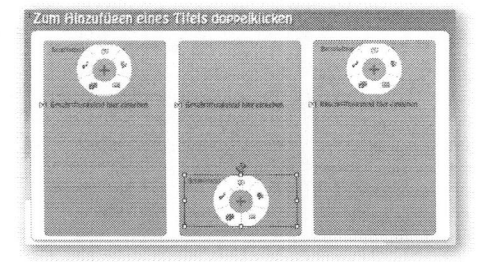

7  Wechseln Sie in die *Filmstreifenansicht*.

   Sie sehen nun, dass sowohl der Platzhalter auf Folie 3 sowie der bereits befüllte Platzhalter der Folie 2 verschoben wurden. Das liegt daran, dass die Beziehung des Platzhalters zum ursprünglichen Folienmaster auch dann beibehalten wird, wenn der Platzhalter bereits befüllt wurde.

**8** Wechseln Sie auf Folie 2.

**9** Markieren Sie die „Tauchflossen" und verschieben Sie das Bildobjekt in den unteren Bereich der Folie.

**10** Wechseln Sie in die *Folienmasteransicht* auf den zugewiesenen Folienmaster **13 Inhalt und Beschriftung – Vertikal**.

**11** Verschieben Sie den rechten Platzhalter für Inhalt vom rechten oberen Bereich in den rechten mittleren Bereich.

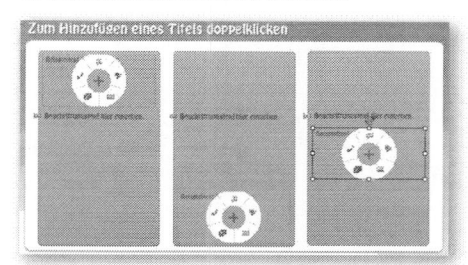

Im Filmstreifen sehen Sie nun, dass die Änderung auf Folie 3 übernommen wurde. Der entsprechende Platzhalter auf Folie 2 wurde jedoch nicht verschoben. Das liegt daran, weil der Platzhalter vom Folienmaster abgekoppelt wird, sobald der Platzhalter direkt auf der Folie verschoben wird (**Schritt 9**).

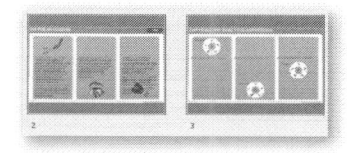

**12** Verknüpfen Sie das Platzhalterobjekt wieder mit dem Folienmaster: Markieren Sie Folie 2 und wählen Sie in den *Eigenschaften* der Folie im Bereich *Allgemein* **Folienmaster zurücksetzen**.

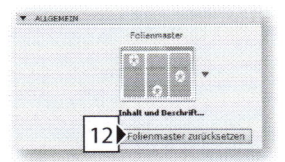

Sie sehen, dass die Platzhalterobjekte entsprechend der Platzhalterobjekte des Folienmasters positioniert werden.

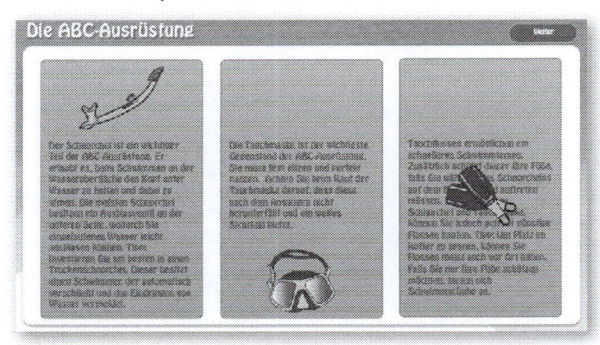

13 **Erstellen Sie einen neuen Folienmaster:**

    a    Rechtsklicken Sie in das Bedienfeld *Folienmaster* und wählen Sie **Folien > Inhaltfolienmaster**.

        Ein neuer Folienmaster wird im Bedienfeld angezeigt.

    b    Vergeben Sie in den *Eigenschaften* des Folienmasters den Namen „Benutzerdefiniert".

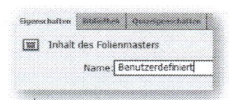

    c    Deaktivieren Sie in den Eigenschaften des Inhaltsfolienmasters die Optionen **Wichtigste Folienmasterobjekte anzeigen** sowie **Folienmasterhintergrund verwenden**.

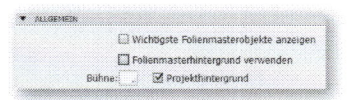

    d    Wählen Sie in der Menüleiste **Einfügen > Platzhalterobjekte > Titel**.

    e    Wählen Sie **Einfügen > Platzhalterobjekte > Untertitel**.

---

**Titel und Untertitel**

Die Platzhalter *Titel* und *Untertitel* können Sie lediglich einmal pro Folienmaster verwenden.

- **f** Wählen Sie **Einfügen > Platzhalterobjekte > Textbeschriftung**.
- **g** Wählen Sie **Einfügen > Platzhalterobjekte > Bild**.
- **h** Platzieren Sie die Platzhalter auf dem Folienmaster (wie im folgenden Bildschirmfoto gezeigt).

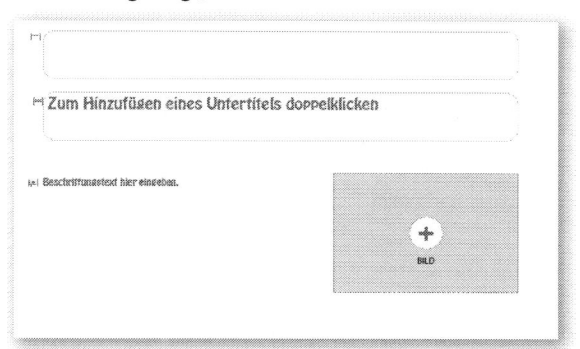

Sie haben nun einen Folienmaster mit vier Platzhalterobjekten erstellt und benannt.

14 Wenden Sie diesen Folienmaster an: Markieren Sie Folie 2 im *Filmstreifen* und wählen Sie in den *Eigenschaften* im Bereich *Allgemein* unter *Folienmaster* **Benutzerdefiniert**.

Sie sehen, dass die Inhalte übertragen werden. Inhalte, für die Captivate keinen entsprechenden Platzhalter findet, bleiben an der Position des zuvor verwendeten Folienmasters bestehen.

**Platzhalterfunktion für Bilder**

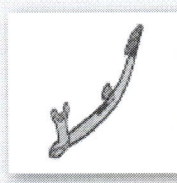

Die Platzhalterfunktion für Bilder sowie Ereignisvideos ist leider nur eingeschränkt einsetzbar: Wenn Sie Bilder / Videos einfügen, die nicht die gleichen Proportionen (gleiches Höhen- und Seitenverhältnis) besitzen, werden die eingefügten Bilder / Videos verzerrt dargestellt. Gleiches gilt für den Fall, wenn Sie den Folienmaster wechseln. In diesem Fall müssen Sie das Bild/Video über das Bedienfeld *Eigenschaften* wieder **Auf (die) Originalgröße zurücksetzen**, was leider auch das Objekt ungewollt verschiebt. *Alternative*: Verwenden Sie Smartformen als Platzhalter. Diese können Sie auch mit Bildern befüllen (▶ *Seite 221*).

15 Weisen Sie Folie 2 einen anderen Folienmaster zu:

   a  Wählen Sie in den *Eigenschaften* der Folie im Bereich *Allgemein* unter *Folienmaster* **Beschriftung und Inhalt – Vertikal** (Platzhalterobjekte für Bilder im unteren Bereich).

Sie sehen, dass die Inhalte übernommen und entsprechend der Platzhalter positioniert werden.

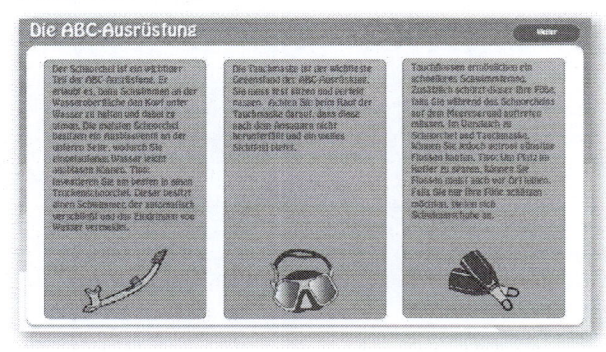

16 Speichern Sie Ihr Ergebnis optional.

Sie haben nun das Verhalten von Platzhaltern kennengelernt und wissen, wie Sie mit Folienmastern arbeiten können.

> Eine mögliche Lösung finden Sie in der Datei *07_Projekte_standardisieren / Platzhalter_Ziel.cptx*.

## Objektstile

Objektstile liefern eine ideale Möglichkeit, Objekten ein einheitliches Erscheinungsbild zu verleihen. Einen Objektstil können Sie sich wie eine Absatzformatvorlage in Word vorstellen. In einem Objektstil können Sie verschiedene Attribute definieren (z. B. Schriftart, Farbe, Schriftgröße usw.), die Sie dann mit einem Klick auf andere Objekte anwenden können. Änderungen an zentraler Stelle werden auf alle Objekte übertragen, die den gleichen Objektstil verwenden. Standardmäßig ist bereits zu jedem Objekt ein Stil hinterlegt. Sie können diese Standardstile direkt bearbeiten, duplizieren (klonen) oder eigene Objektstile erstellen.

### Der Objektstilbereich eines Objektes

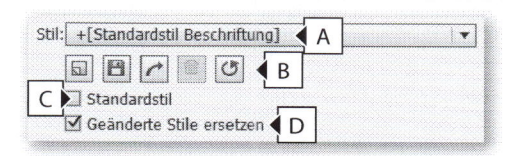

**A** Bestehende Stile dieses Objekttyps
**B** Objektstil-Werkzeuge (▶ *Tabelle unten*)
**C** Ausgewählten Objektstil als Standardstil festlegen
**D** Geänderte Stile ersetzen: Stile überschreiben, die auf dem gleichen Stil basieren, aber bereits (direkt und nicht über den Stil) verändert wurden

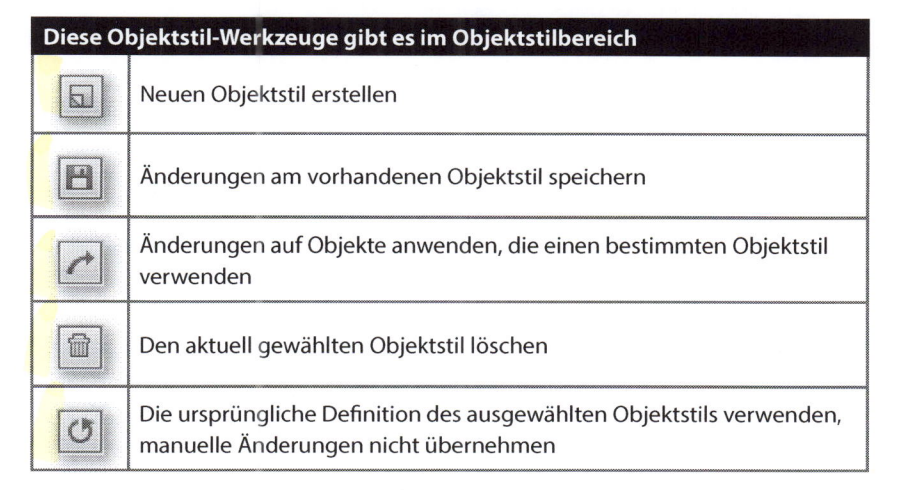

| Diese Objektstil-Werkzeuge gibt es im Objektstilbereich |
|---|
| Neuen Objektstil erstellen |
| Änderungen am vorhandenen Objektstil speichern |
| Änderungen auf Objekte anwenden, die einen bestimmten Objektstil verwenden |
| Den aktuell gewählten Objektstil löschen |
| Die ursprüngliche Definition des ausgewählten Objektstils verwenden, manuelle Änderungen nicht übernehmen |

### Ausgewählten Objektstil löschen

Wenn Sie den aktuell gewählten Objektstil löschen: Es öffnet sich ein Fenster, über das Sie den alternativ zu verwendenden Objektstil auswählen können.

---

**Objektstile bei migrierten Projekten**

Änderungen an einem Standardobjektstil werden bei migrierten Projekten, die noch aus der Zeit vor Captivate 5 stammen, nicht automatisch den Objekten zugewiesen, da „Altprojekte" diese Funktion noch nicht kennen. Deshalb müssen Sie hier jedem Objekt den Objektstil zuerst manuell zuweisen, um von dieser Funktion profitieren zu können.

## Der Objektstil-Manager
Bearbeiten > Objektstil-Manager

Alle Objektstile eines Projektes werden über den Objektstil-Manager verwaltet (**Bearbeiten > Objektstil-Manager**). Hier können Sie beispielsweise Objektstile als Standard definieren, löschen, kopieren oder in/aus eine(r) *Captivate-Styles-Datei* (*.cps*) im- oder exportieren.

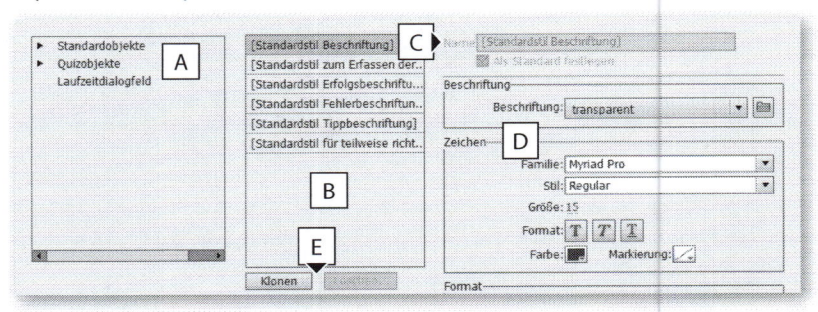

**A** Liste der Objekte, die einen Stil haben können
**B** Auflistung aller zugehöriger Stile
**C** Name des gewählten Objektstils
**D** Eigenschaften, die im gewählten Objektstil hinterlegt sind
**E** Aktuell gewählten Stil klonen/löschen

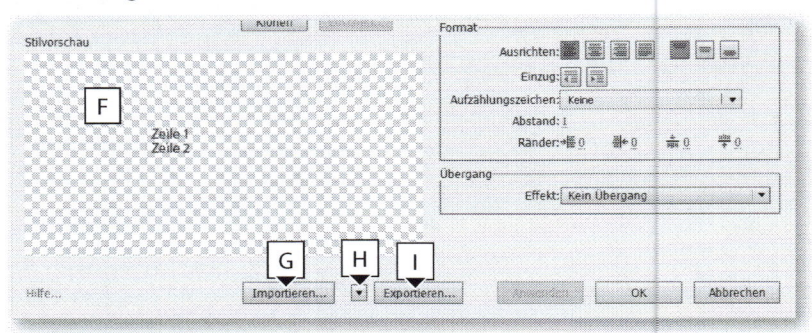

**F** Vorschau
**G** Objektstil importieren
**H** Festlegen, welche Stile exportiert werden sollen (*Nur der ausgewählte Stil*, *Alle Stile des ausgewählten Objekts* oder *Alle Stile aller Objekte*)
**I** Objektstil(e) exportieren

### So exportieren Sie einen Objektstil

1. Öffnen Sie ein Projekt.
2. Öffnen Sie den *Objektstil-Manager* (**Bearbeiten** > **Objektstil-Manager**).
3. Markieren Sie den Stil, den Sie exportieren möchten und klicken Sie auf **Exportieren**.

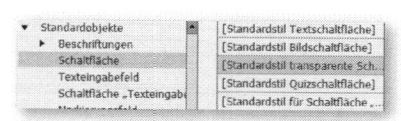

**Objektstile selektiv exportieren**

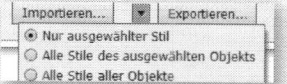

Sie können auch alle Stile eines Objekts oder alle Stile des gesamten Projekts gesammelt exportieren: Klicken Sie dazu auf die **Dreiecks**-Schaltfläche zwischen den Schaltflächen **Importieren** und **Exportieren** und wählen Sie die entsprechende Option aus.

4. Speichern Sie den Stil ab.

   Es erscheint eine Meldung, dass Sie den Stil erfolgreich exportiert haben.

5. Bestätigen Sie die Meldung mit **OK**.

### So importieren Sie einen Objektstil

1. Öffnen Sie den *Objektstil-Manager* (**Bearbeiten** > **Objektstil-Manager**).
2. Klicken Sie auf **Importieren**.
3. Navigieren Sie zu einer Objektstildatei (z. B. den zuvor exportierten Objektstil) und fügen Sie den Stil in Ihr Projekt ein.

   Es erscheint eine Meldung, in der Sie gefragt werden, ob Sie vorhandene Stile überschreiben möchten. Dabei werden alle bestehenden Objektstile mit dem gleichen Namen überschrieben bzw. aktualisiert.

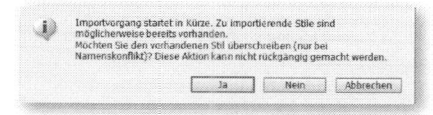

4. Klicken Sie auf **Ja**, um den / die (ggf.) vorhandenen Stil(e) zu überschreiben.

   Es erscheint eine Meldung, dass Sie den/die Stil(e) erfolgreich importiert haben.

5. Bestätigen Sie die Meldung mit **OK**.

---

**Import-Meldung**

Diese Meldung erscheint bei jedem Import, auch wenn Ihr Projekt keinen Stil mit dem gleichen Namen enthält. In diesem Fall wird sowohl bei einem Klick auf **Ja**, als auch bei einem Klick auf **Nein** der Stil als neuer, zusätzlicher Stil eingefügt.

==Alle Objekte Ihres Projektes, die auf diesem / diesen Stil(en) basieren, werden nun automatisch aktualisiert.== Sie können die Ex- und Importfunktion wunderbar verwenden, um bestehende Projekte zu aktualisieren.

### Übung: Objektstile einsetzen

In dieser Übung lernen Sie, wie Sie Ihre Projekte über Objektstile vereinheitlichen können.

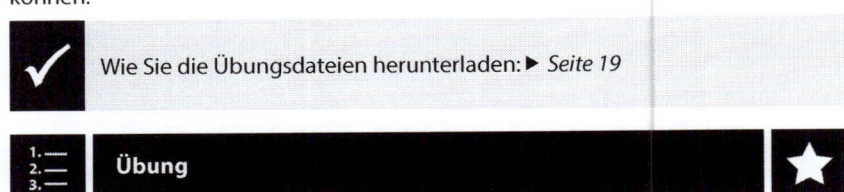

> ✓ Wie Sie die Übungsdateien herunterladen: ▶ *Seite 19*

> **Übung**

1   Öffnen Sie die Datei *Design_Ziel.cptx* aus dem Ordner \06_Rapid_E-Learning\Design_Interaktionen\.

2   Wechseln Sie auf Folie 2.

3   Markieren Sie die linke Textbeschriftung.

4   Formatieren Sie die Textbeschriftung über das Bedienfeld *Eigenschaften*: Tragen Sie im Bereich *Zeichen* unter *Größe* den Wert **20** ein.

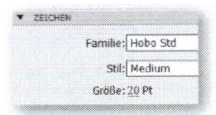

Sie sehen, dass der Standardstil nun ein „+" vor der Bezeichnung trägt.

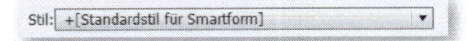

Dies signalisiert, dass das aktuelle Objekt manuell verändert wurde und nicht mehr der ursprünglichen Definition (dem Standardstil) entspricht. Diesen geänderten Stil können Sie nun auf alle anderen Stile anwenden.

5   Stellen Sie sicher, dass die Option **Geänderte Stile ersetzen** deaktiviert ist.

6   Klicken Sie auf **Änderungen am vorhandenen Stil speichern**.

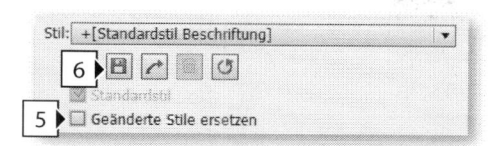

Die Änderungen werden in den Standardstil übernommen. Alle Objekte, die diesen Stil ebenfalls verwenden, werden aktualisiert.

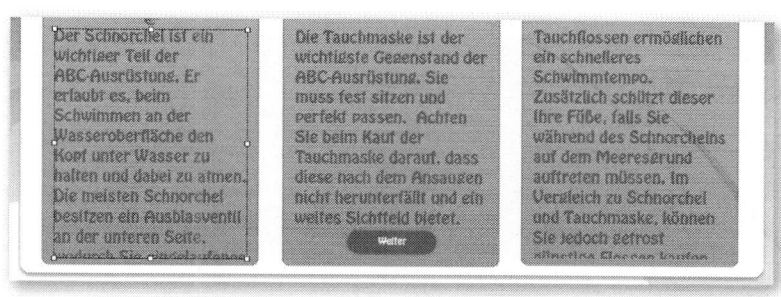

7   Erstellen Sie einen neuen Stil:

   a   Formatieren Sie die Textbeschriftung über das Bedienfeld *Eigenschaften*: Tragen Sie im Bereich *Zeichen* unter *Größe* den Wert **14** ein.

   b   Klicken Sie auf **Neuen Stil erstellen**.

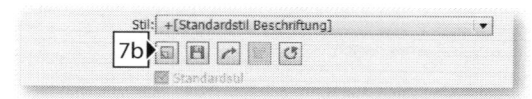

   Das Fenster *Neuen Objektstil speichern* öffnet sich.

   c   Tragen Sie als Name „*Mein Stil*" ein und klicken Sie auf **OK**.

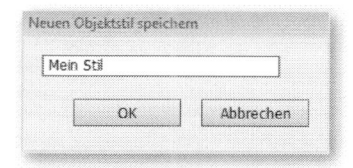

   Sie haben nun einen neuen Objektstil erstellt.

8   Wenden Sie den benutzerdefinierten Stil auf alle Objekte an, die den Standardstil verwenden: Klicken Sie in den *Eigenschaften* auf **Diesen Stil anwenden auf**.

   Das Fenster *Objektstil anwenden* öffnet sich.

9   Stellen Sie sicher, dass der Stil **Standardstil Beschriftung** gewählt ist.

10  Klicken Sie auf **OK**.

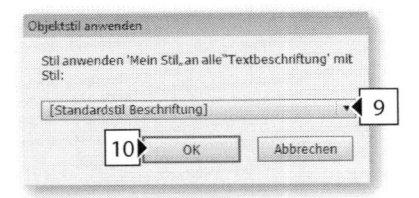

Der benutzerdefinierte Stil wird nun auf die restlichen Textbeschriftungen angewandt, jedoch ohne den Standardstil zu ändern.

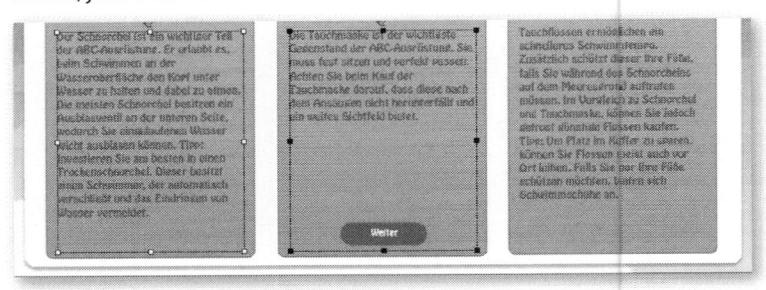

**11** Markieren Sie die mittlere Textbeschriftung.

**12** Ändern Sie in den *Eigenschaften* im Bereich *Zeichen* die *Farbe* auf **Schwarz**.

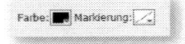

Sie sehen, dass der Stil erneut ein „+" vor der Bezeichnung trägt. Dies zeigt an, dass die Formatierung des Objektes nicht dem eingestellten Originalstil entspricht.

**13** Markieren Sie die linke Textbeschriftung und ändern Sie die Schriftgröße auf **10** Pt.

**14** Speichern Sie die Änderungen am gewählten Stil: Stellen Sie sicher, dass in den *Eigenschaften* die Option **Geänderte Stile ersetzen** deaktiviert ist und klicken Sie auf **Änderungen am vorhandenen Stil speichern**.

Wie Sie sehen, ändern sich alle drei Textbeschriftungen in der Schriftgröße. Allerdings behält die mittlere Textbeschriftung weiterhin die Farbe Schwarz. Das liegt daran, dass Captivate zwischen Objektstilen im Ganzen und Änderungen auf Zeichenebene unterscheidet und genau die manuelle(n) Änderung(en) vom gesamten Objektstil abkoppelt. Sie können allerdings auch alle geänderten Objekte, die nicht mehr dem ursprünglichen Stil entsprechen wieder komplett aktualisieren lassen.

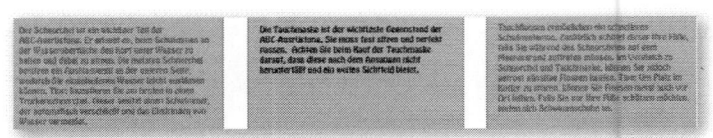

15 Ändern Sie die Schriftgröße der linken Textbeschriftung auf **14** Pt und aktivieren Sie die Option **Geänderte Stile ersetzen**.

16 Klicken Sie auf **Änderungen am vorhandenen Stil speichern** und bestätigen Sie die Meldung mit **OK**.

Sie sehen, dass nun alle drei Textbeschriftungen wieder in allen Attributen des Objektstils übereinstimmen.

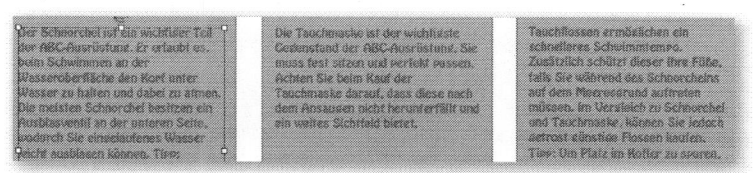

Sie können einen Stil auch für mehrere markierte Objekte zentral manuell einstellen oder einen bestehenden Stil mehreren markierten Objekten zuweisen.

17 Markieren Sie zwei Textbeschriftungen mit gedrückter Taste ⇧ (Win) / ⌘ (Mac).

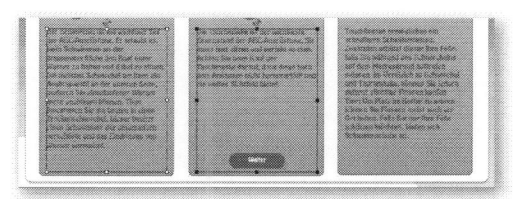

18 Wählen Sie den Stil **Standardstil Beschriftung**.

Der Stil (größere Schriftgröße) wird nun auf die beiden markierten Textbeschriftungen angewandt.

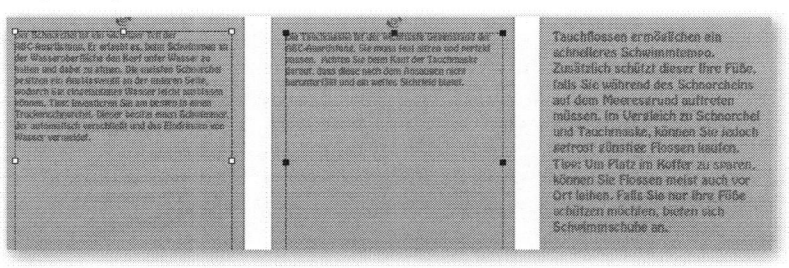

Sie haben nun die Objektstilfunktion kennengelernt. Wir werden in den folgenden Kapiteln weiter mit diesen Funktionen arbeiten.

### Standardstile festlegen

Sie können einen Stil auch als Standardstil festlegen: Aktivieren Sie in den Eigenschaften die Option **Standardstil**. So verwendet jede Textbeschriftung, die Sie neu in Ihr Projekt einfügen diesen Stil.

## Vererbung: Auf alle anwenden

Über Objektstile hinaus können Sie die Vererbungsfunktion **Auf alle anwenden** nutzen, um Objekten zügig die gleichen Einstellungen zu geben. Diese finden Sie in den Eigenschaften eines Objektes.

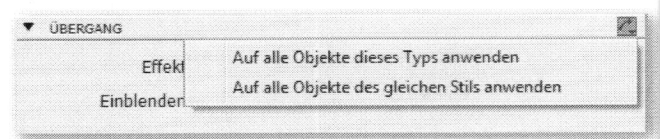

> **Mauszeiger für alle Folien anpassen**
>
> Wenn Sie den Mauszeiger für alle Folien anpassen möchten: Ein geänderter Mauszeiger lässt sich bei folienbasierten Projekten nicht über die Option **Auf alle Objekte dieses Typs anwenden** auf die anderen Folien übertragen. Es existiert auch kein Objektstil für das Mausobjekt. *Lösung:* Rechtsklicken Sie auf das Mausobjekt, dessen Zeigerstil Sie verwenden möchten und wählen Sie **Aktuellen Mauszeiger für alle Folien verwenden**.

Sie haben folgende Optionen:

- *Auf alle Objekte dieses Typs anwenden*: Vererbt alle Eigenschaften des Bereichs auf alle Objekte eines Typs (z. B. alle Textbeschriftungen).
- *Auf alle Objekte des gleichen Stils anwenden*: Vererbt alle Eigenschaften des Bereichs auf alle Objekte des gleichen Objektstils (z. B. nur auf die Textbeschriftungen, welche den Standardstil verwenden).
- Nur bei Folienvideo: *Auf alle Objekte der gleichen Gruppe anwenden*: Vererbt alle Eigenschaften des Bereichs nur auf die Folienvideos, die der gleichen Gruppe angehören.
- Nur für das Mausobjekt bei videobasierten Projekten: *Änderungen auf alle Elemente dieses Typs anwenden / alle Linksklicks anwenden:* Vererbt nicht alle Eigenschaften, sondern nur die Änderungen.
- Nur für das Mausobjekt bei videobasierten Projekten: *Änderungen auf alle Linksklicks anwenden*: Wendet die Eigenschaften auf alle Mauszeiger an, die über einen Linksklick erstellt wurden; die Eigenschaften von Rechtsklicks werden nicht aktualisiert.

Sie können mit der Funktion **Auf alle anwenden** folgende Eigenschaften vererben:

- Standardmäßig können bei (fast) allen Objekten (sofern vorhanden) die Eigenschaften für *Schatten und Spiegelung*, *Timing*, *Audio*, *Übergang* sowie *Transformieren* vererbt werden (*Ausnahme:* Bei Quizelementen gibt es Beschränkungen).
- Bei Klickfeldern, Schaltflächen, Texteingabefeldern und interaktiven Widgets zusätzlich die Eigenschaften in den Bereichen *Optionen* und *Weitergabe*.
- Beim Mausobjekt in folienbasierten Projekten die Eigenschaften in den Bereichen *Timing* und *Optionen* (ausgenommen der Mauszeiger).
- Beim Mausobjekt in videobasierten Projekten alle Eigenschaften im Bereich *Optionen*.
- Alle Effekte (**Fenster > Effekte**), die Sie auf ein Objekt anwenden.

## Bibliothek

In der Bibliothek werden innerhalb eines Projektes alle *Audio*-Elemente, *Bilder* und *Medien* gesammelt, die Sie importieren. Außerdem beinhaltet sie alle Bildschirmfotos bzw. (Folien-)*Hintergründe*, Full-Motion-Aufzeichnungen (*Medien*), über den Formeleditor erstellte Gleichungen (▶ *Seite 229*) sowie freigegebene Aktionen (▶ *Seite 463*).

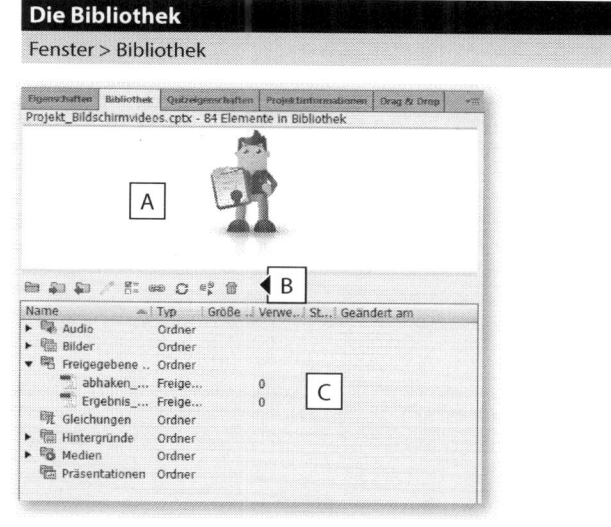

### Die Bibliothek
Fenster > Bibliothek

**A** Vorschau des in der Bibliothek ausgewählten Objektes

**B** Werkzeugleiste (*siehe Tabelle unten*)

**C** Alle importierten Objekte eines Projektes (Audio, Bilder, Hintergründe, Medien und Präsentationen) sowie Gleichungen und freigegebene Aktionen

### Die Werkzeugleiste der Bibliothek

| | |
|---|---|
| | Bibliothek eines anderen Projektes öffnen |
| | Objekt in Bibliothek importieren |
| | Objekt aus Bibliothek exportieren |
| | Objekt im damit verknüpften Standardprogramm bearbeiten (z. B. Hintergrund mit MS Paint / Vorschau) |
| | Eigenschaften des Objekts öffnen |
| | Verwendung des Objekts anzeigen |
| | Objekt aktualisieren |

| | |
|---|---|
| **Inhalte aktualisieren** | |
| Sie können importierte Inhalte schnell und einfach über die Bibliothek aktualisieren. Markieren Sie hierzu die entsprechenden Inhalte in der *Bibliothek* und klicken Sie auf **Objekt aktualisieren**. | Unbenutzte Objekte auswählen |
| | Markierte(s) Objekt(e) löschen |

Alle im Projekt verwendeten Objekte werden in der Bibliothek abgelegt. Wenn Sie bestimmte Objekte (z. B. Bilder) von Folien entfernen, sind diese nach wie vor in der Bibliothek gesammelt. Sie sollten deshalb vor jedem Erstellen einer neuen Projektversion oder beim Abschluss eines Projektes die Bibliothek überprüfen und alle nicht verwendeten Objekte löschen.

**Projektgröße verringern**

Wenn Sie Ihr Projekt um unbenutzte Elemente bereinigen, können Sie i. d. R. einiges an Speicherplatz einsparen.

### So entfernen Sie nicht verwendete Objekte aus der Bibliothek

1   Rechtsklicken Sie in die Bibliothek und wählen Sie **Unbenutzte Objekte auswählen**.

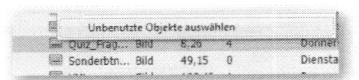

Alle Objekte, die nicht mehr im aktuellen Projekt verwendet werden, sind nun markiert.

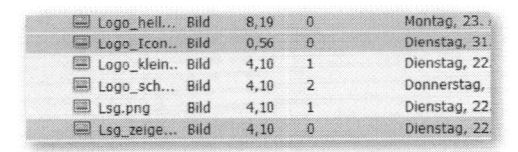

2   Klicken Sie auf **Löschen** und bestätigen Sie die Abfrage mit **Ja**.

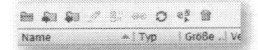

Nun haben Sie Ihr Projekt bereinigt und die nicht verwendeten Elemente entfernt.

# Multimedia & Effekte einbringen

In diesem Kapitel lernen Sie die verschiedenen multimedialen Objekte in Captivate kennen. Außerdem erfahren Sie, wie Sie Objekte animieren und bewegen können.

## Themenübersicht

- Objektsymbolleiste & -eigenschaften 208
- Mausobjekte 210
- Textbeschriftungen 211
- Markierungsfelder 213
- Textanimationen 213
- Übung: Simulation in Demonstration wandeln 215
- Bilder 221
- Zoombereiche 223
- Animationen 224
- Übung: Zoombereich mit Animation erstellen 225
- Gleichungen 229
- Videos 229
- Übung: Ereignisvideo einfügen 234
- Effekte 236
- Übung: Effekte einbringen 237

**Übersichtsdatei**

Um einen ersten Überblick zu erhalten, empfehle ich Ihnen einen Blick in die Übersichtsdatei *Multimediale_Objekte_Uebersicht.cptx* im Ordner *08_Multimedia_Effekte*.

## Objektsymbolleiste & -eigenschaften

Sie können Ihre Projekte mit verschiedenen Objekten anreichern. Diese können Sie über die Objektsymbolleiste direkt in Ihre Projekte einfügen.

### Die Objektsymbolleiste
Fenster > Objektsymbolleiste

| | | | |
|---|---|---|---|
| | Smartform (▶ *Seite 156*) | | Textbeschriftung (▶ *Seite 211*) |
| | Rollover-Beschriftung (▶ *Seite 258*) | | Bild (▶ *Seite 221*) |
| | Rollover-Bild (▶ *Seite 258*) | | Markierungsfeld (▶ *Seite 212*) |
| | Rollover-Minifolie (▶ *Seite 259*) | | Zoombereich (▶ *Seite 223*) |
| | Maus einfügen (▶ *Seite 210*) | | Klickfeld (▶ *Seite 242*) |
| | Schaltfläche (▶ *Seite 242*) | | Texteingabefeld (▶ *Seite 242*) |
| | Textanimation (▶ *Seite 213*) | | Animation (▶ *Seite 224*) |
| | Video (▶ *Seite 229*) | | Interaktion (▶ *Seite 241*) |

Sie können die Objekte in den jeweiligen *Eigenschaften* nach Ihren Wünschen anpassen. Dabei haben (fast) alle Objekte die folgenden (soweit vorhanden) gemeinsamen Eigenschaften.

### Die Eigenschaften von Objekten

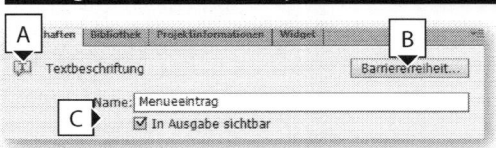

**A** Anzeige des Objekttyps
**B** Barrierefreiheit aktivieren (▶ *Seite 323*)
**C** Objektname & -sichtbarkeit (▶ *Seite 242*)

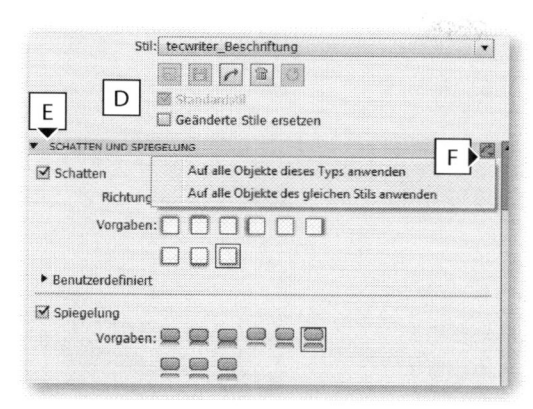

**D** Objektstilbereich (▶ *Seite 197*)

**E** Schatten und Spiegelung (▶ *Seite 163*)

**F** Auf alle anwenden (▶ *Seite 203*)

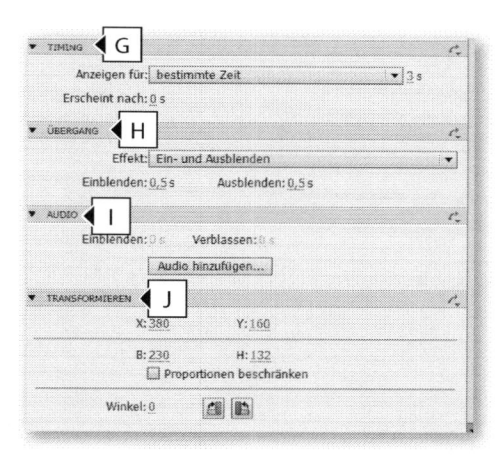

**G** Timing (▶ *Seite 41*)

**H** Übergang (▶ *Seite 70*)

**I** Audio (▶ *Seite 300*)

**J** Transformieren (▶ *Seite 44*)

## Mausobjekte

Im Aufnahmemodus Demonstration werden Ihren Projekten automatisch animierte Mausobjekte hinzugefügt. Sie können diese jedoch auch nachträglich einfügen oder ändern.

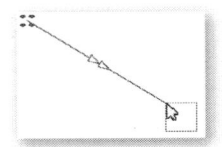

### Die Eigenschaften eines Mausobjekts
Einfügen > Standardobjekte > Maus

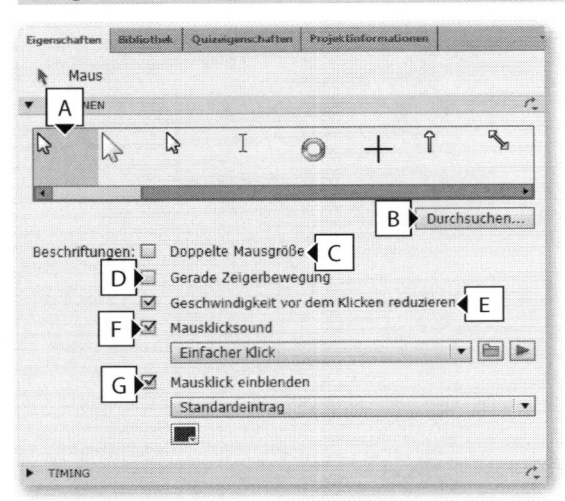

**A** Wahl des Mauszeigers (aus Ihrem Betriebssystem)
**B** Wahl eines benutzerdefinierten Mauszeigers
**C** Mauszeiger auf die doppelte Größe einstellen
**D** Geraden statt geschwungenen Zeigerpfad verwenden
**E** Geschwindigkeit des Mauszeigers kurz vor dem Mausklick verlangsamen
**F** Mausklick akustisch signalisieren
**G** Mausklick optisch hervorheben

# Textbeschriftungen

Textbeschriftungen sind wohl die in Captivate am häufigsten verwendeten Objekte. Sie werden nicht nur bei Demonstrationen automatisch erstellt, sondern werden auch standardmäßig bei Quizfragen und als Feedbackmeldungen bei interaktiven Objekten verwendet.

### Die Eigenschaften einer Textbeschriftung
Einfügen > Standardobjekte > Textbeschriftung

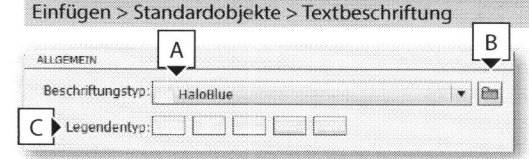

**A** Auswahl an verschiedenen Beschriftungstypen
**B** Eigenen Beschriftungsstil auswählen
**C** Wahl des Legendentyps

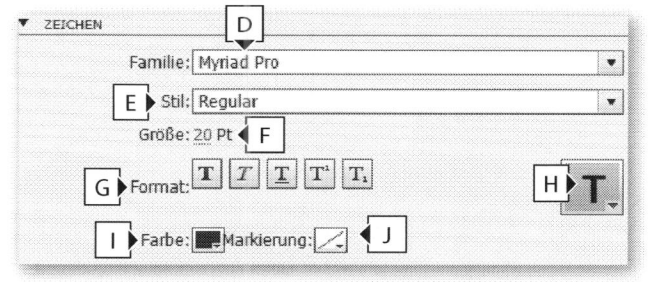

**D** Schriftfamilie
**E** Schriftstil (z. B. Regular, Italic)
**F** Schriftgröße
**G** Schrift formatieren (z. B. Unterstrichen, Kursiv, Hochgestellt)
**H** Texteffekt (z. B. Glanz, Schlagschatten) (▶ nächster Abschnitt)
**I** Schriftfarbe
**J** Text farbig markieren

---

**Text ohne Beschriftungstyp einfügen**

Wenn Sie einen „normalen" Text (ohne Beschriftungstyp) einfügen möchten: Wählen Sie den *Beschriftungstyp* **transparent**.

**Eigenen Beschriftungsstil erstellen**

Wenn Sie einen eigenen Beschriftungsstil erstellen möchten: ▶ Seite 420.

**Textbeschriftungen formatieren (Bold)**

Formatieren Sie Textbeschriftungen ausschließlich über den Schriftstil **Fett** und nicht über die Option *Format* **Fett**. Die Schrift wirkt so klarer.

**Texteffekt anwenden**

Wenn Sie einen Texteffekt anwenden möchten: Das Symbol erscheint nur in den *Eigenschaften*, wenn Sie das Objekt Textbeschriftung auswählen, nicht wenn Sie den Text innerhalb des Objektes bearbeiten.

**Laufweitenausgleich**

Sie können auch die Laufweite einer Schrift in Captivate manuell anpassen: Markieren Sie dazu den Text und drücken Sie [Strg] + [Alt] + [→] oder [←] (Win) / [⌘] + [Alt] + [→] oder [←] (Mac).

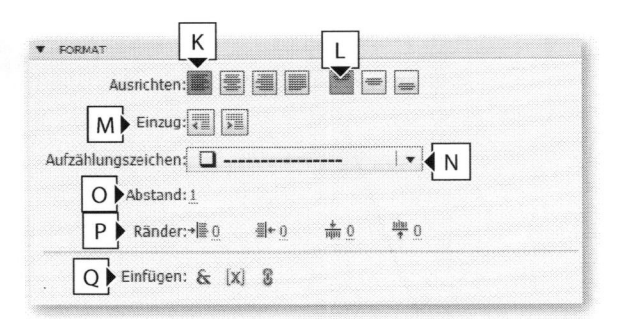

**K** Textausrichtung (horizontal)

**L** Textausrichtung (vertikal)

**M** Einzug

**N** Nummerierung und Aufzählungszeichen

**O** Zeilenabstand

**P** Textabstand zum Rand des Beschriftungsstils

**Q** Symbol / Variable / Hyperlink einfügen

### Das Fenster Texteffekte

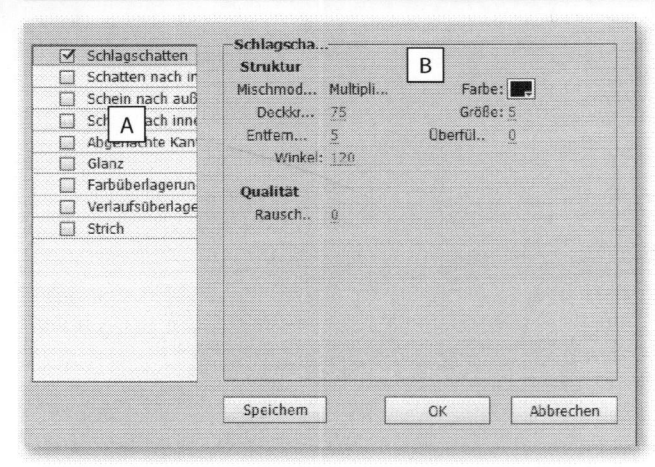

**Texteffekte in Kombination mit Variablen**

Sobald Sie Ihren Textbeschriftungen Variablen hinterlegen, werden Texteffekte nicht mehr dargestellt. Das liegt daran, dass Texteffekte nur auf statischen Text (und nicht dynamischen Text aus Variablen) angewendet werden können.

**A** Effekt(e) auswählen und/oder kombinieren (z. B. Schlagschatten, Schein nach außen, Glanz)

**B** Effekteigenschaften

212 | 8 Multimedia & Effekte einbringen

## Markierungsfelder

Markierungsfelder eignen sich bestens, um den Benutzer auf einen bestimmten Bereich (z. B. in einer Bildschirmaufnahme) zu lenken.

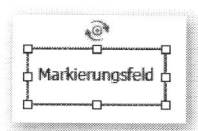

### Die Eigenschaften eines Markierungsfeldes
Einfügen > Standardobjekte > Markierungsfeld

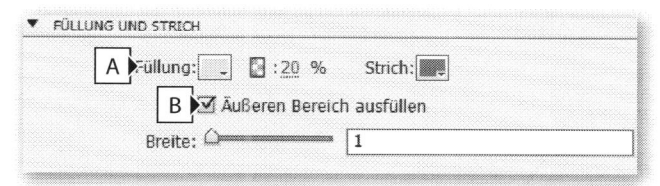

**A** Füllung und Strich (▶ Seite 161)
**B** *Äußeren Bereich ausfüllen*: Wendet die Füllfarbe und -transparenz auf den Bereich außerhalb des Markierungsfelds an

## Textanimationen

Textanimationen sind Texte, die mit einem speziellen Effekt versehen sind. Sie bieten sich z. B. für Einstiegsfolien oder zur Animation von Texteingaben an.

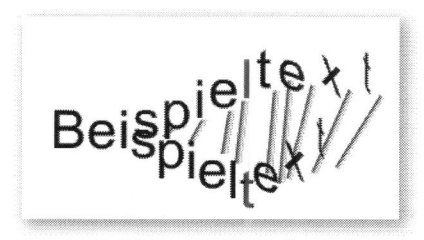

> **Aufmerksamkeit über Markierungsfelder lenken**
>
> Je niedriger Sie die Fülltransparenz (bei eingestellter Option **Äußeren Bereich ausfüllen**) einstellen, desto stärker können Sie die Aufmerksamkeit auf den markierten Bereich lenken.

## Die Eigenschaften einer Textanimation

Einfügen > Textanimation

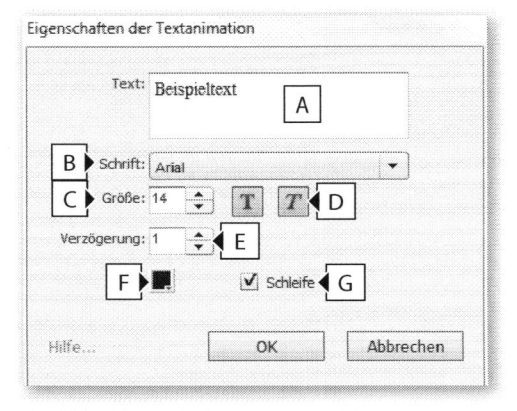

- **A** Vorschau
- **B** Auswahl an Animationseffekten
- **C** Transparenz (0% = deckend, 100% = transparent)
- **D** Eigenschaften der Textanimation

## Das Fenster Eigenschaften der Textanimation

Einfügen > Textanimation

- **A** Text, der animiert werden soll
- **B** Schriftfamilie
- **C** Schriftgröße
- **D** Schriftschnitt
- **E** Verzögerung (je höher der Wert, desto langsamer der Texteinlauf)

**F** Schriftfarbe

**G** Fortlaufende Wiederholung der Textanimation im Rahmen der Objektlänge

## Übung: Simulation in Demonstration wandeln

In der folgenden Übung möchten wir die Objekte Maus, Textbeschriftung, Markierungsfeld sowie Textanimation nutzen, um eine Simulation in eine Demonstration zu wandeln.

✓ Wie Sie die Übungsdateien herunterladen: ▶ *Seite 19*

### Übung im Kurzüberblick

▶ Sie fügen Mausobjekte, Markierungsfelder sowie Textbeschriftungen ein

▶ Sie passen die Objekte in ihren Eigenschaften an

▶ Sie ändern die Ebenenreihenfolge von Objekten und optimieren das Timing

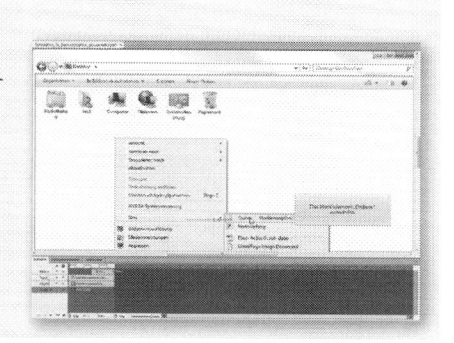

### Übung

1  Öffnen Sie die Datei *Schulungssimulation_wandeln.cptx* aus dem Ordner *08_Multimedia_Effekte*.

2  Betrachten Sie die Simulation in der Vorschau: Drücken Sie F4.

3  Schließen Sie anschließend die Vorschau.

4  Markieren Sie im Filmstreifen alle Folien des Projektes, rechtsklicken und wählen Sie im Kontextmenü **Maus > Maus einblenden**.

   Alle Folien haben nun bereits einen Mauszeiger.

5  Öffnen Sie Folie 8.

   Hier sehen Sie eine Full-Motion-Aufzeichnung, die bereits ein Mausobjekt enthält. Deshalb können wir hier das eben hinzugefügte Mausobjekt entfernen.

6  Rechtsklicken Sie auf Folie 8 und wählen Sie erneut **Maus > Maus einblenden**.

   Nun kümmern wir uns um die weiteren Elemente der Demonstration und richten auch die Maus aus.

7  Wählen Sie Folie 1.

> **Markierungsfeld ausrichten**
>
> In den meisten Fällen können Sie das Markierungsfeld direkt über dem Klickfeld platzieren und auf die dieselbe Größe einstellen. Verwenden Sie dazu die Symbolleiste *Ausrichten* (**Ausrichtung und Größe angleichen**).

8  Wandeln Sie die Folie in eine Demonstration um:

  a  Fügen Sie ein Markierungsfeld ein: Wählen Sie **Einfügen > Standardobjekte > Markierungsfeld**.

  Nun möchten wir den Bildbereich um das Markierungsfeld herum abdunkeln und den Fokus auf die markierte Stelle verstärken.

  b  Wählen Sie im Bedienfeld *Eigenschaften* unter *Füllung und Strich* die Option **Äußeren Bereich ausfüllen**.

  c  Wählen Sie unter *Füllung* die *Farbe* **Schwarz**.

  d  Tragen Sie einen Alpha-Wert von **50**% ein.

  e  Klicken Sie im Objektstilbereich auf **Änderungen am vorhandenen Stil speichern**.

  f  Vergrößern Sie das Markierungsfeld, sodass es über den gesamten zu klickenden Bereich (Desktop-Bereich) reicht.

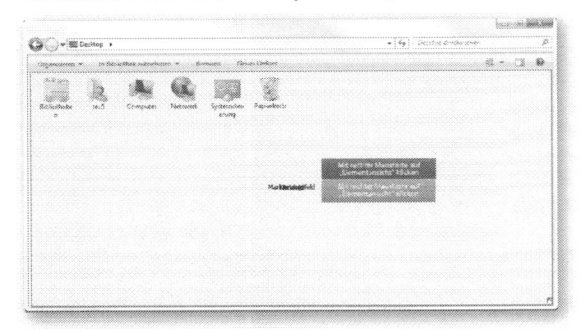

  g  Verschieben Sie das Markierungsfeld in den Hintergrund: Rechtsklicken Sie dazu auf das Markierungsfeld auf der Bühne und wählen Sie **Anordnen > In den Hintergrund**.

  h  Fügen Sie eine Textbeschriftung ein: Wählen Sie **Einfügen > Standardobjekte > Textbeschriftung**.

  Eine Textbeschriftung wird in der Mitte der Folie eingefügt. Jetzt kopieren wir den Text aus der bestehenden Fehlerbeschriftung in die neue Textbeschriftung.

  i  Verschieben Sie ggf. die Fehler- sowie Tippbeschriftung des Klickfeldes, sodass die Textbeschriftung sichtbar wird.

**j** Doppelklicken Sie in die Fehlerbeschriftung, markieren Sie den Text und drücken Sie ⌃+C (Win) / ⌘+C (Mac).

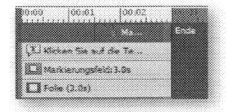

> **Legendentyp wählen**
>
> Wählen Sie je nach Fall einen entsprechenden Legendentyp. Wenn Sie den Benutzer beispielsweise anweisen möchten, auf eine rechts oben platzierte Schaltfläche zu klicken, sollten Sie die *Legende 2* verwenden.

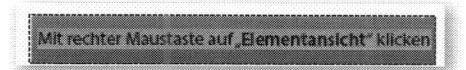

**k** Doppelklicken Sie in die Textbeschriftung und drücken Sie ⌃+V (Win) / ⌘+V (Mac).

Nun haben Sie den (weißen) Text aus der Fehlerbeschriftung übernommen.

**l** Wählen Sie im Bedienfeld *Eigenschaften* der Textbeschriftung unter *Stil* **Standardstil zum Erfassen der Beschriftung**.

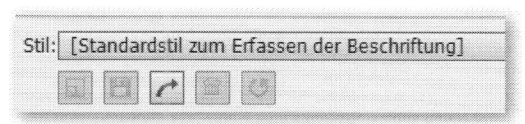

Die Textbeschriftung verwendet nun den entsprechenden Text und wir benötigen das Klickfeld samt zugehöriger Beschriftung nicht mehr.

**m** Löschen Sie das Klickfeld.

> **Objekte über die Zeitleiste markieren** 
>
> Wenn Sie ein Objekt nicht markieren können, weil es durch andere Objekte überdeckt wird: Markieren Sie das entsprechende Objekt direkt in der Zeitleiste und entfernen Sie es anschließend.

**n** Markieren Sie die Textbeschriftung und richten Sie sie auf der Folie aus.

Nun müssen wir nur noch die Ebenenreihenfolge der Objekte sowie das Timing anpassen.

**o** Verschieben Sie das Mausobjekt in der *Zeitleiste* an die oberste Position (= in den Vordergrund).

> **Mausbewegung optimieren**
>
> Achten Sie darauf, dass die Dauer der Mausbewegung der Länge des Mauspfades entspricht. Andernfalls bewegt sich die Maus zu schnell oder zu langsam. Empfehlung: Die Dauer sollte nie unter 1,0 Sekunden liegen.

**p** Passen Sie das Timing der Maus so an, dass sie bei 1,5 Sekunden beginnt und bis 3,0 Sekunden läuft (Dauer der Mausbewegung = 1,5 Sekunden).

Textanimationen | **217**

**q** Testen Sie den aktuellen Stand in der Vorschau (**Datei > Vorschau > Nächste 5 Folien**).

Sobald Sie die erste Folie mit Klickfeld in eine Demonstration mit Maus, Textbeschriftung und Markierungsfeld gewandelt haben, können Sie sich die Arbeit wesentlich vereinfachen. Im Folgenden werden wir die Schritte abgekürzt für die restlichen Folien des Projektes wiederholen, die Klickfelder enthalten (Folie 3, 5, 9, 11). Hierbei lassen wir gezielt die Folien aus, die Texteingabefelder verwenden (Folien 4, 6 und 10). Diese werden wir im nächsten Schritt bearbeiten. Die folgenden Schritte können je nach Folie leicht abweichen. Tipp: Falls Sie nicht weiter wissen, schauen Sie einfach im vorherigen Schritt nach oder öffnen Sie die Lösungsdatei zu dieser Übung.

**9** Wandeln Sie die Folien 3, 5, 9, 11 in Demonstrationen um:

    **a** Kopieren Sie Markierungsfeld und Textbeschriftung von Folie 1 auf die aktuelle Folie (z. B. Folie 3). Ausnahme: Auf Folie 5 wird eine Tastenkombination eingegeben und nicht geklickt. Hier benötigen Sie kein Markierungsfeld.

    **b** Passen Sie das Markierungsfeld an das Klickfeld an und verschieben Sie es in den Hintergrund.

    **c** Kopieren Sie den Text aus der Fehlerbeschriftung, überschreiben Sie damit den der Textbeschriftung und stellen Sie die Schriftfarbe über die Eigenschaften auf Schwarz ein.

    **d** Positionen Sie die Maus direkt über dem Klickfeld und richten Sie die Textbeschriftung aus. Ausnahme: Da auf Folie 5 kein Klick erfolgt, können Sie hier die Maus an der bestehenden Position belassen.

    **e** Löschen Sie das Klickfeld.

    **f** Passen Sie abschließend die Ebenenreihenfolge in der Zeitleiste an (Maus immer oben) und optimieren Sie das Timing (Maus startet gegen Ende).

**10** Testen Sie den Zwischenstand in der Vorschau.

Wie Sie sehen, läuft nun fast alles schon von alleine ab - nur noch die Texteingaben sind noch interaktiv.

**11** Wandeln Sie nun auch die Folien, die Texteingabefelder verwenden (Folien 4, 6 und 10) in eine Demonstration um:

    **a** Markieren Sie Folie 4.

    **b** Kopieren Sie die Textbeschriftung von Folie 1.

    **c** Kopieren Sie den Textabschnitt „Taste Enter drücken" aus der Fehlerbeschriftung, überschreiben Sie damit den der Textbeschriftung und stellen Sie die Schriftfarbe über die Eigenschaften auf Schwarz ein.

> **Tipp: Objekte ausrichten**
>
> Vergrößern Sie die Folienansicht über die Menüleiste auf z. B. 200%. So können Sie Objekte genauer platzieren.

**d** Löschen Sie das Texteingabefeld.

**e** Ziehen Sie eine Smartform des Typs **Rechteck** auf.

**f** Platzieren Sie die Smartform, wie im folgenden Bildschirmfoto gezeigt.

**g** Wählen Sie im Bedienfeld *Eigenschaften* im Bereich *Füllung und Strich* unter *Füllung* die *Farbe* **Weiß** und tragen Sie einen Alpha-Wert von **100**% ein.

**h** Wählen Sie auch unter Strich die Farbe **Weiß**.

Die Smartform überdeckt nun den (statischen) Text auf der Folie, der in der Demonstration als Animation dargestellt werden soll.

**i** Fügen Sie eine Textanimation ein: Wählen Sie **Einfügen > Textanimation**.

Das Fenster *Eigenschaften der Textanimation* öffnet sich.

**j** Tragen Sie unter *Text* „Mein Ordner" ein.

**k** Wählen Sie unter *Größe* **12 Pt** und klicken Sie auf **OK**.

**l** Wählen Sie in den *Eigenschaften* im Bereich *Allgemein* unter *Effekt* **Typing Text**.

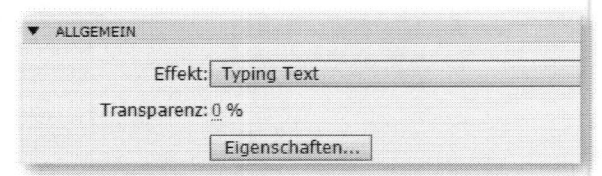

**m** Platzieren Sie die Textanimation direkt über der Smartform, wie im folgenden Bildschirmfoto gezeigt.

**n** Rechtsklicken Sie in der *Zeitleiste* auf die Smartform und wählen Sie **Für den Rest der Folie einblenden**.

**o** Passen Sie nun noch das Timing der Textbeschriftung an: Markieren Sie die Textbeschriftung und tragen Sie in den *Eigenschaften* unter *Timing* bei *Erscheint nach* **4** Sekunden ein.

p  Wiederholen Sie die Schritte auch für die Folien 6 und 10. Beachten Sie auch hier, dass die Schritte leicht abweichen (Texteingabe: „Mein Unterordner") und Sie sich die Arbeit erleichtern können, indem Sie Smartform, Textbeschriftung und Textanimation von Folie 4 kopieren.

Sie haben nun die Texteingaben über Textanimationen dargestellt.

12 Abschließend sollten Sie noch alle Mausobjekte des Projektes prüfen und auf Folien, auf denen nicht geklickt werden soll, in den Mauseigenschaften die Optionen **Mausklicksound** und **Mausklick einblenden** deaktivieren. Außerdem können Sie die Mausverläufe weiter optimieren - hierbei vor allem die Maussprünge von Folie 7 auf 8 sowie 8 auf 9 glätten und aber auch sicherstellen, dass sich die Maus während Texteingaben nicht bewegt (wie Sie es in der Übung auf ▶ Seite 125 bereits getan haben).

13 Testen Sie das Projekt erneut in der Vorschau (**Datei > Vorschau > Projekt**) und speichern Sie Ihr Ergebnis optional.

Sie wissen nun, wie Sie Simulationen in Demonstrationen umwandeln können.

> Eine mögliche Lösung finden Sie in der Datei \08_Multimedia_Effekte\Simulation_in_Demonstration_gewandelt.cptx.

### Maus „ruhig" stellen

Wenn Sie auf einer Folie sicherstellen möchten, dass sich die Maus nicht bewegt: Rechtsklicken Sie auf das Mausobjekt und wählen Sie **An vorheriger Folie ausrichten**.

## Bilder

Sie können in Captivate Bilder importieren, die in den folgenden Formaten vorliegen: JPG/JPEG, GIF, PNG, BMP, ICO, EMF, WMF, PICT, POT, POTX, PSD.

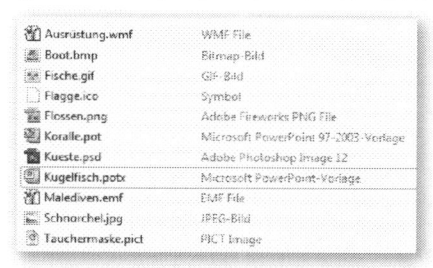

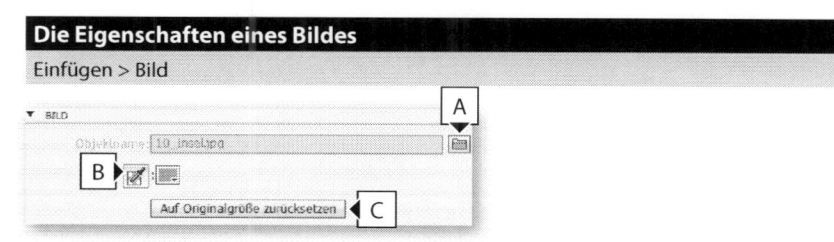

### Die Eigenschaften eines Bildes
Einfügen > Bild

A  Bild austauschen (aus der Bibliothek oder dem Dateiverzeichnis)

B  Hintergrundfarbe, die transparent werden soll (für Bilder, die keine Transparenz haben und über andere Objekte gelegt werden sollen)

**C** Bildobjekt zurück auf die Originalgröße setzen (falls das Bild skaliert oder zugeschnitten wurde)

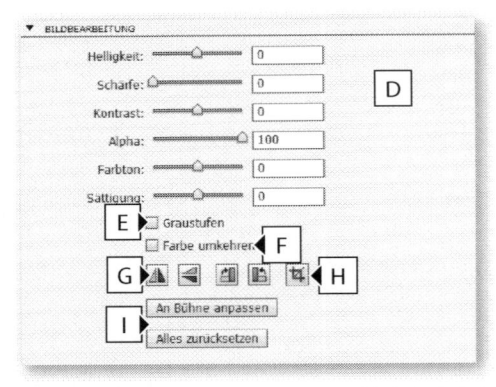

**D** Bildbearbeitungsoptionen (*Helligkeit*, *Schärfe*, *Kontrast*, *Transparenz (Alpha)*, *Farbton* und *Sättigung*)

**E** Bild in Graustufen umwandeln

**F** Farben des Bildes umkehren

**G** Bild horizontal/vertikal spiegeln, Bild nach rechts/links drehen

**H** Bild zuschneiden (▶ nächster Abschnitt)

**I** Bild proportional an die Bühne anpassen oder alle Änderungen zurücksetzen

### Das Fenster Bild zuschneiden / in der Größe ändern

**A** Bildausschnitt festlegen

**B** Bild zuschneiden

**C** Beim Zuschnitt die Proportionen beschränken, sodass die Seitenverhältnisse bestehen bleiben

**D** Vergrößerung der Vorschau einstellen

## Zoombereiche

Mit Hilfe von Zoombereichen können Sie Objekte auf der Bühne vergrößern. Diese Funktion bietet sich beispielsweise an, wenn Sie Bildausschnitte, Einstellungen, Schaltflächen oder Symbole vergrößern möchten, damit der Benutzer diese besser erkennt.

Ein Zoombereich besteht aus zwei Teilen: dem Objekt *Quelle zoomen*, das den zu vergrößernden Bereich markiert und dem *Zoomziel*, das die Vergrößerung zeigt.

### Die Eigenschaften einer Zoomquelle (Quelle zoomen)
Einfügen > Standardobjekte > Zoombereich

Das *Eigenschaften*-Bedienfeld des Objektes *Quelle zoomen* ist ähnlich aufgebaut, wie das des *Markierungsfelds*. Lediglich der Bereich *Schatten und Spiegelung* ist nicht vorhanden.

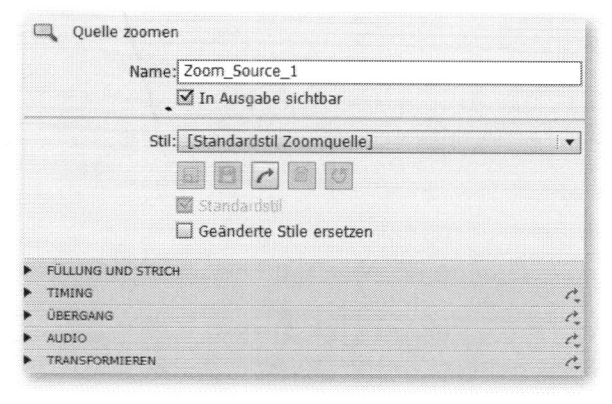

## Die Eigenschaften eines Zoomziels
Einfügen > Standardobjekte > Zoombereich

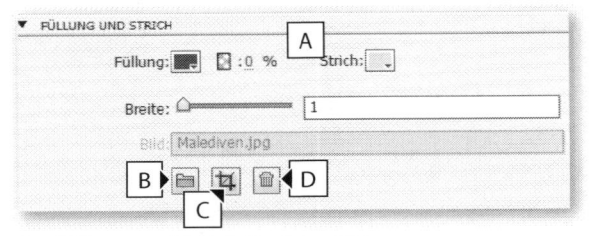

**A** Füllung und Strich (▶ Seite 161)
**B** Bild wählen, welches statt der Vergrößerung angezeigt werden soll
**C** Ausgewähltes Bild zuschneiden
**D** Ausgewähltes Bild löschen

### Animationen

Sie können in Captivate auch Animationen importieren, z. B. aus Adobe Flash. Die Formate SWF (Shockwave File) und GIF (Animated GIF) werden unterstützt.

## Die Eigenschaften einer Animation
Einfügen > Animation

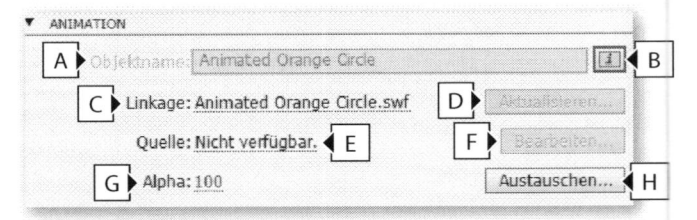

**A** Name der Animation
**B** Informationen über die Animation (z. B. ActionScript-Version, Höhe, Breite, Dauer)
**C** Verweis auf die zugeordnete Animationsdatei
**D** Änderungen der FLA-Quelldatei übernehmen
**E** FLA-Quelldatei der Animation
**F** FLA-Quelldatei mit Adobe Flash bearbeiten

> Die Optionen **D - F** stehen nur zur Verfügung, wenn Sie Adobe Captivate im Rahmen der eLearning Suite 6 installiert haben.

G  Transparenz festlegen (0 = transparent, 100 = voll sichtbar)

H  Animationsdatei austauschen (aus der Bibliothek oder dem Dateiverzeichnis)

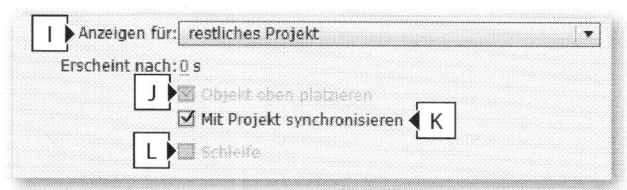

I  Timingeinstellungen (▶ Seite 41)

J  Wenn unter **I** die Option **restliches Projekt** gewählt ist: Animation immer im Vordergrund anzeigen

K  Die Abspielgeschwindigkeit der Animation mit der Zeitleiste synchronisieren

L  Animation fortlaufend wiederholen

## Übung: Zoombereich mit Animation erstellen

In dieser Übung lernen Sie mit Bildern, Zoombereichen sowie Animationen zu arbeiten, die sich sehr gut eignen, um Bereiche hervorzuheben.

> Wie Sie die Übungsdateien herunterladen: ▶ Seite 19

### Übung im Kurzüberblick

- ▶ Sie fügen eine Animation ein und richten diese aus
- ▶ Sie fügen einen Zoombereich ein
- ▶ Sie legen Zoomquelle und –ziel fest
- ▶ Sie passen das Timing der Folie sowie aller Objekte an

### Übung

1  Öffnen Sie die Datei *Zoombereich_Animation_Ausgang.cptx* aus dem Ordner *08_Multimedia_Effekte*.

2  Markieren Sie Folie **10 Loesung zur Hotspotfrage - Finde Krebs**.

3  Fügen Sie eine Animation ein:

**a** Wählen Sie **Einfügen > Animation**.

Das Fenster *Öffnen* öffnet sich und zeigt standardmäßig auf das Verzeichnis *SWF Animation*.

> Wenn ein anderes Verzeichnis angezeigt wird: Navigieren Sie zum Ordner \ *Adobe Captivate 7* \ *Gallery* \ *SWF Animation* des Programmverzeichnisses Ihres Betriebssystems.

Dort befinden sich 4 Ordner, die beispielhafte Flash-Animationen enthalten.

**b** Öffnen Sie im Ordner *Highlights* die Animation *orange_circlelight*.

Die Animation wird auf der Folie platziert.

**c** Vergrößern Sie die Animation proportional: Tragen Sie in den *Eigenschaften* im Bereich *Transformieren* unter *B* **150** ein.

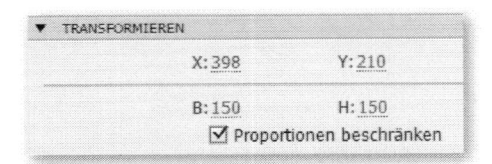

```
▼ TRANSFORMIEREN
        X: 398        Y: 210
        B: 150        H: 150
        ☑ Proportionen beschränken
```

**d** Verschieben Sie die Animation, sodass sie um den Krebs (im mittleren Bereich der Folie) reicht.

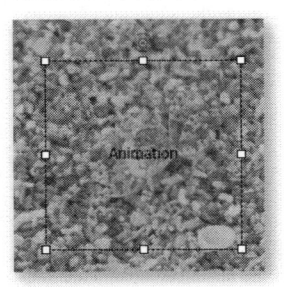

**4** Fügen Sie einen Zoombereich ein:

   **a** Wählen Sie **Einfügen > Standardobjekte > Zoombereich**.

   **b** Markieren Sie mit gedrückter Taste ⇧ die *Animation* und anschließend das Objekt *Quelle zoomen*.

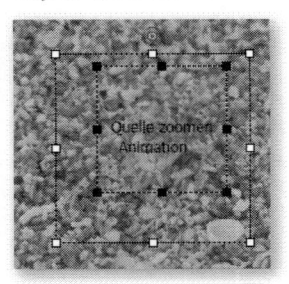

**c** Klicken Sie in der Symbolleiste *Ausrichten* (**Fenster > Ausrichten**) auf **Ausrichtung und Größe angleichen**.

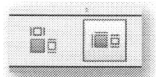

Sie haben den Bereich festgelegt, der gezoomt werden soll.

**d** Tragen Sie in den *Eigenschaften* des Objektes *Quelle zoomen* im Bereich *Füllung und Strich* unter *Breite* den Wert **0** ein.

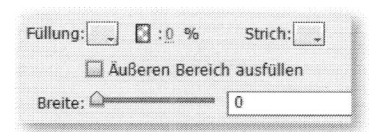

**e** Vergrößern Sie das *Zoomziel* (der Bereich, der die Vergrößerung anzeigt) proportional: Tragen Sie in den *Eigenschaften* im Bereich *Transformieren* unter *B* **350** ein.

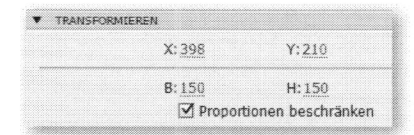

**f** Markieren Sie mit gedrückter Taste ⇧ das Objekt *Quelle zoomen* und anschließend das *Zoomziel*.

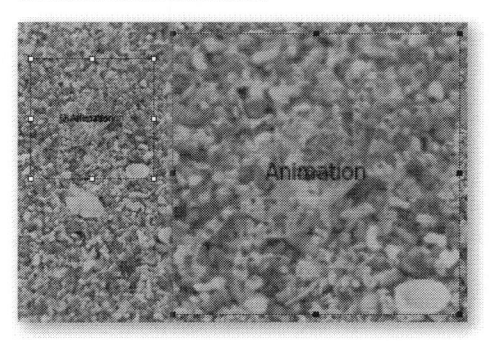

**g** Klicken Sie in der Symbolleiste *Ausrichten* auf **Zentrieren** und anschließend auf **In der Mitte ausrichten**.

**5** Stellen Sie das Timing ein:

  **a** Verlängern Sie in der Zeitleiste die Dauer der Folie auf 8 Sekunden.

  **b** Stellen Sie das Objekt *Quelle zoomen* so ein, dass es nach 4 Sekunden erscheint.

  **c** Verschieben Sie das Objekt *Animation* in der Zeitleiste auf die Position 2,0 Sekunden und verlängern Sie es bis 4,0 Sekunden.

Animationen | **227**

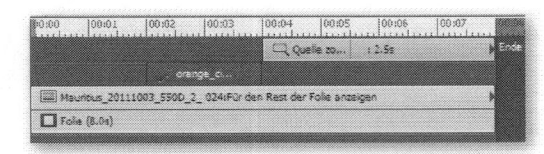

6 Testen Sie das Projekt ab der aktuellen Folie in der Vorschau (F8 (Win) / ⌘+F8 (Mac)).

Ihnen wird auffallen, dass die Qualität des Zoomergebnisses noch nicht optimal ist.

7 Beenden Sie die Vorschau.

8 Stellen Sie ein hochauflösendes Bild als Zoomziel ein:

a Markieren Sie das Zoomziel.

b Klicken Sie in den *Eigenschaften* unter *Füllung und Strich* auf das **Ordner-Symbol**.

Das Fenster *Bild aus Bibliothek auswählen* öffnet sich.

c Klicken Sie auf **Importieren**.

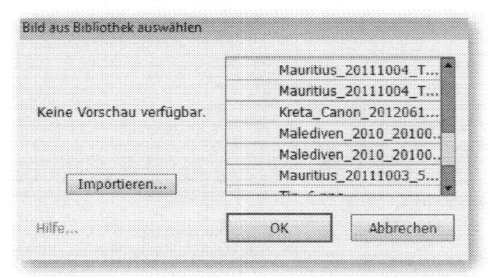

d Öffnen Sie das Bild *Krebs_gross.jpg* aus dem Ordner *08_Multimedia_Effekte*.

9 Testen Sie das Ergebnis ab der aktuellen Folie in der Vorschau (F8 (Win) / ⌘+F8 (Mac)).

Sie sehen, dass die Qualität nun optimal ist.

10 Speichern Sie Ihr Ergebnis optional.

Sie wissen nun, wie Sie ein Projekt um Zoombereiche sowie Animationen bereichern.

> Eine mögliche Lösung finden Sie in der Datei \08_Multimedia_Effekte\ *Zoombereich_Animation_Ziel.cptx*.

## Gleichungen

Mit Hilfe des integrierten Editors *MathMagic for Captivate* können Sie mathematische Gleichungen, Formeln und wissenschaftliche Symbole in Ihre Projekte einfügen.

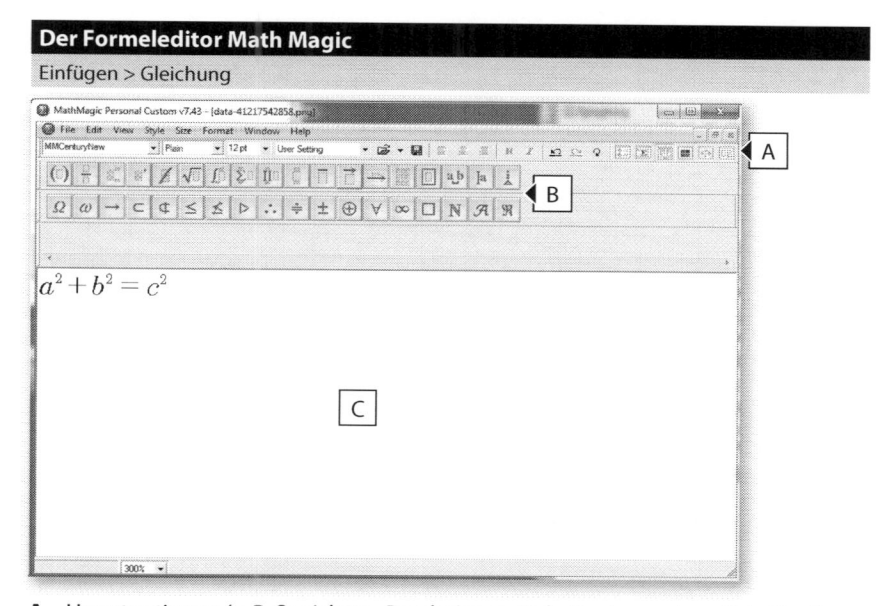

**Der Formeleditor Math Magic**
Einfügen > Gleichung

$$a^2 + b^2 = c^2$$

- **A** Hauptoptionen (z. B. Speichern, Bearbeitung rückgängig machen, Schriftart)
- **B** Mathematischen Formeln und Funktionen
- **C** Bearbeitungsbereich

### Formeleditor starten
Wenn Sie in der Menüleiste **Einfügen > Gleichung** wählen, öffnet sich automatisch der Formeleditor. Wenn Sie eine bereits eingefügte Gleichung bearbeiten möchten: Doppelklicken Sie einfach darauf.

### Formeleditor für Mac-Anwender
Wenn Sie mit einem Mac arbeiten: Sobald Sie das Editor-Fenster öffnen, wird die Gleichung auf der Bühne eingefügt.

## Videos

Captivate kann folgende Videoformate verarbeiten: FLV, F4V, AVI, MOV und 3GP. Sie können Ihre Videos über **Video > Video einfügen** auf zwei Weisen einbinden, als *Ereignisvideo* oder als *Synchronisiertes Video mit mehreren Folien*.

| Ereignisvideo (Videoobjekt) | Synchronisiertes Video (Folienvideo) |
|---|---|
| Kann eine eigene Wiedergabeleiste haben. | Hat keine eigene Wiedergabeleiste. |
| Ist nie (sicher) synchron zum Projekt. | Ist fest mit dem Projekt synchronisiert. |
| Wird nicht im Projekt gespeichert, sondern referenziert (ist dadurch nur auf der Bühne und nicht in der Bibliothek sichtbar). | Wird der Bibliothek hinzugefügt. Datei kann über die Bibliothek ersetzt und aktualisiert werden. |
| Kann nur auf einer Folie ablaufen. | Kann über mehrere Folien verteilt ablaufen. |

| | |
|---|---|
| Auf einer Folie können mehrere Videos dieser Art platziert werden. | Auf einer Folie kann nur ein Folienvideo platziert werden. |
| Kann nur auf der Bühne platziert werden. | Kann auf der Bühne und im Inhaltsverzeichnis platziert werden. |
| | Zusätzliche Bilduntertitel synchron zum Video möglich. |

### Videotyp & Streaming

Videodateien können Sie über das Internet in unterschiedlichen Formen bereitstellen. Es bieten sich folgende an:

▶ *Progressive-Download-Video*: Bei dieser Form wird das Video abgespielt, sobald das erste Segment heruntergeladen ist. Während das Video abspielt, werden im Hintergrund die restlichen Segmente heruntergeladen. Wenn die Bandbreite des Internetanschlusses höher ist, als die Datenrate des Videos, wird der Film ohne Unterbrechungen abgespielt.

▶ *Streaming-Video*: Für das Streaming wird ein spezieller Server benötigt, ein sogenannter *Flash-Communication-Server*. Dieser stellt mit dem System des Betrachters eine direkte Verbindung her. Das Video wird vom Server dann als kontinuierlicher Datenstrom gesendet und nicht in Form von Segmenten. Wenn die Bandbreite des Internetanschlusses niedriger als die Datenrate des Videos ist, wird der Film nicht unterbrochen. Stattdessen verschlechtert sich die Bildqualität, im schlimmsten Fall wird die Audio-Ausgabe unterbrochen.

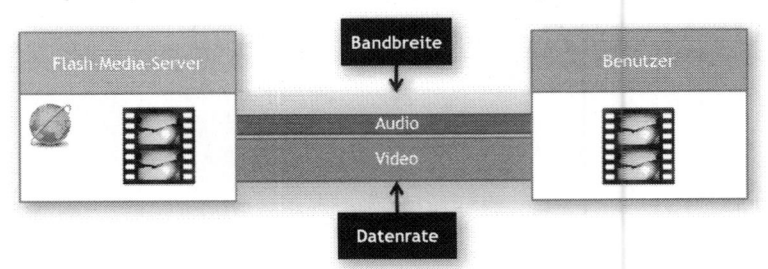

▶ *Flash-Video-Streaming-Service*: Wenn Sie keinen eigenen Streaming-Server zur Verfügung haben, bietet sich diese Form an. Es gibt externe Anbieter (z. B. Vital-Stream, Akamai oder Limelight Networks), die gegen Gebühr Videos über ihre Streaming-Server anbieten. Dies ist meist günstiger als einen eigenen Server für diese Aufgabe zu unterhalten.

## Die Eigenschaften eines Ereignisvideos (Videoobjekt)

**A** Videotyp (siehe oben)

**B** Relativer oder absoluter *Pfad* (lokal oder im Internet) auf die Video-Datei (*.flv, *.f4v, *.mp4)

**C** Originalgröße automatisch erkennen

**D** Video automatisch wiedergeben / zurückspulen

**E** Aussehen der Wiedergabeleiste des Videos

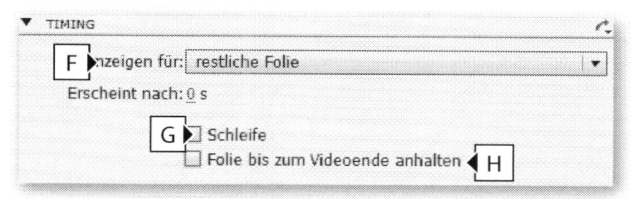

**F** Timingeinstellungen (▶ *Seite 41*)

**G** Video fortlaufend wiederholen

**H** Wenn unter *Anzeigen für* **restliche Folie** (F) gewählt ist: Folie pausiert bis das Video zu Ende abgespielt wurde

## Die Eigenschaften eines Synchronisierten Videos (Folienvideo)

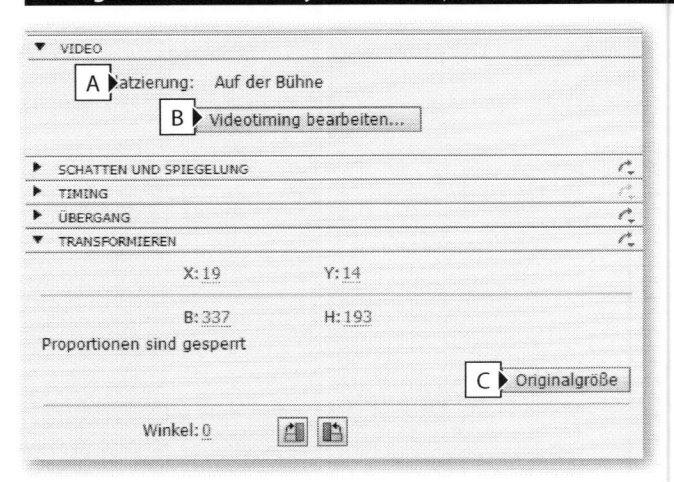

**A** Video auf der Bühne oder im Inhaltsverzeichnis platziert
**B** Videotiming bearbeiten (▶ *nächster Abschnitt*)
**C** Video auf Originalgröße zurücksetzen

## Das Fenster Videotiming bearbeiten
Video > Videotiming bearbeiten

**A** Register *Bilduntertitel*: passende Untertitel hinzufügen

**B** Bearbeitungsleiste: Abspielen / Anhalten / Stoppen des Folienvideos, Schritt rückgängig machen / wiederholen und nicht verwendete Videoabschnitte außerhalb der Start- und Endmarkierungen der nächsten / vorherigen Folie zuordnen

**C** Zeitleiste zoomen

**D** Informationen zur aktuellen Dauer des Folienvideos und der Position des Abspielkopfes

**E** Start- und Endmarkierungen von Schlüsselbildern

**F** Video-Timeline (Zeitleiste)

**G** Abspielkopf

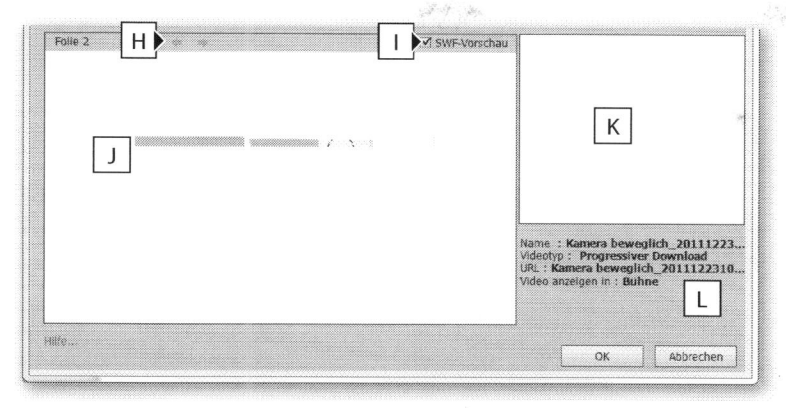

**H** Zur nächsten / vorherigen Folie wechseln
**I** SWF-Vorschau aktivieren / deaktivieren
**J** Aktuelle Folie in der SWF-Vorschau
**K** Vorschaufenster des Folienvideos
**L** Informationen zum Folienvideo, wie *Name* und *Videotyp*

## So platzieren Sie ein Video im Inhaltsverzeichnis

Das Inhaltsverzeichnis sollte in Ihrem Projekt aktiviert sein: (*Seite 383*).

1 Wählen Sie **Video** > **Video einfügen**.

   Das Fenster *Video einfügen* öffnet sich.

2 Wählen Sie die Option **Synchronisiertes Video mit mehreren Folien**.

3 Navigieren Sie zur entsprechenden Videodatei.

4 Wählen Sie unter *Video anzeigen in* die Option **TOC**.

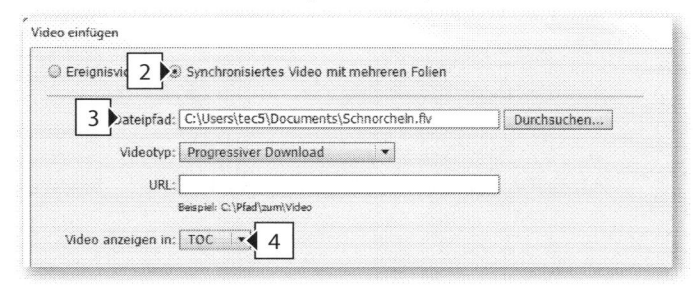

Captivate erwartet hier ein Video mit idealerweise 192x144 Pixel Auflösung. Andernfalls erscheint eine Meldung, dass das Video skaliert wird.

5   Klicken Sie auf **OK**.

6   Bestätigen Sie die ggf. erscheinende Meldung mit **Ja**.

7   Testen Sie das Ergebnis in der Vorschau.

Sie wissen nun, wie Sie ein Video im Inhaltsverzeichnis darstellen können.

### Video im Inhaltsverzeichnis platzieren

Wenn Sie bereits ein Video in Ihr Projekt importiert haben und dieses im Inhaltsverzeichnis platzieren möchten: Wählen Sie **Video > Videoverwaltung** und markieren Sie das entsprechende Video. Wählen Sie anschließend unter *Video anzeigen in* die Option **TOC** und klicken Sie auf **OK**. Bestätigen Sie die (ggf.) erscheinende Meldung mit **Ja**.

### Platzierung Video

So können Sie im Projekt erkennen, ob ein Video im Inhaltsverzeichnis oder auf der Bühne platziert ist:

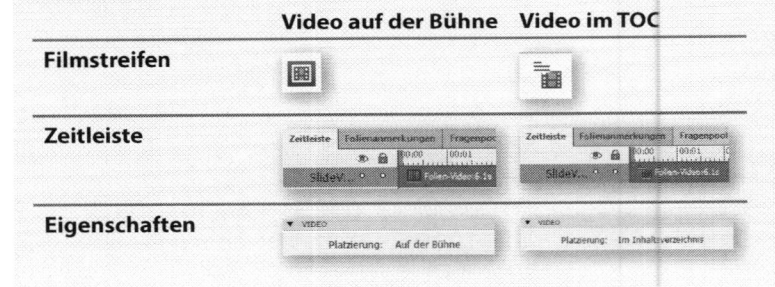

|  | Video auf der Bühne | Video im TOC |
|---|---|---|
| **Filmstreifen** |  |  |
| **Zeitleiste** |  |  |
| **Eigenschaften** | Platzierung: Auf der Bühne | Platzierung: Im Inhaltsverzeichnis |

### Übung: Ereignisvideo einfügen

Im Rahmen dieser Übung fügen Sie einem Projekt ein Ereignisvideo hinzu.

Wie Sie die Übungsdateien herunterladen: ▶ *Seite 19*

**Übung**

1   Öffnen Sie die Datei *Ereignisvideo_Ausgang.cptx* aus dem Ordner *08_Multimedia_Effekte*.

2   Markieren Sie Folie 5.

3   Fügen Sie ein Video ein:

- a Wählen Sie **Video > Video einfügen**.

  Das Fenster *Video einfügen* öffnet sich.

- b Wählen Sie die Option **Ereignisvideo**.

- c Wählen Sie unter *Wo finden Sie Ihre Videodatei* die Option **Auf Ihrem Computer.**

- d Klicken Sie auf **Durchsuchen** und navigieren Sie zur Datei *Krake.f4v* im Verzeichnis / 00_Projekte / Projekt_Schnorcheln.

- e Klicken Sie anschließend auf **OK**.

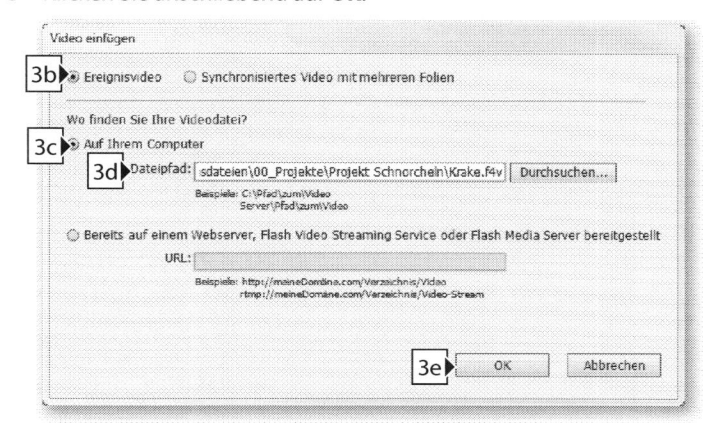

Das Video wird eingefügt.

4 Wählen Sie in den Eigenschaften des Videos im Bereich *Allgemein* **Automatische Wiedergabe**.

5 Wählen Sie unter *Skin* **coronaSkin1**.

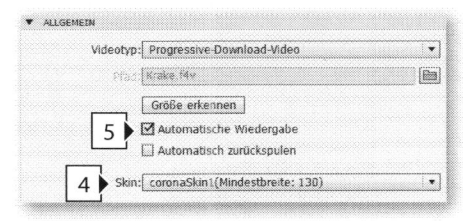

6 Testen Sie das Projekt in der Vorschau und speichern Sie Ihr Ergebnis optional.

Sie wissen nun, wie Sie Ereignisvideos in Ihre Projekte einbinden können.

> Eine mögliche Lösung finden Sie in der Datei *\08_Multimedia_Effekte \ Ereignisvideo_Ziel.cptx*.

> **Übersichtsdatei: Effekte**
>
> Die Datei *Animationseffekte_Uebersicht.cptx* aus dem Ordner *08_Multimedia_Effekte* zeigt Ihnen alle Effekte, die Captivate bietet. Öffnen Sie doch gleich das Projekt und lernen Sie die verschiedenen Effekte in der Vorschau kennen.

## Effekte

Standardmäßig können Sie Ihren Objekten (bis auf Maus, Klickfeld, Schaltfläche, Zoombereich) den / die Übergangseffekt(e) Ein- und / oder Ausblenden zuweisen. Darüber hinaus gibt es das Bedienfeld *Effekte*.

Mit Hilfe von (Objekt-)Effekten können Sie verschiedene Objekte (z. B. Textbeschriftungen, Smartformen oder Bilder) in Captivate animieren. Beispielsweise können Sie Objekte bewegen, in der Größe verändern oder das Design von Elementen während der Laufzeit beeinflussen, z. B. mit einem Glüheffekt. Sie können diese Effekte zusätzlich über die Eigenschaften anpassen und auch mehrere Effekte beliebig kombinieren. Diese Kombinationen können Sie speichern und für andere Objekte wiederverwenden. In vielen Fällen dürfte dadurch der Weg über Adobe Flash erspart bleiben.

### Der Bereich Übergang im Bedienfeld Eigenschaften eines Objektes

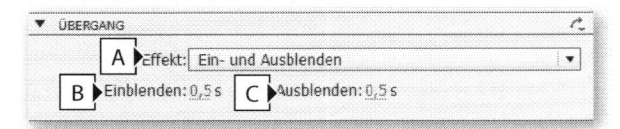

**A** Übergangseffekt des Objektes
**B** Nur bei Einblendeeffekt: Dauer bis Objekt vollständig eingeblendet wird
**C** Nur bei Ausblendeeffekt: Dauer bis Objekt vollständig ausgeblendet wird

> **!** Die Ein- und Ausblendedauer bewegt sich innerhalb der Gesamtlänge eines Objektes, d. h. wenn Sie bei einem Objekt mit einer Gesamtdauer von 3,0 Sekunden eine Ausblendedauer von 0,5 Sekunden einstellen, beginnt das Objekt bereits nach 2,5 Sekunden auszublenden. Dies wird vor allem dann relevant, wenn Sie mit interaktiven Objekten arbeiten, die das Projekt pausieren.

> **Effekte unter HTML5**
>
> Einige Effekte sind mit * oder ** markiert. Diese Asteriske zeigen an, dass die Effekte bei der Ausgabe im HTML5-Format nicht unterstützt werden (*) oder anders aussehen, als bei der Ausgabe im SWF-Format (**).

### Das Bedienfeld Effekte

Fenster > Effekte

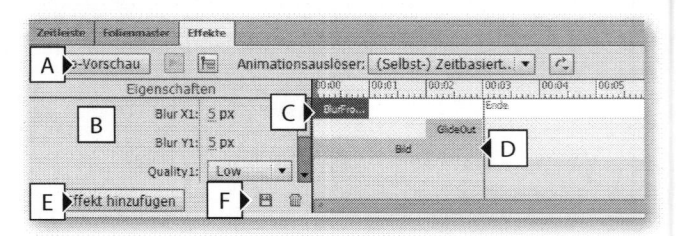

**A** Werkzeugleiste (*siehe Tabelle unten*)
**B** Eigenschaften des ausgewählten Effekts
**C** Ausgewählter Effekt

D   Objekt, dem der / die Effekt(e) zugewiesen wird / werden
E   Effekt hinzufügen
F   Effektkombination (samt Eigenschaften) speichern / einen einzelnen Effekt löschen

| Die Werkzeugleiste des Bedienfelds Effekte | |
|---|---|
| Live-Vorschau | In die Live-Vorschau / zurück zur Bearbeitungsansicht wechseln |
| ▶ | Effekt in der Live-Vorschau abspielen / pausieren |
| | Effekt mit Abspielkopf synchronisieren |
| (Selbst-) Zeitbasierte... ▼ | Animationsauslöser (zeit- oder ereignisbasiert) |
| | Vererbung: Alle Effekte **auf alle Objekte dieses Typs** oder **alle Objekte des gleichen Stils** anwenden |

## Übung: Effekte einbringen

Mit Effekten verleihen Sie Ihren Projekten das gewisse Etwas. In dieser Übung werden wir Beschreibungen mit einem Effekt versehen.

✓ Wie Sie die Übungsdateien herunterladen: ▶ *Seite 19*

### Übung im Kurzüberblick
- Sie versehen eine Smartform mit einem Effekt
- Sie passen die Effekteigenschaften an
- Sie vererben den Effekt

### Übung

1   Öffnen Sie die Datei *Effekte_Ausgang.cptx* aus dem Ordner *08_Multimedia_Effekte\Effekte\*.

2   Markieren Sie auf Folie 2 die Smartform, die mit dem Text *Giftige Flossen* befüllt ist.

### Effekte speichern und exportieren

Sie können Ihre Effekte auch speichern und exportieren: Klicken Sie im Bedienfeld *Effekte* auf **Speichern** und geben Sie Dateinamen sowie Speicherort an. Der Effekt wird im XML-Format abgespeichert und Sie können diesen auch auf andere Objekte anwenden. Klicken Sie hierfür auf **Effekt hinzufügen** und wählen Sie **Durchsuchen**.

3  Wählen Sie **Fenster > Effekte**.

Das Bedienfeld *Effekte* öffnet sich im unteren Bereich.

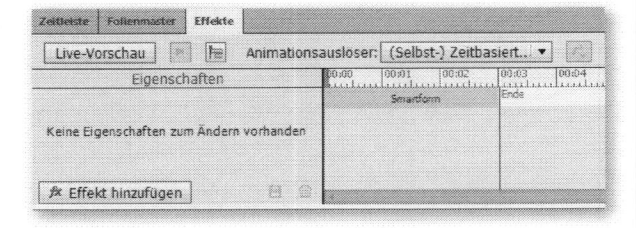

4  Erstellen Sie einen neuen Effekt:

   a  Klicken Sie auf **Effekt hinzufügen** und wählen Sie den Effekt **Eingang > Einblenden > Einblenden von links** aus.

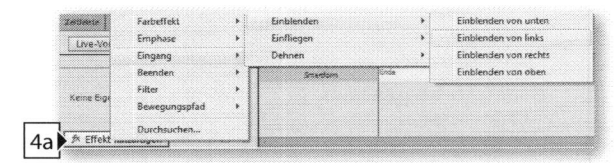

   Der Effekt wird im Bedienfeld angezeigt. Nun möchten wir den Effekt noch anpassen.

   b  Ziehen Sie die Dauer des Effekts auf die Dauer des Objektes auf.

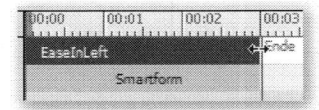

   c  Stellen Sie unter *Eigenschaften* die Option *Ease* auf **50%**.

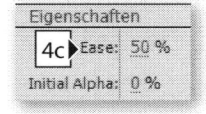

   d  Testen Sie den Effekt in der Vorschau: Klicken Sie auf **Live-Vorschau**.

   Der Effekt wird nun in der Bearbeitungsansicht abgespielt.

5  Wenden Sie den gleichen Effekt auf die restlichen Smartformen des gleichen Stils an:

   a  Wechseln Sie in das Bedienfeld *Eigenschaften* der Smartform.

   Sie sehen, dass die Smartform den *Stil* **tec_Bilduntertitel** verwendet.

   b  Wechseln Sie in das Bedienfeld *Effekte*.

   c  Klicken Sie auf **Auf alle anwenden**.

   d  Wählen Sie **Auf alle Objekte des gleichen Stils anwenden**.

> Auf alle Objekte dieses Typs anwenden
> Auf alle Objekte des gleichen Stils anwenden

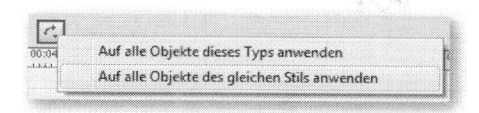

6   Testen Sie das Projekt in der Vorschau: Wählen Sie **Datei > Vorschau > Projekt**.

Sie sehen, dass alle Smartformen nun den gleichen Effekt verwenden.

7   Speichern Sie Ihr Ergebnis optional.

Sie wissen nun, wie Sie Effekte in Ihren Projekten verwenden können.

> 🚩 Eine mögliche Lösung finden Sie in der Datei *\08_Multimedia_Effekte\ Effekte\ Effekte_Ziel.cptx*.

**Probleme bei der Vorschau beheben**

Wenn die Effekte in der Vorschau zu langsam abspielen: Testen Sie das Projekt im Webbrowser (**Datei > Vorschau > Im Webbrowser**).

Effekte | **239**

# Interaktionen ermöglichen

In diesem Kapitel lernen Sie, wie Sie Ihre Captivate-Projekte mit interaktiven Objekten anreichern. Hierzu zählen beispielsweise Schaltflächen, Klickfelder und Rollover-Elemente, die auf Benutzereingaben reagieren (z. B. einen Klick oder ein Überfahren mit der Maus).

**Übersichtsdatei interaktive Objeke**

Einige Beispiele interaktiver Objekte finden Sie in der Datei \ *09_Interaktionen_ermoeglichen* \ *Interaktive_Objekte_Uebersicht.cptx*.

## Themenübersicht

| | | |
|---|---|---|
| » | Aktionen, Objektsichtbarkeit und Beschriftungen | 242 |
| » | Klickfelder | 245 |
| » | Texteingabefelder | 246 |
| » | Übung: Demonstration in Simulation wandeln | 248 |
| » | Übung: Texteingabefelder | 254 |
| » | Schaltflächen | 256 |
| » | Hyperlinks | 257 |
| » | Rollover-Beschriftungen & -Bilder | 258 |
| » | Rollover-Minifolien | 259 |
| » | Übung: Rollover-Minifolie einfügen | 261 |
| » | Smartformen interaktiv | 267 |
| » | Übung: Folienmaster mit Navigation | 269 |
| » | Drag-&-Drop-Interaktionen | 274 |
| » | Übung: Drag-&-Drop-Interaktion mit Assistenten erstellen | 280 |
| » | Übung: Drag-&-Drop-Interaktion über Bedienfeld erstellen | 284 |
| » | Übung: Drag-&-Drop-Interaktion anpassen und erweitern | 288 |
| » | Praxistipps | 292 |
| » | Transferübung: Glossar erstellen | 293 |

> **Übersichtsdatei Aktionen**
>
> Eine Übersicht einiger Aktionen finden Sie in der Datei \09_Interaktionen_ermoeglichen\Aktionen_Uebersicht.cptx.

## Aktionen, Objektsichtbarkeit und Beschriftungen

Bei Klickfeldern, Schaltflächen und Texteingabefeldern können Sie jeweils definieren, was geschehen soll, wenn der Benutzer eine Aktion wie gewünscht ausführt oder was geschehen soll, wenn er eine nicht gewünschte Aktion ausführt. Bei Rollover-Minifolien hingegen können Sie definieren, welche Aktion (zusätzlich zum Erscheinen der Minifolie) bei einem Klick oder einem Rollover ausgeführt werden soll (▶ Seite 241).

### Der Bereich Aktion im Bedienfeld Eigenschaften

- **A** Aktion, die bei einer richtigen Maus- oder Tastatureingabe ausgeführt wird
- **B** Anzahl der möglichen Versuche des Benutzers
- **C** Aktion, die ausgeführt wird, falls der Benutzer in einen Bereich außerhalb des Objektes klickt oder einen falschen Text eingibt
- **D** Aktion kann durch Mausklick ausgeführt werden
- **E** Wahl einer Tastenkombination, die zusätzlich zum oder statt des Mausklicks zum Erfolg führen kann

> **Folien-Timing**
>
> Wenn Sie die Aktion **Zur nächsten Folie** verwenden, kommt der Benutzer, im Gegensatz zu **Weiter**, ohne weitere Verzögerung direkt zur nächsten Folie und Sie müssen sich keine Gedanken um das Timing auf einer Folie machen.

### Diese Aktionsoptionen gibt es

| Option | Auswirkung |
| --- | --- |
| Weiter | Fährt fort |
| Zur vorherigen Folie | Springt zur vorherigen Folie |
| Zur nächsten Folie | Springt zur nächsten Folie |
| Zur zuletzt geöffneten Folie gehen | Springt zur zuletzt angezeigten Folie |
| Zurück zum Quiz | Springt zur zuletzt angezeigten Fragenfolie |
| Zu Folie springen | Springt zu einer zuvor definierten Folie |
| URL oder Datei öffnen | Öffnet eine Internetadresse oder Datei mit der damit verknüpften Software |
| Anderes Projekt öffnen | Öffnet ein anderes Captivate-Projekt |
| E-Mail senden an | Weist das Standard-E-Mail-Programm des Benutzers an, eine E-Mail an eine bestimmte Adresse zu verfassen |

| | |
|---|---|
| **JavaScript ausführen** | Führt einen frei definierbaren JavaScript-Code aus. Hinweis: Funktioniert nur bei Web-Veröffentlichungen (*.htm) |
| **Erweiterte Aktionen ausführen** | Führt ein in Captivate entwickeltes Skript aus (▶ Seite 463) |
| **Freigegebene Aktion ausführen** | Führt eine (projektübergreifende) Aktion aus (▶ Seite 463) |
| **Audio abspielen** | Spielt eine angegebene Audiodatei ab |
| **Ausgelöstes Audio stoppen** | Stoppt das aktuell abgespielte Audio |
| **Einblenden** | Blendet ein angegebenes Objekt ein |
| **Ausblenden** | Blendet ein angegebenes Objekt aus |
| **Aktivieren** | Aktiviert ein Objekt |
| **Deaktivieren** | Deaktiviert ein Objekt |
| **Zuweisen** | Weist einer Variablen einen bestimmten Wert zu |
| **Erhöhen** | Erhöht den Wert einer Variablen |
| **Verringern** | Verringert den Wert einer Variablen |
| **Pause** | Pausiert die Folie |
| **Beenden** | Schließt das Projekt (Funktion gleicht der Schließen-Schaltfläche, siehe Erläuterungen zur Wiedergabeleiste ▶ Seite 382) |
| **Effekt anwenden** | Wendet einen Effekt auf ein Objekt an |
| **Keine Aktion** | Keine Auswirkung |

### Objektname & -sichtbarkeit

Über Objektnamen können Sie Ihren Objekten einen eindeutigen Bezeichner zuweisen und diese so z. B. über Aktionen ansprechen. Außerdem können Sie Ihre Objekte sichtbar / unsichtbar stellen, um diese zu verstecken und erst bei einem bestimmten Ereignis einzublenden.

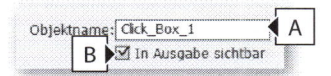

**A** Eindeutiger Bezeichner für das Objekt
**B** Blendet das Objekt (in der Veröffentlichung) ein / aus

#### Benennungskonventionen

Objektnamen müssen mit einem Buchstaben beginnen. Außerdem werden Leer- und Sonderzeichen automatisch durch einen Unterstrich ersetzt.

### Objektzustände

Schaltflächen und Texteingabefelder pausieren (ebenfalls wie das Klickfeld) standardmäßig das Projekt, haben jedoch zusätzlich 2 Zustände: einen aktiven sowie einen inaktiven Zustand. Dazwischen befindet sich in der Zeitleiste eine Trennlinie, welche die Pauseposition definiert. Das Objekt befindet sich, solange keine Aktion

> **Mehrwert durch Feedback**
>
> Wenn Sie Erfolgsbeschriftungen einsetzen möchten: Liefern Sie einen echten Mehrwert. Ein kurzes Feedback und eine zusätzliche Information, wie z. B. „Sie können alternativ auch [Strg]+[C] benutzen.", sind wertvoller als nur ein „Richtig!".

ausgelöst wird (z. B. *Weiter*, durch einen erfolgreichen Klick auf eine Schaltfläche), im aktiven Zustand. Der inaktive Zustand tritt ein, sobald die Pause überwunden ist. In dieser Phase ist das Objekt weiterhin sichtbar, reagiert jedoch nicht mehr auf weitere Benutzereingaben. Im unteren Beispiel wird das Objekt insgesamt 4 Sekunden angezeigt, pausiert nach 2 Sekunden und bleibt weitere 2 Sekunden im inaktiven Zustand sichtbar.

### Diese Beschriftungsarten gibt es

Bei Texteingabefeldern, Klickfeldern und Schaltflächen können Sie im Bedienfeld *Eigenschaften* unter *Optionen* optional die folgenden drei Beschriftungsarten wählen / abwählen:

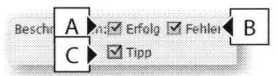

**A** *Erfolgsbeschriftungen*: Werden ausgegeben, wenn der Benutzer eine Aktion erfolgreich ausführt

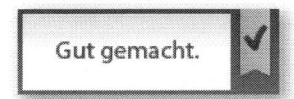

**B** *Fehlerbeschriftungen*: Werden ausgegeben, wenn der Benutzer eine Aktion nicht wie gewünscht ausführt

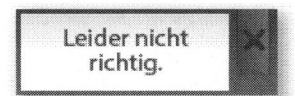

**C** *Tippbeschriftungen*: Werden ausgegeben, wenn der Benutzer mit der Maus über das Interaktionselement fährt und geben einen Hinweis

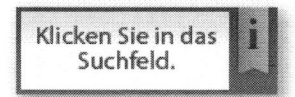

Diese Beschriftungen werden auf der Folie wie Textbeschriftungen platziert und können auf die gleiche Weise formatiert werden.

## Klickfelder

Mit Hilfe von Klickfeldern können Sie aus Demonstrationen Simulationen erzeugen. So können Sie ein Klickfeld beispielsweise über einen Menüpunkt oder eine Schaltfläche in Ihrer Aufnahme legen und definieren, dass das Projekt erst weiter läuft, wenn der Benutzer auf diesen Bereich geklickt hat.

### Die Eigenschaften eines Klickfelds
Einfügen > Standardobjekte > Klickfeld

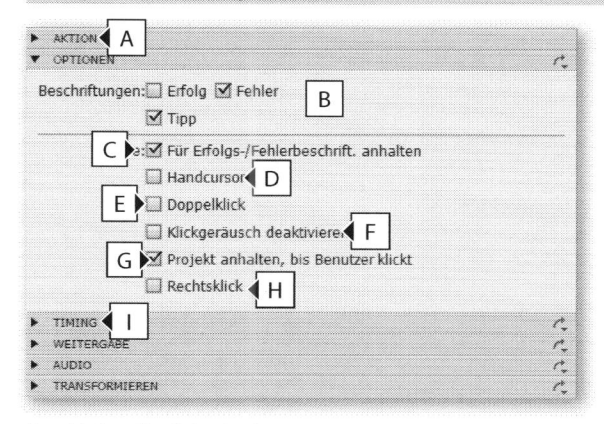

**A** Aktion (▶ *Seite 241*)

**B** Beschriftungen (▶ *Seite 241*)

**C** Projekt anhalten, bis Erfolgs- / Fehlerbeschriftungen angezeigt wurden

**D** Mauszeiger in Handcursor ändern, sobald der Benutzer über das Klickfeld fährt

**E** Aktion nur bei Doppelklick ausführen

**F** Bei Klick des Benutzers kein Geräusch abspielen

**G** Projekt erst dann fortfahren, wenn der Benutzer auf das Klickfeld klickt

**H** Aktion nur bei Rechtsklick ausführen

**I** Timing (▶ *Seite 41*), Weitergabe (▶ *Seite 496*), Audio (▶ *Seite 300*), Transformieren (▶ *Seite 44*)

## Texteingabefelder

Mit Hilfe von Texteingabefeldern können Sie den Benutzer auffordern, einen bestimmten oder freien Text einzugeben. Standardmäßig werden Texteingabefelder automatisch mit einer Schaltfläche (zur Bestätigung der Eingabe) einer Erfolgs-, Fehler- und Tippbeschriftung ausgestattet.

### Die Eigenschaften eines Texteingabefeldes
Einfügen > Standardobjekte > Texteingabefeld

**A** *Standardtext*, der im Texteingabefeld angezeigt wird

**B** Wenn der Benutzer später auf diese Folie zurückkehrt, wird ihm der eingegebene Text weiterhin angezeigt

**C** Textfeldrahmen einblenden / ausblenden (z. B. um das Textfeld auf einem Formular in einer Bildschirmaufnahme zu platzieren)

**D** Als Kennwortfeld verwenden (Verschleiern der Eingabe)

**E** Benutzereingaben werden geprüft: Der Benutzer muss den richtigen Text eingeben, um die Aktion *Bei Erfolg* auszulösen

**F** Weitere Einstellmöglichkeiten, wie z. B. maximale Zeichenlänge, Eingabe automatisch absenden, sobald der Benutzer die maximale Anzahl an Zeichen erreicht hat, sowie Eingabe auf Zahlen oder Klein- / Großbuchstaben beschränken

**G** Variable, in die der eingegebene Wert gespeichert wird

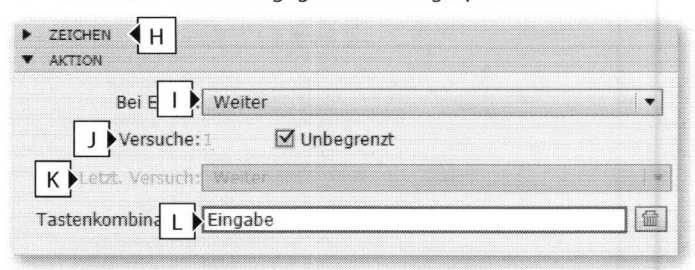

**H** Zeichen: Textformatierung (Schriftfamilie, Schriftstil, Schriftgröße, Schriftformat und Schriftfarbe)

**I** Aktion, die bei Erfolg ausgeführt wird (▶ *Seite 241*)

**J** Versuche für Benutzer begrenzen / nicht begrenzen

**K** Aktion, die bei falscher Eingabe ausgeführt wird (▶ *Seite 241*)

**L** Diese Tastenkombination anstelle von und/oder zusätzlich zum Mausklick auf die Schaltfläche zulassen

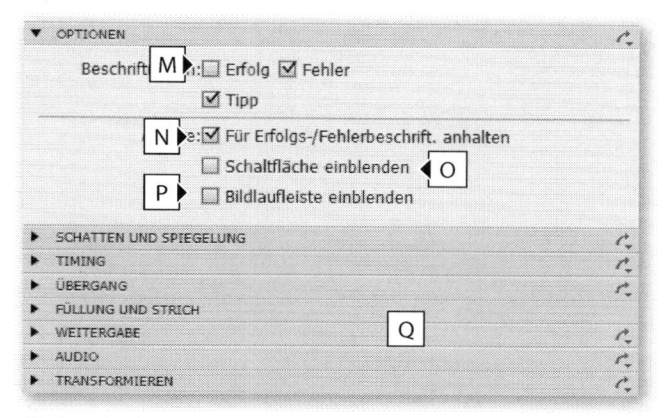

**M** Beschriftungen (▶ *Seite 241*)

**N** Projekt anhalten bis Erfolgs-/Fehlerbeschriftungen angezeigt wurden

**O** Schaltfläche zur Bestätigung der Eingabe einblenden

**P** Bildlaufleiste einblenden, falls die Benutzereingabe den sichtbaren Bereich des Texteingabefeldes überschreitet

**Q** Schatten und Spiegelung (▶ *Seite 163*), Timing (▶ *Seite 41*), Übergang (▶ *Seite 236*), Füllung und Strich (▶ *Seite 161*), Weitergabe (▶ *Seite 496*), Audio (▶ *Seite 300*), Transformieren (▶ *Seite 44*)

**Texteingabe entfernen**

Um eine Texteingabe aus Ihrem Projekt zu entfernen, müssen Sie diese zunächst in ein Objekt (Textanimation) umwandeln.

## Übung: Demonstration in Simulation wandeln

In der folgenden Übung möchten wir das Klickfeld und die verschiedenen Beschriftungstypen nutzen, um eine Demonstration in eine Simulation zu wandeln. Außerdem werden wir Texteingabefelder hinzufügen.

✓ Wie Sie die Übungsdateien herunterladen: ▶ *Seite 19*

### Übung im Kurzüberblick

- ▶ Sie fügen Klick- sowie Texteingabefelder ein
- ▶ Sie arbeiten mit Fehler- sowie Tippbeschriftungen
- ▶ Sie entfernen Textbeschriftungen und Markierungsfelder
- ▶ Sie blenden Mausobjekte aus

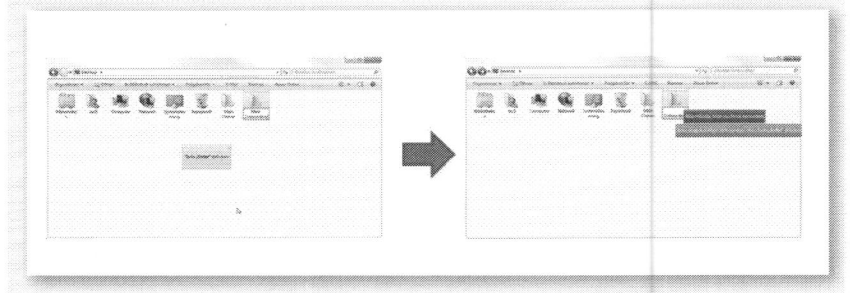

### Übung

1. Öffnen Sie die Datei *Demonstration_wandeln.cptx* aus dem Ordner *09_Interaktionen_ermoeglichen*.
2. Betrachten Sie die Demonstration in der Vorschau: Drücken Sie F4.
3. Beenden Sie die Vorschau.
4. Zu Beginn blenden wir alle Mausobjekte aus:
   
   a. Markieren Sie im Filmstreifen alle Folien des Projektes, rechtsklicken und wählen Sie im Kontextmenü **Maus > Maus einblenden**.
   
   Dadurch haben nun alle Folien ein Mausobjekt.
   
   b. Wählen Sie nun erneut über das Kontextmenü **Maus > Maus einblenden**.
   
   Nun sind alle Mausobjekte entfernt.
5. Wählen Sie Folie 1.
6. Wandeln Sie die Folie in eine Simulation um:

a   Fügen Sie ein Klickfeld ein: Wählen Sie **Einfügen > Standardobjekte > Klickfeld**.

   Ein Klickfeld wird eingefügt.

b   Deaktivieren Sie im Bedienfeld *Eigenschaften* unter *Optionen* die Beschriftung **Erfolg**.

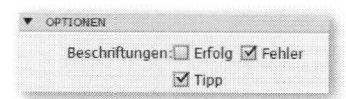

> **Überdeckte Objekte markieren**
>
> Wenn Sie ein Objekt nicht markieren können, weil es durch andere Objekte überdeckt wird: Öffnen Sie das Bedienfeld *Zeitleiste*. Dort können Sie ein Objekt ebenfalls direkt markieren und z. B. entfernen. Wenn Sie Text bearbeiten möchten: Markieren Sie das Objekt und drücken Sie F2.

c   Doppelklicken Sie auf der Bühne in die bereits vorhandene Textbeschriftung, markieren Sie den Text und drücken Sie Strg+C (Win) / ⌘+C (Mac).

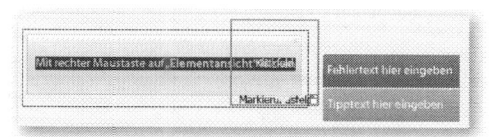

d   Doppelklicken Sie in die Fehlerbeschriftung des Klickfelds, löschen Sie den Text und drücken Sie Strg+V (Win) / ⌘+V (Mac).

e   Doppelklicken Sie in die Tippbeschriftung des Klickfelds, löschen Sie den Text und drücken Sie Strg+V (Win) / ⌘+V (Mac).

f   Vergrößern Sie die Erfolgs- sowie Tippbeschriftung, sodass der Text vollständig zu lesen ist. Stellen Sie sicher, dass die Schriftfarbe jeweils auf Weiß eingestellt ist.

   Nun haben wir den Text aus der Textbeschriftung in die Beschriftungen des Klickfelds übernommen und benötigen das Objekt Textbeschriftung nicht mehr.

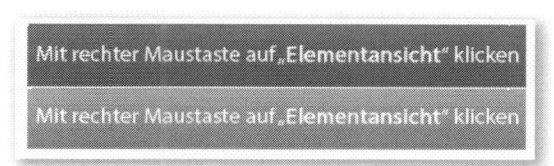

> **Mehrere Objekte auf dieselbe Größe einstellen**
>
> Markieren Sie mit gedrückter Taste ⇧ zuerst das Markierungsfeld und anschließend das Klickfeld. Klicken Sie nun in der Leiste *Ausrichten* auf **Ausrichtung und Größe angleichen**.

g   Löschen Sie die Textbeschriftung.

h   Verschieben Sie das Klickfeld direkt über das Markierungsfeld und passen Sie es der Größe des Markierungsfelds an.

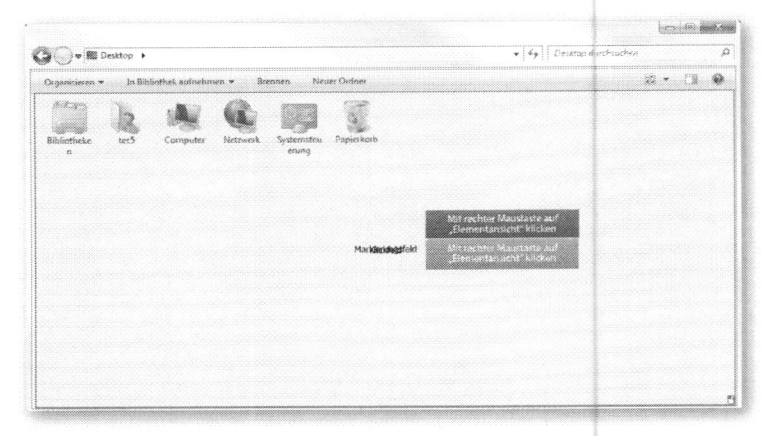

**i** Optional: Aktivieren Sie in den Eigenschaften des Klickfeldes die Option **Rechtsklick** (nur bei deaktivierter Barrierefreiheit sowie im Webbrowser lauffähig).

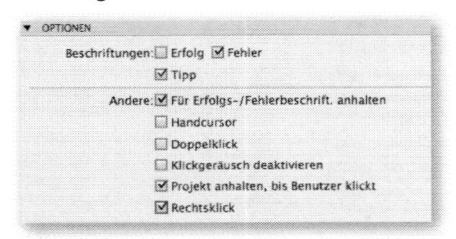

**j** Löschen Sie das Markierungsfeld.

Im Folgenden werden wir die Schritte abgekürzt für die restlichen Folien des Projektes wiederholen, die zuvor einen Klick oder eine Tastenkombination gezeigt haben (Folie 3, 5, 9, 11). Hierbei lassen wir gezielt die Folien aus, die Texteingabefelder verwenden (Folien 4, 6 und 10). Diese werden wir im nächsten Schritt bearbeiten. Die folgenden Schritte können je nach Folie leicht abweichen. Tipp: Falls Sie nicht weiter wissen, schauen Sie einfach im vorherigen Schritt nach oder öffnen Sie die Lösungsdatei zu dieser Übung.

**7** Wandeln Sie die Folien 3, 5, 9, 11 in Simulationen um:

  **a** Kopieren Sie das Klickfeld von Folie 1 auf die aktuelle Folie (z. B. Folie 3).

  **b** Passen Sie das Klickfeld an das Markierungsfeld an und verschieben Sie es in den Hintergrund. Ausnahme: Da auf Folie 5 kein Klick erfolgt, sondern eine Tastenkombination gedrückt werden soll, gibt es kein Markierungsfeld.

  **c** Kopieren Sie den Text aus der Textbeschriftung und überschreiben Sie damit den der Fehler- sowie der Tippbeschriftung und stellen Sie die Schriftfarbe über die Eigenschaften auf Weiß ein.

  **d** Richten Sie die Beschriftungen aus.

  **e** Löschen Sie die Textbeschriftung sowie das Markierungsfeld.

**f** Nur bei Folien mit Tastenkombinationen (Folie 5): Wählen Sie im Bedienfeld *Eigenschaften* des Klickfeldes *Tastenkombination* und drücken Sie die in der Simulation geforderten Tasten (z. B. [Strg] + [⇧] + [N]). Deaktivieren Sie anschließend noch die Option **Mausklick zulassen** - dadurch führt nur die Tastenkombination zum Erfolg.

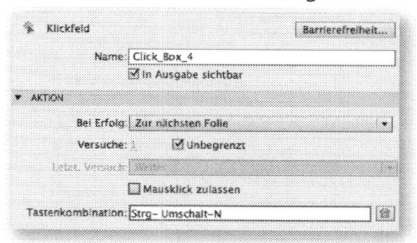

**8** Testen Sie den Zwischenstand in der Vorschau.

**9** Wandeln Sie nun auch die Folien, auf denen eine Texteingabe erfolgt (Folien 4, 6 und 10) in eine Simulation um:

  **a** Markieren Sie Folie 4.

  Sie sehen, dass die Folie auf der untersten Ebene der *Zeitleiste* eine *Texteingabe* zeigt. Diese möchten wir aus unserem Projekt entfernen.

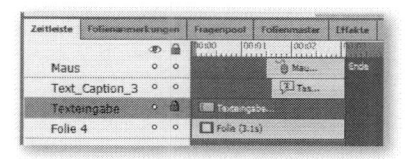

  **b** Rechtsklicken Sie in der *Zeitleiste* auf die **Texteingabe** und wählen Sie **Durch Textanimation ersetzen**.

  Sie haben die Texteingabe nun in eine Textanimation verwandelt.

  **c** Löschen Sie die Textanimation.

  Nun möchten wir dem Benutzer ermöglichen, den entsprechenden Text selbst einzugeben.

  **d** Fügen Sie ein Texteingabefeld ein: Wählen Sie **Einfügen > Standardobjekte > Texteingabefeld**.

  **e** Platzieren Sie das Texteingabefeld, wie im folgenden Bildschirmfoto gezeigt:

**f** Deaktivieren Sie in den *Eigenschaften* des Texteingabefeldes im Bereich *Allgemein* die Option **Textfeldrahmen einblenden**.

**g** Aktivieren Sie die Option **Benutzereingabe prüfen**.

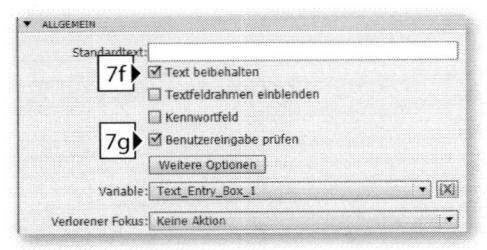

**h** Klicken Sie im Fenster *Richtige Einträge* auf das **Plus-Zeichen** und legen Sie den Text „Mein Ordner" als richtigen Eintrag fest:

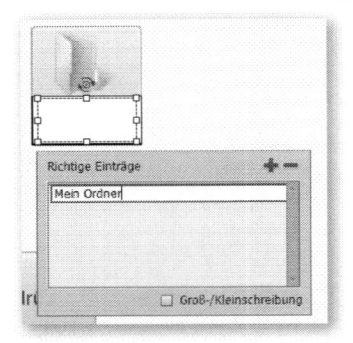

**i** Tragen Sie anschließend in den *Eigenschaften* des Texteingabefeldes im Bereich *Zeichen* unter *Größe* **12 Pt** ein.

**j** Wählen Sie im Bereich *Aktion* unter *Bei Erfolg* **Zur nächsten Folie**.

**k** Aktivieren Sie im Bereich *Optionen* unter *Beschriftungen* **Fehler** und **Tipp**.

**l** Deaktivieren Sie die Option **Schaltfläche einblenden**.

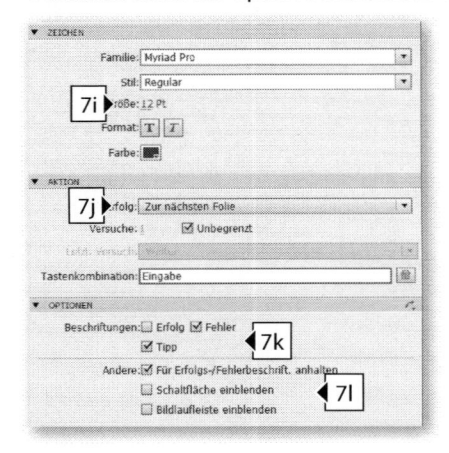

**m** Lassen Sie das Texteingabefeld für den Rest der Folie anzeigen.

**n** Tragen Sie in die Erfolgs- sowie Fehlerbeschriftung den Text „Bitte eingeben ‚Mein Ordner' und anschließend mit ‚Enter' bestätigen" ein.

**o** Vergrößern Sie die Erfolgs- sowie Tippbeschriftung, sodass der Text vollständig zu lesen ist.

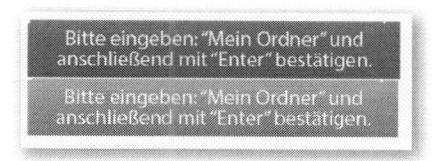

**p** Löschen Sie nun noch die Textbeschriftung.

**q** Wiederholen Sie die Schritte auch für die Folien 6 und 10. Kopieren Sie hierzu das Texteingabefeld von Folie 4, um sich die Arbeit zu vereinfachen. So müssen Sie nur noch die Textanimationen umwandeln und entfernen, die Texte in den Texteingabefeldern sowie den Meldungen anpassen, die Textbeschriftungen löschen und die Objekte sauber ausrichten.

Sie haben nun auch interaktive Texteingabefelder erstellt, über die der Benutzer die Texteingaben selbst durchführen soll.

**10** Testen Sie das Projekt in der Vorschau (**Datei > Vorschau > Projekt**) und speichern Sie Ihr Ergebnis optional.

Sie wissen nun auch, wie Sie Demonstrationen in Simulationen umwandeln können.

> Eine mögliche Lösung finden Sie in der Datei \ *09_Interaktionen_ermoeglichen\ Demonstration_in_Simulation_gewandelt.cptx*.

## Übung: Texteingabefelder

In der folgenden Übung möchten wir ein Texteingabefeld erstellen, über welches der Benutzer seinen Namen eingeben kann. Dieser Name soll anschließend auf einem selbst designten Zertifikat ausgegeben werden.

✓ Wie Sie die Übungsdateien herunterladen: ▶ *Seite 19*

### Übung im Kurzüberblick

- ▶ Sie fügen ein Texteingabefeld ein
- ▶ Sie geben die Texteingabe des Benutzers an einer anderen Stelle wieder aus
- ▶ Sie erstellen Ihr eigenes Zertifikat

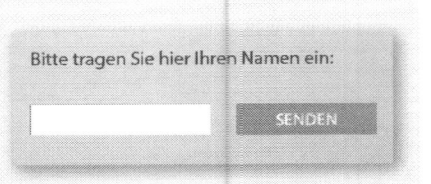

**Texteingaben bestätigen**

Sie können es Ihren Benutzern auch ermöglichen, Texteingaben über einen Klick auf einen beliebigen Bereich außerhalb des Texteingabefeldes zu bestätigen. (▶ *Weblink 09.1, Seite 20*).

### Übung

1. Öffnen Sie die Datei *Zertifikat_Ausgang.cptx* aus dem Ordner *09_Interaktionen_ermoeglichen*.

2. Markieren Sie Folie **2 Texteingabe** im Filmstreifen.

3. Fügen Sie ein Texteingabefeld ein (**Einfügen** > **Standardobjekte** > **Texteingabefeld**).

   Es wird ein Texteingabefeld sowie eine Schaltfläche eingefügt.

4. Platzieren Sie das Texteingabefeld sowie die Schaltfläche unter der Textbeschriftung *Bitte tragen Sie hier Ihren Namen ein*.

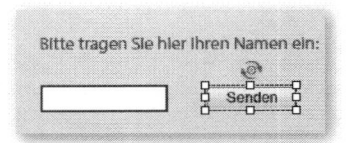

5. Weisen Sie dem Texteingabefeld einen bestehenden Objektstil zu: Wählen Sie im Bedienfeld *Eigenschaften* unter Stil **tecwriter_Texteingabe** aus.

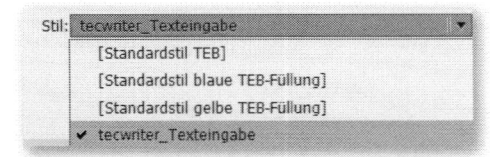

6. Weisen Sie der Schaltfläche ebenfalls einen Objektstil zu: Wählen Sie im Bedienfeld *Eigenschaften* unter Stil **btn_Senden** aus.

Das Texteingabefeld und die Schaltfläche sind nun formatiert.

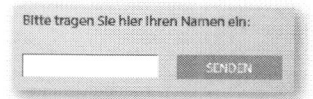

**7** Markieren Sie das Texteingabefeld und überprüfen Sie im Bedienfeld *Eigenschaften* im Bereich *Allgemein* unter *Variable*, in welche Variable der Text des Texteingabefeldes geschrieben wird.

**8** Wechseln Sie auf Folie 3.

**9** Geben Sie die Variable des Texteingabefeldes in einer Textbeschriftung aus:

    **a** Doppelklicken Sie in die Textbeschriftung und setzen Sie den Cursor vor den Text *hat den Kurs „Schnorchel für Einsteiger" erfolgreich absolviert*.

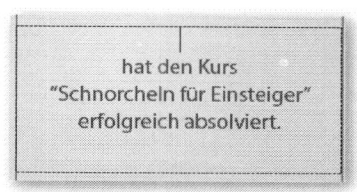

    **b** Klicken Sie im Bedienfeld *Eigenschaften* im Bereich *Format* unter *Einfügen* auf **Variable einfügen**.

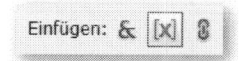

    Das Fenster *Variable einfügen* öffnet sich.

    **c** Wählen Sie den *Variablentyp* **Benutzer**.

    **d** Wählen Sie unter *Variablen* die Variable des Texteingabefeldes aus.

    **e** Tragen Sie unter *Maximale Länge* einen Wert von **30** ein. Dies ist die Anzahl der maximal gespeicherten Zeichen.

    **f** Klicken Sie auf **OK**.

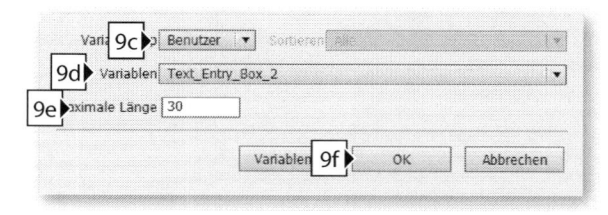

Die Variable wird eingefügt.

> $$Text_Entry_Box_2$$
> hat den Kurs
> "Schnorcheln für Einsteiger"
> erfolgreich absolviert.

**10** Testen Sie das Projekt in der Vorschau (**Datei** > **Vorschau** > **Projekt**).

Sie wissen nun, wie Sie ein individuelles Zertifikat erstellen können.

> Eine mögliche Lösung finden Sie in der Datei \09_Interaktionen_ermoeglichen \ Zertifikat_Ziel.cptx

## Schaltflächen

Schaltflächen sind eine sehr einfache und wirkungsvolle Form, um Ihren Projekten Interaktivität zu verleihen. Es gibt drei verschiedene Schaltflächentypen:

- Textschaltflächen: Schaltflächen, die von Ihrem Betriebssystem bereitgestellt werden und die Sie mit einem beliebigen Text beschriften können.

- Transparente Schaltflächen: Schaltflächen, die Sie beschriften und deren Rahmen und Füllung Sie definieren können.

- Bildschaltflächen: Eine Auswahl bestehender gestalteter Schaltflächen, deren Beschriftungen und Erscheinungsbild Sie nur mit einem Grafikprogramm anpassen können.

### Eigene Bildschaltflächen gestalten

Die Bildschaltflächen liegen leider nur in englischer Sprache oder mit Symbolen besetzt vor. Sie können allerdings eigene Bildschaltflächen gestalten und diese in Captivate verwenden (▶ Seite 375).

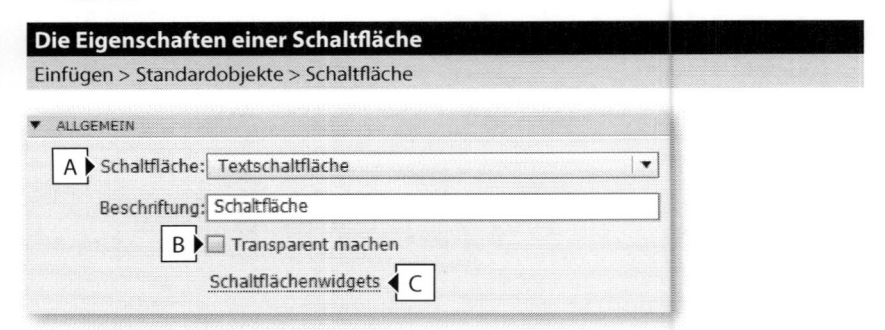

### Die Eigenschaften einer Schaltfläche

Einfügen > Standardobjekte > Schaltfläche

▼ ALLGEMEIN

A ▶ Schaltfläche: Textschaltfläche
Beschriftung: Schaltfläche
B ▶ ☐ Transparent machen
Schaltflächenwidgets ◀ C

**A** Wahl des Schaltflächentyps und der damit verbundenen Eigenschaften

**B** Bei Text- und Bildschaltflächen: Schaltfläche transparent darstellen

**C** Schaltflächenwidgets (*Seite 487*)

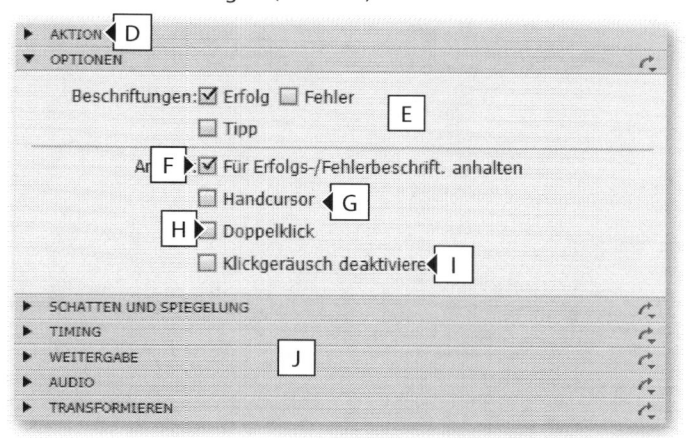

**D** Aktion (▶ *Seite 241*)

**E** Beschriftungen (▶ *Seite 241*)

**F** Projekt anhalten bis Erfolgs- / Fehlerbeschriftungen angezeigt wurden

**G** Mauszeiger in Handcursor ändern, sobald der Benutzer über das Klickfeld fährt

**H** Aktion nur bei Doppelklick ausführen

**I** Bei Klick des Benutzers kein Geräusch abspielen

**J** Schatten und Spiegelung (▶ *Seite 163*), Timing (▶ *Seite 41*), Weitergabe (▶ *Seite 496*), Audio (▶ *Seite 300*), Transformieren (▶ *Seite 44*)

## Hyperlinks

Sie können Textbeschriftungen zusätzlich in Hyperlinks verwandeln und dabei nicht nur auf Webseiten verlinken, sondern verschiedenste Aktionen auslösen.

### So verwandeln Sie Text in Hyperlinks

1 Fügen Sie eine Textbeschriftung in Ihr Projekt ein.

2 Doppelklicken Sie in die Textbeschriftung und markieren Sie den gewünschten Textabschnitt.

3 Rechtsklicken Sie in die Textbeschriftung und wählen Sie **Hyperlink einfügen**.

---

**Hyperlinks auf Folienmastern verwenden**

Sie können Hyperlinks auch auf Folienmastern erstellen und so neben Smartformen (▶ *Seite 267*). weitere interaktive Elemente auf Ihren Folienmastern erzeugen.

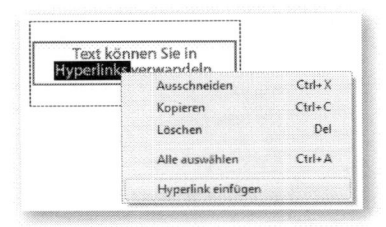

Das Fenster *Hyperlink einfügen* öffnet sich.

> **Hyperlink einfügen**
>
> Sie können einen Hyperlink auch über das Bedienfeld *Eigenschaften* einfügen. Klicken Sie hierfür im Bereich *Format* unter *Einfügen* auf **Hyperlink einfügen**.

**4** Wählen Sie unter *Verknüpfen mit* eine entsprechende Aktion aus und klicken Sie auf **OK**.

Ihr Textabschnitt wird nun in einen Hyperlink verwandelt. Sobald der Benutzer auf diesen Hyperlink klickt, wird die von Ihnen hinterlegte Aktion ausgeführt.

## Rollover-Beschriftungen & -Bilder

Rollover-Beschriftungen (**Einfügen > Standardobjekte > Rollover-Beschriftung**) sind Textbeschriftungen, die angezeigt werden, wenn der Benutzer einen bestimmten Bereich (Rollover-Bereich) mit der Maus überfährt. Ein Rollover-Bild (**Einfügen > Standardobjekte > Rollover-Bild**) ist der Rollover-Beschriftung sehr ähnlich. Statt eines Textes jedoch wird beim „Rollover" mit der Maus ein Bild angezeigt. Bis auf das Format PSD sind die gleichen Bildformate wie beim Einfügen eines Bildes möglich: JPG/JPEG, GIF, PNG, BMP, ICO, EMF, WMF, PICT, POT, POTX.

> **Projekt anhalten**
>
> Bei Rollover-Elementen hält das Projekt nicht automatisch an. Sie müssen deshalb noch zumindest ein Klickfeld, eine Schaltfläche oder ein Texteingabefeld hinzufügen. Ansonsten erhält der Benutzer keine Möglichkeit, eine Folie und dessen Rollover-Element(e) zu erkunden, da das Projekt einfach fortfährt. Alternativ können Sie auch die Foliendauer erhöhen.

Auch gleichen die Eigenschaften dieser Objekte den Objekten, die Sie bereits kennen:

- ▶ Die Eigenschaften der Rollover-Beschriftung entsprechen denen der Textbeschriftung (▶ *Seite 211*)
- ▶ Die des Rollover-Bildes denen des Bildes (▶ *Seite 221*)
- ▶ Der Rollover-Bereich hat die gleichen Eigenschaften wie das Markierungsfeld (▶ *Seite 212*)

**Rollover-Minifolien**

Rollover-Minifolien haben eine eigene Zeitleiste und können als „Unterfolien" verstanden werden. Sie können hier u. a. Texte, Videos oder Bilder platzieren, die angezeigt werden (in der *Minifolie*), sobald der Benutzer mit der Maus über einen definierten Bereich (den *Rollover-Minifolienbereich*) fährt.

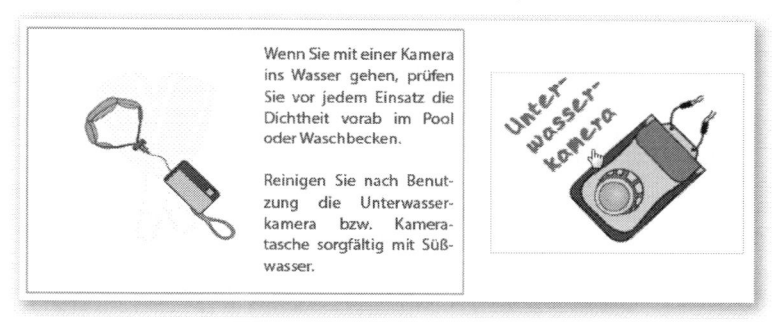

Eine Minifolie hat außerdem eine eigene Zeitleiste.

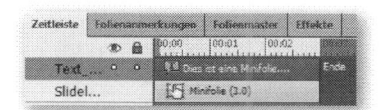

Innerhalb einer Minifolie können Sie die folgenden multimedialen und interaktiven Objekte platzieren:

- ▶ Animationen, Bilder & Videos
- ▶ Markierungsfelder
- ▶ Rollover-Beschriftungen & -Bilder
- ▶ Textanimationen & -beschriftungen
- ▶ Interaktionen & Statische Widgets
- ▶ Smartformen & Personen
- ▶ Zoombereiche

## Die Eigenschaften eines Rollover-Minifolienbereichs

Einfügen > Standardobjekte > Rollover-Minifolie

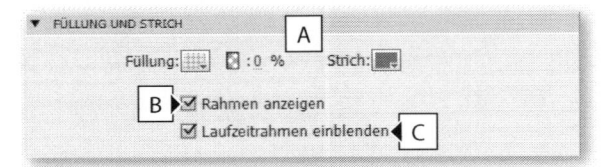

**A** Einstellung des Erscheinungsbilds (▶ *Seite 161*)

**B** Rahmen einblenden

**C** Rahmen beim Überfahren mit der Maus einblenden

**D** Minifolie nach Klick auf den Rollover-Minifolienbereich auch dann anzeigen, wenn der Benutzer die Maus aus dem Bereich hinausbewegt

**E** *Optional, wenn D deaktiviert ist:* Aktion, die ausgeführt wird, wenn der Benutzer auf die Rollover-Minifolie klickt sowie Wahl einer Tastenkombination, die zusätzlich zum Klick oder statt des Klicks die Aktion auslöst

**F** *Optional:* Aktion, die ausgeführt wird, wenn der Benutzer die Maus über den Rollover-Minifolienbereich bewegt

**G** Schatten und Spiegelung (▶ *Seite 163*)

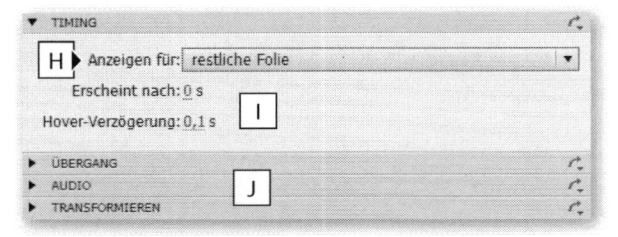

**H** Allgemeine Timingeinstellungen (▶ *Seite 41*)

**I** Zeitverzögerung bis zum Erscheinen der Minifolie, wenn der Benutzer die Maus über den Rollover-Bereich bewegt

**J** Übergang (▶ *Seite 70*), Audio (▶ *Seite 300*), Transformieren (▶ *Seite 44*)

## Die Eigenschaften einer Minifolie

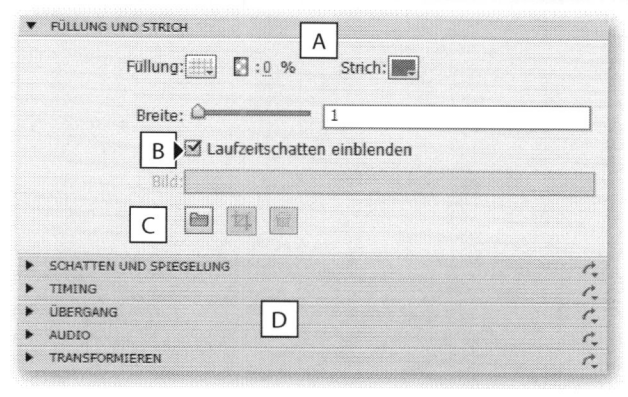

**A** Einstellung des Erscheinungsbilds (▶ Seite 161)
**B** Minifolie während der Anzeige mit einem Schatten hinterlegen
**C** Hintergrundbild einfügen / zuschneiden / löschen
**D** Schatten und Spiegelung (▶ Seite 163), Timing (▶ Seite 41), Übergang (▶ Seite 236), Audio (▶ Seite 300), Transformieren (▶ Seite 44)

### Übung: Rollover-Minifolie einfügen

In der folgenden Übung fügen wir eine Rollover-Minifolie in den Kurs „Schnorcheln für Einsteiger" ein.

✓ Wie Sie die Übungsdateien herunterladen: ▶ Seite 19

### Übung im Kurzüberblick

- ▶ Sie fügen Rollover-Minifolien ein
- ▶ Sie positionieren den Rollover-Minifolienbereich sowie die Minifolie
- ▶ Sie platzieren Objekte auf der Minifolie
- ▶ Sie passen das Timing der Minifolie und deren Objekte an

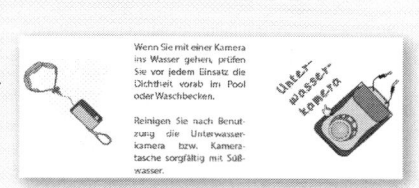

### Übung

**1** Öffnen Sie die Datei *Minifolie_Ausgang.cptx* aus dem Ordner *09_Interaktionen_ermoeglichen*.

**2** Markieren Sie Folie **7 Reinigung und Aufbewahrung**.

3 Fügen Sie eine Rollover-Minifolie ein: Wählen Sie **Einfügen** > **Standardobjekte** > **Rollover-Minifolie**.

Ein *Rollover-Minifolienbereich* und eine *Minifolie* werden eingefügt.

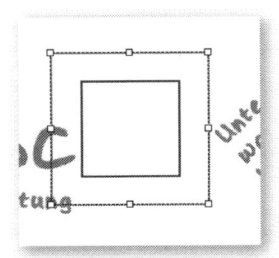

4 Platzieren Sie die *Minifolie*:
   a Deaktivieren Sie in den *Eigenschaften* im Bereich *Transformieren* die Option **Proportionen beschränken**.
   b Tragen Sie unter *X* **450**, *Y* **150**, *B* **460** sowie *H* **320** ein.

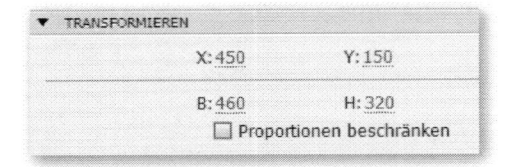

5 Platzieren und formatieren Sie den *Rollover-Minifolienbereich*:
   a Deaktivieren Sie in den *Eigenschaften* im Bereich *Transformieren* die Option **Proportionen beschränken**.
   b Tragen Sie unter *X* **50**, *Y* **150**, *B* **400**, *H* **320** ein. 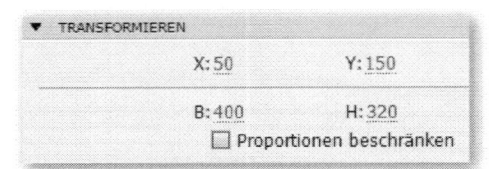
   c Deaktivieren Sie unter *Füllung und Strich* die Optionen **Rahmen anzeigen** und **Laufzeitrahmen einblenden.**

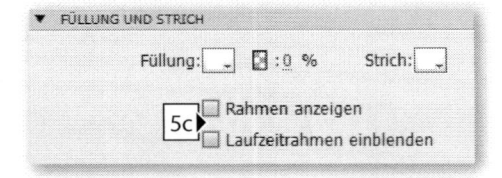

Sie haben die Rollover-Minifolie sowie -bereich platziert.

**6** Ändern Sie die Hintergrundfarbe der *Minifolie*:

  **a** Wählen Sie in den *Eigenschaften* im Bereich *Füllung und Strich* unter *Füllung* die Farbe **Weiß**.

  **b** Tragen Sie einen Alpha-Wert von **100**% ein.

  **c** Tragen Sie unter *Breite* den Wert **0** ein.

**7** Platzieren Sie auf der Minifolie eine Textbeschriftung:

  **a** Markieren Sie Folie **1 TEMP Texte** im Filmstreifen.

  **b** Markieren Sie die linke Textbeschriftung.

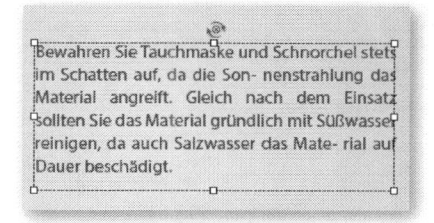

  **c** Kopieren Sie die Textbeschriftung: Drücken Sie [Strg]+[C] (Win) / [⌘]+[C] (Mac).

  **d** Markieren Sie Folie **7 Reinigung und Aufbewahrung**.

  **e** Fügen Sie die Textbeschriftung auf die Minifolie ein: Markieren Sie die Minifolie und drücken Sie [Strg]+[V] (Win) / [⌘]+[V] (Mac).

---

**Objekte duplizieren**

Sie können Objekte auch ganz einfach duplizieren: Markieren Sie das entsprechende Objekt, halten Sie die Taste [Strg] (Win) / [⌘] (Mac) gedrückt und ziehen Sie das Objekt mit der Maus auf eine neue Position.

In der Zeitleiste sehen Sie nun die Minifolie sowie die Textbeschriftung.

> **?** Falls Sie die Textbeschriftung versehentlich auf der Folie, statt auf der Minifolie platziert haben: Schneiden Sie sie erneut aus. Wählen Sie die Minifolie aus und fügen Sie hier die Textbeschriftung erneut ein.

    **f** Deaktivieren Sie in den *Eigenschaften* der Textbeschriftung im Bereich *Transformieren* die Option **Proportionen beschränken**.

    **g** Tragen Sie unter *X* **10**, *Y* **50**, *B* **200** sowie *H* **258** ein.

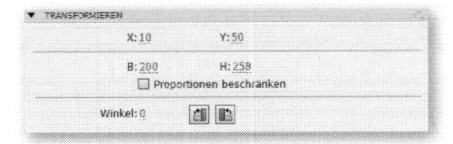

**8** Platzieren Sie auf der Minifolie zusätzlich zwei Grafiken:

    **a** Wählen Sie jeweils **Einfügen > Bild** und öffnen Sie die Bilder *Schnorchel_100x100.png* sowie *Taucherbrille_100x100.png* aus dem Ordner *\09_Interaktionen_ermoeglichen\*.

    **b** Tragen Sie in den *Eigenschaften* des Bildes *Taucherbrille_100x100.png* im Bereich *Transformieren* unter *X* **255** und *Y* **67** ein.

    **c** Tragen Sie in den *Eigenschaften* des Bildes *Schnorchel_100x100.png* im Bereich *Transformieren* unter *X* **297** und *Y* **154** ein und klicken Sie auf **Nach links drehen**.

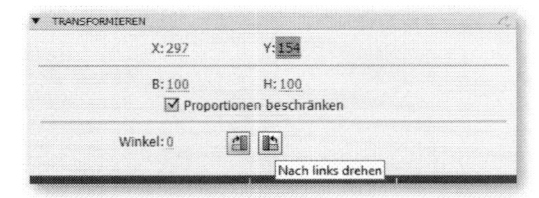

**9** Markieren Sie die Minifolie.

10 Verlängern Sie die Anzeigedauer der Minifolie: Tragen Sie im Bedienfeld *Eigenschaften* im Bereich *Timing* unter *Anzeigen für* den Wert **999s** ein.

11 Lassen Sie die Objekte für die komplette Dauer der Minifolie anzeigen:

   a  Markieren Sie mit gedrückter Taste ⇧ alle Objekte der Minifolie in der Zeitleiste.

   b  Rechtsklicken Sie und wählen Sie die Option **Für den Rest der Minifolie einblenden**.

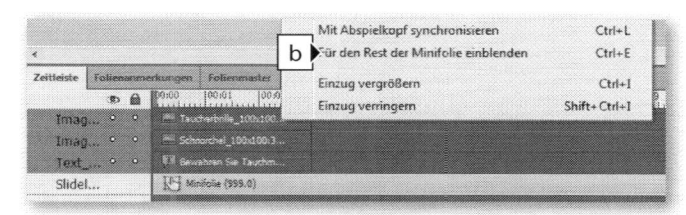

12 Klicken Sie außerhalb der Minifolie auf die Folie.

   Ihnen wird nun wieder die Zeitleiste der Folie angezeigt.

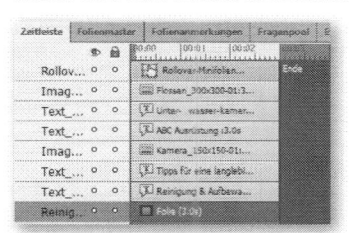

13 Fügen Sie eine zweite Rollover-Minifolie ein.

14 Platzieren Sie die *Minifolie*:

   a  Deaktivieren Sie in den *Eigenschaften* im Bereich *Transformieren* die Option **Proportionen beschränken**.

   b  Tragen Sie unter *X* **50**, *Y* **150**, *B* **460** sowie *H* **320** ein.

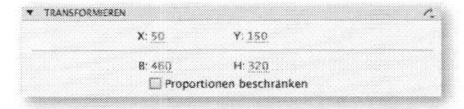

15 Platzieren und formatieren Sie den *Rollover-Minifolienbereich*.

   a  Deaktivieren Sie in den *Eigenschaften* im Bereich *Transformieren* die Option **Proportionen beschränken**.

   b  Tragen Sie unter *X* **510**, *Y* **150**, *B* **400**, *H* **320** ein.

---

**Überblick behalten**

Blenden Sie die bereits eingefügte Minifolie über die Zeitleiste aus. So behalten Sie einen besseren Überblick bei der Bearbeitung.

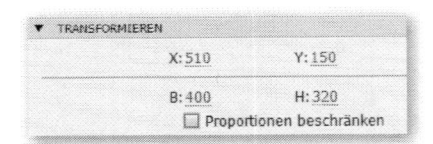

c Deaktivieren Sie unter *Füllung und Strich* die Optionen **Rahmen anzeigen** und **Laufzeitrahmen einblenden.**

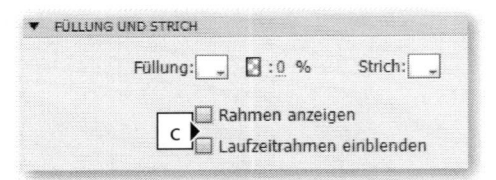

Sie haben eine zweite Rollover-Minifolie platziert.

16 Wiederholen Sie die **Schritte 6** bis **11:**

   a Verwenden Sie die zweite Textbeschriftung der Folie **1 TEMP Texte** sowie die Grafik *Kamera_und_Schwimmer_150x150-01.png* aus dem Ordner \*09_Interaktionen_ermoeglichen\*.

   b Nehmen Sie im Bereich *Transformieren* die folgenden Einstellungen für die Textbeschriftung sowie Grafik vor: Textbeschriftung *X* **260**, *Y* **37**, *B* **200**, *H* **283**; Grafik *X* **57**, *Y* **72**, *B* **164**.

17 Löschen Sie Folie **1 TEMP Texte** aus dem Projekt.

18 Testen Sie Ihr Projekt in der Vorschau (**Datei** > **Vorschau** > **Projekt**) und speichern Sie Ihr Ergebnis optional.

Sie wissen nun, wie Sie Rollover-Minifolien in Ihren Projekten einsetzen können.

> Eine mögliche Lösung finden Sie in der Datei \*09_Interaktionen_ermoeglichen\Minifolie_Ziel.cptx*.

## Smartformen interaktiv

Im Kapitel *Rapid-E-Learning out of the box* haben Sie bereits Grundlegendes über Smartformen erfahren (▶ *Seite 156*). Das Besondere an den Smartformen ist darüber hinaus, dass Sie diese problemlos in interaktive Elemente verwandeln können, z. B. in eine Schaltfläche oder ein Rollover-Element. Somit können Sie z. B. eine zentrale Foliennavigation über Folienmaster erstellen, da Sie (interaktive) Smartformen im Gegensatz zu Schaltflächen auch direkt auf Folienmastern platzieren können.

Der Einsatz von Smartformen ist besonders interessant, da Sie diese ganz einfach …

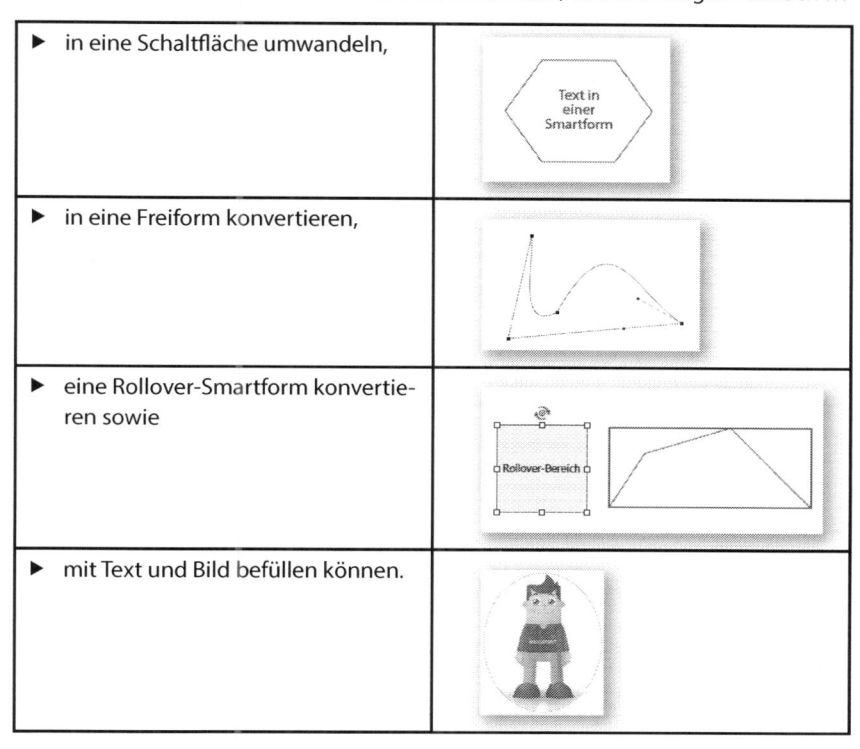

| | |
|---|---|
| ▶ in eine Schaltfläche umwandeln, | |
| ▶ in eine Freiform konvertieren, | |
| ▶ eine Rollover-Smartform konvertieren sowie | |
| ▶ mit Text und Bild befüllen können. | |

**Die Eigenschaften einer (interaktiven) Smartform**

Einfügen > Standardobjekte > Smartform

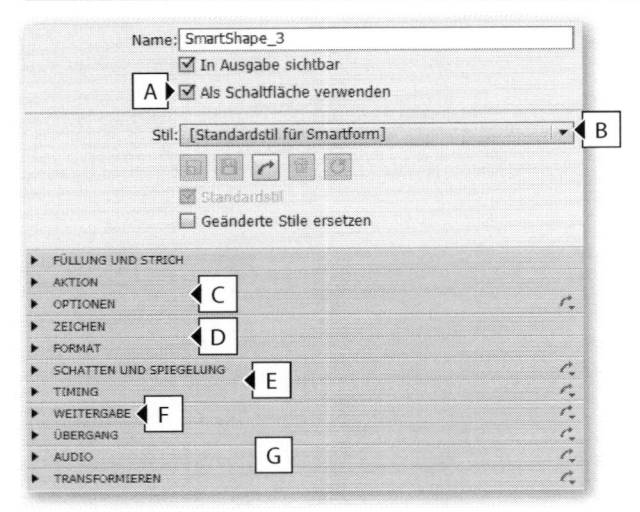

**A** Smartform in Schaltfläche umwandeln (▶ *Seite 268*)

**B** Einstellung des Erscheinungsbilds (▶ *Seite 161*)

**C** Wenn **A** aktiv: *Aktion* und *Optionen* (▶ *Seite 241*)

**D** Wenn Sie der Smartform Text hinzufügen: Textformatierungen (▶ *Seite 211*)

**E** Schatten und Spiegelung (▶ *Seite 163*), Timing (▶ *Seite 41*)

**F** Wenn **A** aktiv: *Weitergabe* (▶ *Seite 496*)

**G** Übergang (▶ *Seite 236*), Audio (▶ *Seite 300*), Transformieren (▶ *Seite 44*)

## Übung: Folienmaster mit Navigation

In dieser Übung erstellen wir mit Hilfe von Smartformen eine zentrale Foliennavigation auf einem Folienmaster.

✓ Wie Sie die Übungsdateien herunterladen: ▶ *Seite 19*

### Übung im Kurzüberblick

- ▶ Sie verwandeln Smartformen in Schaltflächen und Rollover-Smartformen
- ▶ Sie erstellen daraus Navigationselemente
- ▶ Sie platzieren Objekte auf einem Folienmaster

**Navigationselemente im Projekt**

### Übung

1  Öffnen Sie die Datei *Navigation_Ausgang.cptx* aus dem Ordner *09_Interaktionen_ermoeglichen*.

2  Öffnen Sie das Bedienfeld *Folienmaster* (**Fenster** > **Folienmaster**).

3  Markieren Sie den Hauptfolienmaster **Leer**.

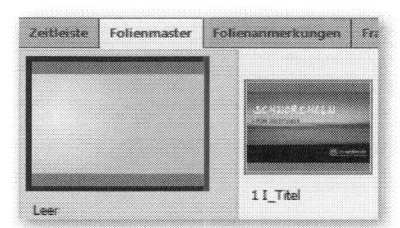

4  Zeichnen Sie eine Smartform der Art **Dreieck** auf dem Hauptfolienmaster.

5  Passen Sie die Eigenschaften der Smartform im Bereich *Füllung und Strich* folgendermaßen an:

   a  *Füllung* **#333333.**

**b** *Alpha füllen* **100 %.**

**c** *Strichbreite* **0**.

6 Passen Sie die Eigenschaften der Smartform im Bereich *Transformieren* folgendermaßen an:

    **a** Deaktivieren Sie die Option **Proportionen beschränken**.

    **b** *X* **0,** *Y* **258**, *B* **50**, *H* **25** ein.

    **c** Klicken Sie auf **Nach links drehen**.

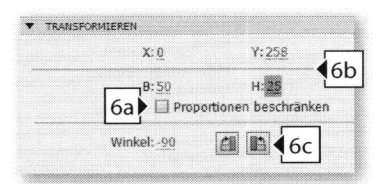

Sie haben die Smartform nun formatiert und auf dem Hauptfolienmaster ausgerichtet.

7 Wandeln Sie die Smartform in eine Schaltfläche um:

    **a** Aktivieren Sie im Bedienfeld *Eigenschaften* die Option **Als Schaltfläche verwenden**.

270 | 9 Interaktionen ermöglichen

Die Smartform wird nun in eine Schaltfläche umgewandelt und die Eigenschaften um die entsprechenden Bereiche (z. B. Aktion, Optionen) einer normalen Schaltfläche erweitert.

**b** Weisen Sie der (nun interaktiven) Smartform eine entsprechende Aktion zu: Wählen Sie im Bereich *Aktion* unter *Bei Erfolg* die Option **Zur vorherigen Folie**.

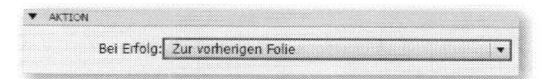

**c** Aktivieren Sie im Bereich *Optionen* die Optionen **Handcursor** und **Projekt anhalten, bis Benutzer klickt**.

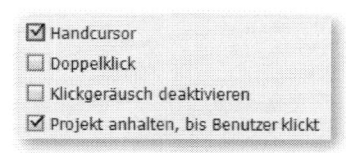

**8** Testen Sie den aktuellen Stand in der Vorschau (**Datei > Vorschau > Projekt**).

Sie sehen, dass die Smartform nun als Schaltfläche auf allen Folien verwendet wird. Ihnen wird auffallen, dass die Smartform jedoch nicht den typischen Hover-Effekt einer Bildschaltfläche hat. Diesen möchten wir nun ganz einfach selbst erstellen.

**9** Beenden Sie die Vorschau.

**10** Erstellen Sie eine Rollover-Smartform:

    **a** Duplizieren Sie die bestehende Smartform auf dem Hauptfolienmaster: Drücken Sie [Strg]+[D] / [⌘]+[D].

    **b** Ändern Sie den Farbwert im Bereich *Füllung* und *Strich* in **#FF6600**.

    **c** Platzieren Sie die neue Smartform mit Hilfe der Ausrichten-Leiste direkt über der (bestehenden) Smartform.

    **d** Rechtsklicken Sie auf die neue Smartform und wählen Sie **In Rollover-Smartform konvertieren**.

> **Ausrichten und Transformieren**
>
> Verwenden Sie hierfür die Symbolleiste *Ausrichten* und drehen Sie das Objekt ggf. über das Bedienfeld *Transformieren*.

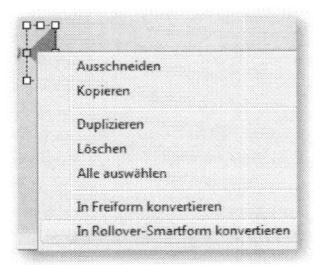

Die Smartform wird in eine Rollover-Smartform umgewandelt und Sie sehen den Rollover-Bereich auf der Folie.

e   Markieren Sie den Rollover-Bereich und tragen Sie in den *Eigenschaften* im Bereich *Füllung und Strich* unter *Alpha füllen* den Wert **0 %** sowie eine *Breite* von **0** ein.

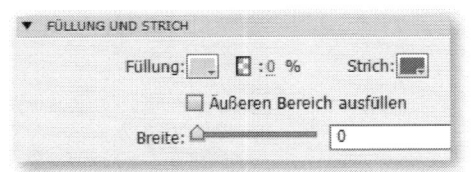

f   Platzieren Sie den Rollover-Bereich über der Rollover-Smartform und passen Sie die Größe an die Rollover-Smartform an.

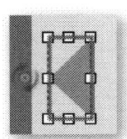

11  Testen Sie den aktuellen Stand in der Vorschau.

Sie haben nun eine Rollover-Smartform erstellt, über die Sie für die Zurück-Schaltfläche einen Hover-Effekt erzeugen. Nun möchten wir die Navigation noch um eine weitere Schaltfläche erweitern.

12  Duplizieren Sie die Smartform (Schaltfläche) und die Rollover-Smartform.

13  Richten Sie die duplizierten Objekte zueinander aus (wie unter **Schritt 10c** beschrieben).

14  Spiegeln Sie die Objekte: Klicken Sie im Bedienfeld *Eigenschaften* im Bereich *Transformieren 2x auf* **Nach rechts drehen**.

15  Tragen Sie jeweils für die Smartform-Schaltfläche sowie die Rollover-Smartform unter *X* **910** und *Y* **258** ein.

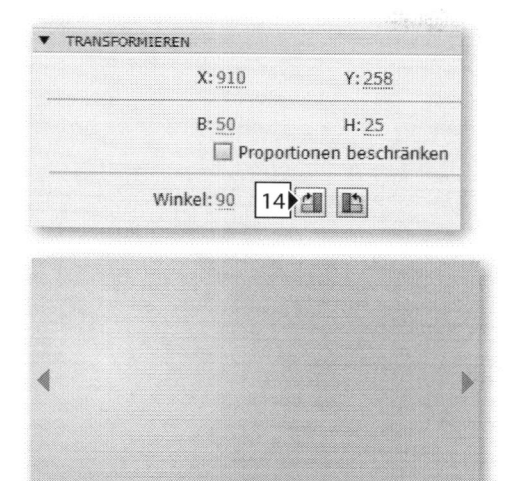

> **Überblick in der Zeitleiste**
>
> Sie können auch im Folienmaster Objekte gruppieren, um so einen besseren Überblick in dessen Zeitleiste zu erhalten.

16 Nun weisen wir der Smartform-Schaltfläche noch die entsprechende Aktion zu.

    a    Markieren Sie die rechte Smartform-Schaltfläche über die *Zeitleiste*.

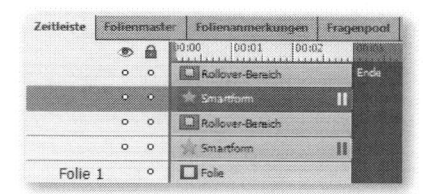

    b    Wählen Sie im Bedienfeld *Eigenschaften* unter *Aktion Bei Erfolg* die Option **Zur nächsten Folie**.

17 Testen Sie Ihr Projekt in der Vorschau (**Datei** > **Vorschau** > **Projekt**) und speichern Sie Ihr Ergebnis optional.

Sie wissen nun, wie Sie eine zentrale Navigation auf Folienmastern erstellen können. Außerdem wissen Sie, wie Sie einen Hover-Effekt für Smartformen-Schaltflächen ganz einfach selbst erzeugen können.

> 🚩 Eine mögliche Lösung finden Sie in der Datei \*09_Interaktionen_ermoeglichen \ Navigation_Ziel.cptx*.

## Drag-&-Drop-Interaktionen

Mit Captivate 7 können Sie auch Drag-&-Drop-Interaktionen erstellen. So können Sie interaktive Aufgaben erstellen, bei denen der Benutzer Objekte mit der Maus anfassen, bei gedrückter Maustaste verschieben („Drag") und über einem definierten Zielbereich loslassen („Drop") muss.

**Übersichtsdatei: Drag-and-Drop**

Um einen ersten Eindruck von der Arbeit mit Drag-and-Drop-Interaktionen zu erhalten, empfehle ich Ihnen einen Blick in die Übersichtsdatei *Drag_and_Drop_Uebersicht.cptx* aus dem Ordner *09_Interaktionen_ermoeglichen*.

Dabei haben Sie die Möglichkeit, einfache Drag-&-Drop-Interaktionen zu erstellen, bei denen genau ein Drag-Objekt zu einem Drop-Objekt passt oder aber auch komplexere Drag-&-Drop-Interaktionen, für die Sie mehrere Ziehen-Quellen (Drag) bzw. Ablegen-Ziele (Drop) definieren können.

Für die Erstellung von Drag-&-Drop-Interaktionen stehen Ihnen zwei unterschiedliche Vorgehensweisen zur Verfügung: Mit Hilfe des *Drag-and-Drop-Interaktionsassistenten* können Sie in drei Schritten eine Drag-&-Drop-Interaktion anfertigen (▶ *Seite 279*). Die zweite Vorgehensweise erlaubt es Ihnen, Drag-&-Drop-Interaktionen manuell über das Drag-&-Drop-Bedienfeld zu erstellen (▶ *Seite 283*).

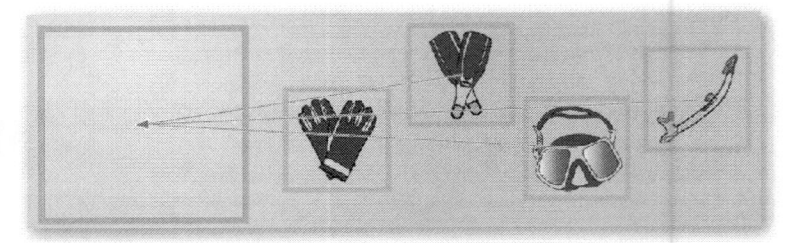

**Benennungskonventionen**

Wir benennen im Folgenden die Ziehen-Quelle auch als Drag-Objekt und das Ablegen-Ziel als Drop-Objekt.

**Überblick behalten**

Wenn Sie sich auf der Folie einen besseren Überblick verschaffen möchten, dann blenden Sie die Pfeile sowie die Rahmen Ihrer Drag-and-Drop-Objekte einfach aus. Bei der Vorschau sowie Veröffentlichung Ihrer Projekte wird die Drag-and-Drop-Interaktion dennoch ausgegeben.

Für den Fall, dass Sie komplexere Drag-&-Drop-Interaktionen erstellen möchten, bietet sich die Arbeit mit so genannten *benutzerdefinierten Typen* an. Mittels benutzerdefinierter Typen können Sie Ihre Drag- bzw. Drop-Objekte gruppieren und so schnell einem passenden Drag- oder Drop-Objekt zuordnen. Wie alle „klickbaren" Interaktionen (z. B. Klickfelder oder Schaltflächen) können Sie auch Drag-&-Drop-Interaktionen in ein Quiz einbeziehen und eine individuelle Punktzahl vergeben.

## Das Bedienfeld Drag & Drop
Fenster > Drag & Drop

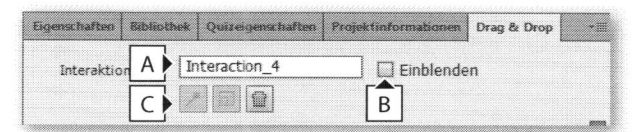

◀ Über das Bedienfeld *Drag & Drop* können Sie Drag-&-Drop-Interaktionen neu erstellen (▶ *Seite 283*), sowie bestehende Drag-&-Drop-Interaktionen anpassen oder erweitern (▶ *Seite 287*).

**A** Drag-&-Drop-Interaktion eindeutigen Namen geben

**B** Drag-&-Drop-Markierungen für die Bearbeitung auf der Bühne ein-/ausblenden

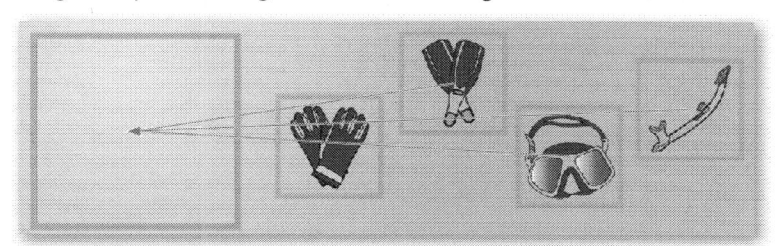

**C** (Neue) Drag-&-Drop-Interaktion mit Hilfe des *Drag-and-Drop-Interaktionsassistenten* erstellen / über das Bedienfeld *Drag & Drop* erstellen / vollständig löschen

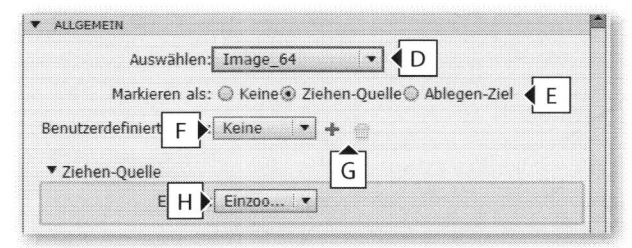

**D** Objekt / Objektgruppe (Typ) auswählen

**E** Ausgewähltes Objekt als *Ziehen-Quelle* oder *Ablegen-Ziel* markieren

**F** Objekt einem benutzerdefinierten Typ zuweisen

**G** (Neuen) benutzerdefinierten Typ erstellen / löschen

**H** Ziehen-Quelle(n) mit Effekt versehen

### Gruppierung durch benutzerdefinierte Typen

Die Gruppierung von Drag-and-Drop-Objekten in einem Typ ist nicht nur bei der Erstellung zu empfehlen, sondern spart auch bei der weiteren Bearbeitung von Drag-and-Drop-Interaktionen viel Zeit. So können Sie z. B. festlegen, dass ausschließlich *Ziehen-Quellen* eines bestimmten Typs auf einem *Ablegen-Ziel* platziert werden können.

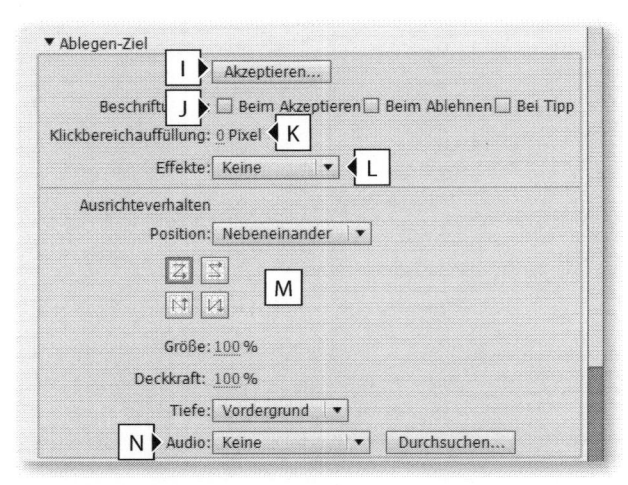

**I** *Ziehen-Quellen* festlegen, die auf dem *Ablegen-Ziel* platziert werden können (▶ *Seite 278*)

**J** Erfolgs-, Fehler- sowie Tippbeschriftung (de)aktivieren (▶ *Seite 241*)

**K** Klickbereichauffüllung: Toleranzbereich um das ausgewählte Ablegen-Ziel herum nach außen vergrößern (Ziehen-Quellen werden automatisch auf dem Ablegen-Ziel abgelegt, wenn der Benutzer sie innerhalb dieses Auffüllungsbereichs ablegt)

**L** Ablegen-Ziel(e) mit Effekt versehen

**M** Einstellungen zur Ausrichtung / Größe / Transparenz / Anordnung bei Ablage der Ziehen-Quellen auf dem Ablegen-Ziel

**N** (Kein) Audio bei Ablage richtiger Antworten abspielen / Eigene Audiodatei hinterlegen

**O** Richtige Antwortmöglichkeiten festlegen (▶ *Seite 279*)

**P** Mauszeiger in Handcursor ändern, sobald der Benutzer über die Ziehen-Quelle fährt

**Q** Ziehen-Quelle wieder an der Ausgangsposition platzieren, falls der Benutzer die Ziehen-Quelle an einer anderen Position als dem definierten Ablegen-Ziel loslässt

**R** Audio abspielen, wenn der Benutzer die Ziehen-Quelle auf einem anderen als dem definierten Ablegen-Ziel loslässt

**R** funktioniert nur, wenn ein Drag-Objekt nicht unter den akzeptierten Ziehen-Quellen ist (▶ *Seite 278*).

**S** Abgelegte Ziehen-Quellen können erneut auf ein anderes Ablegen-Ziel verschoben werden

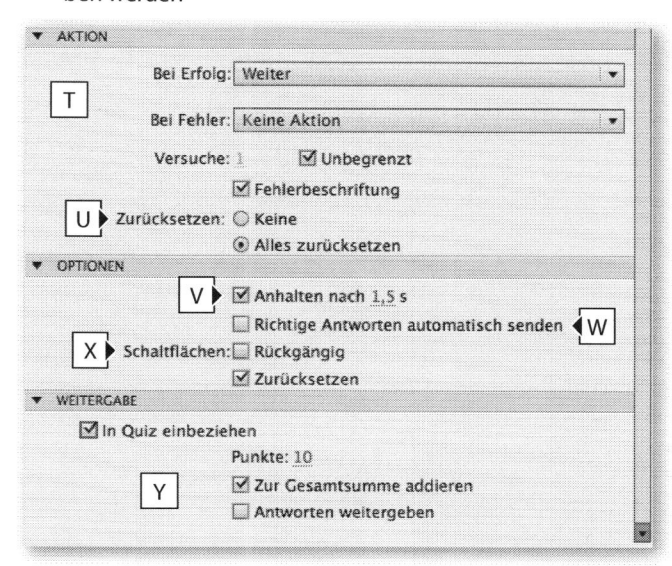

**T** Aktion (▶ *Seite 241*)

**U** Wenn Versuche > 1: Ziehen-Quelle(n) (nicht) auf Ausgangsposition zurücksetzen

**V** Zeit, nach der die Interaktion das Projekt pausiert

**W** Projekt fährt automatisch fort, sobald der Benutzer die richtige Antwort wählt (ohne die Senden-Schaltfläche anklicken zu müssen)

**X** Rückgängig- und / oder Zurücksetzen-Schaltfläche einblenden

**Y** Drag-&-Drop-Interaktion in Quiz einbeziehen und individuelle Punktzahl vergeben

---

**Schaltfläche Rückgängig**

Die Rückgängig-Schaltfläche erlaubt es dem Benutzer leider nur, genau einen Schritt zurück zu gehen.

## Das Fenster Akzeptierte Ziehen-Quellen

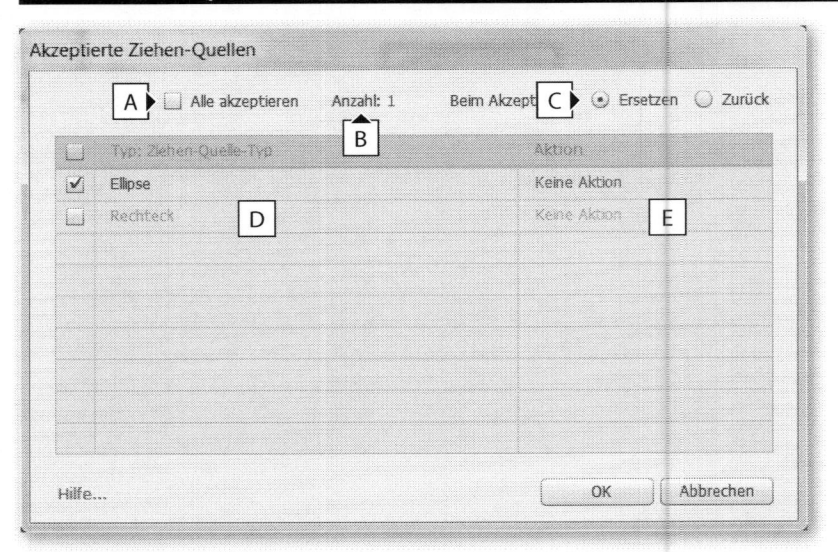

A   Alle ausgewählten Ziehen-Quellen (**D**) auf dem Ablegen-Ziel zulassen

B   Wenn **A** deaktiviert: Bestimmte Anzahl an Ziehen-Quellen auf dem Ablegen-Ziel zulassen

C   Wenn vorgegebene Anzahl an Ziehen-Quellen erreicht: Bestehende Ziehen-Quelle ersetzen und bestehende Ziehen-Quelle wieder auf Ausgangsposition platzieren

D   Ausgewählte Ziehen-Quellen zulassen

E   Aktion hinterlegen, die beim Ablegen ausgeführt wird

## Das Fenster Richtige Antworten

**A** Mögliche (richtige) Antworten

**B** Antwortmöglichkeit bearbeiten

**C** Antwortmöglichkeit (nur) in vorgegebener Reihenfolge / beliebiger Kombination als „richtig" werten

**D** Antwortmöglichkeit löschen

**E** Antwortmöglichkeiten festlegen (Ablegen-Ziel, Ziehen-Quelle, Anzahl der Ziehen-Quellen, die min. auf dem Ablegen-Ziel platziert werden sollen)

**F** Weitere (richtige) Antwort hinzufügen

---

**Werte für richtige Antworten definieren**

Sie können richtige Antwortmöglichkeiten ganz individuell definieren.

Beispiel: Sie erstellen eine Drag-&-Drop-Interaktion mit 4 Ziehen-Quellen und einem Ablegen-Ziel. Hier können Sie z. B. festlegen, dass eine Antwort als richtig gewertet wird, wenn der Benutzer mindestens 50% der passenden Ziehen-Quellen auf dem Ablegen-Ziel platziert hat, also 2, 3 oder 4 Ziehen-Quellen.

Drag-&-Drop-Interaktionen | **279**

## Übung: Drag-&-Drop-Interaktion mit Assistenten erstellen

In dieser Übung erstellen wir eine Drag-&-Drop-Interaktion mit mehreren Ziehen-Quellen. Dabei lernen Sie den Drag-&-Drop-Interaktionsassistenten näher kennen.

> **Einschränkungen**
>
> Auf Folienmastern, Fragenpool-, Fragen- sowie Platzhalterfolien können Sie keine Drag-and-Drop-Interaktionen erstellen.

✓ Wie Sie die Übungsdateien herunterladen: ▶ *Seite 19*

### Übung im Kurzüberblick

▶ Sie erstellen eine Drag-and-Drop-Interaktion mit dem Drag-and-Drop-Interaktionsassistenten

▶ Sie erstellen einen benutzerdefinierten Typ

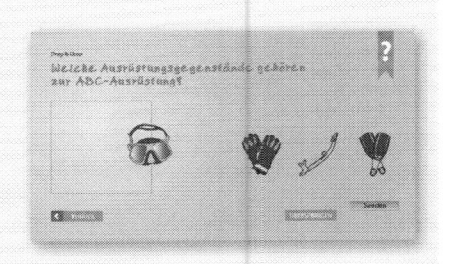

### Übung

1. Öffnen Sie die Datei *Drag_Drop_01.cptx* aus dem Ordner *09_Interaktionen_ermoeglichen*.

2. Wählen Sie in der Menüleiste **Einfügen > Drag & Drop Interaktions-Assistenten starten**.

   Der *Drag-and-Drop-Interaktionsassistent* öffnet sich im oberen Bereich der Programmoberfläche.

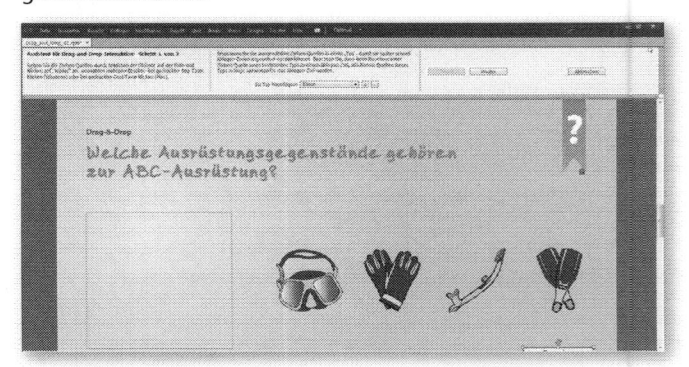

3. Legen Sie die *Ziehen-Quellen* (Drag-Objekte) fest (Schritt 1 des Interaktionsassistenten):

> Der Befehl **Bearbeiten** > **Rückgängig** ist innerhalb des Drag-and-Drop-Interaktionsassistenten nicht verfügbar. Achten Sie deshalb beim Auswählen bzw. Markieren von Objekten im Interaktionsassistenten darauf, diese nicht versehentlich zu verschieben oder zu skalieren. Wenn Sie einen Bearbeitungsschritt rückgängig machen möchten, müssen Sie zuerst den Drag-and-Drop-Interaktionsassistenten verlassen.

a   Markieren Sie alle vier Objekte, welche später per Drag-&-Drop verschiebbar sein sollen.

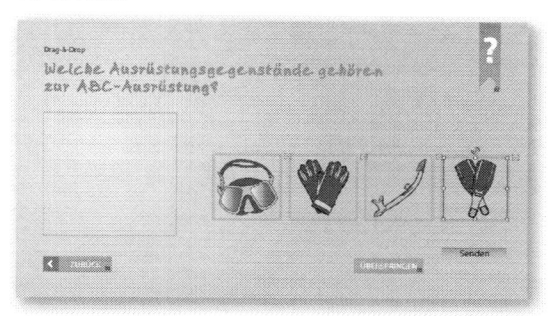

Die markierten Objekte erhalten einen grünen Rahmen. Diese Objekte können Sie später auf der Folie per Drag-&-Drop verschieben. Allerdings möchten wir nur drei der Drag-Objekte auch als richtige Antworten zulassen.

b   Markieren Sie mit gedrückter Taste ⇧ (Win) / ⌘ (Mac) auf der Folie die drei Objekte, welche später beim Ablegen als richtige Antworten gelten sollen (die Handschuhe gehören nicht zur ABC-Ausrüstung).

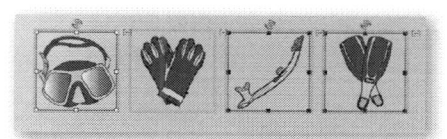

c   Klicken Sie im Drag-and-Drop-Interaktionsassistenten auf *Neuen Typ hinzufügen*.

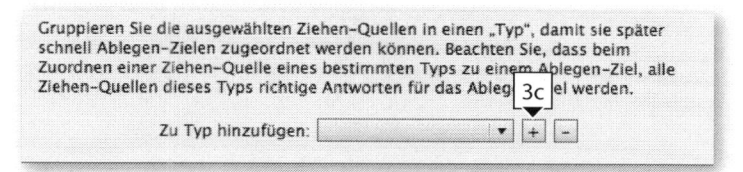

Das *Fenster Neuen Typ hinzufügen* öffnet sich.

d   Tragen Sie den Text „ABC" ein.

e   Klicken Sie auf **OK**.

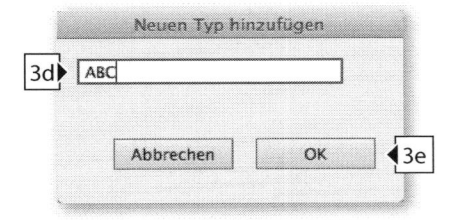

Die drei als richtig markierten Ziehen-Quellen sind nun alle dem benutzerdefinierten Typ *ABC* zugeordnet. Durch diese „Gruppierung" können wir die richtige Antwort mit einem Klick zuweisen und auch später diese Objekte gemeinsam in deren Eigenschaften anpassen.

**f**  Klicken Sie im *Drag-and-Drop-Interaktionsassistenten* auf **Weiter**.

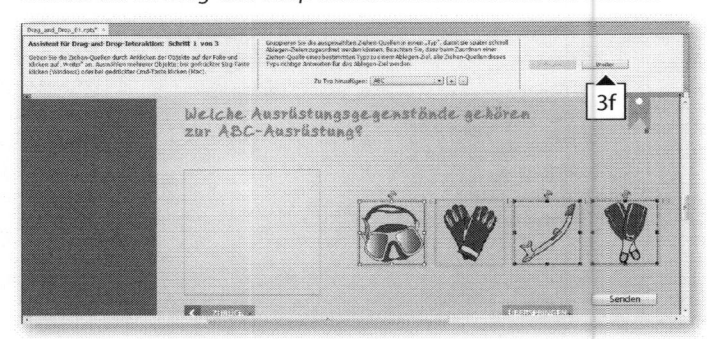

**4**  Legen Sie das *Ablegen-Ziel* (Drop-Objekt) fest (Schritt 2 des Interaktionsassistenten):

**a**  Markieren Sie auf der Folie das Objekt, auf welches Ihre Benutzer später die Ziehen-Quellen verschieben sollen.

**b**  Klicken Sie im *Drag-and-Drop-Interaktionsassistenten* erneut auf **Weiter**.

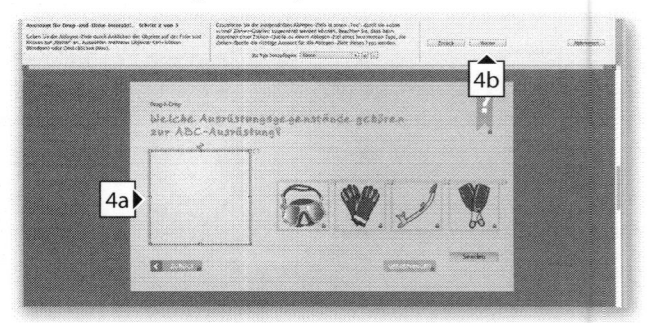

**5**  Ordnen Sie die als richtig markierten *Ziehen-Quellen* dem *Ablegen-Ziel* zu (Schritt 3 des Interaktionsassistenten):

**a**  Markieren Sie eine der als richtig markierten *Ziehen-Quellen,* klicken Sie auf das **Plus-Zeichen** und ziehen Sie bei gedrückter Maustaste den Mauszeiger auf das entsprechende *Ablegen-Ziel*.

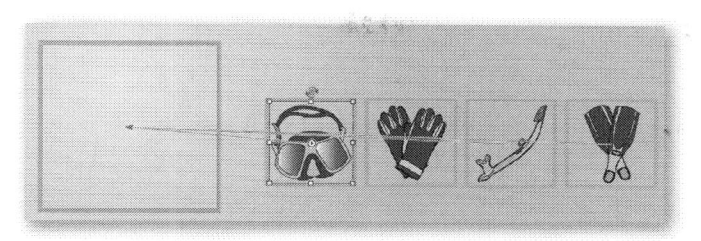

Da alle als richtig markierten *Ziehen-Quellen* dem selben Typ *ABC* zugeordnet sind, werden alle dem *Ablegen-Ziel* auf einmal zugeordnet. Die Pfeile zeigen Ihnen an, welche Objekte einander zugeordnet sind.

**b** Klicken Sie im Interaktionsassistenten auf **Fertigstellen**.

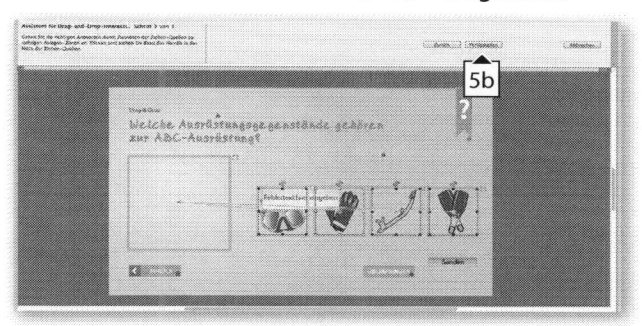

**6** Testen Sie diesen Zwischenstand in der Vorschau: Wählen Sie **Datei > Vorschau > Projekt**.

Sie wissen nun, wie Sie mit Hilfe des Drag-and-Drop-Interaktionsassistenten eine einfache Drag-&-Drop-Interaktion erstellen können. Im Rahmen der Vorschau werden Sie bemerken, dass die Interaktion noch nicht ganz praxistauglich ist - dies werden wir mit den folgenden Übungen ändern.

> Eine mögliche Lösung finden Sie in der Datei \ *09_Interaktionen_ermoeglichen* \ *Drag_and_Drop_02.cptx*

---

**Tipp für die Erstellung eigener Drag-and-Drop-Interaktionen**

Wenn Sie eine Drag-and-Drop-Interaktion erstellen möchten: Fügen Sie zunächst alle Drag-and-Drop-Objekte (mindestens zwei Objekte z. B. zwei Smartformen) auf der entsprechenden Folie ein. Andernfalls kön-nen Sie den Drag-and-Drop-Interaktionsassistenten nicht starten. Stellen Sie beim Hinzufügen der Objekte sicher, dass Sie diese treffend benamen. Benennen Sie die Objekte nach dem Erstellen der Interaktion nicht um. Stellen Sie sicher, dass für alle Drag-and-Drop-Objekte der Interaktion im Bedienfeld *Eigenschaften* unter *Timing* bei *Erscheint nach* der Wert **0** Sekunden eingetragen ist. Andernfalls kann es zu Problemen bei der Bedienung der Drag-and-Drop-Interaktion kommen.

**Drag-and-Drop Interaktionsassistent**

Wie Sie einfache Drag-&-Drop-Interaktionen mit dem Drag-and-Drop-Interaktionsassistenten erstellen:
▶ Seite 279.

## Übung: Drag-&-Drop-Interaktion über Bedienfeld erstellen

In dieser Übung lösen wir zuerst eine bereits vorhandene Interaktion auf und erstellen im Anschluß eine neue Drag-&-Drop-Interaktion mit mehreren Ziehen-Quellen. Dabei lernen Sie das Bedienfeld *Drag-&-Drop* näher kennen.

✓ Wie Sie die Übungsdateien herunterladen: ▶ *Seite 19*

### Übung im Kurzüberblick

▶ Sie lösen eine bereits vorhandene Interaktion auf
▶ Sie erstellen eine Drag-&-Drop-Interaktion über das Drag-&-Drop-Bedienfeld
▶ Sie erstellen einen benutzerdefinierten Typ über das Drag-&-Drop-Bedienfeld

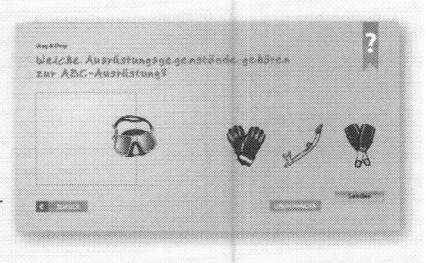

### Übung

**Hintergrundinformationen zu dieser Übung**

Für die folgenden Schritte könnten wir auch einfach den Drag-and-Drop-Interaktionsassistenten nutzen. Allerdings erfahren Sie dann nicht, wie Sie die Interaktion nachträglich anpassen und welche Möglichkeiten Sie noch haben, die Interaktion zu erweitern. Deshalb gehen wir nun den etwas komplizierteren Weg, Sie profitieren aber dadurch von einem tieferen Verständnis der Interaktion.

1  Öffnen Sie die Datei *Drag_and_Drop_02.cptx* aus dem Ordner *09_Interaktionen_ermoeglichen*.

   Sie sehen die in der vorherigen Übung mittels des Drag-and-Drop-Interaktionsassistenten erstellte Interaktion.

2  Öffnen Sie das Bedienfeld *Drag & Drop* (Falls nicht sichtbar: Wählen Sie **Fenster > Drag & Drop**).

3  Löschen Sie die bereits vorhandene Interaktion: Klicken Sie im oberen Bereich des Bedienfelds auf **Interaktion löschen**.

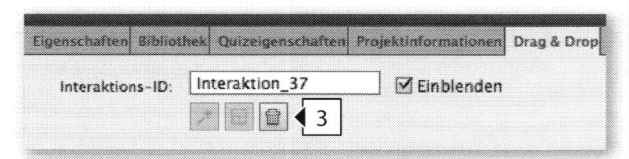

Sie haben die Drag-&-Drop-Interaktion aus Ihrem Projekt entfernt (die Objekte, die für diese Interaktion verwendet wurden, bleiben allerdings erhalten). Nun möchten wir erneut die gleiche Drag-&-Drop-Interaktion erstellen. Diesmal allerdings über das Bedienfeld.

4  Klicken Sie im oberen Bereich des Bedienfeldes auf **Neue Interaktion erstellen**.

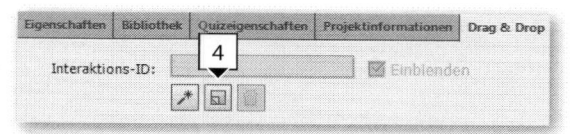

5  Legen Sie das *Ablegen-Ziel* fest:

   a  Markieren Sie auf der Folie die *Smartform* (oranges Rechteck).

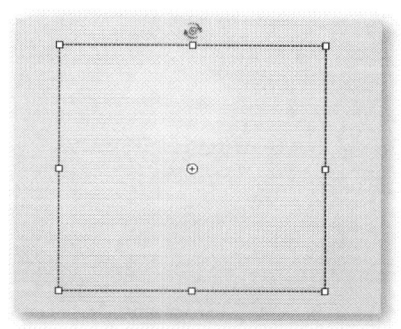

   b  Wählen Sie im Bedienfeld *Drag & Drop* im Bereich *Allgemein* unter *Markieren als* die Option **Ablegen-Ziel**.

   Sie haben die Smartform nun als Ablegen-Ziel definiert. Auf der Folie wird Ihnen dies durch einen blauen Rahmen angezeigt.

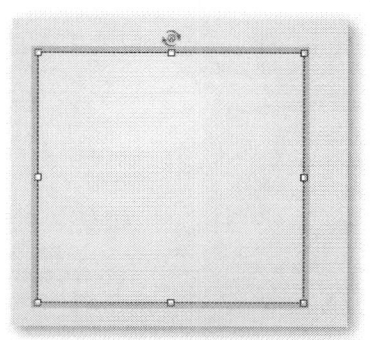

6  Legen Sie die *Ziehen-Quellen* fest:

**a** Markieren Sie mit gedrückter Taste ⇧ (Win) / ⌘ (Mac) die vier Bilder auf der Folie, welche Ihre Benutzer später per Drag-&-Drop verschieben sollen.

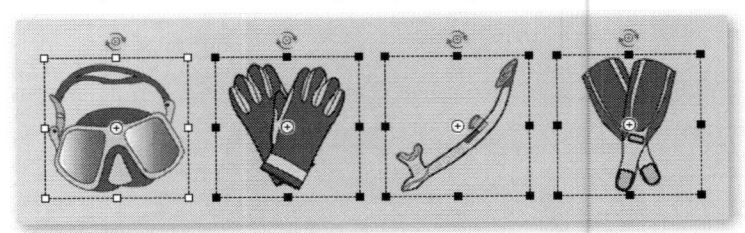

**b** Wählen Sie im Bedienfeld *Drag & Drop* im Bereich *Allgemein* unter *Markieren als* die Option **Ziehen-Quelle**.

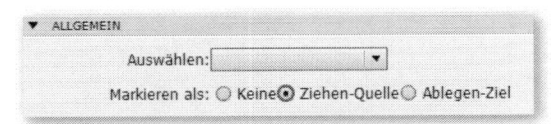

Sie haben die Bilder nun als Ziehen-Quellen definiert. Auf der Folie wird Ihnen dies durch grüne Rahmen angezeigt.

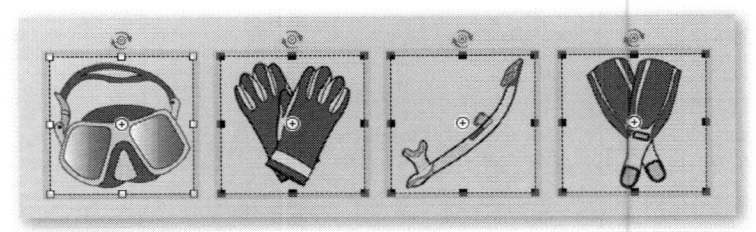

**7** Ordnen Sie die Ziehen-Quellen dem Ablegen-Ziel zu:

  **a** Markieren Sie mit gedrückter Taste ⇧ (Win) / ⌘ (Mac) die drei Bilder auf der Folie, welche später beim Ablegen als richtige Antworten gelten sollen (die Handschuhe gehören nicht zur ABC-Ausrüstung).

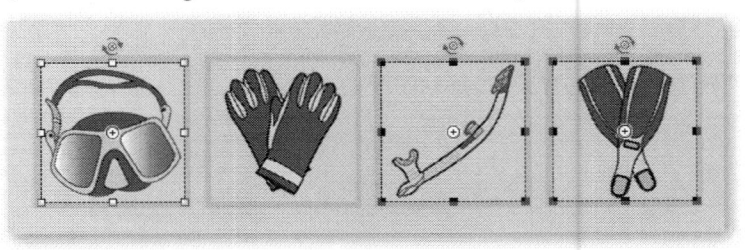

  **b** Klicken Sie im Bedienfeld *Drag & Drop* im Bereich *Allgemein* unter *Benutzerdefinierter Typ* auf **Neuen Typ hinzufügen**.

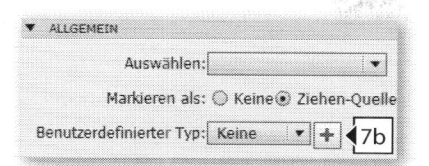

Das Fenster *Neuen Typ hinzufügen* öffnet sich.

**c** Tragen Sie den Text „ABC" ein.

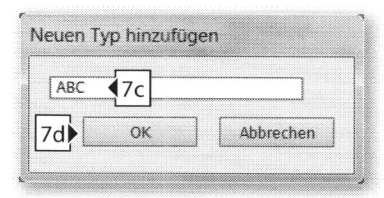

**d** Klicken Sie auf **OK**.

Die als richtig markierten Ziehen-Quellen sind alle dem benutzerdefinierten Typ *ABC* zugeordnet. Nun können wir diese Ziehen-Quellen dem Ablegen-Ziel auf einmal zuweisen.

**e** Markieren Sie eine der als richtig markierten *Ziehen-Quellen*, klicken Sie auf das **Plus-Zeichen** und ziehen Sie bei gedrückter Maustaste den Mauszeiger auf das entsprechende *Ablegen-Ziel*.

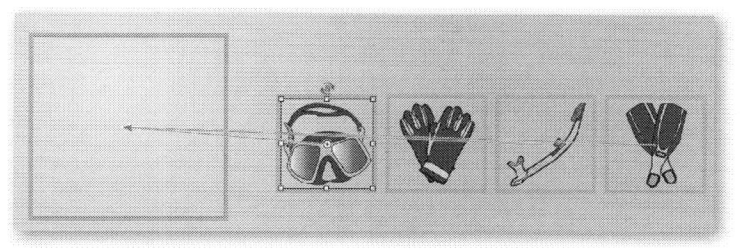

Sie haben nun die Drag-&-Drop-Objekte zugeordnet und eine vollständige Interaktion erstellt.

**8** Testen Sie diesen Zwischenstand in der Vorschau: Wählen Sie **Datei > Vorschau > Projekt**.

> Eine mögliche Lösung finden Sie in der Datei \ *09_Interaktionen_er-moeglichen \ Drag_and_Drop_03.cptx*

---

**Weitere Ziehen-Objekte hinzufügen**

Wenn Sie nachträglich weitere Objekte als Ziehen-Quelle und / oder als Ziehen-Quelle des gleichen Typs festlegen möchten: Rechtsklicken Sie auf das entsprechende Objekt und wählen Sie **Drag Drop-Optionen > Als Ziehen-Quelle markieren / Zum Ziehen-Quelle-Typ hinzufügen**.

## Übung: Drag-&-Drop-Interaktion anpassen und erweitern

In dieser Übung möchten wir die erstellte Drag-&-Drop-Interaktion anpassen und erweitern. Wir versehen die Ziehen-Quellen mit einem Effekt und passen die Eigenschaften noch weiter an.

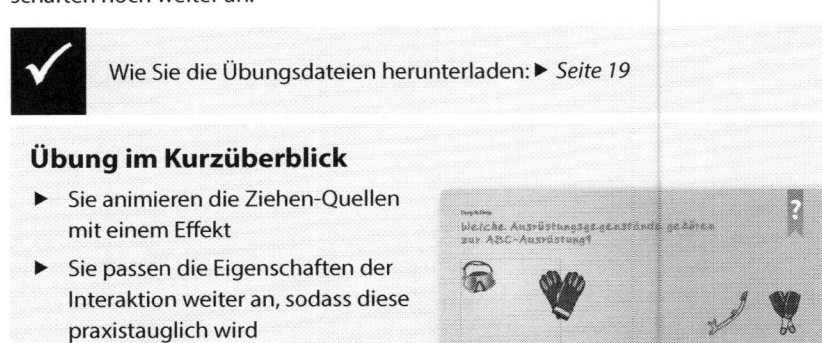

> Wie Sie die Übungsdateien herunterladen: ▶ *Seite 19*

### Übung im Kurzüberblick

- ▶ Sie animieren die Ziehen-Quellen mit einem Effekt
- ▶ Sie passen die Eigenschaften der Interaktion weiter an, sodass diese praxistauglich wird

### Übung

**1** Öffnen Sie die Datei *Drag_and_Drop_03.cptx* aus dem Ordner *09_Interaktionen_ermoeglichen*.

**2** Markieren Sie alle Ziehen-Quellen mit gedrückter Taste ⇧ (Win) / ⌘ (Mac) und wählen Sie im Bedienfeld *Drag & Drop* im Bereich *Allgemein* bei *Ziehen-Quelle* unter *Effekte* **Einzoomen**.

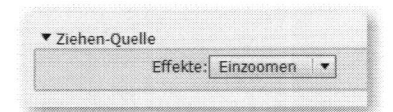

Sobald der Benutzer die Ziehen-Quelle mit der Maus anfasst, wird das Objekt vergrößert. Wenn der Benutzer das Drag-Objekt loslässt, wird es wieder in der Ausgangsgröße dargestellt. Wir möchten die Ziehen-Quellen nach Ablage allerdings etwas kleiner darstellen.

**3** Passen Sie die Eigenschaften des Ablegen-Ziels an:

    **a** Markieren Sie das Ablegen-Ziel (Smartform) auf der Folie.

    **b** Wählen Sie unter *Ausrichteverhalten* bei *Position* die Option **Nebeneinander**.

       Dadurch werden die Objekt nebeneinander angeordnet, statt übereinander gelegt.

    **c** Tragen Sie im Bedienfeld *Drag & Drop* im Bereich *Allgemein* bei *Ablegen-Ziel* unter *Größe* den Wert **75%** ein.

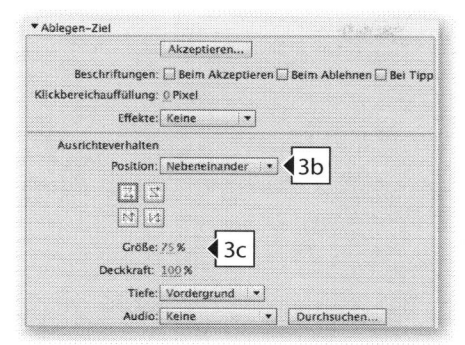

Die Drag-Objekte werden nach Ablage durch den Benutzer verkleinert und sauber nebeneinander platziert. Nun möchten wir dem Benutzer die Möglichkeit geben, bereits abgelegte Drag-Objekte erneut verschieben zu können.

**4** Wählen Sie im Bereich *Interaktionseigenschaften* die Option **Abgelegte Quelle erneut ziehen**.

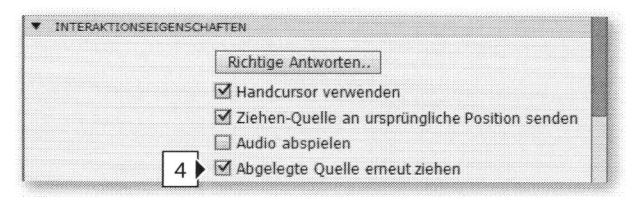

**5** Nun möchten wir dem Benutzer eine unbegrenzte Anzahl an Versuchen ermöglichen und bei einer falschen Antwort alle Objekte wieder zurücksetzen:

    **a** Wählen Sie im Bereich *Aktion* unter *Versuche* **Unbegrenzt**.

    **b** Wählen Sie bei *Zurücksetzen* **Alles zurücksetzen**.

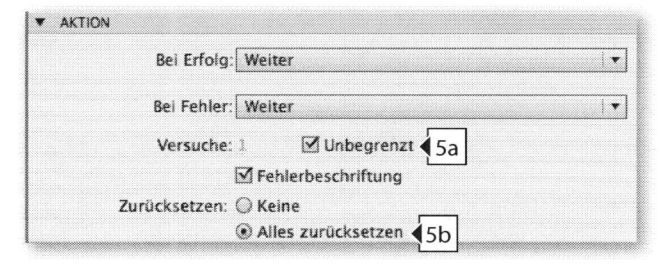

**6** Fügen Sie eine Zurücksetzen-Schaltfläche ein und optimieren Sie das Layout:

    **a** Wählen Sie im Bereich *Optionen* unter *Schaltflächen* **Zurücksetzen**.

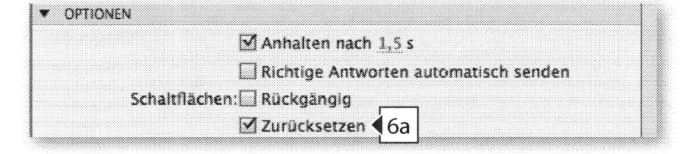

Drag-&-Drop-Interaktionen | **289**

Die Schaltfläche wird eingefügt und verwendet den Standardobjektstil für Textschaltflächen.

**b** Wechseln Sie in das Bedienfeld *Eigenschaften* der Schaltfläche und wählen Sie unter Stil **btn_Loeschen**.

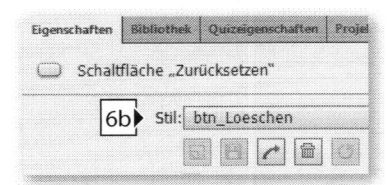

Die Schaltfläche verwendet nun den passenden Objektstil. Nun möchten wir auch für die Senden-Schaltfläche (diese Schaltfläche wird automatisch eingefügt, sobald Sie eine neue Drag-&-Drop-Interaktion erstellen) noch den Objektstil ändern.

**c** Markieren Sie auch die *Senden-Schaltfläche* auf der Bühne und wählen Sie in den *Eigenschaften* der Schaltfläche unter *Stil* **btn_Senden**.

**d** Richten Sie die Schaltflächen über die Leiste *Ausrichten* aus, wie im folgenden Bildschirmfoto gezeigt.

**7** Stellen Sie abschließend noch die Meldung ein:

    **a** Befüllen Sie die Fehlermeldung mit „Leider nicht richtig. Versuchen Sie es erneut."

    Nun benötigen wir noch eine Richtig-Meldung.

    **b** Fügen Sie eine neue Textbeschriftung ein, wählen Sie den *Stil* **Standardstil Erfolgsbeschriftung** und tragen Sie den folgenden Text ein: „Richtig. Toll gemacht. Die ABC-Ausrüstung besteht aus Maske, Schnorchel und Flossen."

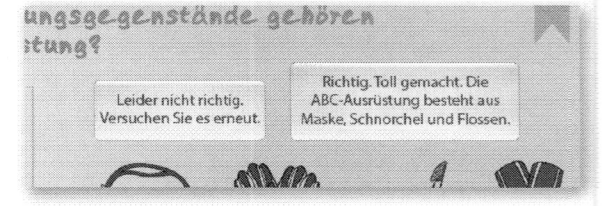

Nun müssen wir die Richtig-Meldung nur noch timen. Im Bedienfeld *Drag & Drop* können Sie unter *Optionen* nachvollziehen, dass die Interaktion nach 1,5 Sekunden anhält. Dementsprechend darf die Richtig-Meldung erst nach dieser Zeit erscheinen. Lassen Sie hierzu am besten ein paar Millisekunden Puffer.

c   Lassen Sie die Textbeschriftung über die Zeitleiste nach 1,8 Sekunden erscheinen und verlängern Sie die Dauer des Objektes bis auf Sekunde 7.

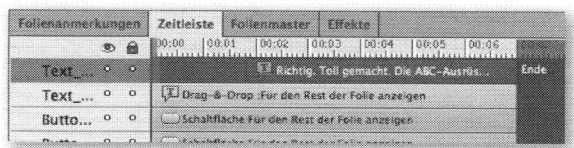

**8**  Testen Sie das Projekt in der Vorschau und speichern Sie Ihr Ergebnis optional.

Sie haben nun eine Drag-&-Drop-Interaktion über das Bedienfeld *Drag & Drop* individuell angepasst.

> Eine mögliche Lösung finden Sie in der Datei \*09_Interaktionen_ermoeglichen \ Drag_and_Drop_04.cptx*.

---

**Interaktionen richtig testen**

Sie sollten im Rahmen der Qualitätssicherung immer möglichst alle Zustände einer Interaktion testen - nicht nur den Idealfall (z. B. dass eine Frage richtig beantwortet wird). Die hierfür aufgewendete Zeit (Sie müssen alle Interaktionen mehrfach durchlaufen) ist sehr gut investiert, da Sie so im vornherein schon unnötige Schleifen im Reviewprozess vermeiden.

## Praxistipps

Da Sie nun schon ein wenig mit Captivate vertraut sind, möchte ich Ihnen in diesem Kapitel noch weitere wichtige Praxistipps zur erfolgreichen Produktion mit Captivate geben.

- ▶ Verwenden Sie möglichst wenige Objekte pro Folie: Dadurch beschleunigen Sie den Produktionsprozess, da Sie sich weniger auf die Reihenfolge und den zeitlichen Ablauf der einzelnen Objekte konzentrieren müssen. Außerdem werden Ihre Folien übersichtlicher. Wenn Sie eine Folie mit vielen nacheinander erscheinenden Objekten benötigen: Duplizieren Sie diese Folie einfach und verteilen Sie die Objekte auf die duplizierten Folien. Prüfen Sie dabei, ob Sie redundante Inhalte z. B. generelle Hintergründe auf einen oder mehrere Folienmaster auslagern können. Bei Aufzeichnungsfolien: Im besten Fall setzen Sie neben dem optionalen Mausobjekt max. 2 multimediale und max. 1-2 Interaktionselemente ein (z. B. 1 Textbeschriftung, 1 Markierungsfeld, 1 Klickfeld). Bei Theoriefolien (z. B. für E-Learning-Einheiten im Soft-Skill-Bereich) werden Sie zwangsläufig mehr Objekte auf einer Folie platzieren. Jedoch sollten Sie auch hier möglichst wenige Objekte pro Folie einsetzen.

- ▶ Verwenden Sie möglichst wenige Folien pro Projekt oder Kapitel: Bei zu großen Projekten geht der Überblick schnell verloren. Außerdem sind kleine Projekte besser austausch-, änderbar und resultieren in kürzeren Downloadzeiten (bei Web-Veröffentlichungen). Wenn Sie Ihre Projekte möglichst klein (bzw. modular) gestalten, bieten Sie auch Ihren Nutzern die Möglichkeit, die gewünschten Inhalte gezielter auswählen zu können. Gehen Sie immer davon aus, dass auch Ihre Nutzer nur wenig Zeit mitbringen und schnell ans Ziel kommen möchten. Als Richtwert hat sich eine Abspieldauer von 3 bis 5 Minuten pro Kapitel bewährt. Bei umfassenderen Inhalten sollten Sie an eine Aufteilung in mehrere Kapitel oder Projekte denken. Dies geht natürlich - je nach Projekt - nicht immer, sollte aber angestrebt werden. Verknüpfen Sie die modularen Teilprojekte dann z. B. über ein Aggregator- oder HTML-Menü oder einen Kursraum in Ihrer Lernplattform.

- ▶ Erstellen Sie sich einen Leitfaden, in welchem Sie alle Schritte bei der Erstellung Ihrer Projekte festhalten. Dadurch beschleunigen Sie automatisch den Produktionsprozess und vermeiden Fehler – vor allem, wenn Sie im Team arbeiten. Durch einen Leitfaden wissen Sie immer genau, was zu tun ist. Außerdem erkennen Sie automatisch Optimierungspotenziale in Ihrem Erstellungsprozess. Nebenbei halten Sie Ihre Projekte automatisch konsistent. In Ihrem Leitfaden sollten Sie u. a. Folgendes festhalten: Welcher Aufnahmemodus wird bei Bildschirmaufnahmen verwendet und welche Schritte müssen nach einer Aufnahme durchgeführt werden? Wie müssen die Dateien benannt werden, damit sie möglichst leicht auffindbar sind? Welche Objekte (und v. a. Effekte) sollen nicht verwendet werden?

## Transferübung: Glossar erstellen

Im Rahmen dieser Transferübung erhalten Sie die Möglichkeit, Ihr Wissen im Bereich Verzweigungen und Interaktionen zu vertiefen. Worum geht es? Für das Projekt „Schnorcheln für Einsteiger" möchten wir ein Glossar erstellen, welches von jeder Inhaltsfolie aus erreichbar ist. Von diesem Glossar aus, soll der Benutzer zurück zur zuletzt gesehenen Folie gelangen.

> ✓ Vor Bearbeitung dieses Kapitels, sollten sie sich mit den Inhalten folgender Kapitel vertraut machen:
> ▶ Seite 131
> ▶ Seite 207

> ✓ Wie Sie die Übungsdateien herunterladen: ▶ Seite 19

### Übung im Kurzüberblick

- ▶ Sie erstellen ein Glossar und passen es an
- ▶ Sie importieren Glossareinträge
- ▶ Sie verzweigen das Projekt so, dass der Benutzer von den Inhaltsfolien auf ein Glossar gelangt und anschließend wieder zurück zur zuletzt gesehenen Folie

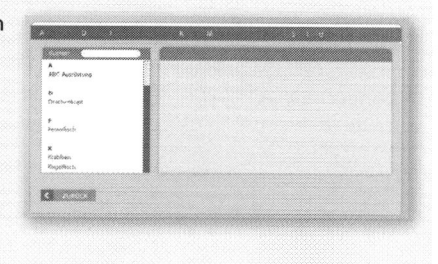

### Transferübung

1. Öffnen Sie die Datei *Glossar_Ausgang.cptx* aus dem Verzeichnis \*09_Interaktionen_ermoeglichen*\.

2. Fügen Sie nach Folie *9 Zertifikat* eine neue Folie ein (**Einfügen** > **Neue Folie**).

3. Platzieren Sie auf der neuen Folie die Interaktion **Glossary**.

4. Wählen Sie das **Theme 5**.

5. Formatieren Sie unter *Custom* den Bereich *Terms* mit folgenden Eigenschaften:
   a. *Bar Color*: **#6a7375**
   b. *Bar Text:* **Myriad Pro, Up + Active #ffffff, Inactive #58595b**
   c. *Label Text:* **Myriad Pro, #333333**

6. Formatieren Sie den Bereich *Content* mit folgenden Eigenschaften:

> **Beispiel-XML-Datei**
>
> Wenn Sie ein Beispiel für eine solche XML-Datei einsehen möchten: Klicken Sie auf **view sample**.

    **a** *Color*: **Content Header Color #ff6600, Content Body Color #efefef, Background Color #dddddd**

    **b** *Header Text*: **Myriad Pro, 16 pt, #ffffff**

    **c** *Body Text*: **Myriad Pro, 13 pt, #333333**

**7** Deaktivieren Sie den *Header* des Glossars.

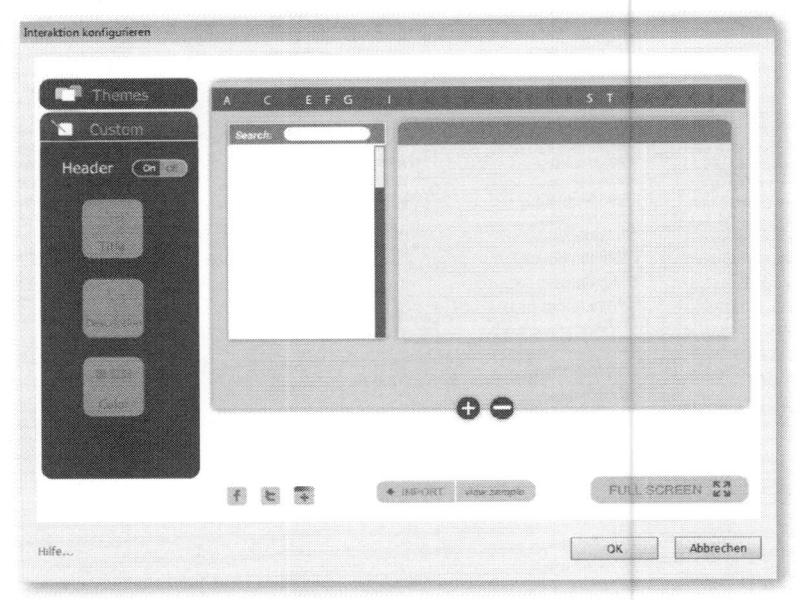

**8** Importieren Sie die Glossareinträge:

    **a** Klicken Sie im unteren Bereich des Fensters auf **IMPORT** und wählen Sie die XML-Datei *Glossar_Schnorchelprojekt.xml* aus dem Verzeichnis *00_Projekte/Projekt_Schnorcheln* aus.

Es erscheint eine Meldung, die anzeigt, dass die Einträge erfolgreich importiert wurden.

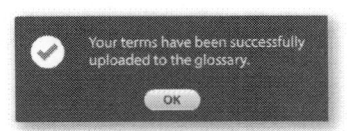

    **b** Bestätigen Sie die Meldung mit **OK** und fügen Sie die Interaktion auf Ihre Folie ein.

**9** Fügen Sie auf der Glossarfolie eine Schaltfläche ein:

- a Verwenden Sie den *Objektstil* **btn_Zurueck**.
- b Hinterlegen Sie für die Schaltfläche die *Aktion* **Zur zuletzt geöffneten Folie gehen**.
- c Platzieren Sie die Schaltfläche an der Position *X* **70** und *Y* **460**.

10 Erstellen Sie auf dem Folienmaster **6 I_Contentbereich** eine Smartform-Schaltfläche mit Hover-Effekt:
- a Verwenden Sie hierfür ein **Rechteck** in der Größe **40 x 40** px und formatieren Sie dieses mit den Farbeinstellungen der bereits vorhandenen Navigationsobjekte.
- b Platzieren Sie die Schaltfläche an der Position *X* **908**, *Y* **12**.
- c Beschriften Sie die Smartform-Schaltfläche mit dem Text „A-Z" mit der Formatierung **Myriad Pro**, **Bold**, **16 pt**, **Weiß**, **zentriert**.
- d Weisen Sie der Smartform-Schaltfläche die Aktion **Zu Folie springen**, **Folie 10** zu.
- e Ergänzen Sie die Schaltfläche um einen Hover-Effekt per Rollover-Smartform.

11 Kopieren Sie die Smartform-Schaltfläche samt Hover-Effekt und fügen Sie diese auf allen relevanten Inhaltsfolienmastern ein. Beachten Sie dabei, dass diese Schaltfläche nicht auf dem Glossar selbst erscheint.

Das Glossar ist nun von allen Inhaltsfolien aus erreichbar.

> Eine mögliche Lösung finden Sie in der Datei *Glossar_Ziel.cptx* im Verzeichnis *\09_Interaktionen_ermoeglichen\*.

# 10

# Projekte vertonen

In diesem Kapitel lernen Sie die verschiedenen Möglichkeiten kennen, Ihre Projekte zu vertonen. Sie lernen nicht nur, Sprecher, Musik und Geräusche einzubringen, sondern auch, wie Sie einen Text in eine elektronische Stimme verwandeln können.

### Themenübersicht

| | |
|---|---:|
| » Audioformen | 298 |
| » Objektaudio | 300 |
| » Hintergrundaudio | 301 |
| » Folienaudio | 302 |
| » Audiobearbeitung | 304 |
| » Übung: Demonstration vertonen | 306 |
| » Übung: Bild-Diashow mit Hintergrundmusik | 311 |
| » Text-to-Speech – Text-zu-Sprache | 312 |
| » Übung: Demonstration mit Text-to-Speech anreichern | 317 |

> **Aktion Audio abspielen**
>
> Vergleichbar mit der Ebene Objektaudio ist die Aktion **Audio abspielen**. Mittels dieser Aktion kann z. B. nach einem Klick auf eine Schaltfläche ein Audio abgespielt werden. Alternativ kann natürlich auch im Rahmen einer erweiterten Aktion eine Kombination von Ereignissen dazu führen, dass eine bestimmte Audiodatei abgespielt wird (z. B. nur, wenn eine bestimmte Punktzahl erreicht wurde).

## Audioformen

Sie können mit Captivate Audio live während einer Bildschirmaufnahme aufzeichnen (Kommentare und / oder Systemaudio), Audio-Elemente (nachträglich) einfügen oder gezielt (nachträglich) aufnehmen – ob pro Folie oder folienübergreifend. Zusätzlich gibt es noch die Möglichkeit, einzelne Objekte mit Geräuschen zu versehen oder das ganze Projekt mit einer Hintergrundmusik zu untermalen.

Dabei unterscheiden wir in Captivate zwischen den folgenden Ebenen:

- Objektaudio: Ein Audio-Element, welches an ein einzelnes Objekt, z. B. die Fehlerbeschriftung eines Klickfeldes, gebunden ist und mit Erscheinen des Objekts ertönt. Diese Form wird i. d. R. für Geräusche oder Sprecher eingesetzt. Je Objekt kann maximal ein Objektaudio hinterlegt werden.

- Hintergrundaudio: Ein Audio-Element, das während der gesamten Projektdauer abgespielt wird. Auf den ersten Blick für Hintergrundmusik geeignet - allerdings in der Praxis oft nicht einsetzbar, da eine saubere Synchronisierung mit den Inhalten nicht möglich ist. Daher beschränkt sich der Einsatz i.d.R. auf Diashows oder Projekte, in denen eine Synchronisierung der Inhalte mit der Hintergrundmusik nicht nötig ist. Je Projekt kann maximal ein Hintergrundaudio hinterlegt werden.

- Folienaudio: Ein Audio-Element, das in der Zeitleiste einer Folie angezeigt wird. Eignet sich bestens für die Sprachspur, da Sie es mit dem Geschehen auf einer Folie synchronisieren können. Auch Systemaudio, welches Sie während einer Aufnahme mit aufzeichnen (▶ *Seite 303*), wird als Folienaudio eingebunden und auf einer separaten Tonspur angezeigt. Je Folie können maximal zwei Folienaudios hinterlegt werden (Kommentar und Systemaudio).

## Audio importieren

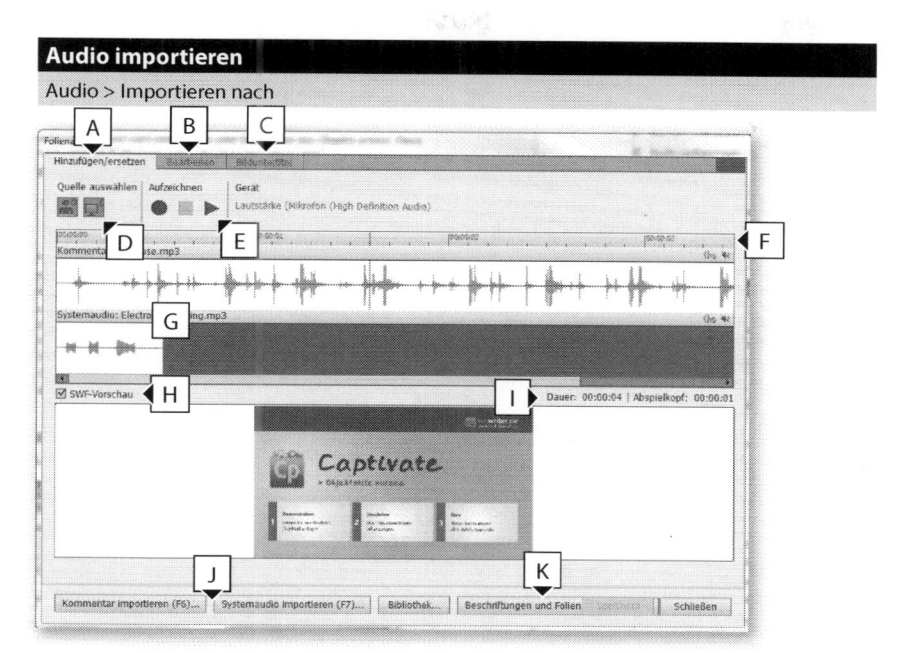

Audio > Importieren nach

**A** Hinzufügen / ersetzen
**B** Bearbeiten (▶ Seite 304)
**C** Nur für Folienaudio: *Bilduntertitel* (▶ Seite 323)
**D** Audioquelle: Kommentar- / Systemaudio
**E** Audio aufzeichnen / stoppen / abspielen
**F** Zeitleiste
**G** Audiospuren: Kommentar- / Systemaudio
**H** Nur für Folienaudio: SWF-Vorschau der aktuellen Folie
**I** Informationen zur aktuellen Dauer des Audioelements und der Position des Abspielkopfes
**J** Audioelement importieren / aus Bibliothek auswählen
**K** Nur für Folienaudio: Beschriftungen und Folienanmerkungen anzeigen

### Audiospur bearbeiten

Wenn Ihre Folie sowohl Kommentare, als auch Systemaudio enthält: Die Audio-Objekte werden jeweils auf einer separaten Spur dargestellt. Diese können Sie getrennt voneinander bearbeiten. Wählen Sie dazu im Fenster *Folienaudio* im Register *Bearbeiten* unter *Quelle auswählen* die zu bearbeitende Spur.

> **Passende Bitrate wählen**
>
> Je nach Ziel, sollten Sie unterschiedliche Bitraten wählen: Für Projekte, die reines Sprecheraudio enthalten je nach Mikrofon und Qualität: mind. 64 kbit / max. 128 kbit. Mit Musik untermalte Projekte: mind. 96 kbit / max. 192 kbit.

## Das Fenster Audioeinstellungen

Audio > Einstellungen

Wenn Sie einen Sprecher für Ihr Projekt aufzeichnen möchten, sollten Sie vorab die Audioeingabe Ihres Systems einstellen und kalibrieren (▶ *Seite 306*).

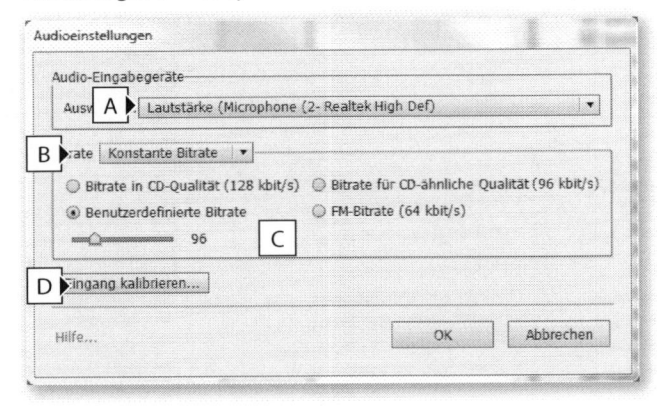

**A** Audio-Eingabegerät auswählen
**B** Bitrate zur Audiokodierung (konstante oder variable Bitrate)
**C** Optionen zur Einstellung der Bitrate
**D** Audioeingabe kalibrieren: Optimalen Aufzeichnungspegel ermitteln

## Objektaudio

> **Tastengeräusch anpassen**
>
> Sie können das Tastengeräusch für aufgezeichnete Tastatureingaben nicht innerhalb von Captivate ändern. Lösung: Navigieren Sie zum Verzeichnis \Programme\ Adobe\Adobe Captivate 7 \ Gallery\SoundEffects (Win) / / Programme/Adobe Captivate 7 / Gallery / SoundEffects (Mac). Dort liegt die Datei *KeyClick.mp3*. Sichern Sie sich diese Datei und überschreiben Sie sie mit einem von Ihnen gewünschten Geräusch.

Insbesondere Geräusche als Objektaudio eignen sich bestens als Feedback-Medium. Sie können damit z. B. einen Hinweis, Tipp oder eine Fehlermeldung untermalen. Allerdings gilt auch hier: Weniger ist oftmals mehr.

### Der Bereich Audio im Bedienfeld Eigenschaften eines Objekts

**A** Ein- & Ausblendeeffekt des Audios
**B** Nur bei Klickfeldern und Schaltflächen: Bei Mausklick und / oder bei Pause Folienaudio anhalten
**C** Objektaudio bearbeiten / entfernen

### So hinterlegen Sie Objekten Audio

1. Markieren Sie das Objekt in der Zeitleiste.
2. Klicken Sie im Bedienfeld *Eigenschaften* unter *Audio* auf die Schaltfläche **Audio hinzufügen**. 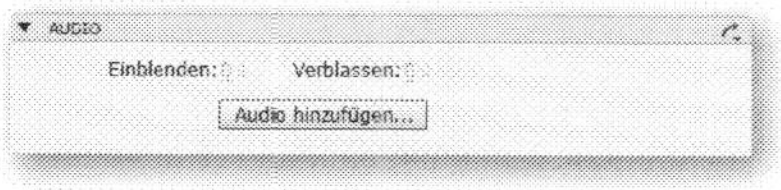
3. Klicken Sie auf die Schaltfläche **Importieren**. 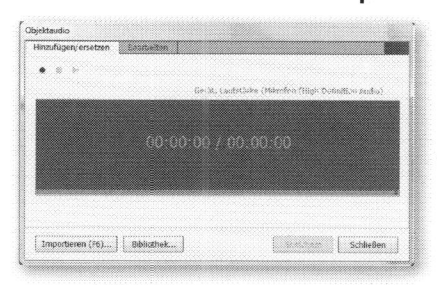
4. Navigieren Sie zu der Audiodatei, die Sie importieren möchten.
5. Klicken Sie auf **Öffnen**.

   Die Audiodatei wird importiert.
6. Klicken Sie auf **Speichern**.

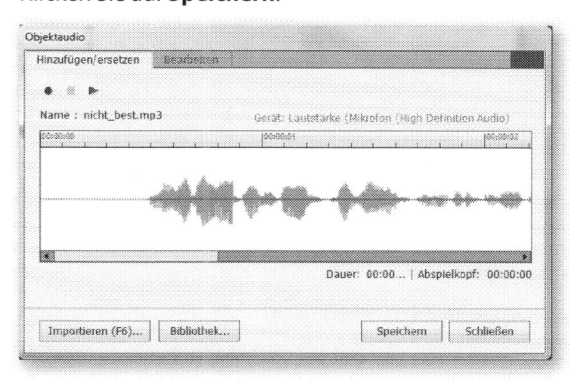

Sie haben dem Objekt Audio hinterlegt.

## Hintergrundaudio

Hintergrundaudio wird in den Einstellungen eines Projektes definiert. Es kann während eines gesamten Captivate-Projekts abgespielt werden oder nur so lange, wie das Audio-Objekt tatsächlich dauert.

---

**Beschriftungen mit Audio unterlegen**

Wenn Sie eine Schaltfläche oder ein Klickfeld mit einem Geräusch bei Erfolg oder Fehler unterlegen möchten: Aktivieren Sie die Erfolgsbeschriftung (bzw. Fehlerbeschriftung). Klicken Sie im Bedienfeld *Eigenschaften* der Erfolgsbeschriftung unter *Audio* auf **Audio hinzufügen** und wählen Sie Ihr gewünschtes Objektaudio. Zusätzlich können Sie den *Beschriftungstyp* auf **transparent** setzen und den Text der Beschriftung entfernen, um nur das Audio auszugeben und dabei kein Objekt anzuzeigen.

**Titelmusik für E-Learnings**

Da Sie die Ebene Hintergrundaudio nicht synchron mit den Inhalten halten können, sollten Sie diese Audioform in den meisten Fällen nicht verwenden, um den Beginn eines E-Learnings musikalisch zu untermalen. Verwenden Sie stattdessen Folienaudio auf der Titelfolie.

Diese Audio-Form kann sinnvoll sein, um z. B. Demofilme oder Diashows mit Musik zu untermalen. In E-Learning-Projekten sollten Sie allerdings auf diese Option verzichten, da sie vom Lernprozess ablenkend wirken könnte.

**Der Bereich Optionen im Fenster Hintergrundaudio**
Audio > Importieren nach > Hintergrund

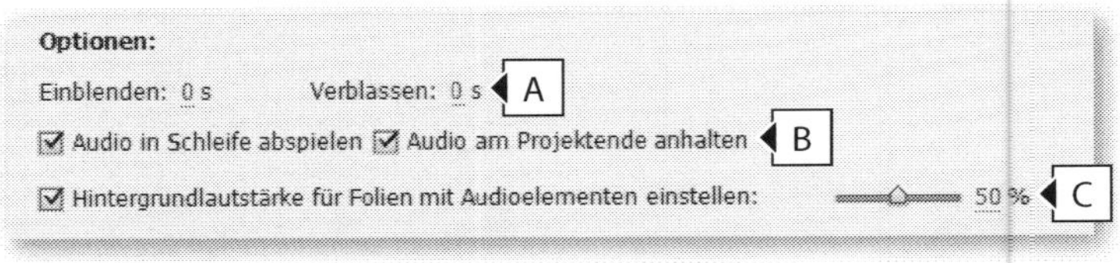

**Optionen:**
Einblenden: 0 s   Verblassen: 0 s ◀ **A**
☑ Audio in Schleife abspielen  ☑ Audio am Projektende anhalten ◀ **B**
☑ Hintergrundlautstärke für Folien mit Audioelementen einstellen: ──○── 50 % ◀ **C**

**A** Ein- und / oder Ausblendeeffekt des Audios
**B** Audioelement endlos abspielen und / oder am Projektende anhalten
**C** Hintergrundaudiolautstärke auf Folien mit Folien- oder Objektaudio reduzieren

## Folienaudio

Als Folienaudio werden sowohl Kommentare als auch Systemaudio (▶ Seite 303) bezeichnet. Folienaudio eignet sich sehr gut, um Sprecher zu hinterlegen, aber beispielsweise auch, um den Start oder das Ende eines Tutorials mit einer Musik einzuläuten. Sie können Folienaudio direkt für eine oder mehrere Folien aufnehmen, aber auch importieren. Danach erscheint es in der Zeitleiste. Von hier aus können Sie es ideal mit dem Geschehen auf einer Folie synchronisieren.

> **!** Beachten Sie, dass Sie pro Folie jeweils nur ein Kommentaraudio sowie ein Systemaudio in der Zeitleiste hinterlegen können. Wenn Sie eine Audiodatei auf die Folie ziehen oder über **Audio > Importieren nach > Folie** importieren, wird stets die Spur Kommentaraudio aktualisiert. Die Spur Systemaudio können Sie ausschließlich über das Fenster *Folienaudio* importieren.

---

**Wenn Sie mehr als zwei Audiospuren benötigen**

Duplizieren Sie die Folie und verteilen Sie Ihr Audio über mehrere Folien. Alternativ können Sie auch Objektaudio verwenden und unsichtbaren Objekten hinterlegen. Somit können Sie beliebig viele Spuren auf die gleiche Folie bringen. Oder: Verwenden Sie einen Audio-Editor, um die Audio-Objekte zusammenzufügen, z. B. den in Captivate integrierten, ein Freeware-Tool (z. B. *Audacity*) oder ein kommerzielles Werkzeug (z. B. *Adobe Audition*).

---

**Das Fenster Audioimport-Optionen**

Wenn Sie einen Kommentar auf eine Folie importieren, welcher länger als die Foliendauer ist, erscheint das Fenster *Audioimport-Optionen*:

*Audioimport-Optionen*

○ Anzeigedauer der Folie an Laufzeit der Audiodatei anpassen.
Hinweis: Das gesamte Audio wird der ausgewählten Folie hinzugefügt. Falls die Audiodauer größer als die Foliendauer ist, wird die Foliendauer erhöht.

○ Audiodatei über mehrere Folien verteilen.
Hinweis: Die gesamte Audiodatei wird der ausgewählten Folie hinzugefügt. Adobe Captivate öffnet dann das Dialogfeld „Audio-Timing", in dem Sie das Timing ändern und die Audiodatei über andere Folien verteilen können.

○ Aktuelle Foliendauer beibehalten und Audiodateien über mehrere Folien verteilen.
Hinweis: Die aktuelle Foliendauer bleibt unverändert und die Audiodatei wird basierend auf Folien- und Audiodauer automatisch über die folgenden Folien verteilt.

☐ Nicht erneut zeigen

[ OK ] [ Abbrechen ]

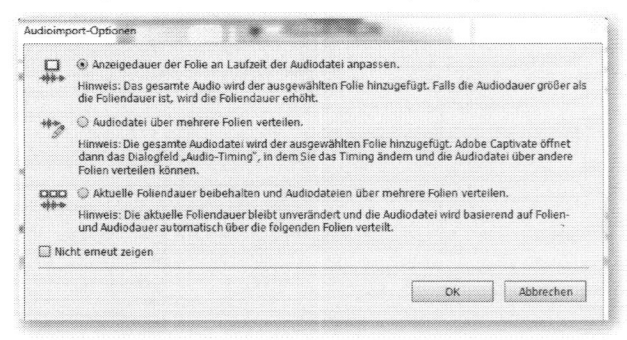

| Option | Verwendung |
|---|---|
| ***Anzeigedauer der Folie an Laufzeit der Audiodatei anpassen*** | Wenn der Sprecher sich nur auf diese Folie bezieht. Captivate passt die Foliendauer automatisch an die Länge des Sprechers an. |
| ***Audiodatei über mehrere Folien verteilen*** | Wenn der Sprecher sich auf mehrere Folien bezieht und Sie ihn selbst verteilen möchten. Sie definieren im Fenster *Folienaudio* im Register *Bearbeiten* die Aufteilung. |
| ***Aktuelle Foliendauer beibehalten und Audiodateien über mehrere Folien verteilen*** | Wenn der Sprecher sich auf mehrere Folien bezieht und Sie ihn automatisch von Captivate verteilen lassen möchten. Captivate verändert die Folienlängen dabei nicht. |

Als Systemsounds werden die Audio-Elemente bezeichnet, die über die Lautsprecher Ihres Computers ausgegeben werden, z. B. Mausklicks, Sounds bei Benachrichtigungen oder aber auch Videotelefonate.

### So zeichnen Sie Systemsounds auf

**Win** Wenn Sie unter Windows XP arbeiten: Die Funktion **Systemaudio** wird nicht unterstützt.

**Mac** Wenn Sie mit Mac OS arbeiten: Installieren Sie den kostenlosen Audiotreiber *Soundflower*. Andernfalls ist die Aufzeichnung von Systemsounds nicht möglich. Wie Sie Soundflower installieren und einrichten:
▶ *Weblink 10.1, Seite 20*

1  Öffnen Sie eine beliebige Audiodatei im Standardmusikplayer Ihres Systems, z. B. dem Mediaplayer.

2  Starten Sie Adobe Captivate.

3  Zeichnen Sie eine Demonstration auf: Wählen Sie **Datei > Neue Softwaresimulation aufzeichnen**.

   Das Aufzeichnungsfenster öffnet sich.

4  Aktivieren Sie die Option **Systemaudio** und starten Sie die Aufzeichnung.

---

**Separate Audiospur**

Captivate erstellt für Systemsounds automatisch eine zweite Audiospur zur Bearbeitung. Diese Spur können Sie auch verwenden, um z. B. mit zwei Sprechern auf der selben Folie oder einem Sprecher und mit musikalischer Untermalung zu arbeiten.

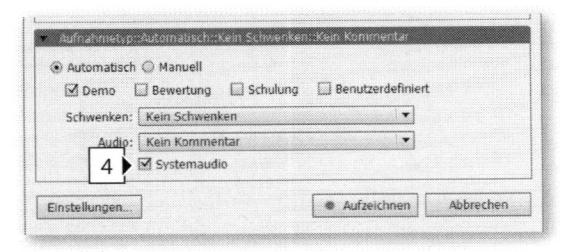

**5** Während Sie aufzeichnen: Spielen Sie z. B. eine Audiodatei mit Ihrem Standardmediaplayer ab.

**6** Beenden Sie die Aufzeichnung: Drücken Sie [Ende].

**7** Testen Sie das Projekt in der Vorschau: Wählen Sie **Datei > Vorschau > Projekt**.

Sie sehen (bzw. hören) nun, dass Ihre Demonstration, das während der Aufzeichnung abgespielte Audio enthält.

## Audiobearbeitung

In Captivate können Sie Ihre Audio-Elemente auch nachbearbeiten – unabhängig davon, ob Sie diese selbst aufgenommen, importiert oder über die Text-to-Speech-Funktion eingebracht haben.

▶ Wenn Sie das Audio eines bestimmten Objektes bearbeiten möchten: Wählen Sie **Audio > Bearbeiten > Objekt**.

▶ Wenn Sie das Hintergrundaudio bearbeiten möchten: Wählen Sie **Audio > Bearbeiten > Hintergrund**.

▶ Wenn Sie das Folienaudio (Kommentar oder Systemaudio) einer bestimmten Folie bearbeiten möchten: Wählen Sie **Audio > Bearbeiten > Folie**.

▶ Wenn Sie das Kommentaraudio für das gesamte Projekt sowie die Verteilung über die einzelnen Folien bearbeiten möchten: Wählen Sie **Audio > Bearbeiten > Projekt** und bestätigen Sie die Abfrage.

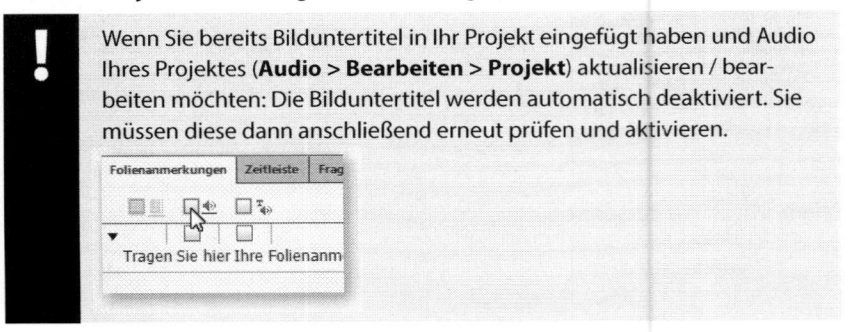

> Wenn Sie bereits Bilduntertitel in Ihr Projekt eingefügt haben und Audio Ihres Projektes (**Audio > Bearbeiten > Projekt**) aktualisieren / bearbeiten möchten: Die Bilduntertitel werden automatisch deaktiviert. Sie müssen diese dann anschließend erneut prüfen und aktivieren.

## Das Register Bearbeiten

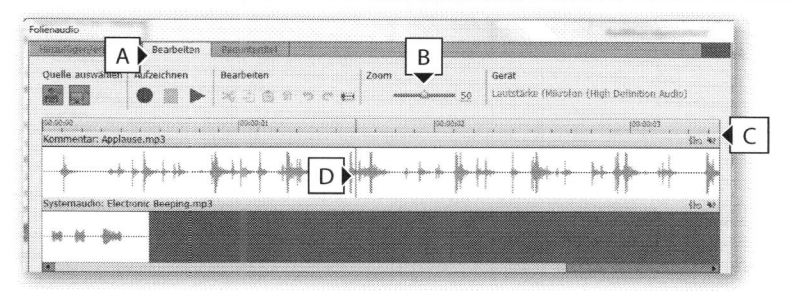

**A** Werkzeugleiste (*siehe Tabelle unten*)

**B** Zeitleiste zoomen

**C** Zeitleiste

**D** Abspielkopf

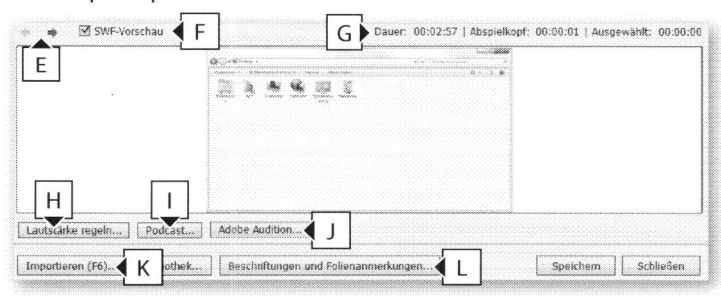

**E** Nur für **Audio > Bearbeiten > Projekt**: Zwischen den Folien navigieren

**F** Nur für **Audio > Bearbeiten > Folie / Audio > Bearbeiten > Projekt**: Folienvorschau ein- / ausblenden

**G** Informationen zur aktuellen Dauer des Objektaudios und der Position des Abspielkopfes

**H** Lautstärke einstellen

**I** Audio wahlweise als WAV- oder MP3-Datei exportieren

**J** Audio mit dem „Tonstudio" Adobe Audition bearbeiten

**K** Ein weiteres Audio-Element an der aktuellen Position aus dem Dateisystem / der Bibliothek einfügen

**L** Nur für **Audio > Bearbeiten > Folie / Audio > Bearbeiten > Projekt**: Beschriftungen und Folienanmerkungen öffnen

| Die Werkzeugleiste im Register Bearbeiten | |
|---|---|
| ● | Audio aufzeichnen |
| ■ | Audio stoppen |
| ▶ | Audio abspielen / pausieren |
| ✂ | Ausschneiden |
| | Kopieren |
| | Einfügen |
| 🗑 | Löschen |
| ↶ ↷ | Rückgängig / Wiederherstellen |
| | Stilleperiode einfügen (am Anfang, Ende, an der Abspielkopfposition oder Überschreiben der Audiomarkierung) |
| | Nur für **Audio > Bearbeiten > Projekt**: die nächste Folie an der Cursorposition starten |
| | Nur im Fenster Folienaudio: Kommentar-Audiospur bearbeiten |
| | Nur im Fesnter Folienaudio: System-Audiospur bearbeiten |

## Übung: Demonstration vertonen

Im Rahmen dieser Übung werden wir eine Demonstration mit verschiedenen Audioformen vertonen. Diese Übung besteht aus zwei Teilen. Zu Beginn werden Sie Sprecheraudio selbst aufzeichnen. Im Anschluss importieren Sie extern aufgezeichnetes Sprecheraudio in das gleiche Projekt.

✓ Wie Sie die Übungsdateien herunterladen: ▶ *Seite 19*

### Übung im Kurzüberblick

▶ Sie kalibrieren Ihr Mikrofon
▶ Sie zeichnen Kommentare auf
▶ Sie importieren Audio

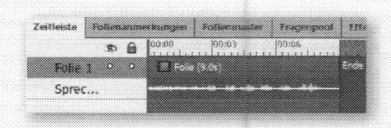

## Übung

> **Vorverstärkerwert**
>
> Ein *Vorverstärkerwert* von „1" entspricht einer Verstärkung von 0. Der Mindestwert beträgt „0,1". Der Maximalwert beträgt „10".

1 Öffnen Sie die Datei *Demonstration_Sprecheraudio_Ausgang.cptx* aus dem Ordner \10_Projekte_vertonen\.

> ✓ Die nächsten Schritte setzen voraus, dass Sie ein Mikrofon zur Verfügung haben. Falls nicht: Fahren Sie mit **Schritt 9** fort.

2 Stellen Sie das Mikrofon ein:

    a    Wählen Sie in der Menüleiste **Audio > Einstellungen**.

         Das Fenster *Audioeinstellungen* öffnet sich.

    b    Wählen Sie unter *Audio-Eingabegeräte* das Mikrofon aus, mit dem Sie aufzeichnen möchten.

    c    Klicken Sie auf **Eingang kalibrieren**.

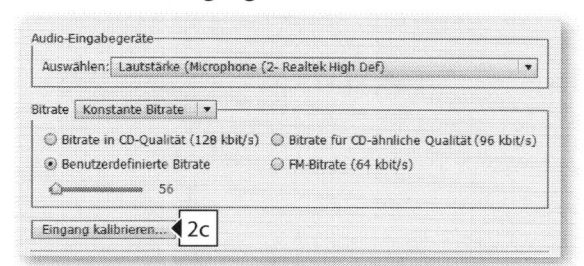

         Das Fenster *Audioeingabe kalibrieren* öffnet sich.

    d    Klicken Sie auf **Aufzeichnen** und sprechen Sie folgenden Satz: „Ich teste den Eingangspegel."

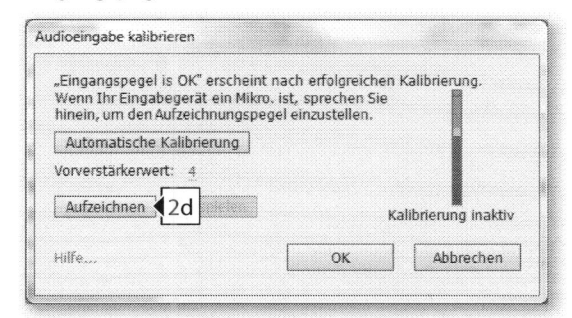

         Auf der rechten Seite sehen Sie die Pegelanzeige. Diese sollte sich während des Sprechens möglichst überwiegend im grünen bis hin zum gelben Bereich befinden, jedoch nie den roten Bereich erreichen. Andernfalls übersteuert das Mikrofon, was zu schlechten Aufnahmeergebnissen führt.

    e    Klicken Sie auf **Stoppen**.

> **Vorverstärkerwert notieren**
>
> Wenn Sie den Pegel eingestellt haben: Notieren Sie sich den Wert für künftige Projekte mit diesem Mikrofon.

    **f**  Stellen Sie, wenn nötig, einen anderen *Vorverstärkerwert* ein und wiederholen Sie **Schritt 2d**:

        Wenn die Pegelanzeige bis in den roten Bereich reicht: Tragen Sie eine niedrigere Zahl ein.

        Wenn die Pegelanzeige nicht bis in den gelben Bereich reicht: Tragen Sie eine höhere Zahl ein.

    **g**  Klicken Sie zweimal auf **OK**.

**3**  Wählen Sie Folie 1 aus.

    **a**  Wählen Sie **Fenster > Folienanmerkungen**.

        Das Bedienfeld *Folienanmerkungen* öffnet sich im unteren Bereich. Sie sehen, dass die Folienanmerkungen zu jeder Folie bereits befüllt sind. Dies ist der Sprechertext, auf dessen Basis wir nun vertonen möchten.

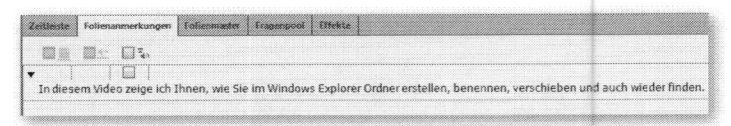

    **b**  Wählen Sie in der Menüleiste **Audio > Aufzeichnen in > Folien** und klicken Sie auf **OK**.

        Das Fenster *Folienaudio* öffnet sich.

    **c**  Klicken Sie im unteren Bereich auf **Beschriftungen und Folienanmerkungen**.

        Es öffnet sich ein Fenster, das die hinterlegten Folienanmerkungen enthält.

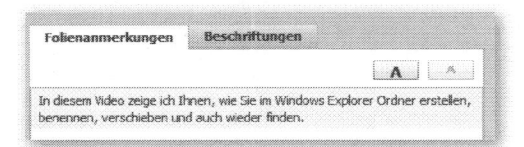

    **d**  Verschieben Sie das (neu erschienene) Fenster auf die Seite.

    **e**  Sprechen Sie den Text zumindest einmal „trocken" durch.

**4**  Zeichnen Sie das Sprecheraudio für Folie 1 auf:

    **a**  Klicken Sie (im Fenster *Folienaudio*) auf **Audio aufzeichnen** und sprechen Sie den Text auf.

    **b**  **Stoppen** Sie die Aufnahme.

        Sie haben nun Folie 1 mit Sprecheraudio versehen.

**5**  Zeichnen Sie das Sprecheraudio für die restlichen Folien des Projektes auf:

**a** Klicken Sie jeweils auf **Nächste Folie.**

Sie sehen, dass die Folienanmerkungen immer entsprechend der ausgewählten Folie angezeigt werden.

**b** Wiederholen Sie jeweils **Schritt 4**.

**6** Klicken Sie auf **Speichern** und dann auf **Schließen**.

**7** Testen Sie das Ergebnis in der Vorschau.

Sie wissen nun, wie Sie einen Sprecher aufzeichnen. Nun möchten wir das erstellte Sprecheraudio entfernen, um im Anschluss eine Audiodatei eines externen Sprechers in das Projekt einzufügen.

**8** Löschen Sie das aufgenommene Sprecheraudio aus dem Projekt:

**a** Wählen Sie **Audio > Audioverwaltung**.

Das Fenster *Erweiterte Audioverwaltung* öffnet sich. Hier haben Sie eine Übersicht über alle Folien- und Objektaudios des gesamten Projektes.

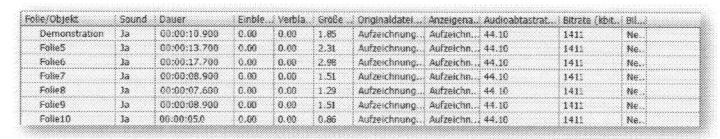

**b** Klicken Sie in die Tabelle und drücken Sie `Strg`+`A` (Win) / `⌘`+`A` (Mac).

**c** Klicken Sie auf **Entfernen**.

**d** Bestätigen Sie die Abfrage mit **Ja**.

Das Sprecheraudio wurde nun von allen Folien entfernt.

**e** Klicken Sie auf **OK**.

**9** Importieren Sie eine Audiodatei eines externen Sprechers:

**a** Wählen Sie Folie 1 aus.

**b** Wählen Sie in der Menüleiste **Audio > Importieren nach > Folie**.

**c** Öffnen Sie die Datei *Sprecheraudio.mp3* aus dem Verzeichnis *10_Projekte_vertonen*.

Das Fenster *Audioimport-Optione*n öffnet sich, da das Audio länger als die aktuelle Foliendauer ist.

**d** Wählen Sie **Audiodatei über mehrere Folien verteilen** und klicken Sie auf **OK**.

○ Anzeigedauer der Folie an Laufzeit der Audiodatei anpassen.

Hinweis: Das gesamte Audio wird der ausgewählten Folie hinzugefügt. Falls die Audiodauer größer als die Foliendauer ist, wird die Foliendauer erhöht.

◉ Audiodatei über mehrere Folien verteilen.

Hinweis: Die gesamte Audiodatei wird der ausgewählten Folie hinzugefügt. Adobe Captivate öffnet dann das Dialogfeld „Audio-Timing", in dem Sie das Timing ändern und die Audiodatei über andere Folien verteilen können.

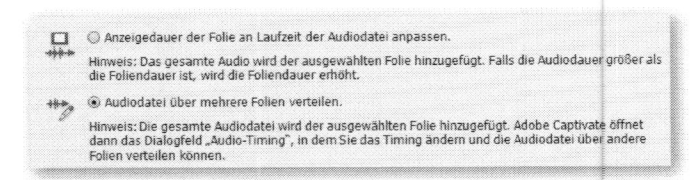

Das Register *Bearbeiten* im Fenster *Folienaudio* öffnet sich, in dem Sie das Audio verteilen können.

e   Blenden Sie die Folienanmerkungen ein: Klicken Sie auf **Beschriftungen und Folienanmerkungen**.

f   Spielen Sie das Audio ab.

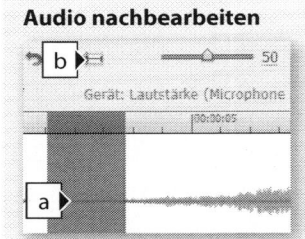

### Audio nachbearbeiten

Wenn Sie eine Audiodatei nachbearbeiten möchten, um diese z. B. von störenden Hintergrundgeräuschen zu befreien: Markieren Sie das entsprechende Audiostück (**a**). Klicken Sie anschließend auf **Stilleperiode einfügen (b)**.

g   Halten Sie an der Position **9 Sekunden** an und klicken Sie auf **Wenn möglich, die nächste Folie an der Cursorposition starten**.

Ein Marker wird eingefügt, welcher den Start von Folie 2 markiert.

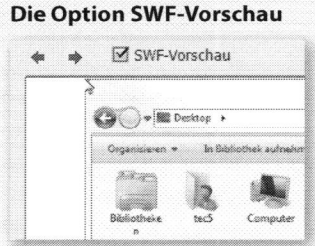

### Die Option SWF-Vorschau

In der Praxis können Sie sich im Idealfall direkt nach den Folienanmerkungen Ihres Projektes richten und so das Sprecheraudio zügig und sauber verteilen. Übrigens: Über die Option **SWF-Vorschau** können Sie eine Vorschau der aktuellen Folie in das Fenster laden.

h   Lassen Sie jeweils bei den Positionen **18,5 s**, **21,5 s**, **26 s**, **37 s**, **49 s**, **56 s**, **1:01 s**, **1:04 s**, **1:20,5 s**, **1:27 s** und **1:29,5 s** die nächste Folie anzeigen.

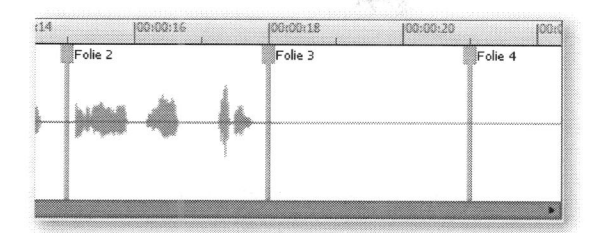

**i** Klicken Sie auf **Speichern** und dann auf **Schließen**.

**10** Testen Sie das Projekt in der Vorschau.

**11** Optimieren Sie ggf. das Maustiming sowie die Texteingaben auf den einzelnen Folien.

**12** Testen Sie das Projekt erneut in der Vorschau und speichern Sie Ihr Ergebnis optional.

Sie wissen nun, wie Sie einen Sprecher aufzeichnen, alternativ einen externen Sprecher importieren und mit einem Projekt synchronisieren können.

> Eine mögliche Lösung finden Sie in der Datei \10_Projekte_vertonen\ *Demonstration_Sprecheraudio_Ziel.cptx*.

## Übung: Bild-Diashow mit Hintergrundmusik

Im Rahmen dieser Übung untermalen Sie eine Diashow mit Audio.

Wie Sie die Übungsdateien herunterladen: ▶ *Seite 19*

### Übung

**1** Öffnen Sie die Datei *Hintergrundaudio_Ausgang.cptx* aus dem Ordner \10_Projekte_vertonen.

**2** Stellen Sie eine Hintergrundmusik ein:

    **a** Wählen Sie **Audio > Importieren nach > Hintergrund**.

    **b** Öffnen Sie die Datei *Audio_Strand.mp3* aus dem Verzeichnis *00_Projekte/ Projekt_Schnorcheln*.

    Das Fenster *Hintergrundaudio* öffnet sich.

    **c** Stellen Sie unter *Einblenden* **1 s** und unter *Verblassen* **1 s** ein.

---

**Sprecher- und Hintergrundaudio verwenden**

Wenn Sie in einem Projekt sowohl Sprecher- als auch Hintergrundaudio einsetzen: Wählen Sie bei **Hintergrundlautstärke für Folien mit Audioelementen einstellen** einen Wert von z. B. 30% aus. Dadurch wird die Lautstärke reduziert, sobald ein Sprecher einsetzt.

**2c** Optionen:
Einblenden: 1 s   Verblassen: 1 s
☑ Audio in Schleife abspielen  ☑ Audio am Projektende anhalten
☑ Hintergrundlautstärke für Folien mit Audioelementen einstellen: —○— 50 %

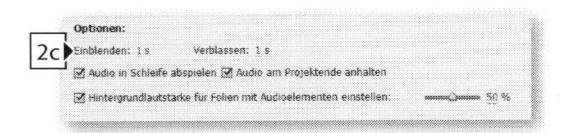

**d** Wechseln Sie in das Register **Bearbeiten** und klicken Sie auf **Lautstärke regeln**.

Lautstärke regeln **2d** Podcast...

Das Fenster *Lautstärke einstellen* öffnet sich.

**e** Wählen Sie im linken Bereich unter *Laufwerk* (*Ergänzung:* korrekt wäre die Bezeichnung *Eingangssignal*) einen Wert von **-4 dB** und klicken Sie auf **OK**.

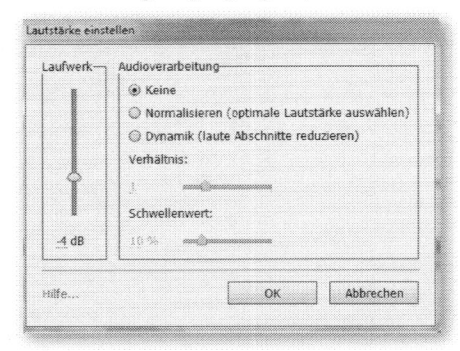

Die Hintergrundmusik ist nun generell leiser.

**f** Klicken Sie auf **Speichern** und **Schließen** Sie das Fenster *Hintergrundaudio*.

**3** Testen Sie das Projekt in der Vorschau und speichern Sie Ihr Ergebnis optional.

Sie wissen nun, wie Sie ein Projekt mit Hintergrundmusik anreichern können.

> Eine mögliche Lösung finden Sie in der Datei \10_Projekte_vertonen\Hintergrundaudio_Ziel.cptx.

---

**Weitere TTS-Engines**

Darüber hinaus stehen Ihnen automatisch auch die Text-to-Speech-Engines Ihres Betriebssystems zur Verfügung. Sie können dadurch auch TTS-Engines weiterer Hersteller nutzen, insofern diese systemweit zur Verfügung stehen.

## Text-to-Speech – Text-zu-Sprache

Mit Hilfe von *Text-to-Speech* verwandelt Captivate eingegebenen Text in einen weiblichen oder männlichen Sprecher. Dies beherrscht Captivate mit der mitgelieferten Engine NeoSpeech standardmäßig in den folgenden Sprachen:

▶ Amerikanisches Englisch (Julie, Kate & Paul)
▶ Britisches Englisch (Bridget)
▶ Französisch (Chloe)

> Die Text-to-Speech-Funktion muss separat installiert werden. Die Text-to-Speech-Engine NeoSpeech finden Sie auf der Captivate-DVD oder direkt auf der Webseite von Adobe. Im folgenden Abschnitt erfahren Sie, wie Sie die Engine NeoSpeech über die Webseite von Adobe herunterladen und installieren.

### So laden Sie die Text-to-Speech-Software herunter

1 Öffnen Sie die Seite *http://www.adobe.com/de/downloads/*.
2 Wählen Sie über das Aufklappmenü **Adobe Captivate 7** aus und klicken Sie auf **Go**.

Sie gelangen zur Seite *Adobe Captivate 7 herunterladen*.

3 Melden Sie sich mit Ihren Account-Daten an oder legen Sie einen neuen Account an.

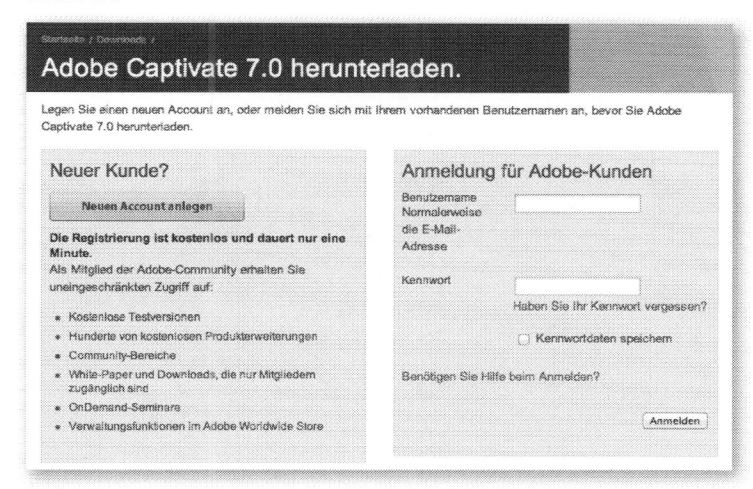

Unter den Download-Versionen von Adobe Captivate 7 finden Sie die Text-to-Speech-Dateien der NeoSpeech-Engine sortiert nach Windows- und Mac-Download.

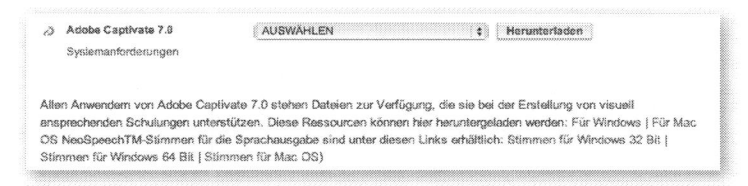

4   Wählen Sie die gewünschte Datei aus (z. B. den Windows-64Bit-Download).

> OS NeoSpeechTM-Stimmen für die Sprachausgabe sind unter diesen Links erhältlich: Stimmen für Windows 32 Bit | Stimmen für Windows 64 Bit | Stimmen für Mac OS)

5   Speichern Sie die Datei auf dem Desktop.

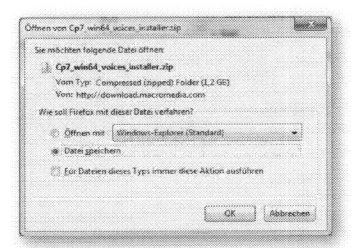

## So installieren Sie die Text-to-Speech-Funktion (Win)

1   Doppelklicken Sie auf die Datei (z. B. *Cp7_win64_voices_installer.zip*).

   Das Paket wird extrahiert.

2   Doppelklicken Sie auf die Datei *Set-up.exe*.

   Das Installationsprogramm wird initialisiert.

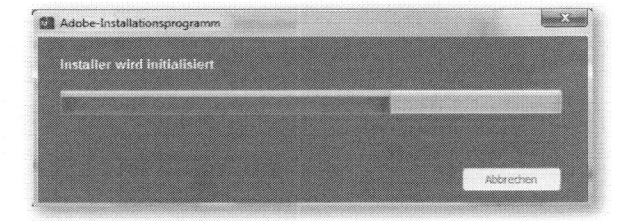

   Das Fenster Adobe Captivate Voices 7 öffnet sich.

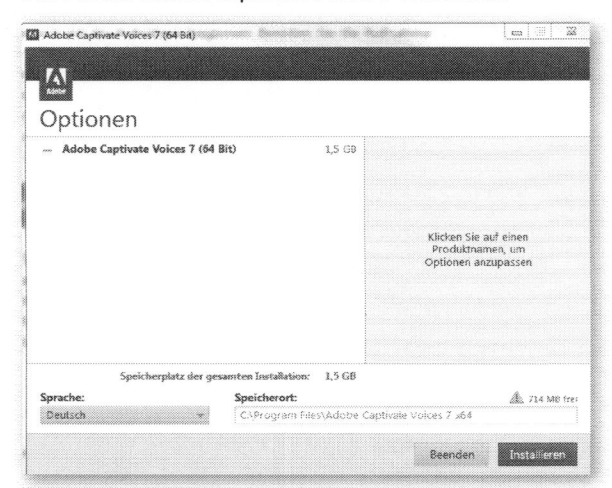

3 Klicken Sie auf **Installieren** und bestätigen Sie die Meldung mit **Ja**.

4 Schließen Sie das bzw. die Fenster.

Die NeoSpeech-Engine ist nun installiert.

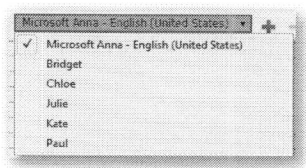

### So installieren Sie die Text-to-Speech-Funktion (Mac)

1 Doppelklicken Sie auf die Image-Datei *Captivate_7_Neo_Content_LS21dmg*.

2 Öffnen Sie das Verzeichnis **NeoSpeech Voices**.

3 Doppelklicken Sie auf die Datei **Install** und bestätigen Sie die ggf. erscheinende Meldung mit **Öffnen.**

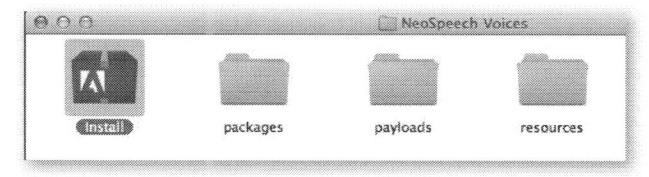

Der Installer wird initialisiert.

4 Klicken Sie auf **Installieren**.

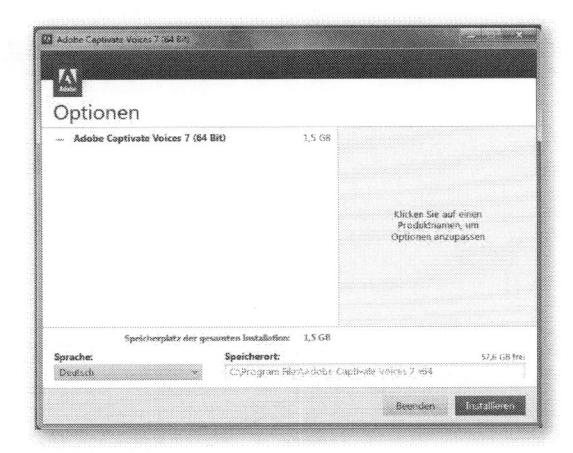

Die NeoSpeech-Engine wird installiert.

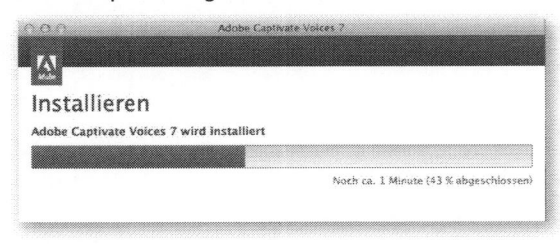

**5** Wenn die Installation abgeschlossen ist: Schließen Sie das Fenster.

Die NeoSpeech-Engine ist nun installiert.

## Die Sprachverwaltung
Audio > Sprachverwaltung

Die Sprachverwaltung gibt Ihnen einen Überblick über den Einsatz von Text-to-Speech im gesamten Projekt. Außerdem können Sie hier die Texte und Stimmen anpassen.

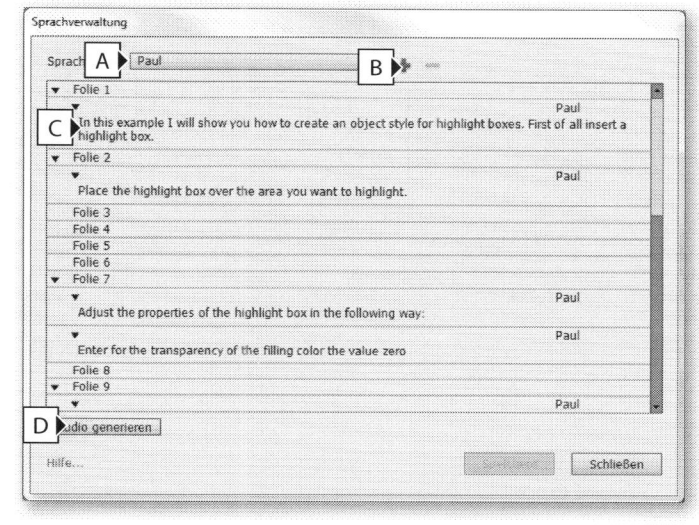

**Sprachagenten werden nicht angezeigt?**

Falls Ihnen die Sprachagenten nicht angezeigt werden, Sie diese aber bereits korrekt installiert haben: Starten Sie Captivate neu.

**A** Sprecherwahl

**B** Sprechertext zur Folie hinzufügen / von der Folie entfernen

**C** Inhalt des Sprechertextes anpassen

**D** Sprache generieren

## Übung: Demonstration mit Text-to-Speech anreichern

Im Rahmen dieser Übung möchten wir eine Demonstration über die Text-to-Speech-Funktion mit einem Sprecher anreichern.

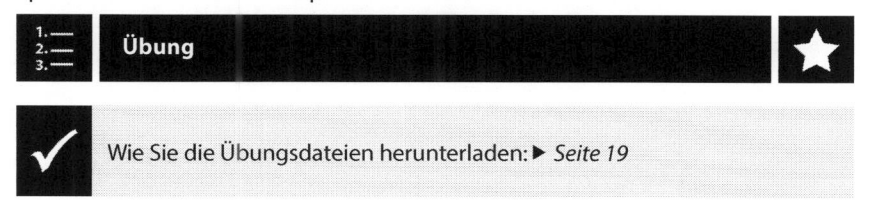

**Übung**

Wie Sie die Übungsdateien herunterladen: ▶ *Seite 19*

**1** Öffnen Sie die Datei *TTS_Ausgang.cptx* aus dem Ordner \10_Projekte_vertonen\.

Es öffnet sich ein englisches Projekt, dem bereits Folienanmerkungen hinterlegt sind.

**2** Blenden Sie die Folienanmerkungen ein: Wählen Sie **Fenster > Folienanmerkungen**.

> Der Stern (*) signalisiert, dass ein neuer oder aktualisierter Text gewählt, aber noch nicht in Sprache umgewandelt wurde.

**3** Vertonen Sie Folie 1 mit Text-to-Speech:

    **a** Klicken Sie in den Folienanmerkungen in den Spaltenkopf **TTS**.

    **b** Klicken Sie im rechten Bereich auf **Text-to-Speech***.

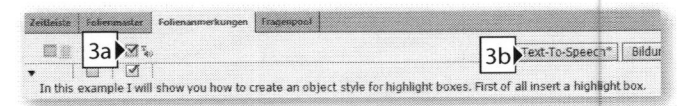

Das Fenster *Sprachverwaltung* öffnet sich.

    **c** Stellen Sie sicher, dass der *Sprachagent* **Paul** für die Zeile gewählt ist.

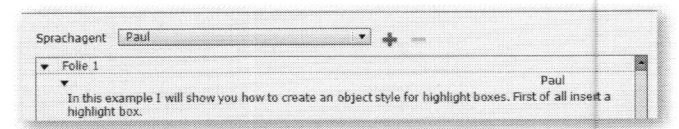

    **d** Klicken Sie auf **Audio generieren**.

    **e** Bestätigen Sie die Meldung mit **Ja**.

Der Sprecher wird generiert.

    **f** Klicken Sie auf **Schließen**.

    **g** Testen Sie den aktuellen Stand in der Vorschau: Wählen Sie **Datei > Vorschau > Nächste 5 Folien**.

Sie hören den generierten Sprecher.

**4** Vertonen Sie die restlichen Folien:

    **a** Aktivieren Sie auf jeder Folie, die Folienanmerkungen enthält, die Spalte **TTS** in den *Folienanmerkungen*.

    **b** Wählen Sie **Audio > Sprachverwaltung**.

    **c** Stellen Sie sicher, dass der *Sprachagent* **Paul** allen weiteren Sprecherpassagen auf allen Folien zugewiesen ist.

    **d** Klicken Sie auf **Audio generieren**.

---

**Sprachagent wechseln**

Falls Sie eine andere Stimme wählen möchten: Markieren Sie zuerst die entsprechende Zeile. Klicken Sie dazu direkt auf den Sprechernamen. Mehrere Zeilen können Sie auf die gleiche Weise mit gedrückter Taste ⇧ auswählen. Wählen Sie dann unter Sprachagent die gewünschte Stimme aus.

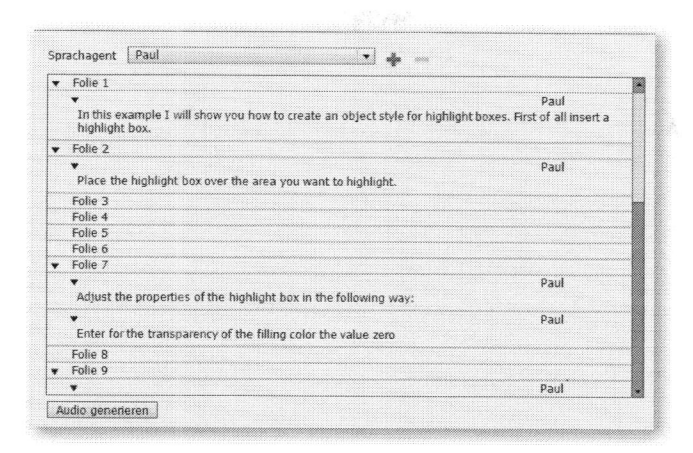

Der Sprecher für die restlichen Folien wird generiert.

**e** Klicken Sie auf **Schließen**.

**f** Testen Sie das gesamte Projekt in der Vorschau: Wählen Sie **Datei > Vorschau > Projekt**.

**g** Schließen Sie die Vorschau und speichern Sie Ihr Ergebnis optional.

Ihr Projekt ist nun mit Text-to-Speech vertont.

> Eine mögliche Lösung finden Sie in der Datei \10_Projekte_vertonen\TTS_Ziel.cptx.

---

**Text-to-Speech optimieren**

Unter folgenden Weblinks finden Sie Tipps dazu, wie Sie Ihre Text-to-Speech-Ausgabe optimieren können:
▶ *Weblink 10.2, Seite 20*
▶ *Weblink 10.3, Seite 20*
▶ *Weblink 10.4, Seite 20*

# Projekte kommentieren und finalisieren

Dieses Kapitel widmet sich den Themen Barrierefreiheit, Review und Finalisierung Ihrer Projekte, um diese optimal auf die Veröffentlichung vorzubereiten.

## Themenübersicht

- » Folienqualität — 322
- » Barrierefreiheit — 323
- » Rechtschreibprüfung — 328
- » Suchen und Ersetzen — 329
- » Adobe Captivate Reviewer — 331
- » Skalierung der Projektgröße — 337
- » Übung: Projekt skalieren — 339

> **Vergleichsdateien**
>
> Wenn Sie bspw. das Projekt **Schnorcheln** aus dem Ordner *00_Projekte* testweise mit sowohl hoher als auch niedriger Qualität veröffentlichen, werden Sie einen Dateigrößenunterschied der SWF von 50 Prozent (35 zu 17,6 MB) feststellen.

## Folienqualität

Je nach Anforderung können Sie Veröffentlichungsgröße und -qualität Ihrer Projekte regulieren. Ein wichtiger Punkt ist hier die Folienqualität. Stellen Sie sicher, dass die Folienqualität Ihren Anforderungen entspricht.

Sie haben in Captivate zwei Möglichkeiten, die Folienqualität einzustellen: Sie können die Qualität pro Folie individuell definieren oder in den Voreinstellungen die Qualität für das gesamte Projekt festlegen.

In den Eigenschaften einer Folie haben Sie die Auswahl zwischen verschiedenen Qualitätsstufen. Erhebliche Unterschiede werden Sie zwischen den Einstellungen **Niedrig** und **Hoch** feststellen.

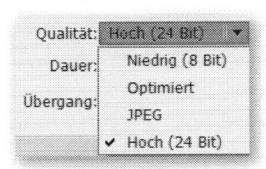

|  | **Niedrig** | **Hoch** |
|---|---|---|
| **Farben** | 8 Bit: Captivate wählt die optimalen 256 Farben aus, um möglichst viele Informationen des Bildes darzustellen. Detailreiche Bilder, die z. B. Verläufe oder Transparenzen enthalten, werden allerdings nicht optimal dargestellt | 24 Bit: Captivate wählt die höchste Qualitätseinstellung |
| **Dateigröße** | Datei benötigt relativ wenig Speicherplatz | Datei benötigt den meisten Speicherplatz |

> Niedrige Folienqualität (links): Nicht geeignet für detailreiche Bilder oder Grafiken mit Transparenzen
>
> Hohe Folienqualität (rechts): Optimale Darstellung

Ich empfehle Ihnen grundsätzlich, die Folienqualität zentral für das gesamte Projekt und nicht über die einzelnen Folien festzulegen, wenn Sie nicht „Millimeterarbeit" leisten und so viel Dateigröße wie möglich einsparen müssen.

### So legen Sie die Folienqualität fest

1 Wählen Sie **Bearbeiten > Voreinstellungen** (Win) / **Adobe Captivate > Voreinstellungen** (Mac).
2 Wählen Sie die *Kategorie* **Projekt > SWF-Größe und -Qualität**.
3 Deaktivieren Sie die Option **Folienqualitätseinstellungen beibehalten**.
4 Stellen Sie die gewünschte Qualität über den Schieberegler ein (**Hoch**, **Mittel**, **Niedrig** oder **Angepasst**).

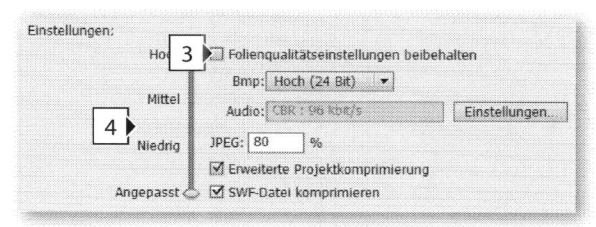

5 Klicken Sie auf **OK**.

Sie haben die Folienqualität nun projektweit definiert.

**Erfahrungswert**

In der Praxis hat sich die Einstellung **Angepasst**, *Bmp* **Hoch (24 Bit)**, *JPEG* **80 %** bewährt.

## Barrierefreiheit

Captivate ermöglicht die Erstellung barrierefreier Projekte nach den Web Content Accessibility Guidelines (WCAG) 2.0 und der Section 508 des „Workforce Rehabilitation Acts", einem amerikanischen Gesetz. Dieses beschreibt die Mindestanforderungen der Barrierefreiheit in der Informationstechnik und sollte berücksichtigt werden – auch wenn es nicht verpflichtend ist. Stellen Sie sich vor, Sie wären gehörlos. Würden Sie sich nicht auch freuen, wenn der Sprecher untertitelt wäre?

Nicht nur für Gehörlose macht die Untertitelung Sinn. Was ist, wenn Ihr Betrachter gerade keine Möglichkeit zur Audio-Ausgabe hat? Mit einer Untertitelung würde auch er nichts verpassen. Deshalb: Berücksichtigen Sie diesen Punkt in Ihrer Projektplanung.

**Umfassende Barrierefreiheit**

Wenn Sie als Zielgruppe gezielt Menschen mit Behinderung ansprechen möchten, sollten Sie weitere Literatur zum Thema heranziehen und Ihre Captivate-Projekte voll auf diese Zielgruppe ausrichten. Hier gilt es innerhalb von Captivate dann auch möglicherweise weitere Vorkehrungen zu treffen, z. B. eine doppelte Mausgröße einzusetzen oder auf Animationen zu verzichten.

### So aktivieren Sie die Barrierefreiheit für ein Projekt

1 Wählen Sie die **Datei > Veröffentlichungseinstellungen**.

Das Fenster *Voreinstellungen* öffnet sich.

2 Stellen Sie sicher, dass die Option **Barrierefreiheit aktivieren** aktiviert ist.
3 Klicken Sie auf **OK**.

Wenn Sie dieses Projekt nun veröffentlichen, dann ist der Flash-Player darauf sensibilisiert, Funktionen zur Barrierefreiheit bereitzustellen.

## So texten Sie für Bildschirmleseprogramme

Beim Texten für Bildschirmleseprogramme hinterlegen Sie für jede Folie und optional jedes Objekt, welcher Text vorgelesen werden soll. Beschriftungen und Schaltflächen enthalten bereits standardmäßig deren Inhalt als barrierefreien Text.

**1** Wählen Sie eine Folie im Filmstreifen.

**2** Klicken Sie im Bedienfeld *Eigenschaften* auf **Barrierefreiheit**.

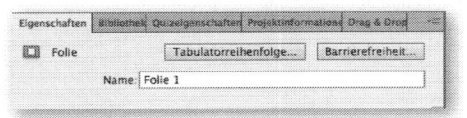

Das Fenster *Barrierefreiheit* öffnet sich.

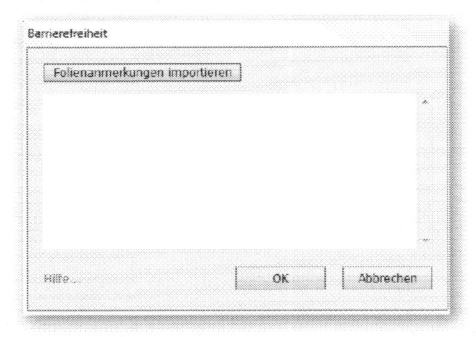

**3** Wenn Sie Folienanmerkungen hinterlegt haben, die das Bildschirmleseprogramm vorlesen soll: Klicken Sie auf **Folienanmerkungen importieren**.

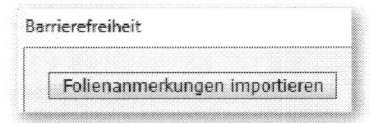

Die hinterlegten Folienanmerkungen werden im Fenster *Barrierefreiheit* angezeigt.

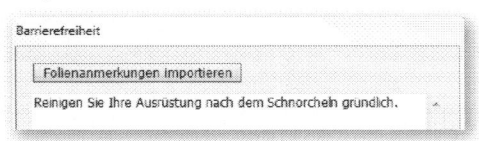

**4** Wenn Sie die Inhalte der Beschriftungen auf der jeweiligen Folie für das Bildschirmleseprogramm hinterlegen möchten: Geben Sie den Text, den Sie hinterlegen möchten, manuell im Fenster *Barrierefreiheit* ein.

> Denken Sie auch an die Pflege Ihrer Ausrüstung: Reinigen Sie Ihre Ausrüstung nach dem Schnorcheln gründlich.

**5** Klicken Sie auf **OK**.

**6** Führen Sie diese Schritte auch für die restlichen Folien und ggf. den Rest des Projektes durch.

Wie Sie gesehen haben, ist es ziemlich einfach, „Futter" für Bildschirmleseprogramme zu liefern.

### Barrierefreiheit von Objekten

Wenn Sie einem Objekt eigenen Text hinterlegen möchten: Klicken Sie in den Eigenschaften des Objekts auf **Barrierefreiheit**. Deaktivieren Sie im Fenster *Barrierefreiheit von Objekt* die Option **Automatische Beschriftung** und vergeben Sie individuell *Namen* und *Beschreibung*.

### Tabulatorreihenfolge

Über die Schaltfläche **Tabulatorreihenfolge** (▶ Seite 176) können Sie zusätzlich festlegen, in welcher Reihenfolge der Lerner mittels Tab-Taste auf der Tastatur durch die interaktiven Bildschirmelemente navigieren kann.

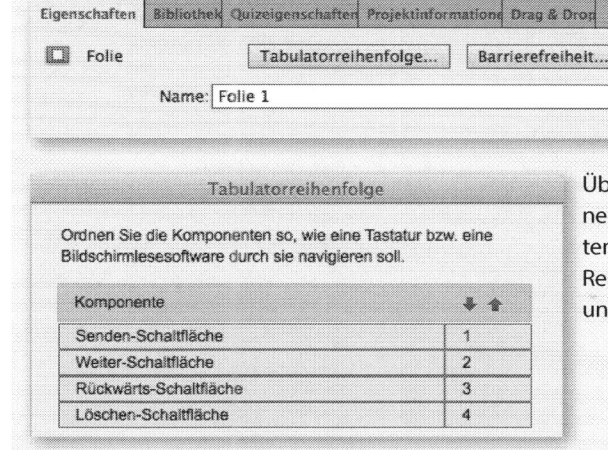

Über die Pfeiltasten können Sie hier die markierten Komponenten in der Reihenfolge verschieben und neu anordnen.

## So texten Sie Bilduntertitel

Beim Texten von Bilduntertiteln hinterlegen Sie für Folien mit Audioinhalt Text, der dem Benutzer während der Wiedergabe des Projekts angezeigt wird.

> Sie können nur bereits vertonte Folien mit Bilduntertitelung versehen.

1 Blenden Sie die *Folienanmerkungen* ein: Wählen Sie **Fenster > Folienanmerkungen**.

**Bilduntertitel aus Folienanmerkungen übernehmen**

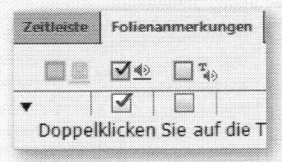

Wenn Sie Ihrem Projekt bereits Folienanmerkungen hinterlegt haben und diese als Bilduntertitel verwenden möchten: Aktivieren Sie die Option **Audio-Untertitel**.

2 Klicken Sie auf **Bilduntertitel**.

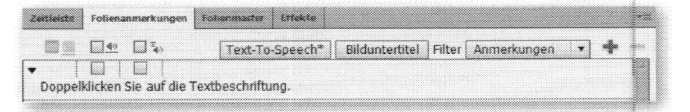

Das Register *Bilduntertitel* im Fenster *Folienaudio* öffnet sich.

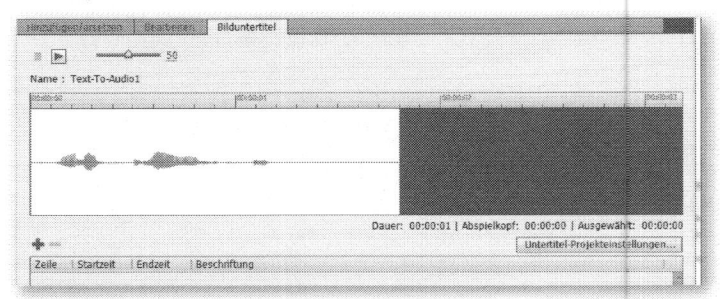

3 Klicken Sie auf das **Plus**-Zeichen.

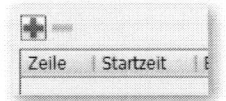

Eine neue Bilduntertitelzeile wird hinzugefügt.

4 Tragen Sie in dem Bereich *Geben Sie den Untertiteltext ein* den Bilduntertiteltext ein.

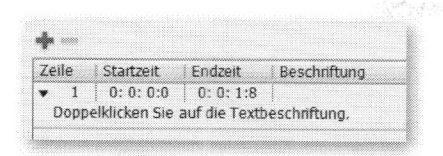

5  Klicken Sie auf **Speichern**.
6  **Schließen** Sie das Fenster *Folienaudio*.
7  Testen Sie das Projekt in der Vorschau.
8  Klicken Sie (in der Vorschau) auf das Symbol **CC** in der Wiedergabeleiste.

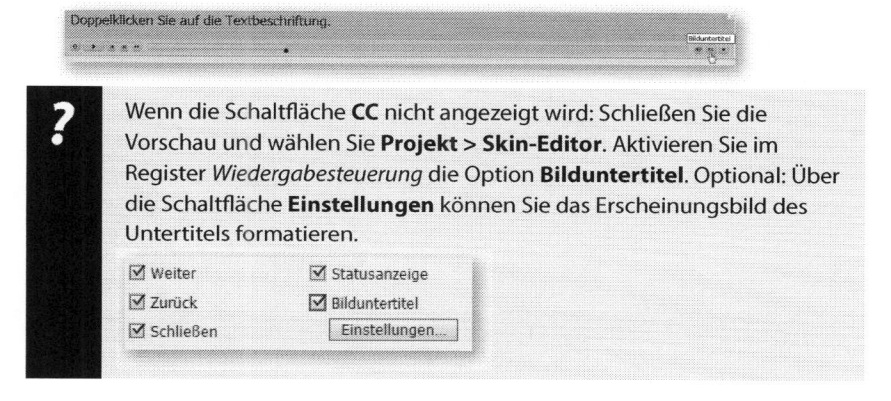

> Wenn die Schaltfläche **CC** nicht angezeigt wird: Schließen Sie die Vorschau und wählen Sie **Projekt > Skin-Editor**. Aktivieren Sie im Register *Wiedergabesteuerung* die Option **Bilduntertitel**. Optional: Über die Schaltfläche **Einstellungen** können Sie das Erscheinungsbild des Untertitels formatieren.

Sie haben nun Ihr Projekt mit Bilduntertiteln versehen, die optional hinzugeschaltet werden können.

## Das Register Bilduntertitel im Fenster Folienaudio

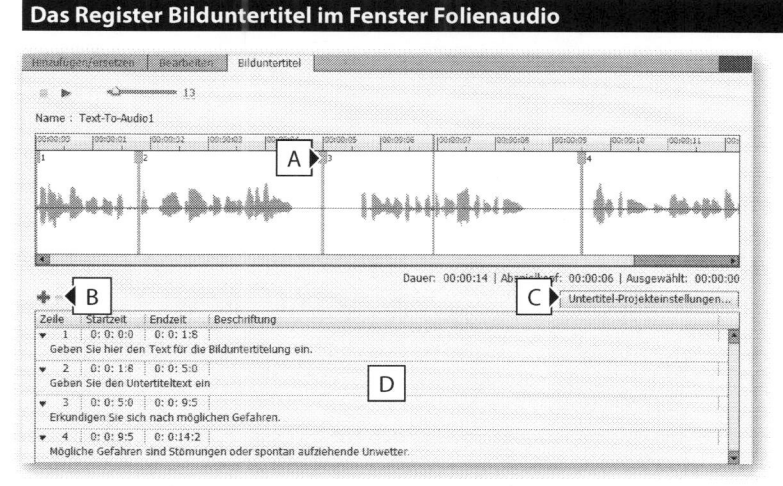

**A**  Startmarkierung der entsprechenden Untertitelzeile
**B**  Untertitel hinzufügen / löschen

Barrierefreiheit | **327**

C Projekteinstellungen zu den Untertiteln, z. B. Schriftfamilie, Schriftfarbe, Schriftgröße

D Untertitelzeilen der aktuellen Folie mit Start- und Endzeit

## Rechtschreibprüfung

Vor der Veröffentlichung eines Projektes sollten Sie es mit der integrierten Rechtschreibprüfung von Adobe Captivate überprüfen.

> Stellen Sie sicher, dass in den *Voreinstellungen* die Option **Beschriftungsanzeigedauer berechnen** deaktiviert ist. Ansonsten kann es sein, dass Captivate bei einer Rechtschreibkorrektur z. B. die Anzeigedauer einer Textbeschriftung automatisch verlängert. Diese Einstellung ist oft nicht gewünscht, da bei längeren Texten Interaktionselemente zur Pausierung sinnvoller sind.
>
> Gehen Sie dazu wie folgt vor: Wählen Sie **Bearbeiten > Voreinstellungen** (Win) / **Adobe Captivate > Voreinstellungen** (Mac). Wählen Sie die *Kategorie* **Standardwerte**. Deaktivieren Sie im rechten Bereich unter *Allgemein* die Option **Beschriftungsanzeigedauer berechnen**.

### Das Fenster Rechtschreibung
Projekt > Rechtschreibprüfung

A Zeigt das Wort an, welches nicht im Wörterbuch enthalten ist

B Ignoriert den aktuellen Fehler einmal

C Zeigt alle Korrekturvorschläge an, wobei das aktuell markierte Wort als Änderungsvorschlag gilt

D Ignoriert das aktuelle Wort im gesamten Projekt

E Fügt das aktuelle Wort dem Wörterbuch hinzu

**F** Löscht das aktuelle Wort

**G** Ändert das aktuelle Wort entsprechend des gewählten Vorschlags

**H** Auswahl an verschiedenen Sprachen

**I** Ändert alle gleichartigen Wörter entsprechend des gewählten Vorschlags

**J** Öffnet zusätzliche Optionen, um die Rechtschreibprüfung zu justieren

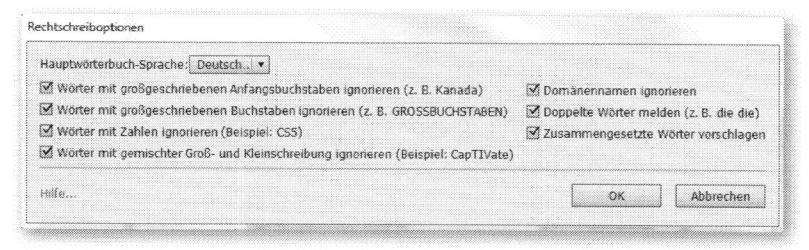

## Suchen und Ersetzen

Über das Bedienfeld *Suchen und Ersetzen* können Sie Ihre Projekte inhaltlich konsistent gestalten. Sie können z. B. Ihr Projekt auf eine einheitliche Terminologie überprüfen oder nach Objekten und Objektstilen suchen.

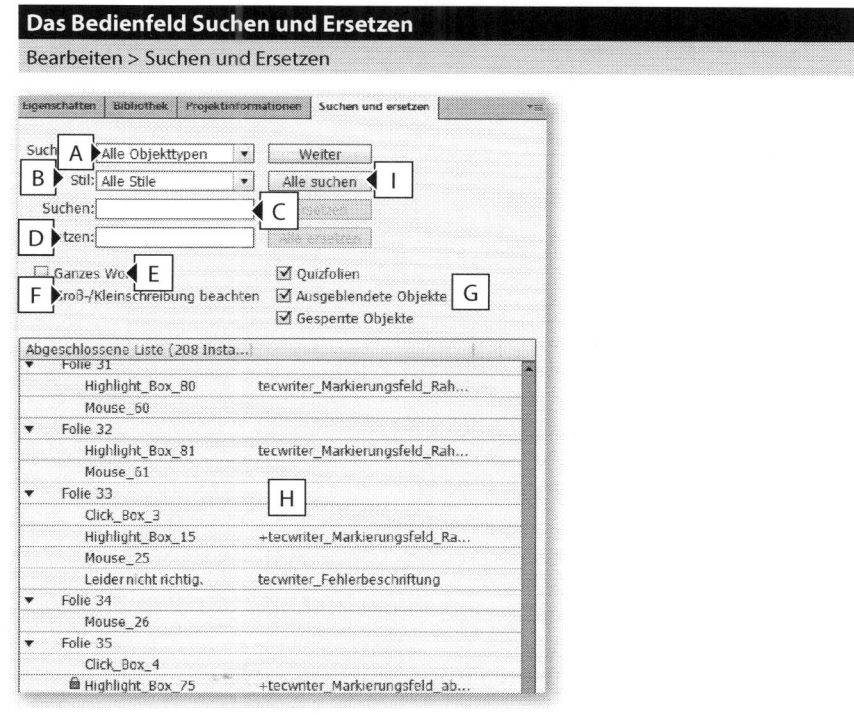

**A** Suche auf alle Objekte anwenden, auf einen bestimmten Objekttyp oder Folienanmerkungen / Bilduntertitel / Text-to-Speech begrenzen

**B** Alle Stile in die Suche einbeziehen oder auf bestimmte Objektstile begrenzen

C  Nach Textbestandteilen suchen

D  Gesuchten Text ersetzen durch

E  Wenn nach Text gesucht wird: Nur nach ganzem Wort suchen

F  Wenn nach Text gesucht wird: Groß- / Kleinschreibung in die Suche einbeziehen

G  Quizfolien, ausgeblendete oder gesperrte Objekte in die Suche einbeziehen

H  Suchergebnisse

I  Zeigt die Suchergebnisse in einer Liste an

**Suchergebnisse übersichtlicher auflisten**

Verschieben Sie das Bedienfeld in den rechten oberen Bereich. So erhalten Sie später eine übersichtliche Auflistung Ihrer Suchergebnisse.

## So suchen Sie nach Objektstilen

**1** Wählen Sie **Fenster > Suchen und Ersetzen**.

Das Bedienfeld *Suchen und ersetzen* öffnet sich im rechten unteren Bereich der Captivate-Bedienoberfläche.

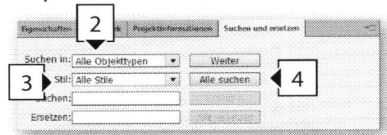

**2** Wählen Sie unter *Suchen in* **Alle Objekttypen.**

**3** Geben Sie unter *Stil* den Objektstil an, nach dem Sie suchen möchten.

**4** Klicken Sie auf **Alle suchen**.

Captivate listet alle Objekte auf, die den gesuchten Objektstil verwenden.

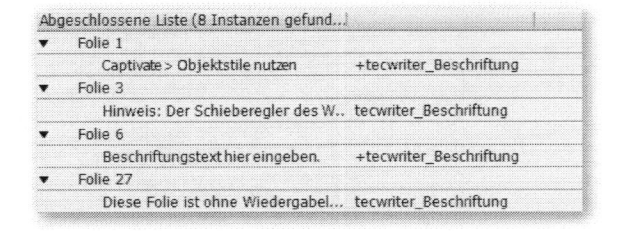

## Adobe Captivate Reviewer

Sie können Ihre Projekte auch von Kollegen bzw. Teammitgliedern mit Hilfe des Adobe Captivate Reviewers kommentieren lassen. Hierzu bietet Captivate verschiedene Möglichkeiten an, z. B. über einen eigenen Server, per E-Mail oder über Acrobat.com. Sie können die Kommentare dann zurück nach Captivate importieren und gezielt abarbeiten.

> ✓ Um mit dem Adobe Captivate Reviewer zu arbeiten, müssen Sie als Kommentator unter Windows 7 über Administratorrechte verfügen. Andernfalls können Sie den Reviewer leider nicht verwenden. Dies macht diese mächtige Funktion leider für die meisten Unternehmen unbrauchbar, weshalb ich hier den Weg über ein Word-Handout empfehle (siehe Infobox rechts).

### Word-Handout
Sie können Ihre Projekte auch als Word-Handout (▶ *Seite 351*) veröffentlichen und anschließend über Word mittels der Funktion **Änderungen nachverfolgen** kommentieren lassen. Alternative: Sie können auch aus der Word-Datei ein PDF generieren, sodass Ihre Reviewer ein PDF kommentieren können.

Für den Überprüfungsworkflow können Sie optional zwei Dateien versenden: Eine Überprüfungsdatei (.crev) und den Adobe Captivate Reviewer. Hinter dem Adobe Captivate Reviewer verbirgt sich eine Adobe-AIR-Anwendung. Mit dieser Anwendung kann die Überprüfungsdatei auch ohne bestehende Captivate-Installation geöffnet, betrachtet und kommentiert werden.

> ! Sie sollten ein Projekt erst zur Überprüfung veröffentlichen, wenn Sie (vorerst) nicht mehr an diesem Projekt arbeiten werden. Sollten Sie beispielsweise nachträglich, vor dem Ende des Kommentarlaufs, Folien entfernen oder das Timing der Folien anpassen, werden Kommentare beim Reimport in Captivate u. U. nicht an deren vorgesehenen Position angezeigt.

### Der Adobe Captivate Reviewer

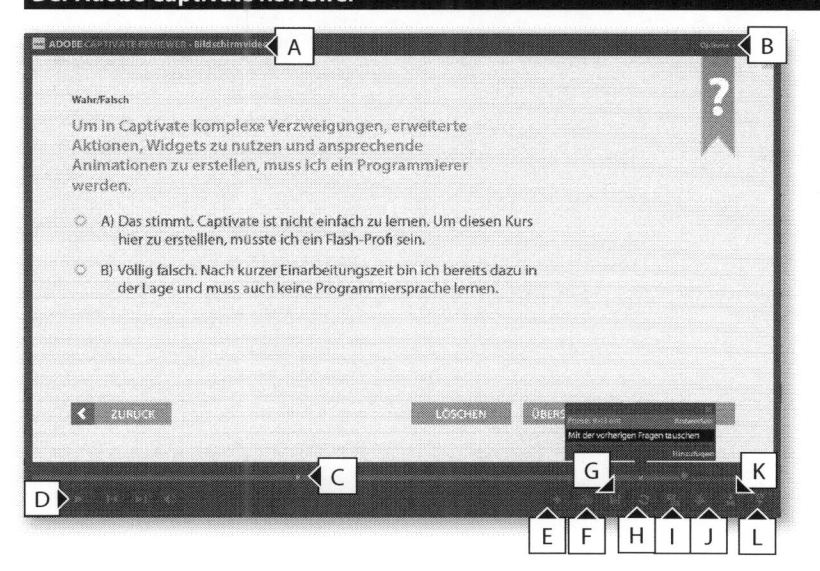

A   Projekttitel

B   Zusätzliche Optionen (z. B. Projekt in der tatsächlichen Projektgröße anzeigen)

C   Abspielzeitleiste mit aktuellem Verlauf und allen Kommentarpositionen in Form von Punkten (insofern Kommentare erstellt wurden)

D   Projekt von Anfang wiederholen / Abspielen / Zurückspringen / Vorspringen / Audio ein/aus

E   Kommentar an aktueller Abspielposition hinzufügen

> **Kommentar über die Abspielleiste hinzufügen**
>
> Sie können alternativ direkt über die Abspielleiste einen Kommentar hinzufügen: Fahren Sie mit der Maus über die Leiste und klicken Sie auf das erscheinende **Plus-Symbol**.

F   Andere CREV-Datei öffnen

G   Aktuelle Kommentare speichern

H   Falls zeitgleich mehrere Personen am gleichen Projekt kommentieren und die Kommentare an einem zentralen Speicherort abgelegt werden: Kommentare aktualisieren

I   Alle im Projekt vorhandenen Kommentare einblenden

J   Kommentare nach Personen filtern

K   Kommentar-XML-Datei importieren

L   Eigene Kommentare als XML-Datei exportieren

**So verhält sich die Kommentar-Schnittstelle**

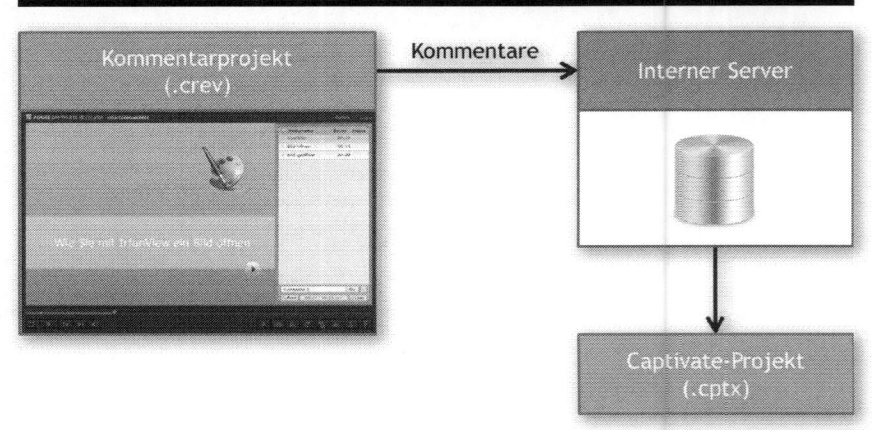

Kommentare über eigenen Server ▶

Kommentarprojekt (.crev) → Kommentare → Interner Server → Captivate-Projekt (.cptx)

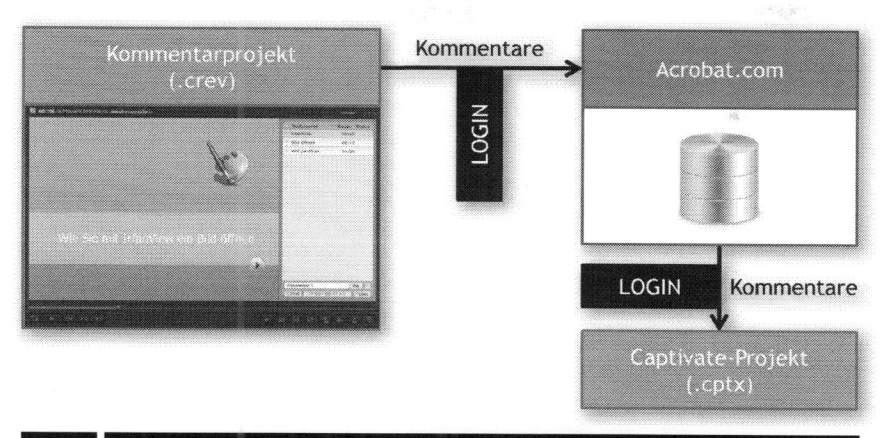

▶ Kommentare über Acrobat.com

### So erzeugen Sie ein kommentierbares Adobe-AIR-Projekt

1 Öffnen Sie ein Projekt, welches Sie zur Überprüfung freigeben möchten.

2 Wählen Sie in der Menüleiste **Datei > Zusammenarbeit > Versenden zur freigegebenen Überprüfung.**

Das Fenster *Versenden zur freigegebenen Überprüfung* öffnet sich.

3 Tragen Sie unter *Name* den Dateinamen ein und wählen Sie unter *Wie möchten Sie Kommentare von Ihren Reviewern erfassen* die Option **Kommentare automatisch auf internem Server sammeln.**

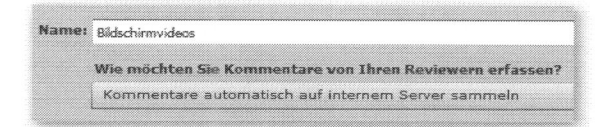

4 Klicken Sie auf **Weiter.**

5 Wählen Sie einen *Veröffentlichungsordner*. In diesen Ordner wird die Überprüfungsdatei bzw. das Captivate-Projekt veröffentlicht.

6 Wählen Sie einen *Projektkommentarordner*. In diesem Ordner werden die Kommentare in Form von XML-Dateien standardmäßig abgelegt und Captivate greift automatisch auf diesen Ordner zu.

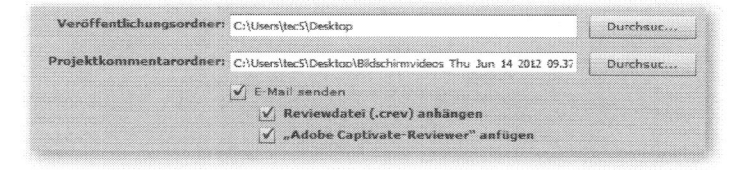

---

**Projektkommentarordner manuell festlegen**

Wenn Sie keinen *Projektkommentarordner* definieren, kann der Kommentator den Speicherort der Kommentare manuell angeben. Dies kann z. B. sinnvoll sein, wenn Sie nicht über ein Firmennetzwerk mit gemeinsamen Zugriff auf ein Netzlaufwerk verbunden sind. In diesem Fall können Sie die Kommentar-XML-Datei per E-Mail austauschen.

**Per E-Mail senden**

Wenn Sie die Überprüfungsdatei und den Adobe Captivate Reviewer (das zugehörige Abspielprogramm) per E-Mail versenden möchten: Stellen Sie sicher, dass die Option **E-Mail senden** sowie die beiden Unteroptionen aktiviert sind.

> ☑ E-Mail senden
> ☑ Reviewdatei (.crev) anhängen
> ☑ „Adobe Captivate-Reviewer" anfügen

**7** Klicken Sie auf **Veröffentlichen**.

**8** Speichern Sie das Captivate-Projekt anschließend, andernfalls können Sie die Kommentare nicht zurück importieren.

Das Projekt wird nun generiert.

> ✓ Wenn Sie eine Überprüfungsdatei abspielen möchten: Auf dem Zielsystem müssen *Adobe AIR* sowie der *Adobe Captivate Reviewer* installiert sein. Bei einer vorhandenen Captivate-Installation sind beide Komponenten bereits installiert.
>
> Wenn Sie das Projekt per E-Mail an ein System ohne Captivate-Installation versenden: Der Kommentator erhält eine E-Mail mit dem Adobe Captivate Reviewer sowie einen Weblink zur aktuellen Version von Adobe AIR.
>
> Wenn Sie das Projekt nicht per E-Mail versenden, sondern z. B. im Firmennetzwerk ablegen möchten: Kopieren Sie die Datei *AdobeCaptivateReviewer.air* aus Ihrem Adobe-Captivate-Verzeichnis. Teilen Sie Ihren Kommentatoren dann ggf. mit, dass sie Adobe AIR über die Adresse *http://get.adobe.com/air* herunterladen und installieren müssen.

### So kommentieren Sie ein Projekt

**1** Öffnen Sie den **Adobe Captivate Reviewer**: Navigieren Sie zum Verzeichnis / *Programme / Common Files / Adobe / Adobe Captivate Reviewer*.

> **Win** Starten Sie den Adobe Captivate Reviewer mit Administratorrechten: Rechtsklicken Sie auf die Anwendung *Adobe Captivate Reviewer* und wählen Sie im Kontextmenü die Option **Als Administrator ausführen**. Wenn Sie keine Administratorrechte besitzen, können Sie das Programm leider nicht verwenden.

**2** Geben Sie Ihren Namen sowie Ihre E-Mail-Adresse ein und klicken Sie anschließend auf **Anmelden**.

Diesen Daten werden Ihre Kommentare zugeordnet.

3 Klicken Sie auf **Adobe-Captivate-Film laden (.crev, .swf, .zip)** und öffnen Sie die betreffende CREV-Datei.

**Der Speicherort für Kommentare ist nicht festgelegt**

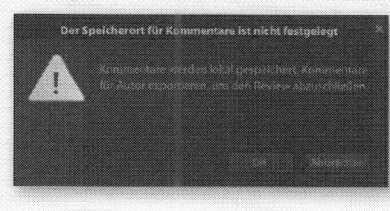

Wenn der *Projektkommentarordner* vom Ersteller des Projektes nicht definiert wurde: Es erscheint die Meldung *Der Speicherort für Kommentare ist nicht festgelegt*. Bestätigen Sie mit **OK**. Die Kommentare werden dann lokal auf Ihrem System gespeichert.

4 Klicken Sie auf **Abspielen**.

5 Stoppen Sie das Projekt an der Stelle, an der Sie einen Kommentar hinzufügen möchten: Klicken Sie in der Wiedergabeleiste auf **Pause**.

6 Fügen Sie einen Kommentar hinzu:

  a  Klicken Sie auf **Kommentar hinzufügen**.

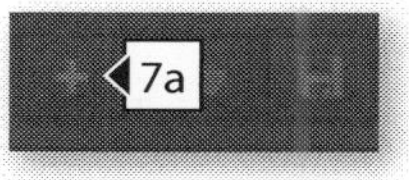

  Der Kommentarbereich *Kommentar hinzufügen* öffnet sich.

  b  Geben Sie Ihren Kommentar ein.

  c  Klicken Sie anschließend auf **Hinzufügen**.

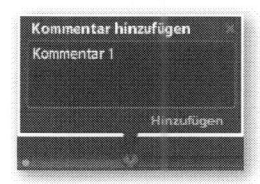

7 Fügen Sie beim ersten Test zumindest noch 2-3 weitere Kommentare ein.

8 **Speichern** (a) und/oder **exportieren** (b) Sie Ihre Kommentare.

Sie wissen nun, wie Sie ein Projekt kommentieren können.

## Der Bereich Kommentare

Fenster > Kommentare

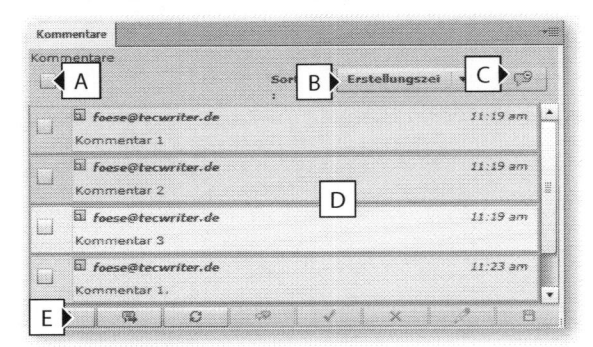

**A** Alle Kommentare markieren

**B** Kommentare sortieren nach Erstellungszeit, Überprüfername oder Status (*Neu*, *Akzeptiert* oder *Zurückgewiesen*)

**C** Review beenden, alle Kommentare löschen

> ! Über die Schaltfläche **Review beenden** löschen Sie alle Kommentare dauerhaft! Diese Aktion können Sie nicht rückgängig machen!

**D** Kommentare: Ein markierter Kommentar wird direkt in der Zeitleiste angezeigt

**E** Kommentarwerkzeugleiste (siehe Tabelle)

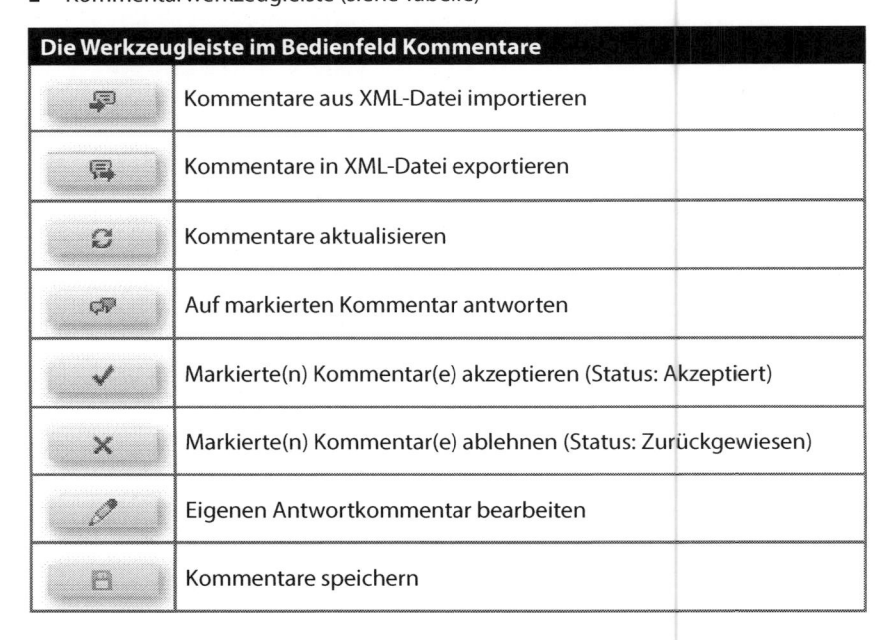

| Die Werkzeugleiste im Bedienfeld Kommentare | |
|---|---|
| | Kommentare aus XML-Datei importieren |
| | Kommentare in XML-Datei exportieren |
| | Kommentare aktualisieren |
| | Auf markierten Kommentar antworten |
| | Markierte(n) Kommentar(e) akzeptieren (Status: Akzeptiert) |
| | Markierte(n) Kommentar(e) ablehnen (Status: Zurückgewiesen) |
| | Eigenen Antwortkommentar bearbeiten |
| | Kommentare speichern |

### So importieren Sie Kommentare zurück nach Captivate

1 Öffnen Sie das Projekt, aus dem Sie eine Überprüfungsdatei veröffentlicht haben.

2 Wählen Sie **Fenster > Kommentare.**

Das Bedienfeld *Kommentare* öffnet sich im rechten unteren Bereich.

3 Wenn Sie bei der Veröffentlichung einen *Projektkommentarordner* definiert haben und in diesem Ordner bereits Kommentare abgelegt wurden: Klicken Sie auf **Kommentare aktualisieren.**

Wenn Sie keine Kommentare sehen oder weitere Kommentare importieren möchten: Klicken Sie auf **Kommentare importieren** und öffnen Sie die entsprechende Kommentar-XML-Datei, die Sie z. B. per E-Mail erhalten haben.

Sie sind nun auch mit der Kommentarfunktion von Captivate vertraut.

## Skalierung der Projektgröße

Sie können die Projektgröße Ihrer Captivate-Projekte auch im Nachhinein verändern – ohne alles neu aufnehmen oder erstellen zu müssen.

### Das Fenster Projekt neu skalieren
Modifizieren > Projekt neu skalieren

**Bildschirmaufnahmen skalieren**

Wenn Sie eine Bildschirmaufnahme neu skalieren: Sie sollten diese Option nur einsetzen, wenn Sie keine andere Möglichkeit sehen. In den meisten Fällen ist es besser, bereits die Aufnahme in der Endgröße durchzuführen.

A Wahl einer benutzerdefinierten oder voreingestellten Auflösung

B Aktuelle Auflösung des Projekts

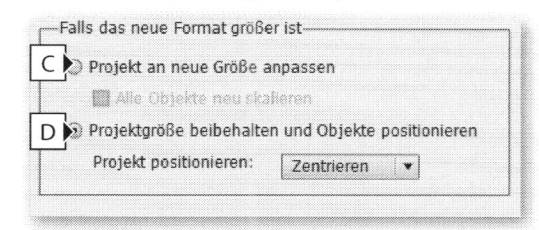

C Falls die eingestellte Auflösung höher als die aktuelle ist: Projekt skalieren und optional auch Beschriftungen, Markierungsfeld und andere Objekte vergrößern

**D** Falls die eingestellte Auflösung höher als die aktuelle ist: Projekt unverändert lassen und Projekt an einer bestimmten Stelle positionieren

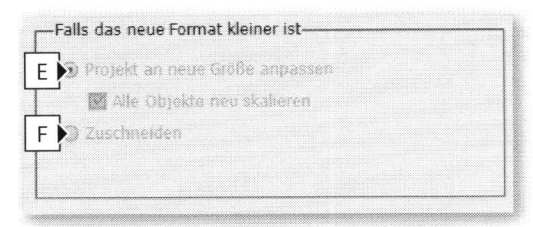

```
┌─Falls das neue Format kleiner ist──────────────────┐
│  E ▶ ◉ Projekt an neue Größe anpassen              │
│        ☑ Alle Objekte neu skalieren                │
│  F ▶ ○ Zuschneiden                                 │
│                                                    │
└────────────────────────────────────────────────────┘
```

**E** Falls die eingestellte Auflösung geringer als die aktuelle ist: Projekt skalieren und optional auch Beschriftungen, Markierungsfelder und andere Objekte verkleinern

**F** Falls die eingestellte Auflösung geringer als die aktuelle ist: Projekt zuschneiden

> **Zuschneidepositionen definieren**
>
> Wenn Sie die Option **Zuschneiden** wählen: Klicken Sie auf **Weiter**. Sie gelangen zu einem Dialog, in dem Sie die Zuschneidepositionen definieren können: 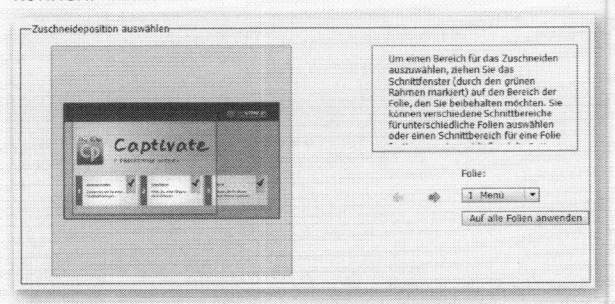
>
> Verschieben Sie im linken Bereich den Zuschnitt an die gewünschte Stelle. Wenn Sie den Zuschnitt für jede Folie manuell einstellen möchten: Klicken Sie auf die Pfeil-Schaltfläche und stellen Sie den Zuschnitt für alle Folien des Projektes manuell ein. Wenn Sie den aktuellen Zuschnitt auf alle Folien anwenden möchten: Klicken Sie auf **Auf alle Folien anwenden**.

## Übung: Projekt skalieren

Im Rahmen dieser Übung passen wir die Projektgröße einer Bildschirmaufnahme so an, dass rechts neben der Aufnahme Platz für eine Aufgabenliste entsteht.

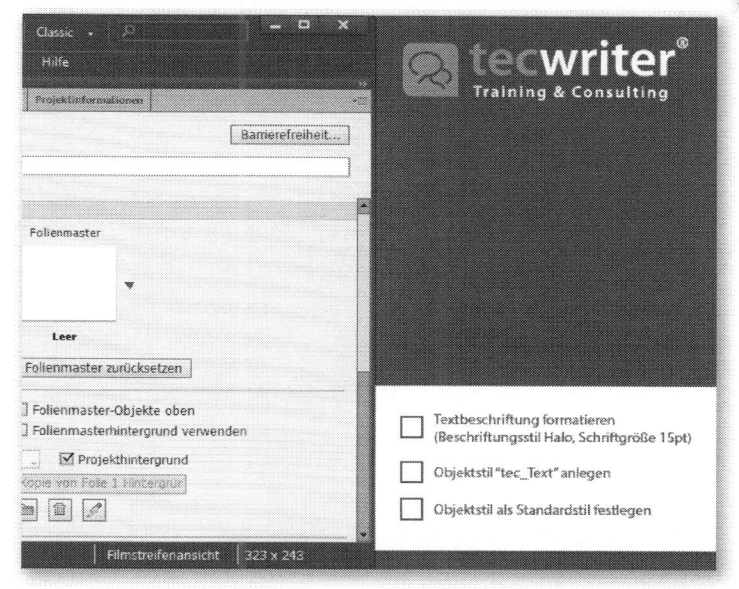

◀ Das Projekt *Bildschirmvideos* mit Aufgabenliste (im rechten unteren Bereich)

Wie Sie die Übungsdateien herunterladen: ▶ *Seite 19*

### Übung

1  Öffnen Sie die Datei *Projekte_skalieren_Ausgang.cptx* aus dem Ordner \*11_Projekte_kommentieren_finalisieren*\.

Sie sehen eine Simulation zum Thema „Objektstile nutzen". Wir möchten hier rechts etwas Platz für eine Aufgabenliste schaffen.

2  Wählen Sie in der Menüleiste **Modifizieren > Projekt neu skalieren**.

Das Fenster *Projekt neu skalieren* öffnet sich.

3  Deaktivieren Sie im Bereich *Größe* die Option **Seitenverhältnis beibehalten** und tragen Sie unter *Breite* den Wert **1280** ein.

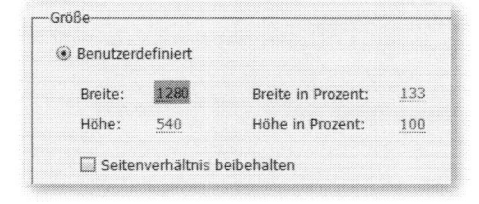

4 Wählen Sie im Bereich *Falls das neue Format größer ist* die Option **Projektgröße beibehalten und Objekte positionieren**.

5 Wählen Sie unter *Projekt positionieren* **Oben links**.

6 Klicken Sie auf **Fertigstellen** und bestätigen Sie die Abfrage mit **OK**.

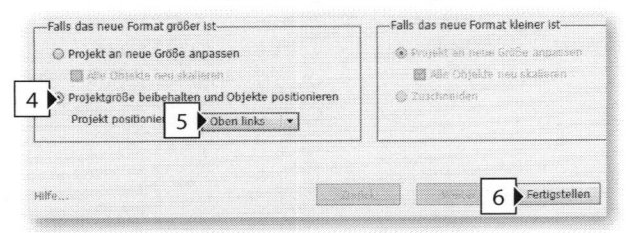

Die Aufnahme wird nun im linken Bereich positioniert. Der neue Folienbereich rechts wird mit der eingestellten Folienfarbe (in unserem Beispiel Weiß) gefüllt.

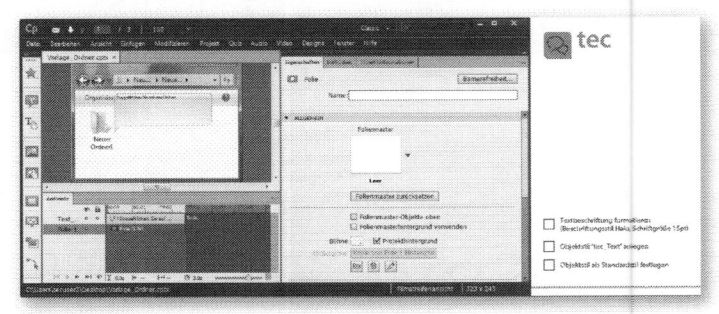

7 Füllen Sie den rechten Bereich aller Folien mit einer dunkelgrauen Farbe:

    **a** Stellen Sie sicher, dass alle Folien den Projekthintergrund verwenden: Markieren Sie im Filmstreifen alle Folien und aktivieren Sie im Bedienfeld *Eigenschaften* im Bereich *Allgemein* die Option **Projekthintergrund**.

> **?** Wenn Sie die Option nicht aktivieren können: Deaktivieren Sie ggf. die Option **Folienmasterhintergrund verwenden**.

    **b** Wählen Sie **Bearbeiten > Voreinstellungen** (Win) / **Adobe Captivate > Voreinstellungen** (Mac).

    Das Fenster *Voreinstellungen* öffnet sich.

    **c** Wählen Sie in der Kategorie **Standardwerte** die *Hintergrundfarbe* **#333333** und klicken Sie auf **OK**.

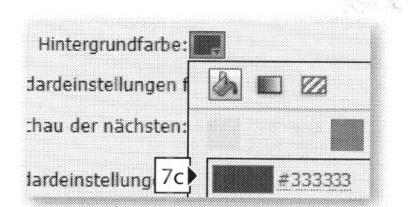

Diese Hintergrundfarbe wird nun für alle Folien des Projektes verwendet.

**8** Lassen Sie die Aufgabenliste im unteren rechten (neuen) Bereich des Projektes anzeigen:

**a** Wechseln Sie in das Bedienfeld *Folienmaster* und wählen Sie den Folienmaster **1 Aufgabenliste3_offen**.

**b** Positionieren Sie die Objektgruppe im rechten unteren Bereich: Tragen Sie in den *Eigenschaften* im Bereich *Transformieren* unter *X* den Wert **960** und unter *Y* den Wert **360** ein.

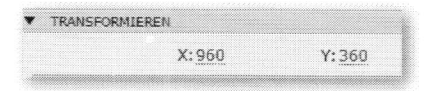

**c** Wiederholen Sie **Schritt 8b** auch für die Objektgruppen der Folienmaster *2 Aufgabenliste_2_offen, 3 Aufgabenliste_1_offen, 4 Aufgabenliste_Simulation_Erledigt*.

**9** Testen Sie das Projekt in der Vorschau (**Datei > Vorschau > Projekt**) und speichern Sie Ihr Ergebnis optional.

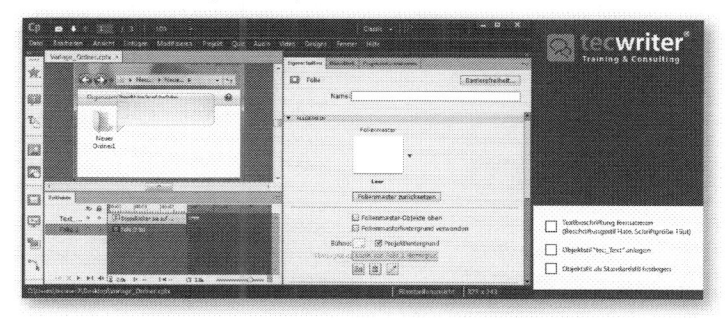

Nun wissen Sie, wie Sie Ihre Projekte skalieren können.

> Eine mögliche Lösung finden Sie in der Datei *11_Projekte_kommentieren_finalisieren\Projekte_skalieren_Ziel.cptx*.

# Projekte veröffentlichen

Mit Captivate haben Sie die Möglichkeit, für nahezu jede Zielplattform das passende Ausgabeformat zu wählen. In diesem Kapitel erfahren Sie, wie Sie Ihre Projekte sowohl für Desktop-Systeme als auch mobile Endgeräte bereitstellen.

**Themenübersicht**

- Allgemeine Einstellungen — 344
- Veröffentlichung als SWF oder PDF — 346
- Veröffentlichung als EXE / APP — 348
- Veröffentlichung als MP4 — 350
- Veröffentlichung als Word-Handout — 352
- Übung: Projekt veröffentlichen — 353
- Veröffentlichung als HTML5 — 357
- Transferübung: Interaktive Lerneinheit als HTML5 veröffentlichen — 359
- Adobe Captivate App Packager — 364
- YouTube-Schnittstelle — 368
- Praxistipps: Dateigröße reduzieren — 370

> **Projektauflösung ändern**
>
> Wenn Sie die Auflösung Ihres Projektes ändern möchten: Wählen Sie in der Menüleiste **Modifizieren > Projekt neu skalieren** (▶ Seite 338).

## Allgemeine Einstellungen

Bei der Veröffentlichung haben Sie folgende Einstellungsmöglichkeiten:

### Projektinformationen und Erweiterte Optionen

Datei > Veröffentlichen

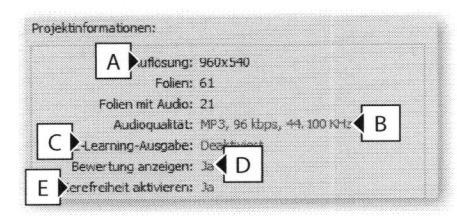

**A** Projektinformationen: Projektauflösung, Folienanzahl, Anzahl der Folien mit Audioelementen

**B** Audioeinstellungen (▶ Seite 297)

**C** Weitergabeeinstellungen (▶ Seite 496): Ob Daten an ein LMS weitergeben werden und welches Format verwendet wird, z. B. SCORM 2004

**D** Ob am Ende eines Quiz eine Ergebnisfolie angezeigt wird

**E** Barrierefreiheit (▶ Seite 323)

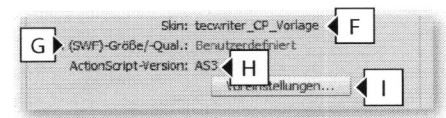

> **Skin anpassen**
>
> Wenn Sie Anpassungen am Skin Ihres Projektes vornehmen möchten: Wählen Sie in der Menüleiste **Projekt > Skin-Editor** (▶ Seite 382).

**F** Im Projekt verwendete Wiedergabeleiste

**G** Qualitätseinstellungen

**H** SWF-Veröffentlichung: basiert stets auf ActionScript 3

**I** Veröffentlichungseinstellungen ändern (▶ siehe unten)

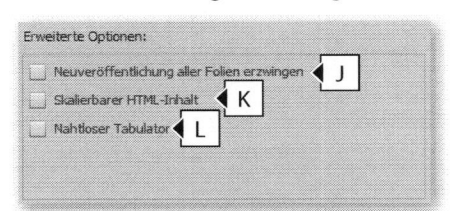

**J** Alle Folien neu veröffentlichen

> ❗ Diese Option sollten Sie stets wählen, wenn Sie ein unerwartetes Ergebnis erhalten, z. B. bereits gelöschte Objekte oder Folien angezeigt werden; außerdem auch immer, wenn Sie ein Projekt richtig veröffentlichen.

**K** Veröffentlichte Datei automatisch an die Auflösung des Wiedergabegerätes anpassen, wenn Sie z. B. ein Projekt mit einer hohen Auflösung auf einem Gerät mit geringerer Auflösung abspielen, wird der Inhalt skaliert und an die Auflösung angepasst

**L** Barrierefreien Wechsel vom SWF in den Browser hinein erlauben

## Veröffentlichungseinstellungen
Datei > Veröffentlichungseinstellungen

**Projekt: Einstellungen für Veröffentlichungen**

- Bilder pro Sekunde: 30 ◀ **A**
- **B** ▶ ☐ Adobe Connect-Metadaten veröffentlichen.
- ☑ Maus einbeziehen ◀ **C**
- **D** ▶ ☑ Barrierefreiheit aktivieren
- ☐ Tastaturtabulator nur auf Folienelemente einschränken ◀ **E**
- **F** ▶ ☐ Auswahlrechteck für Folienelemente in HTML5 ausblenden
- ☑ Audio einbeziehen ◀ **G**
- **H** ▶ ☑ Audio als Mono veröffentlichen
- ☑ Tippgeräusch bei aufgezeichneten Eingaben abspielen ◀ **I**
- Ressourcen externalisieren: ☐ Skin
  - ☐ Widgets
  - ☐ FMR SWF    **J**
  - ☐ Animationen

**A** Bilder pro Sekunde: Anzahl der Bilder, die pro Sekunde angezeigt werden

**B** Fügt Informationen zur Integration des Projekts in Adobe Acrobat Connect Pro hinzu

**C** Maus ein- / ausblenden

**D** Barrierefreiheit aktivieren / deaktivieren

**E** Wenn Benutzer zur Navigation die Taste ⇥ verwenden: Navigation auf die Folienelemente beschränken

**F** Wenn Benutzer zur Navigation die Taste ⇥ verwenden: Auswahlrechtecke in der HTML5-Ausgabe deaktivieren, die beim Auswählen von Objekten angezeigt werden

**G** Audioelemente in die Veröffentlichung einbeziehen

**H** Audio als Mono/Stereo veröffentlichen

**I** Tippgeräusch von Eingabeanimationen aktivieren / deaktivieren

**J** Skin, Widget(s), FMR(s) oder Animation(en) als separate SWF-Dateien veröffentlichen

---

**Nahtloser Tabulator und Texteingabefelder**

Wenn Sie mit Texteingabefeldern arbeiten: Stellen Sie sicher, dass die Option **Nahtloser Tabulator** deaktiviert ist. Andernfalls kann es dazu kommen, dass Ihre Benutzer den Kurs (SWF) verlassen und z. B. in die Adresszeile des Browsers springen, wenn sie die Texteingabe über die Taste ⇥ bestätigen.

**Projektgröße gering halten**

Wenn Sie die Adobe-Connect-Metadaten mit veröffentlichen (**B**), nimmt die Größe Ihrer Projektdatei zu. Stellen Sie daher sicher, dass diese Option deaktiviert ist, wenn Sie das Projekt nicht mit Adobe Connect Pro verwenden möchten.

**Tabulator auf Folienelemente beschränken**

Wenn Sie die Option (**E**) aktivieren: Das Inhaltsverzeichnis und die Wiedergabeleiste des Projekts werden bei der Navigation über die Taste ⇥ übersprungen und ausschließlich die Elemente auf der Folie berücksichtigt. Bei der Ausgabe im HTML5-Format wird allerdings immer auch die Adressleiste des Browsers berücksichtigt.

Allgemeine Einstellungen | **345**

**Standardeinstellungen bei Veröffentlichungen**

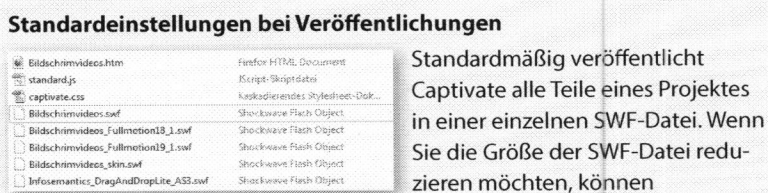

Standardmäßig veröffentlicht Captivate alle Teile eines Projektes in einer einzelnen SWF-Datei. Wenn Sie die Größe der SWF-Datei reduzieren möchten, können Sie eine Veröffentlichung in mehrere Dateien wählen. Dadurch werden die Teile erst an den relevanten Stellen nachgeladen.

## Veröffentlichung als SWF oder PDF

Für Web-Veröffentlichungen empfiehlt sich in Captivate die Veröffentlichung als Flash (SWF). Außerdem können Sie ein interaktives PDF ausgeben lassen, welches Sie später in Acrobat beispielsweise mit weiteren Text- oder Multimedia-Inhalten kombinieren können. Das Besondere: Sie können auf Wunsch auch gleich mehrere Formate mit einem Knopfdruck generieren.

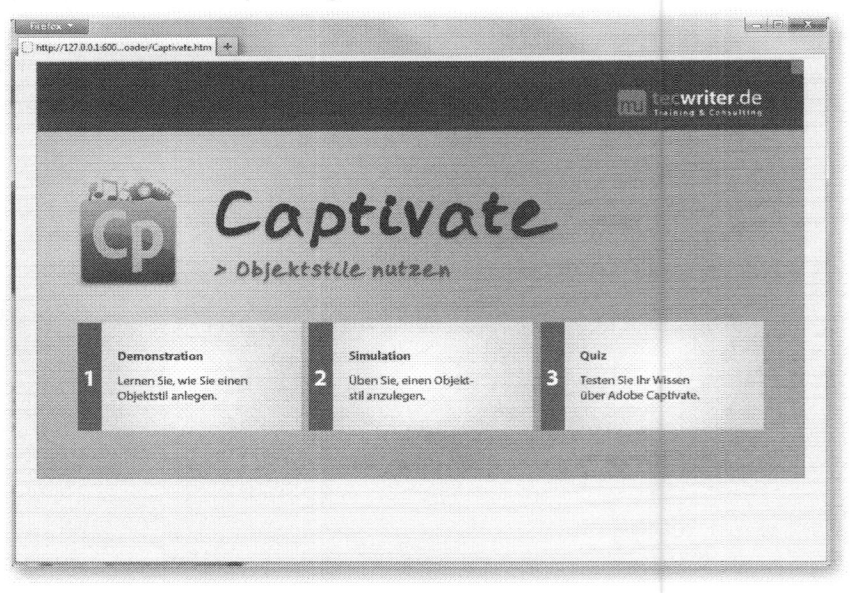

▶ Das Projekt *Bildschirmvideos* als SWF-Veröffentlichung im Webbrowser

**Projekt zugleich als SWF und HTML5 veröffentlichen**

Wenn Sie die Optionen SWF und HTML5 aktivieren, können Sie ein Projekt mit einem Knopfdruck zugleich im SWF- und HTML5-Format veröffentlichen und somit für verschiedene Zielgeräte bereitstellen.

## Der Bereich SWF / HTML5 im Fenster Veröffentlichen

Datei > Veröffentlichen

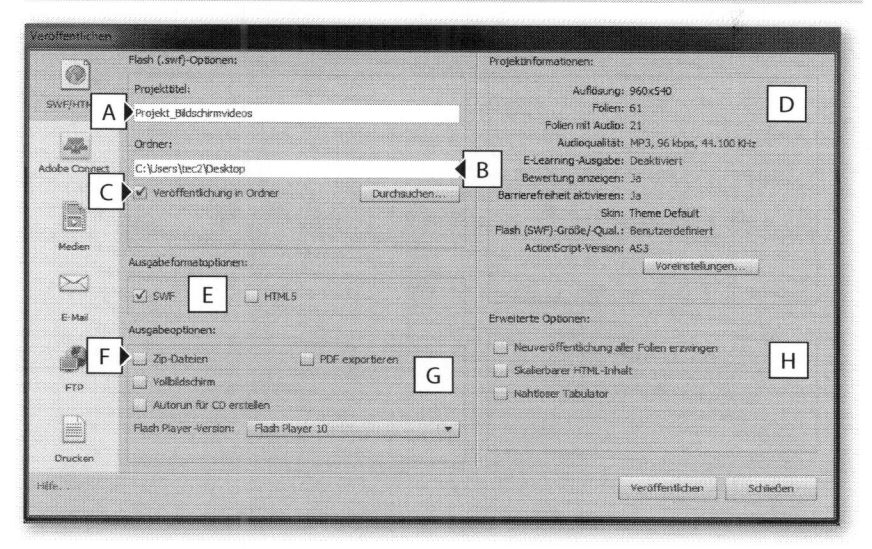

**Wahl der Flash-Player-Version**

Für die meisten Anwendungsfälle sollten Sie den Wert auf Flash Player 10 belassen. Die Version 10 wurde Ende 2008 veröffentlicht und kann für die meisten Desktop-Systeme als Mindeststandard vorausgesetzt werden.

A   Dateiname

B   Dateispeicherort

C   Veröffentlichte Dateien in einem eigenen Ordner zusammenfassen

D   Projektinformationen (▶ Seite 344)

E   Ausgabeformat: SWF (▶ Seite 346) und / oder HTML5 (▶ Seite 357)

F   Datei als ZIP komprimieren

G   Nur wenn unter E die Option **SWF** aktiv ist: in Vollbild ausgeben, Ausgabedatei automatisch von CD starten, PDF exportieren, Angabe der Flash-Player-Version

H   Erweiterte Optionen (▶ Seite 344)

**!** Der Dateiname darf weder Leerzeichen, Umlaute noch Sonderzeichen, wie z. B. Eszetts („ß") enthalten. Verwenden Sie statt des Leerzeichens beispielsweise den Unterstrich. Andernfalls kann dies bei Veröffentlichungen im Web zu Verlinkungsproblemen führen.

**Standard-HTML-Datei anpassen**

Wenn Sie HTML-Kenntnisse besitzen und die Standard-HTML-Datei für SWF-Veröffentlichungen anpassen möchten: Bearbeiten Sie die Datei *standard.htm* aus dem Ordner \*Programme\Adobe\ Adobe Captivate 7\Templates\ Publish* (Win) / */Programme/ Adobe Captivate 7/Templates/ Publish* (Mac). Wenn Sie die Standard-Dateien für die HTML5-Veröffentlichung editieren möchten: \*Adobe Captivate 7\HTML*.

## Veröffentlichung als EXE / APP

Eine Standalone-Veröffentlichung als EXE (Windows) oder APP (Mac) eignet sich z. B. für die Auslieferung per CD. Der Anwender benötigt hier keinen installierten Flash-Player, da dieser bereits mitgeliefert wird. Auch wird das Projekt hier nicht in einem Browser, sondern in einem eigenen Fenster oder auf Wunsch im Vollbildmodus abgespielt.

Das Projekt *Bildschirmvideos* als EXE-Datei

**MP4-Veröffentlichung**

Mehr zur Veröffentlichung als MP4: ▶ *Seite 349*.

### Der Bereich Medien im Fenster Veröffentlichen
Datei > Veröffentlichen

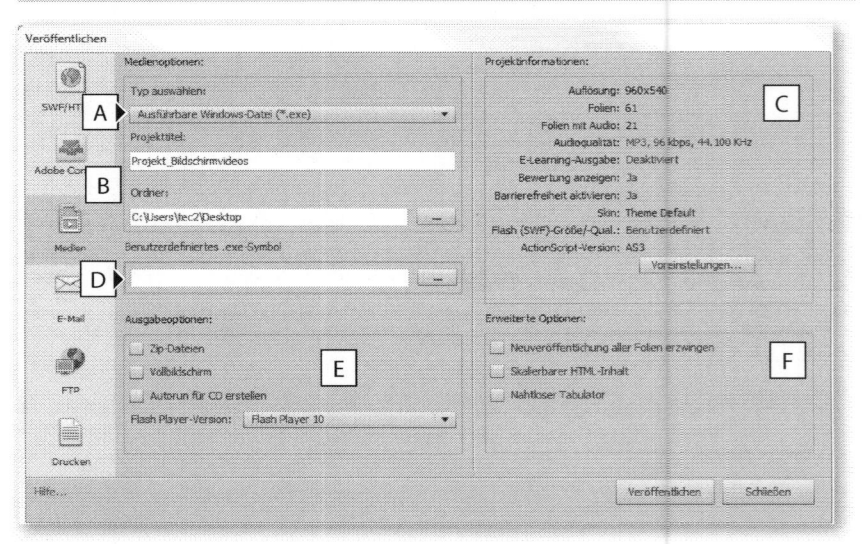

**A** Veröffentlichungstyp: *EXE*, *APP* oder *MP4*
**B** Dateiname und -speicherort
**C** Projektinformationen (▶ *Seite 344*)

12 Projekte veröffentlichen

**D** Benutzerdefinierte Symboldatei hinterlegen: .ico (Win) / .icns (Mac)

**E** Ausgabeoptionen, nur bei EXE: Datei komprimieren, im Vollbild öffnen, Datei automatisch von CD starten

**F** Erweiterte Optionen (▶ Seite 344)

### So veröffentlichen Sie Ihr Projekt als EXE / APP

1 Wählen Sie in der Menüleiste **Datei** > **Veröffentlichen.**

2 Wählen Sie im linken Bereich **Medien.**

3 Wählen Sie unter *Typ auswählen* die Option **Ausführbare Windows-Datei (*.exe)** oder **MAC ausführbar (*.app)**.

4 Vergeben Sie unter *Projekttitel* Ihren gewünschten *Dateinamen* sowie unter *Ordner* einen Speicherort.

5 Hinterlegen Sie optional unter *Benutzerdefiniertes .exe-Symbol* bzw. *Benutzerdefiniertes .app-Symbol* Ihr gewünschtes Symbol (.ico (Win) / .icns (Mac)).

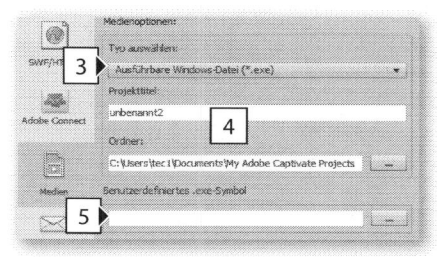

### Vollbildmodus bei EXE

Mittels der Vollbildfunktion wird ein veröffentlichtes EXE-Projekt „richtig" im Vollbildmodus gestartet (keine anderen Fenster oder Leisten sind dann mehr sichtbar). Beachten Sie, dass der Benutzer die Möglichkeit haben sollte, das Fenster wieder zu schließen. Dies ermöglichen Sie z. B. über einen Schließen-Knopf in der Wiedergabeleiste (**Projekt > Skin-Editor**) oder die Aktion **Beenden** in Kombination mit einer Schaltfläche.
Alternativer Trick: Mit Hilfe der Taste Esc kann der Vollbildmodus ebenfalls beendet werden.

6 Nur bei EXE: Stellen Sie die Ausgabe optional auf **Vollbildschirm**.

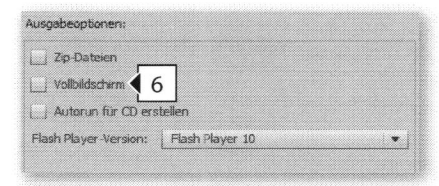

7 Klicken Sie auf **Veröffentlichen**.

Ihr Projekt wird nun als ausführbare EXE- bzw. APP-Datei veröffentlicht.

## Veröffentlichung als MP4

Das Format MP4 eignet sich für alle nicht-interaktiven Projekte, z. B. Demonstrationen. Der Vorteil hier: Ihre Veröffentlichung kann auch auf mobilen Endgeräten, wie z. B. iPhone und iPad dargestellt werden. Ihr Video können Sie dann z. B. bei einem Portal wie YouTube veröffentlichen.

*Veröffentlichte MP4-Datei auf YouTube*

### Der Bereich Medien im Fenster Veröffentlichen

Datei > Veröffentlichen

**Interaktivität**

Ihre Projekte können Sie über diesen Weg zwar auf mobilen Endgeräten wie iPhone, iPad oder anderen Smartphones wiedergeben, interaktive Objekte verlieren jedoch ihre Funktion. Wenn Sie die Interaktivität erhalten möchten, können Sie Ihre Projekte als HTML5 veröffentlichen (▶ Seite 346).

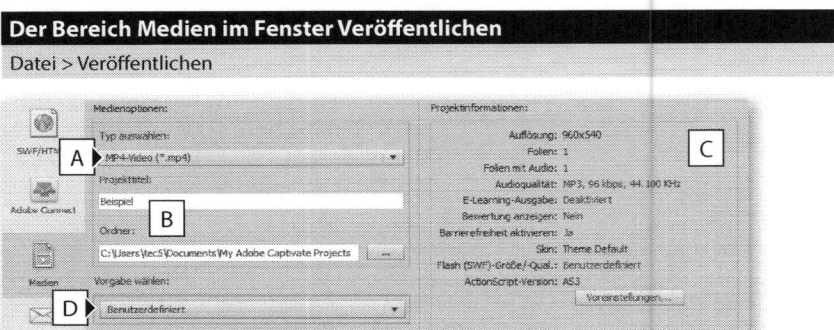

**A** Veröffentlichungstyp: *EXE*, *APP* oder *MP4*
**B** Dateiname und -speicherort
**C** Projektinformationen (▶ Seite 344)
**D** Einstellungen zur Videoqualität

**EXE-Veröffentlichung**

Mehr zur Veröffentlichung als EXE / APP: ▶ Seite 347.

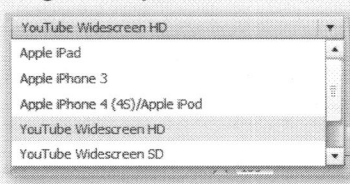

### Vorgaben anpassen

Captivate bietet bereits optimierte Vorgaben zur Auswahl an (z. B. YouTube Widescreen HD). Diese Einstellungen können Sie außerdem an Ihre Wünsche anpassen (**Vorgabewerte kopieren und anpassen**).

Durch das Veröffentlichungsformat MP4 können Sie einen sehr guten Output generieren. Die Bildrate (Bilder / Frames pro Sekunde) ist jedoch standardmäßig niedriger als bei der Veröffentlichung als Flash (SWF). Das Ergebnis ist ein ruckelndes Video. Abhilfe schaffen die folgenden Schritte.

### So erhöhen Sie die Bildrate des MP4-Outputs

**MP4-Veröffentlichung**

Wie Sie Ihr Projekt im MP4-Format veröffentlichen: (▶ *Seite 353*).

1. Wenn Captivate geöffnet ist: Beenden Sie es.
2. Öffnen Sie im Explorer (Win) / Finder (Mac) das Captivate-Programmverzeichnis *C:\Programme\Adobe\Adobe Captivate 7* (Win) / *Programme/Adobe Captivate 7* (Mac).
3. Erstellen Sie eine neue Textdatei mit dem Namen **MP4Settings.ini** (ohne Dateinamenerweiterung „.txt").
4. Tragen Sie in diese Datei den Text „FPS=30" (ohne Anführungszeichen) ein.
5. Speichern und schließen Sie die Datei.
6. Veröffentlichen Sie Ihr gewünschtes Projekt (erneut) als **MP4**.

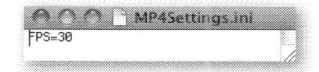

Sie erhalten nun ein wesentlich besseres Ergebnis mit 30 Bildern pro Sekunde.

## Veröffentlichung als Word-Handout

Word-Handouts mit Text und Folienbild sind sehr sinnvoll, wenn Sie Ihre Projekte am Ende durch einen Sprecher vertonen lassen möchten. Sie können ein Projekt zuerst komplett fertig entwickeln und dann ein Word-Handout für Ihren Sprecher publizieren. Auf der anderen Seite ist es z. B. auch denkbar, aus einem Captivate-Projekt Input für Schulungsunterlagen oder Software-Hilfen zu liefern. Nicht zuletzt ist das Word-Handout das wichtigste Dokument im Reviewprozess, wenn Sie z. B. den Adobe Captivate Reviewer (▶ *Seite 331*) nicht einsetzen (können).

Das Projekt *Bildschirmvideos* als Handout ▶

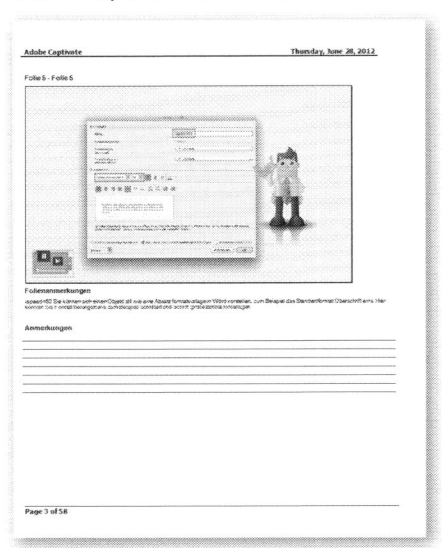

### Der Bereich Drucken im Fenster Veröffentlichen
Datei > Veröffentlichen

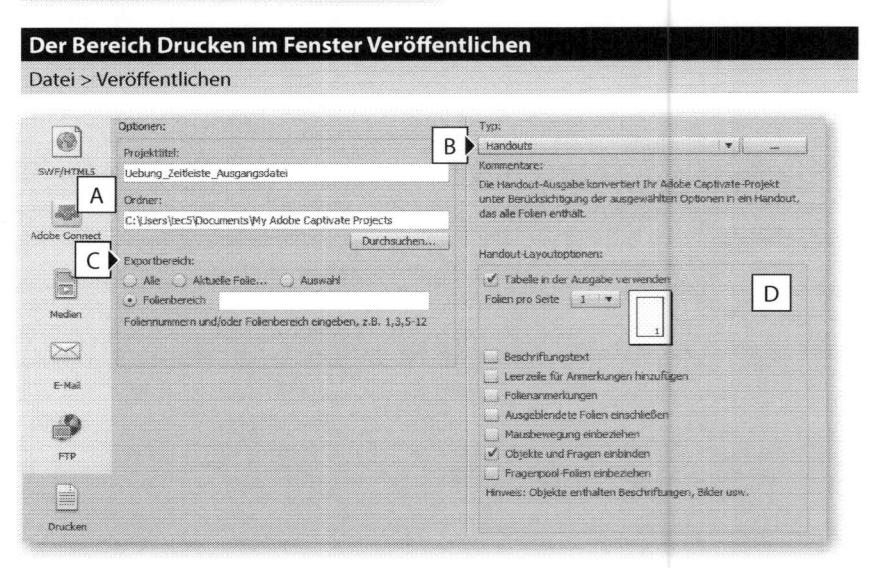

**A** Dateiname und -speicherort

**B** Veröffentlichungsvorlage: *Handouts*, *Lesson*, *Step by Step* oder *Storyboard*

**C** Alle Folien, markierte Folien oder Folienbereich exportieren

**D** Optionen der gewählten Vorlage: bei Handouts z. B. Anzahl der *Folien pro Seite*, *Folienanmerkungen* anzeigen, *Beschriftungstext* anzeigen oder *Objekte und Fragen einbinden*

### Eigene Vorlage verwenden

Sie können die Veröffentlichungsvorlagen anpassen oder eine eigene Vorlage wählen. Klicken Sie dazu im Bereich *Typ* auf **Durchsuchen**. Die Vorlagen erreichen Sie außerdem über das Verzeichnis *Adobe Captivate 7 / Gallery / PrintOutput*.

## Übung: Projekt veröffentlichen

Im Rahmen dieser Übung lernen Sie Ihre Projekte zu veröffentlichen. Dabei werden wir ein Projekt als SWF, PDF und MP4 veröffentlichen sowie ein Word-Handout erstellen.

> ✓ Um die folgenden Schritte vollständig durchführen zu können, muss auf Ihrem System mindestens Microsoft Word 2000 (Win) / Word 2004 (Mac) installiert sein. Wie Sie die Übungsdateien herunterladen: ▶ *Seite 19*

### Übung

**1** Öffnen Sie die Datei *Bildschirmvideos_veroeffentlichen_ohne_Fragenpool.cptx* im Ordner *\12_Projekte_veroeffentlichen\Veroeffentlichen\*.

**2** Veröffentlichen Sie das Projekt als SWF und PDF:

    **a** Wählen Sie **Datei > Veröffentlichen**.

    Das Fenster *Veröffentlichen* öffnet sich.

    **b** Wählen Sie im linken Bereich **SWF/HTML5** aus.

    **c** Tragen Sie im Bereich *Flash (.swf)-Optionen* unter *Projekttitel* den Dateinamen „Veroeffentlichen" ein und geben Sie unter *Ordner* einen Speicherort an.

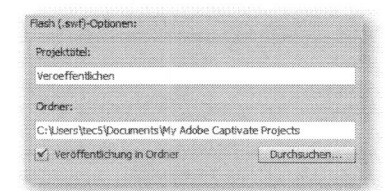

### Veröffentlichung in Ordner

Wenn Sie die Option **Veröffentlichung in Ordner** aktivieren: Captivate legt einen separaten Ordner mit dem Projekttitel als Ordnernamen an und legt alle veröffentlichten Dateien in diesem Unterordner ab.

    **d** Aktivieren Sie im Bereich *Ausgabeformatoptionen* die Option **SWF**.

> **Veröffentlichungsdateien**
>
> Captivate erstellt bei der Veröffentlichung einer SWF-Datei automatisch eine HTML-Datei sowie weitere zugehörige Dateien (z. B. JavaScript, CSS). Das PDF beinhaltet bereits alle Informationen und funktioniert eigenständig. Voraussetzung hier ist jedoch mindestens der Adobe Reader 9, um das interaktive PDF öffnen zu können.

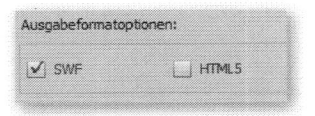

   e  Aktivieren Sie im Bereich *Ausgabeoptionen* die Optionen **Vollbildschirm** und **PDF exportieren**.

   f  Klicken Sie auf **Veröffentlichen**.

   g  Bestätigen Sie die erscheinende Meldung mit **OK**.

   Der Ordner *Veroeffentlichen* wird angelegt und enthält die folgenden Dateien:

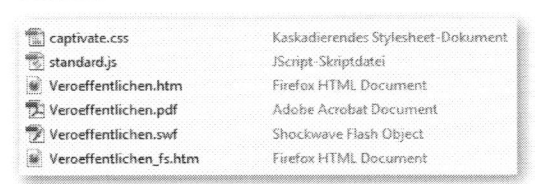

3  Veröffentlichen Sie das Projekt als MP4:

   a  Wählen Sie **Datei > Veröffentlichen**.

   b  Wählen Sie im linken Bereich **Medien** aus.

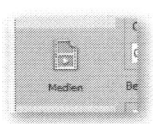

   c  Wählen Sie im Bereich *Medienoptionen* unter *Typ auswählen* die Option **MP4-Video (*.mp4)**.

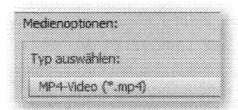

   d  Geben Sie unter *Ordner* das Verzeichnis an, in dem Sie bereits die zuvor veröffentlichten Dateien abgespeichert haben (in unserem Beispiel der Ordner *Veroeffentlichen*).

   e  Wählen Sie unter *Vorgabe wählen* Ihre gewünschte Qualitätsstufe aus, z. B. **YouTube Widescreen HD**.

   f  Klicken Sie auf **Veröffentlichen**.

   Der *Adobe Captivate Video Publisher* öffnet sich und die Videodatei wird generiert.

> **Dauer der Generierung**
>
> Je nach Projektgröße, Ihren gewählten Videoeinstellungen sowie Ihren Systemressourcen kann die Generierung des Videos u. U. einige Minuten in Anspruch nehmen.

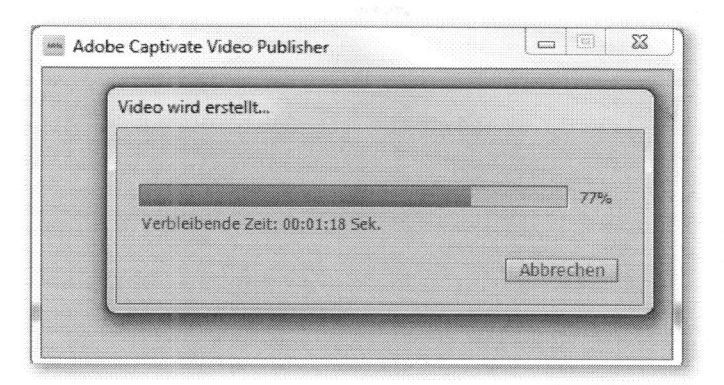

Sobald die Videodatei fertiggestellt ist, erscheint im *Adobe Captivate Video Publisher* eine entsprechende Meldung.

**g** Schließen Sie den *Adobe Captivate Video Publisher*.

Sie haben Ihr Projekt nun im MP4-Format veröffentlicht.

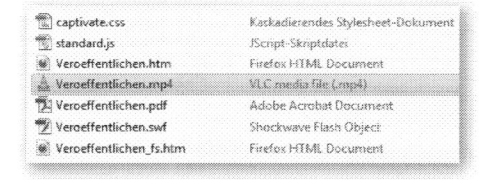

**4** Erstellen Sie ein Word-Handout:

**a** Wählen Sie **Datei > Veröffentlichen** und wählen Sie im linken Bereich **Drucken** aus.

**b** Prüfen Sie *Projekttitel* und *Veröffentlichungsordner*.

Diese müssten unseren bisherigen Einstellungen entsprechen.

**c** Wählen Sie unter *Exportbereich* die Option **Alle**.

**d** Wählen Sie im rechten Bereich unter *Typ* die Option **Handouts**.

---

**Video öffnen / auf YouTube veröffentlichen**

Wenn Sie Ihr veröffentlichtes Projekt nun direkt ansehen möchten: Wählen Sie **Veröffentlichtes Video öffnen**. Wenn Sie Ihr Projekt direkt über YouTube bereitstellen möchten: Wählen Sie **Auf YouTube veröffentlichen** (▶ *Seite 364*).

> **Wenn die Publikation nach Word fehlschlägt**
>
> Leider funktioniert das Zusammenspiel zwischen Word und Captivate nicht immer einwandfrei. Sollte der Export nicht klappen, können folgende Schritte helfen.
>
> Allgemein: Prüfen Sie, ob das Problem nur mit dem aktuellen Projekt besteht, indem Sie ein leeres Projekt probeweise veröffentlichen. Falls ja, können Sie das Problem eingrenzen, indem Sie Ihr Projekt aufgeteilt als Handout veröffentlichen (z. B. in Schritten von 10 Folien). Möglicherweise blockiert eine Folie oder ein Objekt die Veröffentlichung.
>
> Windows Vista / 7: Starten Sie Captivate als Administrator. Veröffentlichen Sie dann erneut.
>
> MAC: Öffnen Sie Word vorab, schließen Sie jedoch alle geöffneten Dokumente. Veröffentlichen Sie dann erneut.
>
> Wenn die obigen Schritte nicht helfen, löst möglicherweise eine Neuinstallation von Word das Problem.

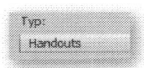

e   Aktivieren Sie unter *Handout-Layoutoptionen* die Optionen **Leerzeile für Anmerkungen hinzufügen**, **Folienanmerkungen** und **Objekte und Fragen einbinden**.

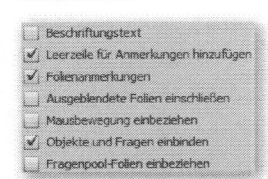

f   Klicken Sie auf **Veröffentlichen**.

Sie haben Ihr Projekt nun im Word-Format (.doc) veröffentlicht.

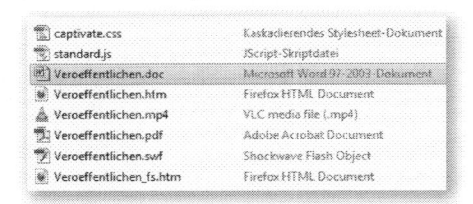

5   Betrachten Sie anschließend alle Ergebnisse.

Sie wissen nun, wie Sie ein Projekt in verschiedene Dateiformate veröffentlichen und ein Word-Handout generieren können.

> Eine Übersicht einiger veröffentlichter Dateien finden Sie in dem Ordner \12_Projekte_veroeffentlichen\Veroeffentlichen\.

## Veröffentlichung als HTML5

Über das Ausgabeformat HTML5 können Sie interaktive Inhalte auch für mobile Endgeräte veröffentlichen, die kein Flash unterstützen. Hierbei erstellen Sie eine sogenannte „Web-App". Ihr Projekt verhält sich hier, wie eine „normale" Webseite. Die Inhalte werden Seite für Seite geladen. Es gibt im Gegensatz zu SWF kein Preloading (Vorausladen von Daten, ▶ Seite 381).

### HTML5-Ausgabe in der Vorschau
Datei > Vorschau > HTML5-Ausgabe im Webbrowser

Sie können Ihr Projekt auch direkt in der Vorschau als HTML5-Ausgabe im Webbrowser betrachten.

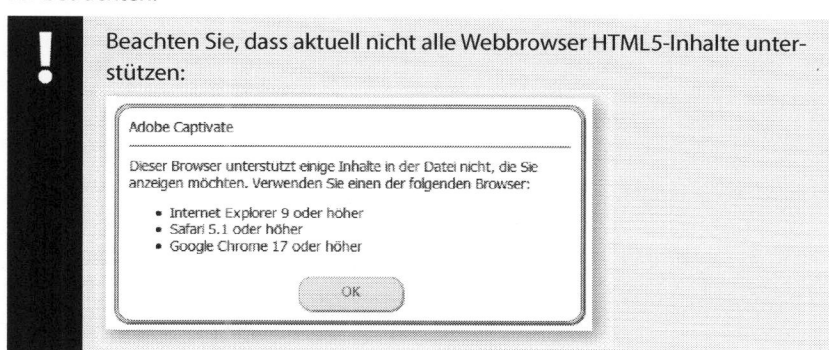

> **!** Beachten Sie, dass aktuell nicht alle Webbrowser HTML5-Inhalte unterstützen:
>
> *Adobe Captivate*
> Dieser Browser unterstützt einige Inhalte in der Datei nicht, die Sie anzeigen möchten. Verwenden Sie einen der folgenden Browser:
> - Internet Explorer 9 oder höher
> - Safari 5.1 oder höher
> - Google Chrome 17 oder höher
>
> OK

✓ Sie haben einen der unterstützten Browser installiert.

### So legen Sie Ihren Standardbrowser unter Windows fest

1 Wählen Sie im *Startmenü* **Standardprogramme > Standardprogramme festlegen**.

2 Wählen Sie einen der unterstützten Browser aus.

3 Klicken Sie anschließend auf **Dieses Programm als Standard festlegen**.

---

**Web-Apps für mobile Endgeräte in der Praxis**

Ein als HTML5 (Web-App) veröffentlichtes Projekt besitzt (standardmäßig) im Gegensatz zu SWF (Flash) keine Preloading-Funktion. Dadurch werden die Inhalte nicht vorab und auf Wunsch im Hintergrund vorgeladen, sondern stets von Folie zu Folie. In der Praxis entstehen damit gerade bei multimedial gewichtigen Projekten längere Ladezeiten während des Projektes, die das Lernerlebnis beeinträchtigen. Hier empfehle ich aktuell die Möglichkeiten zu prüfen, eine native App zu erstellen. Dies ist aufwendiger, hat jedoch den Vorteil, dass das E-Learning so lokal auf dem mobilen Endgerät gespeichert wird und auch offline genutzt werden kann. Mehr dazu erfahren Sie im Kapitel zum Thema *App Packager:* ▶ Seite 364.

**Meldung zur Browserunterstützung deaktivieren**

In manchen Fällen wird die Meldung zur Browserkompatibilität auch angezeigt, wenn Sie einen Browser verwenden, der HTML5-Inhalte unterstützt. Um dies zu vermeiden, können Sie den Quellcode der HTML5-Ausgabe bearbeiten: ▶ *Weblink 12.1, Seite 20*.

### Navigation über den HTML5-Tracker

Sie können über den HTML5-Tracker sowohl zur Folie, als auch direkt zu den nicht-unterstützten Objekten navigieren: Markieren Sie die entsprechende Zeile. Das Objekt wird dann direkt auf der Bühne markiert angezeigt.

### So legen Sie Ihren Standardbrowser unter Mac OS fest

1 Öffnen Sie den **Safari**.

2 Wählen Sie in der Menüleiste **Safari > Einstellungen**.

3 Wählen Sie den Bereich **Allgemein**.

4 Legen Sie unter *Standard-Webbrowser* den Standardbrowser fest.

### Audio bei HTML5-Projekten

Aktuell gelten folgende weitere Empfehlungen beim Einsatz von Audio unter HTML5: Stellen Sie sicher, dass (mehrere) Audios / Videos nicht zeitgleich, sondern nacheinander abgespielt werden. Dies bedeutet auch, dass Sie die Klickgeräusche für Schaltflächen deaktivieren sollten, wenn Ihre Folien vertont sind. Andernfalls stören sich die Audios gegenseitig.

### Der HTML5-Tracker

Projekt > HTML5-Tracker

Aktuell unterstützt Captivate eine Vielzahl an Objekten und Funktionen bei der Veröffentlichung in HTML5 – jedoch nicht alle. Der HTML5-Tracker prüft Ihr Projekt auf nicht unterstütze Objekte und listet diese auf.

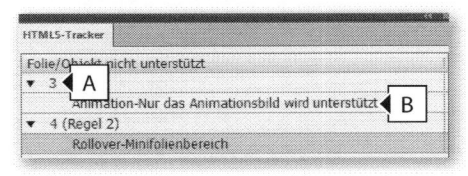

**A** Foliennummer und –name

**B** Nicht-unterstützte(s) Objekt(e)

Im Folgenden finden Sie eine Auflistung aller aktuell (Stand: Captivate 7.0.0.118) nicht unterstützten Objekte:

▶ Externe Flash-Animationen (Widgets) und Flash-Funktionen

▶ Text-, Mausklick- und Folienübergangsanimationen

▶ Rollover-Beschriftungen, -Bilder, -Minifolien, -Smartformen

▶ Objektaudio bei ausgeblendeten Objekten

## Transferübung: Interaktive Lerneinheit als HTML5 veröffentlichen

Im Rahmen dieser Übung veröffentlichen Sie eine interaktive Lerneinheit im HTML5-Format. Sie lernen dabei außerdem Ihr Projekt mittels des HTML5-Trackers optimal für dieses Ausgabeformat vorzubereiten.

✓ Wie Sie die Übungsdateien herunterladen: ▶ *Seite 19*

**Transferübung**

! Die HTML5-Ausgabe wird offiziell von Adobe nur für iPads ab der Version 5 des Betriebssystems (iOS) unterstützt. Sie können HTML5-Projekte selbstverständlich auch für andere Tablets publizieren. Jedoch sollten Sie die Veröffentlichung hier besonders intensiv am realen Endgerät testen.

**Rollover-Objekte (HTML5)**

Rollover-Objekte werden in HTML5 zwar nicht angezeigt, behindern die Ausgabe jedoch auch nicht. Sie können diese also auch problemlos in Ihrem Projekt belassen. In unserem Beispiel handelt es sich hier überwiegend um Rollover-Smartformen, die nur den Hover-Effekt der Navigation darstellen. Auch ohne diesen Hover-Effekt sind die Schaltflächen voll funktionstüchtig.

1. Öffnen Sie im Ordner \00_Projekte\Projekt_Schnorcheln die Datei *Projekt_Schnorcheln.cptx*.

   Sie sehen eine interaktive Lerneinheit.

2. Erstellen Sie eine Kopie des Projektes mit der Bezeichnung *HTML5.cptx*.

3. Prüfen Sie, ob alle Folien und Objekte des Projektes in HTML5 konvertiert werden: Wählen Sie **Projekt > HTML5-Tracker**.

   Der HTML5-Tracker öffnet sich. Sie sehen eine Auflistung aller Folien und Objekte, die bei einer Veröffentlichung als HTML5 nicht unterstützt werden.

**Schriften bei Interaktionsbausteinen**

Wenn Sie Interaktionsbausteine (▶ *Seite 241*) als HTML5 veröffentlichen, werden die Schriften u. U. anders dargestellt, als in Captivate definiert. Grund ist, dass die Textinhalte von Interaktionsbausteinen (im Gegensatz zu normalen Texten auf den Folien) nicht als Bilder, sondern als Texte veröffentlicht werden. An dieser Stelle greift die Veröffentlichung dann auf Standard-Webfonts zurück. Sie sollten daher in Captivate bei Interaktionen auf Standard-Webschriften, wie z. B. Arial, Times oder Verdana ausweichen.

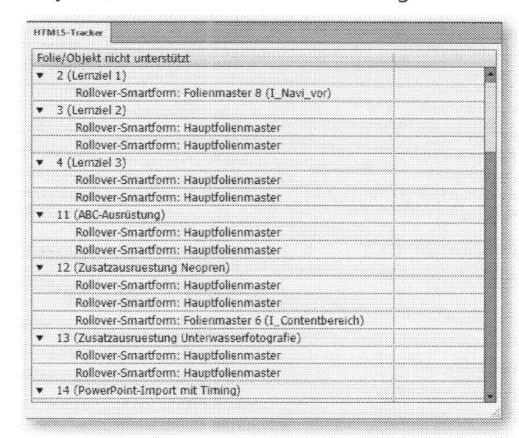

4. Entfernen Sie alle Folien, die Rollover-Texte, -Beschriftungen oder Rollover-Minifolien enthalten (Folie 12 + Folie 17).

**Ebenenreihenfolge von Interaktionsbausteinen**

Unter HTML5 liegen Interaktionsbausteine stets in der obersten Ebene. Sie können keine zusätzlichen Objekte auf Interaktionsbausteinen platzieren. Dadurch können Sie hier z. B. den Trick zur Übersetzung des Buchstabenrätsels nicht nutzen.

Workaround für das Buchstabenrätsel: Sie können mit einem Texteditor (besser noch HTML-Editor, wie z. B. Dreamweaver) die veröffentlichten HTML5-Dateien selbst modifizieren. Eine Vertiefung an dieser Stelle würde leider den Rahmen des Buches sprengen, jedoch möchte ich Ihnen diesen Hinweis nicht vorenthalten: Im Falle des Buchstabenrätsels finden Sie den Text "Answer Clues" in der Datei Widget_[Zahl].htm unterhalb eines der w_[Zahl]-Ordner des Ordners wr der HTML5-Veröffentlichung (hier befinden sich mehrere, falls das Projekt mehrere Interaktionen hat). In dieser Datei finden Sie auch den Text "Click the first and last letter...". Die Texte "Remaining Words" und "Attempts" finden Sie in der Datei wordsearch-Script.js. Diese Datei liegt im Ordner scripts unterhalb des w_[Zahl]-Ordners.

Beachten Sie, dass Sie diese manuellen Korrekturen mit jeder Neuveröffentlichung wiederholen müssen.

**Skalierbarer HTML-Inhalt**

Über die Option **Skalierbarer HTML-Inhalt** können Sie sicherstellen, dass alle Inhalte an die entsprechende Auflösung des Endgerätes angepasst werden.

5 Entfernen Sie auf Folie *14 PowerPoint-Import* die Schaltflächen und zugehörigen Rollover-Objekte über die *Zeitleiste*.

6 Tauschen Sie die Animation auf Folie 28 durch ein Markierungsfeld.

7 Löschen Sie die Folien 39 und 40.

Dadurch, dass das Druck-Widget unter HTML5 nicht funktioniert, sind diese Folien hinfällig.

8 Passen Sie die Interaktionen an:

    **a** Aktivieren Sie die Header der Interaktionen.

    **b** Optimieren Sie Größe und Ausrichtung der Interaktionen

> **!** Interaktionen liegen nach dem Veröffentlichen nach HTML5 immer im Vordergrund. Dadurch werden alle Objekte, die auf einer Interaktion platziert sind, überdeckt und können nicht mehr erreicht werden.

    **c** Verschieben Sie alle Objekte, die auf Interaktionen platziert sind.

    **d** Entfernen Sie alle Smartformen, die zur Abdeckung der Umrandung der Interaktionen platziert wurden.

    **e** Entfernen Sie die Smartformen mit den deutschen Übersetzungen der Interaktion Buchstabenrätsel.

9 Veröffentlichen Sie das Projekt als HTML5:

    **a** Wählen Sie **Datei > Veröffentlichen.**

    Das Fenster *Veröffentlichen* öffnet sich.

    **b** Geben Sie im Bereich *Flash (.swf)-Optionen* einen *Projekttitel* sowie Ausgabeordner an.

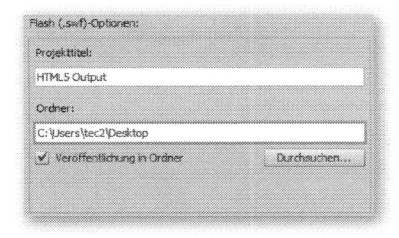

    **c** Aktivieren Sie unter *Ausgabeformatoptionen* die Option **HTML5**.

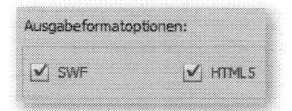

**d** Klicken Sie auf **Veröffentlichen**.

**e** Bestätigen Sie die Meldung des HTML5-Trackers mit **Ja**.

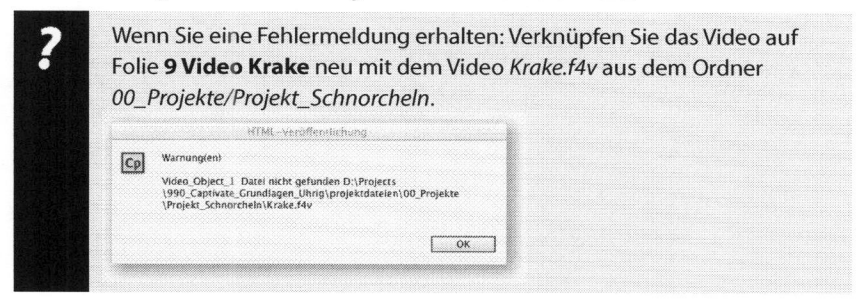

> **?** Wenn Sie eine Fehlermeldung erhalten: Verknüpfen Sie das Video auf Folie **9 Video Krake** neu mit dem Video *Krake.f4v* aus dem Ordner *00_Projekte/Projekt_Schnorcheln*.

Sie haben Ihr Projekt nun erfolgreich im HTML5-Format veröffentlicht.

> 🚩 Eine mögliche Lösung finden Sie in der Datei *\12_Projekte_veroeffentlichen\HTML5_Ziel.cptx\*. Ein Beispiel einer veröffentlichten Datei finden Sie außerdem in der Datei *HTML5_Ziel.zip*.

---

**Ausgabe für mobile Endgeräte optimieren**

Vergrößern Sie die Buchstaben der Interaktion Buchstabenrätsel für die Ausgabe auf mobilen Endgeräten. Dies erleichtert die Bedienung enorm. Stellen Sie die Rätselgröße auf **Small** und vergrößern Sie die Schrift der Buchstaben in den Zellen.

### HTML5 - nun ist alles anpassbar?

Mit HTML5 eröffnen sich nun ganz neue Wege: Sie können wesentlich mehr tiefgreifende Anpassungen selbst vornehmen, die Ihnen vorher u. U. durch die Grenzen von Captivate verborgen blieben. Allerdings sollten Sie sich hier ein wenig bremsen: Je mehr Sie nachträglich manuell in den Code eingreifen, desto komplexer wird Ihr Projekt - und desto mehr stellt sich die Frage, ob Captivate noch das richtige Werkzeug ist. Generelle Anpassungen (z. B. eigene Icons für das Inhaltsverzeichnis) sind natürlich sinnvoll und diese sollten Sie möglichst standardisieren. Dazu können Sie die Standard-Dateien für die HTML5-Veröffentlichung auf Ihre Wünsche anpassen, sodass Sie die Anpassung nur einmalig vornehmen müssen. Diese finden Sie im Verzeichnis *Adobe Captivate 7\HTML* Ihres Programme-Ordners.

### Ordner der HTML5-Veröffentlichung

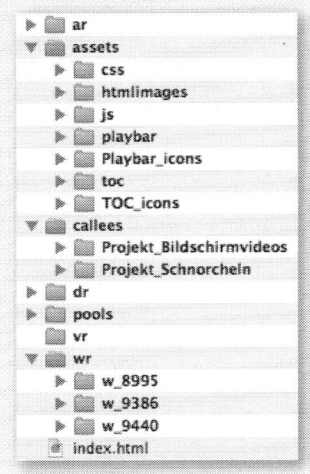

```
▶ ar
▼ assets
   ▶ css
   ▶ htmlimages
   ▶ js
   ▶ playbar
   ▶ Playbar_icons
   ▶ toc
   ▶ TOC_icons
▼ callees
   Projekt_Bildschirmvideos
   Projekt_Schnorcheln
▶ dr
▶ pools
   vr
▼ wr
   ▶ w_8995
   ▶ w_9386
   ▶ w_9440
   index.html
```

Die Inhalte Ihres E-Learnings bestehen nunmehr nicht aus einer einzelnen SWF-Datei, sondern wie eine Webseite aus einer Vielzahl einzelner Bilder, Audio-Dateien, Videos, JavaScript-, HTML-, und CSS-Dateien. Darunter im Detail (je nach Ausgestaltung des Projektes sind in Ihrem Fall nicht alle Ordner enthalten):

▶ Der Ordner *ar* mit allen Audio-Dateien

▶ Der Ordner *assets* mit allen Standarddateien, u. a. zu Fragenfolien, Wiedergabeleiste und Inhaltsverzeichnis

▶ Der Ordner *callees* ist i.d.R. leer. Wenn Sie Ihr Projekt modularisieren und auf Unterprojekte verlinken möchten, können Sie hier Ihre Untermodule ablegen

▶ Der Ordner *dr* mit allen Bildern, Grafiken, Schaltflächen, Meldungsboxen und Texten Ihres Projektes (alle Inhalte, auch Texte, werden als Bilder gespeichert - dadurch werden u. a. die Schriften 1:1 wie im Projekt definiert dargestellt)

▶ Der Ordner *pools* mit allen Fragenpools

▶ Der Ordner *vr* mit allen Videos im MP4-Format

▶ Der Ordner *wr* mit allen Interaktionsbausteinen (z. B. ein Buchstabenrätsel)

▶ Die *index.html* startet das E-Learning. Dies ist die einzige Datei, die Sie (ohne weitere Modifikationen) bedenkenlos umbenennen können

**Captivate und HTML5 vs. Flash**

Abschließend möchte ich noch ein paar Gedanken zum Reifegrad von HTML5 & Captivate einbringen: Seit dem HTML5-Konverter für Captivate 5.5 hat sich über die letzten Jahre einiges getan - sowohl bei Captivate, als auch am HTML5-Standard selbst, der heute jedoch noch immer nicht von allen Webbrowsern (umfassend) unterstützt wird. Mit jeder neuen Captivate-Version tut sich einiges und die aktuellen Möglichkeiten von Captivate 7 bieten sehr viel Potenzial, schöne mobile Lerneinheiten zu erstellen - für Geräte, die kein Flash unterstützen. Allerdings zeichnen sich im praktischen Einsatz doch auch Schwächen der Technologie ab, wie z. B. das fehlende Preloading, die Performance sowie die Inkompatibilitäten zwischen den verschiedenen Browserumgebungen, Betriebssystemen und Endgeräten. Gerade in diesen Bereichen hat Flash seine Stärke und wird sicherlich die nächsten Jahre weiterhin das wichtigste Format für Captivate-Projekte darstellen - zumindest auf Desktop-Systemen.

Wenn Sie auf HTML5 setzen lautet daher mein wichtigster Tipp: Grenzen Sie die Endgeräte (samt Browsern und Betriebssystemversionen) ein, die Sie (offiziell) unterstützen möchten, und testen Sie Ihre Projekte intensiv live auf diesen Geräten.

Wir werden Sie wie immer über unseren Blog auf *tecwriter.de* über die weitere Entwicklung auf dem Laufenden halten, Tipps und Workarounds veröffentlichen.

### Native App je Projekt vs. Native LMS-App

Aktuell geht die Tendenz dahin, dass die Lernplattformen selbst eine native App mitliefern, über die die Lerninhalte (z. B. ein als „gewöhnliches" HTML5 veröffentlichtes SCORM-Paket - eine Web-App) auf das Endgerät geladen und lokal gespeichert werden. Das Paket kann dann auch offline bearbeitet werden und die Lernstände werden übertragen, sobald wieder eine Internetverbindung besteht. Dies hat enorme Vorteile gegenüber der Einzelveröffentlichung als native App, da dies den Veröffentlichungsprozess nicht nur vereinfacht, sondern auch kein eigener App Store benötigt wird (insofern die Inhalte ausschließlich unternehmensintern verteilt werden sollen).

## Adobe Captivate App Packager

Mit Hilfe des *Adobe Captivate App Packagers* können Sie HTML5-Animationen in Ihre Captivate-Kurse einbinden sowie Ihre Kurse als native App über den Dienst Phone-Gap auf den verschiedenen mobilen Plattformen bereitstellen (z. B. iOS, Android oder Metro).

### Der Adobe Captivate App Packager

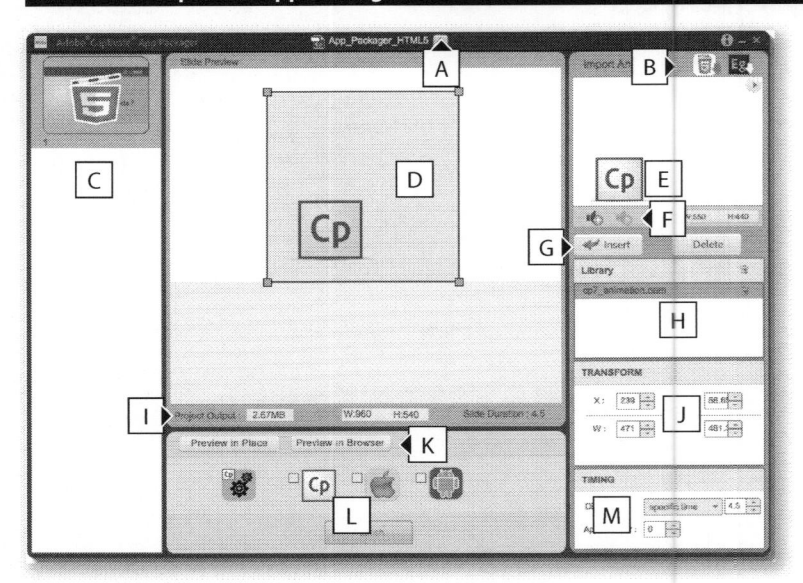

**A** Projekt schließen

**B** HTML5-Animation in den *App Packager* importieren (manuell erstellt bzw. über beliebiges Werkzeug oder direkt als OAM-Datei aus Adobe Edge Animate)

**C** Filmstreifen

**D** Vorschau der aktuell gewählten Folie

**E** Vorschau der HTML5-Animation

**F** HTML5-Animation Audio hinterlegen / entfernen

**G** HTML5-Animation in aktuell gewählte Folie einfügen / von Folie entfernen

**H** Liste aller importierten HTML5-Animationen

**I** Projektinformationen (Projektgröße in Megabyte, Auflösung, Foliendauer)

**J** Ausrichtung und Größe der ausgewählten HTML5-Animation festlegen

**K** Projektvorschau im *App Packager* / im Browser betrachten

**L** Projekt als HTML5 erneut veröffentlichen und / oder über PhoneGap als App für iOS / Android veröffentlichen

**M** Anzeigedauer / Einblendezeitpunkt der HTML5-Animation einstellen

### Dateigröße

Wenn Sie HTML5-Animationen importieren, erhöht dies die Dateigröße Ihres Projektes. Diese wird automatisch unter *Project Output* berechnet und angezeigt.

**Native Apps erstellen**

Sie können um HTML5-Animationen erweiterte Projekte ganz leicht wieder als Web-App (HTML5-Veröffentlichung) publizieren. Die Erstellung und Ausgabe als native App ist jedoch mit zusätzlichem Aufwand und je nach Zielplattform auch mit weiteren Kosten verbunden. Für die Plattform iOS benötigen Sie z. B. eine kostenpflichtige Entwicklerlizenz. Die genauen Voraussetzungen können Sie der Adobe PhoneGap Build Webseite unter *build.phonegap.com* entnehmen. Unter dem Navigationspunkt „Docs" finden Sie eine umfangreiche Dokumentation zur App-Erstellung mit PhoneGap Build. Übrigens: Wenn Sie einen Account bei Adobe besitzen, können Sie diesen direkt nutzen, um sich bei PhoneGap Build einzuloggen.

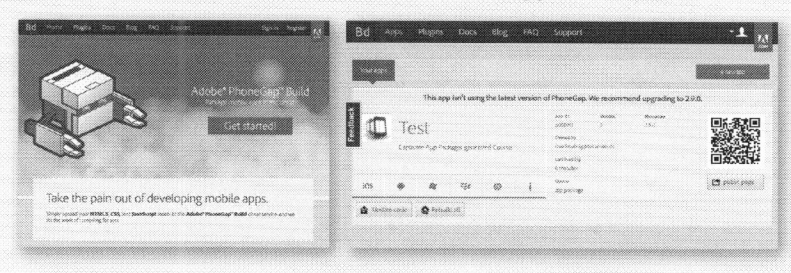

### So erweitern Sie Ihre Projekte um HTML5-Animationen

1  Öffnen Sie den *Adobe Captivate App Packager* aus dem Verzeichnis *Programme\Common Files\Adobe\Adobe Captivate 7 App Packager\* (Win) bzw. */Programme/Adobe/* (Mac).

2  Klicken Sie auf die Schaltfläche **Browse** und öffnen Sie ein Projekt, welches Sie im HTML5-Format aus Captivate heraus veröffentlicht haben.

3  Klicken Sie auf die entsprechende Schaltfläche (HTML5-Animation über beliebiges Werkzeug erstellt / OAM-Datei mit Adobe Edge Animate erstellt) und importieren Sie die HTML5-Animation.

**HTML5-Animationen erstellen**

HTML5-Animationen können Sie z. B. mit *Adobe Edge* erstellen. Ein Beispiel für eine mit Adobe Edge erstellte HTML5-Animation finden Sie im Ordner *12_Projekte_veroeffentlichen/App_Packager_HTML5_mit_Animation*. Sie können die Datei *index.html* direkt im Browser öffnen. Wenn Sie eine HTML5-Animation selbst in den App Packager laden möchten: Im Ordner *12_Projekte_veroeffentlichen* finden Sie die entsprechende Rohdatei *cp7_animation.oam*.

Die HTML5-Animation wird nun in der Vorschau angezeigt.

**4** Platzieren Sie die Animation auf der Bühne:

  **a** Klicken Sie auf die Schaltfläche **Insert**.

  Der Animationsrahmen wird auf der Bühne angezeigt und die Animation ist nun auch in der *Library* des App Packagers gelistet.

  **b** Passen Sie die Fläche des Animationsrahmens mit Hilfe der Anker am Animationsrahmen oder über die W- und H-Werte im Bereich *Transform* an.

  **c** Verschieben Sie den Rahmen mit gedrückter linker Maustaste oder über die X- und Y-Werte im Bereich *Transform* an die gewünschte Position auf der Bühne.

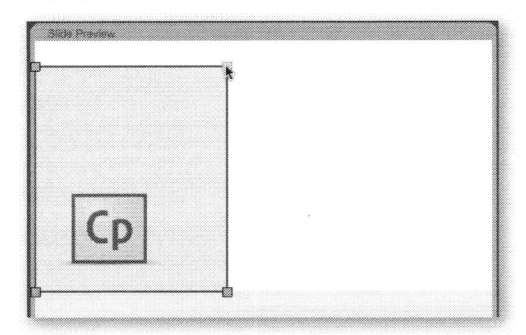

**5** Stellen Sie im Bereich *Timing* die gewünschte Anzeigedauer und den Einblendezeitpunkt ein.

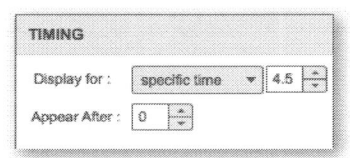

**6** Publizieren Sie das Projekt im HTML5-Format:

  **a** Wählen Sie im unteren Bereich des App Packagers die Option **CP**.

  **b** Klicken Sie auf die Schalftläche **Publish**.

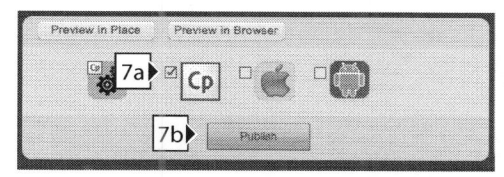

Durch das Publizieren wird der bestehende Ordner mit dem HTML5-Projekt aktualisiert und um die neuen Informationen erweitert.

**7** Öffnen Sie die neu hinzugekommene Datei *index_PIB.html* in Ihrem Browser und prüfen Sie das Ergebnis.

Sie wissen nun, wie Sie HTML5-Publikationen über den Adobe App Packager mit HTML5-Animationen erweitern können.

---

**Ordnerstruktur nach Re-Publikation mit dem App Packager**

Nach der Neuveröffentlichung des um eine oder mehrere HTML5-Animation(en) ergänzten Projektes enthält der Ordner des bestehenden HTML5-Projektes neue Dateien. Die wichtigsten sind hierbei:

▶ Die Datei *index_PIB.html*, die Ihr bisheriges Projekt ergänzt um die HTML5-Animation(en) startet (die *index.html* ist weiterhin funktionsfähig, startet das Projekt jedoch ohne die neue(n) Animation(en))

▶ Der Ordner, der Ihre Animation(en) enthält

▶ Die Datei *WebObject.js*, die die *index_PIB.html* mit dem Ordner *wo* verbindet

| Name | Änderungsdatum | Größe | Art |
|---|---|---|---|
| ar | 28.06.2013 14:19 | -- | Ordner |
| assets | Vorgestern 11:30 | -- | Ordner |
| callees | 28.06.2013 14:19 | -- | Ordner |
| dr | Vorgestern 11:30 | -- | Ordner |
| vr | 28.06.2013 14:19 | -- | Ordner |
| wo | Heute 18:12 | -- | Ordner |
| RemoveScalability.js | Heute 18:08 | 87 Byte | JavaSc...ument |
| WebObjects.js | Heute 18:11 | 284 Byte | JavaSc...ument |
| index_PIB.html | Heute 18:11 | 6 KB | HTML...ument |
| index_Stage.html | Heute 18:08 | 5 KB | HTML...ument |
| index.html | 28.06.2013 14:19 | 5 KB | HTML...ument |

## YouTube-Schnittstelle

Über die YouTube-Schnittstelle können Sie Ihre Projekte mit einem Klick über Ihr YouTube-Konto veröffentlichen.

> ✓ Wenn Sie noch kein YouTube-Konto besitzen: Legen Sie dieses auf *www.youtube.com* kostenlos an.

**So stellen Sie Ihre Projekte über YouTube bereit**

1 Öffnen Sie ein beliebiges Projekt.

2 Klicken Sie in der Leiste *Hauptoptionen* auf **Auf YouTube veröffentlichen**.

Der Bereich *YouTube-Anmeldung* öffnet sich im Fenster *Adobe Captivate Video Publisher*.

3 Melden Sie sich über Ihr YouTube-Konto an:

    a Geben Sie die Zugangsdaten zu Ihrem YouTube-Konto ein.

    b Lesen Sie die *Adobe-Datenschutzrichtlinie* und aktivieren Sie anschließend die Option **Ich habe die Adobe-Datenschutzrichtlinie gelesen**.

    c Klicken Sie auf **Anmelden**.

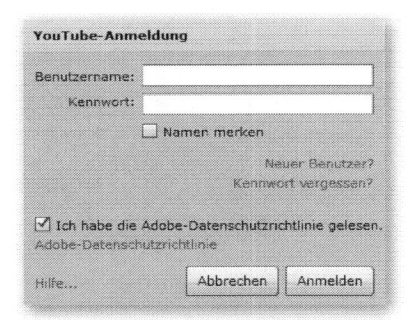

4 Tragen Sie *Titel* und *Beschreibung* Ihres Projektes ein.

5 Wählen Sie unter *Zugriffsschutz,* ob Ihr Video **Öffentlich** oder **Privat** bereitgestellt werden soll.

6 Lesen Sie die *Nutzungsbedingungen* und aktivieren Sie die Option **Ich habe die Nutzungsbedingungen gelesen**.

7 Klicken Sie anschließend auf **Hochladen**.

> **Bereitstellung**
>
> Nicht alle Videos, die Sie bei YouTube hochladen, sind automatisch für jeden sichtbar. Wenn Sie bei Ihrem Video unter *Zugriffsschutz* die Option **Privat** anwählen, dann ist Ihr Video nur über die angegebene URL zu erreichen. Besucher, die auf YouTube stöbern, werden Ihr Video nicht abrufen können.

Ihr Projekt wird nun veröffentlicht und direkt auf YouTube hochgeladen.

8   Klicken Sie auf die Schaltfläche **Auf YouTube ansehen**.

> **Videoqualität**
>
> Wenn Sie ein Video in HD-Qualität hochladen: Es kann sein, dass Ihr Video temporär nur in mäßiger Qualität verfügbar ist. In diesem Fall hat YouTube Ihr Video zunächst in geringerer Auflösung gerendert, um Ihr Projekt schnellstmöglich bereitzustellen. Die HD-Version wird automatisch hinzugefügt, sobald sie fertiggestellt ist.

Ihr Video wird nun auf YouTube angezeigt.

**Veröffentlichtes Video in Website einbinden**

Wenn Sie Ihr auf YouTube veröffentlichtes Video in eine Webseite einbinden möchten: Klicken Sie auf **Teilen** (a) und anschließend auf **Einbetten** (b). Kopieren Sie den dort angezeigten HTML-Code in Ihre Webseite (c).

## Praxistipps: Dateigröße reduzieren

Im Folgenden ein paar Tipps, um die Größe Ihrer Captivate-Projekte zu verringern. Diese Tipps wirken sich auch direkt auf die spätere Veröffentlichungsgröße aus. Zusätzlich gibt es für die Verringerung der Veröffentlichungsgröße weitere Stellschrauben in Captivate.

### Projektgöße verringern

- Verzichten Sie im Rahmen folienbasierter Projekte möglichst auf Full-Motion-Aufzeichnungen. Diese benötigen mit Abstand am meisten Speicherplatz und haben auch noch andere Nachteile (▶ *Seite 98*). Wenn Sie trotzdem Full-Motion-Aufzeichnungen einsetzen möchten, stellen Sie vor der Aufnahme die für Sie passende Qualität ein (▶ *Seite 321*).
- Achten Sie auf eine korrekte Dimensionierung Ihrer Projektauflösung: Je kleiner die Auflösung, desto kleiner die veröffentlichte Datei (▶ *Seite 25*).
- Verwenden Sie möglichst modulare Projekte: Bei der Dateigröße (abhängig von Ihren Zielgeräten und der verfügbaren Bandbreite) sollten Sie spätestens ab 50 MB (Größe der Haupt-SWF-Datei) an eine Aufteilung in mehrere Projekte denken.

### Veröffentlichungsgröße verringern

- Stellen Sie sicher, dass die Folienqualität Ihren Anforderungen entspricht (▶ *Seite 321*).
- Wenn Sie Audio verwenden: Sie können über **Audio > Einstellungen** die Qualität reduzieren (▶ *Seite 297*).
- Stellen Sie sicher, dass keine Metadaten für Adobe Acrobat Connect Pro veröffentlicht werden: Wählen Sie die **Datei > Veröffentlichungseinstellungen**. Deaktivieren Sie die Option **Adobe Connect-Metadaten veröffentlichen**.

**Projekt in mehrere Dateien aufteilen**

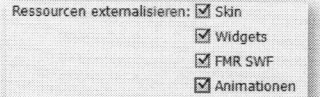

Ressourcen externalisieren: ☑ Skin
☑ Widgets
☑ FMR SWF
☑ Animationen

Wenn Sie trotzdem eine zu große Datei erhalten und Ihre Projekte als SWF veröffentlichen: Sie können Ihr Projekt in mehrere Dateien splitten und so z. B. alle Full-Motion-Aufzeichnungen auslagern. Diese werden dann zur Abspielzeit im Hintergrund nachgeladen und Ihr Projekt startet schneller. Dies ist übrigens bei einer Veröffentlichung als HTML5 nicht relevant, da hier generell alle Inhalte als einzelne Dateien vorliegen.

# Projekte strukturieren

Dieses Kapitel widmet sich den Strukturierungs- und Standardisierungsmöglichkeiten von Captivate. Sie lernen Folien zu gruppieren, die Wiedergabeleiste anzupassen, mit Inhaltsverzeichnissen und Menüs zu arbeiten sowie Ihre Projekte zu verzweigen.

## Themenübersicht

- Foliengruppen — 374
- Verzweigungen — 374
- Übung: Projekt über Menüfolie verzweigen — 375
- Projektstart & -ende — 380
- Wiedergabeleiste & Rahmen — 381
- Inhaltsverzeichnisse — 383
- Übung: Skin formatieren und Inhaltsverzeichnis erstellen — 386
- Menüs (Aggregatorprojekte) — 390
- Übung: Menü erstellen — 391

## Foliengruppen

Sie können Folien zu Gruppen zusammenfassen. In einem umfassenden Captivate-Projekt bieten sich Foliengruppen besonders zur Übersicht und Strukturierung an. Außerdem können Sie z. B. ganze Foliengruppen verschieben oder löschen.

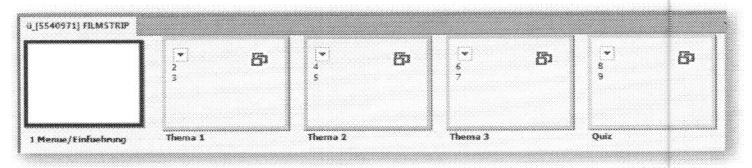

## Verzweigungen

Verzweigungen dienen dazu, dem Benutzer, abhängig von seinen Eingaben, unterschiedliche Lernpfade anzubieten. Standardmäßig laufen alle Projekte linear ab. Das bedeutet, dass die einzelnen Folien aufeinander folgen. Wenn Sie z. B. zwei Schaltflächen auf einer Folie platzieren, die unterschiedliche Aktionen auslösen, haben Sie eine Verzweigung geschaffen. Die Verzweigungen eines Projektes können Sie in der Verzweigungsansicht übersichtlich einsehen.

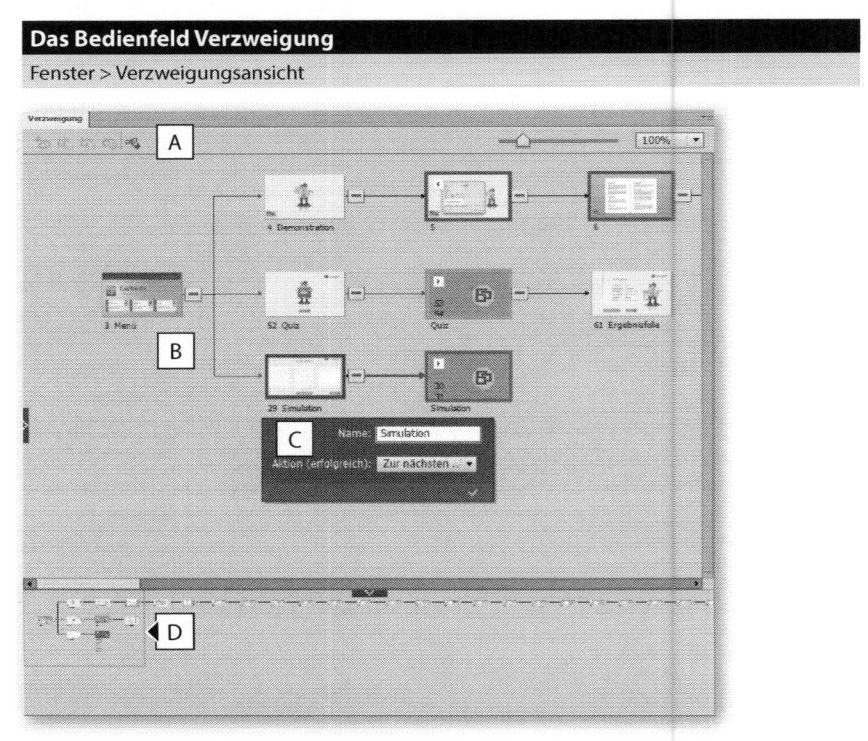

### Das Bedienfeld Verzweigung
Fenster > Verzweigungsansicht

**A** Werkzeugleiste (▶ Tabelle unten)
**B** Grafische Darstellung aller Verzweigungen

**C** Eigenschaften des ausgewählten Elements (Folie, Interaktionsobjekt, Verzweigung)

**D** Aktuell sichtbarer Abschnitt des gesamten Projektes

| Die Werkzeugleiste des Bedienfelds Verzweigung | |
|---|---|
| | Foliengruppe erstellen |
| | Foliengruppe erweitern |
| | Foliengruppe reduzieren |
| | Foliengruppe entfernen |
| | Verzweigungsansicht als Bild exportieren |
| | Verzweigungsansicht vergrößern / verkleinern (zoomen) |

## Übung: Projekt über Menüfolie verzweigen

In dieser Übung erstellen Sie ein verzweigtes Projekt. Der Benutzer soll über eine Menüfolie verschiedene Themen aufrufen können und am Ende eines Abschnittes wieder automatisch zur Menüfolie zurück gelangen. Die folgende Grafik veranschaulicht dies:

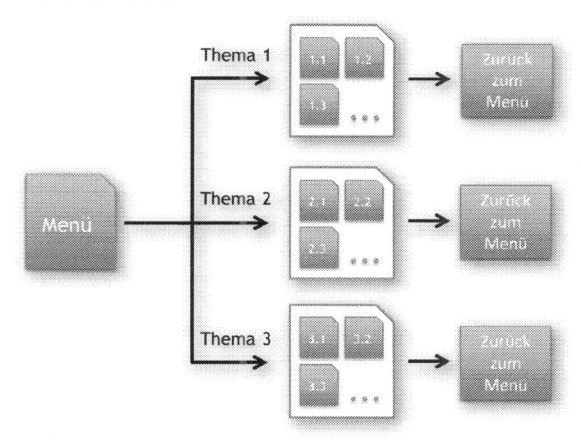

✓ Wie Sie die Übungsdateien herunterladen: ▶ *Seite 19*

## Übung im Kurzüberblick

- ▶ Sie legen Foliengruppen an und benennen diese
- ▶ Sie fügen Bildschaltflächen ein
- ▶ Sie verlinken von der Menüfolie aus auf die jeweiligen Themenbereiche
- ▶ Sie verlinken am Ende eines Themas auf die Menüfolie

### Übung

1. Öffnen Sie die Datei *Projekt_verzweigen_Menuefolie_Ausgang.cptx* aus dem Ordner *13_Projekte_strukturieren*.

   Dieses umfassende Projekt möchten wir nun mit Hilfe von Foliengruppen strukturieren, um so einen besseren Überblick zu erhalten.

2. Erstellen Sie eine Foliengruppe:

   a. Markieren Sie mit gedrückter Taste ⇧ die Folien **3** bis **27** im *Filmstreifen*.

   b. Rechtsklicken Sie auf die markierten Folien und wählen Sie **Gruppieren > Erstellen**.

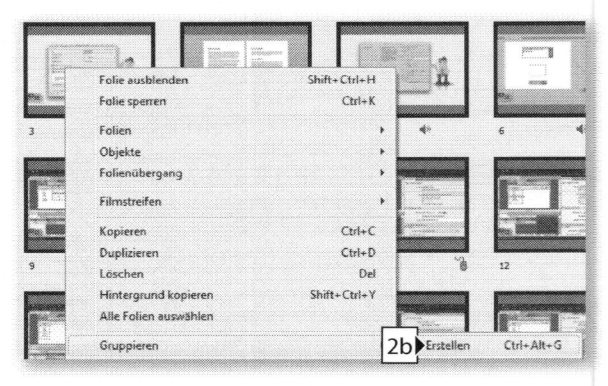

   Sie haben die Folien nun zu einer Foliengruppe zusammengefasst.

> Über das Dreieck im linken oberen Bereich einer Foliengruppe können Sie diese reduzieren / erweitern.

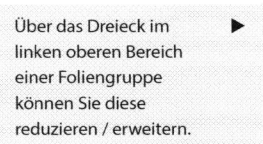

3. Wiederholen Sie **Schritt 2** für die Folien 29 bis 51.

**4** Wiederholen Sie **Schritt 2** für die Folien 53 bis 61.

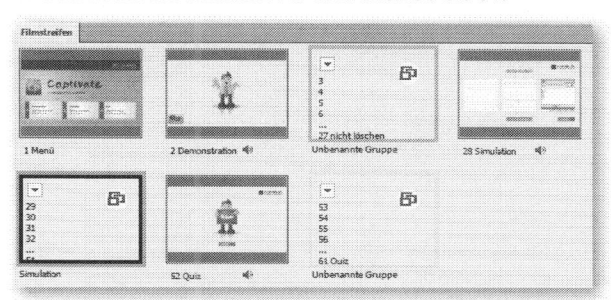

Sie haben nun drei Foliengruppen erstellt und das Projekt strukturiert.

**5** Benennen Sie die Foliengruppen thematisch:

    **a** Markieren Sie die erste Foliengruppe und tragen Sie in den *Eigenschaften* unter *Titel* den Text „Demonstration" ein.

    **b** Benennen Sie die zweite Foliengruppe mit „Simulation" und die dritte Foliengruppe mit „Quiz".

**6** Wählen Sie im Filmstreifen Folie **1 Menü**.

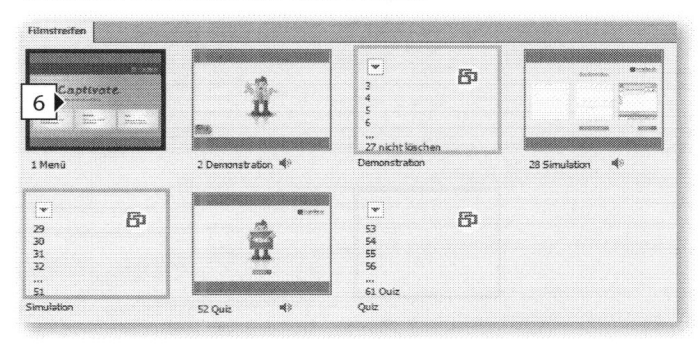

Wir möchten dem Benutzer nun ermöglichen, von dieser Menüfolie aus direkt in die entsprechenden Kapitel zu navigieren.

---

**Foliengruppen übersichtlich gestalten**

Wenn Sie mehrere Foliengruppen in einem Projekt erstellen: Sie können diese durch Farben voneinander abgrenzen. Wählen Sie hierfür im Bedienfeld *Eigenschaften* einer Foliengruppe unter *Allgemein* eine *Farbe* aus.

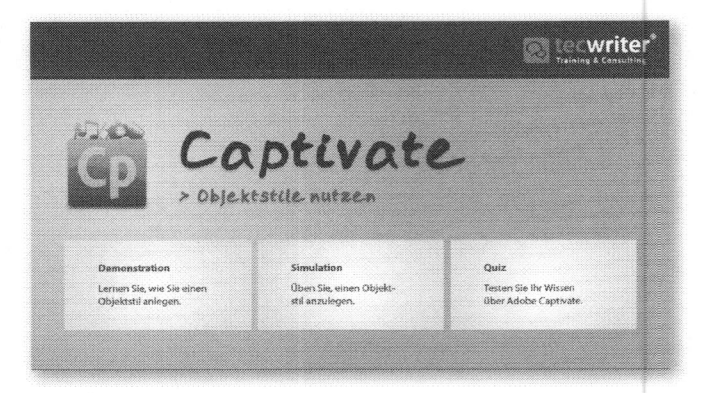

**7** Fügen Sie eine Bildschaltfläche ein:

**a** Wählen Sie **Einfügen** > **Standardobjekte** > **Schaltfläche**.

**b** Wählen Sie in den *Eigenschaften* der Schaltfläche im Bereich *Allgemein* unter *Schaltfläche* die Option **Bildschaltfläche**.

**c** Klicken Sie auf **Ändern** und öffnen Sie die Datei *1_up.png* aus dem Verzeichnis *\13_Projekt_strukturieren\Schaltflaechen\*.

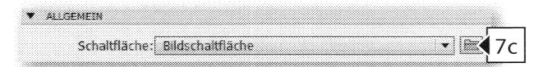

**d** Platzieren Sie die Schaltfläche auf der Folie über dem Bereich *Demonstration*.

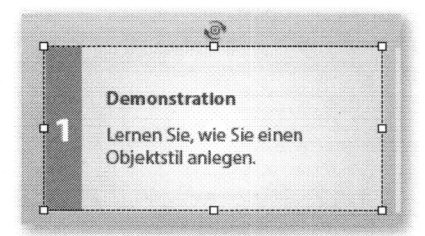

**8** Fügen Sie zwei weitere Bildschaltflächen (*2_up.png* und *3_up.png*) ein: Wiederholen Sie jeweils **Schritt 7** und platzieren Sie die Bildschaltflächen auf der Folie (wie im folgenden Bildschirmfoto gezeigt).

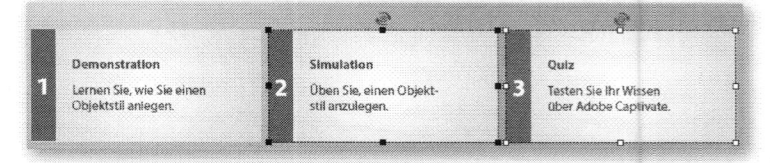

**9** Verlinken Sie die erste Bildschaltfläche mit dem Themenbereich *Demonstration*:

**a** Markieren Sie die Schaltfläche auf der Folie.

**b** Wählen Sie in den *Eigenschaften* im Bereich *Aktion* unter *Bei Erfolg* **Zu Folie springen** und unter *Folie* **2 Demonstration**.

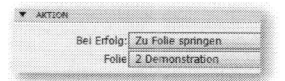

**10** Verlinken Sie auf die gleiche Weise die beiden weiteren Schaltfläche mit den Themenbereichen *Simulation* (*Folie* **28 Simulation**) und *Quiz* (*Folie* **52 Quiz**).

Der Benutzer gelangt nun, sobald er auf eine der Schaltflächen klickt, auf die erste Folie eines Themenbereiches. Nun möchten wir, dass das Projekt am Ende eines Themas automatisch wieder zurück auf die Menüfolie springt.

**11** Markieren Sie jeweils die letzte Folie eines Themas (Folie **27**, **51** sowie **61**) und wählen Sie in den *Folieneigenschaften* im Bereich *Aktion* unter *Beim Verlassen* **Zu Folie springen** und unter *Folie* **1 Menü**.

**12** Testen Sie das Projekt in der Vorschau (**Datei > Vorschau > Projekt**) und speichern Sie Ihr Ergebnis optional.

Sie haben Ihr Projekt nun über eine Menüfolie verzweigt. Der Benutzer kann direkt in die gewünschten Themenbereiche navigieren und gelangt nach Abschluss des Themas automatisch zurück auf die Menüfolie.

> Eine mögliche Lösung finden Sie in der Datei \13_Projekte_strukturieren\ *Projekt_verzweigen_Menuefolie_Ziel.cptx*.

## Projektstart & -ende

Sie können festlegen, wie ein Projekt beginnen oder enden soll. So können Sie z. B. einen Ladebildschirm oder ein Standbild einstellen oder Ihre Projekte mit einem Kennwortschutz oder Ablaufdatum versehen.

**Die Kategorie Projekt > Start und Ende in den Voreinstellungen**
Bearbeiten > Voreinstellungen (Win) / Adobe Captivate > Voreinstellungen (Mac)

**Projekt: Start und Ende**

Optionen für Projektstart:
- ☑ Automatische Wiedergabe ◄ **A**
- **B** ► ☑ Preloader:
  C:\Program Files\Adobe\Adobe Captivate 6 x64\de_DE\ [Durchsuchen...]
  Preload **C** ► 100
- **D** ► ☑ Projekt mit Kennwortschutz versehen:
  ••••••••  [Optionen...]
- **E** ► ☑ Projektablaufdatum:
  7/18/2012  [Kalender...]
- **F** ► Projekt abgelaufen.
- **G** ► ☑ In der ersten Folie einblenden

Optionen für das Projektende:
- **H** ► Aktion: [Projekt anhal... ▼]
- **I** ► ☑ In der letzten Folie ausblenden

**A** Projekt automatisch wiedergeben oder ein Standbild anzeigen (*Optional:* Eine Bilddatei als Standbild festlegen)

**B** Preloader (Ladebalken) anzeigen (Optional: Preloader-Animation vorgeben)

**C** Ladezustand, ab dem das Projekt starten soll

**D** Kennwortschutz sowie weitere Optionen (z. B. Meldungen, die bei Eingabe eines richtigen und falschen Kennwortes angezeigt werden)

**E** Ablaufdatum (wenn es sich z. B. um schnelllebige Informationen handelt)

**F** Meldung, die beim Ablauf des Projektes angezeigt werden soll

**G** Projekt mit Einblendeeffekt beginnen

**H** Aktion nach Projektende ( ► *Seite 241*)

**I** Projekt mit Ausblendeeffekt beenden

## Preloader

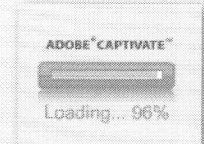

Der Preloader lädt die Daten des Captivate-Projekts im Voraus und informiert über den aktuellen Ladezustand. Standardmäßig ist der Preloader auf 100 % eingestellt. Dies bedeutet, dass ein Captivate-Projekt per Standardeinstellung komplett geladen wird. Erst dann wird das Projekt abgespielt. Dies vermeidet in höchster Güte, dass der Film ruckelt oder ggf. pausieren muss, um restliche Daten nachzuladen.

Gerade bei Web-Veröffentlichungen und größeren Projekten bedeutet dies allerdings, dass der Benutzer (abhängig von seiner Bandbreite) einige Sekunden bis zu wenigen Minuten warten muss, bis das Captivate-Projekt geladen ist. In einem solchen Fall bietet es sich an, den Preloading-Umfang zu reduzieren, z. B. auf 50 %. Dann werden die restlichen Teile im Hintergrund nachgeladen – während das Captivate-Projekt bereits abgespielt wird.

Wenn Sie Hintergrund- oder Folienaudio verwenden: Stellen Sie sicher, dass jedes Audio-Element (auf allen Folien) erst nach 0,1 Sekunden erscheint. Andernfalls vereint Captivate bei der Veröffentlichung alle Audio-Elemente zu einem Audio-Element, welches dann nur noch in einem Stück geladen werden kann. Dies würde also bewirken, dass der Preloader trotz Ihrer Einstellungen bis 100 % lädt.

## Wiedergabeleiste & Rahmen

Captivate liefert eine Auswahl an Wiedergabeleisten mit, deren Aussehen Sie auf Ihre Wünsche anpassen können.

### Der Bereich Wiedergabesteuerung des Skin-Editors
Projekt > Skin-Editor

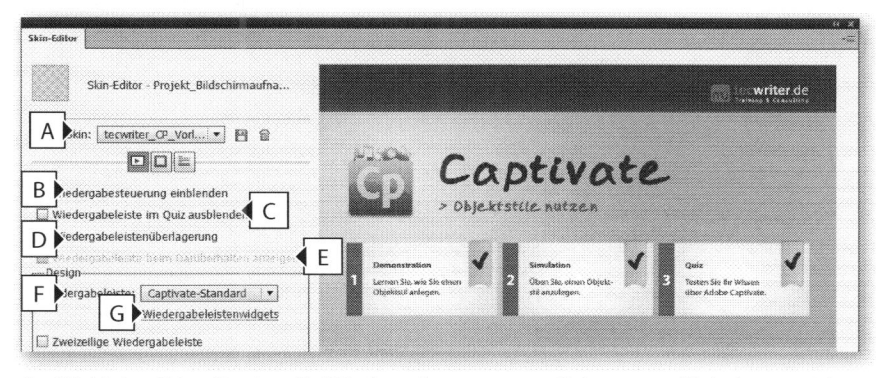

**A** Wahl des Skins (Design für Wiedergabesteuerung, Rahmen und Inhaltsverzeichnis)

**B** Wiedergabesteuerung anzeigen/ausblenden

---

**Wiedergabeleiste im Quiz ausblenden**

Alternativ können Sie diese Einstellung auch in den *Quizvoreinstellungen* (**Quiz > Quizvoreinstellungen**) in der Kategorie **Quiz > Einstellungen** vornehmen.

### Schließen-Schaltfläche in der Praxis

In den meisten Anwendungsszenarien sollten Sie die Schließen-Schaltfläche deaktivieren. Grund ist, dass diese bei SWF-Veröffentlichungen ohne Weiteres nur in bestimmten Browsern (eingeschränkt) lauffähig ist (z. B. dem Internet Explorer). Wenn Sie diese Funktion einigermaßen zuverlässig anbieten möchten (u.a. im Internet Explorer, Safari, Firefox), müssen das Browser-Fenster per JavaScript geöffnet und das Projekt über einen Webserver bereitgestellt werden. Dies können Sie z. B. erreichen, indem Sie bei der Veröffentlichung als SWF die Funktion **Vollbild** aktivieren. Dadurch wird das Projekt mittels Weblink in einem reduzierten JavaScript-Popup-Fenster geöffnet, welches mittels Schließen-Schaltfläche geschlossen werden kann. Diesen Link können Sie anschließend auf einer Kurs-Webseite wiederverwenden. Falls Sie jedoch eine Lernplattform einsetzen und Ihren Kurs dort z. B. als SCORM-Paket einstellen, wird der SCORM-Player die Aufforderung, das Fenster zu schließen, in den meisten Fällen unterbinden. In diesen Fällen können Sie nur versuchen, eine individuelle Lösung entwickeln zu lassen, da es hier leider keinen allgemeingültigen Lösungsansatz gibt.

**C** Falls Fragenfolien im Projekt vorhanden sind: Wiedergabeleiste im Quiz ausblenden

**D** Wiedergabeleiste auf das Projekt legen, statt es unter-, oberhalb oder daneben zu platzieren

**E** Wenn **D** aktiv: Wiedergabeleiste beim Überfahren des Projektes mit der Maus einblenden

**F** Wiedergabeleistendesign

**G** Wiedergabeleistenwidgets einblenden

**H** Position und Layout der Wiedergabeleiste

**I** Schaltflächen, die die Wiedergabeleiste enthalten soll

**J** Einstellungen für Bilduntertitel (z. B. Schriftart und Schriftfarbe)

**K** Transparenz der Wiedergabeleiste in Prozent

**L** Tooltips der Schaltflächen auf der Wiedergabeleiste aktivieren/deaktivieren

### Der Bereich Rahmen des Skin-Editors

Projekt > Skin-Editor

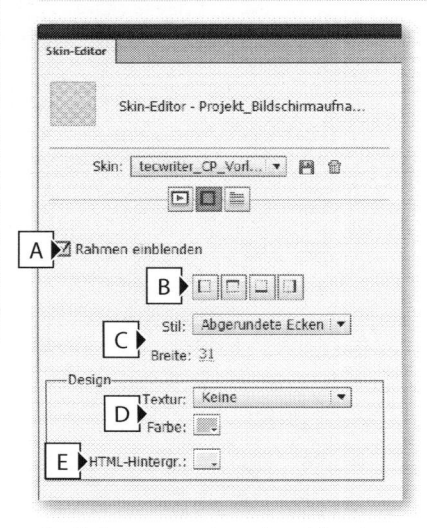

**A** Rahmen anzeigen / ausblenden

**B** Rahmenseite(n)

C   Rahmenstil & -breite
D   Rahmentextur oder -farbe
E   Hintergrundfarbe der HTML-Seite der Veröffentlichung

## Inhaltsverzeichnisse

Mit Hilfe eines Inhaltsverzeichnisses (in Captivate auch als TOC abgekürzt) können Sie Ihre Projekte untergliedern. Dieses Inhaltsverzeichnis können Sie ebenfalls auf Ihre Wünsche einstellen und designen.

### Der Bereich TOC des Skin-Editors
Projekt > Inhaltsverzeichnis

**Abschnitte des Inhaltsverzeichnisses benennen**

Sie können die Abschnitte direkt mit einem Doppelklick in die Spalte *Titel* beschriften, einzelne Folien vom Inhaltsverzeichnis ein-/ausblenden oder mit der Maus per Drag-&-Drop verschieben. Beachten Sie jedoch: Wenn Sie nachträglich die Foliennamen in den Folieneinstellungen verändern, werden diese im Inhaltsverzeichnis nicht automatisch aktualisiert. Sie müssen das Inhaltsverzeichnis dann über die Schaltfläche **TOC zurücksetzen** aktualisieren. Dadurch werden alle Ihre manuellen Änderungen am Inhaltsverzeichnis ebenfalls zurückgesetzt. Deshalb sollten Sie Inhaltsverzeichniseinträge stets über die Foliennamen steuern und nicht manuell im Skin-Editor eintragen.

A   Inhaltsverzeichnis anzeigen / ausblenden

B   Auflistung der verfügbaren und im Inhaltsverzeichnis sichtbaren Folien bzw. Abschnitte (die Titel werden automatisch von evtl. bestehenden Foliennamen übernommen)

C   Ordner bzw. Hauptkapitel erstellen, dem einzelne Abschnitte untergeordnet werden können

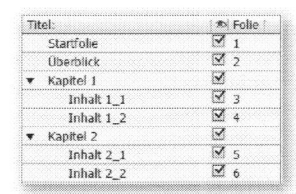

D   Inhaltsverzeichnis zurücksetzen und aktuelle Foliennamen laden

E   Markierten Abschnitt nach rechts/links/oben/unten verschieben

**F** Markierten Eintrag löschen

**G** TOC-Einstellungen öffnen (▶ *siehe unten*)

**H** TOC-Informationen öffnen, um zusätzliche Informationen im Inhaltsverzeichnis darzustellen (▶ *siehe unten*)

### Das Fenster TOC-Einstellungen

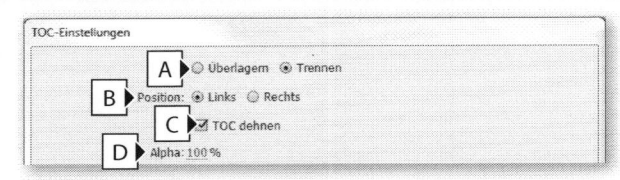

> **Suchfunktion**
>
> Die Suchfunktion greift nicht nur auf die Namen der einzelnen Abschnitte zu, sondern durchsucht auch die Inhalte der einzelnen Folien.

**A** Inhaltsverzeichnisse ein- und ausblendbar (**Überlagern**) machen oder fest positionieren (**Trennen**)

**B** Position des Inhaltsverzeichnisses

**C** Wenn unter **A** die Option **Trennen** aktiv: Inhaltsverzeichnis an die Höhe des Projektes (inklusive Wiedergabesteuerung) anpassen

**D** Transparenzeinstellungen des Inhaltsverzeichnisses

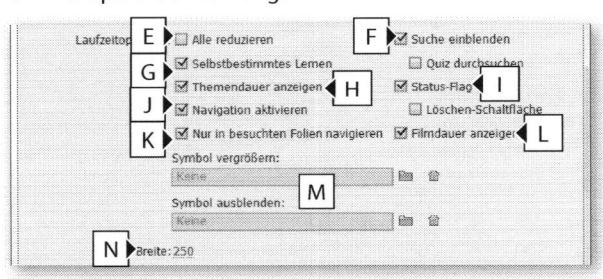

**E** Unterkapitel in einem untergliederten Inhaltsverzeichnis automatisch ausblenden

**F** Suche anzeigen; optional die Suche in Fragenfolien ermöglichen

**G** Projekt bei erneutem Öffnen auf Wunsch an der Stelle fortsetzen, an der der Benutzer zuvor unterbrochen hatte

**H** Dauer der einzelnen Abschnitte anzeigen

**I** Status-Flags anzeigen, die bereits gesehenen Abschnitte abhaken; optional Löschen-Schaltfläche anzeigen, über die die Status-Flags entfernt werden können

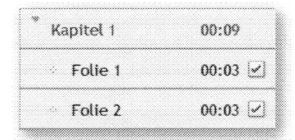

**J** Inhaltsverzeichnis navigierbar machen, damit der Benutzer Kapitel gezielt ansteuern kann

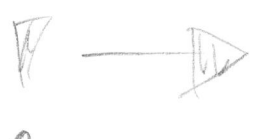

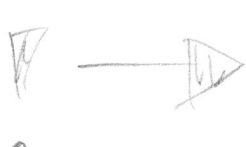

**K** Navigation nur in Folien erlauben, die bereits bearbeitet wurden
**L** Gesamtdauer des Projektes anzeigen
**M** Symbole für das Ein- und Ausblenden des Inhaltsverzeichnisses hinterlegen
**N** Breite des Inhaltsverzeichnisses (zwischen 250 und 500 Pixel)

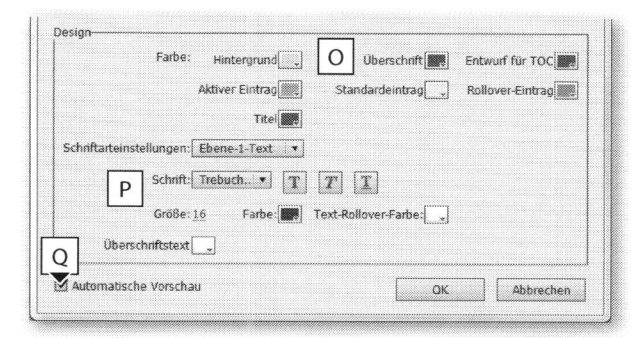

**O** Farbeinstellungen
**P** Schriftformatierung für die einzelnen Gliederungsebenen im Inhaltsverzeichnis
**Q** Vorschau dieser Einstellungen live im *Skin-Editor* anzeigen

### Das Fenster TOC-Informationen des Skin-Editors

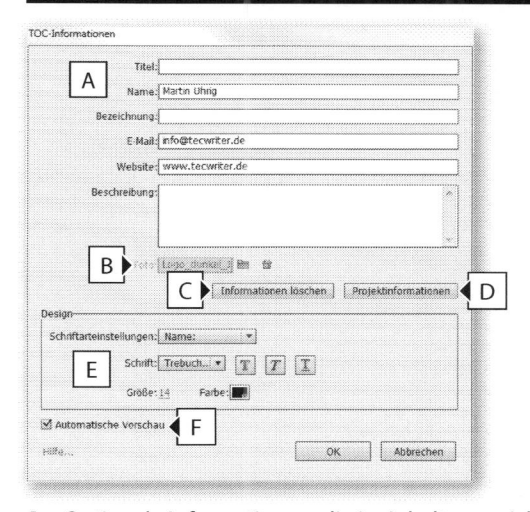

**A** Optionale Informationen, die im Inhaltsverzeichnis ausgegeben werden
**B** Ein Foto/Bild (z. B. Firmenlogo) anzeigen
**C** Alle Felder leeren
**D** Projektinformationen aus den Voreinstellungen (Kategorie **Projekt > Informationen**) übernehmen
**E** Schriftformatierung der einzelnen Informationen
**F** Vorschau dieser Einstellungen live im Skin-Editor anzeigen

---

**Nur in besuchten Folien navigieren**

Wenn Sie ein Projekt z. B. so aufbauen möchten, dass Ihren Benutzern weitere Themen/Kapitel erst dann freigeschaltet werden, wenn ein bestimmtes Thema/Kapitel bearbeitet wurde, sollten Sie sicherstellen, dass Ihre Benutzer die freizuschaltenden Themen nicht frühzeitig über Inhaltsverzeichniseinträge auswählen können. Hierbei hilft die Option **Nur in besuchten Folien navigieren**.

## Übung: Skin formatieren und Inhaltsverzeichnis erstellen

Im Rahmen dieser Übung passen wir das Skin (Design der Wiedergabeleiste, Rahmen und des Inhaltsverzeichnisses) an und erstellen ein individuelles Inhaltsverzeichnis.

✓ Wie Sie die Übungsdateien herunterladen: ▶ *Seite 19*

### Übung im Kurzüberblick

- ▶ Sie vergeben Foliennamen
- ▶ Sie erstellen ein Inhaltsverzeichnis
- ▶ Sie passen die Wiedergabesteuerung an
- ▶ Sie blenden den Rahmen aus

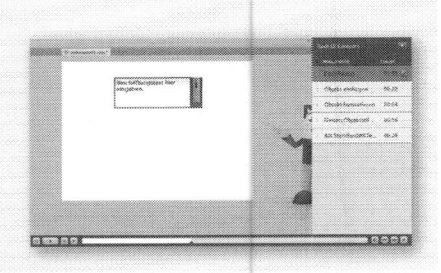

**Foliengruppennamen**

Auch Foliengruppennamen können in das Inhaltsverzeichnis übernommen werden.

### Übung

**1** Öffnen Sie die Datei *Skin_IHVZ_Ausgang.cptx* aus dem Ordner *13_Projekte_strukturieren*.

**2** Vergeben Sie Namen für die Folien, die in das Inhaltsverzeichnis als Einträge aufgenommen werden sollen:

 **a** Markieren Sie Folie **1** und tragen Sie im Bedienfeld *Eigenschaften* unter *Name* den Text „Einführung" ein.

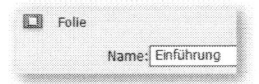

 **b** Benennen Sie Folie **6** mit „Objekt einfügen".

 **c** Benennen Sie Folie **12** mit „Objekt formatieren".

 **d** Benennen Sie Folie **18** mit „Neuen Objektstil speichern".

 **e** Benennen Sie Folie **22** mit „Als Standardstil festlegen".

 Diese Namen werden bei der Erstellung oder Aktualisierung des Inhaltsverzeichnisses automatisch übernommen.

**3** Fügen Sie ein Inhaltsverzeichnis ein:

 **a** Wählen Sie in der Menüleiste **Projekt > Inhaltsverzeichnis**.

 Das Fenster *Skin-Editor* öffnet sich.

 **b** Aktivieren Sie die Option **TOC einblenden**.

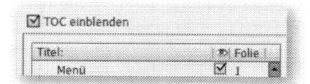

**c** Setzen Sie das Inhaltsverzeichnis zurück: Klicken Sie im unteren Bereich des Skin-Editors auf **TOC zurücksetzen**.

Falls zuvor Einstellungen am Inhaltsverzeichnis vorgenommen wurden, werden diese nun durch die aktuellen Einstellungen überschrieben.

**d** Klicken Sie auf **TOC-Einträge ein-/ausblenden** (**Auge** im Spaltenkopf).

Sie haben alle Folien abgewählt. Nun möchten wir lediglich die zuvor benannten Folien im Inhaltsverzeichnis anzeigen lassen.

**e** Aktivieren Sie die Einträge **Einführung**, **Objekt einfügen**, **Objekt formatieren**, **Neuen Objektstil speichern** und **Als Standardstil festlegen**.

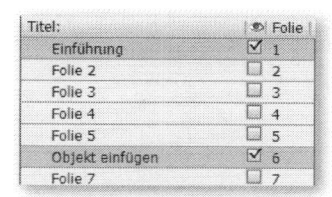

Im Inhaltsverzeichnis werden nun lediglich die benannten Folien angezeigt.

> **Folien im Inhaltsverzeichnis ein- / ausblenden**
>
> Wenn Sie schnell mehrere Folien im Inhaltsverzeichnis ein-/ausblenden möchten: Markieren Sie die entsprechenden Folien mit ⇧ und/oder wählen Sie einzelne Folien mit Strg (Win) / ⌘ (Mac) hinzu/ab. Klicken Sie dann auf das Auge im Spaltenkopf.

### Skin ändern

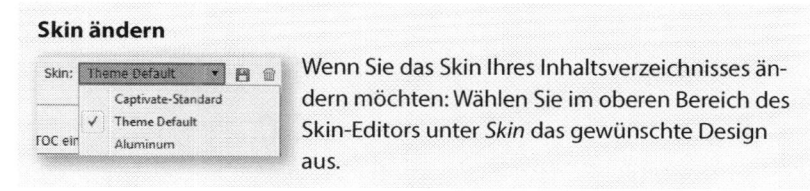

Wenn Sie das Skin Ihres Inhaltsverzeichnisses ändern möchten: Wählen Sie im oberen Bereich des Skin-Editors unter *Skin* das gewünschte Design aus.

**4** Formatieren Sie das Inhaltsverzeichnis:

**a** Klicken Sie im unteren Bereich des *Skin-Editors* auf **Einstellungen**.

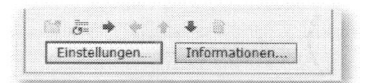

Das Fenster *TOC-Einstellungen* öffnet sich.

**b** Stellen Sie sicher, dass unter *Stil* die Option **Überlagern** und unter *Position* die Option **Rechts** gewählt ist.

Inhaltsverzeichnisse | **387**

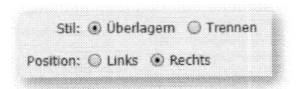

Stil: ● Überlagern ○ Trennen
Position: ○ Links ● Rechts

Das Inhaltsverzeichnis ist nun ein- und ausblendbar und wird im rechten Bereich des Projektes angezeigt.

Zusätzlich möchten wir dem Benutzer ermöglichen, die E-Learning-Einheit zu unterbrechen und später an der Stelle fortzusetzen, an der er zuvor unterbrochen hatte.

**c** Aktivieren Sie die Option **Selbstbestimmtes Lernen**.

☐ Alle reduzieren
☑ Selbstbestimmtes Lernen

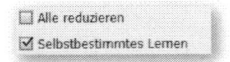

**d** Klicken Sie auf **OK**.

Nun möchten wir noch die Wiedergabesteuerung anpassen sowie Einstellungen im Bereich Rahmen vornehmen.

**5** Wechseln Sie in den Bereich **Wiedergabesteuerung** des *Skin-Editors*.

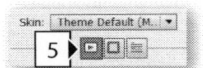

**6** Wählen Sie die folgenden Einstellungen für die Wiedergabesteuerung:

**a** Die Option **Wiedergabesteuerung einblenden**.

**b** Die Option **Wiedergabeleistenüberlagerung**.

Die Wiedergabeleiste wird über dem Inhalt Ihres Projektes platziert und benötigt somit keinen zusätzlichen Platz.

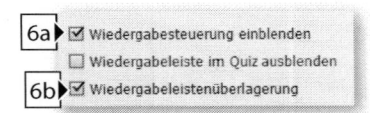

6a ▶ ☑ Wiedergabesteuerung einblenden
☐ Wiedergabeleiste im Quiz ausblenden
6b ▶ ☑ Wiedergabeleistenüberlagerung

**c** Deaktivieren Sie die Option **Schließen**.

**d** Deaktivieren Sie die Option **Schnelles Vorspulen**.

**e** Stellen Sie sicher, dass alle weiteren Optionen aktiviert sind.

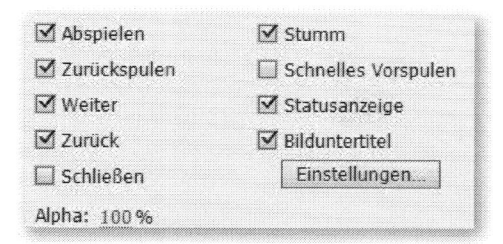

**7** Wechseln Sie in den Bereich **Rahmen** des *Skin-Editors*.

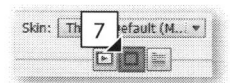

**8** Deaktivieren Sie die Option **Rahmen einblenden**.

**9** Schließen Sie den *Skin-Editor*.

**10** Testen Sie das Projekt in der Vorschau (**Datei > Vorschau > Projekt**) und speichern Sie Ihr Ergebnis optional.

Sie wissen nun, wie Sie ein individuelles Inhaltsverzeichnis erstellen sowie das Skin anpassen können.

> Eine mögliche Lösung finden Sie in der Datei *\13_Projekte_strukturieren\ Skin_IHVZ_Ziel.cptx*.

## Menüs (Aggregatorprojekte)

In diesem Abschnitt lernen Sie, wie Sie verschiedene Captivate-Projekte über ein Aggregator-Menü vereinen können. Außerdem erfahren Sie, welche Veröffentlichungsmöglichkeiten Sie haben.

> ✓ Um ein Aggregator-Menü erzeugen zu können, müssen Sie Ihre Projekte zuvor als Flash (SWF) veröffentlicht haben.

### Der Aggregator
Datei > Neues Projekt > Aggregatorprojekt

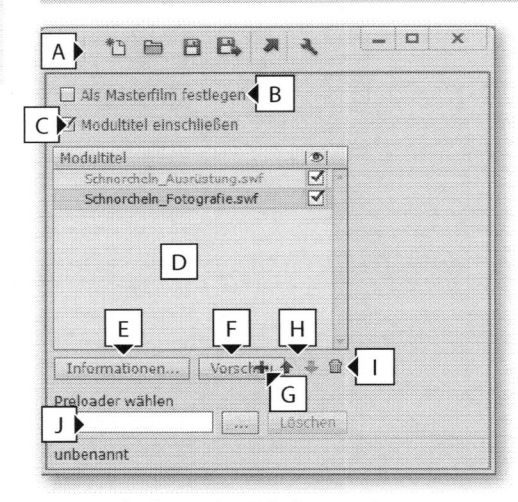

**Unterschiedliche Skin-Einstellungen**

Die Option **B** übernimmt nur das Design des Inhaltsverzeichnisses für alle Projekte, jedoch nicht die gesamten Skin-Einstellungen. Wenn Ihre Projekte unterschiedliche Wiedergabeleisten verwenden, bleiben diese Unterschiede bestehen. Dadurch ist es möglich, Projekte mit und ohne Wiedergabeleiste zu mischen (z. B. Theorie-Einheiten und Bildschirmaufnahmen).

**Modulverzeichnis einstellen**

Wie im Inhaltsverzeichnis können Sie unter **D** die Module direkt mit einem Doppelklick in die Spalte *Modultitel* beschriften, vom Menü ein- / ausblenden oder mit der Maus per Drag-&-Drop verschieben.

- **A** Symbolleiste (▶ *Tabelle unten*)
- **B** TOC-Design des aktuell gewählten Projekts als Standard für das Aggregator-Menü definieren
- **C** Alle Modultitel anzeigen / ausblenden (nur evtl. bestehende Inhaltsverzeichnis-Einträge aus den einzelnen Inhaltsverzeichnissen werden dann angezeigt)
- **D** Verfügbare und im Aggregator-Menü sichtbare Module
- **E** Aggregator-Informationen hinterlegen und Informationen aus dem Inhaltsverzeichnis überschreiben
- **F** Vorschau abspielen
- **G** Neues Modul hinzufügen
- **H** Aktuell markiertes Modul nach unten / oben verschieben
- **I** Aktuell markiertes Modul entfernen
- **J** Einheitlicher Preloader für das Projekt (▶ *Seite 379*)

## Die Symbolleiste des Aggregators

| | |
|---|---|
| | Neues Projekt erstellen |
| | Bestehendes Projekt öffnen |
| | Aktuelles Projekt unter bestehendem Namen speichern |
| | Aktuelles Projekt unter neuem Namen speichern |
| | Aktuelles Projekt als EXE / APP oder Flash (SWF) veröffentlichen |
| | Veröffentlichungseinstellungen |

### Übung: Menü erstellen

Im Rahmen dieser Übung fügen wir zwei Captivate-Projekte über ein Aggregator-Projekt zusammen.

✓ Wie Sie die Übungsdateien herunterladen: ▶ Seite 19

**Übung**

1  Erstellen Sie ein neues Aggregator-Projekt: Wählen Sie im *Willkommensbildschirm* von Captivate unter *Neu erstellen* **Aggregatorprojekt**.

   Der *Adobe Captivate Aggregator* öffnet sich.

2  Stellen Sie Ihre Projekte zusammen:

   a  Klicken Sie im unteren Bereich auf **Modul hinzufügen**.

   b  Öffnen Sie die Datei *Demonstration.swf* aus dem Ordner *\13_Projekte_strukturieren\Menue_Aggregator\*.

      Das Modul wird in das Menü eingefügt.

   c  Fügen Sie auch die Datei *Simulation.swf* hinzu.

      Ihr Aggregatorprojekt beinhaltet nun zwei SWF-Dateien.

3  Klicken Sie im unteren Bereich auf **Vorschau**.

---

**Ausführbare Windows- / Mac-Datei veröffentlichen**

Wenn Sie eine **Ausführbare Windows-/Mac- Datei** veröffentlichen möchten: Bei sehr umfangreichen Projekten können u. U. mehrere Minuten vergehen, bis das Projekt geladen ist (und ohne Reaktion seitens des Systems), da das gesamte Projekt auf einmal geladen werden muss. Beim Dateityp **SWF** hingegen, laden die einzelnen Module zur Laufzeit im Hintergrund nach. Das Projekt startet somit schneller. Außerdem können Sie einzelne Module austauschen, ohne dass Sie das Aggregator-Projekt erneut veröffentlichen müssen.

Eine Vorschau wird im rechten Bereich des Aggregators geladen.

4  Erweitern Sie im rechten Bereich das Inhaltsverzeichnis bzw. Menü.

5  Klappen Sie das Menü auf.

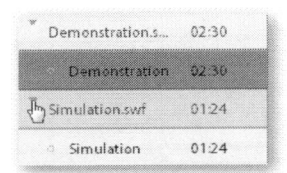

Sie sehen, dass die Inhaltsverzeichnisse der einzelnen Module direkt unter den Modultiteln aufgeführt werden. Diese Modultitel möchten wir allerdings nicht mit in das Inhaltsverzeichnis aufnehmen.

6  Wählen Sie im Bereich *Modultitel* den Eintrag **Demonstration.swf** und deaktivieren Sie die Option **Modultitel einschließen**.

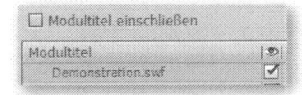

---

**Benutzerdefiniertes Programmsymbol festlegen**

Wenn Sie eine **Ausführbare Windows-/MAC- Datei** veröffentlichen: Sie können zusätzlich ein benutzerdefiniertes Programmsymbol festlegen und definieren, ob das Projekt im Vollbild geöffnet werden soll.

---

7  Wiederholen Sie **Schritt 6** auch für das Modul **Simulation.swf**.

8  Klicken Sie erneut auf **Vorschau**.

Wenn Sie das Inhaltsverzeichnis öffnen, sehen Sie nun, dass die Modultitel nicht mehr im Inhaltsverzeichnis angezeigt werden.

9  Klicken Sie auf **Aggregator-Projekt speichern** und speichern Sie die Datei.

Es wird eine Aggregator-Datei (*.aggr*) erzeugt.

10  Klicken Sie auf **Aggregator-Projekt veröffentlichen**.

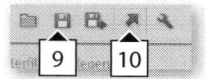

Das Fenster *Aggregator-Veröffentlichung* öffnet sich.

**11** Wählen Sie unter *Format* die Option **SWF**.

**12** Definieren Sie *den Titel* und legen Sie den (Veröffentlichungs-)*Ordner* fest.

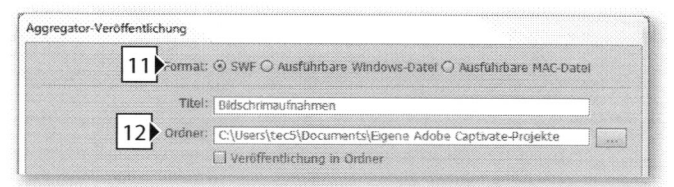

**Interaktives PDF**

Alternativ können Sie auch ein interaktives PDF erzeugen: Wählen Sie hierzu die Veröffentlichungsoption **PDF exportieren**.

**13** Klicken Sie auf **Veröffentlichen**.

Sie haben nun zwei Projekte über ein Aggregator-Projekt zusammengeführt und ein Menü erstellt.

> Eine mögliche Lösung finden Sie in der Datei *\13_Projekte_strukturieren \Menue_Aggregator \ Bildschirmvideos.swf.*

# Schnittstellen nutzen

Sie können sich nicht nur bestehender PowerPoints bedienen, sondern auch Photoshop-Dateien importieren. Auch ist es mit Drittprogrammen problemlos möglich, eigene Elemente zu gestalten.

## Themenübersicht

- » PowerPoint-Schnittstelle — 396
- » Übung: PowerPoints importieren und bearbeiten — 399
- » Photoshop-Schnittstelle — 404
- » Übung: Photoshop-Datei importieren — 406
- » Flash-Schnittstelle — 409
- » Das Programmverzeichnis von Captivate — 410
- » Übung: Eigene Textbeschriftungsstile verwenden — 412

## PowerPoint-Schnittstelle

In Captivate können Sie bestehende PowerPoint-Folien importieren. Dabei werden die meisten Animationseffekte übernommen, die zuvor in PowerPoint definiert wurden. Außerdem können Sie PowerPoint-Folien direkt mit Ihrem Projekt verknüpfen und auf Wunsch automatisch aktualisieren lassen.

| Arbeitsschritt | Erforderliche PowerPoint-Version |
|---|---|
| Importieren einer PPT-Datei | Kein PowerPoint erforderlich |
| Importieren einer PPTX-Datei (Win) | Microsoft PowerPoint ab 2007; Microsoft PowerPoint 2003 mit Office Service Pack 3 (oder höher) und Office Compatibility Pack |
| Importieren einer PPTX-Datei (Mac) | Microsoft PowerPoint ab 2008; Microsoft PowerPoint 2004 mit Office 2004-Update (11.5 oder höher) und Open XML Converter (Compatibility Pack für Office 2008) |
| Bearbeiten einer PPT-Datei (Win) | Microsoft PowerPoint ab 2003 |
| Bearbeiten einer PPT-Datei (Mac) | Microsoft PowerPoint ab 2004 |
| Bearbeiten einer PPTX-Datei (Win) | Microsoft PowerPoint ab 2007; Microsoft PowerPoint 2003 mit Office Service Pack 3 (oder höher) und Office Compatibility Pack |
| Bearbeiten einer PPTX-Datei (Mac) | Microsoft PowerPoint ab 2008; Microsoft PowerPoint 2004 mit Office 2004-Update (11.5 oder höher) und Open XML Converter (Compatibility Pack für Office 2008) |

**Einblende-Einstellungen**

Die Einblende-Einstellungen einzelner Textabschnitte oder Bilder etc., die in der PowerPoint-Datei definiert wurden, bleiben von der Option (**C**) unberührt. Wenn in PowerPoint z. B. definiert wurde, dass Bilder und Texte erst nach einem Mausklick erscheinen, wird diese Einstellung auch in Captivate übernommen.

**Das Fenster Microsoft PowerPoint-Präsentationen konvertieren**

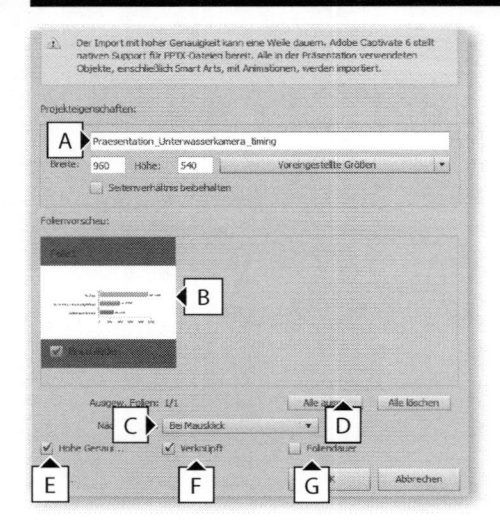

14 Schnittstellen nutzen

A  Nur verfügbar, wenn Sie ein neues Projekt auf Basis einer PowerPoint-Datei erstellen und die PowerPoint-Datei nicht in ein bestehendes Projekt importieren: Projektname und Auflösungseinstellungen einstellen

B  Folien markieren, die importiert werden sollen

C  Folienablauf: **Bei Mausklick** legt ein Klickfeld über jede Folie, sodass auch der Übergang zwischen den Folien per Mausklick erfolgt. Bei der Option **Automatisch** läuft die Präsentation (zwischen den Folien) von alleine ab

D  Auswahloptionen: Alle Folien auswählen oder abwählen

E  `Win`  Hohe Genauigkeit

F  Captivate-Projekt mit PowerPoint-Datei verknüpfen: Änderungen in Captivate werden dadurch automatisch in die PowerPoint-Datei zurück geschrieben

> **!** Vermeiden Sie es, verknüpfte Captivate- und PowerPoint-Dateien parallel zu bearbeiten. Dies kann zu unvorhersehbaren Ergebnissen führen.

G  `Win`  Wenn **E** aktiv ist, Animationsdauer aus der PowerPoint in der Zeitleiste abbilden

### PPT-Folien ohne Verknüpfung importieren

Wenn Sie PowerPoint-Folien ohne Verknüpfung importieren (**F** deaktiviert), wird die Präsentation (alle Folien) in Ihr Projekt eingebettet. Zur Reduzierung der Projektgröße können Sie die nicht verwendeten Folien aus der Präsentation über die *Bibliothek* löschen: Rechtsklicken Sie dazu auf die Präsentation und wählen Sie **Komprimieren**.

### So verhält sich die PowerPoint-Schnittstelle

▶ Bei einer eingebetteten PowerPoint-Datei werden Änderungen über Captivate nicht in die Originaldatei übernommen.

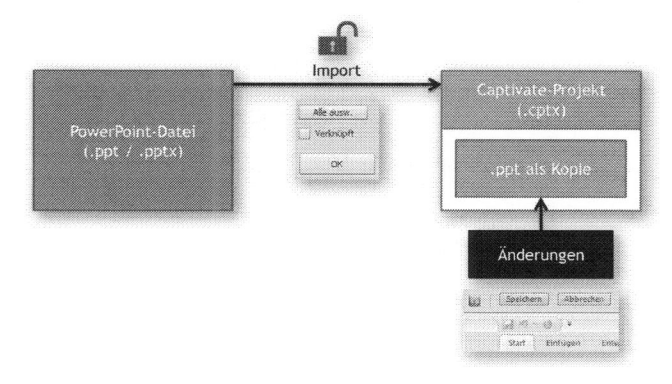

▶ Bei einer verknüpften PowerPoint-Datei werden Änderungen über Captivate direkt in die Originaldatei zurück geschrieben.

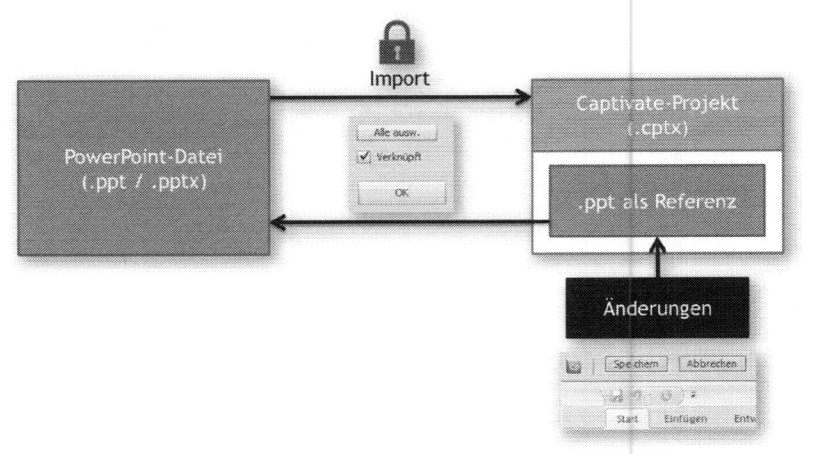

▶ Bei einer verknüpften PowerPoint-Datei werden Änderungen an der Originaldatei nicht automatisch in Captivate übernommen, sondern müssen manuell bestätigt werden.

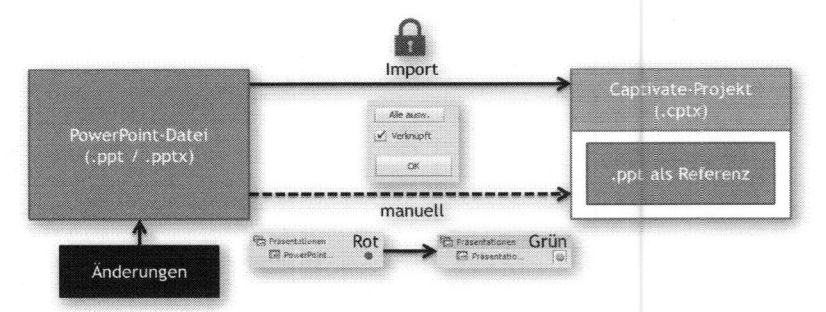

> **!** PowerPoint-Präsentationen haben eine Standardauflösung von 960x720. Erstellen Sie Ihr Captivate-Projekt für ein optimales Ergebnis in der gleichen Auflösung oder passen Sie die Präsentation vor dem Import an die Auflösung Ihres Captivate-Projektes an (▶ Weblink 14.1, Seite 20).

## Übung: PowerPoints importieren und bearbeiten

Im Rahmen dieser Übung importieren wir eine PowerPoint-Datei und lernen das Verhalten der Schnittstelle näher kennen.

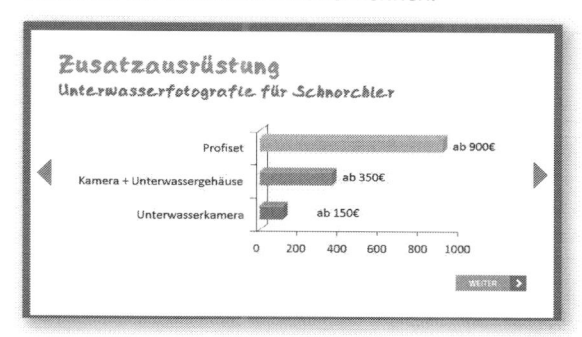

Wie Sie die Übungsdateien herunterladen: ▶ Seite 19

### Übung

1  Öffnen Sie die Datei *PPT_Ausgang.cptx* aus dem Ordner \14_Schnittstellen\.

2  Wählen Sie **Einfügen > PowerPoint-Folie**.

   Das Fenster *Folien importieren und nach der ausgewählten Folie einfügen* öffnet sich.

3  Wählen Sie **Folie 3 Zusatzausrüstung Neopren** aus.

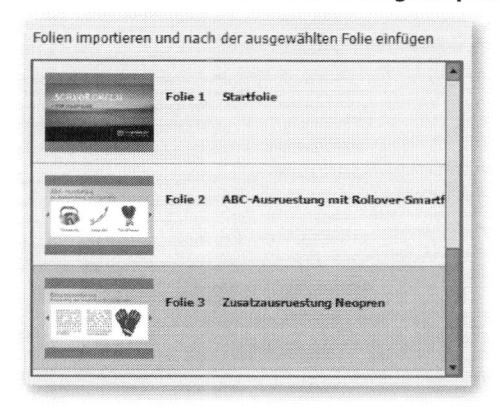

**PowerPoints vertonen**

Wenn Sie PowerPoint-basierte Projekte vertonen: Stellen Sie sicher, dass die Animationen der PowerPoint-Präsentation zeit- und nicht klickbasiert sind. Andernfalls wird das Audio „abgehackt" abgespielt.

4  Klicken Sie auf **OK**.

5  Navigieren Sie zur Datei *Praesentation_Unterwasserkamera_timing.pptx* im Ordner *14_Schnittstellen*.

6  Klicken Sie auf **Öffnen**.

**PowerPoint-Import verbessern**

Beim Importvorgang wird mit Hilfe der Funktion **Hohe Genauigkeit** die PPTX-Datei direkt in das SWF-Format konvertiert. Dadurch werden seit der Version Captivate 6 (fast) alle Funktionen aus PowerPoint korrekt importiert.

Das Fenster *Microsoft PowerPoint-Präsentationen konvertieren* öffnet sich.

7 Wählen Sie **Folie 1** aus.

8 Wählen Sie unter *Nächste Folie* die Option **Automatisch**.

9 Stellen Sie sicher, dass die Option **Verknüpft** aktiviert ist.

10 **Win** Aktivieren Sie die Optionen **Hohe Genauigkeit** sowie **Foliendauer**.

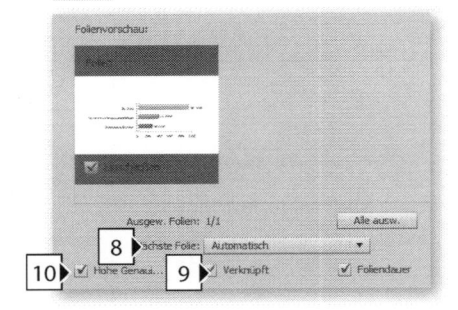

11 Klicken Sie auf **OK**.

Falls eine Meldung bezüglich der Abmessungen erscheint: Bestätigen Sie diese mit **Ja**. Die PowerPoint-Datei ist bereits auf die Captivate-Datei abgestimmt. Aufgrund von „Umrechnungsverlusten" von cm in Pixel erscheint diese Meldung.

Die PowerPoint-Folie wird nun eingefügt.

**Import von Folienanmerkungen**

Die Folienanmerkungen der PowerPoint-Datei werden auch als Folienamerkungen in Captivate übernommen.

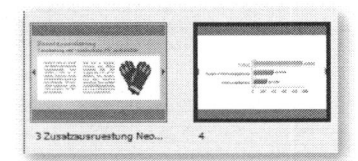

Damit der Benutzer die Grafik „Klick für Klick" aufbauen lassen kann, fügen wir nun pausierende Schaltflächen ein.

12 Fügen Sie eine Schaltfläche ein (**Einfügen** > **Standardobjekte** > **Schaltfläche**).

13 Wählen Sie unter Stil den *Objektstil* **btn_weiter**.

14 Platzieren Sie die Schaltfläche in der rechten unteren Ecke: Tragen Sie hierzu im Bedienfeld *Eigenschaften* unter *Transformieren* die Werte *X* **780** und *Y* **460** ein.

**15** Wählen Sie im Bedienfeld *Eigenschaften* unter *Aktion Bei Erfolg* die Option **Weiter** aus.

**16** Duplizieren Sie die Schaltfläche mit `Strg`+`D` (Win) / `⌘`+`D` (Mac) zweimal und korrigieren Sie die Position, sodass alle Schaltflächen übereinander liegen.

**17** Stellen Sie das Timing der 3 Schaltflächen ein, wie im folgenden Bildschirmfoto zu sehen. Achten Sie dabei auch auf das Timing der Pausen:

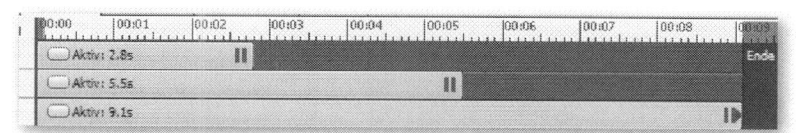

**18** Kopieren Sie Titel und Untertitel von Folie 3 auf Folie 4 und ändern Sie die Textbeschriftungen wie auf dem folgenden Bildschirmfoto zu sehen:

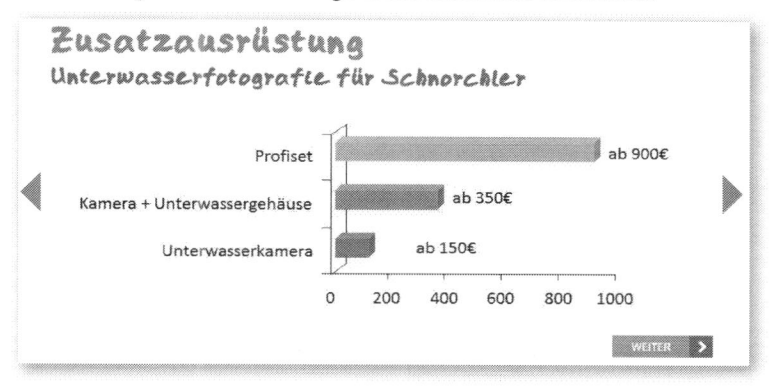

**19** Lassen Sie Titel und Untertitel bis zum Ende der Folie anzeigen: Markieren Sie die Textbeschriftungen in der Zeitleiste und drücken Sie `Strg`+`E` (Win) / `⌘`+`E` (Mac).

**20** Testen Sie Ihr Projekt in der Vorschau (**Datei** > **Vorschau** > **Projekt**).

**21** Schließen Sie die Vorschau.

**22** Testen Sie nun das Verhalten der PowerPoint-Schnittstelle: Rechtsklicken Sie auf Folie 4 und wählen Sie **Mit Microsoft PowerPoint bearbeiten** > **Präsentation bearbeiten**.

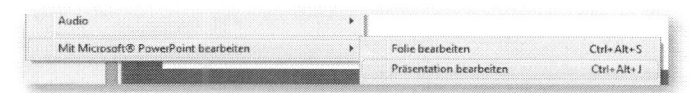

Die PowerPoint-Datei öffnet sich nun in einem PowerPoint-Plugin, welches direkt in Captivate eingebettet ist (Win) / in PowerPoint direkt (Mac).

**23** Nehmen Sie die folgenden Änderungen vor:

  **a** Ändern Sie den Preis der Unterwasserkamera in *150€*.

---

**Überblick behalten**

Wenn Sie mehrere PowerPoint-Dateien importiert haben und ermitteln möchten, zu welcher die aktuelle Folie gehört: Wählen Sie **Präsentation in Bibliothek suchen**. Übrigens können Sie dort die aktuelle Folie als (Flash-) **Animation exportieren**.

**b** Öffnen Sie das Register *Format* (Win) / *Formatieren* (Mac) und verändern Sie die *Breite* des Balkens auf **1,4cm**.

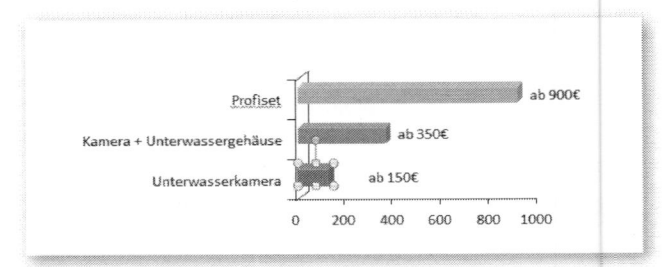

**24** **Win** Klicken Sie oben links am Fensterrand auf **Speichern** und übernehmen Sie die Änderungen in Captivate.

**Mac** Schließen Sie PowerPoint, speichern Sie und bestätigen Sie in Captivate die Meldung mit **Ja**.

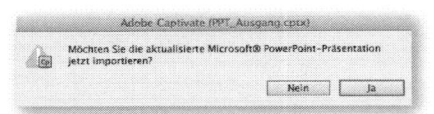

Die Änderung wird in Captivate übernommen.

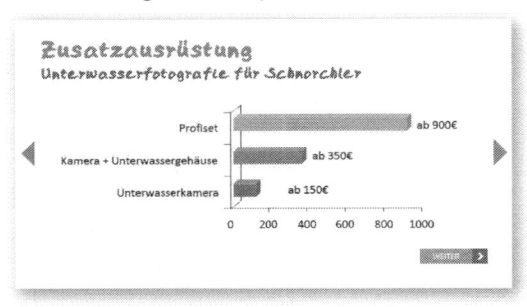

**25** Öffnen Sie die Originaldatei in PowerPoint.

Die Änderung wurde durch die Verknüpfung auch in die Originaldatei zurückgeschrieben.

**26** Schließen Sie die originale PowerPoint-Datei.

> **Aktualisierungen in Captivate übernehmen** 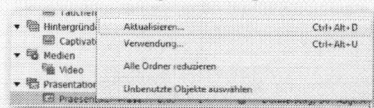
>
> Wenn Sie die Originaldatei direkt mit PowerPoint bearbeiten, werden Änderungen nicht automatisch in die Captivate-Datei übernommen.
>
> Wenn Sie die Änderungen übernehmen möchten: Rechtsklicken Sie in der *Bibliothek* auf die Präsentation und wählen Sie **Aktualisieren**.

Nun möchten wir die verknüpfte Datei in eine eingebettete Datei umwandeln, sodass Änderungen an der Captivate-Datei nicht mehr in die originale PowerPoint-Datei zurückgeschrieben werden.

27 Rechtsklicken Sie in der *Bibliothek* auf die Präsentation, wählen Sie **Ändern zu „Eingebettet"** und bestätigen Sie die Meldung mit **OK**.

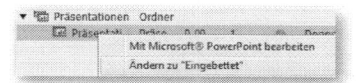

Die PowerPoint-Datei ist nun eingebettet.

28 Rechtsklicken Sie erneut auf die Folie und wählen Sie **Mit Microsoft PowerPoint bearbeiten > Präsentation bearbeiten**.

29 Ändern Sie den Preis der Unterwasserkamera sowie die Breite des Balkens erneut und speichern Sie Ihre Änderungen.

30 Öffnen Sie die Originaldatei in PowerPoint.

Wie Sie sehen, wurden die Änderungen nicht in die Originaldatei zurückgeschrieben, da das Captivate-Projekt nicht mehr mit der Originaldatei verknüpft ist.

> 🚩 Eine mögliche Lösung finden Sie in der Datei \14_Schnittstellen\ PPT_Ziel.cptx.

---

**PPT-Elemente in Captivate einfügen**

Sie können auch die Design-Funktionalitäten von PowerPoint verwenden und Elemente über Strg+C (Win) / ⌘+C (Mac) und Strg+V (Win) / ⌘+V (Mac) in Ihre Captivate-Projekte einfügen. Alternativ können Sie Objekte in PowerPoint per Rechtsklick als Bild speichern und anschließend in Captivate einfügen.

## Photoshop-Schnittstelle

Mit der Photoshop-Schnittstelle können Sie Ihre Photoshop-Dateien direkt mit Captivate verbinden und dabei auch bestehende Ebenen erhalten. Wenn Sie eine aktuelle Version von Photoshop installiert haben, können Sie direkt aus Captivate heraus die Originaldatei modifizieren und die Änderungen werden automatisch in Captivate übernommen.

> **Auch ohne installiertes Photoshop interessant**
>
> Um die Photoshop-Schnittstelle nutzen zu können, muss kein Photoshop auf Ihrem System installiert sein. Sie können jederzeit PSD-Dateien in Ihre Projekte importieren. Nur wenn Sie diese auch anpassen möchten, benötigen Sie Photoshop.

### Das Fenster Importieren

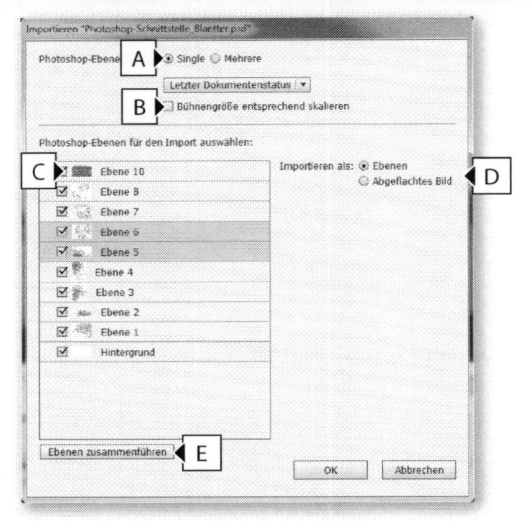

**A** Wenn in der Photoshop-Datei mehrere Ebenenkompositionen erstellt wurden: Wahl der Ebenenkomposition

**B** Bild(er) auf die Auflösung des Projektes skalieren

**C** Ebenen, die importiert werden sollen

**D** Jede Ebene als einzelnes Bild oder alle Ebenen auf ein Bild reduziert importieren

**E** Markierte Ebenen auf eine Ebene bzw. ein Bild reduzieren

## So verhält sich die Photoshop-Schnittstelle

▶ Änderungen an der Photoshop-Datei aus Captivate heraus werden direkt an der Originaldatei durchgeführt und wirken sich sogleich auf das Captivate-Projekt aus.

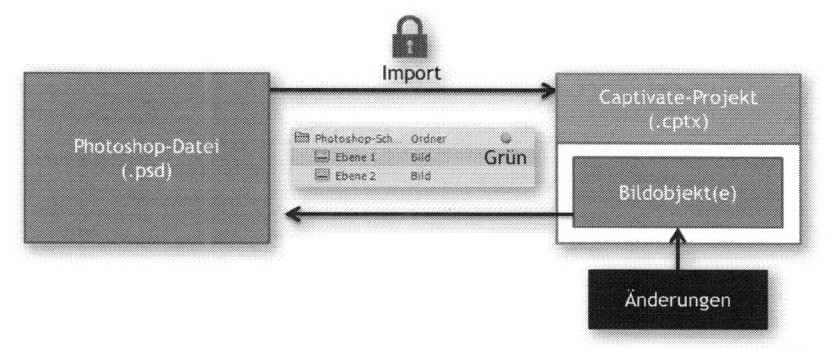

▶ Direkte Änderungen an der Originaldatei werden nicht automatisch in das Captivate-Projekt übernommen. Diese müssen Sie manuell über die *Bibliothek* freischalten.

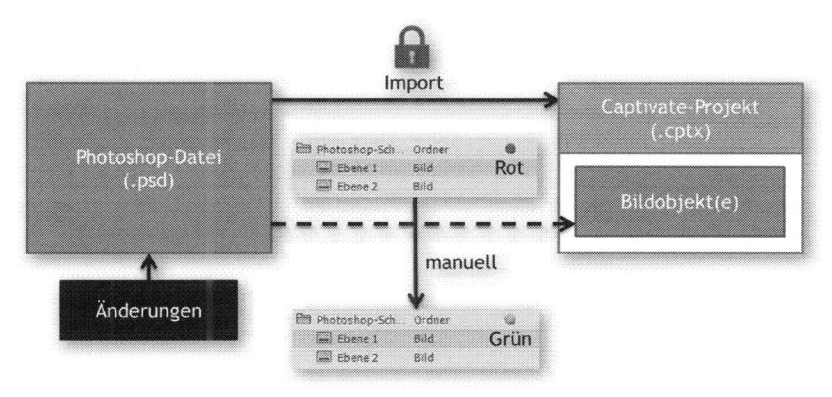

## Übung: Photoshop-Datei importieren

Im Rahmen dieser Übung lernen Sie die Photoshop-Schnittstelle näher kennen.

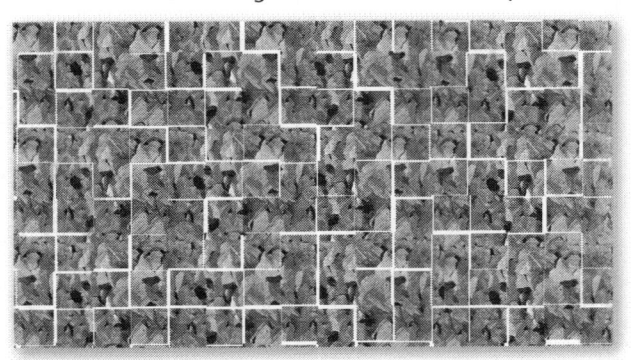

> **✓** Wie Sie die Übungsdateien herunterladen: ▶ *Seite 19*

### Übung

1. Erstellen Sie ein **Leeres Projekt** in der Auflösung **960 x 540**.
2. Wählen Sie das Design **Leer** und weisen Sie der Folie in den *Eigenschaften* im Bereich *Allgemein* den *Folienmaster* **Leer** zu.

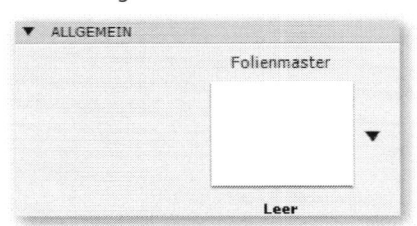

3. Wählen Sie **Datei** > **Importieren** > **Photoshop-Datei.**
4. Öffnen Sie die Datei *Photoshop-Schnittstelle_Blaetter.psd* aus dem Ordner *14_Schnittstellen*.

   Das Fenster *Importieren „...*psd"* öffnet sich.

5. Stellen Sie sicher, dass unter *Importieren als* die Option **Ebenen** gewählt ist und links alle Ebenen ausgewählt sind.

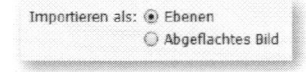

6. Klicken Sie auf **OK**.

   Sie haben nun die einzelnen Ebenen aus der Photoshop-Datei in Ihr Projekt importiert. Jede Ebene wird als Bildobjekt eingefügt.

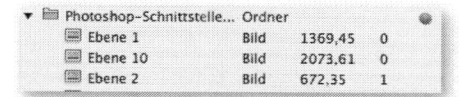

7 Wählen Sie in den *Eigenschaften* der Folie die *Qualität* **Hoch (24 Bit)**.

8 Verlängern Sie die Foliendauer auf **9 Sekunden**.

9 Lassen Sie die Ebenen für die gesamte Foliendauer anzeigen: Markieren Sie alle Ebenen in der *Zeitleiste* und drücken Sie [Strg]+[E] (Win) / [⌘]+[E] (Mac).

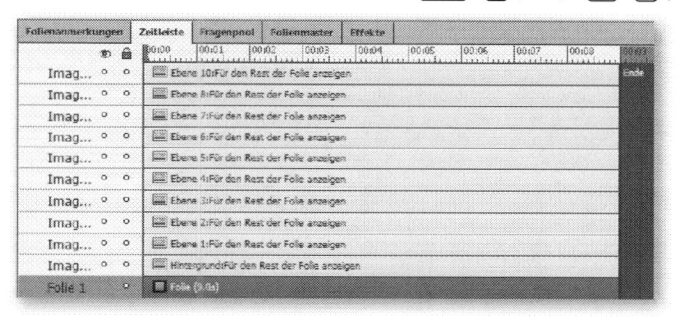

10 Lassen Sie die Ebenen jeweils 1 Sekunde nacheinander einblenden (wie auf dem folgenden Bildschirmfoto gezeigt).

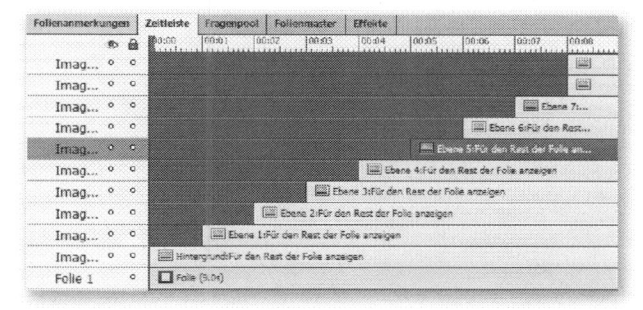

11 Testen Sie das Projekt in der Vorschau (**Datei > Vorschau > Projekt**).

> ✓ Für die weiteren Schritte dieser Übung ist es erforderlich, dass eine aktuelle Version von Photoshop auf Ihrem System installiert ist. Andernfalls können Sie nicht die volle Schnittstelle nutzen und haben die Übung damit an dieser Stelle abgeschlossen.

Nun möchten wir die Quelldatei editieren.

12 Öffnen Sie die *Bibliothek*: Wählen Sie in der Menüleiste **Fenster > Bibliothek**.

**13** Rechtsklicken Sie auf den Ordner *Photoshop-Schnittstelle_Blätter.psd* und wählen Sie im Kontextmenü **PSD-Quelldatei bearbeiten**.

Die PSD-Datei wird in Photoshop geöffnet.

**14** Wenden Sie einen Filter in Photoshop an:

    **a** Wählen Sie die **Ebene 10** aus.

    **b** Wählen Sie **Filter** > **Stilisierungsfilter** > **Kacheleffekt**.

    **c** Bestätigen Sie die Meldung mit **OK**.

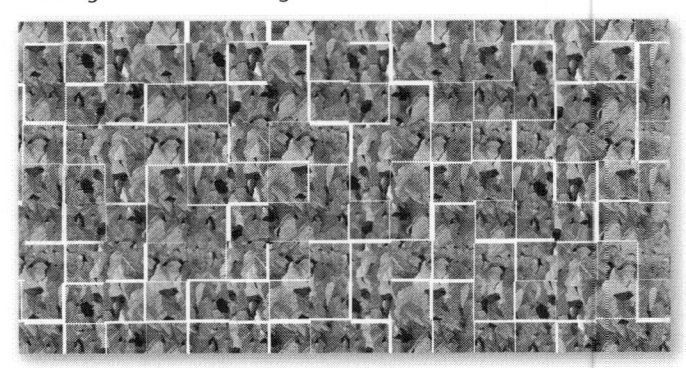

    **d** Wählen Sie in der Menüleiste **Datei** > **Speichern**.

**15** Minimieren Sie Photoshop.

Die Änderung wird in Captivate übernommen und der Effekt auf Ebene 10 angewandt.

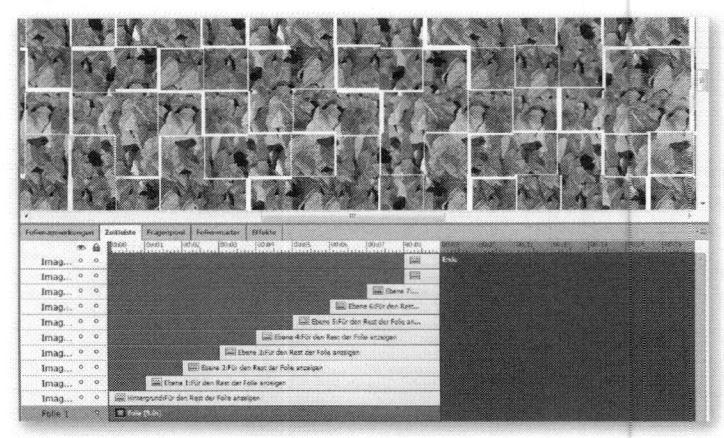

### Manuell aktualisieren

Wenn die Datei nicht automatisch aktualisiert wird: Klicken Sie im Bedienfeld *Bibliothek* bei *Photoshop-Schnittstelle* in der Spalte *Status* auf den **roten Punkt**. Gleiches gilt wenn Sie die Photoshop-Datei nicht aus Captivate heraus bearbeiten, sondern separat öffnen, dann werden die Änderungen nicht automatisch übernommen. Klicken Sie auch hier einfach auf die „Ampel" oder rechtsklicken und wählen Sie **Von Quelle aktualisieren**.

Sie sind nun mit der Photoshop-Schnittstelle vertraut.

> Eine mögliche Lösung finden Sie in der Datei \*14_Schnittstellen*\ *Photoshop-Schnittstelle_Blätter.cptx*

## Flash-Schnittstelle

Sie können Ihr Captivate-Projekt direkt nach Adobe Flash exportieren. Es werden dann alle Informationen in eine FLA-Datei geschrieben und zusammen mit den benötigten SWF-Dateien in einem Ordner veröffentlicht. Wenn Sie zusätzlich auch Flash auf Ihrem System installiert haben, wird die FLA-Datei nach dem Export zur weiteren Bearbeitung automatisch in Flash geöffnet. Alle Elemente, die von Captivate nach Flash exportiert werden, befinden sich in der Flash-Bibliothek in logisch angelegten Ordnern.

### Flash-Version

Um die Flash-Schnittstelle zu nutzen, müssen Sie Flash CS6 oder Flash CC (im Rahmen der Creative Cloud) installiert haben.

### Das Fenster Optionen für den Export in Flash
Datei > Exportieren > Nach Flash CC / CS6

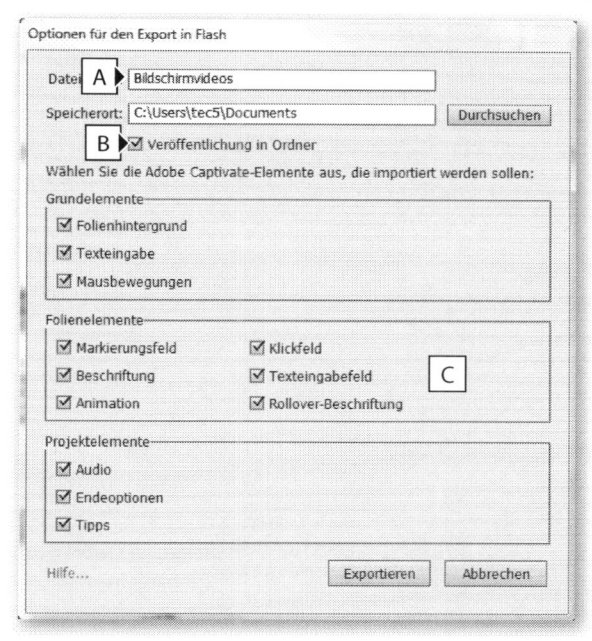

### Flash-Unterstützung

Es werden nicht alle Objekte aus Captivate in Flash unterstützt so z. B. Fragenfolien, die Wiedergabesteuerung, Barrierefreiheit, Smartformen und Folienübergänge. Außerdem werden importierte Mausbewegungen mit geradem statt geschwungenem Pfad dargestellt.

**A** Dateiname und –speicherort der Flash-Datei
**B** Alle Dateien in einem Ordner veröffentlichen
**C** Elemente, die nach Flash exportiert werden sollen

### So exportieren Sie ein Projekt nach Adobe Flash

1 Öffnen Sie ein Projekt, welches Sie nach Adobe Flash exportieren möchten.

2 Wählen Sie **Datei > Exportieren > Nach Flash CC / Nach Flash CS6**.

   Das Fenster *Optionen für den Export in Flash* öffnet sich.

3 Geben Sie einen *Dateinamen* und einen *Speicherort* für Ihre Datei an.

**4** Aktivieren Sie die Option **Veröffentlichung in Ordner**.

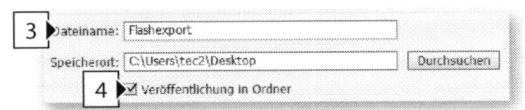

**5** Wählen Sie alle *Grundelemente*, *Folienelemente* und *Projektelemente* aus, die Sie nach Flash exportieren möchten.

**6** Klicken Sie auf **Exportieren**.

Die FLA- und SWF-Dateien werden generiert und in einem Ordner abgelegt. Wenn auf Ihrem System Flash installiert ist, wird das Projekt direkt geöffnet.

**7** Wenn bei Ihnen Flash installiert ist: Öffnen Sie in Flash die Bibliothek (**Fenster > Bibliothek**).

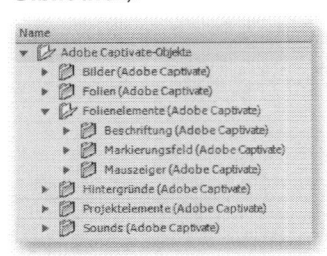

Sie sehen die Objekte, die exportiert wurden.

**8** Testen Sie das Projekt: Drücken Sie [Strg]+[↵] (Win) / [⌘]+[↵] (Mac).

## Das Programmverzeichnis von Captivate

Im Programmverzeichnis von Captivate \*Programme\Adobe\Adobe Captivate 7* (Win) / */Programme/Adobe Captivate 7* (Mac) finden Sie alle Vorlagen, Formen, Skins, Effekte, Animationen etc. Wenn Sie diese Struktur kennen, wissen Sie auch, wie Sie selbst erstellte Objekte in Captivate verwenden können.

### Standarddateien HTML5

Die Standarddateien für die HTML5-Veröffentlichung finden Sie im Ordner *Adobe Captivate 7 / HTML*.

### Aufbau des Ordners Templates

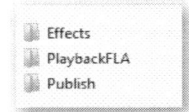

▶ *Effects*: Ein Teil der in Captivate verfügbaren Animationseffekte in Form von Flash-Dateien.

▶ *PlaybackFLA*: Im Ordner *AS3* finden Sie die Quelldaten der Wiedergabeleisten im Flash-Format (ActionScript 3). Außerdem finden Sie hier den Ordner *HTML*, der die Wiedergabeleisten für eine HTML5-Veröffentlichung enthält.

▶ *Publish*: Alle Schnittstellendateien, die für die Anbindung an Lernplattformen (Learning-Management-Systeme) nötig sind. Außerdem finden Sie hier die Standard-HTM-Datei für die SWF-Veröffentlichung.

## Aufbau des Ordners de_DE \ Gallery

- Playbars
- Preloaders

▶ *Playbars*: Verfügbare Wiedergabeleisten im SWF-Format.

▶ *Preloaders*: Verfügbare Ladebildschirme. Darüber hinaus finden Sie im Ordner *AS3* weitere Animationen (SWF) sowie deren Quelldateien im Flash-Format (FLA).

### Rohdaten der SWF-Wiedergabeleisten

Wenn Sie nach den Quelldaten der Wiedergabeleisten im Flash-Format suchen: Navigieren Sie zum Verzeichnis \ *Adobe Captivate 7* \ *Templates* \ *PlaybackFLA* \ *AS3*.

## Aufbau des Ordners Gallery

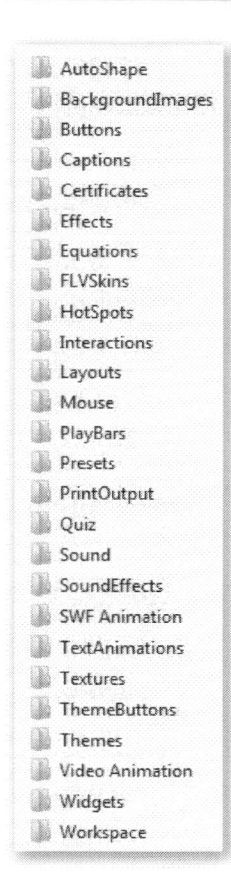

- AutoShape
- BackgroundImages
- Buttons
- Captions
- Certificates
- Effects
- Equations
- FLVSkins
- HotSpots
- Interactions
- Layouts
- Mouse
- PlayBars
- Presets
- PrintOutput
- Quiz
- Sound
- SoundEffects
- SWF Animation
- TextAnimations
- Textures
- ThemeButtons
- Themes
- Video Animation
- Widgets
- Workspace

▶ *AutoShape*: Die Smartformen auf XML-Basis sowie deren Vorschaubild als PNG.

▶ *BackgroundImages*: Hintergrundbilder, die Sie z. B. für Titel- und Theoriefolien verwenden können.

▶ *Buttons*: Alle Bildschaltflächen, die Ihnen in Captivate angeboten werden. Darüber hinaus finden Sie weitere Bildschaltflächen im Ordner *More*.

▶ *Captions*: Alle Textbeschriftungsstile; jeder Stil besteht i. d. R. aus 5 Bildern, welche jeweils den Textbeschriftungstyp in verschiedenen Ausprägungen (z. B. mit oder ohne Pfeil) darstellen. Darüber hinaus finden Sie weitere im Ordner *More*.

▶ *Certificates:* Hier finden Sie die Datei *cacert.pem*. Ein Serverzertifikat, welches von einer offiziellen Stelle signiert ist und für eine sichere Verbindung zu Adobe Connect genutzt wird.

▶ *Effects*: In Captivate verwendbare Animationseffekte in Form von XML-Dateien.

▶ *Equations:* Vorschaubild (als PNG) der Standardgleichung, die über den Formeleditor *Math Magic* eingefügt werden kann.

▶ *FLVSkins*: Die Wiedergabeleisten, die Sie in Ihren Projekten für Ereignisvideos verwenden können.

▶ *HotSpots*: Verschiedene Flash-Animationen, die Sie für Ihre HotSpot-Fragen oder als Animation einsetzen können.

▶ *Interactions*: Die vordefinierten Interaktionen als WDGT-Datei.

▶ *Layouts*: Die mitgelieferten Standarddesigns als CPTM-Datei.

▶ *Mouse*: Im Ordner *ClickSounds* die Mausklicktöne, im Ordner *VisualClicks* die Mausklickanimationen. Letztere zusätzlich im Rohformat, sodass Sie diese in Flash anpassen können.

### Der Ordner Gallery

Sie finden den Ordner *Gallery* unter Programme/Adobe/Adobe Captivate 7/Gallery.

### Eigene Bildschaltflächen erstellen

Sie können mit einem Grafik-Programm wie z. B. Illustrator oder Fireworks Ihre eigenen Schaltflächen erstellen und dann als PNG-Datei (*.png) samt Transparenzen speichern. Wie Sie externe Schaltflächen in Ihre Projekte einfügen: ▶ *Seite 375*.

> **Ablageort der Designs & Standarddesign festlegen**
>
> Im Ordner *Gallery* finden Sie nur die von Captivate mitgelieferten Designs (Ordner *Layouts*). Die aktuell von Captivate verwendeten Layouts sind allerdings in Ihrem Benutzerverzeichnis gespeichert:
>
> Unter Windows: *Benutzer\Öffentlich\Öffentliche Dokumente\Adobe\eLearning Assets\Layouts\7_0\de_DE*
>
> Unter Mac: */Benutzer/Ihr Benutzername/Dokumente/My Adobe Captivate Projects/Layouts/7_0/de_De*
>
> Die Datei *Weiß.cptm* wird als Standard verwendet. Wenn Sie einen anderen Standard definieren möchten: Benennen Sie das gewünschte Design in „Weiß.cptm" um und starten Sie Captivate neu.

- *PlayBars:* Auswahl an Wiedergabeleisten-Widgets im Rohformat (*.wdgt). Weitere Widgets finden Sie im Ordner *Widgets*.
- *Presets*: Alle vordefinierten Farben, Verläufe, Texturen und Texteffekte.
- *PrintOutput*: Die Vorlagen *Adobe Captivate (= Handouts)*, *Lesson*, *Step by Step* und *Storyboard* für die Veröffentlichung als Word-Handout.
- *Quiz*: Im Ordner *Templates* finden Sie eine Auswahl an Quizvorlagen. Der Ordner *QuizReviewAssets* beinhaltet die Symbole sowie die Animation, die bei einer Überprüfung eines Quiz angezeigt werden.
- *Sound*: Hintergrundmusik und Geräusche für Ihre Projekte.
- *SoundEffects:* Soundeffekte für aufgezeichnete Tastatureingaben sowie den optional über die Wiedergabeleiste verfügbaren Infobereich (Info-Schaltfläche).
- *SWF Animation*: Animationen, z. B. animierte Pfeile, Listenpunkte und Markierungs-Animationen.
- *TextAnimations:* Alle Textanimationen.
- *Textures*: Alle Texturen, die Sie für einen Rahmen im Skin-Editor verwenden können.
- *ThemeButtons:* Bildschaltflächen in den Stilen der mitgelieferten Designs (Skins). Hier finden Sie weitere Bildschaltflächen, die Sie verwenden können - jeder Ordner enthält eine „empty"-Version, die Sie auf Ihre Wünsche anpassen können.
- *Themes*: Die Konfigurationsdateien für die einzelnen Skins.
- *Video Animation:* Weitere Animationen (SWF) sowie deren Quelldateien im Flash-Format (FLA).
- *Widgets*: Alle Standardwidgets, sowohl die veröffentlichten Versionen, als auch deren Rohdaten sowie die allgemeinen Widget-Vorlagen.
- *Workspace:* Ihre lokal definierten (Standard-) Arbeitsbereiche.

## Übung: Eigene Textbeschriftungsstile verwenden

Sie können auch eigene Textbeschriftungsstile in Captivate verwenden oder bestehende anpassen.

### Übung

> **Textbeschriftungsvarianten**
>
> In der Regel haben die Textbeschriftungsstile fünf verschiedene Varianten (vier Formen mit Richtungszeigern, eine ohne). In dieser Übung werden wir nur die Form ohne Richtungszeiger verwenden. Diese muss am Ende des Dateinamens die Zahl 1 tragen (z. B. *Stil1.bmp*). Wenn Sie auch die 4 Varianten einsetzen möchten: Diese müssen wie die erste benannt sein, statt der 1 jedoch die Zahlen 2-5 als Suffix tragen (z. B. *Stil2.bmp*, *Stil3.bmp*, *Stil4.bmp*, *Stil5.bmp*).

1. Navigieren Sie zum Verzeichnis \*14_Schnittstellen\Eigene_Textbeschriftungsstile\*.

   Hier finden Sie die Dateien *tw_Textbeschriftung1.bmp* und *tw_Textbeschriftung1.fcm*. Letztere Datei definiert die Innenabstände vom Beschriftungstext zum Textbeschriftungsstil (ähnlich wie in *HTML & CSS*).

   tw_Textbeschriftung1
   tw_Textbeschriftung1.FCM

   *i* Die *FCM*-Datei muss immer den gleichen Namen wie die zugehörige BMP-Datei tragen.

**2** Kopieren Sie die beiden Dateien in das Verzeichnis \ *Adobe Captivate 7* \ *Gallery* \ *Captions*.

> **Win** Unter Windows 7 müssen Sie Administratorrechte besitzen, um die Dateien in das Verzeichnis kopieren zu können.

**3** Starten Sie Captivate neu.

Nun steht der neue Textbeschriftungsstil zur Verfügung.

**4** Erstellen Sie ein **Leeres Projekt**.

**5** Fügen Sie eine Textbeschriftung ein: Wählen Sie **Einfügen > Standardobjekte > Textbeschriftung**.

Eine Textbeschriftung wird eingefügt.

**6** Wählen Sie im Bedienfeld *Eigenschaften* unter *Allgemein* den *Beschriftungstyp* **tw_Textbeschriftung**.

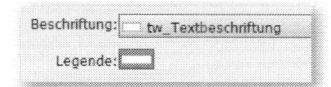

```
Beschriftung:  tw_Textbeschriftung
    Legende:
```

Der Beschriftungsstil wird nun auf die Textbeschriftung angewandt.

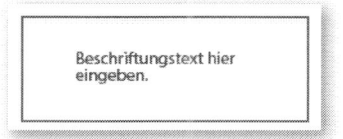

```
Beschriftungstext hier
eingeben.
```

Sie sehen, dass der Innenabstand zum Textrand sehr groß geraten ist. Dies werden wir nun anpassen.

**7** Navigieren Sie zum Verzeichnis \ *Adobe Captivate 7* \ *Gallery* \ *Captions*.

**8** Kopieren Sie die beiden Dateien *tw_Textbeschriftung1.bmp* und *tw_Textbeschriftung1.fcm* vorübergehend auf Ihren Desktop.

**9** Öffnen Sie die Datei *tw_Textbeschriftung.fcm* in einem Texteditor, z. B. *Notepad* (Win) / *TextEdit* (Mac).

Sie sehen, dass die Werte *Left Margin*, *Right Margin*, *Top Margin* und *Bottom Margin* 50 (Pixel) betragen.

```
Left Margin=50
Right Margin=50
Top Margin=50
Bottom Margin=50
```

**10** Ändern Sie die Werte jeweils von „50" in „8" und speichern Sie die Änderung ab.

> **Was geben die Werte an?**
>
> *Left Margin* ist der linke Abstand zum Rand, *Right Margin* der rechte, *Top Margin* der obere und *Bottom Margin* der untere.
>
> Der Wert *Corner* definiert bei einem Textbeschriftungsstil mit Richtungszeiger, wo sich dieser befindet (z. B. *top*, *right* für oben rechts). Der Wert *MarginX* beschreibt den horizontalen Abstand des Beschriftungstexts zum Richtungszeiger, *MarginY* den vertikalen.

```
Left Margin=8
Right Margin=8
Top Margin=8
Bottom Margin=8
```

**11** Benennen Sie die beiden Dateien um, z. B. in *tw_TextbeschriftungX1.bmp* und *StilX1.fcm*. Andernfalls behält Captivate noch die alten Einstellungen.

**12** Verschieben Sie die beiden Dateien nun wieder in das Verzeichnis \ *Adobe Captivate 7 \ Gallery \ Captions*.

**13** Navigieren Sie in den *Eigenschaften* der Textbeschriftung über **Durchsuchen** zum aktualisierten Textbeschriftungsstil.

Die Abstände sind nun kleiner geworden.

Textbeschriftung mit einem Abstand von 8 px.

Sie wissen nun, wie Sie Ihre eigenen Textbeschriftungsstile verwenden können.

---

**Standardwerte für Textformatierungen festlegen**

Zusätzlich können Sie in der Datei *fonts.ini* im Verzeichnis *\Adobe Captivate 7\Gallery\ Captions* die Standardwerte für die Textformatierungen zu den einzelnen Textbeschriftungsstilen festlegen.

# 15

# Projekte übersetzen

Sie haben sich vielleicht schon gefragt, wie Sie Ihre Captivate-Projekte in andere Sprachen übertragen können. Die Antwort darauf erhalten Sie in diesem Kapitel.

## Themenübersicht

| | | |
|---|---|---|
| » | Übersicht | 416 |
| » | Übersetzung einer Bildschirmaufnahme | 416 |
| » | Übersetzung von Textinhalten | 416 |
| » | Übung: Bildschirmaufnahme übersetzen | 417 |
| » | Eigene Standardbeschriftungen verwenden | 420 |
| » | Übung: Wiedergabeleistentooltips übersetzen | 422 |
| » | Übung: Inhaltsverzeichnisbeschriftungen übersetzen | 423 |

## Übersicht

Folgende Teile müssen bei einer Übersetzung beachtet werden:

> **Sprechertext**
>
> Wenn Sie Audio verwenden (egal ob Realsprecher, Text-to-Speech oder eine Bilduntertitelung): Hinterlegen Sie stets den Sprechertext als Folienanmerkung.

▶ Wenn Sie Bildschirmaufnahmen erstellen: Die Sprache der Softwareoberfläche, die Sie aufzeichnen sowie die Sprache der Standardbeschriftungen, die automatisch erstellt werden

▶ Die Sprache aller (manuell) erstellten Texte

▶ Die Sprache eines optionalen Inhaltsverzeichnisses oder Menüs

▶ Die Sprache der Wiedergabeleistentooltips

▶ Wenn Sie einen Sprecher einsetzen: Den Sprecher selbst sowie eine optionale Bilduntertitelung

▶ Weiterhin natürlich auch die Sprache aller multimedialen Objekte, die Sie im Projekt verwenden, z. B. Bilder, Grafiken, Animationen oder Videos

▶ Quizfragen, Antwortoptionen und Feedbackmeldungen

## Übersetzung einer Bildschirmaufnahme

> **Videobasierte Bildschirmaufnahmen**
>
> Videobasierte Bildschirmaufnahmen können nicht übersetzt werden. Hier führt kein Weg um eine Neuaufzeichnung herum.

Erfahrungsgemäß dauert die Phase der Postproduktion in den meisten Projekten wesentlich länger als die eigentliche Aufnahme. Die Aufnahmen müssen bereinigt, optimiert, um Markierungen und Objekte ergänzt sowie abschließend ordentlich getimed werden. Hier wäre es sehr aufwändig diese ganzen Aufgaben für eine zweite Sprachfassung von Grund auf erneut durchzuführen. Bei einer Übersetzung einer folienbasierten Aufnahme empfehle ich also stets wie folgt vorzugehen:

▶ Zeichnen Sie alle Aufnahmeschritte in der Zielsprache neu auf

▶ Erstellen Sie eine Kopie des Projektes der Ausgangssprache und speichern Sie dieses unter einem anderen Namen ab

▶ Übersetzen Sie das (kopierte) Projekt in die Zielsprache (z. B. Hintergründe tauschen, Textinhalte übersetzen, Sprecher, usw.)

## Übersetzung von Textinhalten

> **Bilduntertitelungen deaktivieren**
>
> Deaktivieren Sie vor dem Export in XML alle Bilduntertitelungen, andernfalls werden die Folienanmerkungen doppelt exportiert - einmal als Folienanmerkung und einmal als Bilduntertitelung.

Captivate bietet für die Übersetzung Ihrer Texte zwei Export-Formate an: Word (*.doc) oder XML (XLIFF-Format). Letzteres Format kann Ihr Übersetzer direkt in sein Translation-Memory-System (Übersetzungsspeicher) einlesen und übersetzen. Außerdem exportiert die XML-Schnittstelle wesentlich mehr Inhalte, wie z. B. Foliennamen oder Inhaltsverzeichniseinträge. Beide Formate können Sie nach dem Übersetzungsvorgang wieder importieren. Die Texte werden dann automatisch aktualisiert.

> ✓ Überprüfen Sie vor dem Import in den Voreinstellungen (**Bearbeiten > Voreinstellungen**) unter *Standardwerte* die Optionen **Schaltflächengröße automatisch anpassen** sowie **Beschriftungsgröße automatisch anpassen**. Wenn diese aktiv sind, werden die Objekte automatisch in der Größe angepasst. Da dies zu unerwünschten Ergebnissen führen kann, empfehle ich Ihnen diese Optionen zu deaktivieren, die Objekte zu prüfen und ggf. manuell anzupassen.

> Wenn Sie Fragenpools für Zufallsfragen verwenden: Verschieben Sie während des Übersetzungsprozesses alle Fragenfolien vorübergehend in den Filmstreifen. Andernfalls werden diese Inhalte nicht exportiert. Texte in Textanimationen oder Widgets werden ebenfalls nicht exportiert. *Workaround*: Temporär können Sie die Texte aus Textanimationen oder Widgets für die Übersetzung auch in Textbeschriftungen einfügen und anschließend manuell aktualisieren.

### Übung: Bildschirmaufnahme übersetzen

Im Rahmen dieser Übung übersetzen wir eine Bildschirmaufnahme in die Zielsprache Englisch. Dafür tauschen Sie im ersten Teil der Übung die (deutschen) Hintergründe der Aufnahme gegen die Hintergründe der Zielsprache. Im zweiten Teil übersetzen wir außerdem die Folienanmerkungen in die Zielsprache, um einen englischen Sprecher per Text-to-Speech zu generieren.

> ✓ Um die folgenden Schritte durchführen zu können, muss auf Ihrem System mindestens *Microsoft Word 2000* (Win) / *Word 2004* (Mac) installiert sein. Wie Sie die Übungsdateien herunterladen: ▶ *Seite 19*

#### Übung Teil 1

1 Öffnen Sie die Datei *EN_Uebersetzung.cptx* aus dem Ordner *15_Projekte_uebersetzen*.

   Sie sehen eine Demonstration in der Ausgangssprache Deutsch. Dieses Projekt möchten wir nun in die Zielsprache Englisch übersetzen. Zu Beginn tauschen wir die Hintergründe der deutschen Aufnahme gegen die Hintergründe der englischen Version.

2 Öffnen Sie parallel die englische Bildschirmaufnahme *Englische_Rohaufnahme.cptx* aus dem Ordner *15_Projekte_uebersetzen*.

   Sie sehen, dass diese Aufnahme die gleichen Aufnahmeschritte zeigt, jedoch in der englischen Programmversion.

3 Tauschen Sie die Hintergründe der deutschen Version gegen die Hintergründe aus der englischen Aufnahme:

   **a** Rechtsklicken Sie auf Folie 1 des Projektes *Englische_Rohaufnahme.cptx* und wählen Sie **Hintergrund kopieren**.

   **b** Wechseln Sie zum Projekt *EN_Uebersetzung.cptx* und markieren Sie die entsprechende Folie (Folie 1).

    **c**    Rechtsklicken Sie auf die Folie und wählen Sie **Als Hintergrund einfügen**.

| | |
|---|---|
| Hintergrund kopieren | Shift+Ctrl+Y |
| Als Hintergrund einfügen | Shift+Alt+V |
| Alle auswählen | Ctrl+A |

    **d**    Bestätigen Sie die Meldung mit **Ja**.

**4**    Wiederholen Sie **Schritt 3** auch für die Folien 2, 4, 5, und 7 bis 20 mit den jeweiligen englischen Hintergrundbildern.

Sie haben die Hintergrundbilder Ihres Projektes getauscht. Nun möchten wir noch die Full-Motion-Aufzeichnungen auf Folie 3 und 6 in die Zielsprache übersetzen.

**5**    Tauschen Sie die deutsche Full-Motion-Aufzeichnung auf Folie 3 gegen die entsprechende englische Aufzeichnung aus:

    **a**    Löschen Sie Folie 3 im Projekt *EN_Uebersetzung.cptx*.

    **b**    Kopieren Sie Folie 3 aus dem Projekt *Englische_Rohaufnahme.cptx*: Drücken Sie `Strg`+`C`.

    **c**    Wechseln Sie zum Projekt *EN_Uebersetzung.cptx*, markieren Sie Folie 2 und drücken Sie `Strg`+`V`.

    **d**    Stellen Sie den *Folienmaster* **Grau_Demo_Navi** für die Folie ein.

**6**    Wiederholen Sie **Schritt 5** auch für die Full-Motion-Aufzeichnung auf Folie 6 mit der entsprechenden englischen Aufzeichnung.

**7**    Testen Sie das Projekt in der Vorschau.

Ihnen wird auffallen, dass die bereits vorhandenen Mausobjekte und Markierungsfelder nicht an der exakten Position stehen.

**8**    Bearbeiten Sie die Aufnahme so nach, dass alle Objekte optimal positioniert sind.

**9**    Speichern Sie Ihr Ergebnis optional.

Sie haben Ihr Projekt nun visuell in die englische Sprache übersetzt. Im nächsten Teil der Übung übersetzen wir noch die Folienanmerkungen und generieren einen englischen Sprecher.

> Eine mögliche Lösung finden Sie in der Datei \*15_Projekte_uebersetzen*\*Englische_Uebersetzung.cptx*.

## Übung Teil 2

1. Öffnen Sie die Datei *Englische_Uebersetzung_deutsche_Folienanmerkungen.cptx* aus dem Ordner *\15_Projekte_uebersetzen\*.

   Sie sehen das nachbearbeitete Projekt aus der vorherigen Übung. Nun möchten wir noch die Sprechertexte übersetzen.

2. Wählen Sie **Datei** > **Exportieren** > **In XML**.

3. Speichern Sie die Datei unter dem Namen *Translate.xml* ab.

4. Bestätigen Sie die Meldung mit **Nein**.

5. Navigieren Sie zur XML-Datei und öffnen Sie diese mit einem Editor, z. B. Dreamweaver oder Notepad (Win) / TextEdit (Mac).

6. Navigieren Sie zur ersten Folienanmerkung (Zeile 271). Nutzen Sie dazu ggf. die Suchfunktion des Editors, meist über die Tastenkombination [Strg]+[F] (Win) / [⌘]+[F] (Mac) und suchen Sie nach „In diesem".

   ```
   <trans-unit id="6722-2074">
       <source>In diesem Beispiel zeige ich Ihnen, wie Sie einen Objektstil für Markierungsfelder anlegen. Fügen Sie hierzu
       zuerst einmal ein Markierungsfeld ein.</source>
   </trans-unit>
   ```

7. Ersetzen Sie den Text innerhalb des Knotens <source> durch die Übersetzung des Textes.

   > **Übersetzungsvorschlag**
   >
   > Einen Übersetzungsvorschlag finden Sie im Dokument *Folienanmerkungen_uebersetzt.doc* im Ordner *15_Projekte_uebersetzen*.

   ```
   <trans-unit id="6722-2074">
       <source>In this example I will show you how to create an object style for highlight boxes. First of all insert a
       highlight box.</source>
   </trans-unit>
   ```

8. Übersetzen Sie auch die restlichen Folienanmerkungen.

9. Speichern Sie die Datei ab.

10. Wechseln Sie zu Captivate.

11. Wählen Sie **Datei** > **Importieren** > **Aus XML** und öffnen Sie die aktualisierte XML-Datei.

    Die Folienanmerkungen wurden importiert. Sie erhalten die Meldung, dass der Import erfolgreich war.

12. Bestätigen Sie die Meldung mit **OK**.

    Sie sehen in den Folienanmerkungen nun die Texte in der Zielsprache.

---

**Word-Schnittstelle**

Wenn Sie die Folienanmerkungen gleichzeitig als Bilduntertitel verwenden: Sie können diese auch über die Word-Schnittstelle exportieren, übersetzen und importieren: Wählen Sie **Datei** > **Exportieren** > **Projektbeschriftungen und Bilduntertitel**.

**<source>-Knoten**

Für eine Übersetzung relevante Textinhalte finden Sie jeweils in den Knoten *<source>* der XML-Datei.

**Probleme beim XML-Import**

U. U. kann der Importvorgang einer XML-Datei länger dauern, ohne dass das System eine Rückmeldung gibt. Auch wenn es sehr lange dauert - je nach Projektgröße ist dies normal. Sollten Fehler beim Import auftreten, empfehle ich Ihnen diesen Artikel:
▶ Weblink 15.1, Seite 20.

**Foliennamen und Inhaltsverzeichniseinträge**

Über diese XML-Datei können Sie optional auch die Foliennamen und Inhaltsverzeichniseinträge übersetzen.

**Text-to-Speech**

Wie Sie Text-to-Speech erzeugen können: ▶ Seite 312.

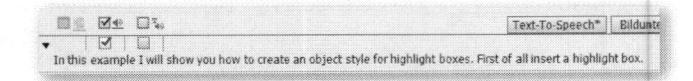

**13** Erzeugen Sie mittels Text-to-Speech einen englischen Sprecher.

**14** Testen Sie das Projekt in der Vorschau.

Sie haben nun neben den Hintergründen auch die hinterlegten Folienanmerkungen in die Zielsprache übersetzt und einen englischen Sprecher generiert.

> Eine mögliche Lösung finden Sie in der Datei \15_Projekte_uebersetzen\Englische_Uebersetzung.cptx

**Formulierungsstil der deutschen Standardtexte**

In den deutschen Standardbeschriftungen sind standardmäßig Texte wie „Auf Schaltfläche xy klicken" hinterlegt. Ich empfehle in diesem Fall stattdessen aber „Klicken Sie auf die Schaltfläche xy" zu verwenden, da hier der Leser im Imperativ aktiv und direkt angesprochen wird.

## Eigene Standardbeschriftungen verwenden

Wenn Sie Bildschirmaufnahmen mit Captivate erstellen und automatische Beschriftungen erzeugen lassen möchten, dann haben Sie sich bestimmt schon gefragt, wie Sie diese Texte anpassen können. Standardmäßig bietet Captivate in den Aufzeichnungseinstellungen die Wahl zwischen verschiedenen Zielsprachen an, z. B. Deutsch, Englisch, Französisch, Italienisch.

Captivate speichert die Standardbeschriftungen in RDL-Dateien (XML-Basis). Diese liegen zentral im Programmverzeichnis von Captivate und können einfach mit einem Texteditor bearbeitet werden.

### So verwenden Sie eigene Standardbeschriftungen

**1** Navigieren Sie in das Programmverzeichnis von *Adobe Captivate 7*.

**2** Kopieren Sie eine der *CaptureTextTemplates_*-Dateien vorübergehend auf Ihren Desktop.

**3** Öffnen Sie die Datei mit einem Texteditor, z. B. *Notepad* (Win) / *TextEdit* (Mac).

> Beachten Sie, dass alle Standardbeschriftungen den Präfix *CaptureTextTemplates_* im Dateinamen tragen müssen.

**4** Speichern Sie die Datei unter anderem Dateinamen, z. B. *CaptureTextTemplates_German_angepasst.rdl*.

> Sie können in dieser Datei die Inhalte anpassen, die sich in den Anführungszeichen hinter den Attributen DefaultTemplate und Template befinden. Sie müssen nur beachten, dass Sie die Variable *%s* nicht löschen. Diese steht z. B. für Menü- und Fensternamen, die Captivate aus dem aufzunehmenden Programm ausliest. Verändern Sie nichts, was sich außerhalb der Anführungszeichen von den Attributen *DefaultTemplate* und *Template* befindet.
>
> ```
> <!-- Win & Mac-->
> <Object Name="unknown" DefaultTemplate="%s auswählen">
>     <Event Name="LeftDBClick" Template="Auf „%s" doppelklicken"/>
>     <Event Name="RightClick" Template="Mit rechter Maustaste auf „%s" klicken"/>
>     <Event Name="RightDBClick" Template="Auf „%s" doppelklicken"/>
> ```

**5** Übersetzen / Passen Sie die Inhalte (an), z. B. in Zeile 608 den Knoten *<Event>*. Dieser hat ein *Name*-Attribut mit dem Inhalt *RightClick*. Ändern Sie hier den Inhalt des *Template*-Attributs dieses Knotens von „*Mit rechter Maustaste auf das Element „%s" klicken*" in „*Rechtsklicken Sie auf das Element „%"*.".

```
608     <Event Name="RightClick" Template="Mit rechter Maustaste auf das Element „%s" klicken"/>
```

**6** Speichern und schließen Sie die Datei.

**7** Verschieben Sie die Datei nun wieder in das Programmverzeichnis von Adobe Captivate 7.

> **Win** Unter Windows 7 müssen Sie Administratorrechte besitzen, um die Datei in diesem Verzeichnis speichern zu können.

**8** Starten Sie Captivate neu.

**9** Stellen Sie die neue / geänderte Sprache für die Aufnahme ein (**Voreinstellungen, Aufzeichnung > Einstellungen, Beschriftungen erstellen in > Ihre neue / angepasste Sprache**)

**10** Zeichnen Sie probeweise eine Demonstration auf. Unserem Beispiel nach sollten Sie zumindest einen Rechtsklick durchführen, um die neue Beschriftung zu erhalten.

Sie wissen nun, wie Sie Ihre eigenen Standardbeschriftungen kreieren.

### Sprachenkürzel

Die weiteren Kürzel können Sie den darüberliegenden Arrays entnehmen: CHT (Chinesisch), FRA (Französisch), DEU (Deutsch), JPN (Japanisch), ESP (Spanisch), KOR (Koreanisch). In diesen Arrays können Sie auch die Beschreibungen der einzelnen Felder ändern.

## Übung: Wiedergabeleistentooltips übersetzen

Die Wiedergabeleiste liegt standardmäßig leider nur in der Sprachversion von Captivate vor. Wenn Sie eine englische Version von Captivate besitzen, sind die Tooltips Ihrer Wiedergabeleisten auf Englisch, bei einer deutschen Version auf Deutsch eingestellt.

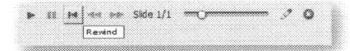

Mit Hilfe von Adobe Flash können diese jedoch angepasst werden. In der folgenden Übung werden wir dies Schritt für Schritt durchgehen und eine Wiedergabeleiste in Italienisch übersetzen.

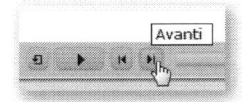

> Um die folgenden Schritte durchführen zu können, muss auf Ihrem System *Adobe Flash* installiert sein.

### Übung

1 Kopieren Sie die Flash-Datei *Aluminium.fla* aus dem Ordner \*Adobe Captivate 7* \ *Templates* \ *PlaybackFLA* \ *AS3* an einen Ort, an dem Sie Administratorrechte besitzen.

2 Öffnen Sie die Datei in Adobe Flash.

3 Wechseln Sie in den ActionScript-Code (**Fenster** > **Aktionen**).

4 Wählen Sie im linken unteren Bereich **Localization**.

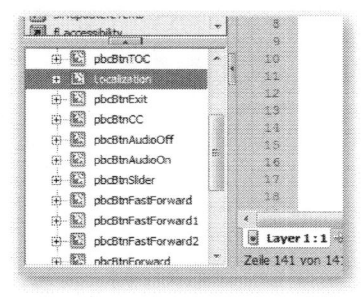

5 Scrollen Sie im rechten Bereich an das Ende des Codes zum Befehl „var pbcBtnTips:Array = pbcBtnTips_ENU;".

6 Ändern Sie in diesem Befehl das Kürzel „*ENU*" in das Kürzel „ITA" für Italienisch um.

7 Veröffentlichen Sie die Datei: Wählen Sie in der Menüleiste **Datei > Veröffentlichen**.

Die SWF-Datei wird nun im gleichen Verzeichnis veröffentlicht, in dem die FLA-Datei liegt.

8   Benennen Sie die Datei in **Aluminium_angepasst.swf** um und verschieben Sie sie in das Verzeichnis \ *Adobe Captivate 7* \ *de_DE* \ *Gallery* \ *Playbars* \ *AS3*.

9   Starten Sie Captivate neu und erstellen Sie ein **Leeres Projekt**.

10  Öffnen Sie den *Skin-Editor* (**Projekt > Skin-Editor**).

11  Stellen Sie sicher, dass die Option **Wiedergabesteuerung einblenden** aktiviert ist und wählen Sie unter *Wiedergabeleiste* die Option **Aluminium_angepasst**.

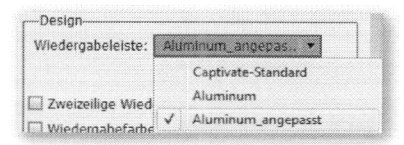

12  Stellen Sie im unteren Bereich des Skin-Editors sicher, dass die Option **Keine Quickinfos zur Laufzeit** deaktiviert ist.

13  Testen Sie die Tooltips der Wiedergabeleiste: Fahren Sie mit der Maus über die Wiedergabeleistensymbole in der Vorschau auf der rechten Seite.

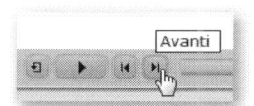

Die Tooltips der Wiedergabeleiste erscheinen nun in Italienisch. Sie wissen nun, wie Sie die Tooltips der Wiedergabeleiste übersetzen können.

### Übung: Inhaltsverzeichnisbeschriftungen übersetzen

Die Beschreibungen des Inhaltsverzeichnisses liegen standardmäßig in englischer Sprache vor. In dieser Übung erfahren Sie, wie Sie diese ganz einfach auf Deutsch einstellen können.

**Übung**

1   Öffnen Sie die Datei *Projekt_Bildschirmvideos.cptx* aus dem Ordner *00_Projekte / Projekt_Bildschirmvideos*.

2   Öffnen Sie den Bereich *Inhaltsverzeichnis* im *Skin-Editor* (**Projekt > Inhaltsverzeichnis**).

Sie sehen, dass das Inhaltsverzeichnis standardmäßig englische Beschriftungen enthält. Diese möchten wir nun anpassen.

> **Verwendung im Aggregator-Projekt**
>
> Sie können dieses übersetzte Inhaltsverzeichnis auch als Basis für ein Aggregator-Projekt bzw. -Menü verwenden. Stellen Sie dieses Inhaltsverzeichnis im Aggregator einfach als **Master-Film** ein.

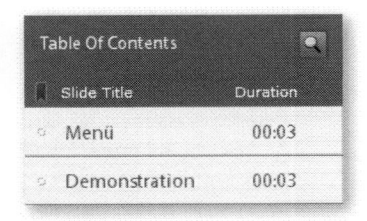

**3** Kopieren Sie die Datei *TOCStrings.ini* aus dem Ordner *\13_Projekte_strukturieren\* in das Programmverzeichnis von Adobe Captivate. Überschreiben Sie eine ggf. bereits bestehende Datei.

**4** Öffnen Sie die Datei in einem Texteditor, z. B. *Notepad* (Win) / *TextEdit* (Mac).

**5** Wenn Sie die Datei anpassen/übersetzen möchten: Verändern Sie alle deutschen Inhalte (die Texte hinter den Gleichheitszeichen =) dieser Datei in die Zielsprache bzw. gewünschte Terminologie und speichern Sie die Datei ab.

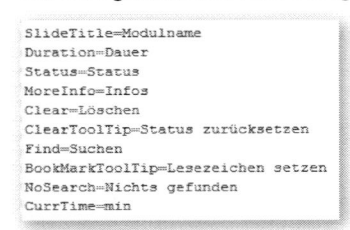

```
SlideTitle=Modulname
Duration=Dauer
Status=Status
MoreInfo=Infos
Clear=Löschen
ClearToolTip=Status zurücksetzen
Find=Suchen
BookMarkToolTip=Lesezeichen setzen
NoSearch=Nichts gefunden
CurrTime=min
```

**6** Wechseln Sie in Captivate in den *Skin-Editor*, blenden Sie das Inhaltsverzeichnis aus und anschließend wieder ein.

Das Inhaltsverzeichnis zeigt nun die in der *TOCStrings.ini* hinterlegten Beschriftungen.

Sie sehen allerdings, dass der Titel des Inhaltsverzeichnisses weiterhin in der Ausgangssprache angezeigt wird.

Diesen passen wir nun zusätzlich an.

**7** Klicken Sie im *Skin-Editor* auf **Informationen**.

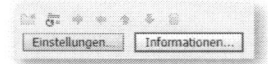

Das Fenster *TOC-Informationen* öffnet sich.

**8** Tragen Sie den gewünschten *Titel* ein und klicken Sie auf **OK**.

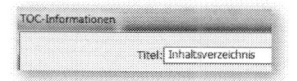

Der neue Titel wird nun in der Vorschau angezeigt.

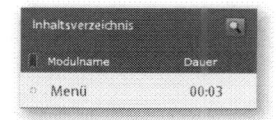

Sie haben nun das Inhaltsverzeichnis auf Deutsch umgestellt.

# Quizanwendungen erstellen

Captivate bietet eine Quiz-Funktion für Vortests und Fragen (bewertet) sowie Umfragen (nicht bewertet) an. Neben unterschiedlichen Fragentypen stehen Ihnen auch Fragenpools zur Verfügung, auf deren Basis Sie zufällige Fragen ausspielen können.

**Übersichtsdatei Quiz**

Eine Übersicht über die verschiedenen Fragetypen finden Sie in der Datei \ 16_Quiz_erstellen \ Quiz_Uebersicht.cptx.

## Themenübersicht

| | |
|---|---|
| » Quizvoreinstellungen | 428 |
| » Fragenfolien | 433 |
| » Multiple-Choice-Fragen | 436 |
| » Wahr/Falsch-Fragen | 438 |
| » Lückentext-Fragen | 439 |
| » Kurzantwort-Fragen | 440 |
| » Zuordnungs-Fragen | 441 |
| » Hotspot-Fragen | 442 |
| » Reihenfolge-Fragen | 443 |
| » Beurteilungsskalen (Likert) | 444 |
| » Übung: Quiz erstellen | 445 |
| » Transferübung: Weitere Fragenfolien erstellen | 451 |
| » Fragen im GIFT-Format | 452 |
| » Fragenpools & Zufallsfragen | 453 |
| » Übung: Quiz mit Zufallsfragen erstellen | 453 |
| » Übung: Quiz mit Hilfestellung | 455 |

## Quizvoreinstellungen

Die Quizeinstellungen werden zentral in den Voreinstellungen definiert. Dort legen Sie u. a. folgende Eigenschaften fest: Soll es eine Mindestpunktzahl für das Bestehen des Quiz geben? Müssen alle Fragen beantwortet oder dürfen Fragen übersprungen werden?

**Die Kategorie Quiz > Einstellungen**
Bearbeiten > Voreinstellungen (Win) / Adobe Captivate > Voreinstellungen (Mac)

**Quiz: Einstellungen**

Quiz:
- Name: Quiz
- A | Erforderlich: Alle beantworten – Der Benutzer muss jede Frag...
- Ziel-ID: Quiz_20126258460
- Interaktions-ID-Präfix:
- Hinweis: Stellen Sie bei Veröffentlichungen für die Poolfreigabe der interaktiven ID ein Präfix voran, um deren Eindeutigkeit zu gewährleisten.

Einstellungen:
- B | ☐ Antworten mischen
- ☑ Alles senden
- [ Alles senden – Meldungen... ]
- ☑ Verzweigungsabhängig
- ☑ Verlauf anzeigen
- C | Fortschrittstyp: Relativ
- ☑ Zurückgehen erlaubt
- ☑ Bewertung am Quizende einblenden
- [ Quizergebnismeldungen... ]
- D | ☑ Benutzer kann das Quiz überprüfen
- [ Frageüberprüfungsmeldungen... ]
- ☑ Wiedergabeleiste im Quiz ausblenden

**A** Allgemeine Einstellungen
**B** Einstellungen zu den Antworten
**C** Einstellungen zur Navigation innerhalb des Quiz
**D** Weitere Einstellmöglichkeiten

## Allgemeine Einstellungen zum Quiz

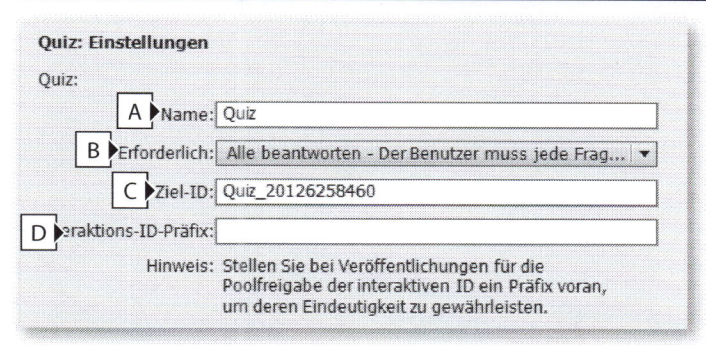

**Quiz: Einstellungen**
Quiz:
- A ▶ Name: Quiz
- B ▶ Erforderlich: Alle beantworten – Der Benutzer muss jede Frag... ▼
- C ▶ Ziel-ID: Quiz_20126258460
- D ▶ Interaktions-ID-Präfix:

Hinweis: Stellen Sie bei Veröffentlichungen für die Poolfreigabe der interaktiven ID ein Präfix voran, um deren Eindeutigkeit zu gewährleisten.

**A** Name des Quiz

**B** Quiztyp, entweder…
- **a** kann es übersprungen oder
- **b** muss es zumindest absolviert oder
- **c** muss es bestanden oder
- **d** müssen zumindest alle Fragen beantwortet werden

**C** Wird automatisch erzeugt: Ziel-ID, um die Eindeutigkeit des Quiz zu sichern

**D** Interaktions-ID-Präfix, um jeder Aktion des Benutzers eine eindeutige ID zuweisen zu können. *Beispiel:* Wenn ein Benutzer eine Frage zuerst falsch, dann richtig beantwortet, erstellt Captivate zwei Interaktions-IDs

### IDs im LMS

Die IDs in Captivate sind interessant, wenn Sie eine Lernplattform einsetzen. Dort helfen diese Ihnen, im Rahmen der Auswertung einzelne Quiz-Interaktionen einfacher nachzuvollziehen.

## Einstellungen zu den Antworten

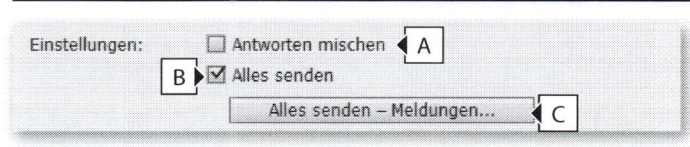

Einstellungen:
- ☐ Antworten mischen ◀ A
- B ▶ ☑ Alles senden
- Alles senden – Meldungen... ◀ C

**A** Antwortmöglichkeiten aller Fragen mischen oder in der vorgegebenen Reihenfolge präsentieren

**B** Alles senden: Statt jede einzelne Frage zu beantworten und direkt ein Feedback zu erhalten, muss der Lerner zuerst alle Fragen beantworten, um seine Antworten einreichen zu können.

**C** Wenn **B** aktiv: Meldungen einstellen, die angezeigt werden, wenn Fragen vom Benutzer (un-)vollständig beantwortet werden

### Alles senden

Diese Funktion ist auch besonders für Schulen interessant, die mit Captivate z. B. eine Klausur abbilden möchten. So hat der Benutzer die Möglichkeit, alle Antworten noch einmal durchzugehen und ggf. Korrekturen vorzunehmen. Mehr zu dieser Funktion: ▶ *Weblink 16.1, Seite 20.*

Feedback-Meldungen ▶
*Alles Senden*

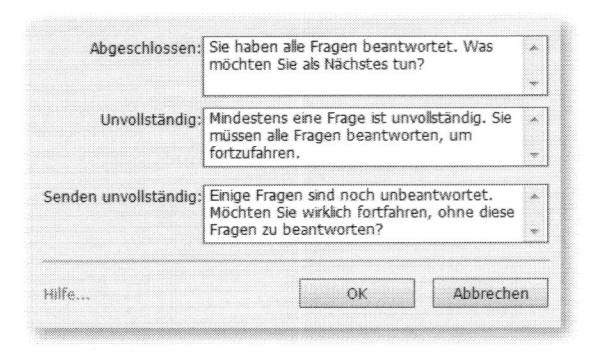

## Einstellungen zur Navigation

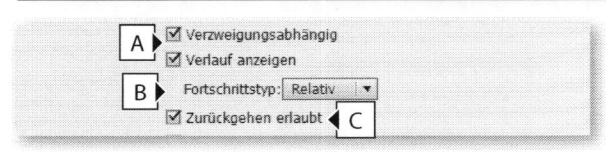

**A** Mit dieser Funktion können Sie sicherstellen, dass ein Benutzer das Quiz besteht und die volle Punktzahl erhält, auch wenn er verzweigungsabhängig bestimmte Teile und damit auch Quizfragen eines Projektes überspringt und damit nicht absolviert

**B** Fortschritt anzeigen, relativ (aktuelle Fragennummer und die Gesamtzahl der Fragen) oder absolut (lediglich die aktuelle Fragennummer)

**C** Dem Benutzer (optional) ermöglichen, bereits beantwortete Folien erneut aufzurufen, jedoch nicht noch einmal zu bearbeiten (automatisch aktiv, wenn **Alle Senden** eingestellt ist)

## Weitere Einstellmöglichkeiten

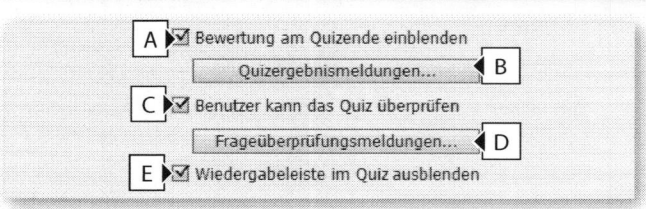

**A** Quizergebnis am Ende auf einer Auswertungsfolie anzeigen

**B** Wenn **A** aktiv: Quizergebnismeldungen einstellen

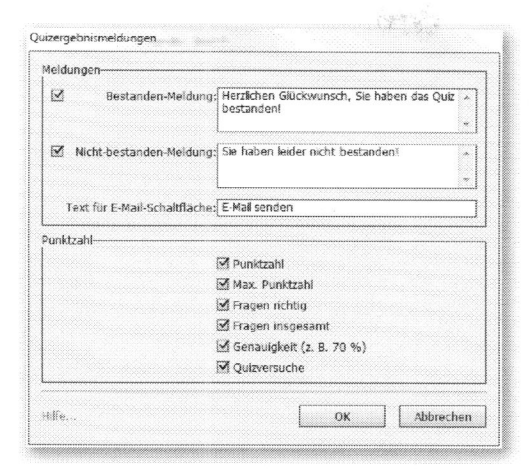

**C** Wenn **A** aktiv: Benutzer kann seine Antworten im Quiz überprüfen (und so nachvollziehen, welche seiner Antworten richtig oder falsch waren)

**D** Wenn **C** aktiv: Frageüberprüfungsmeldungen einstellen

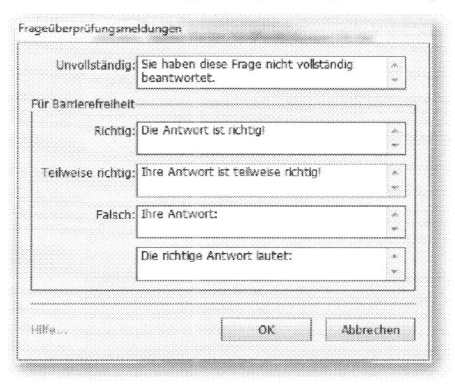

**E** Wiedergabeleiste auf den Quizfolien nicht anzeigen: Dies ist z. B. sinnvoll, wenn Sie eine Demonstration und ein Quiz mischen möchten. Im Demoteil steht dem Benutzer dann die Wiedergabeleiste zur Navigation zur Verfügung und im Quizteil ist diese ausgeblendet

> **Quiz erneut absolvieren**
>
> Wenn Sie die Versuche auf >1 festlegen (**C**): Sie können optional die **Schaltfläche zum erneuten Absolvieren einblenden**, über die der Benutzer das Quiz wiederholen kann.

## Die Kategorie Quiz > Bestehen / Nicht bestehen

Bearbeiten > Voreinstellungen (Win) / Adobe Captivate > Voreinstellungen (Mac)

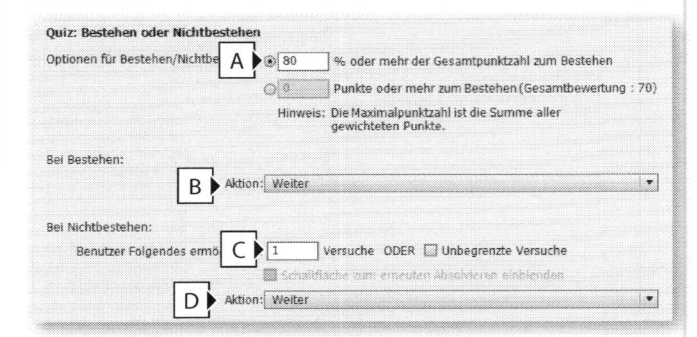

**A** Prozentsatz oder Punktzahl zum Bestehen des Quiz

**B** Aktion, die bei Bestehen des Quiz ausgeführt wird (▶ Seite 241)

**C** Anzahl an Versuchen

**D** Wenn die Anzahl an Versuchen begrenzt ist: Aktion, die beim Nichtbestehen des Quiz ausgeführt wird

> **Verhalten bei Änderungen der Standardtexte**
>
> Die Einstellungen dieses Dialogs wirken sich nur auf neu eingefügte Fragen aus. Bestehende Fragen werden nicht automatisch aktualisiert.

## Die Kategorie Quiz > Standardbeschriftungen

Bearbeiten > Voreinstellungen (Win) / Adobe Captivate > Voreinstellungen (Mac)

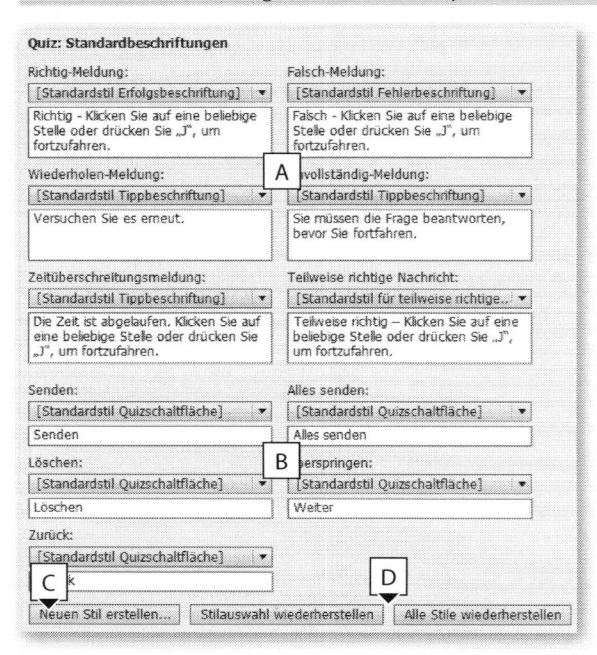

**A** Standard-Meldungen und zugewiesene Objektstile, die beim Bearbeiten des Quiz ausgegeben werden

432 | 16 Quizanwendungen erstellen

**B** Standard-Schaltflächenbeschriftungen und zugewiesene Objektstile für alle Fragenfolien
**C** Neuen Stil über den Objektstil-Manager erstellen
**D** Stil-Standards zurücksetzen

## Fragenfolien

In Captivate stehen Ihnen verschiedene Fragentypen zur Verfügung. Um einen ersten Überblick zu erhalten, empfehle ich Ihnen einen Blick in die Übersichtsdatei *16_Quiz_erstellen/Quiz_Uebersicht.cptx*.

- *Multiple Choice*: Die richtige(n) Antwort(en) aus einer Liste wählen.
- *Wahr / Falsch*: Die richtige Antwort von zwei Antwortmöglichkeiten wählen.
- *Lückentext*: Eine / mehrere Lücke(n) im Text mit der / den richtigen Antwort(en) befüllen.
- *Kurzantwort*: Mit einem Wort oder Satz per Tastatureingabe antworten.
- *Zuordnung*: Die Elemente zweier Listen einander zuordnen.
- *Hotspot*: Einen oder mehrer richtige(n) Bereich(e) (z. B. mehrere Bilder) markieren.
- *Reihenfolge*: Elemente einer Liste in der richtigen Reihenfolge anordnen.
- *Beurteilungsskala (Likert)*: Eine Bewertung oder Zustimmung zu einem Kriterium oder einer bestimmten Aussage abgeben. Hier gibt es keine „richtigen" oder „falschen" Antworten.

### Fragentypen erweitern

Sie können Captivate um weitere Fragentypen erweitern. Hierfür steht Ihnen der Weg über Fragenwidgets offen (▶ *Seite 491*). Natürlich können Sie Fragen auch vollständig frei gestalten: Über Drag & Drop, Widgets, Schaltflächen, Klickfelder, Texteingabefelder, Smartformen und Interaktionen steht Ihnen hierfür eine Vielzahl an Möglichkeiten zur Verfügung. Über den Bereich *Weitergabe* dieser Objekte können Sie definieren, dass sowohl die Antworten in das Quizergebnis mit einbezogen, als auch die Benutzerinteraktionen an ein LMS weitergegeben werden sollen. Jedoch: Die Funktion **Quiz überprüfen** steht Ihnen nur im Rahmen der Standardfragen sowie Fragenwidgets zur Verfügung.

### So ist eine Fragenfolie typischerweise aufgebaut

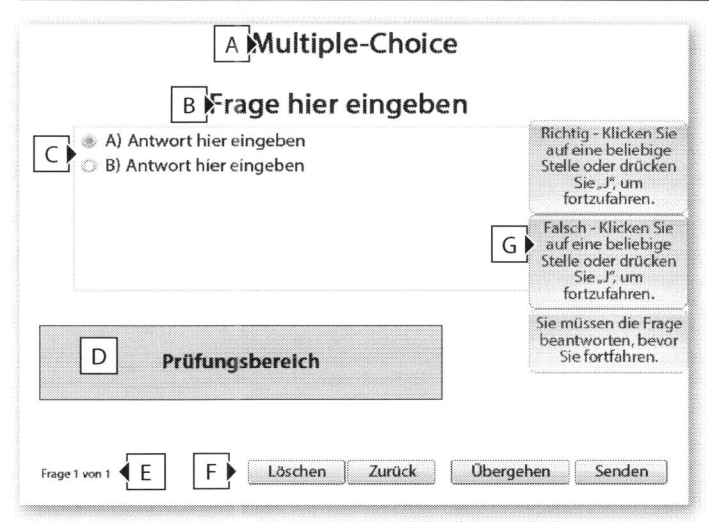

**A** Fragentitel
**B** Platzhalter für Fragentext
**C** Platzhalter für Antwortmöglichkeiten

**D** Zeigt dem Benutzer eine vordefinierte Meldung an, wenn er das Quiz überprüft (▶ *Seite 427*)

**E** Fortschrittsverlauf (▶ *Seite 427*)

**F** Quizschaltflächen (▶ *Seite 427*)

**G** Feedbackmeldungen (▶ *Seite 427*)

### Anzahl der Antwortmöglichkeiten

Im Bedienfeld *Quizeigenschaften* unter *Allgemein* können Sie die Anzahl der Antwortmöglichkeiten angeben.

**Anzahl Antwortmöglichkeiten Multiple-Choice-Frage**

**Anzahl Antwortmöglichkeiten Zuordnungs-Frage**

Jede Frage, mit Ausnahme der Beurteilungsskala (Likert) können Sie als bewertete Frage, Vortest-Frage oder Umfrage (nicht bewertete Frage) in Ihr Projekt einfügen. Worin unterscheiden sich (nicht) bewertete Fragen von Fragen, die im Rahmen eines Vortests eingefügt werden? Und wann sollten Sie welche Form einsetzen? Die folgende Tabelle fasst die wichtigsten Merkmale und Unterscheidungskriterien zusammen:

| Vortest | Bewertet/Umfrage |
|---|---|
| Mit Vortests können Sie das Vorwissen der Benutzer prüfen und darauf basierend entsprechende Inhalte freigeben | Mit bewerteten Fragen können Sie das in den Modulen vermittelte Wissen überprüfen. Nicht bewertete Fragen (Umfragen) eigenen sich, um Feedback der Benutzer einzuholen |
| Keine Zufallsfragen möglich | Zufallsfragen möglich |
| Wiedergabeleiste ist immer ausgeblendet | Wiedergabeleiste optional ein- / ausblendbar |
| Keine Erfolgsaktion | Erfolgsaktion kann definiert werden |
| Standardmäßig verzweigungsabhängig | Optional verzweigungsabhängig |

**Vortests einsetzen**

Vortests sind ideal, um gleichermaßen Einsteiger und Fortgeschrittene mit einem Modul anzusprechen und so das Wissen auf einem angemessenen Niveau zu präsentieren.

### Der Bereich Optionen im Bedienfeld Quizeigenschaften

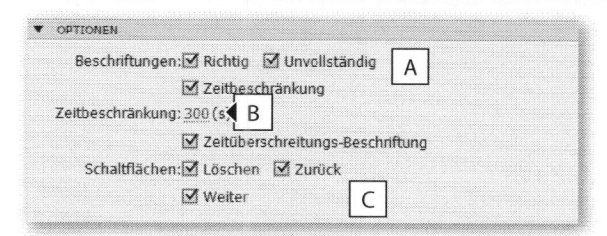

**?** Sie können in diesem Bereich nur bei deaktivierter Option **Alle Senden** Einstellungen vornehmen.

**A** Meldungen ausgeben, wenn die Frage richtig oder unvollständig beantwortet wurde

**B** Zeit vorgeben, in der die Frage vom Benutzer beantwortet werden muss sowie optionale Zeitüberschreitungsmeldung ausgeben, wenn der Benutzer die Frage nicht in der vorgesehenen Zeit beantwortet

**C** Schaltflächen, die angezeigt werden sollen

### Der Bereich Aktion einer bewerteten Frage

**A** Erfolgsaktion (▶ Seite 241)

**B** Anzahl an Versuchen, die der Benutzer hat

**C** Meldung ausgeben, wenn der Benutzer nach einer falschen Antwort noch weitere Versuche hat

**D** Auswahl einer Fehlerstufe (Keine bis 3): Gibt an, wie viele verschiedene Falschmeldungen es geben soll

**E** Aktion, die nach dem letzten fehlgeschlagenen Versuch ausgeführt werden soll (▶ Seite 241)

### Aktion für Vortest

Hinter der Aktion für Vortest (**D**) verbirgt sich eine bedingte erweiterte Aktion (▶ *Seite 463*). Mittels dieser Wenn-Dann-Bedingung, die die Variable *cpQuizInfoPretestScorePercentage* abfrägt, können Sie z. B. definieren, ab welcher Punktzahl (in Prozent) der Vortest bestanden ist und was dann genau geschehen soll.

### Der Bereich Aktion einer Vortest-Frage

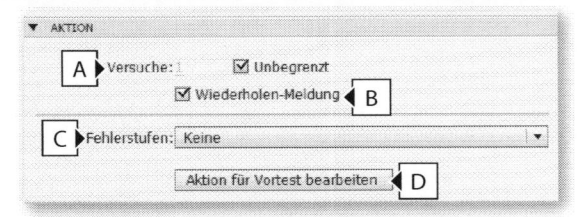

**A** Anzahl an Versuchen

**B** Meldung, wenn der Benutzer nach falscher Antwort noch weitere Versuche hat

**C** Auswahl einer Fehlerstufe (*Keine* bis *3*): Gibt an, wie viele verschiedene Falschmeldungen es geben soll

**D** Bereits voreingestellte erweiterte Aktion verwenden und anpassen

### Der Bereich Weitergabe im Bedienfeld Quizeigenschaften

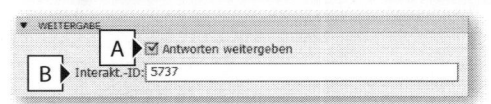

**A** Übermittlung von Interaktionsdaten an das LMS

**B** Eindeutige ID der Frage

## Multiple-Choice-Fragen

Bei Multiple-Choice-Fragen stehen mehrere Antwortmöglichkeiten zur Verfügung, wovon auf Wunsch eine oder mehrere richtig sein können.

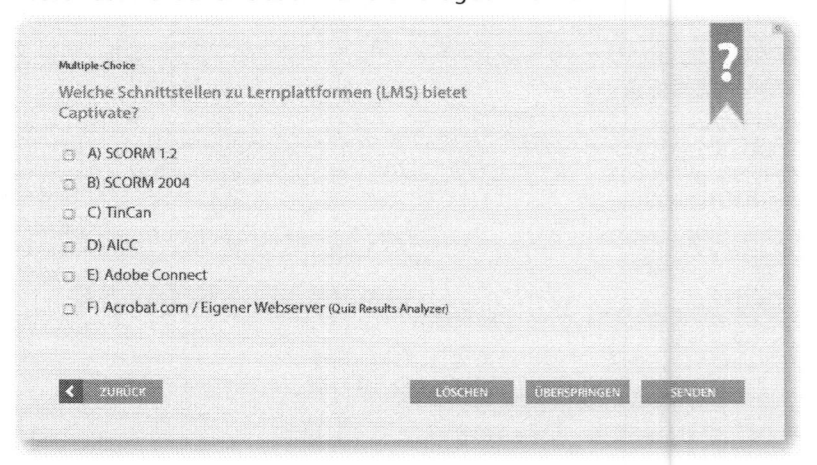

## Die Quizeigenschaften einer Multiple-Choice-Frage

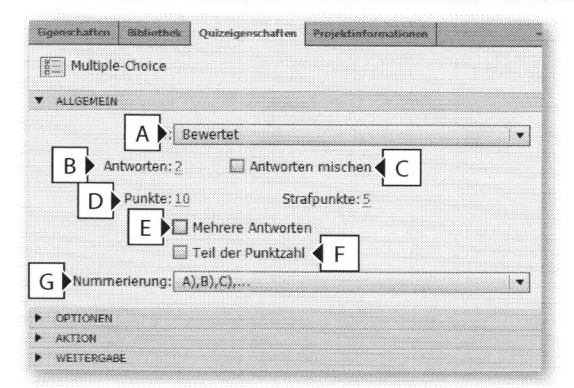

**Vortest-Fragen einfügen**

Sie können eine bewertete Frage / Umfrage nicht in eine Vortest-Frage umwandeln. Gleiches gilt für das Umgekehrte. Wenn Sie eine Vortest-Frage erstellen möchten: Fügen Sie direkt eine neue Vortest-Frage ein (**Quiz > Vortestfragenfolie**).

A  Wahl der Frageform: bewertete oder nicht bewertete Frage / Vortest

B  Anzahl der Antwortmöglichkeiten

C  Antworten in zufälliger Reihenfolge anzeigen

D  Punkte bei richtiger und (optional) Strafpunkte bei falscher Antwort (1-100)

E  Eine oder mehrere richtige Antworten aktivieren / deaktivieren: Dadurch erhalten Sie die Möglichkeit unter *Optionen* die *Beschriftung* **Teilweise richtig** zu aktivieren. Die Teilpunkte können Sie in den Eigenschaften einer Antwort unter *Erweiterte Antwortoptionen* einstellen

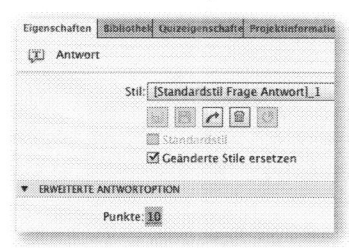

F  Jeder richtigen Antwort einen Teil der Punktzahl zuweisen

G  Nummerierungsstil der Antwortmöglichkeiten

Wahr/Falsch-Fragen | **437**

## Wahr/Falsch-Fragen

Bei Wahr / Falsch-Fragen ist genau eine von zwei Antwortmöglichkeiten richtig.

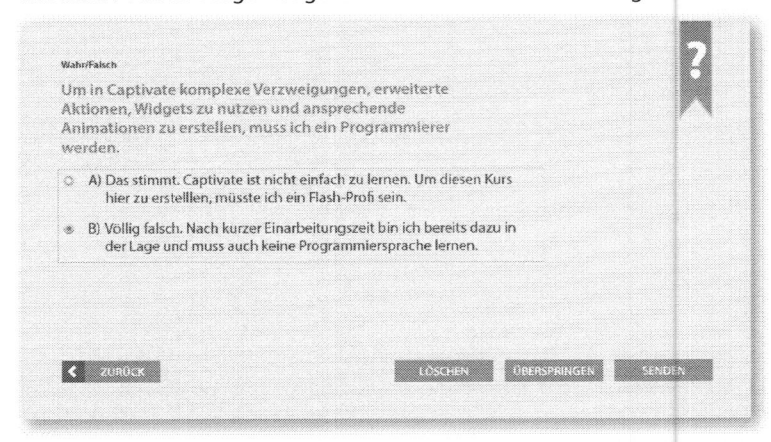

### Die Quizeigenschaften einer Wahr/Falsch-Frage

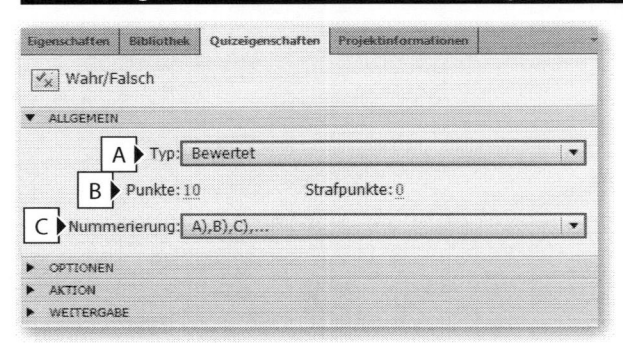

A  Wahl der Frageform: bewertete oder nicht bewertete Frage / Vortest

B  Punkte bei richtiger und (optional) Strafpunkte bei falscher Antwort (1-100)

C  Nummerierungsstil der Antwortmöglichkeiten

## Lückentext-Fragen

Bei einer Lückentext-Frage muss ein mit Lücken besetzter Text durch Auswahl der passenden Lückenantworten (aus einer Drop-Down-Liste) oder mittels Tastatureingaben gefüllt werden.

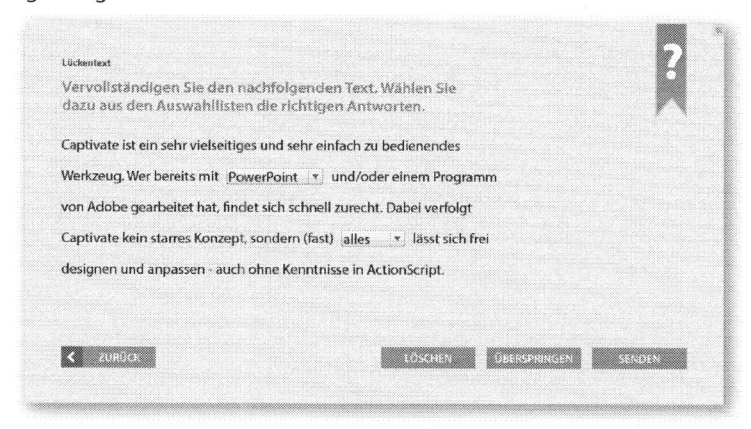

### Die Quizeigenschaften einer Lückentext-Frage

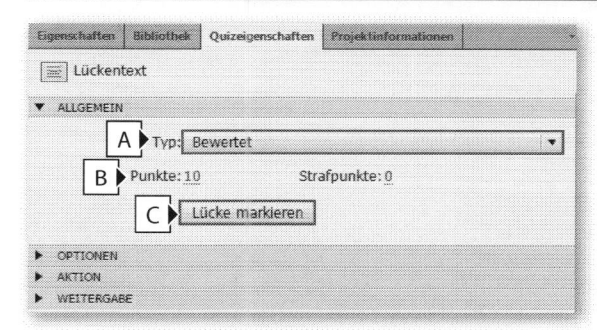

**A** Wahl der Frageform: bewertete oder nicht bewertete Frage / Vortest

**B** Punkte bei richtiger und (optional) Strafpunkte bei falscher Antwort (1-100)

**C** Textauswahl als Lücke markieren / Markierung aufheben

## Kurzantwort-Fragen

Eine Kurzantwort-Frage muss mit einem Wort oder kurzen Satz per Tastatureingabe beantwortet werden.

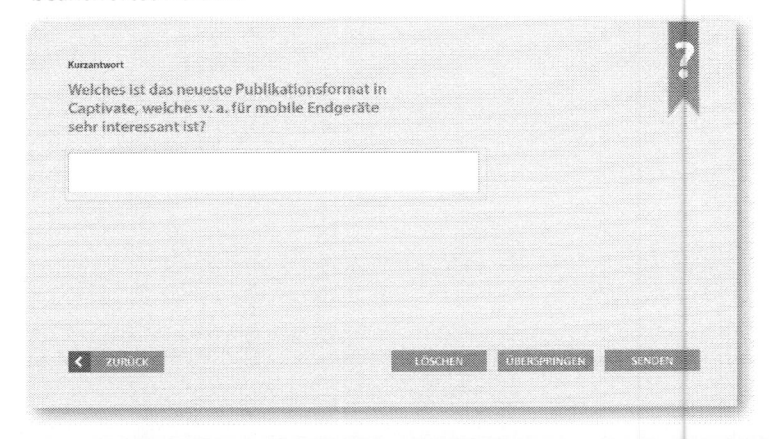

**Die Quizeigenschaften einer Kurzantwort-Frage**

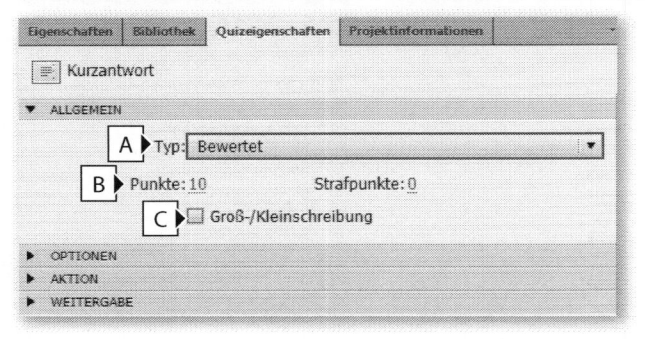

**A** Wahl der Frageform: bewertete oder nicht bewertete Frage / Vortest

**B** Punkte bei richtiger und (optional) Strafpunkte bei falscher Antwort (1-100)

**C** Groß- und Kleinschreibung bei der Eingabe der Antwort berücksichtigen

## Zuordnungs-Fragen

Bei einer Zuordnungs-Frage muss der Benutzer die Antwortmöglichkeiten aus zwei Listen einander zuordnen.

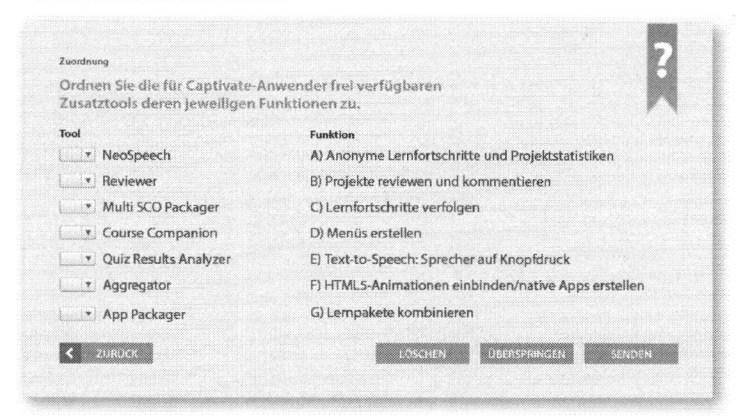

### Zuordnungsfragen mit Bildern

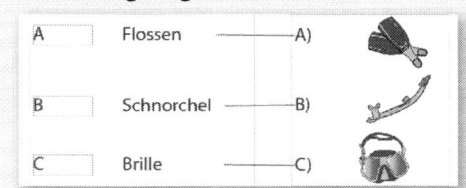

Zuordnungs-Fragen können standardmäßig nur mit Text befüllt werden. Wenn Sie stattdessen Bilder verwenden möchten: Fügen Sie in die rechte Spalte der Zuordnungsfrage leere Antwortmöglichkeiten ein. Fügen Sie dann jeweils ein passendes Bild manuell ein (**Einfügen > Bild**). Weisen Sie anschließend die Antwortspalten einander zu. Sie können übrigens auch beide Spalten mit Bildern befüllen, allerdings sollten Sie dann sicherstellen, dass die Option **Spalte 1 neu anordnen** deaktiviert ist. Alternativ sollten Sie die Möglichkeit prüfen, die Frage mittels Drag-&-Drop-Interaktion abzubilden (▶ Seite 274).

### Die Quizeigenschaften einer Zuordnungs-Frage

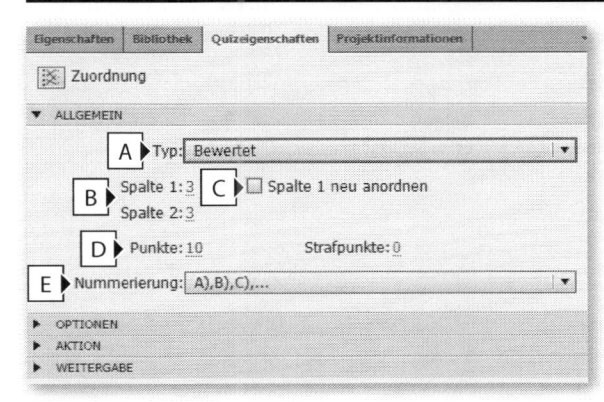

A   Wahl der Frageform: bewertete oder nicht bewertete Frage / Vortest
B   Anzahl der Antwortmöglichkeiten der linken und rechten Spalte
C   Antwortmöglichkeiten von Spalte 1 in zufälliger Reihenfolge anzeigen
D   Punkte bei richtiger und (optional) Strafpunkte bei falscher Antwort (1-100)
E   Nummerierungsstil der Antwortmöglichkeiten

### Hotspot-Fragen

Mit Hotspot-Fragen können Sie Ihre Benutzer auffordern z. B. eine bestimmte Stelle innerhalb eines Bildes oder eines aus mehreren Bildern auszuwählen.

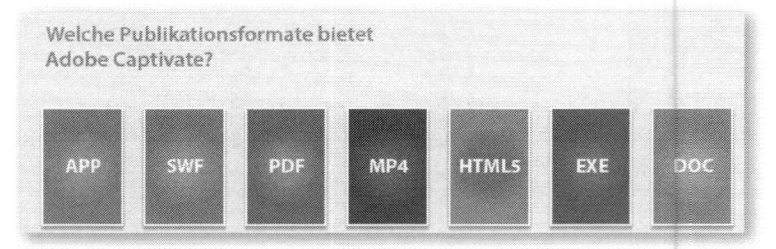

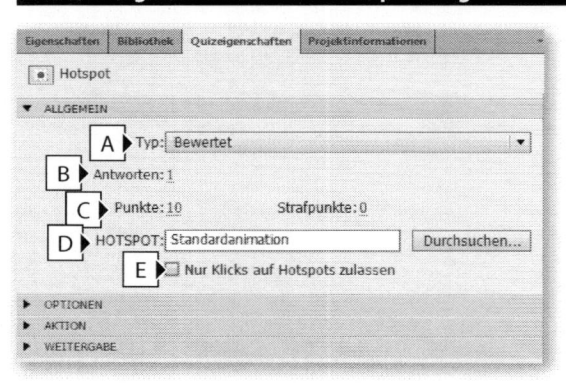

A   Wahl der Frageform: bewertete oder nicht bewertete Frage / Vortest
B   Anzahl der Antwortmöglichkeiten
C   Punkte bei richtiger und (optional) Strafpunkte bei falscher Antwort (1-100)
D   Animation, welche den / die angeklickten Bereich(e) markiert
E   Mausklicks nur innerhalb der / des Hotspots ermöglichen

## Reihenfolge-Fragen

Bei Reihenfolgen-Fragen müssen die Antwortmöglichkeiten in die richtige Reihenfolge gebracht werden.

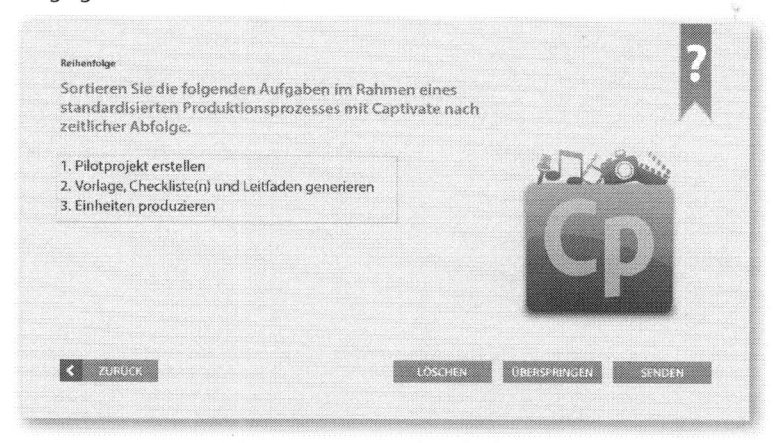

### Die Quizeigenschaften einer Reihenfolgen-Frage

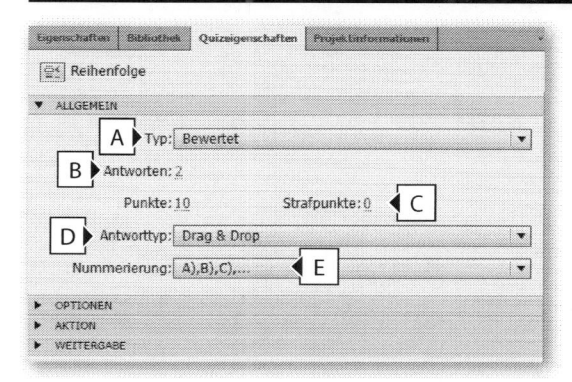

**A** Wahl der Frageform: bewertete oder nicht bewertete Frage / Vortest

**B** Anzahl der Antwortmöglichkeiten

**C** Punkte bei richtiger und (optional) Strafpunkte bei falscher Antwort (1-100)

**D** *Antworttyp*: Antworten per *Drag & Drop* oder mit Hilfe einer *Dropdown*-Liste ordnen

**E** Nummerierungsstil der Antwortmöglichkeiten

## Beurteilungsskalen (Likert)

Über eine Beurteilungsskala können Ihre Benutzer verschiedene Kriterien bewerten. Beurteilungsskalen können ausschließlich als Umfrage erstellt werden.

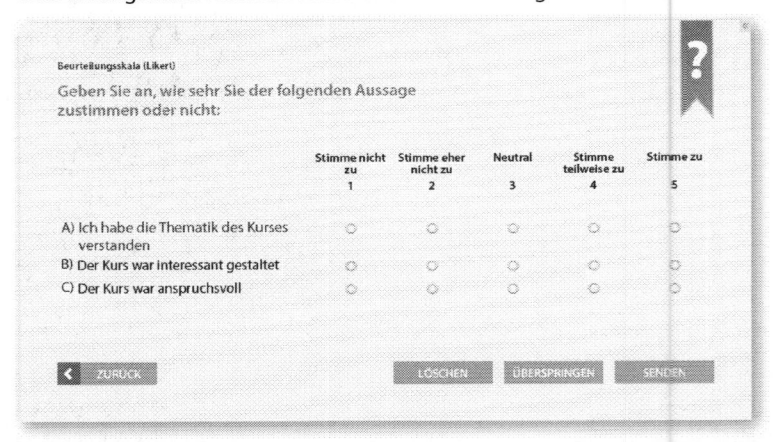

### Die Quizeigenschaften einer Beurteilungsskala-Frage

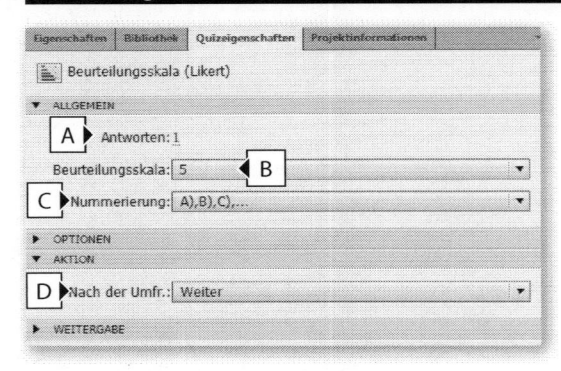

**A** Anzahl der Antwortmöglichkeiten

**B** Bereich der Beurteilungsskala (2-5)

**C** Nummerierungsstil der Antwortmöglichkeiten

**D** Aktion, die ausgeführt wird, wenn der Benutzer die Umfrage beendet hat

## Übung: Quiz erstellen

Im Rahmen dieser Übung werden wir uns drei der verschiedenen Fragentypen näher anschauen. Danach sind Sie bereit, auch die anderen Fragentypen zu erkunden.

✓ Wie Sie die Übungsdateien herunterladen: ▶ *Seite 19*

### Übung im Kurzüberblick

- ▶ Sie fügen die Fragenfolien Multiple-Choice, Zuordnung und HotSpot ein
- ▶ Sie vergeben Punktzahlen (Gesamtpunktzahl, Teil der Punktzahl sowie Strafpunkte) für die Fragen
- ▶ Sie befüllen die Fragenfolien mit Inhalten
- ▶ Sie weisen den Fragenfolien einen neuen Folienmaster zu

### Übung

1 Öffnen Sie die Datei *Quiz_erstellen_Ausgang.cptx* aus dem Ordner *\16_Quiz_erstellen\*.

2 Markieren Sie die erste Folie (1 Quiz) des Projektes im Filmstreifen.

3 Wählen Sie in der Menüleiste **Quiz > Fragenfolie**.

Das Fenster *Fragen einfügen* öffnet sich.

4 Fügen Sie drei unterschiedliche Fragentypen ein:

  a Wählen Sie die Fragentypen **Multiple-Choice**, **Zuordnung** und **Hotspot**.

  b Stellen Sie sicher, dass jeweils die Anzahl mit **1** angegeben ist.

  c Stellen Sie sicher, dass alle Folien als **bewertete** Frage eingefügt werden.

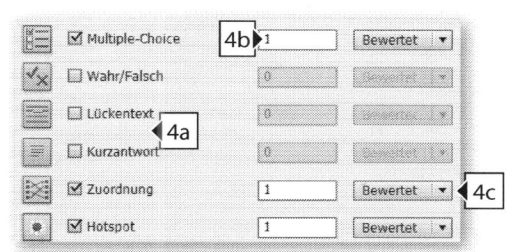

  d Klicken Sie auf **OK**.

> **Hinweis zum Formatieren von Quizfolien**
>
> Wenn Sie Quizfolien formatieren möchten: Nehmen Sie die entsprechenden Einstellungen stets auf dem Folienmaster und nicht auf den einzelnen Folien vor. Andernfalls werden die Platzhalter vom Folienmaster abgekoppelt und Änderungen nicht mehr übernommen.

Sie sehen, dass Ihrem Projekt jeweils eine der ausgewählten Fragenfolien hinzugefügt wird.

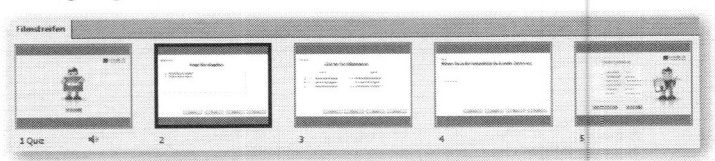

5 Wählen Sie die Multiple-Choice-Frage (Folie 2) aus und nehmen Sie folgende Einstellungen im Bedienfeld *Quizeigenschaften* (**Fenster > Quizeigenschaften**) vor:

    a  Erhöhen Sie im Bereich *Allgemein* die Anzahl der *Antworten* auf **6**.

    b  Aktivieren Sie die Option **Mehrere Antworten**.

    c  Aktivieren Sie die Option **Antworten mischen**.

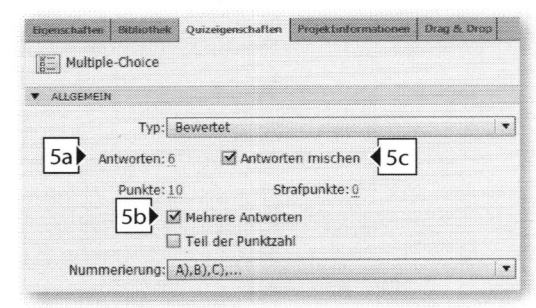

Die Multiple-Choice-Frage umfasst nun sechs Antwortmöglichkeiten, die in neuer Reihenfolge präsentiert werden, wenn der Benutzer die Frage wiederholt. Nun möchten wir für die Frage noch festlegen, dass der Benutzer für jede korrekte Antwort einen Teil der Punktzahl erhält.

    d  Wählen Sie die Option **Teil der Punktzahl**.

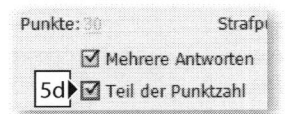

6 Befüllen Sie die Multiple-Choice-Frage: Doppelklicken Sie in das jeweilige Objekt und ersetzen Sie den Fülltext durch die folgenden Inhalte:

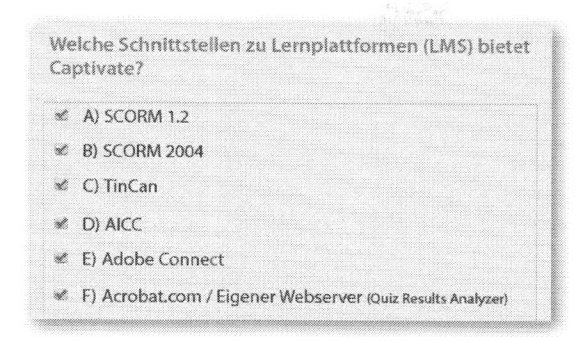

> **Welche Schnittstellen zu Lernplattformen (LMS) bietet Captivate?**
> 
> ☑ A) SCORM 1.2
> ☑ B) SCORM 2004
> ☑ C) TinCan
> ☑ D) AICC
> ☑ E) Adobe Connect
> ☑ F) Acrobat.com / Eigener Webserver (Quiz Results Analyzer)

**7** Legen Sie die richtigen Antworten fest: Aktivieren Sie alle sechs Antworten direkt auf der Folie.

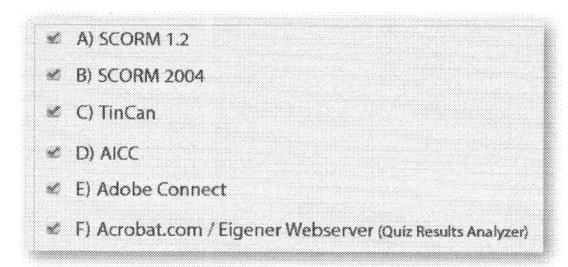

> ☑ A) SCORM 1.2
> ☑ B) SCORM 2004
> ☑ C) TinCan
> ☑ D) AICC
> ☑ E) Adobe Connect
> ☑ F) Acrobat.com / Eigener Webserver (Quiz Results Analyzer)

Das blaue Häkchen zeigt Ihnen an, dass die jeweilige Antwort als korrekte Antwortmöglichkeit festgelegt wurde.

**8** Markieren Sie die Antworten nun einzeln und tragen Sie in den *Eigenschaften* der Antwort unter *Erweiterte Antwortoptionen* jeweils **10** *Punkte* ein.

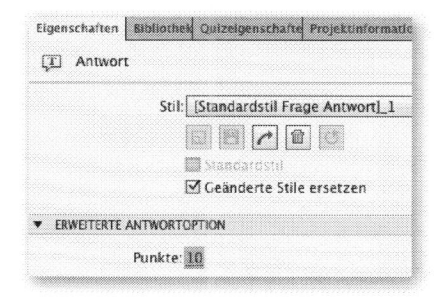

Die maximal zu erreichende Punktzahl dieser Frage beträgt somit 60.

**9** Wählen Sie die Zuordnungs-Frage (Folie 3) aus und nehmen Sie folgende Einstellungen im Bedienfeld *Quizeigenschaften* vor:

    **a** Erhöhen Sie im Bereich *Allgemein* die Anzahl der *Spalten 1* und *2* jeweils auf **7**.

    **b** Aktivieren Sie die Option **Spalte 1 neu anordnen**.

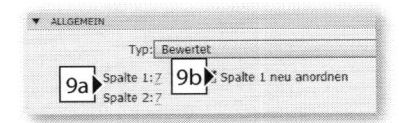

**c** Tragen Sie unter *Punkte* eine Gewichtung von **30** ein.

**10** Befüllen Sie die Zuordnungs-Frage: Doppelklicken Sie in das jeweilige Objekt und ersetzen Sie den Fülltext mit den folgenden Inhalten:

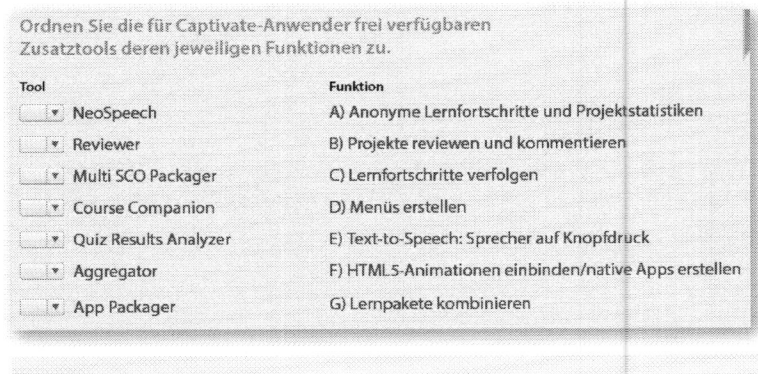

Ordnen Sie die für Captivate-Anwender frei verfügbaren Zusatztools deren jeweiligen Funktionen zu.

| Tool | Funktion |
| --- | --- |
| NeoSpeech | A) Anonyme Lernfortschritte und Projektstatistiken |
| Reviewer | B) Projekte reviewen und kommentieren |
| Multi SCO Packager | C) Lernfortschritte verfolgen |
| Course Companion | D) Menüs erstellen |
| Quiz Results Analyzer | E) Text-to-Speech: Sprecher auf Knopfdruck |
| Aggregator | F) HTML5-Animationen einbinden/native Apps erstellen |
| App Packager | G) Lernpakete kombinieren |

> **Zuordnung ändern**
>
> Wenn Sie eine neue Zuordnung festlegen möchten: Klicken Sie in das entsprechende *Fragenelement* und wählen Sie aus dem Aufklappmenü die passende Antwort aus.

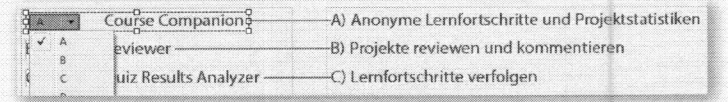

**11** Wählen Sie die HotSpot-Frage (Folie 4) aus und nehmen Sie folgende Einstellungen im Bedienfeld *Quizeigenschaften* vor:

**a** Erhöhen Sie im Bereich *Allgemein* die Anzahl der *Antworten* auf **7**.

**b** Aktivieren Sie die Option **Nur Klicks auf Hotspots zulassen**.

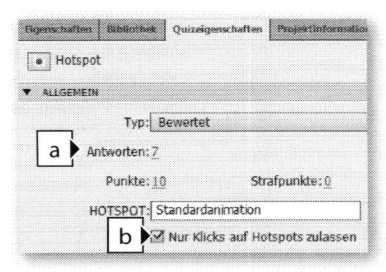

**c** Klicken Sie auf **Durchsuchen** und öffnen Sie die Animation *Orange Circle.swf* aus dem Ordner *Adobe Captivate 7\Gallery\SWF Animation\Bullets*.

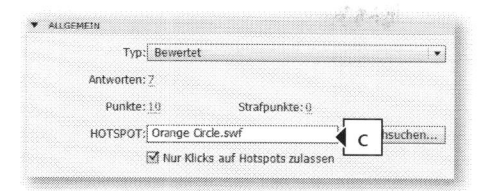

**12** Befüllen Sie die HotSpot-Frage:

- **a** Fügen Sie sieben Smartformen des Typs **Rechteck** ein und formatieren Sie die Smartformobjekte nach Ihren Wünschen.
- **b** Positionieren Sie die Smartformen harmonisch auf der Folie.
- **c** Rechtsklicken Sie auf die Smartformen und lassen Sie die Objekte für den Rest der Folie einblenden.
- **d** Befüllen Sie die Frage und die Smartformen mit den folgenden Inhalten: 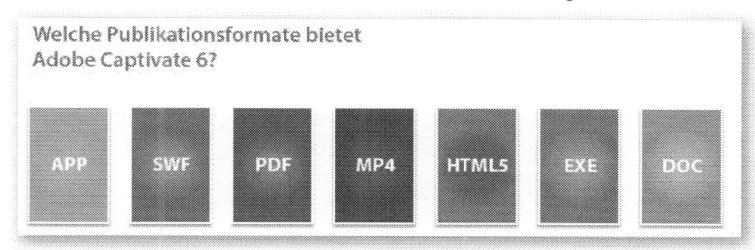
- **e** Markieren Sie jeweils ein *Hotspot*-Objekt und passen Sie es über die Leiste *Ausrichten* an die Größe und Position der Smartform an. 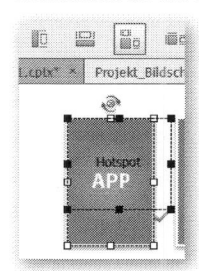
- **f** Stellen Sie sicher, dass alle Hotspots als richtige Antwort festgelegt sind: Markieren Sie nacheinander die *Hotspot*-Objekte und aktivieren Sie jeweils im Bedienfeld *Eigenschaften* im Bereich *Allgemein* die Option **Richtige Antwort**.

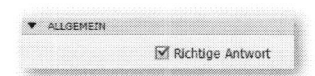

**13** Passen Sie die Optionen für alle 3 Fragen an:

- **a** Markieren Sie die drei Fragenfolien mit gedrückter Taste ⇧.

**b** Stellen Sie sicher, dass in den *Quizeigenschaften* im Bereich *Optionen* unter *Beschriftungen* die Optionen **Richtig** und **Unvollständig** aktiviert sind.

**c** Stellen Sie sicher, dass unter *Schaltflächen* die Optionen **Löschen**, **Zurück** und **Weiter** aktiviert sind.

**d** Stellen Sie sicher, dass im Bereich *Aktion* unter *Bei Erfolg* jeweils die Option **Weiter** ausgewählt ist.

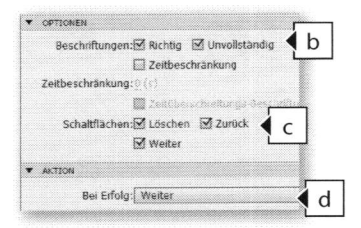

**14** Weisen Sie den Fragenfolien einen neuen Folienmaster zu, um das Erscheinungsbild des Projektes zu vereinheitlichen:

**a** Markieren Sie die jeweilige Fragenfolie einzeln.

**b** Wählen Sie jeweils in den *Eigenschaften* im Bereich *Allgemein* unter *Folienmaster* den Folienmaster **Grau_Textbereich_Quiz**.

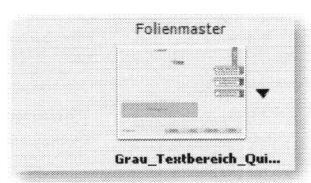

**15** Testen Sie das Projekt in der Vorschau (**Datei > Vorschau > Projekt**) und speichern Sie Ihr Ergebnis optional.

Sie haben nun ein bestehendes Projekt mit einem Quiz angereichert und die Fragentypen Multiple-Choice, Zuordnung und HotSpot genauer kennengelernt.

> Eine mögliche Lösung finden Sie in der Datei \16_Quiz_erstellen \ Quiz_erstellen_Ziel.cptx.

---

**Quizfolienmaster**

Da die verschiedenen Quiztypen jeweils einen eigenen Folienmaster haben, müssen Sie die Fragenfolien einzeln markieren.

## Transferübung: Weitere Fragenfolien erstellen

In der vorangegangenen Übung haben Sie Schritt für Schritt eine Multiple-Choice-, eine Zuordnungs- sowie eine HotSpot-Frage erstellt. Im Rahmen dieser Transferübung erhalten Sie nun die Möglichkeit, die restlichen Fragetypen auszuprobieren (Wahr/Falsch, Lückentext, Kurzantwort, Reihenfolge und Bewertungsskala).

> **Inhalte für Fragen und Antworten**
>
> Ideen zu Frage- und Antwortinhalten finden Sie in den vorangegangenen Kapiteln zu den einzelnen Fragetypen.

### Transferübung

✓ Sie sollten die vorige Übung dieses Kapitels bereits bearbeitet haben. Wie Sie die Übungsdateien herunterladen: ▶ *Seite 19*

1 Öffnen Sie die Datei *Quiz_erstellen_Ziel.cptx* aus dem Ordner \16_Quiz_erstellen\.

   Sie sehen das Projekt aus der vorangegangenen Übung.

2 Erweitern Sie das Projekt um die restlichen bewerteten Fragetypen:

   a **Wahr/Falsch**.

   b **Lückentext**.

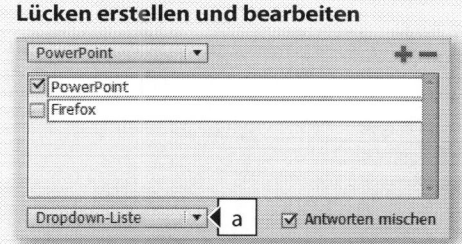

   > **Lücken erstellen und bearbeiten**
   >
   > Wenn Sie Text für eine Lücke festlegen möchten: Markieren Sie den entsprechenden Text auf der Folie und klicken Sie in den *Quizeigenschaften* im Bereich *Allgemein* auf **Lücke markieren**. Der Text wird anschließend unterstrichen. Wenn Sie weitere Einstellungen vornehmen möchten: Doppelklicken Sie auf die markierte Lücke. Es öffnet sich ein Fenster, in dem Sie z. B. Antwortmöglichkeiten über eine **Dropdown-Liste (a)** vorgeben können.

   c **Kurzantwort**.

   d **Reihenfolge**.

3 Passen Sie die *Eigenschaften* der Fragenfolien auf Ihre Wünsche an.

4 Ergänzen Sie das Projekt zusätzlich um eine **Bewertungsskala**.

   🚩 Eine mögliche Lösung finden Sie in der Datei \16_Quiz_erstelllen\ Transferuebung_weitere_Fragenfolien.cptx.

## Fragen im GIFT-Format

Sie haben in Captivate die Möglichkeit, Quizfragen über das GIFT-Format zu importieren. GIFT steht für „General Import Format Technology" und wurde von der Moodle-Community entwickelt. Hierbei werden die Fragentypen Multiple-Choice, Kurzantwort, Wahr-Falsch sowie Zuordnung unterstützt. Insbesondere, wenn Sie viele Fragen halbautomatisiert erstellen möchten, bietet sich dieses Vorgehen an, da Sie beliebig viele Fragen mittels einer einzigen Textdatei erstellen können.

```
::Multiple-Choice::Welche Schnittstellen zu
Lernplattformen bietet Captivate? {
=SCORM 1.2
=SCORM 2004
=TinCan
=AICC
=Moodle
=Acrobat.com sowie eigener Webserver
=Adobe Connect
~Keine
}
```

> **Kodierung UTF-8**
>
> Wenn Sie eine Textdatei im GIFT-Format erstellen: Speichern Sie die Datei mit Hilfe eines Texteditors (z. B. Notepad++) und wählen Sie als Kodierung UTF-8. Andernfalls werden die Umlaute nicht übernommen und es kann zu Problemen beim Import kommen.

> **Beispieldatei (GIFT)**
>
> Eine beispielhafte Datei mit Fragen im GIFT-Format finden Sie im Ordner *16_Quiz_erstellen* in der Textdatei *Fragen_GIFT.txt*. Weitere Hilfen und Beispiele zum GIFT-Format finden Sie außerdem unter
> ▶ *Weblink 16.2, Seite 20.*

### So importieren Sie Fragen im GIFT-Format

1 Wählen Sie in der Menüleiste **Quiz** > **GIFT-Formatdatei importieren**.

2 Markieren Sie im erscheinenden Dialogfenster die Textdatei, welche die Fragen im GIFT-Format enthält.

3 Klicken Sie auf **Öffnen**.

Ihre Fragen werden nun in Captivate importiert.

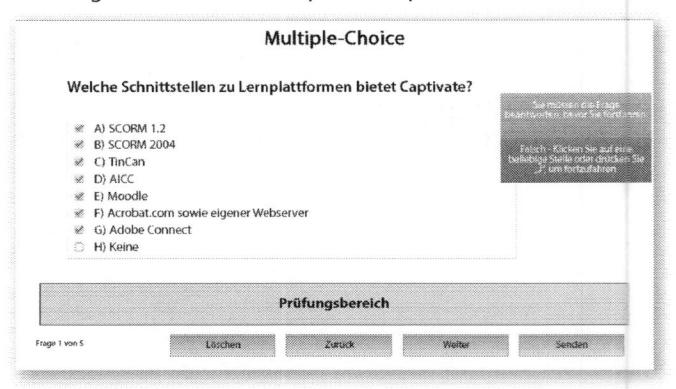

4 Sie sollten nun noch einmal alle Fragen durchgehen und bei Bedarf die Formatierung oder Feldgrößen anpassen.

Sie wissen nun, wie Sie Quizfragen über das GIFT-Format importieren können.

## Fragenpools & Zufallsfragen

Mit Hilfe von Fragenpools können Sie Fragen gruppieren und dann per Zufall ausspielen lassen. Dies ermöglicht Quiz-Anwendungen, die nach jedem Öffnen eine andere Konstellation von Fragen stellen. Einen ersten Eindruck erhalten Sie, wenn Sie die Datei *16_Quiz_erstellen/Quiz_Uebersicht_Zufallsfragen.cptx* mehrmals in der Vorschau betrachten.

### Übung: Quiz mit Zufallsfragen erstellen

Im Rahmen dieser Übung erweitern wir das zuvor erstellte Quiz um einen Fragenpool, um daraus Zufallsfragen zu generieren.

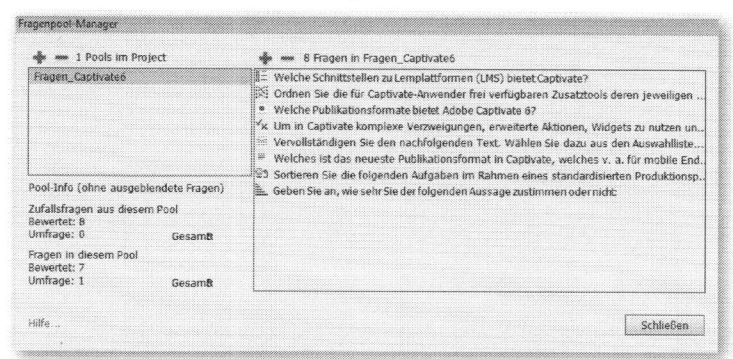

Wie Sie die Übungsdateien herunterladen: ▶ *Seite 19*

**Übung**

1  Öffnen Sie die Datei *Transferuebung_weitere_Fragenfolien.cptx* aus dem Ordner \16_Quiz_erstellen\.

   Sie sehen ein Projekt, das von jedem Typ eine Frage enthält. Diese möchten wir nun in einem Fragenpool sammeln.

2  Wählen Sie in der Menüleiste **Quiz > Fragenpool-Manager**.

---

**Fragenpools importieren**

Wenn Sie Fragenpools aus anderen Projekten importieren möchten: Wählen Sie in der Menüleiste **Datei > Importieren > Fragenpools**.

Wenn Sie einen weiteren Fragenpool erstellen möchten, z. B. um Fragen thematisch zu unterteilen: Klicken Sie auf der linken Seite auf das Plus-Zeichen.

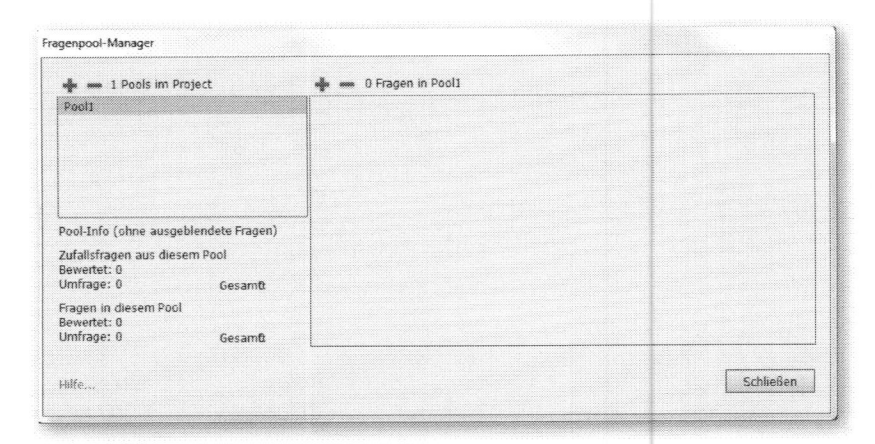

Auf der linken Seite sehen Sie bereits standardmäßig einen Fragenpool mit der Bezeichnung „Pool1".

3   Doppelklicken Sie auf **Pool1**, benennen Sie den Fragenpool in „Fragen_Captivate" um.

4   Klicken Sie auf **Schließen**.

Sie haben einen Fragenpool erstellt. Nun möchten wir dem Fragenpool entsprechende Fragen zuordnen.

5   Markieren Sie im *Filmstreifen* die Folien 2-8 mit gedrückter Taste ⇧ (die Likert-Frage auf Folie 9 möchten wir in jedem Fall stellen).

6   Rechtsklicken Sie auf eine der markierten Folien und wählen Sie **Frage verschieben nach > Fragen_Captivate**.

Das Bedienfeld *Fragenpool* öffnet sich im unteren Bereich.

Sie sehen, dass die Fragen nun in den Fragenpool *Fragen_Captivate* verschoben wurden. Diese können Sie nun ausschließlich über das Bedienfeld *Fragenpool* erreichen.

**Fragenpool wechseln**

Über den Umschalter im rechten Teil des Bedienfelds *Fragenpool* können Sie, falls vorhanden, zwischen den Fragenpools wechseln.

Nun möchten wir diese Fragen zufällig ausspielen lassen.

7   Wählen Sie die Folie 1 im *Filmstreifen*.

8   Wählen Sie in der Menüleiste **Quiz > Zufallsfragenfolie**.

    Eine neue Folie *Zufallsfrage* wird nun in Ihr Projekt eingefügt. Im Bedienfeld *Quizeigenschaften* sehen Sie im Bereich *Allgemein* unter *Fragenpool* den zugeordneten Fragenpool.

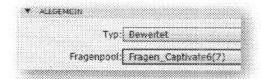

9   Fügen Sie 2 weitere Zufallsfragenfolien ein und verknüpfen Sie sie mit dem Fragenpool *Fragen_Captivate*.

10  Testen Sie das Projekt in der Vorschau.

11  Testen Sie das Projekt ein zweites Mal in der Vorschau.

    Sie sehen, dass nun andere Fragen erscheinen (falls die gleichen Fragen erscheinen sollten, ist dies reiner Zufall - versuchen Sie es dann noch ein drittes Mal).

12  Speichern Sie Ihr Ergebnis optional.

Sie wissen nun, wie Sie Fragen per Zufall stellen können.

> Eine mögliche Lösung finden Sie in der Datei \16_Quiz_erstellen\Quiz_mit_Zufallsfragen_Ziel.cptx.

## Übung: Quiz mit Hilfestellung

Mit der Aktion „Zurück zum Quiz" können Sie Ihren Benutzern erlauben, ein Quiz zu unterbrechen, um z. B. auf eine erklärende Inhaltsfolie Ihres Projektes zu springen und anschließend wieder zur selben Quizfrage zurückzukehren. Um Ihren Benutzern zu ermöglichen, eine Quizfrage zu verlassen und diese nach seiner Rückkehr wieder beantworten zu können, müssen Sie ihn stets auf eine Folie außerhalb des Quizbereichs leiten. Andernfalls kann er die Frage nicht erneut beantworten.

> **„Quiz scope" - der Bereich eines Quiz**
>
> Der Bereich eines Quiz ("Quiz scope") beginnt in Captivate mit der ersten Fragenfolie und endet erst dann, wenn der Benutzer die Ergebnisfolie erreicht. Wenn Sie die Ergebnisfolie ausblenden, endet der Quizbereich mit der Folie, die unmittelbar vor der Quizergebnisfolie platziert ist.

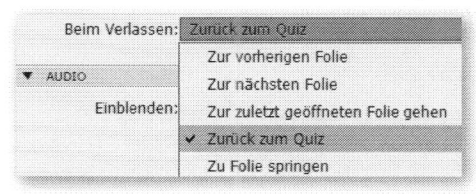

✓ Wie Sie die Übungsdateien herunterladen: ▶ *Seite 19*

### Übung

1   Öffnen Sie die Datei *Quiz_mit_Hilfestellung_Ausgang.cptx* aus dem Ordner \16_Quiz_erstellen\.

Sie sehen ein Projekt, das eine Hotspot-Frage enthält. Wir möchten diese nun so konfigurieren, dass der Benutzer bei falscher Antwort auf eine Lösungsfolie gelangt.

2   Markieren Sie Folie **1 Hotspot-Frage** und nehmen Sie die folgenden Einstellungen in den *Quizeigenschaften* vor:

   a   Stellen Sie sicher, dass im Bereich *Aktion* unter *Versuche* **1** eingetragen ist.

   b   Wählen Sie unter *Letzt. Versuch* **Zu Folie springen** und wählen Sie Folie **3 Loesung zur Hotspotfrage – Finde Krebs**.

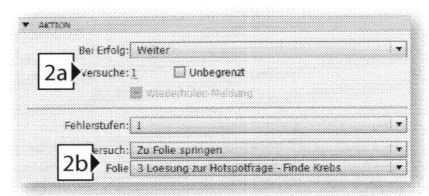

Wenn der Benutzer die Frage nun falsch beantwortet, springt Captivate auf die angegebene Inhaltsfolie. Nun möchten wir noch einstellen, dass der Benutzer von dieser Inhaltsfolie zurück zum Quiz gelangt und die Frage erneut beantworten kann.

3   Markieren Sie Folie **3 Loesung zur Hotspotfrage – Finde Krebs** und wählen Sie in den *Eigenschaften* im Bereich *Aktion* unter *Beim Verlassen* die Option **Zurück zum Quiz**.

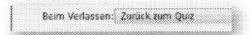

4   Testen Sie das Projekt in der Vorschau und speichern Sie Ihr Ergebnis optional.

> Wenn Sie bei der Fragenbeantwortung zum Quiz zurückgelangen und die Frage erneut beantworten: Klicken Sie auf der Fragenfolie auf die Schaltfläche **Löschen** und markieren Sie die Antwort anschließend erneut.

**Zurück zum Quiz**

Captivate verwendet die Aktion nur dann, wenn der Benutzer vom Quizbereich aus auf diese Folie springt. Sie können die Aktion **Zurück zum Quiz** auch interaktiven Objekten (z. B. Schaltflächen) zuweisen.

Sie wissen nun, wie Sie ein einfaches Quiz mit Hilfestellung aufbauen können.

> Eine mögliche Lösung finden Sie in der Datei \16_Quiz_erstellen\Quiz_mit_Hilfestellung_Ziel.cptx.

# Variablen & Erweiterte Aktionen

In Captivate können S e mit Hilfe von Variablen Texte & Werte speichern oder Systeminformationen ausgeben. Außerdem können Sie auf Basis von Variablen komplexere Logiken (Erweiterte Aktionen) entwickeln.

## Themenübersicht

- Systemvariablen                                              458
- Übung: Mit Systemvariablen einen Folienzähler erstellen     458
- Benutzerdefinierte Variablen                                 460
- Übung: Texte mehrfach verwenden                              461
- Erweiterte Aktionen                                          463
- Übung: Zähler erstellen                                      467
- Übung: Erweiterte Aktionen einsetzen                         472
- Übung: Individuelles Feedback definieren                     476
- Transferübung: Tabstruktur entwickeln                        480
- Transferübung: Vortest erstellen                             483

## Systemvariablen

> **Übersichtsdatei Systemvariablen**
>
> Einen Überblick über die Systemvariablen in Captivate erhalten Sie in der Übersichtsdatei *17_Variablen_Erweiterte_Aktionen/Systemvariablen.cptx*.

Über Systemvariablen können Sie das Projekt steuern und Informationen über das Projekt oder ein Quiz ausgeben lassen. Außerdem können Sie auch Informationen auslesen, die das Betriebssystem bereitstellt (z. B. Datum oder Uhrzeit).

Die verfügbaren Systemvariablen sind in Captivate in folgende Gruppen unterteilt:

- *Filmsteuerung*: Variablen, um das Captivate-Projekt zu steuern (z. B. „Anhalten", „Fortsetzen", „Vorherige Folie" und „Nächste Folie").
- *Filminformationen*: Informationen aus dem Captivate-Projekt (z. B. die aktuelle Foliennummer oder die Gesamtfolienzahl des Projekts).
- *Film-Metadaten*: Projektinformationen, die Sie über die Voreinstellungen in der Kategorie *Projekt > Informationen* hinterlegen können (z. B. Ihre E-Mail-Adresse).
- *Systeminformationen*: Zeit- und Datumsinformationen, die das Betriebssystem bereitstellt (z. B. das aktuelle Jahr).
- *Erstellen von Quizanwendungen*: Informationen aus einem Quiz (z. B. das Ergebnis der letzten Frage oder die Gesamtpunktzahl).

> **Variablenliste**
>
> Eine Auflistung aller in Captivate verfügbaren Variablen finden Sie hier:
> ▶ *Weblink 17.1, Seite 20.*

### Übung: Mit Systemvariablen einen Folienzähler erstellen

Im Rahmen dieser Übung nutzen wir Systemvariablen, um einen Folienzähler zu erstellen.

Folie 2 von 4

✓ Wie Sie die Übungsdateien herunterladen: ▶ *Seite 19*

## Übung

1. Öffnen Sie die Datei *Systemvariablen_Einfacher_Folienzaehler_Ausgang.cptx* aus dem Ordner *\17_Variablen_Erweiterte_Aktionen*.
2. Markieren Sie Folie 2 im Filmstreifen.

    In der bestehenden Textbeschriftung möchten wir nun die Nummer der aktuellen Folie sowie die Gesamtzahl der Folien des Projektes ausgeben lassen.

3. Doppelklicken Sie in die Textbeschriftung und platzieren Sie den Cursor zwischen „Folie" und „von".

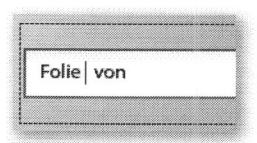

4. Klicken Sie in den *Eigenschaften* im Bereich *Format* unter *Einfügen* auf **Variable einfügen**.

    Das Fenster *Variable einfügen* öffnet sich.

5. Wählen Sie den *Variablentyp* **System**.
6. Wählen Sie unter *Variablen* die Systemvariable **cpInfoCurrentSlide** (aktuelle Foliennummer).

7. Klicken Sie auf **OK**.

    In die Textbeschriftung wird nun die Systemvariable nach dem Schema „$$Variablenname$$" eingefügt.

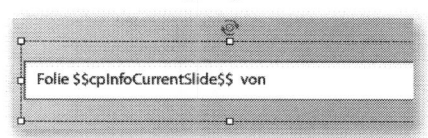

8. Fügen Sie zusätzlich die Systemvariable **cpInfoSlideCount** hinter „von" in die Textbeschriftung ein.

---

**Maximale Länge**

Die *Maximale Länge* steht für die Anzahl an Zeichen, die maximal in der Variablen gespeichert werden. Wenn Sie längere Texte ausgeben möchten, müssen Sie diesen Wert entsprechend erhöhen.

> Folie $$cpInfoCurrentSlide$$ von $$cpInfoSlideCount$$

9  Lassen Sie den Folienzähler für die gesamte Dauer des Projektes anzeigen: Wählen Sie im Bedienfeld *Eigenschaften* unter *Timing* bei *Anzeigen für* die Option **Restliches Projekt**.

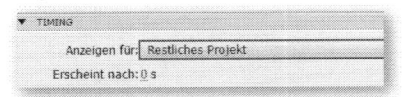

> TIMING
> Anzeigen für: Restliches Projekt
> Erscheint nach: 0 s

10 Testen Sie das Projekt in der Vorschau (**Datei > Vorschau > Projekt**) und speichern Sie Ihr Ergebnis optional.

Sie haben nun einen Folienzähler mit Hilfe von Systemvariablen erstellt.

> Eine mögliche Lösung finden Sie in der Datei \*17_Variablen_Erweiterte_Aktionen\Systemvariablen_Einfacher_Folienzaehler_Ziel.cptx*.

### Benutzerdefinierte Variablen

Benutzerdefinierte Variablen können Sie beispielsweise zur Werteberechnung verwenden oder um Informationen innerhalb eines Projektes zur Wiederverwendung abzulegen.

#### Das Fenster Variablen

Projekt > Variablen

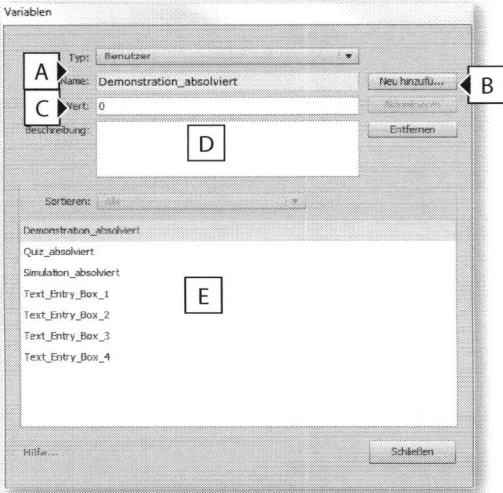

**Liste der reservierten Variablennamen**

Eine Auflistung aller vom System exklusiv reservierten und damit nicht nutzbaren Variablennamen finden Sie hier:
▶ Weblink 17.2, Seite 20.

**A** Variablenname

**B** Neue benutzerdefinierte Variable anlegen

**C** Wert der Variable

**D** Interne Beschreibung der Variable

**E** Liste aller benutzerdefinierten Variablen im Projekt

## Übung: Texte mehrfach verwenden

Im Rahmen dieser Übung werden wir eine benutzerdefinierte Variable anlegen und diese an verschiedenen Stellen eines Projektes einsetzen.

**Einsatz benutzerdefinierter Variablen**

Sie können benutzerdefinierte Variablen nicht projektübergreifend verwenden, sondern stets nur innerhalb eines Projektes.

Wie Sie die Übungsdateien herunterladen: ▶ *Seite 19*

### Übung

1 Öffnen Sie die Datei *Benutzerdefinierte_Variablen _Ausgang.cptx* aus dem Ordner *\17_Variablen_Erweiterte_Aktionen\*.

2 Legen Sie eine benutzerdefinierte Variable an:

   **a** Wählen Sie in der Menüleiste **Projekt > Variablen**.

   Das Fenster *Variablen* öffnet sich.

   **b** Stellen Sie sicher, dass unter *Typ* die Option **Benutzer** gewählt ist und klicken Sie auf **Neu hinzufügen**.

   **c** Tragen Sie unter *Name* den Text „Kurstitel" und unter *Wert* den Text „Benutzerdefinierte Variablen" ein.

   **d** Klicken Sie auf **Speichern**.

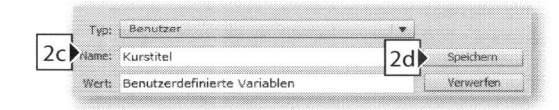

   **e** Klicken Sie auf **Schließen**.

   Sie haben nun eine benutzerdefinierte Variable angelegt.

3 Doppelklicken Sie in die Textbeschriftung auf Folie 1 und platzieren Sie den

> **Maximale Länge**
>
> Die *Maximale Länge* steht für die Anzahl an Zeichen, die maximal in der Variablen hinterlegt und ausgegeben wird. Wenn Sie längere Texte als benutzerdefinierte Variablen hinterlegen, müssen Sie diesen Wert entsprechend erhöhen. Andernfalls werden nicht alle Informationen ausgegeben.

Cursor hinter dem Aufzählungszeichen.

4   Fügen Sie die neu erstellte benutzerdefinierte Variable hinzu:

　　a   Klicken Sie im Bedienfeld *Eigenschaften* unter *Format* bei *Einfügen* auf **Variable einfügen**.

Das Fenster *Variable einfügen* öffnet sich.

　　b   Stellen Sie sicher, dass unter *Variablentyp* die Option **Benutzer** gewählt ist und wählen Sie unter *Variablen* **Kurstitel**.

　　c   Tragen Sie unter *Maximale Länge* den Wert **30** ein.

　　d   Klicken Sie auf **OK**.

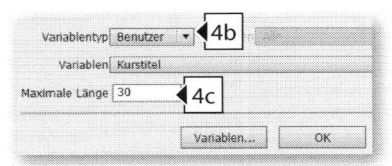

In die Textbeschriftung wird nun die benutzerdefinierte Variable „$$Kurstitel$$" eingefügt.

5   Tragen Sie in den *Eigenschaften* der Textbeschriftung im Bereich *Transformieren* unter *B* **860** und *H* **230** ein.

6   Doppelklicken Sie in die Textbeschriftung auf Folie 2 und platzieren Sie den Cursor zwischen den Anführungszeichen.

7   Fügen Sie erneut die benutzerdefinierte Variable *Kurstitel* ein.

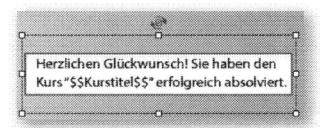

**8** Tragen Sie in den *Eigenschaften* der Textbeschriftung im Bereich *Transformieren* unter B **440** und H **160** ein.

**9** Testen Sie das Projekt in der Vorschau (**Datei > Vorschau > Projekt**).

**10** Verändern Sie nun den Wert der Variable *Kurstitel*:

  **a** Wählen Sie **Projekt** > **Variablen.**

  **b** Stellen Sie sicher, dass unter *Variablen* **Kurstitel** gewählt ist.

  **c** Tragen Sie unter *Wert* den Text „Texte mehrfach verwenden" ein.

  **d** Klicken Sie auf **Aktualisieren** und schließen Sie das Fenster.

**11** Testen Sie das Projekt erneut in der Vorschau.

Der Text wurde in allen Textbeschriftungen geändert, in denen die Variable verwendet wird.

> Eine mögliche Lösung finden Sie in der Datei \*17_Variablen_Erweiterte_Aktionen* \*Benutzerdefinierte_Variablen_Ziel.cptx*.

## Erweiterte Aktionen

Mit Hilfe von erweiterten Aktionen können Sie komplexere Logiken in Ihr Projekt einbringen und z. B. mehrere Aktionen kombinieren oder bedingte Aktionen (wenn X eintritt, führe Y aus) erstellen. So können Sie z. B. eine einfache Abhakfunktion erzeugen, die bereits bearbeitete Themen in einem Menü abhakt oder dem Benutzer neue Kapitel freischaltet. Anschließend bietet Ihnen Captivate auch die Möglichkeit, diese erweiterten Aktionen als freigegebene Aktionen zu speichern. Freigegebene Aktionen können Sie dann als Vorlage wiederverwenden oder zwischen Projekten ex- und importieren. Freigegebene Aktionen tragen die Dateiendung *.cpaa.

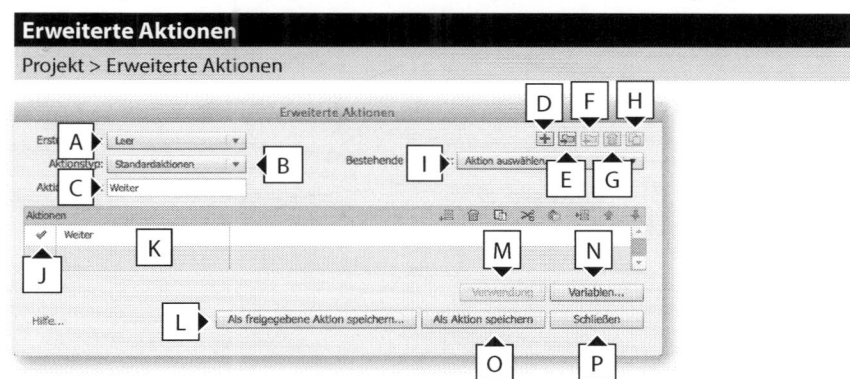

**Erweiterte Aktionen**
Projekt > Erweiterte Aktionen

**A** Erweiterte Aktion aus Vorlage erstellen

**B** Aktionstyp: Standardaktion, Bedingte Aktion

**C** Name der erweiterten Aktion

**D** Neue erweiterte Aktion des gewählten Typs erstellen

- **E** Erweiterte Aktion importieren
- **F** Erweiterte Aktion exportieren
- **G** Erweiterte Aktion löschen
- **H** Erweiterte Aktion duplizieren
- **I** Liste der bestehenden erweiterten Aktionen
- **J** Gültigkeit des Aktionscodes
- **K** Aktion(en), die ausgeführt werden soll(en) (▶ *Seite 242*)
- **L** Erweiterte Aktion als freigegebene Aktion speichern
- **M** Das Fenster Verwendung öffnen
- **N** Das Fenster Variablen (▶ *Seite 460*) öffnen
- **O** Erstellte Aktion speichern
- **P** Fenster schließen

### So exportieren Sie eine freigegebene Aktion

1. Öffnen Sie ein beliebiges Projekt, welches die erweiterte Aktion enthält, die Sie exportieren möchten.

2. Wählen Sie in der Menüleiste **Projekt > Erweiterte Aktionen**.

   Das Fenster *Erweiterte Aktionen* öffnet sich.

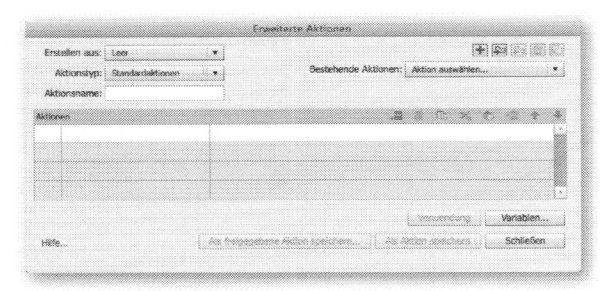

3. Wählen Sie unter *Bestehende Aktionen* die erweiterte Aktion aus, die Sie exportieren möchten.

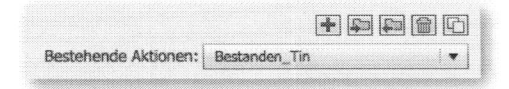

4. Klicken Sie auf **Als freigegebene Aktion speichern**.

Das Fenster *Als freigegebene Aktion speichern* öffnet sich.

5  Ändern Sie den Namen der Aktion, z. B. von „Bestanden_Tin" in „Bestanden_Tin_exp", um der freigegebenen Aktionen einen eindeutigen Namen zu geben.

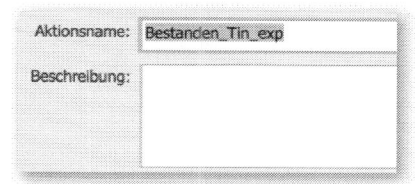

6  Tragen Sie in der Spalte *Parameterbeschreibung* jeweils einen Kommentar ein, der die Aktion näher beschreibt. Dies hilft Ihnen, die entsprechenden Objekte in anderen Projekten wieder zuzuordnen.

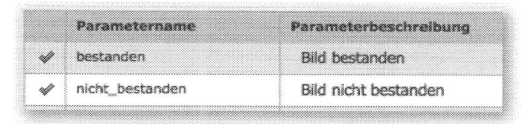

| Parametername | Parameterbeschreibung |
|---|---|
| bestanden | Bild bestanden |
| nicht_bestanden | Bild nicht bestanden |

7  Klicken Sie auf **Speichern**.

Es erscheint die Meldung, dass die Vorlage erfolgreich gespeichert wurde.

8  Bestätigen Sie die Meldung mit **OK**.

9  Klicken Sie im Fenster *Erweiterte Aktionen* auf **Exportieren**.

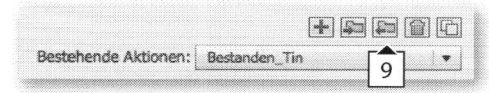

Das Fenster *Freigegebene Aktion exportieren* öffnet sich.

10  Wählen Sie unter *Aktionsname* die erstellte Vorlage aus.

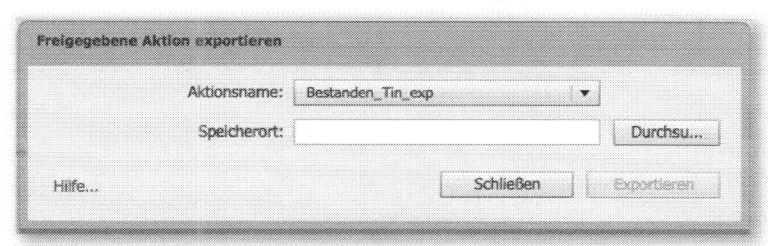

11  Definieren Sie den *Speicherort* und klicken Sie auf **Exportieren**.

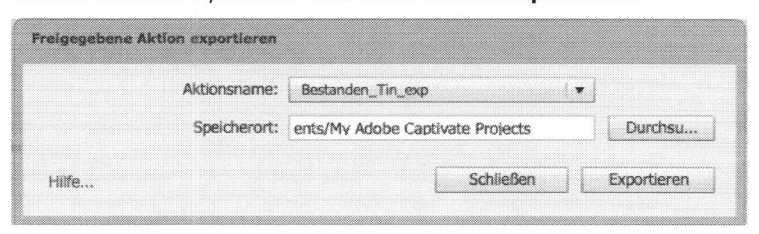

---

**Mehrere Aktionen gleichzeitig exportieren**

Um mehrere freigegebene Aktionen gleichzeitig zu exportieren: Markieren Sie im Bedienfeld *Bibliothek* unter *Freigegebene Aktionen* mit gedrückter Taste ⇧ (Win) / ⌘ (Mac) alle freigegebenen Aktionen, die Sie exportieren möchten. Rechtsklicken Sie anschließend und wählen Sie **Exportieren**.

Erweiterte Aktionen | **465**

Es erscheint die Meldung, dass die Vorlage exportiert wurde.

**12** Klicken Sie auf **OK**.

Sie haben die erweiterte Aktion nun als Vorlage gespeichert und als CPAA-Datei exportiert.

### So importieren und verwenden Sie eine freigegebene Aktion

> **Bestehende Aktionen wiederverwenden**
>
> Sie können mittels dieser Funktion jederzeit Projekte aus älteren Captivate-Versionen in Captivate 7 öffnen und die darin enthaltenen erweiterten Aktionen in freigegebene Aktionen umwandeln.

**1** Importieren Sie eine freigegebene Aktion in Ihr Projekt:

   **a** Öffnen Sie ein beliebiges Projekt.

   **b** Wählen Sie in der Menüleiste **Projekt > Erweiterte Aktionen**.

   Das Fenster *Erweiterte Aktionen* öffnet sich.

   **c** Klicken Sie im oberen Bereich des Fensters auf **Importieren**.

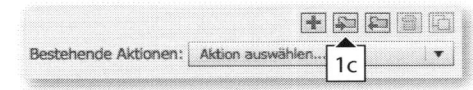

   **d** Wählen Sie die CPAA-Datei aus und klicken Sie auf **Öffnen**.

   Es erscheint die Meldung, dass die freigegebene Aktion erfolgreich importiert wurde.

   **e** Bestätigen Sie die Meldung mit **OK**.

Sie haben die erweiterte Aktion importiert und können diese nun in Ihrem Projekt verwenden.

**2** Weisen Sie nun die freigegebene Aktion zu:

   **a** Markieren Sie auf der Bühne das Objekt (den Auslöser der Aktion), dem Sie die freigegebene Aktion zuweisen möchten (z. B. eine Schaltfläche).

   **b** Wählen Sie im Bedienfeld *Eigenschaften* im Abschnitt *Aktion* unter *Bei Erfolg* die Option **Freigegebene Aktion ausführen** aus.

   **c** Wählen Sie unter *Freigegebene Aktion* die zuvor importierte freigegebene Aktion aus.

   **d** Klicken Sie auf die Schaltfläche **Aktionsparameter**.

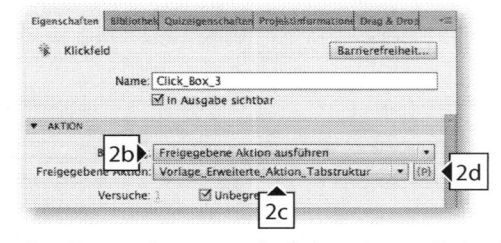

> **Mehrere freigegebene Aktionen importieren**
>
> Um mehrere freigegebene Aktionen gleichzeitig zu importieren: Rechtsklicken Sie im Bedienfeld *Bibliothek* auf den Ordner *Freigegebene Aktionen* und wählen Sie **Importieren**. Markieren Sie die gewünschten freigegebenen Aktionen mit gedrückter Taste ⇧ (Win) / ⌘ (Mac) und bestätigen Sie mit **Öffnen**.

Das Fenster *Parameter der freigegebenen Aktion* öffnet sich.

**e** Weisen Sie den *Parameterbeschreibungen* die gewünschten *Parameterwerte* (Objekte) zu.

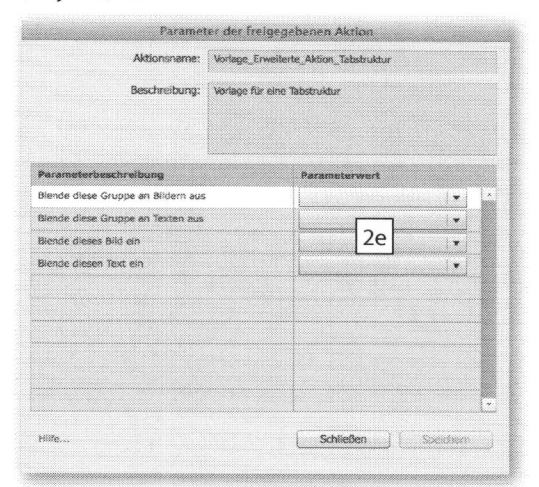

◀ Die entsprechende Zuweisung können Sie auch noch einmal unter *So exportieren Sie eine freigegebene Aktion* (Schritt **6**) nachvollziehen.

**f** Bestätigen Sie Ihre Auswahl durch einen Klick auf **Speichern**.

Sie wissen nun, wie Sie erweiterte Aktionen projektübergreifend verwenden können.

### Übung: Zähler erstellen

Um die Arbeit mit Variablen und erweiterten Aktionen kennenzulernen, möchten wir im Rahmen dieser Übung einen Zähler „programmieren".

✓ Wie Sie die Übungsdateien herunterladen: ▶ *Seite 19*

#### Übung im Kurzüberblick

- ▶ Sie legen eine benutzerdefinierte Variable an
- ▶ Sie erstellen zwei erweiterte Aktionen, die über Schaltflächen ausgelöst werden
- ▶ Sie lassen den Wert der Variablen in einer Textbeschriftung ausgeben

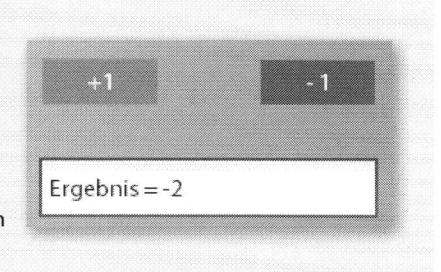

#### Übung

**1** Öffnen Sie die Datei *Erweiterte_Aktionen_Zaehler_Einfach_Ausgang.cptx* aus dem Ordner *\17_Variablen_Erweiterte_Aktionen\*.

2   Markieren Sie Folie 2.

Sie sehen, dass die Folie bereits zwei Smartform-Schaltflächen mit Hover-Effekt enthält, die jeweils zu einer Objektgruppe zusammengefasst sind. Diese sind zusätzlich bereits mit dem Text „+1" sowie „-1" befüllt.

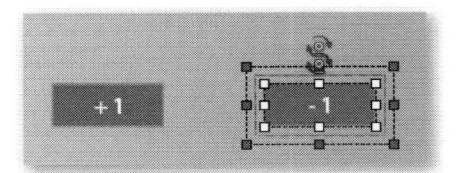

3   Fügen Sie eine Textbeschriftung ein.

4   Formatieren Sie die Textbeschriftung folgendermaßen:

   a   Wählen Sie in den Eigenschaften unter *Stil* **Textbeschriftung**.

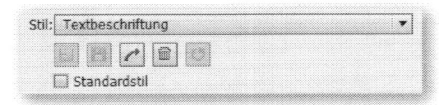

   b   Tragen Sie im Bereich *Transformieren* unter *X* **367** und *Y* **312** ein.

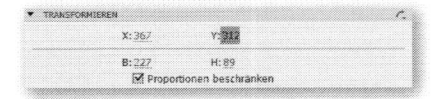

5   Legen Sie eine benutzerdefinierte Variable an:

   a   Wählen Sie in der Menüleiste **Projekt > Variablen**.

   Das Fenster *Variablen* öffnet sich.

   b   Stellen Sie sicher, dass unter *Typ* die Option **Benutzer** gewählt ist und klicken Sie auf **Neu hinzufügen**.

   c   Tragen Sie unter *Name* den Text „erg" und unter *Wert* den Text „0" ein.

   d   Klicken Sie auf **Speichern**.

   e   Klicken Sie auf **Schließen**.

   Sie haben nun eine benutzerdefinierte Variable angelegt.

6   Erstellen Sie eine erweiterte Aktion:

   a   Wählen Sie **Projekt > Erweiterte Aktionen**.

   Das Fenster *Erweiterte Aktionen* öffnet sich.

   b   Stellen Sie sicher, dass unter *Aktionstyp* die Option **Standardaktionen** gewählt ist und tragen Sie unter *Aktionsname* den Text „addiere1" ein.

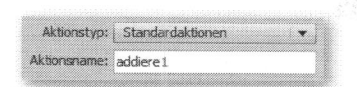

**c** Doppelklicken Sie in den Bereich *Aktionen*.

Eine neue Zeile wird angelegt.

**d** Wählen Sie in der zweiten Spalte unter *Aktion auswählen* die Option **Ausdruck** (vorletztes Element der Liste).

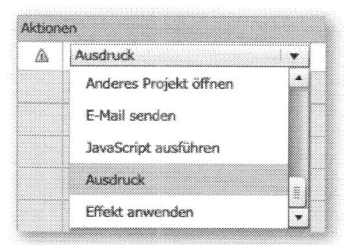

**e** Wählen Sie unter *Variable auswählen* die Variable **erg**.

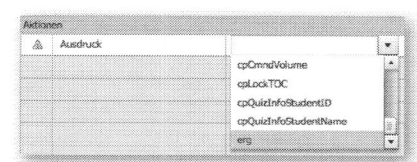

**f** Wählen Sie unter *Variable* die Option **Variable**.

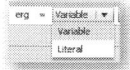

Der Eintrag ändert sich in *Variable auswählen*.

**g** Wählen Sie unter *Variable auswählen* die Variable **erg**.

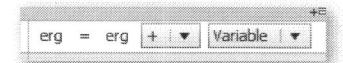

**h** Wählen Sie unter „+" das **Plus-Zeichen**.

**i** Wählen Sie unter *Variable* die Option **Literal**.

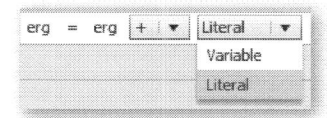

**j** Tragen Sie den Wert **1** ein und drücken Sie ⏎.

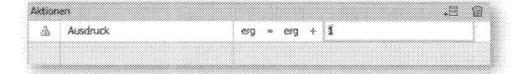

Erweiterte Aktionen | **469**

Die Zeile wird mit einem grünen Haken markiert, was bedeutet, dass die Aktion (bzw. das Skript) fehlerfrei ist.

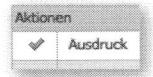

**k** Klicken Sie auf **Als Aktion speichern** und bestätigen Sie die Meldung mit **OK**.

Sie haben die erste erweiterte Aktion für das Addieren erstellt. Nun möchten wir die zweite für das Subtrahieren erstellen.

**7** Erstellen Sie eine weitere erweiterte Aktion:

    **a** Klicken Sie auf **Aktion duplizieren.**

Ein Duplikat mit dem Namen *Duplicate_Of_ addiere1* wurde angelegt.

    **b** Tragen Sie unter *Aktionsname* den Text „subtrahiere1" ein.

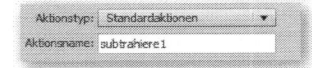

    **c** Doppelklicken Sie im Bereich *Aktionen* auf das Zeichen „+".

    **d** Wählen Sie im Aufklappmenü das **Minus-Zeichen**.

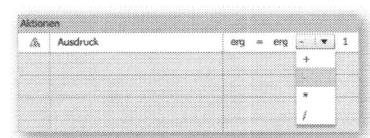

    **e** Klicken Sie unten auf **Aktion aktualisieren** und bestätigen Sie die Meldung mit **OK**.

    **f** Klicken Sie auf **Schließen**.

Sie haben nun auch die zweite erweiterte Aktion erstellt.

**8** Fügen Sie in die bestehende Textbeschriftung die benutzerdefinierte Variable *Erg* ein:

    **a** Doppelklicken Sie in die Textbeschriftung und klicken Sie im Bedienfeld *Eigenschaften* unter *Format* bei *Einfügen* auf **Variable einfügen**.

Das Fenster *Variable einfügen* öffnet sich.

    **b** Stellen Sie sicher, dass unter *Variablentyp* die Option **Benutzer** gewählt ist und wählen Sie unter *Variablen* **erg**.

c   Klicken Sie auf **OK**.

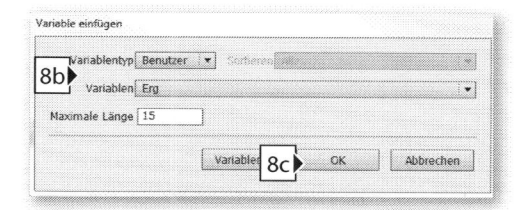

d   Tragen Sie zusätzlich vor die Variable den Text „Ergebnis = " ein.

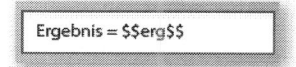

9   Weisen Sie den Schaltflächen die erweiterten Aktionen zu:

a   Markieren Sie die Schaltfläche „+1" über die Zeitleiste.

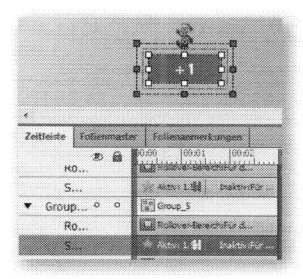

b   Wählen Sie für die Schaltfläche „+1" im Bedienfeld *Eigenschaften* im Bereich *Aktion* unter *Bei Erfolg* die Option **Erweiterte Aktionen ausführen.**

c   Wählen Sie unter *Skript* die Option **addiere1**.

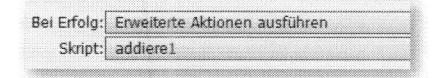

d   Weisen Sie genauso der Schaltfläche „-1" das Skript **subtrahiere1** zu.

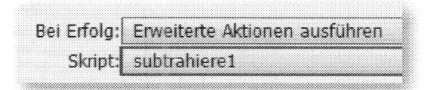

10  Testen Sie das Projekt in der Vorschau (**Datei > Vorschau > Projekt**) und speichern Sie Ihr Ergebnis optional.

Über die Schaltflächen +1 und -1 können Sie den Wert in der Textbeschriftung nun beliebig erhöhen und verringern.

> Eine mögliche Lösung finden Sie in der Datei \*17_Variablen_Erweiterte_Aktionen* \ *Erweiterte_Aktionen_Zaehler_Einfach_Ziel.cptx*.

## Übung: Erweiterte Aktionen einsetzen

In dieser Übung werden wir das Menü aus der Übung *Projekte verzweigen* (▶ *Seite 375*) erweitern, sodass visualisiert wird, welche Themen vom Benutzer bereits bearbeitet wurden.

✓ Wie Sie die Übungsdateien herunterladen: ▶ *Seite 19*

### Übung im Kurzüberblick

- ▶ Sie erstellen Standardaktionen
- ▶ Sie arbeiten mit den Sichtbarkeitszuständen von Objekten

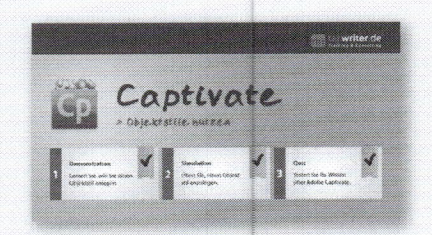

### Übung

1. Öffnen Sie die Datei *Erweiterte_Aktionen_abhaken_Ausgang.cptx* aus dem Ordner *\17_Variablen_Erweiterte_Aktionen\*.

   Sie sehen ein verzweigtes Projekt, welches ein Menü sowie 3 Kapitel (Demonstration, Simulation, Quiz) umfasst.

2. Benennen Sie die drei Bilder (Haken) auf Folie *1 Menü* jeweils in den *Eigenschaften* unter *Name* mit „Demo_fertig", „Simu_fertig" sowie „Quiz_fertig".

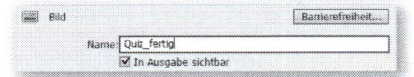

   Sie haben den drei Bildern einen eindeutigen Namen im Projekt zugewiesen. Diese Namen werden auch in der Zeitleiste angezeigt.

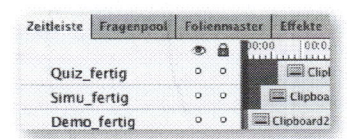

3. Nun stellen wir die Grafiken so ein, dass sie zu Beginn ausgeblendet sind: Deaktivieren Sie jeweils in den *Eigenschaften* der Bilder die Option **In Ausgabe sichtbar**.

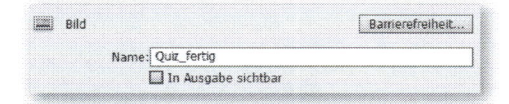

4   Nachdem die Bildobjekte vorbereitet sind, können wir nun die Logik definieren: Wählen Sie **Projekt** > **Erweiterte Aktionen.**

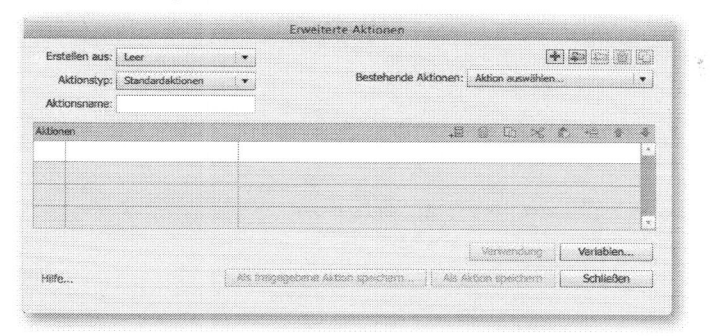

5   Wählen Sie unter *Aktionstyp* die Option **Standardaktionen** und tragen Sie unter *Aktionsname* „demo_abgeschlossen" ein.

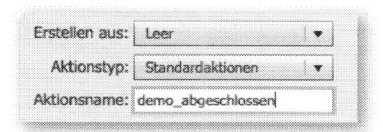

6   Erstellen Sie das Skript:

   **a**  Doppelklicken Sie in den Bereich *Aktionen*.

   **b**  Wählen Sie unter *Aktion auswählen* die Option **Einblenden.**

   **c**  Wählen Sie aus dem erscheinenden Aufklappmenü das Objekt **Demo_fertig**.

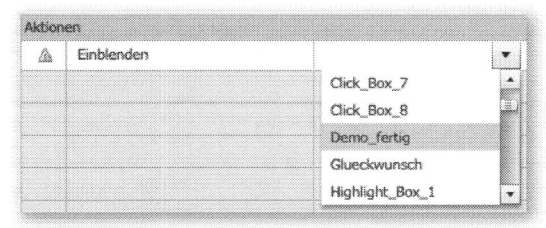

Erweiterte Aktionen | 473

**Suche filtern**

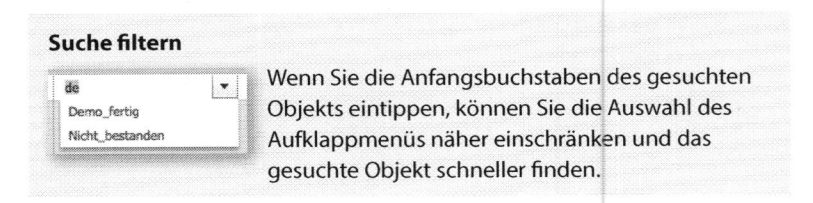

Wenn Sie die Anfangsbuchstaben des gesuchten Objekts eintippen, können Sie die Auswahl des Aufklappmenüs näher einschränken und das gesuchte Objekt schneller finden.

Nun möchten wir eine zweite Aktion hinzufügen.

**d** Klicken Sie auf das Symbol **Hinzufügen**:

**e** Wählen Sie unter *Aktion auswählen* die Option **Gehe zu Folie**.

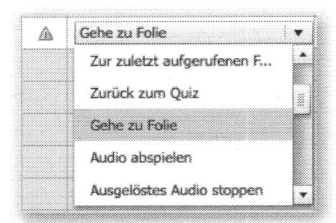

**f** Wählen Sie aus dem erscheinenden Aufklappmenü **1 Menü**.

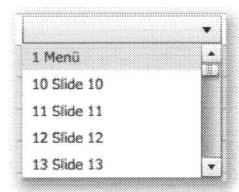

**7** Klicken Sie im unteren Bereich des Fensters auf **Als Aktion speichern** und bestätigen Sie die Meldung mit **OK**.

Sie haben nun das erste Skript erstellt. Die Aktion *Einblenden* blendet das Bild „Demo_fertig" auf der Menüfolie ein. Über die Aktion *Gehe zu Folie* gelangt der Benutzer nach Abschluss des Themenbereichs zurück auf die Menüfolie.

**8** Erstellen Sie für die zwei weiteren Kapitel ebenfalls erweiterte Aktionen:

  **a** Wählen Sie unter *Bestehende Aktionen* die Aktion **demo_abgeschlossen** aus.

**b** Klicken Sie auf das Symbol **Aktion duplizieren**.

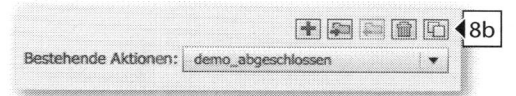

**c** Benennen Sie die Aktion unter *Aktionsname* mit „simulation_abgeschlossen".

**d** Doppelklicken Sie im Bereich *Aktionen* auf das Objekt *Demo_fertig* und wählen Sie das Bild **Simu_fertig**.

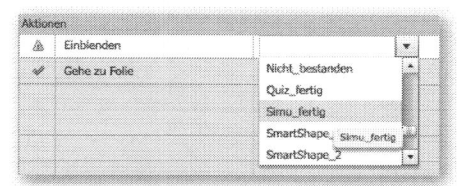

**e** Klicken Sie im unteren Bereich auf **Aktion aktualisieren** und bestätigen Sie die Meldung mit **OK**.

Sie haben nun eine zweite erweiterte Aktion erstellt.

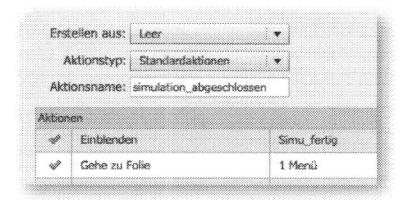

**f** Erstellen Sie auf die gleiche Weise die erweiterte Aktion „quiz_abgeschlossen", welche das Objekt **Quiz_fertig** einblendet.

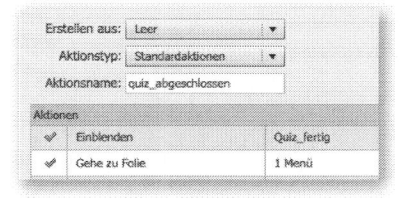

**g** Klicken Sie auf **Schließen**.

**9** Weisen Sie die erweiterten Aktionen den jeweils letzten Folien einer Foliengruppe zu:

**a** Markieren Sie im Filmstreifen **Folie 27**.

**b** Wählen Sie im Bedienfeld *Eigenschaften* im Bereich *Aktion* unter *Beim Verlassen* die Option **Erweiterte Aktionen ausführen**.

**c** Wählen Sie unter *Skript* die Option **demo_abgeschlossen**.

---

**Exkurs für treue Leser**

Wenn Sie bereits eines meiner Bücher bearbeitet haben, wird Ihnen auffallen, dass diese Übung nun anders aufgebaut und viel einfacher ist. Grund ist, dass wir erst seit Captivate 6 anweisen können, auf einer anderen Folie ein Objekt ein-/auszublenden. Zuvor könnten wir nur auf der derselben Folie diese Aktion auslösen. Dadurch mussten wir uns jeweils mittels einer Hilfsvariablen behelfen, über die sich das Projekt den Zustand gemerkt und im Menü stets per Wenn-Dann-Bedingung abgefragt hat. Dies würde heute noch funktionieren - ist nur eben wesentlich umständlicher.

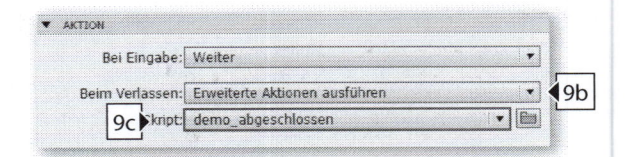

**d** Weisen Sie auch Folie 51 und Folie 61 die entsprechenden erweiterten Aktionen **simulation_abgeschlossen** und **quiz_abgeschlossen** zu.

**10** Testen Sie das Projekt in der Vorschau (**Datei > Vorschau > Projekt**) und speichern Sie Ihr Ergebnis optional.

Nach Abschluss eines Themenbereiches wird nun bei Rückkehr zum Menü das jeweilige Thema abgehakt dargestellt.

> Eine mögliche Lösung finden Sie in der Datei \17_Variablen_Erweiterte_Aktionen\Erweiterte_Aktionen_abhaken_Ziel.cptx.

### Übung: Individuelles Feedback definieren

Im Rahmen dieser Übung erstellen Sie mit Hilfe einer erweiterten Aktion ein individuelles Feedback mit Abschluss eines Quiz, je nachdem ob der Benutzer bestanden hat oder nicht. Mit Hilfe von bedingten Aktionen blenden Sie hier, je nach Ergebnis, eine andere Figur mit passendem Audio ein.

#### Übung im Kurzüberblick

- ▶ Sie erstellen eine bedingte Aktion mit einer Wenn-Dann-Bedingung
- ▶ Sie blenden Grafiken und Audio in Abhängigkeit von Bedingungen ein

Wie Sie die Übungsdateien herunterladen: ▶ *Seite 19*

#### Übung

**1** Öffnen Sie die Datei *Individuelles_Feedback_Ausgang.cptx* aus dem Ordner *17_Variablen_Erweiterte_Aktionen*.

**2** Markieren Sie **Folie 9 Ergebnisfolie** und fügen Sie die Bilder *Tin_6.png* und *Tin_9.png* aus dem Verzeichnis */00_Projekte / Assets / Figur* ein.

**3** Markieren Sie das Objekt *Tin_6* und tragen Sie in den *Eigenschaften* unter *Name*

„Nicht_bestanden" ein.

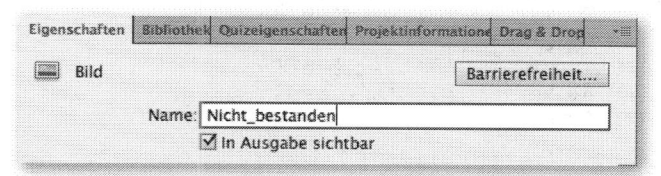

4   Markieren Sie das Objekt Tin_9 und tragen Sie in den *Eigenschaften* unter *Name* „Glueckwunsch" ein.

5   Passen Sie die Grafiken an:

   a   Tragen Sie jeweils im Bedienfeld *Eigenschaften* im Bereich *Transformieren* unter *X* **620** und *Y* **128** ein.

   b   Tragen Sie jeweils eine Größe von *B* **260** ein.

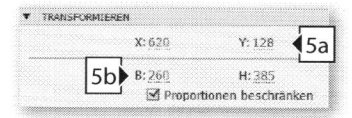

   c   Deaktivieren Sie im oberen Bereich des Bedienfeldes *Eigenschaften* die Option **In Ausgabe sichtbar**.

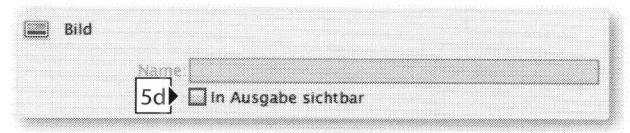

   d   Wählen Sie im Bereich *Timing* unter *Anzeigen für* die Option **Restliche Folie**.

   e   Tragen Sie unter *Erscheint nach* **0,3 Sekunden** ein.

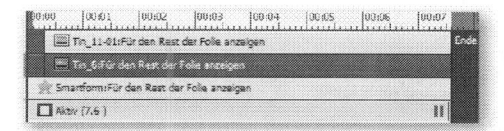

6   Erstellen Sie eine bedingte Aktion:

   a   Wählen Sie in der Menüleiste **Projekt > Erweiterte Aktionen**.

   Das Fenster *Erweiterte Aktionen* öffnet sich.

   b   Wählen Sie unter *Aktionstyp* **Bedingte Aktionen**.

   c   Tragen Sie unter *Aktionsname* „Ergebnis_visualisieren" ein.

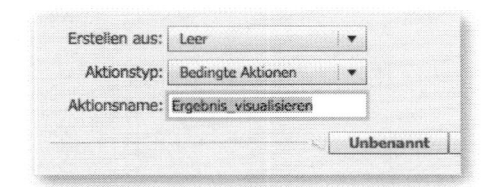

**d** Doppelklicken Sie unter *IF* (Wenn) in den Bereich unterhalb von *Aktion ausführen wenn*.

Die Aufklappmenüs *Variable*, *Vergleichsoperator auswählen* und *Variable* werden angezeigt.

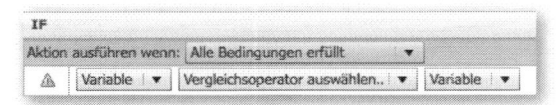

**e** Wählen Sie unter *Variable* die Option **Variable**.

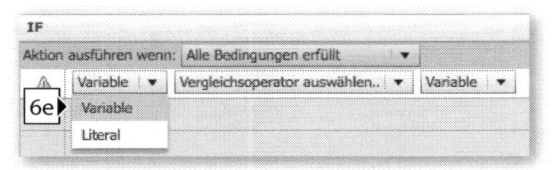

**f** Wählen Sie aus dem erscheinenden Aufklappmenü die Variable **cpQuizInfoPassFail.**

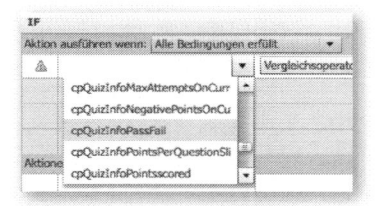

**g** Wählen Sie aus dem Aufklappmenü *Vergleichsoperator auswählen* die Option **ist gleich**.

**h** Wählen Sie aus dem hinteren Aufklappmenü *Variable* die Option **Literal**, tragen Sie den Wert **1** ein und bestätigen Sie mit ⏎.

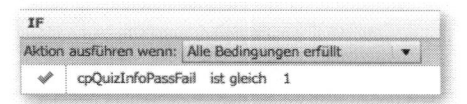

Vor der Zeile erscheint nun ein grüner Haken, der signalisiert, dass die Bedingung fehlerfrei ist. Bei der Variablen **cpQuizInfoPassFail** bedeutet **1**, dass das Quiz bestanden wurde und **0**, dass es nicht bestanden wurde. Hiernach bauen wir nun die gewünschten Aktionen bei **IF** sowie bei **ELSE** auf.

**i** Doppelklicken Sie in den Bereich *Aktionen*.

j  Wählen Sie aus dem erscheinenden Aufklappmenü *Aktion auswählen* die Option **Einblenden**.

k  Wählen Sie aus dem erscheinenden Aufklappmenü *Objekt auswählen* die Option **Glueckwunsch**.

Nun fügen wir noch eine zweite Aktion hinzu, mit der nicht nur das Bild eingeblendet, sondern auch das passende Audio abgespielt wird.

l  Klicken Sie im Bereich *Aktionen* auf das Symbol **Hinzufügen**:

m  Wählen Sie unter *Aktion auswählen* die Option **Audio abspielen**.

n  Doppelklicken Sie auf den erscheinenden Eintrag **Audiodatei auswählen**.

Das Fenster *Audio aus Bibliothek auswählen* öffnet sich.

o  Klicken Sie auf **Importieren** und öffnen Sie die Datei *bestanden.mp3* aus dem Ordner *17_Variablen_Erweiterte_Aktionen*.

p  Klicken Sie im unteren Bereich des Fensters auf den Eintrag **ELSE**.

Hier stellen wir nun die Aktionen ein, die ausgeführt werden sollen, wenn das Quiz nicht bestanden wurde.

q  Doppelklicken Sie in den Bereich *Aktionen* und wählen Sie unter *Aktion auswählen* **Einblenden**, unter *Objekt auswählen* **Nicht_bestanden** und lassen Sie die Audio-Datei *nicht_bestanden.mp3* aus dem Ordner *17_Variablen_Erweiterte_Aktionen* abspielen.

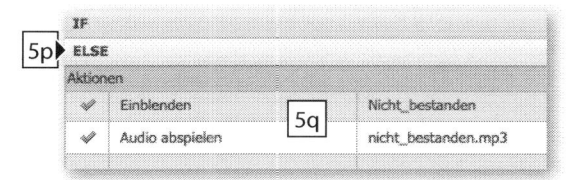

- **r** Klicken Sie im unteren Bereich des Fensters auf **Als Aktion speichern** und bestätigen Sie die Meldung mit **OK**.
- **s** **Schließen** Sie das Fenster *Erweiterte Aktionen*.

**7** Weisen Sie die bedingte Aktion „Ergebnis_visualisieren" nun noch zu, sodass diese automatisch ausgeführt werden, sobald der Lerner die Ergebnisfolie erreicht:

- **a** Markieren Sie im Filmstreifen **Folie 9 Ergebnisfolie**.
- **b** Wählen Sie im Bedienfeld *Eigenschaften* im Bereich *Aktion* unter *Beim Erreichen* die Option **Erweiterte Aktionen ausführen** und unter *Skript* die Option **Ergebnis_visualisieren**.

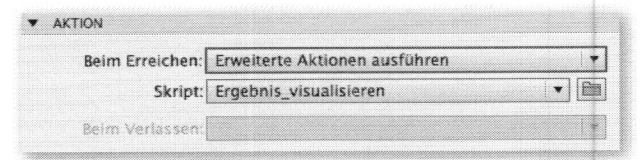

**8** Testen Sie Ihr Projekt in der Vorschau und speichern Sie das Ergebnis optional.

Sie wissen nun, wie Sie bedingte Aktionen in Ihre Projekte einbringen.

> Eine mögliche Lösung finden Sie in der Datei \*17_Variablen_Erweiterte_Aktionen\Individuelles_Feedback_Ziel.cptx*.

### Transferübung: Tabstruktur entwickeln

Im Rahmen dieser Übung werden Sie nun Ihre neuen Kenntnisse aus dem Bereich erweiterte Aktionen anwenden und eine Tabstruktur entwickeln, die je nach Auswahl bestimmte Bilder und Texte ein- und ausblendet. Hierbei werden Sie die erweiterte Aktion projektübergreifend mittels einer freigegebenen Aktion wiederverwenden.

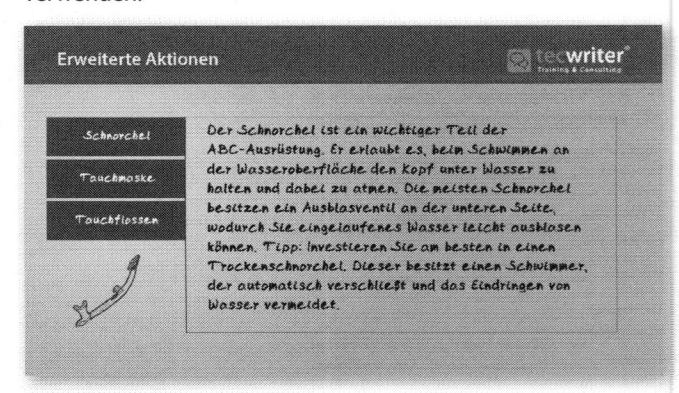

17 Variablen & Erweiterte Aktionen

> Um diese Übung effektiv bearbeiten zu können, sollten Sie zuvor alle Übungen des gesamten Kapitels 17 bearbeitet haben.
> Wie Sie die Übungsdateien herunterladen: ▶ Seite 19

## Transferübung

1  Öffnen Sie die Datei *Freigegebene_Aktionen_Ausgang_ohne_Aktion* aus dem Ordner *\17_Variablen_Erweiterte_Aktionen\*.

   Sie sehen auf der Folie mehrere übereinander liegende Texte (T1-T3) sowie Bilder (B1-B3), die über die Tabs auf der linken Seite jeweils ein- / ausblendbar sein sollen.

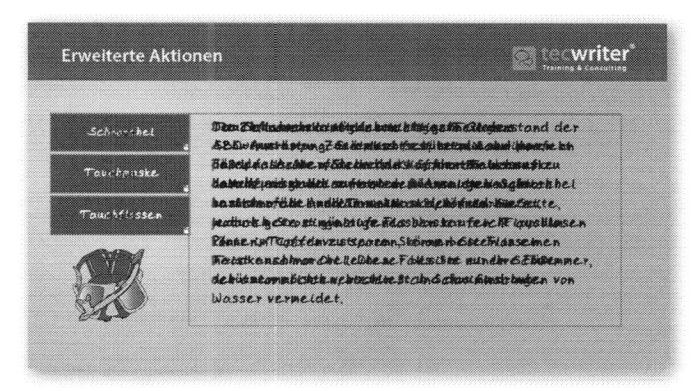

2  Legen Sie eine erweiterte Aktion an, mit der je nach gewähltem Tab nur die passende Text-Bild-Kombination angezeigt wird.

   **a**  Wählen Sie **Projekt** > **Erweiterte Aktionen**.

   **b**  Legen Sie eine neue **Standardaktion** an und nennen Sie diese *Vorlage_Tabstruktur*.

   **c**  Erstellen Sie eine Aktion, um die Gruppe *Alle_Bilder* und eine zweite Aktion um die Gruppe *Alle_Texte* auszublenden.

   **d**  Erstellen Sie zwei weitere Aktionen mit denen jeweils das gewünschte Bild und der dazugehörige Text eingeblendet werden.

> **Hilfestellung zu freigegebenen Aktionen**
>
> Im Kapitel *Erweiterte Aktionen* ▶ *Seite 463* erfahren Sie, wie Sie freigegebene Aktionen erstellen, exportieren und importieren können.

**3** Exportieren Sie die zuvor erstellte erweiterte Aktion, um diese für andere Projekte verfügbar zu machen:

    **a** Speichern Sie die erweiterte Aktion als **freigegebene Aktion**.

    **b** Tragen Sie für jeden Parameternamen eine eindeutige Parameterbeschreibung ein.

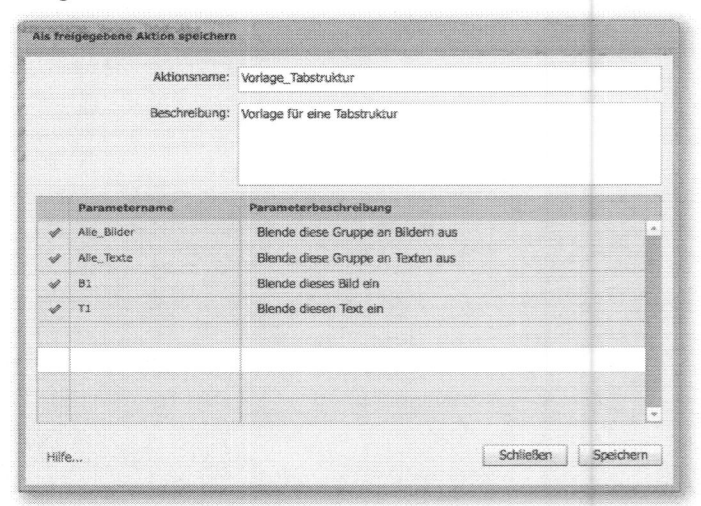

    **c** Exportieren Sie die freigegebene Aktion.

> 🚩 Eine mögliche Lösung finden Sie in der Datei \*17_Variablen_Erweiterte_Aktionen\Freigegebene_Aktionen_Ziel_mit_Aktionsvorlage.cptx*. Die exportierte freigegebene Aktion finden Sie in der Datei \*17_Variablen_Erweiterte_Aktionen\Vorlage_Tabstruktur.cpaa*.

**4** Verwenden Sie die soeben exportierte Aktion in einem anderen Projekt:

    **a** Öffnen Sie die Datei *Freigegebene_Aktionen_Import_Ausgang.cptx* aus dem Ordner \*17_Variablen_Erweiterte_Aktionen*.

    **b** Wählen Sie **Projekt > Erweiterte Aktionen** und importieren Sie Ihre zuvor exportierte freigegebene Aktion oder verwenden Sie die Datei *Vorlage_Tabstruktur.cpaa* aus dem gleichen Verzeichnis.

**c** Weisen Sie dem ersten Tab (Klickfeld) „Adobe Captivate" auf der Bühne im Bedienfeld *Eigenschaften* im Abschnitt *Aktion* unter *Bei Erfolg* die *Freigegebene Aktion* **Vorlage_Tabstruktur** zu.

**d** Klicken Sie auf **Aktionsparameter** und bearbeiten Sie die Parameter der freigegebenen Aktion so, dass immer zuerst *Alle_Bilder* und *Alle_Texte* ausgeblendet werden und nur das benötigte Bild (B1) sowie der zugehörige Text (T1) eingeblendet werden.

| Parameterbeschreibung | Parameterwert |
|---|---|
| Blende diese Gruppe an Bildern aus | Alle_Bilder |
| Blende diese Gruppe an Texten aus | Alle_Texte |
| Blende dieses Bild ein | B1 |
| Blende diesen Text ein | T1 |

**e** Wiederholen Sie die Schritte **4c** und **4d** auch für den Tab „Adobe Presenter" mit dem benötigten Bild (B2) sowie dem zugehörigen Text (T1).

**5** Testen Sie das fertige Projekt in der Vorschau.

Mit erfolgreichem Abschluss dieser Übung sind Sie nun in der Lage, Ihre eigenen Tabstrukturen aufzubauen sowie auch erweiterte Aktionen projektübergreifend wiederzuverwenden.

> Eine mögliche Lösung finden Sie in der Datei \17_Variablen_Erweiterte_Aktionen\Freigegebene_Aktionen_Import_Ziel.cptx.

## Transferübung: Vortest erstellen

Im Rahmen dieser Übung werden Sie nun die Kenntnisse aus den Bereichen Quiz und erweiterte Aktionen anwenden und einen Vortest erstellen, der das Vorwissen der Lerner abprüft und daraufhin eine individuelle Lernempfehlung gibt.

> Um diese Übung bearbeiten zu können, sollten Sie die Kapitel 16 und 17 bearbeitet haben. Wie Sie die Übungsdateien herunterladen:
> ▶ Seite 19

**Fragenfolien in Vortestfragen umwandeln?**

Sie können bestehende bewertete / nicht bewertete Fragenfolien leider nicht in eine Vortest-Frage umwandeln, sondern müssen diese (auf Basis eines Folienmasters) neu erstellen.

### Transferübung

**1** Öffnen Sie die Datei *Vortest_Ausgang.cptx* aus dem Ordner \17_Variablen_Erweiterte_Aktionen.

**2** Fügen Sie nach Folie **2 Lernziel** eine Hotspot- sowie eine Multiple-Choice-Vortestfragenfolie ein: Wählen Sie **Quiz** > **Vortestfragenfolie**.

**3** Tragen Sie in die Hotspot-Frage den Fragentext „*Welche Gegenstände umfasst der Begriff ‚ABC-Ausrüstung'?*" ein.

4   Erweitern Sie in den *Quizeigenschaften* die Anzahl der Hotspot-Bereiche auf 4.

5   Fügen Sie die vier Grafiken *Flossen_150x150.png, Handschuhe150x150.png, Schnorchel150x150.png* sowie *Taucherbrille_150x150.png* aus dem *Verzeichnis 17_Variablen_Erweiterte_Aktionen* ein und legen jeweils einen Hotspot-Bereich darüber.

6   Platzieren Sie Grafiken und Hotspot-Bereiche wie im folgenden Bildschirmfoto.

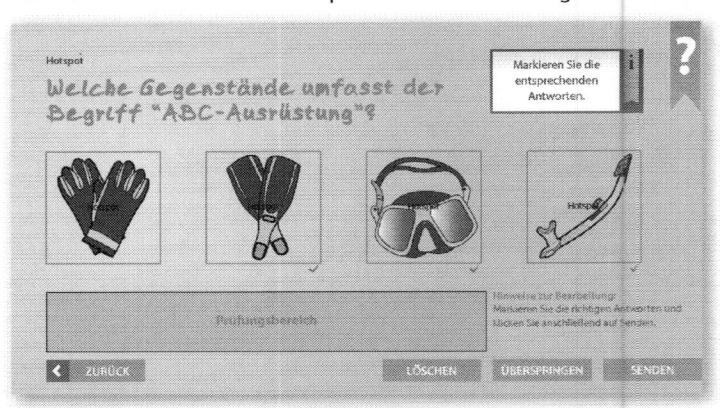

7   Markieren Sie Flossen, Maske und Schnorchel als richtige Antworten.

8   Tragen Sie in der Multiple-Choice-Frage den Fragentext „*Wie können Sie Ihre Kamera unterwassertauglich machen?*" ein.

9   Erweitern Sie in den Quizeigenschaften die Anzahl der Antworten auf **4** und lassen Sie mehrere richtige Antworten zu.

10  Tragen Sie die vier Antwortmöglichkeiten ein und markieren Sie die richtigen Antworten (wie im folgenden Bildschirmfoto gezeigt).

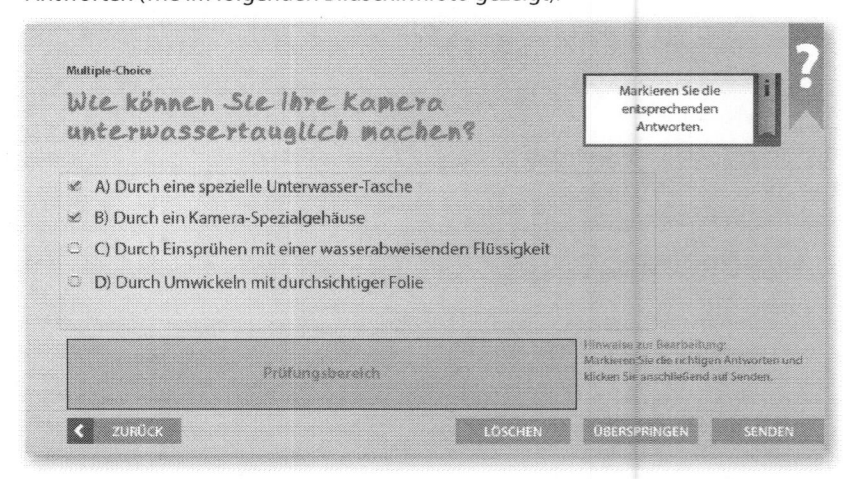

11  Öffnen Sie das Fenster *Erweiterte Aktionen* (**Projekt** > **Erweiterte Aktionen**).

12 Öffnen Sie die *bestehende Aktion* **CPPretestAction**.

13 Stellen Sie unter *IF* die Bedingung **cpQuizInfoPretestScorePercentage ist gleich 100** ein.

14 Stellen Sie unter *Aktionen* die Aktion **Gehe zu Folie 6 Vortest bestanden** ein.

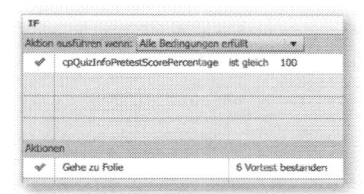

15 Stellen Sie unter *ELSE* die Aktion **Gehe zu Folie 5 Vortest nicht bestanden** ein.

16 Wählen Sie **Aktion aktualisieren** und bestätigen Sie im erscheinenden Fenster mit einem Klick auf **OK**.

17 Testen Sie Ihr Projekt in der Vorschau.

> Eine mögliche Lösung finden Sie in der Datei \*17_Variablen_Erweiterte_Aktionen\Vortest_Ziel.cptx*.

---

**CPPretestAction**

Die Aktion *CPPretestAction* legt Captivate automatisch an, sobald Sie einen Vortest einfügen. Sie ist mit der Bedingung *IF* **cpQuizInfoPretestScorePercentage ist größer als 50** und der *Aktion* **Zur nächsten Folie** voreingestellt.

**Verzweigungsabhängigkeit**

Die Wiedergabeleiste wird auf Vortest-Fragenfolien nicht angezeigt. Wenn Ihr Projekt durch einen Vortest außerdem so verzweigt ist, dass der (fortgeschrittene) Benutzer dabei Quizfragen überspringt, dann können Sie in Captivate definieren, dass nur die bearbeiteten Fragen gewertet werden sollen: Sie finden die Option **Verzweigungsabhängig** in den *Voreinstellungen* in der Kategorie **Quiz > Einstellungen**.

Erweiterte Aktionen | **485**

# Widgets nutzen

Widgets sind Flash-Anwendungen, über die Sie Ihre Captivate-Projekte erweitern können. Über diesen Weg ergeben sich nahezu unbegrenzte Möglichkeiten für Ihre Projekte. Einen kleinen Einblick erhalten Sie in diesem Kapitel.

> **Beispieldatei Widgets**
>
> Einige Beispiele statischer Widgets finden Sie in der Datei \ *18_Widgets* \ *Widgets_alle_statischen.cptx*.

## Themenübersicht

- » Übersicht                                                          488
- » Übung: Wiedergabeleistenwidget einfügen                            489
- » Übung: Fragenwidget einfügen                                       491
- » Transferübung: Quiz mit Zeitbeschränkung                           493

### Widget Treasury

„The Widget Treasury" (▶ Weblink 18.1, Seite 20) ist eine Sammlung verschiedenster, teilweise freier Captivate-Widgets von Drittanbietern.

## Übersicht

In Captivate haben Sie die Möglichkeit, folgende Widgettypen einzufügen:

▶ *Statische Widgets* zeigen Informationen an (z. B. Zertifikate oder Diagramme) oder nehmen Informationen auf (z. B. Checkboxen oder Listenfelder) – können also auch interaktiv sein.

▶ *Interaktiven Widgets* können Sie im Gegensatz zu statischen Widgets im Bedienfeld *Eigenschaften* Aktionen zuweisen (wie z. B. bei normalen Schaltflächen).

▶ Über *Fragenwidgets* erhalten Sie die Möglichkeit, neue Fragentypen in Captivate einzubringen.

### Das Bedienfeld Widget
Fenster > Widget

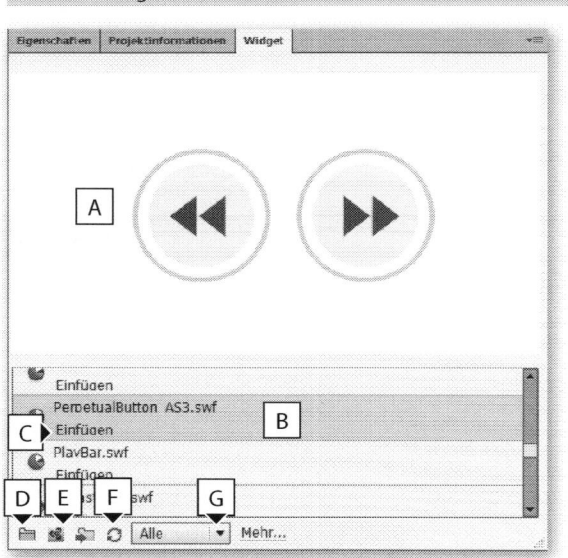

### Widgets in der Praxis

Fremd- oder selbstentwickelte Widgets sind eine sehr schöne Möglichkeit, Funktionen zu erhalten, die Captivate standardmäßig nicht bietet. Aber: Bedenken Sie stets jeden Einsatz eines Widgets. Widgets sind aktuell bei HTML5-Publikationen nicht funktionstüchtig. Außerdem müssen Sie Widgets regelmäßig mit jedem Update von Captivate überprüfen und ggf. aktualisieren, da sich der Programmcode stets fortentwickelt - dies kann die Migration von Altprojekten sehr aufwendig machen. Ich empfehle daher, die Möglichkeiten von Captivate maximal auszureizen und Widgets sehr sparsam einzusetzen.

**A** Vorschau
**B** Liste der verfügbaren Widgets
**C** Widget auf Folie einfügen
**D** Pfad ändern
**E** Weitere Widgets über Adobe Captivate Exchange herunterladen
**F** Widgets hinzufügen / Widgetliste aktualisieren
**G** Nach Widgettyp filtern (siehe oben)

## Übung: Wiedergabeleistenwidget einfügen

In dieser Übung lernen Sie die Arbeit mit Wiedergabeleistenwidgets kennen. Diese Widgets bieten eine sehr interessante und kreative Alternative zu den standardmäßig mitgelieferten Wiedergabeleisten (*Skin-Editor*). Im Rahmen dieser Übung werden wir den Demonstrationsteil des Projektes „Bildschirmvideos" mit einem Wiedergabeleistenwidget versehen. Der Rest des Projektes soll keine Wiedergabesteuerung verwenden.

Wie Sie die Übungsdateien herunterladen: ▶ *Seite 19*

### Übung

1 Öffnen Sie die Datei *Wiedergabeleistenwidget_Ausgang.cptx* aus dem Ordner *18_Widgets*.

2 Wählen Sie **Folie 2** im Filmstreifen aus.

Hier beginnt die Demonstration.

3 Klicken Sie im Filmstreifen durch die einzelnen Folien der Demonstration (bis Folie 27).

In den *Eigenschaften* der Folien können Sie sehen, dass die Demonstration den Folienmaster *Grau_Demo_Navi* verwendet.

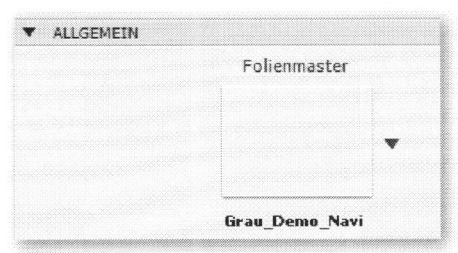

Auf diesem Folienmaster platzieren wir nun das Wiedergabeleistenwidget.

4 Wählen Sie im Bedienfeld *Folienmaster* den Folienmaster **Grau_Demo_Navi** aus.

5 Wählen Sie in der Menüleiste **Einfügen > Widget**.

6  Öffnen Sie die Datei *PodPlayBar_tecwriter.swf* aus dem Ordner *00_Projekte/Projekt_Bildschirmvideos/Wiedergabeleiste*.

Das Fenster *Widget-Eigenschaften* öffnet sich.

7  Deaktivieren Sie die Optionen **Close Caption Button** (Untertitelung) sowie **Exit Button** (Schließen) und klicken Sie auf **OK**.

Das Widget wird mittig auf dem Folienmaster platziert und auf allen Folien angezeigt, die diesen Folienmaster verwenden.

> **Foliendauer der letzten Folie im Beispielprojekt**
>
> Wenn Sie am Ende das Projekt weiter erkunden, werden Sie feststellen, dass die letzte Folie der Demonstration (Folie 26) eine Dauer von 0,1s und keine Wiedergabeleiste hat. Dies verhindert, dass der Benutzer mittels des Weiter-Knopfes der Wiedergabeleiste über die Demonstration hinaus in die Simulation springen kann.

8  Platzieren Sie das Wiedergabeleistenwidget im linken unteren Bereich des Folienmasters: Tragen Sie in den *Eigenschaften* im Bereich *Transformieren* unter *X* **20** und *Y* **450** ein.

9  Verschieben Sie das Widget in der Zeitleiste des Folienmasters um eine Ebene nach unten.

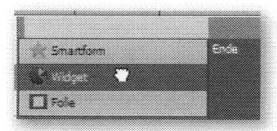

Der Schieberegler des Wiedergabeleistenwidgets wird damit über ein unsichtbares Rechteck (Smartform) gesperrt, sodass der Benutzer nicht versehentlich in einen anderen Teil des Projektes navigieren kann.

10  Testen Sie Ihr Ergebnis in der Vorschau und speichern Sie optional.

Sie haben mit Hilfe eines Wiedergabeleistenwidgets eine Wiedergabesteuerung gezielt nur für einen Teil eines Projektes definiert.

> Eine mögliche Lösung finden Sie in der Datei \00_Projekte\ Projekt_Bildschirmvideos/Projekt_Bildschirmvideos.cptx.

### Übung: Fragenwidget einfügen

Über Fragenwidgets erhalten Sie die Möglichkeit, neue Fragentypen in Captivate einzubringen. Im Rahmen dieser Übung lernen Sie diese Widgetform kennen.

**Übung**

1  Öffnen Sie die Datei *Fragenwidget_Ausgang.cptx* aus dem Ordner *18_Widgets*.

2  Wählen Sie in der Menüleiste **Fenster > Widget**.

Das Bedienfeld *Widgets* öffnet sich.

> Wenn Ihnen keine oder nicht alle Widgets angezeigt werden: Klicken Sie auf das Symbol **Pfad ändern** links außen im unteren Bereich des Bedienfeldes und navigieren Sie zum Ordner \Programme \ Adobe \ Adobe Captivate 7 \ Gallery \ Widgets (Win) //Programme / Adobe Captivate 7 / Gallery / Widgets (Mac).

3  Wählen Sie im unteren Bereich des Bedienfeldes im Aufklappmenü die Option **Frage**.

4  Wählen Sie das Widget **MCQ AS3.swf** aus und klicken Sie auf **Einfügen**.

Eine neue Fragenfolie wird eingefügt.

5 Weisen Sie der Folie in den *Eigenschaften* im Bereich *Allgemein* den *Folienmaster* **Grau_Textbereich_Quiz** zu.

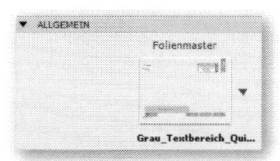

6 Tragen Sie den Fragentext „Über welchen Weg würden Sie ein Objekt in Captivate ausrichten?" ein.

7 Doppelklicken Sie auf das Objekt *Widget-Frage* in der Mitte der Folie.

Das Fenster *Widget-Eigenschaften* öffnet sich.

8 Legen Sie die Einstellungen für die Antworten fest:

   a Wählen Sie unter *Type* die Option **Multiple Response** und darunter den Antworttyp **Or**.

   b Fügen Sie zwei weitere Antwortmöglichkeiten hinzu: Klicken Sie 2x auf **Add**.

   c Geben Sie jeweils den Text der Antwortmöglichkeiten ein und legen Sie die richtigen Antworten fest (wie im folgenden Bildschirmfoto gezeigt).

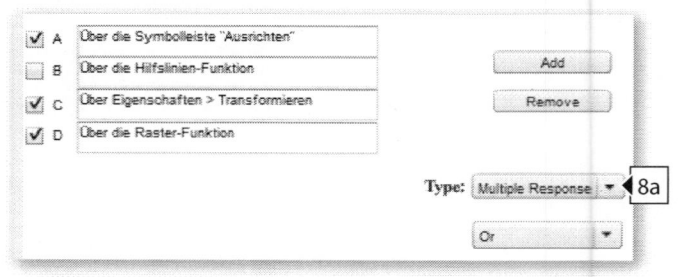

   d Klicken Sie auf **OK**.

   Der Benutzer hat nun die Wahl zwischen vier Antwortmöglichkeiten, wobei mindestens eine richtige Antwort ausgewählt werden muss, allerdings auch alle drei richtigen Antworten ausgewählt werden können.

9 Richten Sie das Widget links auf der Folie bündig zur Frage aus.

10 Testen Sie das Fragenwidget in der Vorschau (**Datei > Vorschau > Projekt**).

> Eine mögliche Lösung finden Sie in der Datei
> \18_Widgets\ *Fragenwidget_Ziel.cptx*.

## Transferübung: Quiz mit Zeitbeschränkung

Im Rahmen dieser Transferübung erhalten Sie die Möglichkeit, die Themen Widgets und Quiz weiter zu vertiefen. Ziel ist es, ein Quiz zu erstellen, bei dem die Beantwortung der Fragen einem Zeitlimit unterliegt. Dieses Zeitlimit soll außerdem mit einer Uhr (Widget) visualisiert werden, welche einen Countdown zählt. Dies bietet sich an, um relativ leichte Fragen zu verschärfen und so die Motivation beim Lernenden zu steigern.

> ✓ Um diese Übung bearbeiten zu können, sollten Sie das Kapitel „Quizanwendungen erstellen" (▶ Seite 427) sowie alle Übungen dieses Kapitels bearbeitet haben.

**Quizmeldungen aktualisieren**

Wenn Sie die Quizmeldungen aktualisieren möchten: Passen Sie den Text in den *Quizvoreinstellungen* an, markieren Sie alle Quizfolien und blenden Sie die Meldungen über die *Quizeigenschaften* aus und wieder ein. Dadurch werden alle Meldungen mit den neu hinterlegten Werten aktualisiert.

### Transferübung

1. Öffnen Sie die Datei *Quiz_mit_Zeitbeschraenkung_Ausgang.cptx* aus dem Ordner \18_Widgets\.

2. Stellen Sie in den *Quizvoreinstellungen* in der Kategorie *Standardbeschriftungen* die *Zeitüberschreitungsmeldung* „Leider ist die Zeit abgelaufen." ein und wählen Sie den *Stil* **tecwriter_Tippbeschriftung**.

   Diese Meldung wird nun für alle Fragen verwendet, für die wir die Zeitbeschränkung aktivieren.

3. Markieren Sie alle Fragen, stellen Sie in den *Quizeigenschaften* eine **Zeitbeschränkung** von **30 Sekunden** ein und lassen Sie nach Ablauf die **Zeitüberschreitungs-Beschriftung** anzeigen.

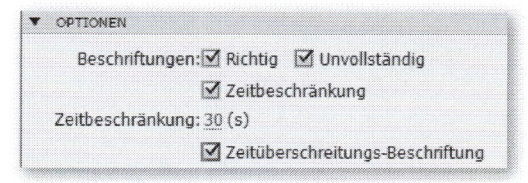

4. Fügen Sie das statische Widget **Timer.swf** mit einem *Countdown* von **30** Sekunden auf den Folienmaster **Grau_Textbereich_Quiz** ein.

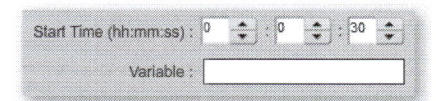

5. Platzieren Sie das Widget im rechten Bereich und kopieren Sie es auf die Folienmaster **Grau_Textbereich_Quiz2** sowie **Grau_Textbereich_Quiz3**.

11 Grau_Textber...     12 Grau_Textber...     13 Grau_Textber...

**6** Testen Sie das Projekt in der Vorschau und speichern Sie Ihr Ergebnis optional.

> Eine mögliche Lösung finden Sie in der Datei *\18_Widgets \Quiz_mit_Zeitbeschraenkung_Ziel.cptx.*

# 19

# Über Plattformen lernen und zusammenarbeiten

In diesem Kapitel erhalten Sie eine praktische Einführung in das Thema Learning-Management-Systeme. Außerdem erfahren Sie, wie Sie mit Hilfe der Werkzeuge *Adobe Captivate Quiz Results Analyzer* sowie *Course Companion* Projekte auch ohne eine eigene Lernplattform auswerten können.

## Themenübersicht

- Learning-Management-Systeme — 496
- Übung: Lernpaket erstellen — 498
- Übung: Lernpaket in der SCORM Cloud testen — 501
- Übung: Mit SCORM Cloud lernen — 503
- Adobe Multi SCO Packager — 506
- Adobe Captivate Quiz Results Analyzer — 509
- Übung: Auswertbares Quiz erzeugen — 510
- Adobe Captivate Course Companion — 513
- Übung: Lernfortschritte ohne LMS erfassen und auswerten — 513

## Learning-Management-Systeme

In diesem Kapitel erhalten Sie einen kleinen Überblick zum Thema *Learning-Management-Systeme (LMS)*. Außerdem werden wir beispielhaft ein Captivate-Projekt in der *SCORM Cloud* veröffentlichen, sodass Sie neben der theoretischen Basis auch einen praktischen Einblick erhalten.

Zuerst möchten wir ein paar Begriffe zum Thema definieren:

- *Learning-Management-System* (*LMS*) oder *Learning-Content-Management-System* (*LCMS*): Ein *LMS* verwaltet den Lehr- und Lernprozess und unterstützt das Veranstaltungsmanagement (z. B. Noten, Stundenpläne, Statistiken). Ein *LCMS* hingegen unterstützt die Verwaltung des Contents bzw. der Inhalte (z. B. Texte, Bilder, Videos; ähnlich wie ein *Web-CMS*). In der Praxis ist die Abgrenzung zwischen LMS und LCMS nicht ganz einfach. Das ist jedoch kein Problem, denn in den gängigen Systemen verschwimmen die Grenzen zwischen den beiden Welten: Der Anwender sieht einfach nur ein Webportal, über das er alle Funktionen erreicht. Wir werden im Rahmen dieses Buches zur Vereinfachung von LMS sprechen, auch wenn wir teilweise die Funktionalitäten einer LCMS-Komponente meinen.

- *SCORM* steht für *Sharable Content Object Reference Model* und ist ein weitverbreitetes Standard-Containerformat für E-Learning-Module (bzw. *SCOs* – Shareable Content Objects). Das Ziel ist, dass diese wiederverwendbar, auf unterschiedlichen Lernplattformen einsetzbar und jederzeit zugänglich sein sollen. Gängig sind die beiden Versionen SCORM 1.2 (von 1999) und SCORM 2004.

- *Tin Can API* ist die neueste SCORM-Generation. Über Tin Can API werden alle Interaktionen eines Lerners in einem einheitlichen Format gespeichert und in einem LRS (Learning Record Store) gesammelt. Während SCORM und andere E-Learning-Standards nur bestimmte Interaktionen abspeichern, kann mit Tin Can API nahezu alles „getrackt" werden. Die großen Vorteile des neuen Formates: Es ist kein Browser erforderlich, die Daten werden auch offline „getrackt" und können z. B. vom PC auf ein Tablet übertragen werden, auch Apps können „getrackt" werden.

- *Manifestdateien*: In Captivate erstellen Sie sog. *SCORM-Manifestdateien* (auf XML-Basis), in denen Sie die SCORM-Version definieren, Informationen zum Kurs und zum E-Learning-Modul (*SCO*) eintragen.

- AICC steht für *Aviation Industry Computer-Based-Training Committee* und ist ein zweites Format, neben SCORM, welches Captivate anbietet. Ob Sie AICC (älter) oder SCORM (am weitesten verbreitet) wählen müssen, hängt vom Ihrem LMS ab.

- *PENS* wurde vom AICC entwickelt und steht für *Package Exchange Notification Services*. Es ermöglicht die direkte Kommunikation zwischen Autorenwerkzeug (z. B. Adobe Captivate) und einem LMS. Änderungen werden per Knopfdruck direkt an das LMS übertragen, ohne dass die Daten erst exportiert, gepackt und in das LMS importiert werden müssen.

Ein LMS bietet Ihnen z. B. folgende Möglichkeiten:

▶ Sie können verschiedenen Benutzergruppen passende Rechte erteilen: Der Lehrer soll beispielsweise Lerninhalte anlegen, der Lerner diese jedoch nur abrufen können.

▶ Sie können den Lerner dazu bringen, erst einen Test bestehen zu müssen, um weitere Module bearbeiten zu dürfen.

▶ Sie können verschiedene Web-2.0-Funktionalitäten anbinden (z. B. Wikis, Chats, Foren oder Kalender).

▶ Sie können Ihre Kurse auswerten und dadurch beispielsweise feststellen, wie viele Lerner teilgenommen, wie viele bestanden und wie viel Zeit sie benötigt haben.

Es gibt eine breite Auswahl an LMS. Im Folgenden möchte ich nur ein paar bekannte Open-Source-Systeme aufzählen:

▶ *ILIAS* (www.ilias.de)

▶ *Moodle* (www.moodle.de)

▶ *OLAT* (www.olat.org)

▶ *Stud.IP* (www.studip.de)

### Die Kategorie Quiz > Weitergabe
Quiz > Quizvoreinstellungen

**A** Weitergabe aktivieren / deaktivieren

**B** Angabe des Learning-Management-Systems / Austauschformates oder -servers

**C** Optionen für die SCORM-Manifestdatei definieren / Einstellungen des Austauschformates oder –servers festlegen

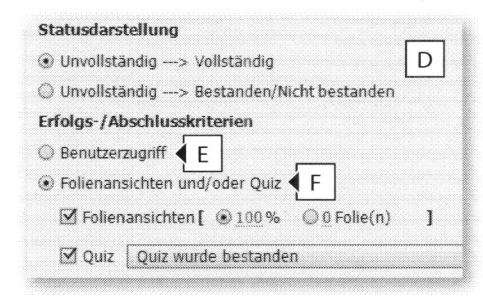

**D** Wenn unter **B** die Option **AICC** oder **SCORM1.2** gewählt ist: Status des Kurses übermitteln

**E** Der Kurs gilt als erfolgreich abgeschlossen, sobald der Benutzer den Kurs vom LMS aus startet

---

**LMS-Status**

Wenn der Benutzer den Kurs startet: Der Status *Unvollständig* wird an das LMS übermittelt. Der Status ändert sich in *Vollständig* bzw. *Bestanden|Nicht bestanden*, sobald das definierte Erfolgs-/Abschusskriterium (**E** bzw. **F**) vom Benutzer erfüllt wird.

> **Interaktionsdaten**
>
> Wofür steht die Option Interaktionsdaten (**G**) genau? Wenn der Lerner bspw. eine Quizfrage beantwortet, wird dadurch nicht nur das Ergebnis, sondern auch die jeweils gewählte Antwort gespeichert und im LMS verfolgt. Dadurch kann ein Trainer u. a. nachvollziehen, weshalb eine Frage besonders häufig falsch beantwortet wird.

**F** Der Kurs gilt als (erfolgreich) abgeschlossen, sobald der Benutzer einen festgelegten Anteil (Prozent, Folienanzahl) des Kurses und/oder den Quizteil des Kurses (erfolgreich) bearbeitet hat

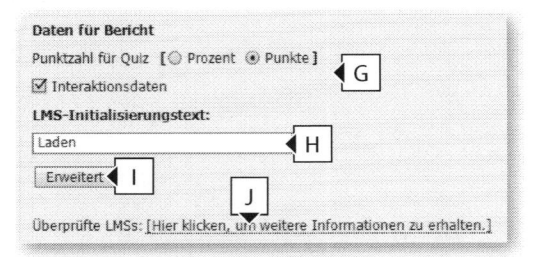

**G** Die zu übermittelnden Berichtsdaten (Quizergebnis als Punktzahl oder Prozentsatz und/oder Interaktionsdaten an LMS senden)

**H** Text, der beim Laden des Projektes im Webbrowser angezeigt werden soll

**I** LMS-Anpassungseinstellungen (z. B. Fortsetzungsdaten [nicht] senden)

**J** Liste aller von Adobe offiziell geprüften und unterstützten LMS

## Übung: Lernpaket erstellen

Learning-Management-Systeme müssen mit Lernpaketen gefüttert werden. Diese Übung zeigt Ihnen, wie Sie Ihr Projekt auf die Übermittlung an ein LMS vorbereiten und ein solches Paket schnüren.

✓ Wie Sie die Übungsdateien herunterladen: ▶ *Seite 19*

**Übung**

> **SCORM 2004**
>
> Wenn Sie mit SCORM 2004 arbeiten: Sie können Kriterien für den Abschluss sowie für den Erfolg separat übermitteln. So können Sie z. B. das Kriterium für den Abschluss des Kurses über die Option **Folienansichten 100%** (der Lerner war anwesend) und das Kriterium für den erfolgreichen Abschluss des Kurses zusätzlich über die Option **Quiz wurde bestanden** (der Lerner hat auch erfolgreich bestanden) festlegen. Bei SCORM 2004 werden automatisch Prozent übermittelt.

**1** Öffnen Sie die Datei *LMS_Ausgang.cptx* aus dem Ordner *\19_Ueber_Plattformen_lernen*.

**2** Speichern Sie die Datei unter *LMS.cptx* in Ihrem Arbeitsverzeichnis.

**3** Wählen Sie in Captivate **Quiz > Quizvoreinstellungen**.

**4** Nehmen Sie folgende Einstellungen vor:

  **a** Wählen Sie die Option **Weitergabe für dieses Projekt aktivieren**.

  **b** **SCORM 2004**.

  **c** *Abschlusskriterien* **Folienansichten und / oder Quiz** sowie die Option **Folienansichten 100%**.

  **d** *Erfolgskriterien* **Folienansichten und/ oder Quiz,** die Option **Folienansichten 100%** und **Quiz wurde bestanden**.

  **e** *Daten für Bericht* **Interaktionsdaten**.

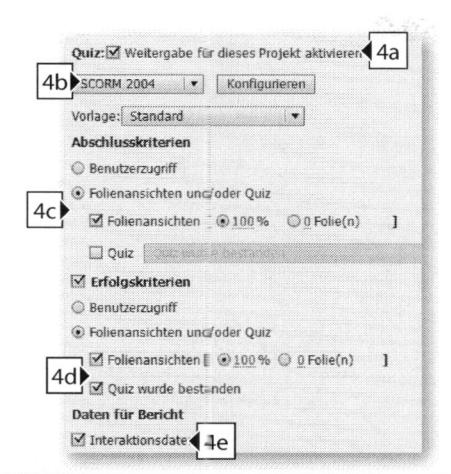

Nicht alle diese Optionen werden von jedem LMS unterstützt. Erkundigen Sie sich am besten beim jeweiligen Hersteller.

5   Klicken Sie auf **Konfigurieren**.

Das Fenster *Manifest* öffnet sich. Sie definieren hier die Optionen für die SCORM-Manifestdatei.

6   Stellen Sie sicher, dass unter *SCORM-Version* die Version **3. Edition** eingestellt ist.

Verwenden Sie für den *Bezeichner* von **Kurs** und **SCO**, wie bei Web-Veröffentlichungen, weder Leerzeichen, Umlaute noch Sonderzeichen.

7   Stellen Sie im Bereich *Kurs* Folgendes ein:
   a   *Bezeichner*: „Cp". Hier definieren Sie die Bezeichnung des Kurses im System.
   b   *Titel*: „Kurzeinführung in Captivate". Hier definieren Sie den Titel, den die Kursteilnehmer sehen.
   c   Version: „1.0"

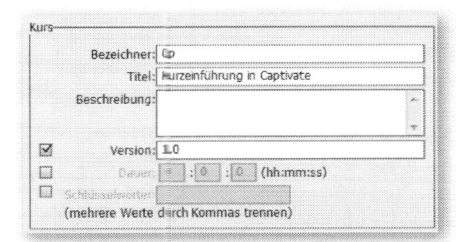

8   Stellen Sie im Bereich *SCO* Folgendes ein:

**Beschreibung, Dauer und Schlüsselwörter**

*Beschreibung, Dauer* und *Schlüsselwörter* sind optionale Felder, die nicht definiert werden müssen. Die *Beschreibung* definiert den Kurs näher und wird, je nach LMS, dem Kursteilnehmer präsentiert. *Dauer* zeigt an, wie lange es dauert, diesen Kurs zu bearbeiten. *Schlüsselwörter* ermöglicht die Eingabe von Schlagwörtern zum Kurs, die Suchmaschinen nutzen können.

Learning-Management-Systeme | **499**

**a** *Bezeichner*: „Cp_ID1". Hier definieren Sie die Bezeichnung der unterschiedlichen Module des Kurses.

**b** *Titel*: „Objektstil anlegen". Hier definieren Sie den Titel des *SCOs*, den die Kursteilnehmer sehen.

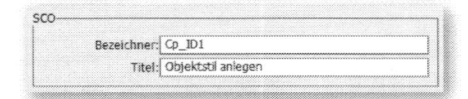

**9** Klicken Sie 2 mal auf **OK**.

Die Voreinstellungen sind definiert.

**10** Wählen Sie in der Menüleiste **Projekt > Erweiterte Interaktion**.

Das Fenster *Erweiterte Interaktion* öffnet sich. Hier erhalten Sie einen Überblick über alle interaktiven Objekte des Projekts. Über diesen Weg möchten wir jedem Interaktionsobjekt der Simulation einen Punkt für die richtige Ausführung vergeben.

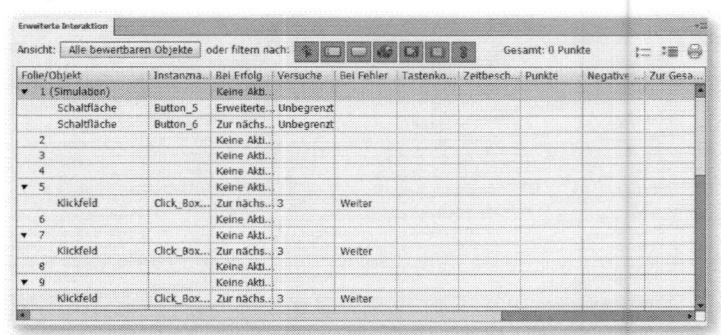

**11** Wählen Sie das Klickfeld von Folie 5 aus und aktivieren Sie im Bedienfeld *Eigenschaften* unter *Weitergabe* die Option **In Quiz einbeziehen**.

**12** Stellen Sie sicher, dass die Optionen **Zur Gesamtsumme addieren** und **Antwort weitergeben** gewählt sind und als Punktzahl der Wert **1** eingetragen ist.

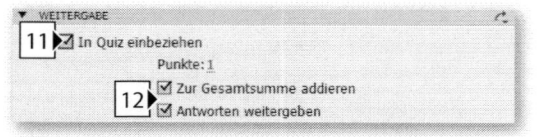

**13** Wiederholen Sie die **Schritte 11** und **12** für alle Klickfelder sowie die beiden Texteingabefelder.

**14** Schließen Sie das Fenster *Erweiterte Interaktionen*.

Der Benutzer erhält nun für jeden richtigen Klick und jede richtige Texteingabe einen weiteren Punkt. Per Standardeinstellung muss der Benutzer 80% richtig lösen.

15 Veröffentlichen Sie das Projekt (**Datei > Veröffentlichen**).

16 Wählen Sie die Veröffentlichung als **Flash (SWF)** und stellen Sie Folgendes ein (wie im folgenden Bildschirmfoto gezeigt):

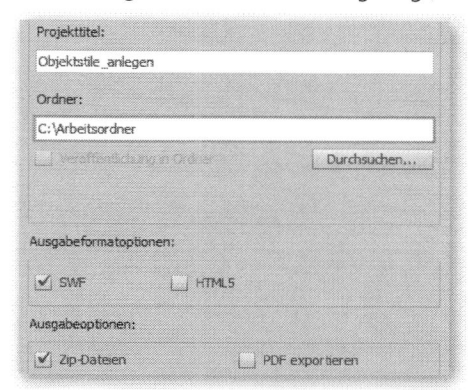

```
Projekttitel:
Objektstile_anlegen

Ordner:
C:\Arbeitsordner
        Veröffentlichung in Ordner        Durchsuchen...

Ausgabeformatoptionen:
☑ SWF          ☐ HTML5

Ausgabeoptionen:
☑ Zip-Dateien    ☐ PDF exportieren
```

17 Klicken Sie auf **Veröffentlichen** und auf **Schließen**.

18 Speichern und schließen Sie das Projekt.

Sie haben das Captivate-Projekt für ein LMS verpackt.

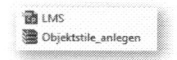

📁 LMS
📁 Objektstile_anlegen

Im nächsten Schritt werden wir das Paket in der SCORM Cloud testen.

> 🚩 Eine mögliche Lösung finden Sie in der Datei \19_Ueber_Plattformen_lernen\LMS_Ziel.cptx. Ein fertig geschnürtes Paket befindet sich im gleichen Verzeichnis unter dem Namen *Objektstile_anlegen.zip*.

## Übung: Lernpaket in der SCORM Cloud testen

Im Rahmen dieser Übung lernen Sie, wie Sie ein Lernpaket in die SCORM Cloud laden und testen können.

**Übung**

> ✓ Um die folgenden Schritte durchführen zu können, müssen Sie mit dem Internet verbunden sein. Bitte beachten Sie auch, dass die folgenden Schritte heute, an dem Tag, an dem Sie dieses Buch bearbeiten, abweichen können, sollten in der SCORM Cloud Änderungen vorgenommen worden sein.

1 Öffnen Sie die Seite *cloud.scorm.com* in Ihrem Webbrowser.

---

**Praxistipp: Fehlersuche vereinfachen**

In der Praxis kommt es häufiger vor, dass Captivate und LMS nicht die gleiche Sprache sprechen. Dies liegt daran, dass jedes System den SCORM-Standard ein wenig anders interpretiert (stellen Sie sich hier als Metapher die verschiedenen Dialekte im Deutschen vor). Um nun herauszufinden, ob das Autorensystem oder doch eher das LMS Verständnisprobleme haben, bietet sich in der Praxis der Weg über einen unabhängigen Sachverständiger an - in anderen Worten: ein anderes LMS. Hier kann Ihnen die (kostenfreie) Möglichkeit helfen, Ihr Lernpaket über die SCORM Cloud zu testen und so dem Fehler auf die Schliche zu kommen.

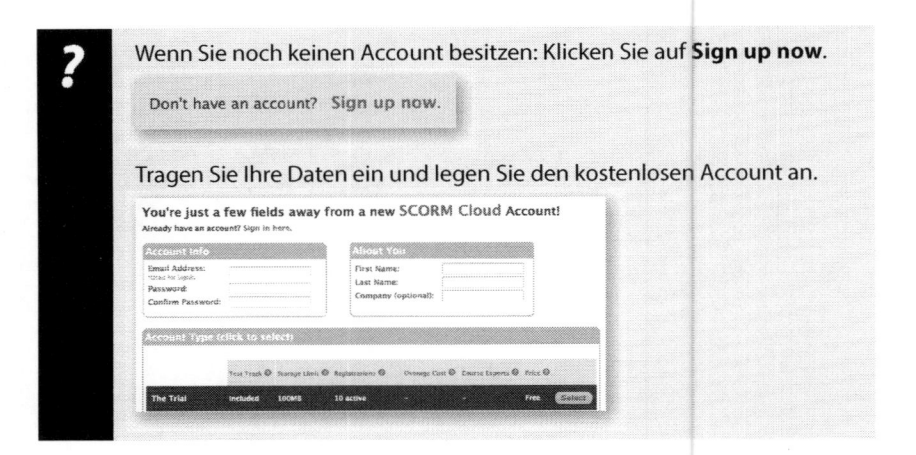

> Wenn Sie noch keinen Account besitzen: Klicken Sie auf **Sign up now**.
>
> Tragen Sie Ihre Daten ein und legen Sie den kostenlosen Account an.

2 Melden Sie sich mit Ihrer E-Mail-Adresse und Passwort an.

Sie sind nun angemeldet und können das Lernpaket veröffentlichen.

3 Wählen Sie im linken Bereich **Home**.

4 Klicken Sie rechts unter *Add Content* auf **Durchsuchen** und öffnen Sie das zuvor geschnürte Lernpaket *Objektstile_anlegen.zip* aus Ihrem Arbeitsverzeichnis.

Das Lernpaket wird nun hochgeladen.

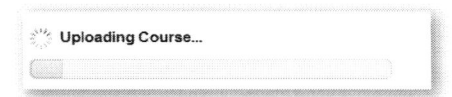

5 Testen Sie das Projekt: Klicken Sie auf die Schaltfläche **Launch**.

**6** Bearbeiten Sie den Kurs und schließen Sie abschließend das Fenster.

Wenn Sie alle Schritte korrekt ausgeführt und das gesamte Modul bearbeitet haben, erhalten Sie die Meldungen *complete, passed* sowie *100%*.

Wenn Sie z. B. zwei Schritte nicht lösen konnten, dann erreichen Sie dennoch 80% und bestehen den Kurs.

Wenn Sie den Kurs noch einmal von Beginn an testen möchten: Klicken Sie auf **Reset Progress**. Da der Fortschritt gespeichert wurde, gelangen Sie andernfalls über **Launch** nur zur zuletzt bearbeiteten Folie.

Nun möchten wir verschiedene Lerner einladen, den Kurs zu absolvieren.

### Übung: Mit SCORM Cloud lernen

Dieses Kapitel führt Sie kurz in das Lernen mit der SCORM Cloud ein. Dabei erfahren Sie mehr über die Auswertung von Lernpaketen.

**Übung**

**1** Öffnen Sie die Seite *cloud.scorm.com* in Ihrem Webbrowser und melden Sie sich an.

> **Zukünftige Änderungen**
>
> Bitte beachten Sie, dass die folgenden Schritte heute, an dem Tag, an dem Sie dieses Buch bearbeiten, abweichen können, sollten in der SCORM Cloud Änderungen vorgenommen worden sein.

2   Klicken Sie im linken Bereich auf **Library**.

3   Markieren Sie Ihren hochgeladenen Kurs.

4   Klicken Sie auf die Schaltfläche **Invite**.

5   Wählen Sie unter *Invitation Type* die Option **Private Invitation**.

Das Fenster erweitert sich.

6   Geben Sie in das Textfeld *Enter User Emails* die E-Mail-Adressen der Lerner ein, die Sie einladen möchten und senden Sie auch sich selbst eine E-Mail auf eine andere E-Mail-Adresse als die, mit der Sie den Account eingerichtet haben.

7   Geben Sie unter *Email Subject* den Betreff „E-Learning-Kurs" ein.

8   Geben Sie unter *Email Body* den Text der Email ein.

9   Klicken Sie auf die Schaltfläche **Create Invitation**.

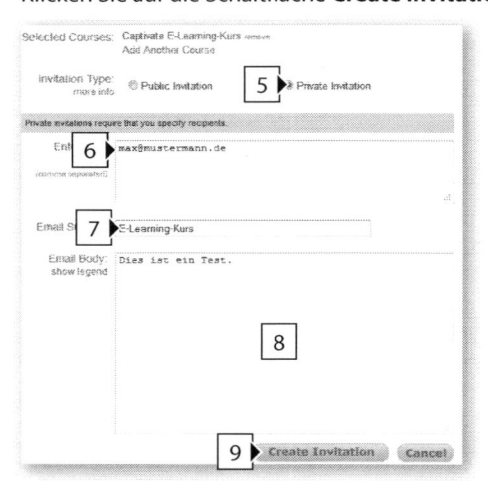

Die E-Mail(s) werden versandt.

10   Öffnen Sie die eintreffende E-Mail und bearbeiten Sie den Kurs.

11   Schließen Sie das Kursfenster.

Sie erhalten eine Auswertung, die Sie über ein Formular übermitteln können. Dabei werden ein Account angelegt und die Auswertungsdaten gesichert.

12   Füllen Sie das Formular aus.

13  Lesen und bestätigen Sie die „Terms and Conditions" und klicken Sie auf **Save Account Info**.

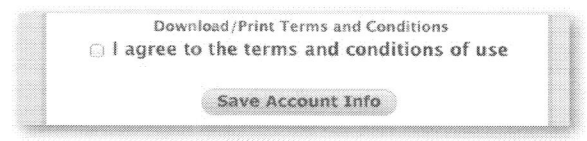

Nun können wir den Kurs auswerten. Melden Sie sich mit dem Account an, mit dem Sie das Lernmodul ursprünglich hochgeladen haben.

14  Öffnen Sie die Eigenschaften des Kurses:

    **a**  Klicken Sie links in der Navigationsleiste auf die Schaltfläche **Library**.

    **b**  Klicken Sie auf den Kurs **Kurzeinführung in Captivate**.

    **c**  Klicken Sie im unteren Bereich unter *Course Reportage Summary* auf **Show Reportage Summary**.

Die Kursergebnisse der bisherigen Teilnehmer werden geladen.

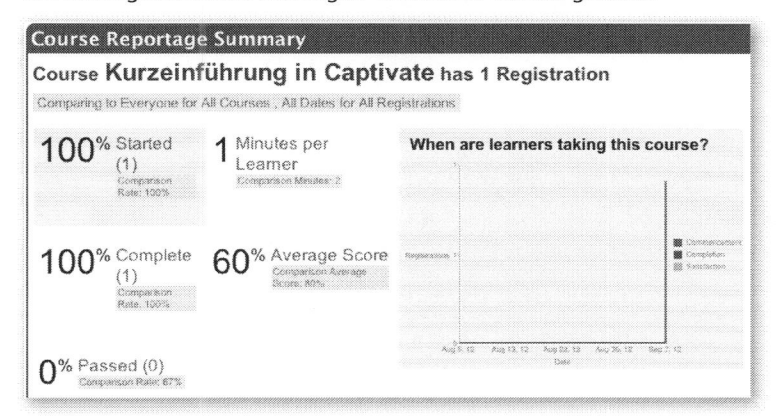

Sie haben nun nur einen ersten Einblick in die SCORM Cloud erhalten.

Learning-Management-Systeme

## Adobe Multi SCO Packager

Mit dem *Multi SCO Packager* können Sie mehrere Lernpakete, sogar aus unterschiedlichen Anwendungen (z. B. Captivate, Presenter, Flash), ähnlich wie über ein Aggregator-Projekt (▶ *Seite 389*) kombinieren. Der *Multi SCO Packager* bietet drei Formen des Kursaufbaus: Kurs aus mehreren Modulen ohne Test, Kurs aus mehreren Modulen mit jeweils einem Abschlusstest, Kurs aus mehreren Modulen mit Vor- und Abschlusstest.

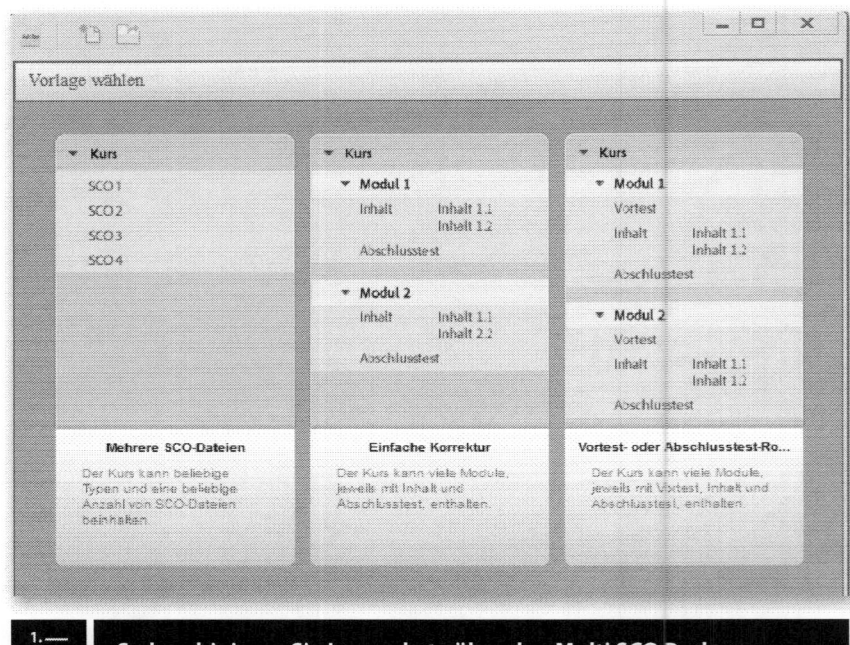

### So kombinieren Sie Lernpakete über den Multi SCO Packager

1. Öffnen Sie den *Adobe Multi SCO Packager*: Wählen Sie in der Menüleiste **Datei > Neues Projekt > Multi-SCORM-Paket**.

2. Wählen Sie aus einer der drei Vorlagen Ihre gewünschte Struktur aus, z. B. die *Vorlage* **Mehrere SCO-Dateien**.

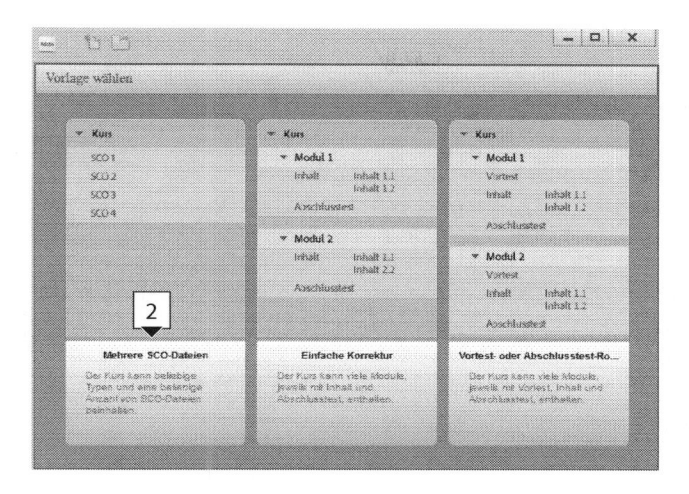

> **Versionsnummer**
>
> Über die Versionsnummer können Sie Manifeste einfacher unterscheiden, die denselben Bezeichner verwenden.

Das Fenster *Kursmanifestdetails* öffnet sich.

**3** Geben Sie die Manifestdetails an:

   **a** Wählen Sie, basierend auf Ihren zu verbindenden SCORM-Modulen, die entsprechende SCORM-Version. Beachten Sie dabei, dass Sie nur Module der gleichen SCORM-Version miteinander verbinden können.

   **b** Vergeben Sie Werte für *Bezeichner* und *Titel*.

   **c** Klicken Sie auf **OK**.

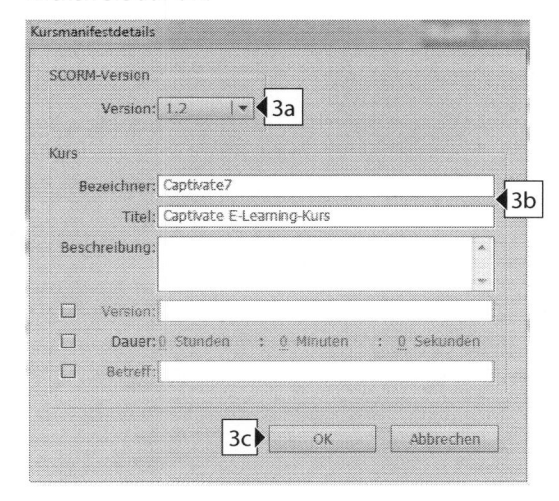

**4** Klicken Sie im rechten oberen Bereich des *Multi SCO Packagers* auf **Dateien hinzufügen** und öffnen Sie die gewünschten Lernpakete.

Adobe Multi SCO Packager | **507**

**Titel ändern**

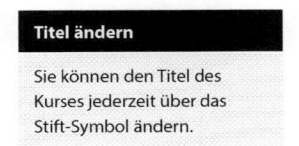

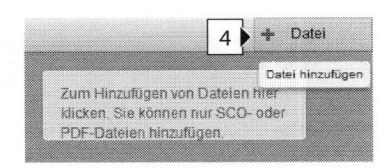

Sie können den Titel des Kurses jederzeit über das Stift-Symbol ändern.

Die Kurse werden unter dem zuvor definierten Titel im *Multi SCO Packager* angezeigt.

5   Publizieren Sie das Multi-SCORM-Paket:

   **a**   Klicken Sie auf **Kurs veröffentlichen**.

   Das Fenster *SCO-Paket veröffentlichen* öffnet sich.

   **b**   Geben Sie *Projekttitel* sowie *Speicherort* an.

   **c**   Klicken Sie auf **Veröffentlichen** und bestätigen Sie die Meldung mit **OK**.

Nun können Sie das fertige Paket in Ihr LMS laden. Wie Sie ein Lernpaket in ein LMS laden, erfahren Sie in hier: ▶ *Seite 501*.

## Adobe Captivate Quiz Results Analyzer

Der *Quiz Results Analyzer* ist eine Adobe-AIR-Anwendung, welche zusammen mit Captivate 7 installiert wird. Mit diesem Werkzeug können Sie Quizergebnisse von Projekten auswerten, die über *Acrobat.com* oder einen eigenen Server eingesammelt werden.

### Der Quiz Results Analyzer

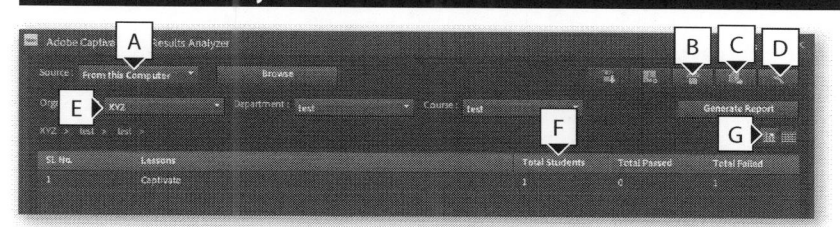

- **A** Quelle der Quizergebnisse (Acrobat.com, eigener Server, eigener Computer)
- **B** Quizergebnis drucken
- **C** Quizergebnis in eine CSV-Datei exportieren
- **D** Anzeigeeinstellungen
- **E** Unternehmen, Abteilung, Kurs und Lektion
- **F** Anzahl der Kursteilnehmer
- **G** Zwischen Listen- und Diagrammansicht wechseln

### So verhält sich die Schnittstelle über Acrobat.com

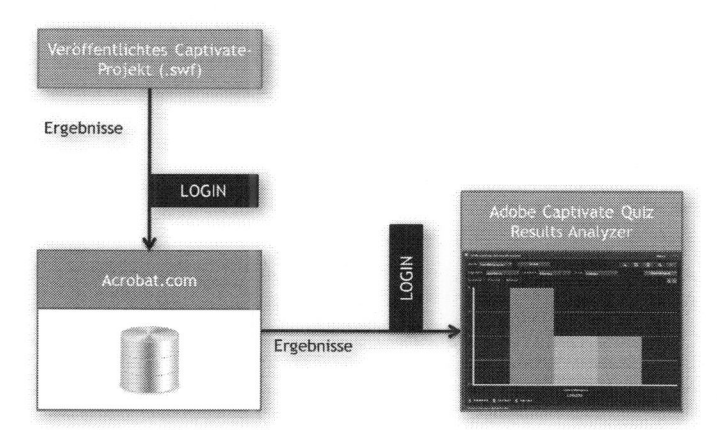

### Übung: Auswertbares Quiz erzeugen

In dieser Übung lernen Sie, wie Sie Acrobat.com nutzen können, um Quizergebnisse einzusammeln. Diese Ergebnisse werten Sie anschließend mit dem *Adobe Captivate Quiz Results Analyzer* aus.

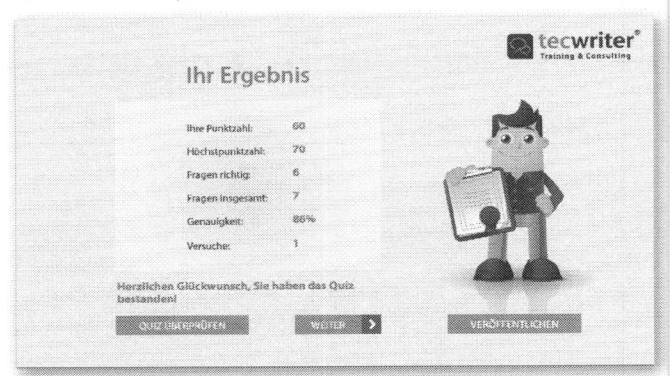

---

**Weitergabe der Ergebnisse**

Zusätzlich müssen auch alle Ihre Lernenden bzw. die Benutzer des Quiz einen Account bei Acrobat.com besitzen, um deren Ergebnisse absenden zu können. Wenn Sie das nicht möchten, können Sie alternativ die Weitergabe an einen internen Server konfigurieren.

---

✓ Damit Sie Ihre Quizergebnisse auf Acrobat.com verwalten können, müssen Sie registriert sein. Dies ist kostenlos. Wenn Sie zuvor schon einmal etwas bei Adobe heruntergeladen haben, besitzen Sie bereits einen Account. Falls nicht: Klicken Sie nach **Schritt 5** auf **Adobe-ID erstellen** und richten Sie ein Konto ein. Fahren Sie anschließend mit **Schritt 6** fort. Wie Sie die Übungsdateien herunterladen: ▶ *Seite 19*

### Übung

1  Öffnen Sie die Datei *Acrobat_Ausgang.cptx* aus dem Ordner *\19_Ueber_Plattformen_lernen*.

2  Wählen Sie **Quiz** > **Quizvoreinstellungen**.

3  Aktivieren Sie Option **Weitergabe für dieses Projekt aktivieren**.

4  Wählen Sie **Acrobat.com** aus.

5  Klicken Sie auf **Konfigurieren**.

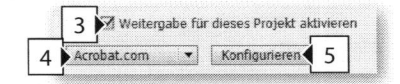

Das Fenster *Acrobat.com-Einstellungen konfigurieren* öffnet sich.

6  Geben Sie Ihre *Adobe-ID* und Ihr *Kennwort* ein.

7  Tragen Sie *Unternehmen/Organisation*, *Abteilung* und *Kurs* ein.

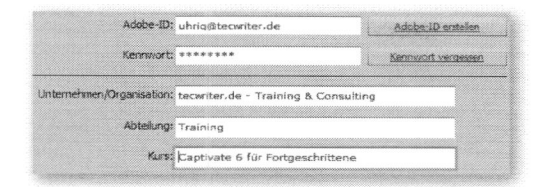

> **Veröffentlichung als SWF**
>
> Alternativ können Sie Ihr Projekt auch als SWF über einen Webserver bereitstellen.

8   Klicken Sie auf **Speichern**.

    Ihre Anmeldedaten werden überprüft.

9   Klicken Sie auf **OK**.

    Auf Ihrer Ergebnisfolie (Folie 9) erscheint die Schaltfläche *Ergebnis veröffentlichen*, mit der der Benutzer seine Ergebnisse an Acrobat.com übermitteln kann.

10  Veröffentlichen Sie das Projekt als EXE- oder APP-Datei (**Datei** > **Veröffentlichen**).

11  Öffnen Sie das veröffentlichte Projekt und absolvieren Sie das Quiz.

12  Klicken Sie auf der Ergebnisfolie auf die Schaltfläche **Ergebnis veröffentlichen**.

    Das Fenster *Ergebnisse veröffentlichen* öffnet sich.

13  Melden Sie sich testweise mit Ihrem Account an und klicken Sie auf **Senden**.

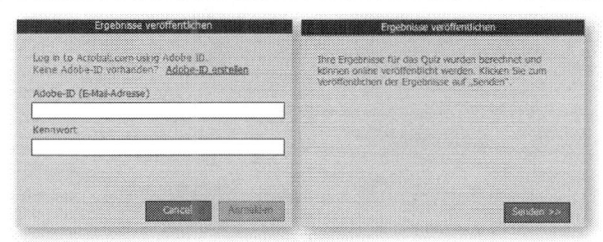

    Ihre Ergebnisse werden nun veröffentlicht.

14  Navigieren Sie in das Verzeichnis */ Adobe / Adobe Captivate Quiz Results Analyzer 7* (Win) / *Programme/Adobe* (Mac) und starten Sie den Analyzer.

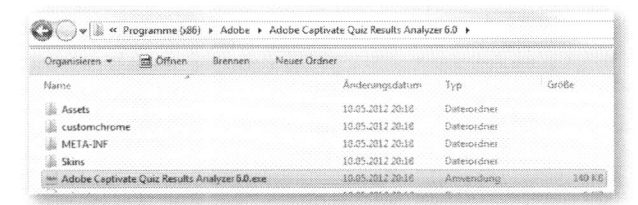

15  Stellen Sie sicher, dass unter *Source* **Acrobat.com** gewählt ist und klicken Sie auf **Sign in**.

Das Fenster *Sign in* öffnet sich.

**16** Melden Sie sich mit ihrer *Adobe-ID* sowie Ihrem *Kennwort* an und klicken Sie auf **Sign in**.

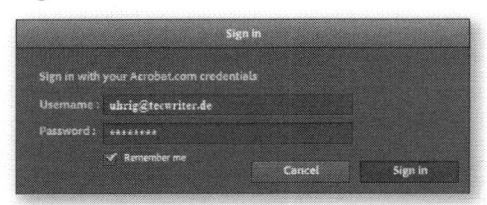

**17** Wählen Sie *Organisation*, *Department* und *Course* aus und klicken Sie auf **Generate Report**.

Die Quizergebnisse werden in den Quiz Results Analyzer geladen.

**18** Doppelklicken Sie auf Ihr Ergebnis. Sie können hier nun z. B. genau nachvollziehen, welche Antworten Sie abgegeben haben.

Sie wissen nun, wie Sie ein auswertbares Quiz erzeugen und Acrobat.com zur Auswertung der Ergebnisse nutzen können.

> Eine mögliche Lösung finden Sie in der Datei \*19_Ueber_Plattformen_lernen\ Acrobat_Ziel.cptx*.

**Acrobat.com-Account**

*Übrigens*: Ihren kostenfreien Acrobat.com-Account können Sie auch nutzen, um Dateien auszutauschen oder gemeinsam direkt online Dokumente, Tabellen und Präsentationen zu erstellen. Darüber hinaus können Sie auch kostenlos Webkonferenzen mit Bildschirmfreigabe veranstalten (Adobe ConnectNow, mit maximal drei Teilnehmern).

## Adobe Captivate Course Companion

Mit Hilfe des Widgets „Course Companion for Adobe Captivate" (ACCC) können Sie schnell und einfach Lernfortschritte erfassen, ohne ein Learning-Management-System einrichten zu müssen. Der ACCC bietet Ihnen die Möglichkeit, verschiedene Statistiken Ihres Captivate-Projektes abzufragen. Sie können z. B. den Fortschritt eines Anwenders auswerten, erfahren, welche Fragen den meisten Anwendern Probleme bereiten oder wie lange ein Anwender auf einer Folie verweilt.

### Die Bestandteile des ACCC

- **ACCC-Widget**: Das ACCC-Widget wird in das Captivate-Projekt eingebunden, welches evaluiert werden soll. Es ist für den Anwender nicht sichtbar und hat keinen Einfluss auf das Modul selbst.
- **ACCC-Server**: Der ACCC-Server ist das Backend, an dem die Auswertung stattfindet. Der Server wird von Adobe gehostet. Eine Nutzung ist über die Anmeldung mit der Adobe ID möglich.
- **ACCC-Dashboard**: Das ACCC-Dashboard ist die Oberfläche, die die Auswertung des E-Learning-Moduls grafisch darstellt.

## Übung: Lernfortschritte ohne LMS erfassen und auswerten

Im Rahmen dieser Übung fügen Sie das ACCC-Widget in ein Projekt ein und werten dieses abschließend aus.

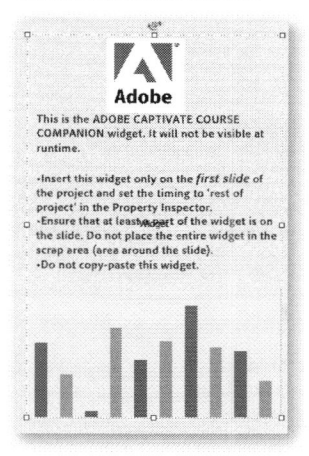

**Allow SWF out to send slide snapshots**

Über die Option **Allow SWF out to send slide snapshots** werden Bildschirmfotos der Folien an den Server übermittelt. So können Sie bei der Auswertung leicht nachvollziehen, welche Folie bzw. Frage gemeint ist.

✓ Damit Sie Ihre Quizergebnisse über das ACCC-Widget erfassen und auswerten können, müssen Sie bei Adobe registriert sein. Dies ist kostenlos. Wenn Sie zuvor schon einmal etwas bei Adobe heruntergeladen haben, besitzen Sie bereits einen Account. Falls nicht: Klicken Sie nach **Schritt 4** auf **Sign Up For Free!** und richten Sie ein Konto ein. Fahren Sie anschließend mit **Schritt 5** fort.

Zusätzlich benötigen Sie Zugriff auf einen Webserver, auf den Sie Ihr veröffentlichtes Projekt hochladen können. Wie Sie die Übungsdateien herunterladen: ▶ *Seite 19*

### Übung

1. Öffnen Sie die Datei *Course_Companion_Ausgang.cptx* aus dem Ordner \19_Ueber_Plattformen_lernen.
2. Markieren Sie im *Filmstreifen* **Folie 1**.
3. Öffnen Sie das Bedienfeld *Widget* (**Fenster > Widget**)
4. Fügen Sie das Widget **A3C.wdgt** ein.

   Das Fenster *Widget-Eigenschaften* öffnet sich.
5. Geben Sie Ihre *EMAIL* und Ihr *PASSWORD* ein.

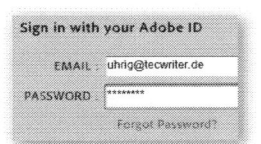

6. Klicken Sie auf **Login**.
7. Füllen Sie alle Pflichtfelder aus.
8. Klicken Sie anschließend auf **Register**.

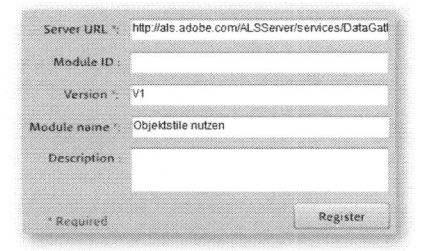

Es erscheint die Meldung, dass Sie Ihr Projekt nun erfolgreich auf dem Adobe Server registriert haben und Sie das Modul nach spätestens 3 Monaten erneut registrieren müssen, wenn Sie es weiterhin auswerten möchten.

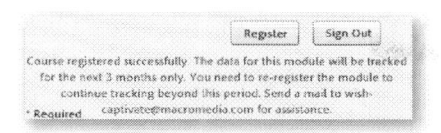

9   Klicken Sie auf **OK**.

    Das Widget wird in Ihr Projekt eingefügt.

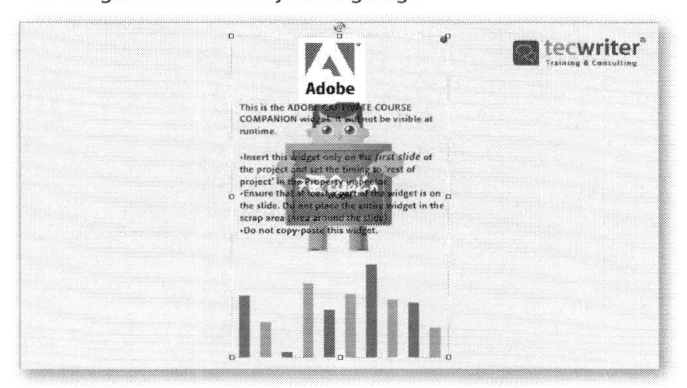

> **Sichtbarkeit des Widgets**
>
> Das Widget ist später in der Ausgabe für den Benutzer nicht sichtbar. Falls es Sie jedoch bei der Bearbeitung stört, können Sie es über die Zeitleiste ausblenden.

10  Wählen Sie im Bedienfeld *Eigenschaften* des Widgets im Bereich *Timing* unter *Anzeigen für* die Option **restliches Projekt**.

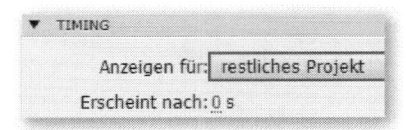

    Sie haben das Widget nun in Ihr Projekt eingebunden und können die Daten des E-Learning-Moduls erfassen.

11  Veröffentlichen Sie Ihr Projekt als SWF-Datei:

    a   Wählen Sie **Datei > Veröffentlichen**.

    b   Geben Sie einen *Projekttitel* sowie den *Ordner* (Speicherort) an.

    c   Aktivieren Sie im Bereich *SWF/HTML5* unter *Ausgabeformatoptionen* die Option **SWF**.

    d   Klicken Sie anschließend auf **Veröffentlichen**.

**Webserver vs. lokaler Test**

Wenn Sie das Projekt lokal testen, werden die Daten nicht übermittelt.

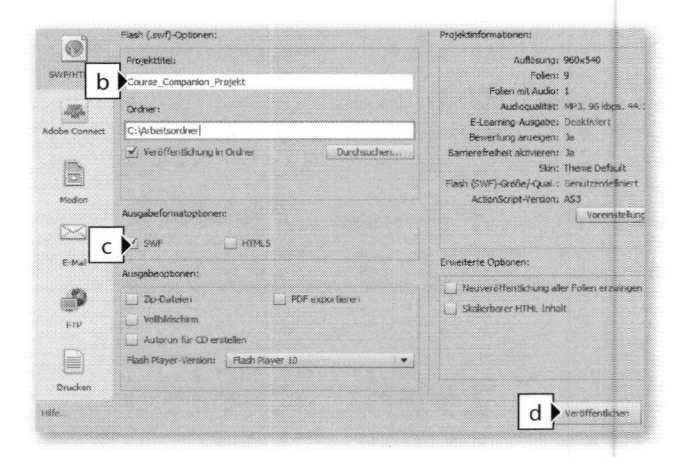

12 Laden Sie das veröffentlichte Projekt auf einen Webserver hoch.

13 Stellen Sie das Projekt Ihren Benutzern zur Bearbeitung bereit.

14 Testen Sie das Ergebnis zumindest einmal durch, um Daten zu generieren.

15 Öffnen Sie die URL *www.adobe.com/go/cp_dashboard* mit Ihrem Webbrowser.

16 Loggen Sie sich mit Ihrer Adobe-ID ein.

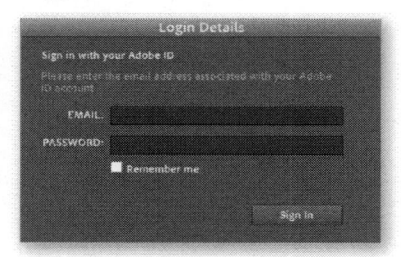

Es öffnet sich das *Dashboard* mit einer Übersicht über alle Module.

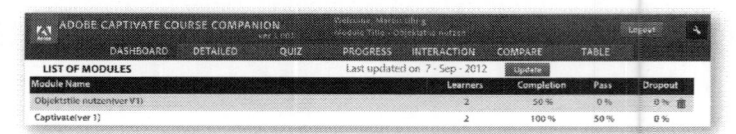

17 Analysieren Sie, wie viel Zeit die Lerner auf den einzelnen Folien verbracht haben: Doppelklicken Sie auf das Modul.

Sie wechseln dadurch in das Register **Detailed**.

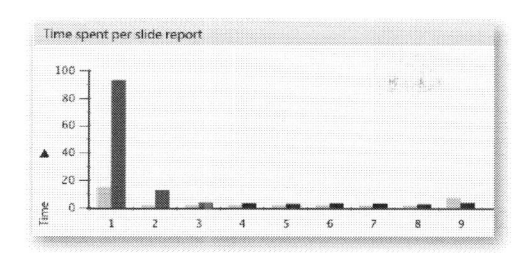

**18** Überprüfen Sie anschließend, welche Fragen richtig bzw. falsch beantwortet wurde: Wechseln Sie in das Register **Quiz**.

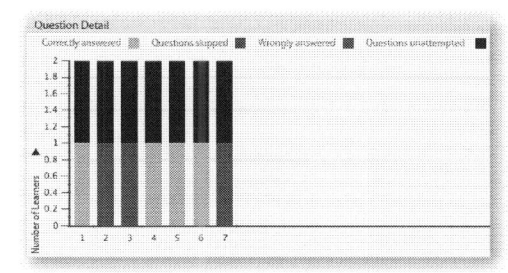

Sie wissen nun, wie Sie ein Projekt über den ACCC auswerten können.

> Eine mögliche Lösung finden Sie in der Datei \*19_Ueber_Plattformen_lernen\Course_Companion_Ziel.cptx*.

# Schlusswort und Weiterführendes

## Schlusswort

Nun sind wir leider schon am Ende dieses Buches angekommen. Sie haben Captivate aus den unterschiedlichsten Blickwinkeln kennen gelernt und ich hoffe, dieses Werk hat Ihre Erwartungen erfüllt.

Zugleich möchte ich mich bei Anja Föse, Kenny Mangler, Ivar Kruuser und Lilly Baer sowie unseren Betatestern bedanken, die mich bei der Erstellung dieses Werkes sowie der Qualitätssicherung unterstützt haben.

Sie haben noch weitere Fragen, benötigen Unterstützung oder würden gerne ein Training in Captivate besuchen? Mein Unternehmen *tecwriter – Training & Consulting* ist voll auf Captivate spezialisiert und unterstützt Sie in allen Belangen rund um E-Learning und Screencasting mit diesem Werkzeug. Wir schulen nicht nur Sie/Ihre Kollegen / Mitarbeiter, sondern übernehmen auf Wunsch auch komplette Captivate-Projekte – von der Konzeption bis hin zur Veröffentlichung.

Sie können uns gerne jederzeit direkt unter *info@tecwriter.de* kontaktieren. Besuchen Sie doch auch unsere Webseite *www.tecwriter.de*. Dort finden Sie aktuelle Termine, Links, Video-Trainings, vertiefende Materialien und in unserem Blog wöchentlich neue Artikel zum Thema.

Viel Spaß bei Ihren Projekten wünscht Ihnen Ihr Autor
Martin Uhrig

**Über den Autor**

Martin Uhrig ist Dipl.-Technikredakteur (FH) und Adobe Certified Expert für Adobe Captivate. Vollständig auf Captivate spezialisiert, entwickelt er seit vielen Jahren Videoanleitungen, interaktive Tutorials, Produktdemos und E-Learning-Anwendungen. Somit ist er nicht nur Trainer, sondern auch Anwender.

Verschiedene Veröffentlichungen und Vorträge zum Thema Captivate zeichnen Ihn aus. Die Erfahrung aus einer Vielzahl an Captivate-Trainings und Beratungsprojekten für Kunden der unterschiedlichsten Branchen runden sein Profil ab.

## Unser Schulungsangebot

Sie möchten mit Screencasts, Simulationen oder Rapid-E-Learning-Projekten durchstarten und suchen einen erfahrenen Trainer für Adobe Captivate? Wir bieten Ihnen ein einzigartiges Trainingsprogramm. So viel Captivate erhalten Sie nur bei uns - vom eintägigen Basiskurs bis hin zum vollständigen Masterprogramm.

- **Adobe Captivate Master**: Dies ist der deutschlandweit einzigartige „Von-Null-auf-Hundert-Masterkurs". Im Rahmen dieses Trainings erhalten Sie die Möglichkeit, an 4 Tagen von der Projektplanung bis hin zu komplexen Logiken und Schnittstellen alles über Captivate zu erfahren, was Sie wissen möchten.
- **Erfolgreiche Screencasts und E-Learning-Einheiten konzipieren**: Wie werden ansprechende, motivierende, aufgaben- und zielgruppengerechte Screencasts und E-Learning-Einheiten geplant? Die Antwort erhalten Sie in diesem Training.
- **Adobe Captivate für Einsteiger**: Diese zweitägige Schulung macht Sie garantiert fit in Sachen Captivate. Sie werden anhand vieler Übungen in die Welt von Adobe Captivate geführt und nach kurzer Zeit in der Lage sein, ansprechende Screendemos, Simulationen und E-Learning-Anwendungen zu entwickeln und bereitzustellen.
- **Adobe Captivate für Fortgeschrittene**: Dieser eintägige Intensivkurs setzt dort an, wo andere Kurse aufhören und richtet sich gezielt an fortgeschrittene Nutzer. Kernthemen sind hier: „Widgets", „Erweiterte Aktionen" sowie das Thema Standardisierung.
- **Adobe Captivate Update**: Sie sind bereits mit einer Version von Captivate vertraut und möchten nun auch die siebente Version und deren Neuerungen genauer kennenlernen? Dann ist dieses eintägige Training genau richtig für Sie.
- **Adobe Presenter**: In diesem eintägigen Kurs lernen Sie alle Facetten von Adobe Presenter kennen, dem kleinen Bruder von Captivate. Anhand zahlreicher Übungen werden Sie mit Presenter vertraut und sind anschließend in der Lage, schnell und einfach E-Learning-Einheiten und multimediale Präsentationen zu erstellen.

Alle Schulungen können Sie sowohl in einem offenen Kurs besuchen, als auch als Einzelworkshop oder Firmenschulung buchen. Weitere Informationen zu den einzelnen Schulungen erhalten Sie auf unserer Webseite *tecwriter.de* im Bereich **Schulungen**. Kontaktieren Sie uns gerne jederzeit per E-Mail an *info@tecwriter.de* oder rufen Sie uns an, um Ihre individuellen Anforderungen und Wünsche zu besprechen.

# Anhang

## Drehbuch (Windows 7)

**AUFNAHMEVORBEREITUNG**

| Schritt | Aktion |
|---|---|
| 1 | Öffnen Sie den *Explorer*: Drücken Sie [Win]+[E]. |
| 2 | Navigieren Sie zum *Desktop:* Wählen Sie im linken Bereich **Favoriten > Desktop.** |
| 3 | Blenden / Verschieben Sie alle Fensterteile / Ordner (aus), die persönliche Daten zeigen. |

**AUFZEICHNUNGSSCHRITTE**

| Folie | Aktion | Kommentar |
|---|---|---|
|  |  | In diesem Video zeige ich Ihnen, wie Sie im Windows Explorer Ordner erstellen, benennen, verschieben und auch wieder finden. |
| 1 | Erstellen Sie einen neuen Ordner: Rechtsklicken und wählen Sie **Neu > Ordner**. | Um einen Ordner zu erstellen, rechtsklicken Sie in den Explorer und wählen Sie Neu Ordner. |
| 2 | Benennen Sie den Ordner mit „Mein Ordner". | Sie sehen, dass ein Ordner erstellt wird und Sie diesen nun direkt benennen können. Ich benenne ihn an dieser Stelle mit „Mein Ordner". |
| 3 | Erstellen Sie einen zweiten Ordner: Drücken Sie [Strg]+[⇧]+[N]. | Als nächstes erstellen wir einen weiteren Ordner, diesmal jedoch über eine Tastenkombination. Drücken Sie hierzu [Strg]+[⇧]+[N]. |
| 4 | Benennen Sie den Ordner mit „Mein Unterordner". | Ich benenne auch gleich den neuen Ordner mit „Mein Unterordner". |
| 5 | Verschieben Sie den Ordner *Mein Unterordner* per Drag-&-Drop in den Ordner *Mein Ordner*. | Sie können den Ordner anschließend einfach per Drag-&-Drop verschieben. |
| 6 | Durchsuchen Sie Ihr System nach dem Ordner *Mein Unterordner*: Klicken Sie im rechten oberen Bereich in das Feld **integrierte Suche** und geben Sie „Mein Unterordner" ein. | Ergänzend möchte ich Ihnen noch zeigen, wie Sie Ihr System gezielt nach einem Ordner durchsuchen können. Klicken Sie dazu in das Suchfeld im oberen rechten Bereich des Explorers und geben Sie den Namen des Ordners ein, nach dem Sie suchen möchten. |

|   |   | Wir suchen nach unserem verschobenen Ordner „Mein Unterordner". |
|---|---|---|
|   |   | Und sogleich wird er auch angezeigt. |
|   |   | Sie wissen nun, wie Sie Ordner erstellen, benennen, verschieben sowie danach suchen können. |

## Drehbuch (Mac)

| AUFNAHMEVORBEREITUNG | |
|---|---|
| **Schritt** | **Aktion** |
| 1 | Öffnen Sie den *Finder*: Drücken Sie ⌘+N. |
| 2 | Navigieren Sie zum *Schreibtisch*: Wählen Sie im linken Bereich **Orte > Schreibtisch.** |
| 3 | Blenden / Verschieben Sie alle Fensterteile / Ordner (aus), die persönliche Daten zeigen. |

| AUFZEICHNUNGSSCHRITTE | | |
|---|---|---|
| **Folie** | **Aktion** | **Kommentar** |
|   |   | In diesem Video zeige ich Ihnen, wie Sie im Windows Explorer Ordner erstellen, benennen, verschieben und auch wieder finden. |
| 1 | Erstellen Sie einen neuen Ordner: Rechtsklicken und wählen Sie **Neuer Ordner.** | Um einen Ordner zu erstellen, rechtsklicken Sie in den Finder und wählen Sie Neuer Ordner. |
| 2 | Benennen Sie den Ordner mit „Mein Ordner". | Sie sehen, dass ein Ordner erstellt wird und Sie diesen nun direkt benennen können. Ich benenne ihn an dieser Stelle mit „Mein Ordner". |
| 3 | Erstellen Sie einen zweiten Ordner: Drücken Sie ⌘+⇧+N. | Als nächstes erstellen wir einen weiteren Ordner, diesmal jedoch über eine Tastenkombination. Drücken Sie hierzu ⌘+⇧+N. |
| 4 | Benennen Sie den Ordner mit „Mein Unterordner". | Ich benenne auch gleich den neuen Ordner mit „Mein Unterordner". |
| 5 | Verschieben Sie den Ordner *Mein Unterordner* per Drag-&-Drop in den Ordner *Mein Ordner*. | Sie können den Ordner anschließend einfach per Drag-&-Drop verschieben. |

| | | |
|---|---|---|
| 6 | Durchsuchen Sie Ihr System nach dem Ordner Mein Unterordner: Klicken Sie im rechten oberen Bereich in das Suchfeld und geben Sie in der sich darauf öffnenden Suchhilfe „Mein Unterordner" ein. Wählen Sie die Option **Dateiname stimmt überein mit „Mein Unterordner"**. | Ergänzend möchte ich Ihnen noch zeigen, wie Sie Ihr System gezielt nach einem Ordner durchsuchen können. Klicken Sie dazu in das Suchfeld im oberen rechten Bereich des Finders und geben Sie den Namen des Ordners ein, nach dem Sie suchen möchten. |
| | | Wir suchen nach unserem verschobenen Ordner „Mein Unterordner". Und sogleich wird er auch angezeigt. Sie wissen nun, wie Sie Ordner erstellen, benennen, verschieben sowie danach suchen können. |

# Stichwortverzeichnis

## A

Abhakfunktion .................................................. 472
Ablegen-Ziel ..................................................... 274
Abspielkopf ........................................................ 41
Abspielkopf auf den Anfang setzen ............. 74
ACCC ................................................................. 513
Adobe-AIR-Projekt
    erzeugen ................................................... 333
    importieren ............................................... 337
    kommentieren .......................................... 334
    Per E-Mail senden ................................... 334
Adobe Captivate App Packager ................. 363
    Ordnerstruktur nach Re-Publikation .. 367
Adobe Captivate Course Companion ....... 513
Adobe Captivate Quiz Results Analyzer ... 509
Adobe Captivate Reviewer ........................... 331
    Der Bereich Kommentare ..................... 336
    Werkzeugleiste ......................................... 336
Adobe Multi SCO Packager ........................ 506
Aggregator ....................................................... 390
    Symbolleiste .............................................. 391
AICC .................................................................. 496
Aktion ................................................................ 241
    Erweiterte Aktionen ................................ 463
    Freigegebene Aktion ............................... 463
Aktionsoptionen ............................................. 242
Am Fenster ausrichten .................................. 129
Animated GIF ................................................. 224
Animation ........................................................ 224
    Eigenschaften ........................................... 224
An vorheriger Folie ausrichten ................... 127
Anzeigedauer .................................................... 42
Anzeigefehler .................................................... 37
APP .................................................................... 348
    Native je Projekt vs. Native LMS .......... 364
Arbeitsbereich ........................................... 34, 39
Audio
    Folienaudio ............................................... 302
    Hintergrundaudio ........................... 298, 301
    hinterlegen ................................................ 301
    importieren ............................... 88, 299, 302
    kalibrieren ................................................. 307
    nachbearbeiten ........................................ 310
    schneiden .................................................... 94
    Werkzeugleiste ......................................... 306
Audiobearbeitung .......................................... 304
    Das Register Bearbeiten ........................ 305
    Werkzeugleiste ......................................... 306
Audioeinstellungen ....................................... 300
Audioform ....................................................... 297
Audioverwaltung ........................................... 309
Auf alle anwenden ......................................... 204
Auflösung ........................................................... 25
    berechnen ................................................... 27
Aufnahme
    bereinigen ................................................. 117
    Logik ............................................................ 98
    Typ ............................................................... 97
    vorbereiten ................................................. 57
Aufnahmetipps ................................................. 61
Auf Originalgröße zurücksetzen ................ 196
Aufzeichnung ................................................... 53
    Benutzerdefiniert .................................... 109
    Einstellungen ............................................. 54
    Einstellungen Bildschirmbereich ......... 66
    Full-Motion ................................................ 98
    Globale Aufzeichnungseinstellungen .. 56
    Live-Aufzeichnung .................................. 62
    Tastenkürzel .............................................. 60
Aufzeichnungsfenster ..................................... 54
    ausrichten ................................................... 67
Aufzeichnungsmodi ........................................ 99
    Benutzerdefiniert .................................... 109
    Bewertungssimulation .......................... 105
    Demonstration ........................................ 101
    Schulungssimulation ............................. 105
    Simulation ................................................ 104
Ausrichtung ...................................................... 44
Auszoomen ....................................................... 84
Aviation Industry CBT Committee ............ 496

## B

Barrierefreiheit ............................................... 323
    aktivieren .................................................. 323
    Objekte ...................................................... 325
Bearbeitungshinweise .................................... 19

Bedienfelder ein- / ausblenden ... 35
Benutzerdefinierte Aufzeichnung ... 109
Beschriftung ... 242
Beschriftungsart ... 244
Beurteilungsskala ... 443
Bewertungssimulation ... 105
Bibliothek ... 204
    Objekte löschen ... 206
    Ungenutzte Objekte entfernen ... 206
    Werkzeugleiste ... 205
Bild ... 221
    bearbeiten ... 222
    Eigenschaften ... 221
    Formate ... 221
    in der Größe ändern ... 222
    Platzhalterfunktion ... 196
    zuschneiden ... 222
Bildrate ... 351
Bildschirmaufnahme ... 51
    folienbasiert ... 97
    Programmoberfläche ... 53
    videobasiert ... 63
    videobasiert vs. folienbasiert ... 52
Bildschirmfoto ... 98
Bildschirmleseprogramm ... 324
Binduntertitel ... 326
    aus Folienanmerkungen ... 326
    Register ... 327
Bitrate ... 300
Buchstabenrätsel ... 146

## C

Cache löschen ... 104
Captivate-Programmverzeichnis ... 410
Captivate-Projektvorlage ... 174
Captivate Reviewer ... 331
Captivate-Testversion ... 19
Captivate-Voreinstellungen ... 174
CC ... 326
CPAA ... 463
CPR ... 174
CPTL ... 174
CPTM ... 174
CPVC ... 128

## D

Darsteller ... 170
Demonstration ... 101
    aufzeichnen ... 102
    Aufzeichnungsfenster ausrichten ... 103
    Bildschirmbereich aufzeichnen ... 102
Demo-Version ... 19
Design ... 149, 178
    Designleiste ... 179
    ex- / importieren ... 179
    Standarddesign ändern ... 178
Designs-Fenster ein-/ausblenden ... 179
Displayauflösung & Zielgeräte ... 25
Drag-&-Drop-Interaktionen ... 273
    Ablegen-Ziele ... 274
    Akzeptierte Ziehen-Quellen ... 278
    Bedienfeld ... 275
    Benennungskonventionen ... 274
    Das Fenster Richtige Antworten ... 279
    Drag-&-Drop-Interaktionsassistent ... 280
    Drag-Objekt ... 274
    Drop-Objekt ... 274
    erweitern und anpassen ... 288
    Gruppierung ... 275
    Interaktionen richtig testen ... 291
    kennenlernen ... 275
    mit dem Assistenten erstellen ... 280
    ohne Assistenten erstellen ... 284
    Tipp für die Erstellung ... 283
    über Bedienfeld erstellen ... 284
    Ziehen-Quelle ... 274

## E

Effekt ... 236
    ex- / importieren ... 238
    HTML5 ... 236
    speichern ... 238
    Werkzeugleiste ... 237
Einsatzgebiete ... 32
eLearning Assets
    herunterladen ... 132
    installieren (Mac) ... 134
    installieren (Win) ... 133
E-Learning-Produktion ... 24
Ereignisvideo ... 229

Erweiterte Aktion .................................. 463
    exportieren ...................................... 464
    importieren ...................................... 466
Erweiterte Interaktion............................ 500
Erweiterte Optionen .............................. 344

## F

Farben...................................................... 161
Feedback ................................................ 476
Fehlerbeschriftung ................................. 105
Flash ............................................... 363, 409
Flash-Video-Streaming-Service .............. 230
FMR........................................................... 98
Folie ........................................................ 176
    Art........................................................ 176
    duplizieren .......................................... 176
    Eigenschaften ..................................... 176
    einfügen ............................................. 176
    löschen ............................................... 119
    Timing von Folienübergängen ............ 177
    Überflüssige Folien ausblenden......... 118
Folienaudio............................................. 302
Folienbasiert aufnehmen ........................ 97
    Aufnahmetipps..................................... 99
    Aufnahmetypen & -logik...................... 98
    Aufzeichnungsmodi ............................. 99
Foliengruppe.......................................... 373
Folienmaster .......................................... 178
    benennen ........................................... 181
    Navigation .......................................... 269
    Platzhalterobjekte verknüpfen ........... 190
    Vererbung differenzieren.................... 180
    Zeitleiste............................................. 181
Folienmasterhintergrund verwenden ... 182
Folienmasterkonzept............................. 182
Folienmaster mit Navigation........... 269, 284
Folienqualität......................................... 321
    beibehalten........................................ 323
    festlegen ............................................ 323
Folienvideo..................................... 229, 232
Folienzähler........................................... 458
Formeleditor ......................................... 229
Fragenfolie ............................................ 433
    Beurteilungsskala .............................. 443
    Hotspot-Frage.................................... 442
    Kurzantwort-Frage ............................. 440

    Lückentext-Frage ............................... 439
    Multiple-Choice-Frage........................ 436
    Reihenfolge-Frage.............................. 442
    Wahr/Falsch-Frage............................. 437
    Zuordnungs-Frage ............................. 440
Fragenpool-Manager ............................ 453
Fragentyp............................................... 433
Fragenwidget......................................... 491
Framerate .............................................. 351
Freigegebene Aktion ............................. 463
    exportieren ........................................ 464
    importieren ........................................ 466
Füllfarbe................................................. 161
Full-Motion-Aufzeichnungen.................. 98
Full-Motion-Recording ........................... 98
Füllung und Strich................................. 161
Für den Rest der Folie einblenden ........ 48

## G

Gallery-Ordner....................................... 411
Geänderte Stile ersetzen ...................... 197
Gestaltungsraster ................................... 45
GIFT-Format .......................................... 452
Gleichungen .......................................... 229
Glossar................................................... 293
Gruppierung............................................ 43

## H

Hauptfenster ........................................... 34
Hauptfolienmaster ................................ 180
Hauptoptionen........................................ 35
Hilfslinien................................................. 45
Hintergrund........................................... 187
Hintergrundaudio ................................. 301
Hintergrund in Bibliothek suchen ........ 122
Hotspot-Frage ....................................... 442
HTML5.................................................... 363
    Animationen...................................... 365
    Audio.................................................. 358
    Ordner der HTML5-Veröffentlichung.. 362
    Rollover-Objekte ................................ 359
    Tracker ............................................... 358
Hyperlinks............................................. 257

## I

Import
- GIFT .................................................. 452
- Photoshop ....................................... 406
- PowerPoint ............................. 396, 399

Individuelles Feedback ......................... 476
In Freiform konvertieren ...................... 159
Inhalte aktualisieren ............................ 206
Inhaltsfolienmaster .............................. 180
Inhaltsverzeichnis
- Abschnitte benennen .................... 383
- Beschriftungen übersetzen ........... 423
- Einstellungen ................................. 384
- Folien ein- / ausblenden ............... 387
- Skin-Editor .................................... 383

Intelligente Hilfslinien ............................ 45
Interaktion ........................................... 241
Interaktionen ....................................... 136
- Designs anwenden ........................ 149
- einfügen ....................................... 141
- Interaktionstexte anpassen ........... 149

Interaktive Lerneinheit ........................ 359

## K

Klickfelder ............................................ 245
Kommentar .................................. 55, 336
- bearbeiten ...................................... 89
- importieren ................................... 337
- Werkzeugleiste ............................. 336

Kommentaraudio ................................... 55
Kommentar-Schnittstelle ..................... 332
Kompatibilität ........................................ 33
Konventionen ........................................ 21
Kurzantwort-Frage .............................. 440

## L

Laufweitenausgleich ............................ 212
Lautstärke regeln ................................. 305
Learning-Management-System ........... 496
Lernpaket ............................................ 498
Lernplattform ...................................... 496
Likert .................................................. 443
Live-Aufzeichnung ................................. 62
LMS ..................................................... 496
Lückentext-Frage ................................. 439

## M

Mac OS .................................................. 37
- Aufnahme ....................................... 38
- Postproduktion ............................... 38
- Programmoberfläche ...................... 37

Markierungsfeld ................................... 212
- ausrichten ..................................... 216
- Eigenschaften ............................... 213

MathMagic for Captivate ..................... 229
Maus
- Bewegungsgeschwindigkeit .......... 128
- Eigenschaften ............................... 210
- Mauspfad ...................................... 127
- Mauspfad glätten ............................ 77
- Nachbearbeiten .............................. 77

Medien ................................................ 348
Menü ................................................... 389
- erstellen ....................................... 391

Menüfolie ............................................ 375
Menüleiste ............................................ 35
Mit Hintergrund zusammenführen ...... 124
Modul .................................................. 389
MP4 .................................................... 350
Multimedia .......................................... 207
Multiple-Choice-Frage ......................... 436
Multi SCO Packager ............................ 506

## N

Navigation ........................................... 269
NeoSpeech ........................................... 313
- herunterladen ............................... 313
- installieren (Mac) .......................... 315
- installieren (Win) .......................... 314

## O

Oberfläche & Arbeitsumgebung ............ 33
- anpassen ........................................ 39

Objekt
- Ausrichtung ....................... 44, 47, 219
- bis zum Folienende anzeigen ......... 48
- drehen .......................................... 159
- duplizieren ................................... 263
- Eigenschaften ............................... 208
- Gruppierung ................................... 43
- mit Abspielkopf synchronisieren .... 48
- Name ............................................ 243

Sichtbarkeit .................................... 242
über die Zeitleiste markieren ........ 217
zeichnen und editieren .................. 157
Zustand ........................................... 243
Objektstil .................................... 178, 197
Bereich ............................................ 197
exportieren ..................................... 199
importieren .................................... 199
löschen ........................................... 197
Manager .......................................... 198
migrierte Projekte .......................... 197
suchen ............................................. 330
Objektsymbolleiste ............................. 208

## P

PDF ...................................................... 346
Personen ............................................. 169
Photoshop .......................................... 403
importieren .................................... 406
Picture-in-Picture ............................... 86
Pilotprojekt ........................................ 174
PIP-Video .............................................. 86
Platzhalter .......................................... 191
einfügen ......................................... 192
mit Folienmaster verknüpfen ...... 190
Titel und Untertitel ....................... 194
Platzhalter für Inhalt ........................ 191
PowerPoint ........................................ 395
importieren .................................... 399
Praxistipps .................................. 292, 370
Preloader ........................................... 381
Programmaktualisierungen ............... 19
Programmoberfläche .......................... 53
Programmverzeichnis ....................... 410
de_DE \ Gallery ............................. 411
Gallery ............................................ 411
Templates ....................................... 410
Progressive-Download-Video ......... 230
Projekt
kommentieren ............................... 334
mit Kennwortschutz versehen .... 380
neu skalieren ................................. 337
strukturieren ................................. 373
veröffentlichen .............................. 343
Projektauflösung ................................. 25
Projektgröße ...................................... 337

Praxistipps ......................................... 370
Zuschneidepositionen definieren ... 338
Projekthintergrund ........................... 177
Projektinformationen ....................... 344
Projektkommentarordner ................ 333
Projektstart & -ende ......................... 379
Projektteam .......................................... 24
Projektvorlage ................................... 173
Proportionen beschränken ................ 46
Publikationsformat ............................. 25

## Q

Qualitätseinstellungen ....................... 56
Quelle zoomen .................................. 223
Quiz .................................................... 427
Aktion ............................................. 435
Allgemeine Einstellungen ............ 429
Antwort .......................................... 429
Anzahl der Antwortmöglichkeiten ... 434
auswertbar ..................................... 510
Bestehen/Nicht bestehen ............. 432
Bewertet/Umfrage ........................ 434
erstellen .......................................... 445
Fragenpools ................................... 453
GIFT-Format .................................. 452
Hilfestellung .................................. 455
mit Zeitbeschränkung .................. 493
Navigation ..................................... 430
Standardbeschriftung ................... 432
Voreinstellungen ........................... 427
Vortest ............................................ 434
Weitergabe ............................. 436, 497
Zeitbeschränkung ......................... 493
Zufallsfragen .................................. 453
Quizfolienmaster .............................. 180
Quizfragen
Hotspot-Fragen ............................. 442
Kurzantwort-Fragen ..................... 440
Lückentext-Fragen ........................ 439
Multiple-Choice-Fragen ............... 436
Reihenfolge-Fragen ...................... 443
Wahr/Falsch-Fragen ..................... 438
Zuordnungs-Fragen ...................... 441

## R

| | |
|---|---|
| Radialverlauf | 166 |
| Rahmen | 381 |
| Rapid-E-Learning out of the box | 131 |
| Raster | 45 |
|     Objekte am Raster ausrichten | 45 |
| RDL | 420 |
| Rechtschreibprüfung | 328 |
| Rechtsklick | 109 |
| Rechts-nach-Links-Composer | 175 |
| Reihenfolge-Frage | 442 |
| Ressourcen externalisieren | 346 |
| Rollover-Beschriftung | 258 |
| Rollover-Bild | 258 |
| Rollover-Minifolie | 259 |
| Rollover-Objekte (HTML5) | 359 |
| Rückgängig Schaltfläche | 277 |

## S

| | |
|---|---|
| Schaltflächen | 256 |
|     Bildschaltflächen | 256 |
| Schatten | 163 |
|     benutzerdefiniert | 169 |
| Schnittstellen | 395 |
|     Flash | 409 |
|     Photoshop | 404 |
|     PowerPoint | 396 |
| Schulungssimulation | 105 |
| Schwenken | 113 |
|     automatisch | 117 |
|     manuell | 114 |
| Schwenken und Zoomen | 81 |
| SCORM 2004 | 498 |
| SCORM Cloud | 501 |
|     Tin Can | 496 |
| Selbstbestimmtes Lernen | 388 |
| Simulation | 104 |
|     aufzeichnen | 106 |
|     Bewertungssimulation | 105 |
|     Schulungssimulation | 105 |
|     Versuche begrenzen | 107 |
| Skalierbarer HTML-Inhalt | 360 |
| Skin formatieren | 386 |
| Smartform | 266 |
|     drehen | 159 |
|     ersetzen | 158 |
|     in Freiform konvertieren | 159 |
|     interaktiv | 267 |
|     kippen | 160 |
| Soundeffekt nachbearbeiten | 55 |
| Spiegelungen | 164 |
| Sprachagent | 317 |
|     wechseln | 318 |
| Sprachverwaltung | 317 |
| Sprecher- und Hintergrundaudio | 311 |
| Standardbeschriftung | 420 |
| Standardbrowser | |
|     Mac | 358 |
|     Windows | 357 |
| Standarddesign | 178 |
| Standardisierung | 173 |
| Standardtextbeschriftung anpassen | 420 |
| Start- / Endzeit | 69 |
| Status-Flag | 384 |
| Strafpunkte | 438 |
| Streaming | 230 |
| Suchen und Ersetzen | 329 |
|     Objektstile | 330 |
| Suchfunktion | 384 |
| SWF | 346 |
| SWF-Vorschau | 310 |
| Symbolleiste ein- / ausblenden | 35 |
| Synchronisiertes Video | 229 |
| Systemaudio | 54 |
| Systemsounds aufzeichnen | 303 |
| Systemvariable | 457 |

## T

| | |
|---|---|
| Tabstruktur | 480 |
| Tabulatorreihenfolge | 325 |
| Tastengeräusch anpassen | 300 |
| Tastenkürzel | 60 |
|     zurücksetzen | 61 |
| Teil der Punktzahl | 437 |
| Testversion | 19 |
| Textanimation | 213 |
|     Eigenschaften | 214 |
| Textbeschriftung | 211 |
|     Eigenschaften | 211 |
|     formatieren (Bold) | 211 |
|     Text ohne Beschriftungstyp | 211 |

| | | | | |
|---|---|---|---|---|
| Textbeschriftungsstil | 412 | | Vorgabewerte | 163 |
| Textbeschriftungsvarianten | 412 | | Veröffentlichung | |
| Texteffekt | 212 | | Allgemeine Einstellungen | 344 |
| Texteingabefelder | 246 | | APP | 348 |
| Eigenschaften | 246 | | auf YouTube | 355 |
| Text hinzufügen | 159 | | Bildrate erhöhen | 351 |
| Text-to-Speech | | | Dauer | 354 |
| herunterladen | 313 | | EXE | 348 |
| installieren (Mac) | 315 | | HTML5 | 357 |
| installieren (Win) | 314 | | in Ordner | 353 |
| Texturbild | 163 | | MP4 | 350 |
| Text-zu-Sprache | 312 | | PDF | 346 |
| Theme | 178 | | SWF | 346 |
| Timing | 41 | | Vollbildmodus | 349 |
| Tin Can | 496 | | Word-Handout | 352 |
| Titelmusik für E-Learnings | 301 | | Word-Handout Fehlerbehebung | 356 |
| TOC | 383 | | Veröffentlichungsdateien | 354 |
| Transformieren | 46 | | Veröffentlichungseinstellungen | 345 |
| Translation-Memory-System | 416 | | Standardeinstellungen | 346 |
| TTS | 317 | | Versuche begrenzen | 107 |
| | | | Vertonen | 297, 306 |
| **U** | | | Verzweigung | 374 |
| Übergang | 70 | | Verzweigungsabhängig | 374 |
| Übergangsmarkierung | 76 | | Video | |
| Übersetzen | 415 | | Größe des Videoausschnitts ändern | 84 |
| Bildschirmaufnahme | 416 | | im Inhaltsverzeichnis platzieren | 234 |
| Textinhalte | 416 | | platzieren | 233 |
| Übungsdateien | 19 | | Timing bearbeiten | 232 |
| Umfrage | 443 | | Videoaufzeichnung | 69 |
| Unbenutzte Elemente | 119 | | Videoausschnitt veröffentlichen | 96 |
| Update | 19 | | Videobasiert aufnehmen | 63 |
| | | | Videodemo | 64, 69, 128 |
| **V** | | | Aufnahmetipps | 64 |
| Variable | | | aufzeichnen | 65 |
| Benutzerdefiniert | 460 | | Eigenschaften | 69 |
| Reservierte Variablennamen | 460 | | nachbearbeiten | 130 |
| Variablenliste | 458 | | optimieren | 72 |
| Zähler | 467 | | veröffentlichen | 94 |
| Vererbung | 203, 204 | | vertonen | 88 |
| Verläufe | 161 | | Videofarbmodus | 57 |
| bearbeiten | 167 | | Videoformat | 87 |
| Benutzerdefinierte Farbverläufe | 163 | | Videoobjekt | 229 |
| kreisförmig | 166 | | Videotyp | 230 |
| Verlaufsfüllung | 162 | | Virtueller Lernbegleiter | 171 |
| Verlaufspunkte einfügen | 167 | | Vorbereitung | 57 |
| Verlaufsrichtung verändern | 167 | | Voreinstellungen | |

- importieren ............ 175
- speichern ............ 175
- Voreinstellungsdatei ............ 175
- Vorgabewerte ............ 95
- Vorschau ............ 37
- Vortest ............ 434, 483
- Vorverstärkerwert ............ 68

## W

- Wahr/Falsch-Frage ............ 437
- Weblinks ............ 20
- Weitergabe ............ 497
- Wichtigste Folienmasterobjekte ............ 181
- Widget ............ 487
  - Fragen ............ 491
  - Wiedergabeleiste ............ 489
- Wiedergabeleiste ............ 381
  - anpassen ............ 388
  - Tooltips übersetzen ............ 422
- Wiedergabeleistenwidget ............ 489
- Willkommensbildschirm ............ 33
- Word-Handout ............ 352

## Y

- YouTube ............ 363
  - Bereitstellung ............ 369
  - Video in Website einbinden ............ 370
  - Videoqualität ............ 369
- YouTube-Schnittstelle ............ 368

## Z

- Zähler ............ 467
- Zeitleiste ............ 41, 47
  - Objekte gruppieren ............ 273
  - Timing und die Ebenenreihenfolge ............ 42
  - videobasierte Projekte ............ 70
- Zeitleiste zoomen ............ 41
- Ziehen-Quelle ............ 274
- Zielplattform ............ 25
- Zoombereich ............ 223
- Zoomziel ............ 224
- Zufallsfrage ............ 453
- Zuordnungs-Frage ............ 440
- Zusätzliche Videosequenz aufzeichnen ............ 68
- Zuschnitt ............ 338

Printed in Germany
by Amazon Distribution
GmbH, Leipzig